山东省
第三批签约
艺术评论家
论文集

（上集）

王之明　主编

中国文联出版社

图书在版编目（CIP）数据

山东省第三批签约艺术评论家论文集：上下集／王之明主编 . -- 北京：中国文联出版社，2024. 12.

ISBN 978-7-5190-5750-3

Ⅰ . J052-53

中国国家版本馆 CIP 数据核字第 202437XF06 号

主　　编　王之明
责任编辑　曹艺凡　牛亚慧
责任校对　秀点校对
装帧设计　姜　磊

出版发行　中国文联出版社有限公司
社　　址　北京市朝阳区农展馆南里 10 号
邮　　编　100125
电　　话　010-85923025（发行部）　010-85923091（总编室）
经　　销　全国新华书店等
印　　刷　三河市龙大印装有限公司

开　　本　710 毫米 ×1000 毫米　1/16
印　　张　52.5
字　　数　923 千字
版　　次　2024 年 12 月第 1 版第 1 次印刷
定　　价　218.00 元

20

山东省第三批
签约艺术评论家
论文集

目 录

1	曹成竹	001
2	吕文明	049
3	陈培站	107
4	张新英	141
5	宋法刚	199
6	周根红	243
7	殷 波	293
8	于晓风	337
9	邢祥虎	383
10	李丽娜	419
11	李 磊	469
12	董龙昌	513
13	李百晓	565
14	倪自放	603
15	赵 峰	621
16	崔文涛	647
17	徐华云	695
18	齐丽花	723
19	朱玉宁	751
20	高 佳	773

1 曹成竹

"讲好中国故事"的马克思主义理论阐释 003

从《中国奇谭》看中国动画的"人民美学"路径 014

"文学的政治"在中国语境中的特殊性

    ——以北大歌谣运动与新民歌运动的比较为例 022

"生活美学"的人类学视野及其中国化历程 034

2 吕文明

2022 书法：笔墨当随时代 051

从文献著录到历史现场：云峰刻石书写者及相关问题新考 064

以人民为中心的创作导向的理论起点 080

簪缨世家，文才相继：南朝兰陵萧氏书学的传承与发展 084

3 陈培站

任重而道远

    ——"全国第九届楹联书法作品展览"学术观察侧记 109

器以藏礼：汉碑文化意蕴概述

    ——以曲阜汉碑为例 115

当代书法发展的四个维度 129

新时代语境下书法批评新出发 135

4 张新英

新技术时代中国电影理论话语体系建构的思考 143

新时代十年中国农村题材电影发展研究（2012—2022） 159

现实观照、人性母题与叙事探索：申奥创作风格研究 174

文化类节目的创新路径思考

    ——基于对《尼山杏坛·寻找先贤的智慧》的分析 186

论中国影视剧的中华优秀传统文化表达 192

5 宋法刚

电影工业体系下新导演的生产模式与伦理叙事探究 201

守正创新：融媒视域下影视批评的"变"与"不变" 215

跨学科视野下的批评延展与知识生产

    ——"影游融合"研究综述 224

复刻泰山符号　庚续泰山文化

    ——纪录片《大泰山》感怀 238

6 周根红

《问苍茫》的叙事创新与美学风格建构 245

电视剧创新与新媒体平台营收突破 252

人民文学出版社与"十七年"时期少数民族文学生产 260

天地与我并生 万物与我为一

  ——古典文学里的中华美学精神 273

出版体制重建与 20 世纪 80 年代文学出版生态 279

7 殷　波

从文明变迁看手工艺的文化本质 295

关于手工艺与设计关系的历史反思 305

身份、生计、意义：中国百年社会革新中的工艺主体变迁 318

中国工艺美术产业内需体系的基础与内涵 327

8 于晓风

《狂飙》是怎样炼成的

  ——专访电视剧《狂飙》总编剧朱俊懿 339

人民美学·日常生活·情感包容：国产电视剧的生态女性主义景观 355

中国电影中的生态女性主义景观 365

想象力的建构与情感力的唤起

  ——2022 年度山东省优秀广播文艺作品评析 375

9 邢祥虎

《铁道英雄》：红色经典 IP 的正剧美学表达 385

《战国大学堂之稷下学宫》："百家争鸣"的复魅与赋形 394

文化记忆·普及美育·化育人生：中小学影视教育价值的三度面向 405

文艺批评的人民性：从政治标准到共同体美学 413

10 李丽娜

"国潮"舞蹈现象中的"破"与"立" 421

"顺势而起，蓄势而发"

  ——中国古典舞动势解析 435

动势相通 书舞相融 445

身体交响下的时代赞歌与文化脉动

  ——源自"荷香舞韵"的思忖 455

11 李 磊

动画电影新力量的群体特征与审美建构 471

短视频专业化勿忘坚守人文价值 486

纪录片《大河之洲》：黄河入海的生态美学阐释 491

拟态、出位与自律

      ——动画影像在历史纪录片中的三重叙事机制 500

12 董龙昌

中国当代美术批评话语体系建构问题刍论 515

新时期以来中国美术批评的知识谱系 528

文化"两创"与孔子图像的当代建构 543

山东青年美术践行"两创"的回顾、反思与展望

      ——基于山东省青年美术大展的考察 555

13 李百晓

紧扣时代·特色鲜明·底蕴深厚

      ——评《2022 齐鲁民俗网络春晚》 567

人民情怀·时代镜像·中国叙事

      ——鲁派电视剧创作的人民性表达 573

控制与抵抗：人工智能电影中的性别博弈 583

影视剧应展现积极向上的女性形象 600

14 倪自放

经典的价值在于历久弥新 605

电影"重口味"凸显创作乏力 609

《满江红》：杂糅、反差、潦草与仪式感，这很张艺谋 612

深情或尖锐，都是温暖的现实主义

      ——"新鲁剧"《三泉溪暖》观后 617

15 赵 峰

从《沂蒙山》看民族歌剧精品创作的持续问题 623

问题与路径

      ——从第十二届山东文化艺术节看山东戏曲创作 626

京剧《燕翼堂》：新维度讲好中国故事 633

使命、内容、气象、效益

      ——民族歌剧《沂蒙山》再分析 640

16 崔文涛

红色主题绘画创作模式刍议

  ——以山东美术馆的展品、藏品为例试析   649

继承与流变：主题性美术的当下新态势刍议   657

向上生长

  ——"青未了——山东省高等学校美术院系应届毕业生优秀作品展"述评   667

试论中国式现代化进程中文艺的现代性与文明的主体性

  ——以两次现代美术实验为切片   681

17 徐华云

从 2023 年胡集书会看新时代曲艺的传承发展   697

新时代曲艺类非遗创造性转化和创新性发展研究   702

文艺人民性思想指导下的传统曲艺现代化   709

"以经典曲目恢复带动濒危曲种重生"实践探索

  ——以山东曲艺类非遗曲种为例   716

18 齐丽花

论现代科技产品对钢琴使用的影响   725

红色精神在音乐艺术中的传承与弘扬   736

那山，那水，那片情

  ——沂蒙红色旋律在新时代的飘扬   744

一场关于未来的音乐会

  ——观山东新年文艺晚会音乐专场有感   747

19 朱玉宁

广播剧的声景建构，张力在"戏"魅力在"声"

  ——从广播剧《黄河远上》说开去   753

教育性戏剧：谱系、边界与路径   756

"互联网 +"语境中的影视 IP：溯源与展望   766

20 高　佳

侯贺良航拍黄河摄影作品的三种景观   775

坚守影像本色　坚持深度呈现   785

算法·伪造·涌现：AI 生成影像的逻辑理路、现实境遇与未来图景   792

论中国式现代化进程中的影像力量   804

20/1

曹成竹

曹成竹

曹成竹，男，1981年生，山东大学文学院文艺美学研究中心副教授，博士生导师，山东省作协会员，中国文艺评论（山东大学）基地副主任；中华美学学会马克思主义美学专业委员会副主任。学术兴趣涉及马克思主义文论、审美人类学、民族志诗学等。主持国家社科基金项目、山东省艺术科学重点课题、山东省社科项目等7项；参与国家社科基金重大项目、国家社科基金项目等6项；出版专著1部，参写著作及教材7部；3次获得山东省高校优秀科研成果奖。

"讲好中国故事"的马克思主义理论阐释

曹成竹

　　马克思主义是我国文艺理论与批评的指导原则，党的二十大报告提出的"开辟马克思主义中国化时代化的新境界"，也对文艺理论批评提出了新的要求。我们需要回顾马克思主义文艺理论在中国化时代化的百年历史中，有哪些经验和成果，更需要聚焦当代，在"中华民族伟大复兴"和"世界百年未有之大变局"的语境中，提炼和阐释马克思主义文艺理论中国化时代化的新命题。"讲好中国故事"就是这样一个值得深入探讨的命题。自 2013 年 8 月习近平总书记在全国宣传思想工作会议上的讲话到 2022 年 10 月的党的二十大报告，"讲好中国故事"的提法在各种讲话和文件中反复出现，且有着不同的侧重。追溯其发展线索，从马克思主义理论的角度阐发其学理依据，不仅有助于马克思主义文艺理论中国化时代化的当代创新，也能够为近年来学界热议的"中国故事"话题提供参照。因为理解"中国故事"的关键，不仅在于什么是"中国性"以及如何体现"故事性"，还在于提出这一问题的理论立场、历史语境和文化策略，"讲好中国故事"的马克思主义理论阐释正是对以上问题的思考与回应。

一、"讲好中国故事"的理论发展线索

　　马克思、恩格斯、列宁、毛泽东等经典马克思主义理论家并非专职的文艺批评家，他们对于文艺问题的关注，均是以共产主义理想为方向，结合具体语境，说明文艺在社会历史进程中应当扮演什么样的角色，发挥何种作用。当我们从这

些经典理论家的文艺论述中汲取经验时不难发现，在历史唯物主义这一基本原则的基础上，其最具生命力和活力的共性，在于对具体国情和历史进程的辩证分析、对彼时文艺现状的评判与把握，以及对文艺自身"美学的"标准的尊重。正是这些共性，使得马克思主义经典文艺思想能够不断为发展变化的历史和社会现实提供参照，也能够不断启发具有时代性的理论批评话语的生成。"讲好中国故事"正是马克思主义经典文艺思想与当代中国文艺和社会现实紧密结合的成果。从历时上看，这一理论成果的发展大致经历了以下几个重要阶段：

第一，在对外传播工作中，"讲好中国故事"被首次提出。在 2013 年 8 月召开的全国宣传思想工作会议的讲话中，习近平总书记提出了"宣传阐释中国特色"，即做到"四个讲清楚"。在这一语境下，"讲好中国故事"首先是作为对外宣传工作的要求被提出的："要精心做好对外宣传工作，创新对外宣传方式，着力打造融通中外的新概念新范畴新表述，讲好中国故事，传播好中国声音。"[1] 可以看出，"讲好中国故事"的首次提出是紧贴宣传问题的，而且更侧重对外传播。对世界讲清楚中国经验，传播好中国声音，是"讲好中国故事"的出发点。第二，"讲好中国故事"与文艺工作联系起来。2014 年 10 月，《在文艺工作座谈会上的讲话》中，首次将"讲好中国故事"作为对文艺工作的明确要求，并将其放置在"以人民为中心的创作导向"之下，使这一提法有了稳固的依据，并对中国故事的"中国性"进行了初步探讨，"阐发中国精神""展现中国风貌""提供中国经验"等重要表述，明确了讲好中国故事的内涵和目标。第三，"讲好中国故事"作为学术研究的问题与方向。2016 年 5 月，习近平总书记的《在哲学社会科学工作座谈会上的讲话》使"讲好中国故事"与学术研究对接起来。这次讲话虽然没有直接提到"讲好中国故事"，但对哲学社会科学工作"中国特色、中国风格、中国气派"的要求，以及中国化的建设思路和"体现继承性、民族性"的发展建议，使"讲好中国故事"成为学术研究和理论批评必然需要面对和阐释的重要问题。第四，"讲好中国故事"作为文化事业和文化产业的策略。2017 年 10 月的党的十九大报告第七部分为"坚定文化自信，推动社会主义文化繁荣兴盛"，

---

[1]　　习近平:《习近平谈治国理政》第 1 卷，北京：外文出版社，2018 年，第 156 页。

在该主题的第五个方面"推动文化事业和文化产业发展"中，再次提到了"讲好中国故事"。这一问题是与中国在新时期的文化自信、文化繁荣、国家文化软实力等联系在一起的，因此具有文化治理和文化策略的意义。此外，报告中"展现真实、立体、全面的中国"的表述，也对"讲好中国故事"的"中国性"有了进一步扩充，使其内涵更加丰富且强调了现实主义精神。第五，"讲好中国故事"文化内涵的提炼与提升。2021 年 12 月，习近平总书记在中国文联十一大、中国作协十大开幕式上的讲话中，对"讲好中国故事"做了集中凝练的概括，从文化根基（彰显中国审美旨趣）、文化导向（传播当代中国价值观念）、文化格局（反映人类共同价值追求）方面规划了中国故事的文化内涵与价值向度。第六，概括总结和新要求。2022 年 10 月的党的二十大报告，在"增强中华文明传播力影响力"的标题下，提出"坚守中华文化立场，提炼展示中华文明的精神标识和文化精髓，加快构建中国话语和中国叙事体系，讲好中国故事，传播好中国声音，展现可信、可爱、可敬的中国形象"[1]。这一提法将文艺创作、对外传播、学术研究、文化建构等方面结合在一起，可看作对"讲好中国故事"的理论凝练总结。而"中华文化立场""中华文明的精神标识""中国叙事体系"等提法，则是紧贴当代文化精神所做的新概括和提出的新要求。

以这些节点为基础，"讲好中国故事"逐步实现了理论的拓展，成为具有深度和广度的关于当代中国形象传播、文艺创作以及文化政策的标识性话语。在"讲好中国故事"转化为学界对于"中国故事"本身的概念探讨或策略阐发之前，首先需要思考的是这一提法的必要性以及学理性，也就是在"是什么"以及"怎样做"之前的"为什么"的问题。马克思主义理论本身具有丰富的内涵和不同板块，而通过以上追溯和概括不难发现，"讲好中国故事"主要涉及对外传播、文艺创作以及文化策略方面的问题，因此我们不妨结合马克思主义在这三个方面的已有理论，从当代中国国家形象的"民族寓言"、文艺与意识形态的互动关系、文化构型与文化治理策略三个方面对其展开阐释。

[1] 习近平：《高举中国特色社会主义伟大旗帜　为全面建设社会主义现代化国家而团结奋斗——在中国共产党第二十次全国代表大会上的报告》，北京：人民出版社，2022 年，第 45—46 页。

二、当代中国国家形象的"民族寓言"

"讲好中国故事"的初衷和重点，是为中国国家形象建设以及中国文化的海外传播服务，无论是其首次被提出，还是党的二十大报告的表述，始终围绕着这一初衷和重点。中国国家形象并不是"大国崛起"的简单表征，而是标志着两方面的探索和成功：一是马克思主义理论，二是中国共产党的领导以及中国特色的社会主义现代化道路。两者都对资本主义主导的世界格局构成了巨大的冲击和挑战。在此意义上，"讲好中国故事"首先可以视为表征中国国家形象和世界格局新秩序的"民族寓言"。

马克思在《共产党宣言》中指出，资本主义对于世界市场的主导地位，使全球范围内的一切国家和民族，都被纳入资本主义的生产和消费链条之中，这些国家和民族的精神生产也沦为这种全球化和资本主义化的一部分，为这一节奏服务："资产阶级，由于开拓了世界市场，使一切国家的生产和消费都成为世界性的了……物质的生产是如此，精神的生产也是如此。各民族的精神产品成了公共的财产。民族的片面性和局限性日益成为不可能，于是由许多种民族的和地方的文学形成了一种世界的文学。"[1] 这里的"文学"，泛指民族的和地方的一切语言文字，文艺作品自然也包含在其中。"世界文学"的概念最早是由歌德提出的，用文艺理论家韦勒克的话说："他用'世界文学'这个名称是期望有朝一日各国文学都将合而为一。这是一种要把各民族文学统一起来成为一个伟大的综合体的理想，而每个民族都将在这样一个全球性的大合奏中演奏自己的声部。但是，歌德自己也看到，这是一个非常遥远的理想，没有任何一个民族愿意放弃其个性。"[2] 马克思的"世界文学"与歌德的显然不同，不仅因为马克思的"世界文学"是泛指性的，更因为马克思已经预见了一种"放弃了个性"的"世界文学"的形成：一首以资本主义为主旋律的文学大合奏。在资本主义市场化席卷全球的时代，一切国家的、地方的、民族的文学都不再是独立自然的存在，它们在克服了自身的片面和局限的同时，也丧失了个性和特质，被资本主义世界观和价值观改写和同

---

[1]　　马克思、恩格斯:《共产党宣言》，北京：人民出版社，2014 年，第 31 页。

[2]　　[美]韦勒克、沃伦:《文学理论》，刘象愚等译，北京：文化艺术出版社，2010 年，第 43 页。

化，成为资本主义"世界文学"的一部分。马克思的"世界文学"观既是对资本主义全球化的文学预言，也是对这一文学现象及其背后的资本主义世界秩序的批判。马克思的论断无疑是深刻准确的，后殖民批评便针对这一维度的问题展开了批判反思，在萨义德等理论家看来，帝国主义的侵略扩张，不仅仅是暴力层面的更是文化层面的，资本主义的文化霸权悄然在文学和其他精神产品中输出传递，而被"文化殖民"的国家和民族则不仅接受和认同了西方的价值观，甚至按照西方世界的"东方想象"来构建自身，迎合其审美趣味。可以说，马克思主义意义上的"世界文学"既是资本主义全球化的标志，也是从深层上推进这一进程的文化工具。

与意识形态的其他领域相比，马克思十分重视文学（艺术）的特殊性和相对独立性。所以马克思的论断，实际上也为文学抵抗和超越广义的"世界文学"留下了一定的空间。这一问题在美国马克思主义批评家弗雷德里克·詹姆逊的"民族寓言"理论中得到了拓展。詹姆逊提出，第三世界的文学作品带有某种寓言性和特殊性，与发达资本主义国家的文学有着根本的差异："我们应该把这些文本当作民族寓言来阅读，特别当它们的形式是从占主导地位的西方表达形式的机制——例如小说——上发展起来的。……第三世界的文本，甚至那些看起来好像是关于个人和力比多趋力的文本，总是以民族寓言的形式来投射一种政治：关于个人命运的故事包含着第三世界的大众文化和社会受到冲击的寓言。"[1] 詹姆逊以鲁迅的《狂人日记》《药》《阿Q正传》等作品为例，进一步探讨了这一问题。在他看来，发达资本主义国家处于"奴隶主"的幻想和主观投射中，而第三世界的文化既有其民族性特质（例如"吃"在中国文化传统中的重要作用），又有这些特质在遭遇"奴隶主"文化冲击时的变形和抵抗（如将"吃人"看作封建文化本质、认为被吃掉或被肢解也是中国人和整个国家的命运）。这些作品，单纯从文学意象和文本意义层面，可能难以为西方读者所理解，但从文化政治和民族寓言层面，则清楚地表明了第三世界文学的个性、现实性以及抵抗性。

鲁迅的小说作为20世纪之初"讲述中国故事"的开端，确实与民族文化传

---

[1]　　[美]詹明信:《晚期资本主义的文化逻辑:詹明信批评理论文选》，陈清侨等译，北京：生活·读书·新知三联书店，1997年，第523页。

统的断裂以及中国所处的历史语境紧密相关，其"民族寓言"带有文化的自卑和抵抗的悲剧色彩，而在今天，"讲好中国故事"既强调复兴中国文化传统和美学精神，同时又以当代中国的国家形象和国际地位为依托，具有文化认同、文化自信与文化交流的积极指向。可以说"讲好中国故事"，更像是一种反寓言或者新寓言，为文艺实践的寓言转化提出了中国性、当代性和世界性的新要求。这一点在习近平总书记的《在中国文联十一大、中国作协十大开幕式上的讲话》中体现得尤为突出。此语境下的文艺创作特别是以中国国家形象为主旨的影视作品，如《我和我的祖国》《流浪地球》《攀登者》《战狼》《红海行动》等，则鲜明地传达出了"民族寓言"的新内涵：当代中国在文艺作品中的形象，已经不再是第三世界文学地位和旧世界秩序的无意识表征，而是中国式现代化和中华文明独特价值的标志，更是反映全人类共同价值追求和推动构建人类命运共同体的至关重要的力量。

三、文艺与意识形态的互动关系

在文艺实践层面，"讲好中国故事"体现了文艺与意识形态之间的互动关系。就当代中国文艺实践而言，20世纪90年代以来，传统文学、网络文学以及大众影视等，都从不同角度表现出对"中国性"或中国经验的传达，这是中国新时期社会现实、时代精神以及人民情感在文艺作品中的自然反映。在此意义上，"中国故事"首先是一种走在主导意识形态之前的"感觉结构"[1]，是文艺实践立足于情感经验和时代变迁基础上的某种共性。然而，在这一共性之下，文艺作品对于讲述中国故事问题的认识缺乏自觉，中国故事的内容、艺术技巧以及价值立场仍然是混杂、参差不齐和充满矛盾的。而"讲好中国故事"便体现了主导意识形态对于这一文艺动向的把握以及理论规约。随着这一提法的内容扩展与完善，其对"中国经验""中华文化立场"以及"择取最能代表中国变革和中国精神的题材"等原则的强调，更是明确地体现出主导意识形态的要求。

文艺与意识形态的关系，一直是马克思主义文论的核心问题。马克思认为，文艺作为意识形态上层建筑，受经济基础的决定和制约，同时文艺又不同于法律、宗教、哲学等其他意识形态，而是具有相对独立性和特殊性。他在《政治经济学批判·导言》中对古希腊艺术永恒魅力问题的追问，着眼点便在于对文艺作为意识形态的现实价值的激活。正如有学者指出的："在马克思看来，古希腊艺术的特殊魅力不在于它的古典性，而恰恰在于它的'现代性'，即在于它在现代社会生活中的意义。已经转化为艺术作品的古希腊神话，已经不是一种意识形态，而是一种凝固的意识形式，只有当它与现实生活经验建立某种联系时候，它才呈现出具体的意义，这个'意义'的根源在于现实经验和现实关系。"[1]马克思的《路易·波拿巴的雾月十八日》，便通过探讨新兴资产阶级是如何通过"复活"古罗马英雄传统，为法国现代资产阶级革命汲取力量，以及路易·波拿巴是如何借助对拿破仑形象的拙劣模仿，掩盖其倒行逆施的复辟勾当，清楚地揭示了艺术与意识形态之间的积极或者消极的现实关系。

在马克思之后，罗莎·卢森堡、列宁、托洛茨基、毛泽东等革命家结合本国实际，在国家学说和政治斗争策略方面创造性地发展了马克思主义理论，文艺与意识形态的关系也在紧迫的革命实践中转化为文艺与革命、党性、阶级等更为直接的问题。这有力地强化了文艺在革命斗争与社会改造方面的现实功用，但也容易被后人机械地理解，从而忽略文艺与意识形态关系的复杂性。在 20 世纪以来的西方马克思主义文论传统中，特别是在阿尔都塞学派的推动下，文艺与意识形态的关系得到了进一步探讨，"意识形态"则成了一个中性和更加多义的概念。在今天，我们应当综合马克思主义意识形态批评的有益经验，把握马克思对文艺与意识形态关系的辩证态度，从社会现实需求和主导文化方向的角度对当代文艺生产的意识形态问题加以思考。

"讲好中国故事"的提出及理论发展，在很大程度上影响了"中国故事"的文艺审美风向，《觉醒年代》《人民的名义》《我和我的祖国》《山海情》《十八洞村》等一批主旋律作品应运而生，并且取得了良好的社会反响。这些作品的成

---

[1]　　王杰：《马克思主义与现代美学问题》，北京：人民文学出版社，2000 年，第 210—211 页。

功，绝不是简单的意识形态套用，而是体现出文艺与意识形态之间的积极张力。一方面，党的十九大报告中"展现真实、立体、全面的中国"的表述为"讲好中国故事"赋予了充分的自由和现实主义向度；另一方面，优秀的文艺作品在承载主导意识形态要求的同时，也无法回避人们真实的情感经验以及社会现实问题。文艺作品的"距离感"和无意中透露出的"矛盾性"，反过来推动了主导意识形态的反思与完善。例如，电影《我不是药神》以癌症病人和非法进口药商贩之间的纠葛为视角，讲述了一个特殊群体在医疗制度的现实中陷于无奈的悲剧故事。该影片不仅被主流媒体赞为讲好中国故事的"现实主义佳作"[1]，更影响了我国的医疗体制改革。电视剧《山海情》同样是讲好中国故事的典范。该剧不仅使我们看到了中国脱贫攻坚事业的巨大成效，还真实地反映了中国乡土农村顽固保守的一面、亲情与改革之间的矛盾、国家政策与地方落实之间的空隙等现实问题。总之，结合马克思主义的意识形态理论以及我国当代文艺实践，不难发现"讲好中国故事"背后文艺和意识形态之间的良性互动与张力关系。

四、文化构型与文化治理策略

在对外传播以及文艺创作的基础上，"讲好中国故事"又与文化事业、文化产业、文化软实力等提法联系在一起，因而具有了国家文化策略的意义。我们可以从马克思主义文化理论的角度解释这一问题。马克思的历史唯物主义理论框架，即基础和上层建筑的关系，为思考文化问题提供了总体视野，而葛兰西的"文化霸权"（cultural hegemony，又译作"文化领导权"）则推动了马克思主义文化理论的自觉。在葛兰西看来，文化霸权指统治阶级为使被统治阶级乐意接受其领导地位而采用的强制手段之外的文化控制策略，它以大众传媒、民间组织机构以及有机知识分子等为传播机制，确保了一个稳定的、认同资本主义价值观念的"市民社会"的存在。这样一来，无产阶级就不能寄希望于简单的暴力革命，而

---

[1]　　　封寿炎：《〈我不是药神〉爆红，解锁"现实主义"的正确打开方式》，《光明日报》2018 年 7 月 6 日，第 11 版。

是需要争夺市民社会的文化领导权，瓦解资产阶级文化的统治地位。这一理论，对于资产阶级文化革命以及无产阶级文化建设都极具启发意义。在中国共产党的历史经验中，也不乏对相似问题的实践与理论探索，例如国内革命战争时期的"红色歌谣"创作，以及毛泽东的"延安讲话"，都可看作对于文化领导权的争夺与捍卫。

英国马克思主义理论家雷蒙德·威廉斯以葛兰西理论为基础，提出了文化的构型问题。他指出，马克思的基础和上层建筑之间的对应不能被简单地理解，"基础"并不是抽象的概念，而是具体的、复杂的和不断变化的过程。在基础与上层建筑的互动中，文化起到了至关重要的作用。他区分了主导文化、剩余文化、新兴文化，认为三者的张力构成了文化与社会发展的动力。而在文化构型过程中，文艺发挥着最为关键的作用："在任何时期内，包括在我们自己时代内，大多数的写作都是对实际的主流文化的一种贡献。文学的许多特质——文学体现、展现和履行某些意义和价值的能力，或者是文学以独特的方式创造纯粹的普遍真理的能力——使得文学能够强有力地履行这种实际的功能。除了文学外，我们当然还必须补充视觉艺术和音乐，以及在我们这个时代里具有重大影响的电影艺术和广播艺术。……它们促成实际的主流文化的形成，并且是它的主要表现形式。它们表现了残余的意义和价值，虽然许多的残余意义和价值已被吸纳，但并不是全部都被吸纳了。他们同时深刻地表现了某些新兴的实践和意义，当这些实践和意义深入民众并开始感染他们时，它们就能够最终被吸纳。"[1]威廉斯的文化构型理论，将文化作为基础与上层建筑之间的中介，并在文化构型过程中思考文艺的作用，对于我们思考文艺的文化功能、国家文化治理、文化政策等问题都具有启发性。

"讲好中国故事"便源于文艺实践并参与了文化构型，进而成为国家文化治理的策略。"中国故事"原本是文艺创作中传达出来的自觉意识，以中国国家形象和社会现实环境为土壤，但归根结底则是经济和生产力水平的基础性因素决定的。在这一基础之上，文艺发挥着文化构型的作用，反映并推动了基础和上层建

[1]　　　[英]雷蒙德·威廉斯:《马克思主义文化理论中的基础和上层建筑》，傅德根译，载刘纲纪主编《马克思主义美学研究》第 2 辑，桂林：广西师范大学出版社，1999 年，第 341—342 页。

筑的发展变迁。具体说来,"中国故事"首先需要从剩余文化(传统文化、民间文化等)和新兴文化(网络文化、先锋文化、少数群体亚文化等)中汲取养分,而"讲好中国故事"的相关理论,则从"中国精神""中国形象""中国经验"等方面提出了要求,并将中华优秀传统文化、社会主义先进文化、红色革命文化作为内涵注入其中,使"讲好中国故事"实现了主导文化—剩余文化—新兴文化的融合。在这一过程中,发挥作用的是文化构型的"选择性传统"。"选择性传统"是威廉斯文化构型理论的一个核心概念。他写道:"在各种实践的历史层面上,都存在一个我称之为'选择性传统'的过程,在实际的主流文化领域内,它总是被当作'传统''有意义的过去'而为人们所忽视。但是,选择始终是关键所在;选择是人们在过去和现在的全部可能领域内选择某些意义和实践并加以强调,否定和排除另外一些意义和实践的方法。更为重要的是,人们总是重新阐释并削弱这些意义和实践的某些成分,或者把它们表达为支持或至少是与实际的主流文化内的其他因素不相矛盾的形式。教育过程;在家庭之类的机构中进行的更为广泛的社会培训;工作的实际规定和组织;在知识和理论层面上的选择性传统:所有这些力量都包含在不断创造和再创造实际的主流文化的活动中,由于它们为我们所体验并成为我们的生活的一部分,所以生活现实也是依赖于它们的。"[1]威廉斯对"选择性传统"的探讨,揭示了在文化构型过程中,主导文化对于"传统"的依赖以及"传统"背后的选择性策略。"传统"绝不等同于全部的过去,而是选择、强调、否定、排除以及重新阐释的结果,其主要作用是促进主导文化的发展更新和再创造。就"讲好中国故事"而言,"传统"无疑构成了中国故事之"中国性"的基质和土壤,它不可被绕过又不能被任意剪裁。而"讲好中国故事"理论体系中反复强调的中国形象和中国立场,以及中华优秀传统文化、革命文化、社会主义先进文化的提法,则为"传统"的选择提供了方向和依据。这样一来,"讲好中国故事"便成了以文艺实践为依托、以选择性传统为机制的主导文化、剩余文化、新兴文化共谋的文化治理策略,对当代中国共同文化的建设以及主导文化的构型与再生产发挥了积极作用。

[1]　　　[英]雷蒙德·威廉斯:《马克思主义文化理论中的基础和上层建筑》,傅德根译,载刘纲纪主编《马克思主义美学研究》第 2 辑,桂林:广西师范大学出版社,1999 年,第 335 页。

五、余论

匈牙利马克思主义理论家乔治·卢卡奇提出，马克思主义"不是对这个或那个论点的'信仰'，也不是对某本圣书的注解。恰恰相反，马克思主义问题中的正统仅仅是指方法。它是这样一种科学的信念，即辩证的马克思主义是正确的研究方法，这种方法只能按其创始人奠定的方向发展、扩大和深化"[1]。卢卡奇强调的是马克思主义提供的唯物主义辩证法的重要性，及其与历史进程和社会现实的紧密联系。英国马克思主义批评家特里·伊格尔顿则提醒我们牢记马克思主义理论的"非学院化"目标："马克思主义是一种关于人类社会以及改造人类社会的实践的科学理论；更确切地说，马克思主义所要阐明的是男男女女为摆脱一定形式的剥削和压迫而进行斗争的历史。这些斗争绝不是学术性的，如果我们忘记这一点，就要吃亏。"[2]当我们把这些对于马克思主义理论的看法综合起来，或许能够更好地领会马克思主义理论的精髓，即基于历史唯物主义的对于社会现实的批判分析方法，以及以共产主义理想为支撑的改造世界的现实原则。

通过对"讲好中国故事"的理论概述，以及从当代中国国家形象的"民族寓言"、文艺与意识形态的关系以及文化构型与国家文化治理三个层面对其学理依据进行阐发，不难发现这一提法与马克思主义理论的紧密契合关系。当然，马克思主义理论本身的丰富内涵以及经典论著的开放性，使我们或许还能找到其他角度展开分析，但可以确定的是，"讲好中国故事"既以马克思主义理论为基础，又紧贴中国当代社会现实以及文艺现状，是马克思主义理论中国化时代化的新成果，也是亟待理论批评以及文艺创作深入思考的标识性话语。

[1]　　　[匈]卢卡奇：《历史与阶级意识》，杜章智等译，北京：商务印书馆，1999年，第49页。

[2]　　　[英]特里·伊格尔顿：《马克思主义与文学批评》，文宝译，北京：人民文学出版社，1980年，第2页。

从《中国奇谭》看中国动画的"人民美学"路径

孙开晗　曹成竹

　　提起近年来的国产动画片，多数人会为其打上"低幼""模仿""吃老本"等标签，这些观念不仅反映出动画片受众群体的局限，更透露出人们对国产动画现状的不满。的确，当前中国动画市场虽然作品层出不穷，但其艺术风格的同质化、内容的俗套以及审美意境的欠缺等问题常为大众所诟病。究其根本原因，是当代中国动画缺少能够体现中国审美风貌、反映中国文化精神、触动中国观众情感的优秀作品。概言之，中国动画艺术在"讲好中国故事"方面还显得较为薄弱，亟待此方面的经验反思和理论总结。

　　2023 年元旦，上海美术电影制片厂（以下简称"上美影厂"）联合哔哩哔哩视频网站（Bilibili，以下简称"B 站"）推出了致敬中国动画诞生百年的动画短片集《中国奇谭》。该片上映后赢得好评无数，不仅获得了 9.9 分的高分评价，还被网友誉为中国动画的"文艺复兴"和"王者归来"。《中国奇谭》对于中国动画艺术凸显中国特色，走出现实困境具有重要的启示价值。《中国奇谭》的成功，除却上美影厂对自身民族化传统的坚持和发扬之外，更重要的一点是其将"人民美学"作为动画艺术的内在宗旨。该片植根于中国民间文化土壤，紧随中国式现代化进程，通过传统与现代、民族与世界、现实与虚构、乡愁与未来的多维叙事和抒情，在当代文化语境中探索了"人民美学"的实践路径。对这一问题的分析解读，不仅能够帮助我们更好地理解文艺的"人民性"以及"讲好中国故事"等理论观念，也能为中国动画艺术的发展创新提供有益的经验。

一、人民审美主体性：讲好中国故事的情动逻辑

毛泽东《在延安文艺座谈会上的讲话》中，提出并强调了"文艺为人民服务"这一"人民主体论"的美学观。[1] 当时所处的历史语境，决定了文艺创作所服务的人民大众是以文化水平不高、生活在乡土中国的工农兵为主体的。进入新时代以来，中国所处的历史阶段及主要矛盾发生了变化，人民主体由工农兵转变为社会主义事业的建设者，人民文化水平有了飞跃式提升。在当下的数字媒介时代，传播的双向性使受众的自主性和主体意识进一步增强，快节奏、碎片化、高压力的都市生活也影响着人民大众的情感经验。这些变化，都要求"人民美学"的思想内涵更新和文艺实践探索。这一更新与探索，首先需要以当代语境下"人民审美主体性"的情感内容及审美表达方式为基础。

通过网络平台发布的《中国奇谭》，便是新媒体语境下动画作品满足人民大众情感诉求和审美经验的有益尝试。作品重视传—受间的情感互动，并首先通过"情动"的激活，促成了观众以自身情感经验为基础的对于动画内容的审美认同。"情动"（affect）作为一个哲学概念始于斯宾诺莎（Baruch de Spinoza）的著作《伦理学》（Ethic），而后经由德勒兹的再阐释，这一概念被置入其"流变—生成"的理论体系中[2]，强调情感之于人本体的绵延不断的内驱力。作为一部"技术 + 情怀"共同作用的情动影像（affection-image），《中国奇谭》借助"情感"对主体心灵的自发生成逻辑，在作品主题及审美意蕴呈现的层面博得了观众的审美认同，而这一情动策略的根基，则源于当代中国人民大众的日常生活经验和现代性体验。

在《中国奇谭》的八个故事中，我们经常看到影射社会万象，体现人文关怀的镜头画面。例如，《鹅鹅鹅》通过隐喻、对比、荒诞等各类陌生化技巧，以委婉而沉重的意蕴叩击当代民众的情感知觉，着力营造出极具希区柯克悬疑意蕴的奇诡氛围，以使故事中的每一个片段及每一处元素都富有隐喻和复意功能。开放模糊的故事意境，使观众的想象自由和情感投射得到了最大程度的发挥。在该片

---

[1]　　参见冯宪光《人民美学与现代性问题》,《文艺理论与批评》2002 年第 6 期。

[2]　　参见刘芊玥《情动理论的谱系》,《文艺理论研究》2018 年第 6 期。

弹幕和留言评论中可以看到，有观众从"狐狸书生""兔女""豕"只有在四下无人或迷醉后才得以从口中吞吐出自己的"心上人"这一连环事件，联想到现实中人们爱而不得的错位与无奈；有观众从"鹅姑娘"向"货郎"提出"带她离开鹅山"的请求，而"货郎"却畏惧犹豫最终永失所爱的遗憾中，反观生活中的自己何尝不是在一次次踟蹰中错失机遇；有观众则看到不同妖怪的"心上人"形象、性格等皆与妖怪自身完全相反，感叹妖怪们深藏于心的，其实是对自己渴望却无法拥有的美好品质的执念……故事本身丰富的审美意蕴以人民大众的现代性体验为基础，激活了当代国人的想象与阐释热情，也为"人民审美主体性"赋予了足够的自由与自主的空间。

《中国奇谭》的其他故事亦旨在通过以小见大的叙事手法影射民众的日常生活，调动民众审美情思。例如：《乡村巴士带走了王孩儿和神仙》与《小卖部》，是对城市化进程中普遍存在于人们内心的"乡愁情结"的折射；《小满》则表达了"余忆童稚时"的对未知事物既兴奋又害怕的矛盾心理；《飞鸟与鱼》"相遇—幻化—豁达"的剧情结构，映照出现代都市人对"情绪价值"以及"精神共同体"的渴求。有观众为《中国奇谭》关乎"自我"的情感经验做出了总结："第一集：我的工作；第二集：我的爱情；第三集：我的亲情；第四集：我的家乡；第五集：我的童真；第六集：我的内心；第七集：我的归属；第八集：我的希望。"[1]这一总结，正是《中国奇谭》从情感驱动和审美体验层面尊重和塑造当代中国大众"人民审美主体性"的形象概括。

《中国奇谭》的人民审美主体性，不仅仅在于贴近人们日常生活，影射大众情感百态，其更深层的情动逻辑则在于对人民审美主体性的确证与重塑，也就是使观众体验到感人的、富于浪漫主义精神的人民主体力量的审美显现。例如，《小妖怪的夏天》里猪妖听说唐僧师徒是好人，他开始犹豫彷徨，后来终于鼓起勇气跑去报信。故事最后我们发现，孙悟空不仅没有打死猪妖，还送给他三根毫毛作为奖励，浪浪山的妖怪集团也被彻底铲除了。在这里，猪妖的善良意识觉醒和对压迫的反抗互为表里，他眼中闪着光亮地跑向唐僧师徒的过程，正是以自身

---

[1]　　出自《中国奇谭第八集，长大后的我们到底失去了什么？》网友评论，该评论获赞 1683 次，抖音视频（https://v.douyin.com/AtgWqah/）。

理想推动社会变革的微弱而又悲壮的努力。故事的结局既符合观众的情感希望，也确证了正义光明的存在，同时显现了一个平凡小妖怪的伟大和闪光时刻。这种理想主义精神和浪漫主义色彩，为人民审美主体性的确证与重塑提供了积极的导向。

总之，生活体验、社会现实与伦理价值等问题在动画作品中的植入和审美表达，是当代中国动画艺术贴近民众生活、丰厚故事内涵、坚持人民路线的必要之举，《中国奇谭》真正体现了当代中国语境中"艺术源于人民、艺术为了人民"的以人民为审美主体的制作理念。

二、破壁与融合：营造新时代人民审美的诗性景观

从影视美学的角度来看，"诗性"的关键在于通过对镜头语言、意象符号、审美风格等元素的艺术化处理，传达出一种带有陌生化与朦胧感的诗意效果，给予观者充分的遐想空间。中国古典美学讲求简约和留白，诗歌更以简练的语言和精微的细节传达"象外之象"与"味外之旨"。此种含蓄留白、回味悠远的审美旨趣运用于动画作品中，便为作品的"诗意"想象和审美体验奠定了民族化的美学基础。除此之外，为刻画符合当代人民审美的诗性景观，中国动画还需要借助影视艺术本身的理念与技术方法。法国先锋派电影理论家路易·德吕克（Louis Delluc）的"上镜头性"（photogenie）理论认为，影视创作应在丰富画面构图的同时以景观的"诗性"展现人物微妙的情感变化，从而赋予镜头以自我投射、自我异化、自我幻觉化的超现实幻梦效果。[1] 简言之，德吕克追求的是以"贴近现实的方式呈现出超越现实的、具有情感和精神维度的内涵"[2] 的电影美学观，主张电影艺术应利用这种现实感或朴素的透视，挖掘日常生活中的诗意。

《中国奇谭》在静态画面上广泛采用了中国传统绘画的诗意构图，在画面调

---

[1]　参见许南明、富澜、崔君衍主编《电影艺术词典》，北京：中国电影艺术出版社，2005 年，第 81 页。

[2]　吴思捷、余韬：《重回"上镜头性"——一次对影像观念的溯源性探究》，《北京电影学院学报》2022 年第 5 期。

度中则融合了"上镜头性"理念，通过陌生化效果（defamiliarization）与含蓄意指（connotation）的双重作用，不断深化能指与所指间"离散性"（discreteness）的互文关联，从而带给新时代民众以激活想象与多重解读的可能。例如，通过异质性的色彩处理为观众设置"阅读障碍"的《鹅鹅鹅》，在表现形式上融合了中式水墨、西方素描、极简主义等技巧，满足了观众对古典、先锋、朋克等混合风格的审美体验。在《乡村巴士带走了王孩儿和神仙》中，有一幕长达 10 秒的"黑屏"长镜头。在这段长镜头开始之前，镜头展示的是童年时期绿树成荫的充满"希望"的绿色田野，而在长镜头结束之后，映入眼帘的则是多年后被大雪覆盖的"荒芜"的白色田野。在此，寓意生机的"绿"、暗示消亡的"白"与压抑绵长的"黑"形成了强烈的色彩三维对比，配以悠长的唢呐声，观众感受到了带有中式节奏美学和民族风格的诗意。此种留有余韵且擅于借助"符号化""浪漫化"意象的叙事方式，改变了观众对动画作品活泼、浅显、元素过满的传统认识，丰富了观众对中式动画的诗意感知和审美体验。

再如，第三话《林林》以人与自然和谐共生的"生生之美"为主题，镜头语言同样呈现出浓郁的诗性色彩。在逼真的三维动画效果中，导演巧妙地融入中式美学元素，使用空镜头、景深镜头以及特写镜头等影视制作技巧，并对画面进行"抽帧"处理。在给予观众以传统国产动画短片所缺乏的"大片感"、科技感与时尚感的观看体验的同时，在由笛、箫、阮、大鼓等中式古典乐器合成的音乐背景中，画面不断闪现带有中式美学特质的意象，诸如空景、留白、点缀等，从而使观众在富有科技感的视觉体验与古朴神秘的氛围美感之间徘徊。类似的"科技感 + 民族风"的诗性景观在《中国奇谭》第六话《飞鸟与鱼》中亦有体现。导演采用三渲二的动画技巧，在充满中式民间风情的故事中融入"网游""日漫"风格，通过对各处"光"元素的处理以及对各类"科学发明"的呈现，在美化镜头画面的同时，又增添了几分科幻意味，极大激活了观众对于国产动画镜头语言的想象力。

总体而言，《中国奇谭》融合了传统的水墨、素描、定格动画以及充满现代化意味的"三渲二"、CG 等动画技术，使中国传统民族化元素与未来、科幻、时尚等现代化关键词进行"诗性"联动，产生了"1+1>2"的具有破壁与融合意味的诗性景观。这一将多种表现风格融入具有同一文化意涵的动画作品中的创作理念，保持和延续了中国动画的民族化美学风格和主题内核，又超越了观众对于以往中国动画的认知阈限，同时也满足了新时代观众的审美期待及多元化的审美趣味。此种多元融合的诗性景观，既是对传统国产动画叙事模式及创作理念的破壁尝试，又可视为新时代语境下中国动画艺术风格与观众审美心理之间互动机制的一次成功探索。如果说"人民审美主体性"是《中国奇谭》"人民美学"的内在情感驱动逻辑的话，在保持民族传统的同时融合各种新鲜理念的诗性景观，则构成了《中国奇谭》人民美学的外在的形式化策略，两者如同质与形，彼此支撑，互相转化，一同构成了《中国奇谭》"人民美学"观的实践理路。

三、共赢的文艺"再生产"：人民美学在新媒体平台的传播与接受

近年来，B 站凭借狂欢化的社区氛围以及对网络文化、圈层文化、青年亚文化的尊重，逐渐树立起年轻、自由、个性的品牌形象，成为"Z 世代"群体以及自由媒体人高度聚集的情感互动与文化交流社区。B 站备受好评的弹幕、"二度创作"以及"一键三连"等互动方式，不仅强化了民众的参与度，其简易、自由、畅通的作品发布模式更是为民众自主地创造和传播作品提供了便利。可以说，主打 ACG（Animation、Comic、Game，即动画、漫画、游戏的总称）内容、追求民主化社区氛围以及拥有坚实受众基础的 B 站，为《中国奇谭》赢得民众青睐、站稳动画市场提供了重要的先决条件。而《中国奇谭》借助这一传播平台的火爆"出圈"，也印证了"人民美学"的价值并由此促进了其传播和再生产。

B 站积极发挥 UGC（User Generated Content，即用户生产内容）的传播优势，在其推出的各类番剧单元中，汇聚了大量 UP 主自制上传的解说视频。作为自媒体时代的新型网络发声者，UP 主既是影视作品的观众及消费者，同时又是作品"二度创作"的主理人及发布者。B 站董事长兼首席执行官陈睿认为，《中国奇谭》的成功不仅是中国原创动画的一次厚积薄发，那些对中国传统文化感兴趣，抱有国漫情怀并且愿意推介动画作品的 UP 主，更是为作品的广泛传播奠定了深厚的民众基础。[1] 例如，B 站知名 UP 主"三代鹿人"发布的关于《中国奇谭》的自

---

[1]　参见许晓青、郭敬丹《〈中国奇谭〉何以神奇？：原创动画短片集走红背后的"流量密码"》，《新华每日电讯》2023 年 1 月 22 日，第 3 版。

制视频，分别从动画的内容选材、表意技巧以及内核意蕴等角度进行了剖析，该视频播放量已突破百万；UP 主"天师道的白山正"的《中国奇谭》系列解说，对八个故事分别展开讲述，其中题为"[全站最硬核]《中国奇谭》第二话《鹅鹅鹅》深度解析＆神秘彩蛋"的视频点击量高达 500 万人次。

　　观众还会在此类自制视频中通过弹幕的方式再次发表评论，表达自己对"上美影厂""国产动画""中国文化"的赞美与欣喜，如刷屏最多的弹幕文本"上美 YYDS""成年人的内心独白""爱死机是外国版的中国奇谭"等。细读这些在虚拟空间快速流动的弹幕文本，我们不难发现，"弹幕"实际上是为观众抒发心声提供了一条最简洁直白的路径，承载了观众对作品真切朴素的情感。比如对中式美学风格的肯定与赞美、对动画勾起的童年回忆的感慨，以及对作品影射当下现实的强烈认同等等。从弹幕文本内容及出现频次上，便可直观把握 80 后、90 后群体共有的文化记忆和情感结构。而面对民众的体验热情，《中国奇谭》主创人员通过"幕后花絮"的方式，录制解说视频、音乐专辑等，实现传—受间"线上"实时互动，而这也正是人民美学在审美交流和审美经验层面的直观体现。

　　从《中国奇谭》在 B 站的传播交流态势可以看出，《中国奇谭》当代互联网空间十分典型的文艺"再生产"实践，这一过程以作品文本和主创解读为基础，以 UGC 和 PUGC 模式的二次创作为推动力，以网民大众的弹幕交流、经典评论和点赞支持为响应，实现了作品从审美意蕴到意义内涵的不断增殖。这一文艺"再生产"是创作与接受的融合共赢，不仅直观呈现了当代人民大众对作品的情感反馈和审美认同，亦印证了"人民美学"在传播机制方面所应采取的策略和理论必要性。

四、结语

　　《中国奇谭》秉持人民审美主体性的制作观念，回应新时代人民大众的情感诉求，在坚守民族化、个性化的传统创作理念的基础上，拓宽创新视域，积极融合各类现代化的动画制作技术，为观众打造了前所未有的视听奇观。《中国奇谭》以人民为主体的情感内核、融合传统与现代的诗性景观，以及传播与接受共谋的文艺再生产模式，共同构成了其"人民美学"观的实践维度。以此为基础，观众的情绪感受通过"二度创作""花絮互动""弹幕评论"等方式得到了表达与宣泄，亦印证了作品人民美学路线的合理性和有效性。可以说《中国奇谭》在"人民性"的文艺路线及美学精神指引下，既坚守民族传统又富于时代性和多元性，其成功实践也为新时代中国动画的发展创新开辟了一条道路。

"文学的政治"在中国语境中的特殊性
——以北大歌谣运动与新民歌运动的比较为例

曹成竹　　周婷婷

在西方左翼思想推动下，从"政治"角度思考文艺乃至美学问题成了近年来的理论热点。当代的文学政治研究，一方面泛化了"政治"的内涵，将政治看作普遍存在的对公共事务的介入和感性秩序再分配的诉求；另一方面则更加重视从文学本身出发，发掘文学政治错综多变的存在方式，如文学文本对政治问题的自觉呈现，文学文本无意中表露出来的对新感知方式和社会秩序的先知先觉，新的写作方式、语言风格的自足自律所代表的诗学"元政治"等等。

以上视角的启发性是毋庸置疑的，然而当我们借以阐释中国问题时需要注意的是，在现代中国语境中，文学与政治（狭义）的关系始终是显性的，文学的政治理想和政治对文学的影响在很大程度上左右了 20 世纪以来中国文学的发展轨迹，因此对这一问题的思考也需要以这一主导关系为线索，将其复杂和张力呈现出来，而不宜简单挪用当代西方左翼文学政治理论。此外，近代百年中国文学政治问题的一个突出表现，是在各种"文学事件"的推动下，文学秩序和文学经典的不断被重估。与西方经典文学文本内容及其诗学政治的"由内而外"路径相比，我们的文学政治模式是"由外而内"的，同时又不乏文学内部法则的自觉与自律。通过 20 世纪早期北大"歌谣运动"与新中国成立后的"新民歌运动"的对比，可以清晰地呈现出"文学的政治"在中国语境中的特殊性。

一、作为"文学事件"的北大歌谣运动

自 18 世纪下半叶至 19 世纪以来,在浪漫主义和民族主义的影响下,西方许多国家都发生过搜集整理民间歌谣的文化学术运动。英国历史学家霍布斯鲍姆在提及这一现象时写道:"由于受到 18 世纪晚期横扫全欧的浪漫主义的影响,欧洲各国都掀起一股崇尚单纯、简朴,以及尚未腐化的乡居生活之风,也开始重新发现不同人群特有的民俗传统,而着手整理方言民谣,更是这场尚古之风的重心所在。"[1]20 世纪之初,一批中国学者也开始以前所未有的热情投身于搜集整理民间歌谣的事业之中,这就是 1918 年由刘半农、沈尹默、钱玄同等人发起的"歌谣运动"。这场运动以北京大学为主要阵地,得到了时任校长蔡元培的支持。1918 年 2 月 1 日的《北京大学日刊》发布了征集歌谣的《校长启事》和《北京大学征集全国近世歌谣简章》,不仅号召本校教职工和学生根据自己所见所闻积极搜集,还祈求所有内地报馆、学会及杂志社的配合宣传,并且嘱托各省官厅转告各县学校和教育团体代为搜集。《北京大学征集全国近世歌谣简章》转载于《新青年》以及北京、上海、武汉、广州等地的其他报纸刊物上,且被附在讲义中发给北大3000 多学生每人一份。自此,中国现代史上的一次由知识分子发起的大规模搜集整理及研究歌谣的文学运动拉开了序幕。

这场运动断断续续坚持了近 20 年时间(从 1918 年号召征集歌谣,到 1937年《歌谣》周刊因抗战爆发停刊为止),吸引了一批知名学者和青年学生加入,形成了一个以歌谣为审美趣味和研究对象的文化共同体——歌谣研究会;歌谣研究会共征集到歌谣 2 万多首,发表了其中的 2000 余首;它还创办了歌谣运动的核心刊物《歌谣》周刊以及《歌谣纪念增刊》。在歌谣研究会成员的努力下,一系列歌谣研究和搜集的成果相继问世,如朱自清的《中国歌谣》、常惠的《北京歌谣》、顾颉刚的《吴歌甲集》、刘经庵的《歌谣与妇女》、台静农的《淮南民歌》、董作宾的《看见她》等,此外还有《北平歌谣》《山东歌谣》《宁波歌谣》《绍兴歌谣》《四川歌谣》《淮安歌谣》《湖南儿童歌谣》《关中歌谣》《浙江歌谣》

---

[1]　　　[英]埃里克·霍布斯鲍姆:《民族与民族主义》,李金梅译,上海:上海人民出版社,2000 年,第 124 页。

《贵州苗夷歌谣》《广西特种部族歌谣集》等不同省份和地区的歌谣集。不仅如此，一批诗人如刘半农、刘大白、俞平伯等人开始尝试模仿歌谣的新诗创作，后来 20 世纪 30 年代"左联"领导下的中国诗歌会也提倡"歌谣运动"，主张作大众化的新诗。歌谣也在沈从文、鲁迅、周作人、老舍、台静农、汪曾祺等人的小说和散文中频繁出现，不仅仅是作为文本的点缀，更是一种核心的审美意象（例如《边城》中的歌谣）。可以说，歌谣运动不仅为中国民间文学、民俗学的学术发端奠定了坚实基础，更推动了歌谣在 20 世纪中国文学和社会文化中的传播与扩散。

我们应当把北大歌谣运动作为一个"文学事件"加以看待。这里有必要先对"文学事件"这一概念略做解说。它源自伊格尔顿《文学事件》（*The Event of Literature*）一书[1]的提法，虽然作者并未对其做明确的界定和描述，但我们却能从该书的章节结构及论点中把握其用意所在。伊格尔顿的《文学事件》一方面强调了文学本身的"发生性"，即文学何以成为文学的那些相对稳定的属性；另一方面又涉及文学的"结果性"，也就是文学作品本身作为一个"事件"所产生的外部影响或者阅读功效。在这里我们以伊格尔顿的观点为基础，同时也需要略做扩充。因为"文学事件"显然还有一个更外部的维度，即人们在特定的历史语境中对于文学的使用和评价，也就是"事件化"或"策略化"地对待、使用和操纵文学，挑战已有传统，颠覆文学惯例。换言之，如果把文学作为一种"述行语"的话，对其进行"事件化"的研究不仅需要关注文学本身做了什么，还应当关注人们用它做了什么，也就是人们围绕"文学"所做的一系列操纵和策略化行为，而正是这些行为使得一些作品被接受为文学作品。乔纳森·卡勒在探讨文学的"述行语言"问题时便谈到了这一层面的述行性，在他看来这是比文学语言本身的述行功能更重要的一个方面[2]。

<hr>

[1]　　参见［英］特里·伊格尔顿《文学事件》，阴志科译，郑州：河南大学出版社，2017 年。

[2]　　参见乔纳森·卡勒《文学理论入门》（李平译，南京：译林出版社，2008 年）一书中"述行语言"这一小节的相关论述。卡勒写道："一次文学创作只有当它被出版、阅读，被接受为文学作品时才会真正成为文学，也才能有效。就像打赌，只有当它被接受时才成为打赌。概括地说，认为文学是述行语这一观点让我们思考是什么使文学序列事件产生作用这样一个复杂的问题。"

"歌谣运动"正是这样一个典型而复杂的"文学事件"。一方面，它是始于文学并归于文学的——它的起因是刘半农为了新诗改革而转向民间歌谣寻求灵感，虽然歌谣运动后来在民俗研究方面硕果累累，并且奠定了中国民俗学、民间文学的基础，但始终有一批学者坚持对歌谣文学价值的阐发。1936 年《歌谣》复刊后，主编胡适在《复刊词》中仍强调歌谣搜集与保存的最大目的，是替中国文学扩大范围，增添范本。因此可以说，歌谣运动始终有着对文学的合法性或者"发生性"问题的坚守。另一方面，歌谣运动涉及对"什么是文学""什么是好的文学"这样的文学基本问题的反思、颠覆和重新规定，挑起了相关的学术争论、引起了文学保守派的嘲讽谩骂，同时又清晰有力地确立了以"歌谣"为范本的平民文学审美趣味。此外，歌谣运动不仅是文学小圈子的内部事件，更是一个外部的社会事件，将知识分子、青年学生、官方（教育部）、媒体出版业、基层教育工作者等联系起来，在不断的宣传和运作中产生了广泛的社会影响。可以说，无论从歌谣本身的文学影响还是歌谣运动的社会影响来看，歌谣运动都具有特殊而激进的"事件性"，它的发生发展和深远用意都值得我们思考。它以北京大学这个文学和思想的前沿为阵地，确保了这场运动的辐射和影响的最大化；它的参与者是倡导新文学、新文化的文人学者和青年学生，他们以刊物、报纸、书籍、讲台为话语空间，将葛兰西所谓的"有机知识分子"的功能最大程度地发挥了出来。更重要的是，这场运动的着眼点是始于文学却又落于文学之外的。它不同于清末知识分子"眼光向下"[1] 的对民间社会的教育和启蒙，而是一种"以下化上"，指向的是中国知识分子、正统文化文学秩序以及官方意识形态。它的用意并不是回归乡土民间，而是用歌谣这样一种底层民间的边缘文化，提炼熔铸为帮助中国走向现代的新兴文化，实现对主导文化和文学秩序的解构与重建。参与歌谣运动的文学知识分子们在当时中国的文学和文化权力结构中处于弱势，他们的歌谣文学活动自然也遭到了学校和社会内外的重重打压[2]。可以说，北大歌谣运动是边缘文化、新

---

　　[1]　　这种"眼光向下"的以"开民智"为目的的文化普及运动，在清末便已经在民间社会蓬勃展开，参见李孝悌《清末的下层社会启蒙运动：1901—1911》，石家庄：河北教育出版社，2001 年。

　　[2]　　歌谣运动遭遇的困境和压力，可参见洪长泰《到民间去：1918—1937 年的中国知识分子与民间文学运动》（董晓萍译，上海：上海文艺出版社，1993 年）中的"社会舆论和政府压力"这一小节。

兴文化与主导文化之间张力作用的结果，是一场艰难而激进的文学文化革命。

二、作为"政治事件"的新民歌运动

新中国成立以后不久，同样发起了一场以歌谣为核心的文艺运动，就是 1958 年"大跃进"时期的"新民歌运动"。这一运动的直接倡导者是毛泽东，而他对民歌的偏爱则受到了歌谣运动的影响。中共中央于 1958 年 3 月召开的成都会议是酝酿发起"大跃进"的准备会议，毛泽东在 3 月 22 日的会议讲话中提出了搜集民歌的倡议：

> 印了一些诗，尽是些老古董。搞点民歌好不好？请各位同志负个责，回去以后搜集一点民歌。各个阶层都有许多民歌，搞几个试点，每人发三五张纸，写写民歌。劳动人民不能写的，找人代写。限期十天搜集，会搜集到大批旧民歌的，下次开会印一批出来。中国诗的出路，第一是民歌，第二是古典。在这个基础上产生出新诗来。形式是民族的，内容应该是现实主义与浪漫主义的对立统一。太现实了，就不能写诗了。现在的新诗还不能成形，没有人读；我反正不读新诗，除非给一百块大洋。这个工作，北京大学做了很多。我们来搞，可能找到几百万成千万首的民歌，看民歌不用费很多的脑力，比看李白、杜甫的诗舒服些。[1]

这里毛泽东特别提及了北京大学搜集民歌的工作，而在其他讲话和文献中，他也提及过此事[2]。此外，早在 1926 年毛泽东便曾发动广东农讲所学员到各地搜集民歌，而当时正是北大歌谣运动的声势逐渐扩散开来之时。1933 年，他在江西苏区调查时，也有意搜集了一些民歌并且写入自己的调查报告中。1938 年 4 月，

---

[1]　　陈晋：《文人毛泽东》，上海：上海人民出版社，1997 年，第 448 页。

[2]　　如 1957 年 1 月 14 日毛泽东在中南海约见诗人袁水拍和臧克家的谈话中，也提到了"北京大学搜集民谣"的事迹，建议诗人从民间歌谣中汲取经验。

在他给延安"鲁艺"师生讲话时也提道:"民歌中便有许多好诗。我们过去在学校工作的时候,曾让同学趁假期搜集各地的歌谣,其中有许多很好的东西。"[1]这些都可看出歌谣以及歌谣运动对毛泽东的影响。

在毛泽东的倡导、主流媒体的宣传以及各级政府的贯彻下,全国上下开始了一场声势浩大的民歌搜集和创作运动,而且这一运动也得到了文艺界的积极响应。先是郭沫若在1958年4月17日的《中国青年报》发表了文章《为今天的新国风,明天的新楚辞欢呼》,充分肯定了民歌在鼓舞、教育、组织群众方面的作用以及民歌的文学价值。他还接受了《民间文学》编辑部关于大规模搜集民歌问题的专访,文章被发表于1958年4月21日的《人民日报》。1958年4月26日,中国作协、中国文联、中国民间文艺研究会在中宣部副部长周扬的支持下召开了首都文艺界"民歌座谈会",提出了"采风大军总动员"的口号。在1958年5月召开的中共八大二次会议上,周扬还代表文艺界做了《新民歌开拓了诗歌的新道路》的发言。当时的文艺界也有人对这股浪潮提出质疑和反对意见,如何其芳便不认为民歌可以完全取代或者统一新诗。但这种声音很快便被淹没,自上而下的政治推进及文艺界的积极配合,使新民歌运动轰轰烈烈地开展起来。许多报纸纷纷开辟了"民歌专栏",各地搜集汇编的民歌集、歌谣选、诗歌集不计其数,全国遍地都有"万诗乡",涌现无数的"民间诗人"和"文盲诗人"。

尤为值得一提的是,当时的民歌成果中最有代表性的当数郭沫若、周扬编的《红旗歌谣》。该书选了300首歌谣,涉及党的颂歌、农业大跃进之歌、工业大跃进之歌、保卫祖国之歌四部分内容。编者给予了这些歌谣很高的评价,认为其文学地位已经超越了《诗经》:"这种新民歌同旧时代的民歌比较,具有迥然不同的新内容和新风格,在它们面前,连诗三百篇也要显得逊色了。"[2]还有人称赞"这是我国文学史上第一个最完美的民歌选集,这是我们社会主义新时代的新国风"[3]。然而在今天看来,这些歌谣的艺术价值及文学史意义,显然没有当时人们

---

[1] 毛泽东:《毛泽东文集》第二卷,北京:人民出版社,1993年,第125页。

[2] 郭沫若、周扬编:《红旗歌谣》"编者的话",北京:红旗杂志社,1959年,第2页。

[3] 力扬:《社会主义新时代的新国风——读〈红旗歌谣〉三百首》,《文学评论》1960年第1期。

认为的那么重要，它们不仅被掩埋在历史之中而无法进入文学经典的视野，还引发了后来文学界和理论界的批判反思。例如有学者便尖锐地指出："新民歌体的问题还不仅在于宣传，它是以一种貌似天真无邪的强借大众名义的作伪手段。"[1] 还有学者认为，以《红旗歌谣》为代表的新民歌运动是一种"无法抵达的民间"[2]。《红旗歌谣》作为新民歌运动的主要成果和旗帜，人们对它的评价和接受，无疑可以看作新民歌运动文学价值的缩影。

新民歌运动的初衷与重心虽然在于文学，但却是一场典型的"政治事件"，其"自上而下"的立场与北大歌谣运动截然不同。这里的"上"既是政治意义上的，也是主导文化意义上的。它的用意是"以下化上"，用民歌的营养和精神推动中国新文学的发展以及社会建设事业的进行。但"大跃进"这一特殊历史时期的裹挟、"以上示下"的运作方式的层级化推行，都使新民歌运动偏离了理想的轨道，此时的民间歌谣或者成了文学形式上乏善可陈的顺口溜，或者成了主题和内容单一的命题作文，其文学价值的有限性也就在所难免了。

当然，我们不能完全否定新民歌运动的成果。这一运动虽然紧跟政治动向和社会生产运动浪潮，但其民歌化的主张也确实使一些脍炙人口的经典作品应运而生。例如，《草原之夜》便诞生于 1959 年八一电影制片厂导演张加毅为新疆建设兵团拍摄纪录片时与作曲家田歌的一次散步：

> 漫无目地走出十几里后，眼前豁然出现这样一幅情景：一抹晚霞斜挂天边，丛丛芦苇在夕阳下泛着光亮，远近各处炊烟袅袅升起；年轻的兵团战士把打来的猎物架在篝火上烧烤着，旁边有小伙子弹奏着都它尔在轻声歌唱，有的战士横躺在架子车上休息……
>
> 张加毅深为触动：这生活的情景，不正是该纪录片应该有的基调吗？他有些激动地对田歌说："这才是人们内心情绪的流露啊，我们为什么天天

[1] 赵毅衡：《村里的郭沫若·读〈红旗歌谣〉》，转引自刘禾《语际书写——现代思想史写作批判纲要》，上海：上海三联书店，1999 年，第 162 页。

[2] 吴晓、胡苏珍：《无法抵达的民间——论〈红旗歌谣〉的抒情主体性问题》，《海南师范大学学报（社会科学版）》2008 年第 3 期。

在那儿强调'拼命干，死了算，一天等于二十年'呢？为什么不去抒发一下人们内心的真情实感呢？"

血气方刚的田歌盯着张加毅，有意挑衅似地问："张导，这样的情景你敢拍、你敢写吗？"

张加毅反问过去："小田歌，我要写出来，你敢谱吗？"

"只要你写出来，我就敢谱！"[1]

于是便有了《草原之夜》中"美丽的夜色多沉静 / 草原上只留下我的琴声 / 想给远方的姑娘写封信 / 可惜没有邮递员来传情"这样优美的歌词和民歌旋律。这首歌既是新民歌运动的叛逆之音，却又是一个意外的收获。此外，《九九艳阳天》《乌苏里船歌》《嘎达梅林》《花儿为什么这样红》《洪湖水，浪打浪》《刘三姐》等经典歌曲，都吸收借鉴了民歌的精华，与新民歌运动有着直接或者间接的关系。虽然与新民歌运动中征集到的以百万千万计算的诗歌相比，这类歌谣仅仅是凤毛麟角，而且它们的"经典化"不仅经过了艺术家的加工提炼，更离不开影视文化的审美建构和传播，但它们毕竟与新民歌运动的时代浪潮有一定的关联，也从侧面印证了民间歌谣巨大的艺术魅力与持久的活力。

三、在文学的"外部政治"与"内部政治"之间

关于北大歌谣运动以及新民歌运动的意义、问题及文学史评价，学界已经有了诸多探讨，这里不再赘述。我们重点从歌谣作为"文学的政治"的视角比较两者的异同，从外部政治与内部政治两方面展开分析。

一方面，这两个事件从外部效果上都带有"文学的政治"的鲜明色彩。具体说来，两者都以歌谣为聚焦点，却绝不仅仅止步于歌谣，而是将其作为一种象征资本或者文化符号，旨在实现对"民间"的利用。"民间"（folk）这一词汇在中

[1]　李皖：《民歌嘹亮（一九五七——一九六六）——"六十年三地歌"之二（上）》，《读书》2010 年第 12 期。

西方不同的历史语境中有着不同的内涵，但它作为一个极为重要的关键词和价值标准，又密切参与了不同国家的现代化进程以及现代性观念的建构。正如有学者所言："'民间'一词因其社会性、现代性以及它的整合民族性取向逐渐成为本土化现代性诸方案中最有力量的话语形式。"[1]从西方（特别是德国）民俗学、民间文学兴起的历史来看，"民间"主要代表的是一种浪漫主义式的民族精神传统，这种传统是属于整个民族的，却又失落于乡野民间，它是抵御现代文明的压抑呆板以及启蒙理性的机械空泛的良药，更是构建现代民族国家的有力依托。对于 20世纪的中国而言，"民间"这一概念既受西方的影响启发，同时又有效承载了中国最为迫切的文化革新和走向现代的历史诉求，所以更具有鲜明的中国经验：在20世纪早期的新文学知识分子那里，"民间"并不是失落于乡野，而是被压抑在文化和文学秩序的底层，对它的褒扬也并不意味着西方式的民族精神寻根，而是中国式的以新文化运动和白话文学运动为表现的文化秩序重构。此时的"民间"，指向的是现代意义上的以西方为模板的"民族国家"，其背后则回荡着民国时期的民主主义、民粹主义、民族主义等多重意识形态。以此为背景的歌谣运动的口号是了解"民间的心情"以及孕育"民族的诗"，但新文学知识分子也有意无意地借助了"民间"这一符合时代潮流的强大后盾，帮助其实现了知识权、话语权乃至文化领导权的合法化。而随着历史的发展，民国时期的"民族国家"理想为新中国的"人民国家"模式所取代，关于"民"的多种意识形态也在不断发展扬弃中演变为"人民"这一具有更强大的政治整合力和广泛包孕性的概念。以此为背景的新民歌运动虽然看似是一场轰轰烈烈的对民间文学的亲密接触，但无形中也利用这场"民间"的文学运动实现了"人民"意义上的统整。它一方面借助民歌真实自然的属性，反映了人民大众对于社会主义建设事业的积极参与和良好反响，成为"大跃进"的最好协奏；另一方面，新民歌运动又发挥了人民大众在文学创作上的主体性，使自身成为"人民主体性"的确证与狂欢的体验场。此外，这一运动还通过民间文学的权力翻转，教化和改造了文学知识分子，使其无论在社会身份上还是在文学实践中都更加彻底地贴近民间、融入人民。当然，无论是歌谣运动还是新民歌运动，其对于民间歌谣的提倡及其背后对"民间"的利用都

---

[1]　　　吕微：《现代性论争中的民间文学》，《文学评论》2000 年第 2 期。

不是有意为之，只能说不同的角色立场和历史语境，使得两者对歌谣的提倡和赞美在客观上达到了不同的策略和效果。在这一过程中，我们能够清楚地看到歌谣作为一种"文学的政治"，对于来自外部的文化政治和社会政治的重要承载作用。

另一方面，从文学本身的视角来看，北大歌谣运动与新民歌运动有着截然不同的文学走向和历史经验，从中我们能够看到"文学的政治"内部法则的显现。"文学的政治"绝不仅仅是文学服务于政治事件或者某种文化政治，"文学的发生"的内部法则还抵抗着外部力量的影响和干预，从而形成了内部的政治或者说文学美学的政治，这一点在两个事件中也有着鲜明的体现。在歌谣文学观上，北大歌谣运动是逐渐趋于理性与成熟的。它虽然以"五四"前后的新文化运动为背景，但其文学经验却是在近 20 年的发展中摸索出来的。它对新文学的贡献并不在于其兴起之初以巨大热情呼唤和建设平民文艺的努力，更在于它经历了一个由过度狂热到回归审慎成熟的过程。无论是歌谣运动的历史发展轨迹，还是刘半农、周作人、梁实秋、胡适等人对歌谣看法的差异，以及发生在李长之、寿生等人之间的歌谣归属之争[1]，都表明歌谣运动早期标举的以歌谣为范本的文学审美观，逐渐被以周作人、胡适、朱光潜、李长之、梁实秋等人为代表的更加理性的文艺观代替。随着歌谣运动的发展和历史沉浮，一种以平民文艺为内容和价值指向、以歌谣的语言经验为借鉴，同时又尊重文艺内部法则的文学美学观逐渐浮现出来。这种观念抵御着当时部分文学知识分子因对平民和民众的崇拜以及对集体主义和民族主义的渴望所导致的对民间歌谣的无条件推崇，使得歌谣的文学观趋于健康合理。相比之下，新民歌运动则因为"大跃进"的历史语境、领导人的提倡、行政化的推行和全民狂欢式的参与而彻底悬搁了文学内部法则，歌谣这样一种自然自发生长的民间文艺形态被拔苗助长。虽然当时产生了不计其数的歌谣和诗篇，虽然当时流传着"村村都有李有才""县县都有郭沫若"的说法，但这些作品和诗人显然经不起具有文学素养的读者的理性评判，经不起文学史的时间检

---

[1] 关于刘半农与周作人的歌谣文艺观的差异，以及李长之与寿生等人之间的论争，笔者都曾做过分析探讨，可参见《从"民族的诗"到"民族志诗学"：从歌谣运动的两处细节谈起》(《文艺理论研究》2011 年第 2 期)以及《"天才的"还是"集体的"：关于歌谣归属的文艺论争》(《民族艺术》2016 年第 5 期) 两篇文章。

验，其为文学发展提供的养料和动力也十分有限。随着新民歌运动的开展，毛泽东本人也对新民歌的文学价值表示了怀疑。他先是在一次会议上表示："叫每个人都写诗，几亿农民要写多少诗，那怎么行？这违反辩证法。"[1]据周扬回忆，毛泽东还直接表达了对新民歌的失望："他在和别人谈话时说过《红旗歌谣》水分太多，就是选得不精。他对我也说过'还是旧的民歌好'的话。"[2]毛泽东的观点本身就是从文学自身规律出发的对新民歌文艺价值的评判，而前面提到的何其芳对新民歌运动的质疑之音，以及以《草原之夜》为代表的新民歌运动的意外收获，同样是文学内部法则的显现。这一历史经验表明，当外部的政治运动试图简单地干预文学的自主发展而抽空文学的内部法则时，其政治上的"文学成功"便可能导致文学上的"政治失败"。但文学的内部法则又有着强大的力量不断给予其抵御和消解。随着文学发展和社会历史的进步，文学必定会以废墟或者旁逸斜出的声音重新确证自身内部法则的生命力及其政治的成功。

四、结语

无论是歌谣运动中对歌谣文学价值的漫长探索，还是新民歌运动的轰轰烈烈以及潦草收场，都表明歌谣一方面确实具有值得重视和发掘的文学价值，另一方面又是能够有效表征或者建构"民间"的文化政治符号。但无论如何，这一艺术形式应当植根于真实自然的土壤之中，并且需要得到文学内部法则的制约与提炼。特里·伊格尔顿、乔纳森·卡勒等文学理论家在探讨"文学是什么"这一问题时，都曾借用"杂草"这个意象来比喻文学，认为文学这一概念如同杂草一般，是立足于功能性的判断。如伊格尔顿写道："'文学'和'杂草'不是本体论（ontological）意义上的词，而是功能（functional）意义上的词：它们告诉我们的是我们的所作所为，而不是事物的确定存在。"[3]伊格尔顿旨在说明，对文学的判

---

[1]　　　陈晋:《文人毛泽东》，上海：上海人民出版社，1997年，第455页。

[2]　　　周扬:《〈红旗歌谣〉评价问题》，《民间文学论坛》1982年第1期。

[3]　　　［英］特里·伊格尔顿:《二十世纪西方文学理论》，伍晓明译，北京：北京大学出版社，2007年，第9页。

定，主要缘于我们希望用它来做什么，而不是它本来应该是什么。歌谣似乎就是最典型的杂草，也可以说是 20 世纪百年中国文学史上最富于政治性的一个范畴。它与社会的现代化进程紧密相关，既颠覆了精英文学的标准与尺度，又实现了文学知识分子的审美认同和精神重塑，还促进了人民大众的主体意识建构。但这片杂草或者自由生长于民间，或者从内容和形式上为文学的大众化以及民间转向提供养料，而终究无法成为一种纯粹理想的文学范本。歌谣的历史经验提示我们，在文学的"功能论"之外，仍有"本体论"的基础潜在地发挥着作用，使文学这片"杂草"区别于纯然的芜杂或功利，而显现出美的规律与共性。

"生活美学"的人类学视野及其中国化历程

曹成竹

中国的"生活美学"自提出至今，在 20 余年的历程中诞生了许多重要成果、形成了大致的理论共识，也存在诸多热议的问题。例如"实践美学"与"生活美学"的理论关系，中国"生活美学"与西方日常生活美学的联系与区别，作为学术研究的"生活美学"与社会生活现象中的生活美学话语滥用之间的区分等等。这些问题的理论出发点仍然是在美学内部，将"生活"作为本身无差别的日常状态，同时又将"生活"作为与"艺术"相区隔或可融通的日常状态。然而，在美学视野之外，"生活"这一范畴还有着人类学的意涵，即特定群体共同享有的，以文化或习俗为表现的既稳定又随社会变迁而变化的生活方式。这一视角能够引发新的提问和思考：生活美学在西方是作为美学及艺术理论的"反传统"而出现的，而其在中国则是对古典美学传统的回归与重新发掘。那么，中国生活美学回归传统的学理依据及其特殊性是什么呢？此外，中国的生活美学更多地指向古典精英文化，近似于士人或贵族的生活美学。而普通民众生活中习俗的、民族的和地方的审美行为，与前者是何种关系，又是否具有生活美学的研究价值呢？这些问题都需要将人类学视野与"生活美学"联系起来，在两者的理论交融和美学人类学的中国化实践中寻求解答。

一、作为马克思主义美学理论革新的"人类学本体论美学"

中国的"生活美学"在理论萌芽之初，便将"人类学"视角作为重要的理论动向，这集中体现在李泽厚"人类学本体论美学"的相关论述中。20 世纪 80 年代以来，随着改革开放带来的思想活跃以及社会生活的丰富，对于建筑家具、服饰发型、饭店饮食等日常生活领域的美学现象进行阐释的"门类美学"开始出现。虽然这些门类美学大多只是借助美学之名进行的实用化研究，但日常生活的审美现实和门类美学名称的涌现，也引起了美学界的注意和反思。对此李泽厚写道：

> 人们的现实日常生活，大至社会的劳动生产过程，人与物、人与机器、人与人以及各部门组织之间的协调和消除科技异化等等，小至个体生活的劳逸安排，其中也都包括节奏、韵律、和谐、有机统一等问题，它们与美学无关吗？你的房间，从墙壁色彩到家具组合，甚至一个普通的灯罩、茶杯，也总希望搞得更"合适"一点。你的穿衣打扮，从衣服到鞋帽，甚至一个小纽扣也可以有某种讲究。……那么，把美学仅仅规定为艺术理论（主要又是 fine art 或专供欣赏的艺术），是不是太局限了呢？人们要游历，要观赏自然美，要游玩在大自然中，人们要美化生活，从外表到内心，都希望符合美的要求，美学能不过问吗？[1]

李泽厚是在探讨马克思主义美学的中国化和当代化时，提出以上生活美学（以及自然环境美学）问题的。在他看来，马克思主义美学的传统特质在于革命性和批判性，但这一维度并不能适应不断发展的时代需求，因为阶级斗争和革命在人类历史上是相对短暂的现象，而当代中国的主要任务是物质文明和精神文明建设，建设文明对于人类而言则是更为长期和主要的基调。从人类总体的宏观历史角度提出这一点，便要求马克思主义美学也做出重心调整，在问题指向上从革命斗争转向文明建设、在关注对象上从西方经典艺术、美的艺术转向当代日常生活的审美现象，便是马克思主义美学中国化和当代化的路径。正是在对这一路径的探究与论证中，李泽厚提出了美学研究与人类学视角相联系的必要性："不能仅仅

---

[1]　　李泽厚:《美学三书》，天津：天津社会科学院出版社，2003 年，第 415—416 页。

从无产阶级革命事业的角度，而更应该从人类总体的物质文明和精神文明的成长建设的角度，即人类学本体论的哲学角度，来对待和研究美和艺术。这样，美学领域自然非常广大。"[1] 显然，对人类文明发展建设进行阐释的外需和美学理论不断丰富完善的内需，都推动着马克思主义美学对于日常生活中审美和艺术现象的研究阐释，而人类学则构成了这一宏观美学转向的学理依据。

从人类学理论本身以及"生活美学"的视角来看，"人类学本体论美学"既有重要贡献也存在一定的欠缺。我们首先说其贡献。抛开"实践美学"对中国当代美学格局的巨大影响不谈，李泽厚的"人类学本体论美学"一方面从本体论、生成论和范式论的层面强调了"人类学"作为美学研究视野与方法的价值。李泽厚的"情感本体"、审美实践的"历史积淀"以及对现代哲学发展由19世纪的历史学派、20世纪的心理学派，转向21世纪的两者以某种形态的统一的论断，便是美学本体论、生成论和范式论问题的分别对应。我们不应忽略的是，"人类学"作为这种对应的基础和理论预判，与"实践"这一更加广为人知也得到学界推崇的标签始终是紧密结合在一起的，两者如一枚硬币的两面彼此支撑共存。在此意义上，李泽厚的"实践美学"应当是人类学的实践美学或实践的人类学美学，而不是将"实践"形而上的美学或传统意义上具有社会政治指向的马克思主义美学。本文更倾向于使用"人类学本体论美学"的称谓而不是"实践美学"，正是为了强调或者回归李泽厚美学的这一初衷。

另一方面也是更为重要的一点，"人类学本体论美学"对马克思主义美学进行了"人类学"意义上的提炼和理论重构，启示了马克思主义美学与"生活美学"的连接路径。李泽厚的"人类学本体论哲学"强调人类这一物种的"主体性"通过"社会实践"的方式在客观世界和主观世界两个层面的历史化的生成发展过程。以此为视角思考美学问题所形成的"人类学本体论美学"，理论逻辑是在康德—席勒—马克思的线索上，对于美学问题的由抽象和整体到历史和具体、由自由和游戏到劳动和实践的理论承继与超越关系。马克思《1844年经济学—哲学手稿》中关于人"按照美的规律来建造"的"类本质""人化的自然界"对于人的五官感觉的历史化生成的先决作用，以及"人的感觉"对于人的本质力量和

[1]　　李泽厚：《美学三书》，天津：天津社会科学院出版社，2003年，第416页。

自然界丰富性的积极能动表现等涉及人类这一物种审美问题的核心论述，构成了李泽厚实践美学的"人类学"基础。这一将马克思主义美学"人类学化"的提炼改造，以"实践"为桥梁，将德国古典美学和浪漫主义美学从空中拉回了历史与现实之中，继而又再度提升为一种"人类学本体论"的理论抽象和先验总结，推动了马克思主义美学的理论创新。这种人类学视角的引入和前瞻，从学理上拉近了当代美学研究特别是马克思主义美学与日常生活的关系，并启示了后续研究的方向——日常生活中的审美活动和艺术实践，是当代这一新历史时期人的本质力量的表征方式，而马克思主义的生活美学研究，则需要在具体的人类学路径和宏观的人类学本体论视野下充分展开。

李泽厚的"人类学本体论美学"也有一定的缺憾或者说理论空场。第一，"人类学本体论美学"侧重的是人类学"本体"，而非"人类学"的理论方法，这在很大程度上使"人类学"这一更强调具体、实证和演绎的学科背离了自身特质而趋于形而上。因此"人类学本体论美学"与兴起于20世纪70年代的"人类学美学""审美人类学"及"艺术人类学"等有着显著不同，李泽厚的理论相对远离了人类学，而体现出古典美学、哲学人类学与马克思主义的抽象混合。这种本体论研究思路，对于美学规律的总结把握具有黑格尔式的提纲挈领之洞察力，但用来阐释艺术和审美行为赖以存在的日常生活和具体语境时，难免有一定的疏离感。第二，"人类学本体论美学"在探讨具体的艺术和审美活动时，也有力不能及之处。"实践"这一审美活动产生、发展和历史化的人类学本体基础，落脚于生产劳动和物质实践，艺术和审美活动以此为根基是毫无疑问的。但艺术和审美活动中体现出的"人的类本质"却是对现实条件和物种界限的超越。换言之，以实用性和历史化为潜在基础，但又摆脱超越这一基础的创造性、能动性和天才性，才是审美和艺术活动的魅力所在。在这一辩证关系中，"人类学本体论美学"趋近于对于基础的"远观"，而审美人类学、生活美学则更注意对审美艺术活动特殊性的"近观"。中国"生活美学"的倡导者刘悦笛在探讨"生活美学"与"实践美学"的差异时便指出，后者建基在实践（praxis）之上，而前者则建基在创制（poesis）之上，"创制"所指向的"创造性"与"生成性"是生产劳作所不能涵括的，这也正是"生活美学"的根基所在[1]。第三，李泽厚对马克思"人类学"理论的提炼和探索还并不充分。如前所述，"人类学本体论美学"以马克思的"手稿"为理论基础。但我们也必须看到，"手稿"所体现出的"人类学"带有浓郁的思辨哲学意味，甚至在阿尔都塞看来，"手稿"中的把历史和政治归结为"人的本质"的思想是一种非科学的"意识形态"[2]。而跳出"手稿"视野便可发现，马克思对"神话"这一人类学主题尤为关注，其对古希腊艺术永恒魅力的探讨便借此而发。此外，他晚年搁置了《资本论》的写作，转而研读摩尔根的《古代社会》并做了大量笔记。马克思的这些"人类学"理论之维，虽然仍是为思考人类解放、社会历史发展一般规律以及由资本主义走向共产主义的历史必然性问题服务，但又可以视作对"手稿"中人类学的哲学思辨模式的补充甚至超越——以明确的人类学视野、具体的人类学材料和方法为理解"人的本质"与历史规律问题提供佐证。"人类学本体论美学"在新的历史语境中将马克思主义美学与"人类学"联姻时，并未充分展开对马克思人类学思想的全面分析，也影响了自身的理论基础和理论适用性。

有重要价值的理论方法和思潮往往都是激进和偏颇的，其目的不是构筑放之四海而皆准的理论大厦，而是反拨已有思想弊端，应对现实问题。"人类学本体论美学"对马克思主义美学的革新、对"实践美学"的开创，以及从"人类学"的角度拉近美学与日常生活的关系，都具有划时代的意义。上文所言的缺憾，倒不如说是在理论奠基或转向之后的"留白"，也为后续研究的深入展开和更贴近时代生活的美学理论的生成提供了启示与空间。

[1]　参见刘悦笛《从实践美学到生活美学的"有人美学学派"》,《郑州大学学报（哲学社会科学版）》2020 年第 6 期。

[2]　参见阿尔都塞《保卫马克思》中的《卡尔·马克思的〈1844 年手稿〉（政治经济与哲学）》《马克思主义和人道主义》两篇文章，顾良译，北京：商务印书馆，2010 年。

二、"生活美学"作为转向生活的"人类学美学"

20世纪80年代以来，日渐充盈的日常生活以及"门类美学"现象，只是为"生活美学"提供了初步的土壤。20世纪90年代以来，中国开始面临商品经济大潮的冲击，社会发展转型进一步加速。在进入新世纪前后，美学界先后兴起了两股学术思潮，即"审美文化"研究和"日常生活审美化"论争，这两股思潮进一步铺垫和推动了"生活美学"的理论自觉。从理论面向上来看，它们显然已经能够或者要求将"日常生活"纳入美学研究的视野了。但因为彼时文艺学美学面对市场经济大潮和大众文化的自由狂欢，逐渐陷入了自言自语的尴尬境地，而西方后现代美学和文化批评理论的传入，既令我们大受启发，同时又带来了中国本土文论的失语危机和西方理论与中国现实不能贴合的质疑之声。在这些理论诉求与冲动的影响下，无论是"审美文化""日常生活审美化"的相关讨论，还是"生活美学"本身的理论建构，都是紧紧围绕着话语资源的民族性、文艺审美的自律性，以及中国社会现实和马克思主义理论的立场性来展开的。因此，李泽厚的"实践美学"在20世纪80年代和90年代引领风骚，其"人类学本体论美学"或"实践美学"的"人类学"维度，则并未引起充分的重视，至少对于"生活美学"的理论启发是相对有限的。

中国的"生活美学"在兴起之初，除了对西方理论资源的引介（如费瑟斯通或韦尔施的理论）以及中国传统"生活美学"资源的发掘（如李渔《闲情偶寄》中的生活美学观）之外，其理论重点和起点，便是论证美学研究转向"生活"的合理性和必要性，当时具有开创性意义的理论成果均聚焦于此。薛富兴从20世纪90年代以来中国美学研究的边缘化与式微谈起，认为面对这样一个大众审美文化极为繁荣的时代，中国美学应当走出纯理论和纯学术的藩篱，走出西方主导的"艺术中心论"的经典美学观，走出文化上的精英主义立场，观照大众与日常生活中的审美现象，以人民大众的精神健康和生活幸福为美学研究的目的指向。美学从理论起点和理论指归上与大众现实生活的紧密联系，构成了作者对"生活美学"的理论界定依据[1]。刘悦笛分析了当代全球化背景下审美泛化现象的两种表现，即"日常生活审美化"和"审美日常生活化"，认为这两种表现进一步引发我们反思艺术与日常生活的关系。西方美学以康德为代表的由主客二分和主体性哲学思维方式生发的"艺术否定生活论"和以海德格尔、维特根斯坦、杜威为代表的"艺术与生活同一论"，有共同的理论缺陷，未能将现实生活区分为日常生活与非日常生活。作者借助现象学理论，论证了美与日常生活的特殊关系：美既使得日常生活的本真性得以显现，又被日常生活的非日常性，或者说平常化和制度化遮蔽和异化。这种张力推动了"生活美学"的可能性与必要性。[2]可见"生活美学"的理论起点和焦点，均着眼于"生活"，凸显了"生活"这一概念在审美泛化意义上的当代性、在大众文化积极意义上的中国性以及在美学的主客二分及中西对比意义上的学理性。对这些问题的反思和理论革新，奠定了中国"生活美学"的理论基础并影响了其后续的发展方向。

在以上理论向度之外，对于"生活"的思考还有一个相对被忽视的重要视角，即"人类学美学"，这集中体现在仪平策的《生活美学：21世纪的新美学形态》一文中。该文正式提出了"生活美学"这一概念，并对"生活"与"美学"的关系进行了阐释。无论是理论出发点还是展开的具体探讨，如生活及日常生活世界的范畴、艺术与生活在审美经验方面的融通、生活美学与日常生活本身之间的区分、中国传统美学和审美文化作为"生活美学"理论资源的价值等，该文均与前文提到的"生活美学"其他理论奠基成果有不谋而合之处，也进一步印证了"生活美学"出场时面对的理论和现实语境。然而，该文的一个特殊贡献，便是将"人类学美学"作为"生活美学"的当代理论形态。该文梳理了美学随着人类思维范式的递进发展所产生的三种形态，即以古代的世界论范式为支撑的客观论美学（对象论美学）、以近代的认识论范式为支撑的主体美学（认识论美学）和现代的以人类学范式为支撑的生活美学（人类学美学）。文章认为，现代人类学思维方式因为将哲学追问的目光回归于感性具体的人类生活，将其视为理性、思维的

[1]　参见薛富兴《生活美学——一种立足于大众文化立场的现实主义思考》，《文艺研究》2003年第3期。

[2]　参见刘悦笛《日常生活审美化与审美日常生活化——试论"生活美学"何以可能》，《哲学研究》2005年第1期。

基础和源泉，从而超越了前两种思维方式的主客二元对立以及抽象化的弊端。以此为基础的美学对"生活"的聚焦是一种新的整体性、具体性的理论转向和反思：

> 彻底超越了人与世界（自然、对象）抽象的主客二元模式，将人视为在世界中生活的、此在的人，将世界看作人类"在世"生活这一整体中的世界。人和世界在人类生活的整体形式中是原本一体、浑然未分的。由此，也就从根本上确认了美和艺术的本源既非远离人类活动的纯然客观性、对象性存在，亦非远离生活世界的纯然主观性、抽象性形式，而就是融人与自然于浑然整体的具体、活泼、直接、"此在"的人类生活，就是人类感性活动、此在生活本身向人类展开的一种表现性方式，一种诗意化状态，是人类生活自身"魅力"之显现。一句话，美和艺术的故乡既不纯在客观外物，也不单在主观内心，而是就在感性具体丰盈生动的日常生活。[1]

与将生活作为与精英主义相对的大众文化及其日常生活土壤，或者将生活作为可区分日常与非日常的艺术审美活动的源发场所相比，这里所探讨的美学转向"生活"，既是每个人所置身的具体意义上的生活，又是感性、理性的人得以生成和不断反观自身的总体意义上的生活，也是更加侧重人类学或者说"人类学本体论"意义上的生活。虽然作者并未提及，但是我们可以看到其观点同李泽厚的"人类学本体论美学"之间的呼应：李泽厚的"人类学本体论美学"论证了当代中国马克思主义美学转向日常生活的可能性与必要性，并且以"实践"为支撑将这一"人类学本体论美学"转化为更具有理论标识性和立场的"实践美学"；仪平策将"生活美学"与"人类学美学"等同，则无意凸显马克思主义美学，而是更侧重"生活美学"概念本身，强调"生活美学"和"人类学范式"作为当代美学转向的创新性与理论关联。前者具有理论开创性和启发性，而后者则推动了生活美学研究的自觉和理论框定，两者一同探究和拓展了"人类学"作为"生活美学"研究视角的重要意义。

但我们也必须看到，在"人类学"视野与方法的问题上，无论是李泽厚的理

---

[1]　　仪平策：《生活美学：21 世纪的新美学形态》，《文史哲》2003 年第 2 期。

论还是仪平策的新论，都是借助哲学、美学理论（如康德、席勒、马克思、海德格尔、维特根斯坦等人的理论）加以论证的，其人类学美学更强调的是哲学思维的转向这一宏观趋势，而并未指出或者示范具体的研究方法。因此，我们必须将强调实证的、走形而下路线的"人类学美学"或"审美人类学"纳入视野，才能对"人类学"视角下的"生活美学"研究有更完整充分的认识。

三、审美人类学：从"日常之美"到民族传统

作为美学与人类学交叉研究的 Aesthetic Anthropology 或 Anthropology of Aesthetics，在我国有"人类学美学""美学人类学"和"审美人类学"几种译法，其中"审美人类学"更为常见且形成了中国的研究特色和理论贡献，因此这里采用此名称。与其学术近亲"艺术人类学"相似的是，"审美人类学"同样在实证研究、田野调查的基础上，关注非西方经典意义上的、独属于特定民族、地区、族群的艺术现象。但相比之下，"审美"这一活动与艺术相伴生，又不仅仅依附于艺术，而是很大程度上生成、存在和交流于生活世界之中。从"审美人类学"视角出发思考"生活美学"问题，不仅能够补充和拓展"人类学本体论美学""人类学美学"的理论发展，还有助于我们反思中国美学的以"生活美学"为表现或存在方式的特殊形态。为了说明这一问题，首先需要简单介绍审美人类学的两个理论侧重。

第一，审美人类学的理论出发点，是打破对美的形而上思辨和单一认识，提倡比较研究。审美人类学的发源可以追溯到德国人类学家恩斯特·格罗塞（Ernst Grosse）发表于 1891 年的《人类学与美学》一文。该文的主要贡献之一是奠定了审美人类学"比较视野"的理论基础。格罗塞以德国美学家费希纳为例，说明了美学的实证研究需要从简单的现象入手，因为简单现象可以作为复杂研究的基础，而且高级的艺术对象带给人们的审美冲动过于强烈和复杂，不能够确保实证调查的科学性。费希纳的一项工作，便是通过研究人们日常使用的物品，如画廊图片、书籍、信纸、信封、名片、巧克力、卫生纸包装袋等，发现不同长方形对人们的感觉影响以及其中的"黄金分割"原则。格罗塞认同这种以日常生活中的"简单的美"为对象的实验研究方法，但他指出了费希纳的不足，即把西欧文化

中的审美感受视为普遍客观的，而没有对其他民族的美学事实进行对比。格罗塞认为审美欣赏活动无疑是普遍的，但审美感受的不同偏好也是显而易见的，例如日本的绘画挂轴能够轻易推翻西方的黄金分割比例，而日本手工艺装饰风格常以不对称性为美，这与西方工艺装饰也是截然相反的。格罗塞指出：

> 这是一个早已知道、没有争议的事实，一个民族通常对一个特殊的美感刺激源有特殊的认知和偏爱，它们的确不同于其他民族。这些民族的差异是那么的明显，连现代文化的国际化过程都没影响到它们。德国人相对法国人而言，对音乐有更精髓而深入的理解，而他们对形状与颜色的理解却通常滞后于其他西方邻国。在泰奥菲勒·戈蒂埃的文学作品中，耀眼夺目的法国式色彩和江户人赏梅时的情致是完全不同的。日本美学的色彩感受已经向着丰富而柔美的方向发展了，就像德国人对音乐的感受对于日本人来说也是生疏的。而在不同时期，审美感受在各民族间的差异也是不可以被忽略的。[1]

　　格罗塞的理论起点是审美活动和审美感受，这使他对于美的"比较"不是抽象思辨的"美"本身，也不是美与西方经典艺术之间的紧密绑定。进一步而言，审美人类学视野下对美的"比较"，不是西方古典美学意义上的美和艺术在不同民族国家中的差异性存在，而是在打破这一框架和成见的基础上，发掘以日常生活经验为基础的不同国家和民族的审美偏好，格罗塞称之为"民族趣味"。这种"比较"本身便是对美的日常性、多样性和文化身份性的重建。比如，格罗塞谈到，澳大利亚土著的绘画天赋，可能与狩猎生活方式带来的对野生动物行为及习性的详尽知识有关，也可能与他们在回旋镖的使用中所锻炼的灵敏精巧的肌肉控制能力有关。格罗塞的论述还处于美学与人类学联姻的萌芽阶段，但其理论的开创性和奠基意义是毋庸置疑的。后来伴随着审美人类学的理论自觉，雅克·马凯（Jacques Maquet）的《审美经验：一位人类学家眼中的视觉艺术》(1986)、埃伦·迪萨纳亚克的《审美的人：艺术来自何处及原因何在？》(1992)以及范丹

---

[1]　　[德]恩斯特·格罗塞:《人类学与美学》, 和欢译,《民族艺术》2013 年第 4 期。

姆（Van Damme）的《语境中的美：论美学的人类学方法》（1996）等论著都贯彻和发展了审美人类学的对审美偏好的比较研究观念。

第二，审美人类学对"美"的研究重点就在于"日常之美"或者说"生活之美"。西方日常生活美学以杜威的《艺术即经验》为发端，而该书中的一个突出策略，便是分析原始艺术在其所处生活情境中的鲜活实用状态，这在一定程度上表明西方生活美学对于人类学视野或材料的借鉴。如前文所言，格罗塞同样主张美学研究从简单的生活现象入手。这一立场并不是退而求其次的"避重就轻"，因为格罗塞关心的问题不是审美活动由低级到高级、由生活到艺术的提升，而是不同民族个性鲜明的审美趣味本身，这正体现在不同的文化和生活方式之中。这种带有"审美民族志"色彩的对不同民族日常生活中审美偏好的研究，与杜威美学的最大不同在于，前者侧重通过纵向比较拓展美学的外部多样性，而后者则试图通过"自下而上"的审美革命，打破西方"美的艺术"及经典美学的内部法则。但两者对日常生活之美的研究以及对原始艺术实用功能的阐发又是不谋而合的。

随着人类学理论和材料的不断丰富以及美学自身的反思，对日常生活中的美的研究，已经成了审美人类学明确的理论态度。荷兰学者范丹姆写有《日常美学人类学：人类、"日常之美"及其跨学科研究》一文专门讨论此问题，该文被修改后作为《审美人类学：视野与方法》一书的第二章，题为"日常生活中的美：人类审美的普遍性"。该文开篇就列举了萨拉马卡人插秧时将红色白色两种稻米并置的"只为好看"的习惯、日本漆木饭盒中食物被整齐分成四份的美感，以及密克罗尼西亚岛人每天用大量鲜花装饰自己身体的行为等生活美学现象。我们注意到，范丹姆用"ordinary beauty"来表示"日常之美"，这与生活美学"everyday aesthetic"的惯常用法显然是有区别的。范丹姆本人对这一用法也做了解说。在他看来"日常之美"首先是对传统美感研究偏重于"强烈而持续的快乐"的纯粹体验，而忽视日常生活中"温和短暂的愉悦"这一重要领域的挑战；其次，"日常之美"并不特指发生在艺术领域之外的体验，因为在范丹姆看来这需要给艺术一个清晰的定义，而从跨文化的视角来看这显然是十分困难的。此外，"日常之美"并不是仅仅被限定在低级审美体验的层面，日常生活中的事物也可能带给我们超常的审美体验，而经典艺术则也可能并不能引发我们的强烈感觉。由此范丹姆写道：

> 我会暂时建议用"日常之美"指代那些相对"低下"("humble")但
> 并非因而就无关紧要的审美经验，无论它们是否是由艺术引发，如上述诸例
> 所示，乃人类日常生活的一部分。因此，"日常之美"的概念可以视为"日
> 常美学"研究的核心。[1]

范丹姆有意将"日常之美"放置于西方日常生活美学的研究视野下，以显示这一概念对已有研究的独特贡献。的确，作为"ordinary beauty"的"日常之美"既打破了艺术与非艺术的区分，又打破了审美体验的低级与高级的区分，而且没有拘泥于对"日常"的学理限定或者有条件的扩展，如凯文·梅尔齐奥尼或托马斯·莱迪所做的那样，并十分贴近斋藤百合子的立场，即对生活中审美经验的基础性、普遍性和可提升性的重视。

更重要的是，当我们跳出范丹姆的阐释以及西方日常生活美学的理论脉络，可以发现与"everyday"相比，"ordinary beauty"更强调审美活动本身在日常活动中潜在而基础的存在方式，无差别地指向人类这一物种，并有助于从进化论美学和人类学的角度理解审美问题。而"everyday"则具有审美现代性意味，对日复一日的机械重复的超越、对商品化与审美相共谋的反思或有意抵制，都蕴含在这一词汇背后，实际上这一点在杜威的《艺术即经验》中已经显露出来了。再进一步而言，西方的日常生活美学更多的是一种内部的自反性，而审美人类学视野下的"日常之美"则是在打破艺术、审美、生活的界限的基础上，通过比较的视野帮助我们获取来自外部他者的审美参照。这种参照无论是对西方生活美学理论本身，还是当代美学及文化研究的自省，都是十分必要的。

以上我们介绍了审美人类学的两个理论侧重，即比较的视野和对"日常之美"的关注，它们都使审美人类学与生活美学紧密联系起来：比较的视野使研究者走出思辨美学的单一认识，发现审美偏好的差异，并将具体生活方式作为审美赖以存在和表达的基础，而"日常之美"的观念则进一步消解了"超常之美"的独断性和艺术之美的特异性，将生活中普通的、悄然存在的但无疑与审美有关的

---

[1]　　[英]范丹姆：《审美人类学：视野与方法》，李修建、向丽译，北京：中国文联出版社，2015 年，第 30—31 页。

对象活动纳入研究范畴，阐释其重要意义。

审美人类学的理论侧重，也为我们理解中国美学在日常生活层面的特殊经验或者说"民族传统"提供了富有启发的路径。在中西比较中我们不难发现，中国的诗歌、绘画、音乐、舞蹈等与西方经典艺术相重合的概念范畴，以及书法、园林、奇石等特有艺术，均不是将自身作为自律自足的、超越一切的终极追求，而是以人的生活世界为基础和最终指向。而在这些"文人雅趣"之外，普通人的日常生活世界中，对美的发现与追求所形成的民间手工艺（如香囊、剪纸、年画、木雕、陶器），婚丧嫁娶习俗，以及与四时节气紧密相伴的花草植培、宠物玩赏、风景欣赏、食物制作、衣帽头饰等审美习俗，无不渗透着中华民族特有的审美认同以及审美偏好。当然，在中华民族这一"大传统"之下，不同地域、民族和时代的"小传统"在日常审美方面又具有差异性，但总体上仍然可以按照"家族相似性"将其统摄在一起。这些"日常之美"的重要作用和文化意涵本身就值得阐释，而它们也构成了理解作为"文人雅趣"的正统艺术的基质。这一问题，可以从审美人类学角度找到理论说明。例如，法国汉学家葛兰言（Marcel Granet）通过对《诗经》中情歌的研究，思考了这样一个问题：《诗经》之所以得到后世学者政治上或道德上的解释偏爱，是源于"象征思维"，即诗歌中的自然现象与当前的社会政治或道德要求之间具有对应性关系。然而，"为什么这些天才的阐释者会一再援引这些诗歌来满足他们当前的政治需要呢？确实，他们原本可以自己来创作的，他们并不是没有这种才能"[1]。葛兰言通过研究指出，《诗经》中的情歌赖以存在的条件，是上古乡民特有的生活场景和生活方式。这些情歌原本是在按照季节规律所举行的仪式和庆典上，被集体演唱或即兴编唱的。自然界有草木生长、开花结果，人作为自然的一部分也需要遵循节奏。因此，在仪式庆典中，青年男女走出村落，打破封闭，在特定的场合（山川、圣地等）唱歌跳舞，谈情说爱，实现黏合个体情感和集体友谊的目的。可以说这些情歌的力量，既来自其对自然秩序和生命节奏的顺应，也来自其作为土著共同体的"社会公约"的一部分。这正是这些情歌可以作为后世不断援引的道德和政治楷模的深层基础。这一

---

[1]　　[法] 葛兰言：《古代中国的节庆与歌谣》"译序"，赵丙祥、张宏明译，桂林：广西师范大学出版社，2005 年，第 3 页。

研究，即是对中国美学的日常生活基础的人类学解释。再如，张光直的《美术、神话与祭祀》一书对中国商周青铜器上动物图案和花纹的研究，其一个论证重点在于艺术的政治性，即这些祭器礼器与中国古代祭祀通神活动以及知识和权力的垄断之间的紧密联系。这一研究将商周雕刻美术与中国上古巫觋文化以及特有的生死观念结合起来，指出青铜器上的动物图案来自人们日常生活中见到的普通动物，而至于一些现实中不存在的动物、人兽相伴图案以及对称动物纹样，则也以雕刻镶嵌技术的进步以及商代普遍存在的二分制度等为基础。这些例证，无疑从审美人类学的角度凸显了中国文化中"日常之美"的重要作用和丰富意涵：中国人生活中的审美和艺术活动，从其源头上来看，便不是仅仅作为纯粹的感官愉悦，而是与中国人的宇宙自然观、生命观、伦理观、政治观紧密结合在一起，形成了一个自下而上、由生活到艺术、由审美到政治的循环呼应的复杂体系。

四、结语

对于中国的生活美学而言，通过追溯"人类学本体论美学""人类学美学"到"审美人类学"的理论发展轨迹，可以发现人类学视角与中国的生活美学始终有着紧密的联系，这一轨迹也源于中国马克思主义美学的一种理论转向与创新。从人类学视角思考"生活"及"审美"问题，无疑能够为"生活美学"提供新的启发：一方面，作为具体语境的生活方式、文化传统构成了艺术和高级审美活动的土壤，因此应当在比较中发现和理解不同的审美偏好，回归文化的、具体的，而不是概念的、抽象的或同质意义上生活；另一方面，在生活方式和文化传统中作为土壤而存在的"日常之美"本身便是值得深入发掘的，其美学意义及文化功能不应被忽视。不仅如此，人类学视野还有助于我们理解艺术和审美活动在中国人生活中的日常化存在及其由简单到高级的整体性结构，这也为"生活美学"与中国传统美学的理论勾连提供了依据。

20/2

吕文明

吕文明

吕文明，男，1982年生，山东师范大学齐鲁文化研究院院
长、二级教授、博士生导师，《海岱学刊》主编。入选国家万
人计划青年拔尖人才、泰山学者特聘专家、齐鲁文化英才、

2022 书法：笔墨当随时代

吕文明

党的十八大以来，中国文艺发展开启了正本清源、德艺双馨、文质兼美的新生态发展之路，文艺界的风气发生了翻天覆地的变化。在这其中，书法界围绕新时代的艺术精神、创作观念、审美格局和表现手法等问题进行了深度探索，书法界多年形成的浮躁风气为之一变，开始呈现出弘道养正、健康发展的新气象。2022 年，中国书法进一步聚焦主题创作、人才队伍、内涵发展和学科建设等问题，着力改变书法发展方向，提升书法的学术水平和社会影响，进一步彰显笔墨当随时代的艺术真谛。

一、主题创作：为人民书写，为时代立传

2014 年 10 月 15 日，习近平总书记在文艺工作座谈会上指出："文艺是时代前进的号角，最能代表一个时代的风貌，最能引领一个时代的风气。"[1] 作为中国文艺中最具历史感、最能代表中国文化的书法，其产生和发展过程都与社会生活息息相关，并真实记录和深刻反映时代发展的气象。每一个时代有每一个时代的书法。殷商时期的甲骨文是贵族用于占卜记事而在龟甲或兽骨上契刻的文字；商周金文主要用于颂扬祖先及王侯的功业，小篆是秦始皇推行"书同文，车同轨"，

[1]   习近平：《在文艺工作座谈会上的讲话》，北京：人民出版社，2015 年，第 5 页。

统一度量衡的政策；秦代以后出现的隶书、楷书、行书、草书等，也都是适应时代要求而用于记录国家和社会发展的新字体。归根结底，历代书法都是为时代书写和立传的。唐代著名书法理论家张怀瓘在《文字论》中说："阐《典》《坟》之大猷，成国家之盛业者，莫近乎书。"[1]自 20 世纪 80 年代以来，中国书法受到西方艺术思潮的影响，开始进入以艺术表现为中心的新发展格局中，一些书法家单纯地关注书写问题，只考虑艺术表现的形式，而没有与国家发展的气象和人民的精神文化需求相融合，以至于偏离了轨道，出现了"丑书"、行为艺术等一系列乱象。党的十八大以来，这些书写行为受到越来越多的批评，书法回归经典，守正创新的呼声越来越高。近年的书法展览活动越来越注重与国家和社会发展的气象相结合，书法发展开始逐渐回归传统、回归经典、回归自然。

2022 年的书法展览活动就是围绕这样的主题而展开的，活动主旨更加聚焦，活动内容更加凝练。与人类生存和发展关系最密切的是生态问题，保护生态就是保护人类生活的家园。习近平总书记指出："绿水青山就是金山银山，改善生态环境就是发展生产力。"[2]为深入贯彻落实习近平总书记生态文明思想，宣传生态文明理念，讲好中国生态环保故事，中国书法家协会策划了主题创作书法系列展——"美丽中国"篇。展览选取有一定代表性的山川河流、田野湖泊等自然风光，由来自基层的骨干书法家进行主题创作，书写古人对这些自然风光的赞美诗文。他们或以工整漂亮的唐楷书写，或以庄严肃穆的汉隶书写，或以奔放潇洒的行草书写，表达了对祖国大好河山的歌颂和赞美之情。同时，每一个作品又配以生态文明治理的典型案例，让人们在欣赏书法的同时能体味到自然风光、人文历史和生态治理的融合之美。围绕一个宏大的主题开展有一定规模的专题书写活动，这是一种非常新颖的书法创作风尚。书法界过去较多地关注书法创作风格而忽略了创作内容，特别是对于有组织、有规划的书写活动，往往是作为一种应酬式的笔会活动，极少进行这种真正意义上的主题创作活动。这次活动既重视创作内容，又重视书写的美感，同时在网络展示中配以案例解说词，使人们对于生态

［1］　（唐）张怀瓘：《文字论》，《历代书法论文选》，上海：上海书画出版社，1979 年，第 209 页。

［2］　《共谋绿色生活，共建美丽家园——在 2019 年中国北京世界园艺博览会开幕式上的讲话》，《光明日报》2019 年 4 月 29 日，第 2 版。

保护的理解更加深刻。对于书法这样一种创作过程非常短暂而且创作思想稍纵即逝的艺术门类，分享其创作过程是一件非常难的事情，"美丽中国"主题创作书法展开始前召开的"创作中的细节"主题性创作线上座谈会，就使这一难事变为现实。参与展览的书法家聚焦创作细节和创作内容，探讨书法艺术如何更好地深入生活、书写时代。对于这样一个主题性展览，由于过于重视创作内容，作品的艺术表现本来应该受到很大影响，但是通过这样的交流，书法创作的艺术主题重新显现，创作与为国家和人民服务的主旨紧密结合，使书法创作呈现出新时代的正大气象。

2022 年最具有历史意义的大事是党的二十大胜利召开。在这样一个历史性时刻，全国书法工作者再次拿起毛笔，书写具有丰富时代精神的辉煌篇章。8 月16 日，"征程：迎接庆祝党的二十大胜利召开书法大展"在中国国家博物馆开幕。如此重大的创作题材，如此重大的历史时刻，每位创作者都将心中的热情和激情倾注笔端，用心书写对党和国家的无比热爱之情。他们有的书写习近平总书记重要讲话精神，有的书写中华人民共和国简史，有的书写大运河故事，篆刻家们则更是满怀豪情地镌刻"征程""不忘初心""一起向未来"等鼓舞人心的话语。书法具有表情达意和记录历史的重要功能，这次展览将这两种功能很好地融合起来，并在时代精神的激荡中创造出艺术表现的新篇章。此次书法展览一改此前展览的单纯艺术创作倾向，把艺术表现和歌颂时代紧密结合起来，使书法创作有了厚重的文化底蕴和时代价值，是书法发挥其重要社会功能的表现形式。这样的表现形式与颜真卿《祭侄文稿》、苏轼《黄州寒食帖》等书法经典，便具有了某种精神上的共通性，是笔墨书写时代的真实表现，是历史文化和艺术精神在当代的完美呈现。

党的二十大胜利闭幕以后，中国书协、中共北京市委宣传部、中共陕西省委宣传部等主办了庆祝党的二十大胜利召开暨"到人民中去"书法联展，由北京、陕西老中青书法家联合创作了两次文艺座谈会的重要论述和国家领导人在中国文联历次代表大会上的重要讲话。此外，各省、自治区、直辖市也精心组织了有一定学术含量的主题书法展览活动，迎接和庆祝党的二十大胜利召开。这些活动将全国书法工作者聚集在相同的主题下，引导他们守正创新、书写经典，为人民书写，为时代立传，很好地表现出我们这个时代的精神风貌。习近平总书记指出："广大文艺工作者要坚持以人民为中心的创作导向，坚持为人民服务、为社会主义服务，坚持百花齐放、百家争鸣，坚持创造性转化、创新性发展，高擎民族精神火炬，吹响时代前进号角，把艺术理想融入党和人民事业之中，做到胸中有大义、心里有人民、肩头有责任、笔下有乾坤，推出更多反映时代呼声、展现人民奋斗、振奋民族精神、陶冶高尚情操的优秀作品，为我们的人民昭示更加美好的前景，为我们的民族描绘更加光明的未来。"[1] 既注重表现时代精神，又能很好地书写文化经典，这是我们这个时代书法艺术创作的新范式。只有将二者完美地融合起来，当代书法创作才能表现出新时代的宏伟气象。

从书法创作的随意和率性而为，到今天的书法"合为时而著""合为事而作"，中国书法走过了不平凡的十年，这十年是风清气正、守正创新的十年，书法艺术的发展真正与国家发展和时代进步紧密联系起来，成为国家文化生活中不可或缺的组成部分。这样的书写能够振奋人心，能够激发干事创业的精神力量，是增强中华民族伟大复兴精神力量的有效途径。正因为如此，这些书写才可能成为历史的经典。中华人民共和国成立70多年来，中国文艺的各个门类都出现了一些优秀作品，如大合唱《红军不怕远征难（长征组歌）》、油画《开国大典》、音乐舞蹈史诗《东方红》、歌曲《春天的故事》等，它们都因与国家发展和民族振兴紧密相连而成为永恒的经典。而当代书法至今为止却很难找到一件能够被人们永远铭记的经典作品，主要原因就是书法创作没有表现出国家气象和民族精神，大多时候是文人在书斋里的自由书写和自我陶醉，书法创作缺乏宏大的艺术表现力和精神穿透力，所以很难产生强大的震撼力。今天的书法创作终于迈出了可贵的第一步，开始回归正途、回归经典、回归时代，按照这样的路子发展下去，我们的书法工作者一定能创作出为国家、为人民倾情书写的经典作品。这是时代对书法工作者提出的期望，也是为他们创造的历史性机遇。

二、创作队伍：人品和学问标准的高扬

书法自产生之初就与人的性情和文化素养紧密相连，所以，自古以来对于书

[1]　　习近平：《在中国文联十大、中国作协九大开幕式上的讲话》，北京：人民出版社，2016年，第5页。

法的评鉴就非常重视书法家的人品和学问。所谓"书如其人"，就反映了书品与人品密不可分的关系。清人朱和羹云："书学不过一技耳，然立品是第一关头。品高者，一点一画，自有清刚雅正之气；品下者，虽激昂顿挫，俨然可观，而纵横刚暴，未免流落楮外。故以道德、事功、文章、风节著者，代不乏人，论世者，慕其人，益重其书，书人遂并不朽于千古。"[1] 除了人品，书法评鉴还非常重视书法家的学问，古往今来的书法家往往都是大学问家，黄庭坚评价苏轼书法时说："余谓东坡书，学问文章之气，郁郁芊芊，发于笔墨之间，此所以他人终莫能及尔。"[2] 何绍基有一首经典的诗也足以说明这一问题："从来书画贵士气，经史内蕴外乃滋。若非柱腹有万卷，求脱匠气焉能辞。"[3] 人品和学问就成为后世评价书法作品的重要参照。

　　20世纪80年代以来形成的展览之风使书法创作队伍变得非常复杂，创作技法成为衡量书法作品好坏的唯一标准，书法创作者的人品和学问不再那么重要，书坛形成了一股浮躁、虚夸的名利之风。所以，当代书坛在追求书法创作技法进步的同时，对于书法家人品和学问的重视就成为头等大事。关于书法家的人品，当代书坛近年来高度重视的行风建设就是围绕这一问题而展开的，已经成为书法工作者在业界立足的基本条件。近年的书法展览活动越来越重视文质兼美的作品和德艺双馨的创作者，坚决抵制代笔、抄袭等歪风邪气，重要的书法展览都有审查复核的环节，有的展览活动甚至增加了面试环节，一经发现弄虚作假立即取消入选资格，决不姑息。而现代网络和传媒信息的发达也使书法家越来越爱惜自己的羽毛，任何敢冒天下之大不韪的不正之风都会遭到社会舆论的口诛笔伐，最终在铺天盖地的网络评论中偃旗息鼓、狼狈不堪。此外，中国文联、中国书协等组织倡导的新时代文明实践文艺志愿服务活动，也得到了广大书法家的积极响应。他们主动行动起来，广泛开展书法惠民活动，为人民书写，为时代立传，坚持以人民为中心的创作导向，取得

[1]　（清）朱和羹：《临池心解》，《历代书法论文选》，上海：上海书画出版社，1979年，第740—741页。

[2]　（宋）黄庭坚：《跋东坡书远景楼赋后》，载屠友祥校注《山谷题跋》，上海：上海远东出版社，1999年，第139页。

[3]　（清）何绍基：《题蓬樵癸丑画册信笔疾书有怀海琴》，载曹旭校点《东洲草堂诗集》，上海：上海古籍出版社，2006年，第681页。

了良好的社会效果。当代书坛有重要影响力的书法大家也一直在影响书法工作者的道德人品，引导书坛走向风清气正，比如启功先生，谦和慈祥、淡泊名利，当年向他求字的人很多，他很少拒绝别人，几乎有求必应。他当年用义卖作品的钱设立奖学金，不用自己的名义，而是用恩师陈垣的名义，命名为"励耘奖学金"。他有一方古砚，上有铭文"一拳之石取其坚，一勺之水取其净"，他把自己的小卧室兼书房命名为"坚净居"，自号"坚净翁"，正表现了他高尚的品德和潇洒的情怀。2022年是启功先生110周年诞辰，中国文联、北京师范大学和中国书协共同主办了"启功先生与美育"学术研讨会。纪念启功先生正是为当代书法工作者树立德艺双馨的典范，学习他崇高的人品和弘文励教的精神。我们的书法工作者既要充分发挥聪明才智，进行崇高的艺术创作，创作出更多无愧于时代、无愧于人民的优秀作品，还要始终保持心中的道德准则，牢记文化责任和社会担当，以高尚的人格魅力和文质兼美的优秀作品，赢得社会和人民的尊重。

书法家的学养已经成为当代书坛受人诟病的突出问题。从2014年到2022年，中国书法家协会已经连续举办了九届"国学修养与书法·全国青年书法创作骨干高研班"，其目标就是努力培养一批具有高远精神气象、敏锐学术洞察力和专业人文修养的优秀青年书法创作骨干。许多国学大家参与授课，一大批青年书法创作者和理论研究者参加培训班，接受儒学、文字学等传统文化的熏陶。学习传统文化可以全面提升书法创作者的道德素养，传统文化中的思想观念、人文精神、道德规范等对书法工作者建立为人民书写、为时代立传的理念具有极为重要的引导作用。同时，学习中华优秀传统文化可以提升书法创作者的人文素养，使他们养成阅读、学习和思考的好习惯，努力朝着古典型书法家的方向发展。此外，国家艺术基金的艺术人才培养资助项目近年来有越来越多的书画类项目获得立项，这些项目围绕书画人才的专业知识和文化素养进行综合培训，大大提升了全国中青年书法家的理论素养。2022年，获得立项的国家艺术基金艺术人才培训项目有"齐鲁汉碑隶书书法艺术人才培养""传统书画修复人才培养""中国古代书画数字展示创新人才培养""西泠学堂书画篆艺术人才培养""汉字艺术创新应用人才培养"等，它们都为新时代书法人才的全面发展搭建了很好的平台，提供了很好的学习机会。除了对青年书法工作者的高度重视，中国书协2022年又对其专委会成员进行了新一轮遴选，其中特别值得一提的是学术委员会的调整。学术委员会一般由书法界有一定造诣的专家学者组成，代表了中国书法学术研究的层次和水平。

中国书协此次专门制定了新的入选标准，将国家社科基金项目、高层次论文、科研获奖、出版专著等都作为学术委员会的遴选条件，这与高校的学科建设标准基本吻合，充分表现出书法的学术化和学科化建设取得很大进展。

清代杨守敬云："而余又增以二要：'一要品高，品高则下笔妍雅，不落尘俗；一要学富，胸罗万有，书卷之气，自然溢于行间。'古之大家，莫不备此，断未有胸无点墨而能超轶等伦者也。"[1]对于书法家人品和学问的重视是中国书法在未来走向大发展大繁荣的关键，决定了中国书法发展的方向和气象。但是，这个问题的改善绝非一日之功，需要书法界付出长时间的努力。书法家们既要注重个人专业素质和文化素养的提升，又要紧紧围绕国家和社会发展进行创作，坚持以人民为中心的创作导向。这是在当下提升书法家学问和人品的必由之路。

三、内涵发展：探寻古代文字和书法的重要价值

书法的载体是文字，文字既是探寻古代文明的重要依据，又是彰显当代文化发展的重要元素。所以，对于文字的保护、研究和使用就成为当今社会和学界的一个重大问题。围绕这一问题，书法界做了各种努力和尝试，力求全面而深入地探寻古代文字和书法的重要价值，同时围绕汉字的规范化和准确性书写做了大量工作。

党的二十大以后，习近平总书记在河南安阳考察殷墟，他强调："中国的汉文字非常了不起，中华民族的形成和发展离不开汉文字的维系。""要通过文物发掘、研究保护工作，更好地传承优秀传统文化。"[2]习近平总书记对中华文明探源和中国文字发展非常重视，2014年5月，习近平总书记在北京市海淀区民族小学看望少年儿童时强调："殷墟甲骨文距离现在3000多年，3000多年来，汉字结构没有变，这种传承是真正的中华基因。"2019年，习近平总书记致信祝贺甲骨文发现和研究120周年时强调："甲骨文是迄今为止中国发现的年代最早的成熟文

---

［1］　　杨守敬：《学书迩言》，载崔尔平选编《历代书法论文选续编》，上海：上海书画出版社，1993年，第712页。

［2］　　《习近平在陕西延安和河南安阳考察时强调全面推进乡村振兴 为实现农业农村现代化而不懈奋斗》，《光明日报》2022年10月29日，第1版。

字系统，是汉字的源头和中华优秀传统文化的根脉，值得倍加珍视、更好传承发展。"[1]研究中华 5000 多年的文明史，文字起源和发展是非常重要的问题，这是中华民族坚定文化自信的重要依据。我们的文字历史虽然不是世界上最长的，但是，我们的文字却一直在延续、传承和发展，从来都没有中断过，这是世界上任何国家任何民族都无法与我们相比的。所以，探索中国文字的起源和发展也同样成为书法界的重要任务。

2022 年 7 月 13 日，中国简帛书法艺术研究与传播工程启动仪式在长沙举行。在中国文字发展史上，简帛文字是非常重要的文化资源，现在出土的简帛材料基本都是战国至魏晋时期的，简帛是大规模使用纸张以前的重要书写材料。在这些新材料出土以前，这一时期的文字主要是以青铜铭刻、碑文刻石的形式存在，墨迹材料比较少，所以，近百年出土的简帛文字对于系统研究中国文字在战国至魏晋时期的发展具有重要意义。这一时期的文字从篆书向隶书，又从隶书向草书、楷书和行书发展演变，是五体书法发展完善的重要历史时期。2020 年 9 月 17 日，习近平总书记到湖南大学岳麓书院考察，观看了书院所藏秦简并作出重要指示。中国简帛书法艺术研究与传播工程是将学习习近平总书记关于激活传统经典文化遗存重要论述与推动书法事业发展相结合，是推动中华优秀传统文化创造性转化、创新性发展的重要实践。他们计划用五年时间编辑出版十卷本的《中国简帛书法艺术大系》和五卷本的《中国简帛书法艺术研究》，建立简帛书法艺术数据库，为将来建立"中国简帛书法博物馆"提供学术指导和支撑。

此外，中国书协、湖北省文化和旅游厅、湖北省文联共同主办的"尚意千载——宋代书法主题展"系列活动也极具学术意义和时代价值。宋代书法在中国书法史上占有重要地位，它是在魏晋时期完成字体演变和唐代确立书写规范以后对书法进行的一次极为重要的审美反思活动，它和宋代经济的繁荣和思想文化的高度自由相契合，是一个书写美和创造美的伟大时代。在这个时代诞生了苏轼、黄庭坚、米芾、蔡襄等一大批书法家，并出现了《黄州寒食诗帖》《洞庭春色赋》《中山松醪赋》《诸上座帖》《蜀素帖》等许多著名法帖。对这些书法家和书法名

---

[1]　　国家语言文字工作委员会组编：《中国语言文字事业发展报告（2020）》，北京：商务印书馆，2020 年，第 3 页。

作的研究成为当今书法界的一个重要现象，在书法展览中出现了许多以宋代书法为学习和临摹对象的佳作，更有学者以宋代书法为研究对象，取得了很多重要的学术成果。但是，在书法活动中把宋代书法特展、当代临摹和创作展以及宋代书学研讨会完美地融合在一起，这还是极为少见的。在活动中，观众既可以领略宋代书法真品的神妙和尚意书风的雅致，还可以看到当代书家以宋代书法为根基的临摹和创作，在古今的融合与碰撞中汲取宋代书法精神。面对古今书法，学者们的对话和演讲又使观众对宋代"尚意"书风有了更加深刻的理解，完全融入宋代书法的精神意蕴中。所以，这是一次策划深入、多元引入、立体呈现、积极而有益的探索，为当代书法和古代书法的碰撞融合创造了典范。这应该成为今后中国书法展览和学术研究的一个导向，单纯的书法展览或单纯的学术研讨都很难达到这种复合、立体的展示效果，这是推动中华优秀传统文化创造性转化、创新性发展的有益探索和尝试，具有非常积极的引领意义。

除了对古文字和古代书法资源的高度重视，当代书坛也越来越重视书写的规范化和准确性。近年来，全国和各省书协对于书法展览中的错别字现象都非常重视，每次展览活动都要成立专门的文字审查小组，对书写的规范化和准确性进行严格把关，许多创作水平很高但书写不合乎规范的作品都因此而落选。这是一种新的艺术活动倾向，完全打破了 20 世纪 90 年代以来书法展览过于重视艺术表现而忽视文字书写的格局。艺术需要张扬个性，书法作品的艺术表现力固然重要，但是离开汉字本体，任何形式的艺术表现都是水中月梦中花，只是一厢情愿的自我表达，很难得到全社会的认可。而且，随着社会文明程度的提升和审美观念的日渐成熟，特别是中华民族伟大复兴的中国梦对于人的思考和审美形成冲击和影响，那些过度自由的书写就逐渐失去了生存空间。这是艺术发展的一般规律，艺术创作受到社会环境的影响非常明显，法国文艺理论家、美学家丹纳说："不管在复杂的还是简单的情形之下，总是环境，就是风俗习惯与时代精神，决定艺术品的种类。环境只接受同它一致的品种而淘汰其余的品种；环境用重重障碍和不断的攻击，阻止别的品种发展。"[1] 2022 年 2 月，为进一步规范出版、影视及相

---

[1]　　　［法］丹纳:《艺术哲学》，傅雷译，北京：人民文学出版社，1963 年，第 39 页。

关新媒体等大众传播媒介的汉字使用，11家协会、学会联合发布了《关于规范使用汉字的倡议》。如此多的协会、学会联合倡议，正反映出全社会对于纠正书写不规范、不准确问题的迫切希望。汉字是中华文明源远流长、薪火相传的重要依据，如果我们抛弃了汉字的规范书写而一味追求所谓的艺术表现，就有些本末倒置了。有人说，注重书写规范就很难进行艺术创作的夸张表现，它们之间是互相矛盾的。这样的说法有一定道理，却忽略了书法存在和发展的基础就是汉字这一客观事实，所谓"皮之不存，毛将焉附"，没有规范、准确的汉字书写作为前提，再独特、再有魅力的艺术表现也很难被社会认可、被历史铭记。所以，当代书法需要在艺术表现和汉字书写之间找一个中间地带作为平衡点，比如王羲之的《兰亭序》，既注重文字内容，又注意书写规范，有十足的艺术表现力，最终成为跨越千年的美丽和经典。我们一直主张学王羲之、学《兰亭序》，那到底应该学什么呢？笔者认为最主要的是隐含其中的"中和"之美，正如张怀瓘《书断》所云："右军开凿通津，神模天巧，故能增损古法，裁成今体，进退宪章，耀文含质，推方履度，动必中庸，英气绝伦，妙节孤峙。"[1] 这符合中国人的审美心理，所以王羲之才被尊为"书圣"，他的《兰亭序》也成为流芳千古的艺术经典。

四、学科建设：机遇与挑战并存的一级学科

2022年9月13日，国务院学位委员会、教育部印发《研究生教育学科专业目录（2022年）》《研究生教育学科专业目录管理办法》，将"美术与书法"正式列为一级学科。这一消息在书坛无疑是最重磅的新闻，高校书法教师们苦盼了几十年的梦想终于成真，整个书法界也为之欢呼雀跃，似乎成了一级学科，书法的未来就一片光明了。但仔细想来并非如此，一级学科的设立对于书法来说其实既是机遇也是挑战。

即使是从甲骨文开始算起，中国书法至少已有3000多年的历史，它的体系

---

[1]　　（唐）张怀瓘：《书断》，《历代书法论文选》，上海：上海书画出版社，1979年，第205页。

已经相当成熟和完善。但是，在20世纪初取消科举制之后，书法却突然归于沉寂，尤其是近代高等教育在中国起步的时候，书法竟然因为没有西方学科借鉴而未进入发展序列。这一问题使得书法在后来几十年的发展中始终无法与音乐、美术、舞蹈等学科相比，最早是三级学科，后来成为美术学下面的二级学科。近几十年，书法专业的发展虽然非常快，逐渐建立起从本科、硕士、博士到博士后的完整培养体系，全国有100多所高校招收书法本科专业的学生，几十所高校招收书法专业或方向的硕士、博士，书法学在当代高等教育体系中已经成为一支不容小觑的力量。但是，因为二级学科的定位，使得书法学在各高校中基本都是可有可无、可上可下的小专业，书法学科在高校里没有太高的地位，教师评职称、报项目等都受到一定限制。所以，近年来很多高校的书法教师发出呼吁，希望书法学能上升到一级学科，与美术、音乐等学科并驾齐驱。实际上，音乐、美术等学科在综合类和师范类院校中也大多处于劣势，它们的发展空间和学术贡献无法与文学、历史、哲学等大学科相比，其存在多是作为一种办学特色，对于学校的整体发展没有太大影响。特别是在"双一流"建设的背景下，艺术类的一流学科基本都被艺术院校占领，这就导致了艺术学科在综合类和师范类院校中每况愈下。

经过多年的争论和努力，书法终于成了一级学科，实现了几代书法人的梦想，但问题也随之而来。书法上升为一级学科，其发展空间确实开阔了很多，在高校进入一级学科的序列，可以适当分享一些资源，实现更大层次的发展和飞跃。但是，仔细想想，这个一级学科是打了折扣的，它不是独立的一级学科，而是与美术学绑在一起，很明显，书法学是依附于美术学的，虽然看上去是并列关系，但是，美术学的学科发展历史和学科力量相对书法来说都要胜出一筹，所以，书法只能跟在美术学后面亦步亦趋地发展。这就像过去的音乐与舞蹈学，舞蹈基本是音乐的陪衬，很难独立发展，现在音乐和舞蹈是分开了，成了两个一级学科，而书法和美术又捆绑起来成为一个学科。这样的学科设置对于书法学的发展将造成很大冲击。首先，书法学原有的学科基础特别是师资力量很难满足一级学科的需要。全国开设书法专业的院校太多，但很多学校根本就没有足够的师资力量，而有的院校则只有书法研究生教育，没有本科生教育，学科体系并不完备。其次，书法教材、教学方法和研究规划等都需要做较大幅度调整，重新站在一级学科的高度来规范学科发展，而且要特别注意书法学和美术学的关系。这也就带来了第二个问题：与美术学绑在一起，恐怕会使书法学失去了原来的发展空间。书法学在 20 世纪八九十年代刚起步的时候，因为没有学科归属，就很自然地与文献学、美学、文艺学等人文学科相融合，产生出书法美学、书法文献学等交叉学科，这样的发展其实比较符合书法学的历史脉络和文化属性。书法自古以来就是中国文化的重要组成部分，它从来都没有脱离开文化而独立存在，书法没有学科归属恰恰适应了书法发展的历史，使其与中国文化紧密融合在一起。所以，从某种程度来说，现在的书法学应该放到交叉学科下面成为一级学科，这样可以充分彰显书法学的文化属性。与美术学相结合，反而会使书法学失去了这样的发展路径，完全进入视觉艺术空间中，书法就只剩下了写字，而失去了原有的历史和文化属性。

面对这些问题，书法界应该对书法学未来的发展道路进行更加深入的思考。书法学科从创立以来，书法界的几位重要人物如沙孟海、启功、欧阳中石、蒋维崧等都主张书法学科要重视传统文化的熏陶和影响，沙孟海在著名的《与刘江书》中对这一问题做了深刻阐述："一般书人，学好一种碑帖，也能站得住。作为专业书家，要求应更高些。就是除技法外必须有一门学问做基础，或是文学，或是哲理，或是史事传记，或是金石考古……当前书法界主张不一，无所折中，但如启功先生有学问基础，一致推崇，颠扑不破。"[1]沙孟海在 40 多年前就能有这样的认识高度，而我们却在今天的学科发展中迷失了前进的方向。启功先生是当代书法学科建设的引路人，他向来以书法、绘画为余事，而主张在读书和做学问上下功夫，他的学问涵盖了中国古典文学、语言学、训诂学、文字学、古书画鉴定等多个方面。启功先生是把书法和学问完美融合的一代宗师。蒋维崧在从事书法专业教育的过程中曾有过一段经典语录："书法人才的汉语言文字学专业修养非常重要。一开始写字还看不出来，以后越来越觉得，不读书，没有传统国学修养，就上不去了。这是经过历史证明了的。现实中的例子、身边的例子很多很多。"[2]几位大师的思考和学术实践对书法学科的发展是一个重要启示：要向着文化的而不是艺术的方向迈进。如果书法像其他艺术学科一样，成为单纯的艺术表现，而

[1]　沙孟海原著，朱关田选编：《与刘江书》，《沙孟海论艺》，上海：上海书画出版社，2010 年，第 193—194 页。

[2]　徐超：《崧高维岳——蒋维崧和他的书法篆刻艺术》，济南：泰山出版社，2011 年，第 58 页。

没有了文化属性，那么，书法将最终成为可有可无的一般技艺，而失去其中华文化精粹的重要地位。旅法华人哲学家熊秉明曾用非常形象的言语来描述中国书法的这种特征："西方艺术只有雕刻绘画，在中国却有一门书法，是处在哲学和造型艺术之间的一环。比起哲学来，它更具体、更有生活气息；比起绘画雕刻来，它更抽象、更空灵。书法是中国文化核心的核心，是中国灵魂特有的园地。"[1]这或许应该成为书法学未来发展的方向。

2022 年的书法，总体特征是不折腾、不虚夸、不浮躁，努力营造风清气正、蓬勃向上的新气象，我们从中看到了中国书法发展的希望。这种气象需要我们在当代去努力寻找古典的、划时代的形式创造，在对历史文化的深刻理解中激发书法艺术的创新创造活力，为实现中华民族伟大复兴的中国梦贡献力量。

（原载《中国文艺评论》2023 年第 2 期）

[1]　　　熊秉明:《中国书法理论体系》，天津：天津教育出版社，2002 年，封面。

从文献著录到历史现场：云峰刻石书写者及相关问题新考

吕文明

论及书法，汉魏碑刻是一个重要内容，而汉魏碑刻的重心在山东。其中，魏碑主要集中在济宁邹城的葛山、峄山、岗山和尖山，以及位于莱州、平度和青州的云峰山、大基山、天柱山和玲珑山。邹城的四山刻石主要是佛教刻经，而分散于莱州、平度和青州的四山刻石（一般统称"云峰刻石"）则与中国历史上一个非常重要的家族有关，刻石活动也与家族发展和家族人物活动密不可分，具有非常重要的文化价值和史学价值，这就是闻名遐迩的荥阳郑氏家族。从宋代开始，云峰刻石就进入学者们的视野，开始被不断著录、研究，时至今日，云峰刻石已经作为一个时代的典型艺术风格而被载入史册，言魏碑则必定要提云峰刻石，以及作为刻石主人公的郑羲和主持刊刻的郑道昭、郑述祖父子。

一、宋代以来相关文献对于云峰刻石的著录和研究

史料中最早提及云峰刻石的是北宋金石学家赵明诚。他在《金石录》中收录了包括郑文公上下碑在内的七种刻石，并就有关史料做了考证。他认定《东堪石室铭》《论经书诗》《哀子诗》为郑道昭撰文，《天柱山铭》《重登云峰山记》为郑述祖撰文，至于书丹人，则未曾提及。此后不久，郑樵的《通志·金石略》和陈思的《宝刻丛编》亦相继著录，但都未超出赵明诚所述范围，应该是对《金石录》相关资料的抄录。宋代人的著录范围较小与当时的环境有关，赵明诚虽矢志整理钟鼎彝器的铭文款识和碑铭墓志等，但他生逢乱世，颠沛流离，对云峰刻石

的著述、整理并不完整。现在看来，如果不是赵明诚祖籍在山东，且在莱州任知州三年，云峰刻石也未必能被收入他的《金石录》中，如此，则云峰刻石的被关注时间甚至能否被关注都将成为一个悬念。

此后数百年间，再无人关注云峰刻石，直到清代乾嘉之际碑学复兴，访碑成为一种时尚，云峰刻石才再次进入人们的视野，而这一次，它被碑学家们捧到了至高无上的地位。据王思礼、焦德森和赖非所著《云峰刻石调查与研究》统计，清代中期至 20 世纪 80 年代的 200 余年间，著录和研究云峰石刻的论著有 40 余种，其中比较重要的是阮元的《山左金石志》，包世臣的《历下笔谭》，杨守敬的《荥阳郑氏碑》《评碑记》，康有为的《广艺舟双楫》，叶昌炽的《语石》，方若的《校碑随笔》，孙葆田的《山东通志》和祝嘉的《郑道昭及云峰山石刻》等。这些著录从不同角度对云峰刻石的相关问题进行了整理、论述，不断提升云峰刻石的地位，直至最后尊郑道昭为"北朝书圣"。

阮元在乾隆五十八年（1793）提督山东学政，曾遍访山东金石文物，撰写《山左金石志》24 卷，对乾嘉之际山东金石学的兴盛做出巨大贡献。他在《山左金石志》中推崇《天柱山铭》"碑述祖父遗轨，抒写孝思，词旨凄恻，而文采华整，书法有汉魏规矩，为郑氏诸碑之冠"[1]。他虽然未曾指出云峰刻石的具体作者，但用了"郑氏诸碑"的说法，可以看出，他还是倾向于将云峰刻石归到郑道昭名下。此说现在看来当然不可信，但在当时作为推崇云峰刻石和推重郑道昭的著述，却是振聋发聩之言，虽有误导后世研究之遗憾，但对于云峰刻石受到学界重视却有推波助澜之功。阮元还认为，《郑道昭碑》对于唐代楷书有重要的启发作用：

> 我朝乾隆、嘉庆间，元所见所藏北朝石碑，不下七八十种。其尤佳者，如《刁遵墓志》、《司马绍墓志》、《高植墓志》、《贾使君碑》、《高贞碑》、《高湛墓志》、《孔庙乾明碑》、郑道昭碑、《武平道兴造像药方记》、建德、天保诸造像记，《启法寺》《龙藏寺》诸碑，直是欧、褚师法所由来，岂

[1]　　　（清）毕沅、阮元撰：《山左金石志》，载《续修四库全书》第 909 册，上海：上海古籍出版社，2002 年，第 516 页。

皆拙书哉？[1]

这个观点非常重要，开了后人将北碑定为唐楷渊源的先河，其中，《郑道昭碑》是渊源之一，后人大力推崇唐楷，也就由此而上溯到北朝的云峰刻石。

继而，包世臣在《艺舟双楫·历下笔谭》中非常明确地指出，《郑文公碑》为郑道昭所书，这在学界尚属首次。他对《郑文公碑》极具推崇之意：

> 北碑体多旁出，《郑文公碑》字独真正，而篆势、分韵、草情毕具。其中布白本《乙瑛》，措画本《石鼓》，与草同源，故自署曰草篆，不言分者，体近易见也。以《中明坛题名》《云峰山五言》验之，为中岳先生书无疑。碑称其"才冠秘颖，研图注篆"不虚耳。南朝遗迹，唯《鹤铭》《石阙》二种，萧散骏逸，殊途同归。而《鹤铭》刓泐已甚，《石阙》不过十余字，又系反刻。此碑字逾千言，其空白之处，乃以摩崖石坳，让字均行，并非剥损，直文苑奇珍也。[2]

从"碑字逾千言"可以看出，他所说的《郑文公碑》就是莱州云峰山的《郑文公下碑》，因为云峰刻石中唯有此碑字逾千言。他在文中所提到的"篆势""分韵""草篆"之说虽不足信，但能够看出他对此碑的推崇之意，在北碑书法中，《郑文公下碑》是包世臣论及的第一种刻石，"文苑奇珍"四字足以彰显其学术地位。

杨守敬的重要学术贡献是他把云峰刻石旧拓双钩本带到了日本，并于1881年在日本刊印，其中包括《郑羲上下碑》《论经书诗》《观海童诗》《云峰山题字十五种》《大基山题字十一种》《天柱山题字三种》等38种，在日本引起了极大轰动。此后一百年间，云峰刻石在日本被不断刊印，被推到至高无上的地位。因为只看到拓片，并未到现场考察，所以他们几乎异口同声地称云峰刻石是郑道昭

---

[1]　（清）阮元著，华人德注：《南北书派论 北碑南帖论注》，上海：上海书画出版社，1987年，第32页。

[2]　（清）包世臣：《艺舟双楫》卷五《历下笔谭》，清道光二十六年白门倦游阁木活字印《安吴四种》本，第13页。

的书法，甚至连同郑述祖也被一并推为书法名家。20 世纪 80 年代以来，日本学者开始到山东进行实地考察，逐渐摆脱了从拓片到拓片的"纸上谈兵"式研究方法。1984 年，在莱州举行的云峰诸山北朝刻石学术讨论会和 2007 年在烟台举行的第二届云峰刻石国际学术研讨会，日本学者都积极参与考察、研讨、论证，进一步拓展了学术视野。从杨守敬东传拓片到日本来山东考察、研究，云峰刻石成为沟通和联系中日学术的重要纽带，杨守敬于此有开拓之功。除此以外，杨守敬在《评碑记》中论及《郑道昭郑文公下碑》《郑道昭论经书诗》时言道：

> 书法之妙，直逼《瘗鹤铭》。独怪《鹤铭》自宋以来烜赫人寰，此碑《金石录》已载，顾称之者少，且其碑凡数千字，真宇内正书大观也。[1]

作为碑学运动的集大成者，云峰刻石无论如何也逃不过康有为的法眼。在乾嘉学者大力推崇《郑文公碑》之后，康有为在其书法理论著作《广艺舟双楫》中进一步评价《郑文公碑》，在《购碑第三》所列"南、北朝碑目，必当购者"中有《郑文公碑》，并附云峰山刻石 42 种；在《备魏第十》中称《郑文公碑》"高美"；在《十家第十五》中称"《天柱山铭》为郑述祖书……郑氏世其家风"[2]，他将南北朝碑"正书各成一体者，列为十家"[3]，其中包括郑道昭《云峰山四十二种》，并称郑道昭善用圆笔，为"《西狭》之遗"[4]；在《十六宗第十六》中又言道，"《石门铭》为飞逸浑穆之宗，《郑文公》《瘗鹤铭》辅之"[5]，"《经石峪》为榜书之宗，《白驹谷》辅之"[6]；在《碑品第十七》中，他将《郑文公四十二种》列入妙品上第一种，仅次于神品三种；在《碑评第十八》中他评价"《云峰石刻》如阿房宫，楼阁绵密"[7]。在《余论第十九》中，他又言道：

[1] （清）杨守敬著，谢承仁主编：《杨守敬集》（第九册），武汉：湖北人民出版社、湖北教育出版社，1997 年，第 243 页。

[2] （清）康有为《广艺舟双楫》，清光绪刻本，第 81 页。

[3] （清）康有为《广艺舟双楫》，清光绪刻本，第 81 页

[4] （清）康有为《广艺舟双楫》，清光绪刻本，第 82 页。

[5] （清）康有为《广艺舟双楫》，清光绪刻本，第 84 页。

[6] （清）康有为《广艺舟双楫》，清光绪刻本，第 85 页。

[7] （清）康有为《广艺舟双楫》，清光绪刻本，第 91 页。

完白山人计白当黑之论，熟观魏碑自见，无不极茂密者。若《杨翚》《张猛龙》，尤其显然，即《石门铭》《郑文公》《朱君山》之奇逸，亦无不然。乃知疏处可使走马，密处不使通风，真善言魏碑者。[1]

继而他对魏碑书法做了总体评价：

魏碑大种有三：一曰《龙门造像》，一曰《云峰石刻》，一曰冈山、尖山、铁山摩崖，皆数十种同一体者。《龙门》为方笔之极轨，《云峰》为圆笔之极轨，二种争盟，可谓极盛。[2]

他将云峰刻石推上"圆笔之极轨"的宝座。在后面的论述中，他又不断提及《郑文公碑》的圆笔问题，并强调可以借《郑文公碑》的疏朗"以逸其神"。在最后的《榜书第二十四》中，他又称《白驹谷》为方笔：

《白驹谷》之体，转折点画，皆以数笔成一笔。学者不善学，尤患板滞，更患无气，此是用方笔者。方笔写榜书最难，然能写者，庄雅严重，美于观望，非深于北碑者，寡能为之而无弊也。[3]

最后他把云峰刻石推上巅峰，称赞道：

《云峰山石刻》，体高气逸，密致而通理，如仙人啸树，海客泛槎，令人想象无尽。若能以作大字，其秾姿逸韵，当如食防风粥，口香三日也。[4]

可以看出，这位康圣人对云峰刻石推崇备至，在著述中不断提及，在不同章

［1］　（清）康有为《广艺舟双楫》，清光绪刻本，第94页。
［2］　（清）康有为《广艺舟双楫》，清光绪刻本，第95页。
［3］　（清）康有为《广艺舟双楫》，清光绪刻本，第117页。
［4］　（清）康有为《广艺舟双楫》，清光绪刻本，第119页。

节中又做不同评价，可谓妙笔生花，神魂颠倒。

而真正给予云峰刻石最高评价并将郑道昭推上圣人宝座的是晚清金石学家叶昌炽。他在《语石》中言道：

> 郑道昭云峰山上下碑，及论经诗诸刻，上承分篆，化北方之乔野，如筚路蓝缕，进于文明。其笔力之健，可以割犀兕，搏龙蛇，而游刃于虚，全以神运。唐初欧虞褚薛诸家，皆在笼罩之内。不独北朝书第一，自有真书以来，一人而已。举世噉名，称右军为书圣，其实右军书碑无可见，仅执兰亭之一波一磔，盱衡赞叹，非真知书者也。余谓郑道昭，书中之圣也。陶贞白，书中之仙也。[1]

叶昌炽不再满足于一般的碑刻文字汇编，而是大胆地对历代碑刻进行综合评价。他对于云峰刻石和郑道昭的推崇达到了无以复加的地步，并进而否定王羲之，称郑道昭为"书中之圣"。这样的评价可谓是振聋发聩，在碑学运动不断否定帖学的大潮中，阮元、包世臣和康有为也尚未做如此评价，他们对王羲之的批评还是有所保留的，但是到了叶昌炽这里，为了推重云峰刻石和郑道昭，他竟不惜以贬低王羲之为代价，可谓是用心良苦。他的推崇作用巨大，在 20 世纪学界对郑道昭及云峰刻石的评价和定位上，叶昌炽这段话产生了重要影响，甚至于到了学界已经基本否定郑道昭作为著名书法家可能的今天，他的话使郑道昭依然作为一个书界神话而存在，在精神和思想层面仍然发挥着重要的感召作用。

祝嘉的《郑道昭及云峰山石刻》刊印于 1982 年，这是具有现代意义的郑道昭及云峰刻石研究，在《云峰刻石调查与研究》之前，这是第一次全面系统地分析和阐述郑道昭家族、生平、思想、书法艺术及云峰刻石的论著。当然，因为祝嘉没有用现代考古和科学考察的方法进行研究，其思想仍然停留在前人论述的基础上，如他继续接续叶昌炽对郑道昭的推崇，"（郑道昭）于书法上的成就，决不

---

[1]　　（清）叶昌炽撰，柯昌泗评，陈公柔、张明善点校：《语石 语石异同评》，北京：中华书局，1994 年，第 426 页。

在羲之之下"[1]，"应奉道昭为北方书圣，以与王羲之这一位南方书圣并尊"[2]。可以看出，他的研究仍然没有跳出郑道昭作为著名书法家书写云峰刻石的传统理论，因此不被后世学者推崇。但他的《郑道昭及云峰山石刻》毕竟是关于云峰刻石和郑道昭的第一个现代研究成果，对于当代学术界系统研究云峰刻石具有重要的先导作用。

以上著述和研究实际都未对云峰刻石的书写者进行深入研究，基本都是将其归到郑道昭和郑述祖名下。郑羲、郑道昭、郑述祖是被后世研究者视为与云峰刻石关系密切的三个重要人物。阮元《山左金石志》云："述祖为羲之孙，道昭之子，祖孙父子三世皆刺东郡，可谓衣冠盛事。"[3]郑道昭、郑述祖曾任光州、青州刺史，郑羲曾为西兖州刺史，勉强算"皆刺东郡"，而段松龄《益都金石记》称"郑氏三世为光州名宦"[4]，则纯属子虚乌有。自清代包世臣首次确指《郑文公碑》为郑道昭所书，后人就多持此种观点，虽有少数人提出异议，但都未影响和动摇这一观点。这是可以理解的，在没有用现代考古学的方法对四山刻石进行全面考察的情况下，仅从文献出发，得出此种结论完全正常。从这个意义上来说，20世纪80年代山东石刻艺术博物馆对云峰刻石进行的系统考察与研究是具有划时代意义的。他们经过细致考察、研究和分析，最终得出结论：除极少数作品为郑道昭、郑述祖所书外，其他刻石大部分是由郑道昭、郑述祖幕府僚属、山中道士等撰文或书写，但是，郑道昭"主持、倡导了云峰刻石的制作，是有功绩的"[5]，"云峰刻石在书法艺术方面的价值，决不会因为不完全是郑道昭所作所书而逊色，也不会因此而磨灭了郑道昭对书法艺术的贡献"[6]。这样的说法比较客观、中肯地评价了郑道昭父子对于云峰刻石的贡献，这对于云峰刻石的现代研究具有重要的

---

[1] 祝嘉：《书学论集》，南京：金陵书画社，1982年，第245页。

[2] 祝嘉：《书学论集》，南京：金陵书画社，1982年，第245—246页。

[3] （清）毕沅、阮元撰：《山左金石志》，载《续修四库全书》第909册，上海：上海古籍出版社，2002年，第516页。

[4] （清）段松龄撰：《益都金石记》卷一，清光绪九年刻本，第7页。

[5] 王思礼、焦德森、赖非编著：《云峰刻石调查与研究》，济南：齐鲁书社，1992年，第123页。

[6] 王思礼、焦德森、赖非编著：《云峰刻石调查与研究》，济南：齐鲁书社，1992年，第113页。

启发作用。但是，这样的认识还是没有全面揭示云峰刻石的历史，对于郑道昭和郑述祖的学术贡献也缺乏客观而全面的分析。因此，我们尝试跳出单纯的文献著录分析，结合当时的历史文化背景和刻石本体，还原刊刻活动历史现场，对郑道昭、郑述祖的学术贡献进行重估。

二、云峰刻石刊刻历史还原和郑道昭对于云峰刻石的贡献重估

按照《魏书》所载，郑道昭在国子祭酒任上，曾三次上书要求修缮国子学，倡导儒学，却未受到朝廷重视，郑道昭于此可谓心灰意冷。后来朝中出现吏部尚书元晖定价出售官品、京兆王元愉自立为帝、南方发生叛乱、宣武帝笃信佛教而广建佛寺等一系列事件，朝中一片乱象，郑道昭于此时——永平三年（510），出任光州刺史、平东将军，携家眷赴掖城上任，这一年他已经 55 岁。从六年后郑道昭回京不久即病逝可以看出，这六年是他人生的最后时光，所以，此时出任地方是对他的最大心理安慰，远离京城，又独掌一方，他心中的不快和郁闷可以得到全面排遣和宣泄。

按照《郑文公碑》所载："于是故吏主簿东郡程天赐等六十人，仰道坟之缅邈，悲鸿休之未刊，乃相与钦述景行，铭之玄石，以扬非世之美。"[1] 这位故吏程天赐应是《郑文公碑》刊刻的始作俑者。故吏为府主撰写和刊刻碑文，自东汉以后已成常态，叶昌炽《语石》云："东汉以后，门生故吏，为其府主伐石颂德，遍于郡邑。"[2] 郑羲于太和十六年（492）卒于平城，在议定其谥号时，尚书奏谥曰宣，诏曰：

> 盖棺定谥，先典成式，激扬清浊，治道明范……羲虽宿有文业，而治
> 阙廉清……尚书何乃情遗至公，愆违明典！依谥法：博闻多见曰"文"，不

[1]　王思礼、焦德森、赖非编著：《云峰刻石调查与研究》，济南：齐鲁书社，1992 年，第 11 页。

[2]　叶昌炽撰，柯昌泗评，陈公柔、张明善点校：《语石 语石异同评》，北京：中华书局，1994 年，第 6 页。

勤成名曰"灵"。可赠以本官，加谥文灵。[1]

作为孝文帝的岳父，郑羲死后得到如此评价，可谓颜面尽失，估计是郑羲的劣行惹恼了孝文帝，《魏书》载："羲多所受纳，政以贿成。性又啬吝，民有礼饷者，皆不与杯酒脔肉，西门受羊酒，东门酤卖之。以李冲之亲，法官不之纠也。"[2]朝廷因此而在谥号上对其进行贬斥，郑懿、郑道昭兄弟对此也是敢怒而不敢言，只能扶棺归葬故里。此时的程天赐等人即使有要为故主立碑的想法，但面对朝廷对于郑羲的态度，也只能作罢。18年后，郑道昭出任光州，主持地方，程天赐等人于此时找到郑道昭，提出刻立石碑，也就顺理成章了。所谓东郡程天赐，应该不是行政区划的概念，而是泛指洛阳以东地区的偏远州郡，一如《山左金石志》所谓"祖孙父子三世皆刺东郡"。程天赐极有可能就是光州人，闻听故主之子来此担任刺史，提出立碑，一为怀念故主，二为巴结长官，而郑道昭此时政治失意，人生无多，在千里之外追思父亲，并可在一定程度上为父亲正名扬名，所以与程天赐一拍即合。在此之前，郑懿也曾出任齐州刺史，但未曾为父亲立碑，而直到郑道昭出任光州刺史才有此事，郑羲故吏程天赐为光州人应是主要原因。

那《郑文公碑》的撰文和书写是否就可以全部归到程天赐名下呢？《掖县全志·卷七》持此说，似乎有些草率。《郑文公碑》肯定不是郑道昭所书，这已成学界定论，但是，郑道昭于此碑有什么贡献呢？这是我们应该重点思考的问题。可以想见，郑道昭是不会主动提出为父亲刻碑立传的，作为州刺史，他还是要注意身份和影响的。根据《郑文公碑》"乃相与钦述景行"的记述，可以想见，他与程天赐等人对此事进行了反复商讨，最后决定先在天柱山刻碑，史称"上碑"，后来在云峰山发现更好的石头又刻下碑，下碑对上碑的文字进行了多达52处的增删修改，并多出361个字，"增补内容包括碑名、官衔、事迹、润色文字、葬期，及再刊《下碑》的说明，调整内容主要是官衔顺序和虚词文字，删

[1] （北齐）魏收撰：《郑羲传》，《魏书》卷五十六，北京：中华书局，1974年，第1239页。

[2] （北齐）魏收撰：《郑羲传》，《魏书》卷五十六，北京：中华书局，1974年，第1239页。

掉的内容主要是多余重复的字，但文章的主体内容与结构未变"[1]。以上种种迹象表明，在天柱山刊刻上碑时，于郑道昭而言，尚属试探性行为，其中的谬误也表明郑道昭对此事并不是很用心，任由程天赐等人发挥，他只作壁上观。但是到了镌刻下碑时，郑道昭似乎从上碑刻成后周围人的反应中找到了要为父亲树碑立传的信心和力量。上碑刻好后，其中对于朝廷赠予父亲谥号"文灵"的更改，没有人提出异议，对于家族和父亲功德的大肆颂扬，也无人指斥，当地士族一片称赞之声。于是，刻立下碑就应该是郑道昭主动作为了，云峰山恐怕也是他主动选择的地方。他对上碑原文进行仔细审读，所以才有了那52处修改。他的修改使得碑文内容更加流畅、准确、完美，如增加了父亲郑羲的葬期，增补了郑袞豫州刺史一职，出现了祖父郑晔的官职"建威将军、汝阴太守"，为长兄郑懿增补了"督齐州诸军事"。其中，他为父亲郑羲增加的内容最多，增加了使持节、都督兖州诸军事、安东将军、兖州刺史等职务，增加了"弥以方正自居，虽才望称官，而乃历载不迁"[2]，"先时假公太常卿，荥阳侯，诣长安拜燕宣王庙。还，解太常，其给事中，中书令，侯如故。纵容凤闱，动斯可则。冠婚丧祭之礼，书疏报问之式公之制矣，民胥行矣，虽位未槐鼎，而仁重有余"[3]等内容。最为突出的是下碑增加了碑额"荥阳郑文公之碑"，非常正式地称郑羲为"郑文公"，而绝口不提朝廷赠谥的"灵"字，可以看出，下碑的书写和镌刻是做了非常充分的准备的。据此可以断定，《郑文公碑》上碑的撰文和书写，郑道昭都未参与，或者参与不多，主要是程天赐的张罗和落实，而到了下碑，郑道昭则是亲自修撰碑文，并直接策划、组织了书写和镌刻活动，其中包括碑刻的选址和选石、书写者、镌刻者等。因此，上碑和下碑书法风格差异较大，下碑被后世称为可与王羲之书法相媲美，可以想见，书写者必定是经过了千挑万选，应是当时光州最有名气甚至全国著名的书法家，而上碑则可能是始作俑者程天赐或者光州的一般书家所写。

---

[1]   赖非：《云峰刻石中的郑道昭思想三变》，《中国书法》2019年第5期。

[2]   王思礼、焦德森、赖非编著：《云峰刻石调查与研究》，济南：齐鲁书社，1992年，第146页。

[3]   王思礼、焦德森、赖非编著：《云峰刻石调查与研究》，济南：齐鲁书社，1992年，第146页。

《郑文公下碑》的成功刊刻使政治上失意且对朝廷乱象心存忧患的郑道昭终于找到了一丝心灵上的慰藉。在这一过程中，他不断在掖城周边各山游玩、寻访，对处于胶东一隅的光州逐渐有了主人的感觉，原来的宦游和客居之感逐渐消散。所以，文采斐然的郑刺史此时开始围绕云峰山的美景创作诗赋，《魏书》载："道昭好为诗赋，凡数十篇。"[1]云峰刻石中明确注明郑道昭创作的《论经书诗》《观海童诗》《仙坛诗》《东堪石室铭》等，应该都是他在游玩过程中创作的诗文，但书写者却未必是他本人。邢学敏在《北魏书法家郑道昭家族研究》中认为，《论经书诗》是由两人完成的，前边大部分由郑道昭书写，后面应该是其僚佐补写，这种说法很有见地但还是失之偏颇，此诗的书写由两人完成是确凿无疑的，但郑道昭是否参与书写就应另当别论。《魏书》《北史》甚至《郑文公碑》中都没有提及郑道昭擅长书法，而北朝著名书法家崔浩、崔悦、卢渊等，在正史中都有擅长书法的记载，所以，郑道昭的书法在当时并不出名，他不以书法见长。以郑道昭的身份和儒家思想对他的影响，他断然不会将非己之所长的书法随便展示出来，这不符合他的性格和身份。况且，在魏晋时期，书写碑文也不是一件多么光彩的事，世家子弟大多羞于此事，《世说新语·巧艺篇》载：

> 韦仲将能书。魏明帝起殿，欲安榜，使仲将登梯题之。既下，头鬓皓然，因敕儿孙："勿复学书。"[2]

《方正篇》亦载：

> 太极殿始成，王子敬时为谢公长史，谢送版，使王题之。王有不平色，语信云："可掷箸门外。"谢后见王曰："题之上殿何若？昔魏朝韦诞诸人，亦

[1]　（北齐）魏收撰：《郑羲传》，《魏书》卷五十六，北京：中华书局，1974年，第1242页。

[2]　（南朝宋）刘义庆撰，（南朝梁）刘孝标注，余嘉锡笺疏：《世说新语笺疏》，北京：中华书局，2007年，第842页。

自为也。"王曰:"魏阼所以不长。"[1]

以郑道昭儒学大家的身份,且贵为一州刺史,他怎么会轻易书写诗文并刻于石呢? 所以,《论经书诗》应该是由郑道昭创作,而由其僚佐或是专业书手在石头上书写,专业书手书写的可能性更大,这应该是有组织的书写和刊刻。至于为什么会出现两种笔迹,则可能是前一个书手出现意外无法继续书写,或是书手指派徒弟或他人代笔。

那么,郑道昭在云峰山、天柱山等处是否亲自书写过文字呢? 我们还是要结合郑道昭的身份和当时的历史场景去认真探索。郑道昭在光州刺史任上工作并不繁忙,光州地处偏远,远离朝廷,没有政治上的纠纷,且此地民风淳朴,郑道昭推崇儒家仁政思想,能够与民为善,"其在二州,政务宽厚,不任威刑,为吏民所爱"[2]。可以想见,郑道昭在光州三年,闲暇时间较多,在镌刻《郑文公下碑》取得成功后,他也乐得在周围的美丽山景中排遣情绪,寻找精神寄托,时间久了,他就逐渐喜欢上了云峰山、天柱山。所以才有了云峰山东峰西崖壁上的山门题名"荣阳郑道昭之山门也,于此游止",才有了云峰山顶峰的"云峰之山"和天柱山顶峰的"此天柱之山"两种山名大字题刻,才有了天柱山主峰西侧的"荣阳郑道昭上游天柱下息云峰"题刻。特别是云峰山西峰东崖壁上的右阙题名刻石"云峰山之右阙也。栖息于此,郑公之手书",题字明显是两种风格,"云峰山之右阙也"七个大字是主体部分,与山门题名、上游下息碑刻风格相似,其中"云"字最突出,左侧横画盖住撇画,应为郑道昭所书。但后面的"栖息于此,郑公之手书"九个字比前七个字小了很多,且书法拙劣,气势弱了很多,不像前七个字那样成竹在胸、气势磅礴,应为僚佐补写。所以,郑道昭书写的最多就是这几块有郑道昭名字而且字数较少的刻石,可能是他看到僚佐和书手写得淋漓畅快,一时兴起,信手题写几个大字,聊以自慰。其他成篇的诗文如《东堪石室铭》《置仙坛诗》《观海童诗》《论经书诗》等,虽有郑道昭之名及官职,但从

[1]　(南朝宋)刘义庆撰,(南朝梁)刘孝标注,余嘉锡笺疏:《世说新语笺疏》,北京:中华书局,2007 年,第 400 页。

[2]　(北齐)魏收撰:《郑羲传》,《魏书》卷五十六,北京:中华书局,1974年,第 1242 页。

书法风格及书写的工作量来看，应该不是郑道昭所书，而是郑道昭撰文之后组织专人书写和镌刻，与《郑文公下碑》情况相似。

郑道昭在光州三年任满，调任青州刺史，在青州玲珑山他同样组织镌刻了四块刻石：《登百峰山诗》《游槃题字》《白驹谷题字》《白云堂中解易老题字》。这四块刻石的前三块风格相似，尤其是《游槃题字》和《白驹谷题字》，完全是同一种风格，《登百峰山诗》因字数较多，所以书写略有变化，但仔细分析比较，还是出于同一人。《登百峰山诗》题刻左侧有"平东府兼外兵参军"八个字，应该是书写者的官衔，郑道昭任光州刺史和青州刺史，同时挂平东将军衔，书写者可能是其将军府的僚佐。此人书法风格整饬，颇见功力，应是有一定名气的书法家，所以才敢如此自信地题上自己的官衔，这在云峰刻石中是绝无仅有的现象。《白云堂中解易老题字》风格比较独特，与其他三块不同，或许是其他僚佐所书。青州玲珑山的四块题刻对我们研究云峰刻石有很重要的启发作用：一是郑道昭转任青州后，青州继续出现书法题刻，这就证明，云峰山、天柱山、大基山的刻石都是在他的影响和主持下形成的；二是郑道昭在四山的题刻确实是兴趣所致，在光州三年，远离京师，心情一下子放松了，所以才能兴致勃勃地组织书写和镌刻，而到了青州任上，他的这种兴致逐渐减弱、淡化，而且身体日渐衰老，所以青州三年只有四块题刻。他接替高植任青州刺史时，京师及各州出现饥荒，朝局动荡，所以，他的青州刺史任职应该不会像在光州那样轻松自在，此时，年老体衰的郑道昭一门心思希望能赶紧调回京城颐养天年，所以于题刻一事用心不多。

三、郑述祖在光州追忆郑道昭的诗文创作及云峰刻石的北齐风格

《北史·郑述祖传》载：

> 初，述祖父为光州，于郑城南小山起斋亭，刻石为记。述祖时年九岁。及为刺史，往寻旧迹，得一破石，有铭云："中岳先生郑道昭之白云堂。"述祖对之呜咽，悲动群僚。有人入市盗布，其父怒曰："何负吾君？"执之以归首。述祖特原之，自是境内无盗。百姓歌曰："大郑公，小郑公，相去

五十载，风教犹尚同。"[1]

　　依文中所记，郑述祖少年时期曾随父亲郑道昭登临光州州治掖城附近的小山，数十年后自己也出任光州刺史，登山寻找旧迹，只找到一块破石头上的铭文。这一说法值得怀疑，按照学界共识，郑道昭在光州刺史任上主持刊刻了众多刻石，郑述祖 50 年后何以只得一破石？他出任光州最应该拜谒的就是《郑文公碑》，此碑是父亲为纪念祖父而主持刊立，很有纪念意义。《掖县志》载：

　　　　白云堂。云峰下遗址犹存，旁石龛镌郑文公小石像，子道昭魏永平中为光州刺史，于城南小山起斋亭刻石为记。道昭子述祖时年九岁，后亦为此州刺史，往寻旧迹，得一破石，有铭云："中岳先生郑道昭之白云堂"，述祖对之呜咽，悲动群僚。[2]

　　据考证，白云堂在云峰山，则郑述祖面对呜咽的"破石"正是当年父亲主持修建的白云堂，此建筑 50 年后已然破损，而刻字犹存，一毁一存形成鲜明对比，郑述祖面对此景而颇有感触。而其他地方的刻字应该依然保存完整，包括《郑文公碑》，所以，郑述祖面对云峰山上的众多铭刻题字远不如白云堂被毁的感受深刻。宋人马永易所撰《实宾录》记载郑述祖追思父亲事迹与上述资料基本相同：

　　　　北齐郑述祖为兖州刺史。初，述祖父道昭为兖州，于城南小山起亭刻石为记。述祖时年九岁，及为刺史，往寻旧迹，得一破石，有铭曰：中岳先生郑道昭之白云堂。述祖对之呜咽，悲动群僚。[3]

[1]　（唐）李延寿撰：《严祖弟述祖》，《北史》卷三十五，北京：中华书局，1974 年，第 1307 页。
[2]　（清）张思勉修，（清）于始瞻撰：《乾隆掖县志》卷一《古迹》，光绪十九年（1893）刻《掖县全志》本，第 26 页。
[3]　（宋）马永易撰，（宋）文彪续刻：《实宾录》卷二，载《景印文渊阁四库全书》第 920 册，台湾：台湾商务印书馆，1986 年，第 164 页。

郑述祖 50 多年后重回儿时曾随父亲登临过的云峰山、天柱山和大基山，并在此地重为刺史，其心情的复杂性可想而知。父亲组织的题诗刻字活动对其自然有影响，而《北齐书》载其"好属文，有风检"[1]，所以，故地重游的过程当然要吟诗作文。云峰山、天柱山、大基山共有北齐刻石五种：《重登云峰山记》《天柱山铭》《天柱山颂》《云居馆题字》《石人名题字》，《天柱山铭》与《天柱山颂》是由他亲自撰文，显现出较高文采，而《重登云峰山记》《云居馆题字》《石人名题字》则是其僚佐或是他人撰文。关于五种刻石的书写刊刻，笔者仍然认为像郑道昭对于四山刻石的贡献一样，郑述祖的角色主要是组织者。郑述祖官至"太子少师，仪同三司"，其地位比父亲郑道昭更加隆崇，他绝不会轻易在山崖上题字。但是，父亲当年组织刻字的场景却一直在影响着他，所以，他用心创作了《天柱山铭》与《天柱山颂》，并安排专人书写在摩崖之上，以此追思其父。刻石所用全是隶书，当与东魏、北齐的复古风气有关，特别是北齐统治者曾将洛阳的《熹平石经》和《正始石经》残石运往邺城，《隋书·经籍志》载：

> 又后汉镌刻七经，著于石碑，皆蔡邕所书。魏正始中，又立三字石经，相承以为七经正字。后魏之末，齐神武执政，自洛阳徙于邺都，行至河阳，值岸崩，遂没于水。其得至邺者，不盈太半。[2]

《北齐书·文宣本纪》亦载：

> （天保元年）八月，诏郡国修立黉序，广延髦俊，敦述儒风。其国子学生亦仰依旧铨补，服膺师说，研习《礼经》。往者文襄皇帝所运蔡邕石经五十二枚，即宜移置学馆，依次修立。[3]

[1] （唐）李百药撰：《郑述祖传》，《北齐书》卷二十九，北京：中华书局，1972 年，第 397 页。

[2] （唐）魏徵、令狐德棻撰：《经籍志一》，《隋书》卷三十二，北京：中华书局，1973 年，第 947 页。

[3] （唐）李百药撰：《文宣本纪》，《北齐书》卷四，北京：中华书局，1972 年，第 53 页。

北齐对于石经的重视当然主要是为了复兴儒学，维护政治统治，但是在一定程度上也推动了当时书法复古风气的兴起，特别是《熹平石经》这种庙堂隶书庄严肃穆的气象在无形中会对文人士大夫的书写产生影响。所以，整个北齐笼罩在一片庙堂隶书的氛围中，无论是碑刻还是墓志，我们今天能看到的北齐书法，隶书占了很大比重。相对于郑道昭组织的刻石书法，郑述祖对于隶书的使用在无形中提升了题刻的品位和层次。郑道昭时期的题刻有一些是随意为之，所以书法天真烂漫，而北齐刻石因为完全使用隶书，所以古雅的气息远超北魏，这是其独到的地方，也是对郑道昭在北魏时期主持的题刻活动的一种补充和提升。

在胡人统治的北朝，汉人在文化上所受的压制是史无前例的。在这种情况下，郑道昭和郑述祖父子在偏远的胶东，组织了大规模的摩崖题刻活动，这本就是标立华夏民族精神的一种壮举。或许他们父子确实不是书法名家，但是他们把一种文化精神镌刻在石壁之上，并且先后使用了当时最时髦的魏体楷书和颇有复古气象的隶书，深情记录了一个时代的文化精神，这是我们在今天应该大力弘扬和深入研究的。倘若不是郑道昭和郑述祖，中国书法史的北朝系列是要减色不少的，因为北朝传世书法大多是碑文题刻，墨迹类书法除了民间书写，名家法帖几无可见，而碑文题刻又大多是墓志、造像题记，书写者受到书写材料和形制的限制，无法全面展现当时书法的风格和气象。只有这种摩崖刻石，最能代表当时的书法气象，除了可以自由发挥，任情恣性，还可以通过写大字提升书法的气象和格局，这是纸张书写无法达到的效果。而这种摩崖刻石除了北朝刻经书法，也就只有郑氏父子在云峰四山的深情书写，他们的书写比刻经书法更加自由、奔放，所以最具代表性。因此，郑氏父子是否是书法家已经不重要了，关键是他们为我们留下了宝贵的书法文化资源，使一个时代的书法光影能够始终闪烁在民族的记忆里。所以，我们在今天仍以郑氏父子特别是郑道昭来称谓云峰刻石，这是他和他的家族留给后世千年甚至更长久的宝贵精神财富。

（原载《东岳论丛》2022 年第 11 期）

以人民为中心的创作导向的理论起点

吕文明

　　党的十八大以来，习近平总书记围绕繁荣和发展社会主义文艺多次发表重要讲话，强调坚持以人民为中心的创作导向，为中国文艺的发展指明了方向。其理论起点是延安文艺座谈会形成的中国化的马克思主义"人民性"文艺思想。

　　马克思主义文艺思想传入中国后，从一开始就与人民大众紧密结合在一起，20世纪二三十年代的革命文学深受其影响和启发，并提出了"文艺要为工农大众服务"的口号。但是，受当时革命形势和社会现实影响，"人民性"文艺思想还未正式形成。1942年召开的延安文艺座谈会，是在中国革命取得阶段性胜利之后，中国共产党充分总结新民主主义革命以来马克思主义文艺思想在中国的传播和发展而召开的一次具有重要历史意义的会议。

　　在延安文艺座谈会上，毛泽东明确提出"我们的文学艺术都是为人民大众的"这一论断，强调文艺工作者必须到群众中去、到火热的斗争中去，转变立足点，为革命事业做出积极贡献。他在第一次讲话中开门见山地指出了文艺工作要深入思考的一系列问题，其中重点阐述的是工作对象问题，即文艺工作为谁服务和如何服务的问题。第二次讲话主要分析了五个问题：我们的文艺是为什么人服务的；如何去服务；党的文艺工作与党的整个工作关系问题，党的文艺工作和非党的文艺工作关系问题；文艺批评问题；文艺界的整风问题。这些问题的核心指向仍然是文艺为谁服务和如何服务，即文艺的"人民性"问题。可以看出，整个延安文艺座谈会的讲话精神，都是紧紧围绕文艺的"人民性"展开论述的。毛泽东结合中国革命实际，在马克思主义中国化的基础上，深入分析马克思主义文艺思想的"人民性"问题，建立起比较系统的"人民性"文艺思想理论体系，这在马克思主义文艺思想发展历程中具有划时代的意义。

这一思想在此后相当长的时间内一直深刻影响中国文艺的发展，"人民性"文艺思想被提升到越来越重要的地位，对于"人民性"的理解和阐发也越来越有深度和广度，特别是进入新时代以来，人民在文艺创作中的主体地位更加突出。党的十八大以来，习近平总书记深刻阐述坚持以人民为中心的创作导向，文艺为人民服务的指向性更加明确。党的十九大报告指出，社会主义文艺是人民的文艺，必须坚持以人民为中心的创作导向，在深入生活、扎根人民中进行无愧于时代的文艺创造。坚持以人民为中心的创作导向，体现了对"人民性"文艺思想的继承和发展，充分彰显出中国共产党对于人民的无限深情。

毛泽东在延安文艺座谈会上之所以提出文艺为谁服务的问题，主要是针对当时大批文艺工作者来到延安和各抗日根据地的情况，他希望在抗日这个大背景下，全体文艺工作者团结起来，文艺工作要服从于政治和统一战线大局。所以，这时候文艺工作的出发点就是联合抗日，文艺是革命工作的重要组成部分，其着眼点和落脚点是"为人民服务"。今天，我们党的事业的中心任务是带领全国人民实现中华民族伟大复兴的中国梦，文艺工作必须服从和服务于这一伟大事业。在这一过程中，以人民为中心的创作导向可以构建起中国文艺的人民性、经典性和崇高性，用文艺的光芒照亮中国人的精神世界，凝聚中国人的精神力量。所以，文艺的"人民性"指向与过去相比更加强调人民的主体地位，"始终把人民的冷暖、人民的幸福放在心中，把人民的喜怒哀乐倾注在自己的笔端，讴歌奋斗人生，刻画最美人物，坚定人们对美好生活的憧憬和信心"。可以看出，两次文艺座谈会是在"人民性"文艺思想的整体发展中立足"为人民服务"和"以人民为中心"两个维度，它们是"人民性"文艺思想 80 年发展历程中的起点和高峰，其中，文艺工作对人民的指向在不断强化和发展。"为人民服务"的创作指向与党的根本宗旨相吻合，强调文学艺术要成为革命事业的重要组成部分，所以主要强调文艺工作的努力方向和文艺工作者的创作指向。而"以人民为中心"的创作导向则着重强调文艺工作要突出人民的主体地位，文艺需要人民，人民需要文艺，文艺更要热爱人民，文艺创作要"与人民同呼吸、共命运、心连心，欢乐着人民的欢乐，忧患着人民的忧患，做人民的孺子牛"。这一创作导向特别注重文艺本体的发展和创作主体精神境界的提升，而这种发展和提升与中华民族伟大复兴的中国梦紧密相连。

以人民为中心，就是要把满足人民精神文化需求作为文艺和文艺工作的出发点和落脚点，把人民作为文艺表现的主体，把人民作为文艺审美的鉴赏家和评判者，把为人民服务作为文艺工作者的天职。这种创作导向与延安文艺座谈会确立的"人民性"文艺思想是一脉相承并不断发展提升的。毛泽东在讲话中对文艺工作对象进行了重新定位："我们的问题基本上是一个为群众的问题和一个如何为群众的问题。"他不仅强调文艺服务的对象是人民大众，而且对人民大众的范畴进行认真分析，这使得文艺思想的"人民性"特质有了更加清晰的定位。而以人民为中心的创作导向则是把满足人民精神文化需求作为文艺和文艺工作的出发点和落脚点，这就从强调文艺工作对象上升到提升精神文化需求的高度，这样的变化表现出"人民性"文艺思想与时俱进的先进性。毛泽东强调文艺的立足点要转向人民："我们的文艺工作者一定要完成这个任务，一定要把立足点移过来，一定要在深入工农兵群众、深入实际斗争的过程中，在学习马克思主义和学习社会的过程中，逐渐地移过来，移到工农兵这方面来，移到无产阶级这方面来。只有这样，我们才能有真正为工农兵的文艺，真正无产阶级的文艺。"习近平总书记则进一步强调要把人民作为文艺表现的主体，"人民是文艺创作的源头活水，一旦离开人民，文艺就会变成无根的浮萍、无病的呻吟、无魂的躯壳"。从文艺的立足点到把人民作为文艺表现的主体，这是人民地位得到尊重、人民利益得到保障的充分体现，这是新时代"人民性"文艺思想的深入发展，站在这样的立场上，文艺创作才能更加深入人心。而把人民作为文艺审美的鉴赏家和评判者，则与毛泽东强调的文艺批评的基本标准问题相一致。毛泽东认为文艺批评有政治和艺术两个标准，两个标准的核心都是看其是否符合人民的利益。今天的文艺批评是将两个标准合而为一，从审美的高度进行深层次评价，这种审美应该"是文艺创作的一面镜子、一剂良药，是引导创作、多出精品、提高审美、引领风尚的重要力量"。毛泽东在讲话中批判文艺界还严重存在着作风不正的现象，"一切共产党员，一切革命家，一切革命的文艺工作者，都应该学鲁迅的榜样，做无产阶级和人民大众的'牛'，鞠躬尽瘁，死而后已"。习近平总书记则进一步号召广大文艺工作者与人民同呼吸共命运，心里时刻装着人民的幸福。在这样的号召中，文艺创作已经与人民的思想和行动融为一体，充分体现了以人民为中心的创作导向。可以看出，整个延安文艺座谈会的讲话精神，是紧紧围绕文艺的"人民性"问题展开论述的，这些论述成为今天以人民为中心的创作导向的理论起点。

如果说延安时期强调的是文艺工作对于民族独立、民族自由和民族解放的重要作用，那么，新时代文艺工作的指向则是充满光明和希望的伟大中国梦。坚持以人民为中心的创作导向，是中国化的马克思主义"人民性"文艺思想发展的新阶段、新境界，它深深地植根于马克思主义深厚的理论沃土，植根于中国共产党人为人民服务、一切为了人民的政治理念和精神传统之中，其最终指向是建设有中国特色的社会主义伟大事业和中华民族伟大复兴的中国梦。

（原载《光明日报》2022 年 5 月 23 日，第 9 版）

簪缨世家，文才相继：南朝兰陵萧氏书学的传承与发展

吕文明

南朝时期，兰陵萧氏在短时间内创造出由寒门到帝胄的旷世传奇，作为家族文化的典型代表，家族书法也在南朝齐、梁间出现"彬彬之盛，大备于时"[1]的繁荣景象。如果说当时家族对于儒学的推崇主要是为维护政治统治的话，那么，对于书法的热情则可看作家族文艺精神的焕发和生命意识的崛起，可以说，这是一个从内到外都充满着儒雅和风流气息的华丽家族。

一、"皇舅房"的萧思话开家族善书的风气之先

兰陵萧氏在南朝以前一直是寒门，家族地位不高，后来的崛起也主要依靠军功，家族文化在魏晋时期没有非常突出的表现。萧思话是史料中能够查到的兰陵萧氏家族的第一位书法家，而且一出手就表现不凡，与晋、宋间的书法名家羊欣并称于书坛，为家族书法发展奠定基础。最早著录萧思话书法的文献是南朝王僧虔的《论书》：

> 羊欣、丘道护并亲授于子敬。欣书见重一时，行草尤善，正乃不
> 称……范晔与萧思话同师羊欣，然范后背叛，皆失故步，名亦稍退。萧思话

---

[1]　（南朝梁）钟嵘著，周振甫译注：《诗品译注》，北京：中华书局，1998
年，第 17 页。

全法羊欣，风流趣好，殆当不减，而笔力恨弱。[1]

王献之受教于王羲之，羊欣受教于王献之，萧思话受教于羊欣，则萧思话为王羲之书法的第四代传人和王献之书法的第三代传人。南朝宋时，王献之书法风靡天下，盛名盖过王羲之，羊欣书法亦颇得美誉，时人有"买王得羊，不失所望"[2]之说。萧思话师从当时之书法权威，并得书法传承之正宗，这是他能在家族整体不善书的情况下一出手就表现不凡的主要原因。

《论书》毕竟不是史料，正史记载更具权威性，从南朝人修纂的《宋书》和《南齐书》开始，正史中出现了历史人物擅长书法的记载。这是一个很重要的信号，反映出书法在南朝已经进入学术视野，书法家成为一个人社会身份的重要象征。梁朝沈约所撰《宋书》载："（萧思话）涉猎书传，颇能隶书，解音律，便弓马。"[3]唐人李延寿在《南史·萧思话传》中又照搬了《宋书》的记载："颇工隶书，善弹琴，能骑射。"[4]史书对于萧思话擅长书法是和他的其他爱好如弹琴、骑射等一起记述的，这说明书法在南朝人眼里是休闲娱乐的重要方式之一，更显示出萧思话醉心书法的主要原因还是其追求玩乐的性格。史载，萧思话少年时曾优游于市，调皮顽劣，甚至欺负邻里，是个十足的纨绔子弟，他虽然后来有所收敛，但是骨子里的玩乐观念是消除不掉的，只不过后来做了大官，玩得越来越高雅。萧思话对于书法的兴趣还与当时的社会风尚有关。南朝宋、齐、梁、陈四朝皆为寒门素族所建，家族地位的陡然上升造成了家族子弟耽于玩乐、声色犬马，特别是宋、齐两朝，此种倾向尤为严重，整个社会也因此而形成奢靡腐化的风气，正如《南齐书》所载："自宋大明以来，声伎所尚，多郑卫淫俗，雅乐正声，鲜有好者。"[5]这种风气影响到书法审美，士族阶层便对风流妍美的王献之、羊欣书法投以极大的兴趣，萧思话书出于羊欣正说明了这一问题。王僧虔所谓"萧

[1]　（唐）张彦远：《法书要录》，载《影印文渊阁四库全书》第812册，北京：北京出版社，2012年，第113页。

[2]　（唐）张彦远：《法书要录》，载《影印文渊阁四库全书》第812册，北京：北京出版社，2012年，第184页。

[3]　（南朝梁）沈约撰：《宋书》，北京：中华书局，1974年，第2011页。

[4]　（唐）李延寿撰：《南史》，北京：中华书局，1975年，第495页。

[5]　（南朝梁）萧子显撰：《南齐书》，北京：中华书局，1972年，第811页。

思话全法羊欣，风流趣好，殆当不减，而笔力恨弱"，可以看出，萧思话全力效仿王献之、羊欣的书法形态，可惜笔力太弱，达不到王、羊的气韵和风度。《淳化阁帖》收录了他的行草书《节近帖》，字形独特，饶有姿态，笔势连绵，如凤翥龙蟠，正如袁昂所评："萧思话书走墨连绵，字势屈强，若龙跳天门，虎卧凤阁。"[1] 梁武帝萧衍亦评曰："萧思话书如舞女低腰，仙人啸树。"[2] 总体来看，南朝人非常推崇萧思话的书法，因为他传承了东晋风流妍美的浪漫书风。

到了唐代，张怀瓘在《书断》中一改此前描述和评价式著录方式，开始为历代书家作传。所以，关于萧思话书法的完整记载始于《书断》：

> 宋萧思话，兰陵人。父源。思话官至征西将军、左仆射。工书，学于羊欣，得其体法。行草连岗尽望，势不断绝，虽无奇峰壁立之秀，亦可谓有功矣。王僧虔云："萧全法羊欣，风流媚态。殆欲不减，笔力恨弱。"袁昂云："羊真、孔草，萧行、范篆，各一时之妙也。"然上方琳之不足，下方范晔有余。谕之余玄，盖缃缈间耳。孝建二年卒，年五十。[3]

张怀瓘的记载主要是对此前各种著述的汇总，但重点描述了萧思话行草书"连岗尽望，势不断绝"的特点，此语可谓精妙绝伦。韦续的《九品书人论》也将萧思话行草列入中之上品。但是，《宋书》和《南史》谓其善隶书（即楷书），不知出于何种资料。唐人窦臮所撰《述书赋》也评价其"任性工隶"，并注明当时见到了其"带名正书启两纸，共十三行，具姓名行书三行"[4]。宋代米芾亦评价

[1]　（唐）张彦远：《法书要录》，载《影印文渊阁四库全书》第812册，北京：北京出版社，2012年，第135页。

[2]　（清）孙岳颁等：《佩文斋书画谱》，载《影印文渊阁四库全书》第819册，北京：北京出版社，2012年，第261页。

[3]　（唐）张怀瓘：《书断》，载《影印文渊阁四库全书》第812册，北京：北京出版社，2012年，第69页。

[4]　（唐）窦臮撰，（唐）窦蒙注：《述书赋》，载《影印文渊阁四库全书》第812册，北京：北京出版社，2012年，第86页。

"思话字有钟法"[1]，钟繇擅长楷书，这里当然也是对其楷书的评价，说明萧思话楷书取法正宗且有古意。对于萧思话到底是擅长楷书还是行书，宋人编纂的《宣和书谱》是这样描述的：

> 初学书于羊欣，下笔绵密娉婷，当时有"凫鸥雁鹜，游戏沙汀"之比。至于行草之工，则有"连冈尽望，势不断绝"之妙，其风流媚好，殊不在羊欣下。故萧行、范篆、杨（羊）真、孔草所以著论于袁昂也。然所得乃其正书耳。今御府所藏正书一：《奏事帖》。[2]

可见，萧思话对于行草书和楷书都很擅长，只不过审美取向偏重于笔势连绵、风流妍美的行草书，因此平时多以行草书显于世间。但是，其书法真正有所得并有所创见的还是楷书。

萧思话对于书法主要是兴趣爱好，并没有较深的关注和研究，所以在他这一支中并未形成书法文化的家族传统，其六子一女中只有第四子萧惠基书史有名，《南齐书》本传称其"善隶书"，陈思《书小史》称其"善隶行书"[3]。萧思话第七子萧惠蒨有一孙名萧引，在陈朝官至正威将军，善隶书，《陈书》本传载："引善隶书，为当时所重。高宗尝披奏事，指引署名曰：'此字笔势翩翩，似鸟之欲飞。'引谢曰：'此乃陛下假其羽毛耳。'"[4]萧引也是得家传之学，在陈为书法名家，后世对其书法的评价多从《陈书》本传中来。

[1] （清）孙岳颁等：《佩文斋书画谱》，载《影印文渊阁四库全书》第823册，北京：北京出版社，2012年，第168页。

[2] 《宣和书谱》，载《影印文渊阁四库全书》第813册，北京：北京出版社，2012年，第221页。

[3] （宋）陈思：《书小史》，载《影印文渊阁四库全书》第814册，北京：北京出版社，2012年，第250页。

[4] （唐）姚思廉撰：《陈书》，北京：中华书局，1972年，第289页。

二、"萧齐房"对家族书法风气的推动及其短暂的辉煌

兰陵萧氏家族的书法传承真正开始形成规模是在萧道成建齐之后。作为帝王,萧道成以非凡的气度和权威推重书法,继而影响到子孙,形成家族整体研习书法的风气,书法由此开始成为兰陵萧氏家族文化传承的重要内容。

齐高帝萧道成是"萧齐房"当仁不让的书法宗师。他的父亲萧承之因为出身和时代所限,一生忙于征战,还无暇顾及书法等消遣享乐的艺术形式。萧道成出身将门,父亲萧承之通过自己的努力使家族有了一定的发展,所以,萧道成奋斗的基础远胜于父亲。萧道成曾在鸡笼山受学于雷次宗,研习《礼》及《左氏春秋》。他善诗文,《全齐文》存其文约 70 篇,《诗品》列其诗于下品。《南齐书·高帝纪》载:"博涉经史,善属文,工草隶书,弈棋第二品。虽经纶夷险,不废素业。"[1] 而南朝书法理论家却几乎无人提及萧道成的书法,其中,王僧虔在齐为官,不能随便品评皇帝,而梁朝诸家如萧衍、袁昂等因齐梁禅代之故,也不做评论,只有庾肩吾《书品》将其列为下之上品二十人之一,但未做具体评论。所以,对于萧道成书法的评价直到唐代才有定论,李嗣真《书后品》将其置于中下品,张怀瓘《书估》将其列为第四等,《书断》中有其小传:

> 齐高帝,姓萧氏,讳道成,字绍伯,兰陵人。善草书,笃好不已。祖述子敬,稍乏风骨。尝与王僧虔赌书,书毕,曰:"谁为第一?"对曰:"臣书臣中第一,陛下书帝中第一。"帝笑曰:"卿可谓善自谋矣。"然太祖与简穆赌书,亦犹鸡之搏狸,稍不自知量力也。年五十六,崩。[2]

这段文字很重要,除继续强调萧道成擅长草书外,还提到他取法王献之,但在风骨上稍有欠缺,亦如同宗萧思话,《淳化阁帖》卷一收录其草书《破墉帖》,从中可以看出这一问题。萧道成与王僧虔讨论谁的书法为天下第一的故事在中国书法史上非常有名,王僧虔的智人妙答和萧道成对其"善自谋"的评价成为君臣

---

[1]　（南朝梁）萧子显撰:《南齐书》,北京:中华书局,1972 年,第 38 页。

[2]　（唐）张怀瓘:《书断》,载《影印文渊阁四库全书》第 812 册,北京:北京出版社,2012 年,第 70 页。

之间和睦友善的典范。萧道成与王僧虔赌书，正可看出作为次等士族的萧氏家族在一跃而上成为帝王之后，他们的文化自信心并不足，在与高门甲族的对比中常自惭形秽。所以，萧道成竟以皇帝之尊与臣子比书法，这也是促使兰陵萧氏家族在文学、书法等方面狠下功夫努力提升的重要推动力。但是，张怀瓘最后直接批评萧道成与王僧虔比书法是自不量力，正体现出大批评家的手笔和胸怀，但也从一个侧面反映出萧道成的书法与王僧虔确实不在一个层次上。张怀瓘之后，《述书赋》对萧道成书法做了一番优美的评价："齐高则文武英威，时来运归。挺生绍伯，墨妙翰飞。观乎吐纳僧虔，挤排子敬。昂藏郁拔，胜草负正。犹力稽牛刀，水展龙性。"[1]这段文字对萧道成书法的气势和风采进行了精彩描述，但仔细品味，萧道成帝王的身份在这种风采中可能占了较大比重。

　　萧道成对于书法的兴趣以及他为家族赢得的至高无上的地位，使得家族子弟迅速进入对书法的研习与狂热追崇中。萧道成十五子中，齐武帝萧赜、临川王萧映、武陵王萧晔、始兴王萧鉴、衡阳王萧钧、江夏王萧锋等皆善书，从这一代开始，兰陵萧氏家族的书法进入了全面发展时期。

　　齐武帝萧赜是南齐在位时间最长的皇帝，他统治时也是南齐政治最清明、社会最稳定的时期，继而带来了经济的空前繁荣，《南齐书·良政》载："永明之世，十许年中，百姓无鸡鸣犬吠之警，都邑之盛，士女富逸，歌声舞节，袨服华妆，桃花绿水之间，秋月春风之下，盖以百数。"[2]所谓经济基础决定上层建筑，经济的繁荣使得全社会形成追求艺术享受和娱乐之风，这一时期儒学振兴，文化发展，文学艺术出现了空前繁荣的景象。齐武帝不仅努力宣导文艺风气，而且带头实践。他擅长诗文，《先秦汉魏晋南北朝诗》卷一存其诗《估客乐》，《全齐文》卷三、卷四收录其文章。他的书法以行草见长，继承了家族的书法风气，韦续《九品书人论》列其为下之中品，张怀瓘《书断》在齐高帝传后称"太子赜亦善书"[3]，但未明确指出其擅长何种字体，到窦臮《述书赋》始有详细论述："世祖宣

---

[1]　（唐）窦臮撰，（唐）窦蒙注：《述书赋》，载《影印文渊阁四库全书》第812册，北京：北京出版社，2012年，第87页。

[2]　（南朝梁）萧子显撰：《南齐书》，北京：中华书局，1972年，第913页。

[3]　（唐）张怀瓘：《书断》，载《影印文渊阁四库全书》第812册，北京：北京出版社，2012年，第70页。

远象贤，岂敢仰英规而无功，超笔力而有胆。莫顾程式，率由胸襟。能骋逸气，未忘童心。若横波束薪，泛滥浅深。"后面注称"今见带名行、草书及杂批等十余纸"[1]，后世所谓萧赜擅长行草书的论断大概就是从这里而来的。陈思《书小史》载："武帝工书，欲擅书名。僧虔不敢显其迹，尝用拙笔书，以此见容。"[2]此等情节与其父萧道成并无二致，都是士族成为帝王后与臣子争风吃醋的表现，可以看出，即使到了齐武帝萧赜时，兰陵萧氏的家族文化自信仍然没有彻底建立起来。琅琊王氏家族在南朝最重要的书法代言人王僧虔，与这两位政治上有作为但在文化上不自信的帝王为伴，也确是难为他了。元代郑杓、刘有定《衍极并注》载："瑞华书，南齐武帝于永平二年春二月，睹落英茂木而作此书，为辞纪之。黄门侍郎何允明于图纬以为木德之瑞，篆其辞，藏之王府。凡若此类，皆象形书。"[3]不知这一资料来源于何处，但可以看出，齐武帝萧赜非常具有创新精神，竟然创造出新书体。

萧道成第三子萧映，字宣光，封临川王，善书，《南齐书》载："映善骑射，解声律，工左右书左右射，应接宾客，风韵韶美，朝野莫不惋惜焉。"[4]《书史会要》亦载其"工左右书"[5]，《佩文斋书画谱》《六艺之一录》沿袭此说。"工左右书"反映出萧映才思敏捷、异常聪慧，而且善于进行书法艺术的创新，这是兰陵萧氏家族书法传承从自发走向自觉的重要表现。萧道成第五子萧晔，字宣昭，封武陵王。萧晔颇有才气，《南齐书》本传载：

> 晔刚颖俊出，工弈棋，与诸王共作短句，诗学谢灵运体，以呈上，报曰："见汝二十字，诸儿作中最为优者。但康乐放荡，作体不辨有首尾，安

[1]　（唐）窦臮撰，（唐）窦蒙注：《述书赋》，载《影印文渊阁四库全书》第812册，北京：北京出版社，2012年，第87页。

[2]　（宋）陈思：《书小史》，载《影印文渊阁四库全书》第814册，北京：北京出版社，2012年，第249页。

[3]　（元）郑杓撰，（元）刘有定注：《衍极》，载《影印文渊阁四库全书》第814册，北京：北京出版社，2012年，第447页。

[4]　（南朝梁）萧子显撰：《南齐书》，北京：中华书局，1972年，第622页。

[5]　（明）陶宗仪：《书史会要》，载《影印文渊阁四库全书》第814册，北京：北京出版社，2012年，第679页。

仁、士衡深可宗尚，颜延之抑其次也。"[1]

萧晔擅长篆书，学书勤奋，史传有名，《南史》卷四十三载："高帝虽为方伯，而居处甚贫，诸子学书无纸笔，晔常以指画空中及画掌学字，遂工篆法。"[2]《书史会要》亦载其善篆法。萧道成第十子萧鉴，字宣彻，初封广兴王，后改封始兴王。萧鉴善书，《书史会要》载："性聪敏，能书，有兰陵帖，宋高宗尝跋之。"[3]《佩文斋书画谱》《六艺之一录》亦有记载。萧道成第十一子萧钧，字宣礼，封衡阳王。善书，《南史》卷四十一载：

> 钧常手自细书写《五经》，部为一卷，置于巾箱中，以备遗忘。侍读贺玠问曰："殿下家自有坟素，复何须蝇头细书，别藏巾箱中？"答曰："巾箱中有《五经》，于检阅既易，且一更手写，则永不忘。"诸王闻而争效为巾箱《五经》，巾箱《五经》自此始也。[4]

南朝时社会通用字体是楷书，抄写儒家经典当用楷书，以示敬重，所以，萧钧擅长的书体应该是楷书。后代书史沿袭此说。萧道成第十二子萧锋，字宣颖，小名阇黎，封江夏王。善书，《南史》本传载：

> 性方整，好学书，张家无纸札，乃倚井栏为书，书满则洗之，已复更书，如此者累月。又晨兴不肯拂窗尘，而先画尘上，学为书字。五岁，高帝使学凤尾诺，一学即工。高帝大悦，以玉骐麟赐之，曰："骐麟赏凤尾矣。"[5]

[1]　（南朝梁）萧子显撰：《南齐书》，北京：中华书局，1972 年，第 624—625 页。

[2]　（唐）李延寿撰：《南史》，北京：中华书局，1975 年，第 1081 页。

[3]　（明）陶宗仪：《书史会要》，载《影印文渊阁四库全书》第 814 册，北京：北京出版社，2012 年，第 679 页。

[4]　（唐）李延寿撰：《南史》，北京：中华书局，1975 年，第 1038 页。

[5]　（唐）李延寿撰：《南史》，北京：中华书局，1975 年，第 1088 页。

因父亲萧道成被苍梧王逼迫，萧锋小时候藏匿在外祖家，家中无纸，竟在井栏书写，写满即洗去，早晨起来则在窗台的尘土上书写，其勤奋嗜书竟至于此。《南史》又载："工书，为当时蕃王所推。南郡王昭业亦称工，谓武帝曰：'臣书固应胜江夏王。'武帝答：'阇梨第一，法身第二。'法身昭业小名，阇梨锋小名也。"[1] 萧昭业为齐武帝萧赜之孙、文惠太子萧长懋长子，齐武帝评价他的书法不如萧锋，可见萧锋书法在当时确实名气很大。

可以看出，"萧齐房"在成为皇族后的第二代，已经出现全族研习书法的繁荣景象。在这一过程中，因萧道成还处在与宋室并诸大臣周旋斗争的艰苦创业中，所以，他的儿子们有时候面临的学书环境并不好，比如第五子萧晔和第十二子萧锋，都是在极为艰苦的条件下苦练书法，而这样的环境也造就了他们果敢刚毅的品格，并形成在逆境里奋发成长的优良家风，其书法家学也在这样的苦练中逐渐发展并形成规模。此外，萧道成的儿子们大多是在接受了儒学教育之后而开始研习书法的，可以说，书法此时仍是他们的业余爱好，还未成为绝对的精神愉悦和享受。萧钧曾经抄写《五经》，通过抄写而达到全部记住的目的，可见，对于儒家经典的学习仍是其主业，书法只是一种学习的手段。因为家族此前没有书法文化传统，而刘宋后期又缺少书法名家，所以，家族子弟学书的基础和师法的对象都不理想，导致"萧齐房"第二代子弟中没有出现非常有影响力的书法家。萧赜、萧映和萧锋虽有一定的创造性，分别创造瑞华书、左右书和学习凤尾诺，但这些都是书法研习的偏门，而不是正道，难以在书法史上产生深远影响。

齐武帝萧赜病逝后，因太子萧长懋早卒，皇太孙萧昭业登基为帝。萧昭业荒淫无道，为萧道成之侄萧鸾所杀，其弟新安王萧昭文被拥立，萧昭文只做了74天皇帝就被萧鸾废为海陵王。后来，萧鸾自立为帝，改元建武，是为齐明帝。萧鸾即位后，对萧道成和萧赜的儿子痛下毒手，特别是齐武帝萧赜的十九个儿子，除文惠太子早卒、竟陵王萧子良病卒、鱼复侯萧子响被萧赜错杀以外，其他诸子几乎全部死于萧鸾之手，他们死时的年龄都不大，其中最小的南郡王萧子夏只有七岁。高帝萧道成诸子也大多早卒，另有数位也死于萧鸾之手。所以，"萧齐房"从第三代开始就人丁凋零，残酷的政治迫害使他们无暇研习书法，史料中有记载

---

[1]　　（唐）李延寿撰：《南史》，北京：中华书局，1975 年，第 1089 页。

的书法家只有萧子良、萧子云二人。但是，因为家族书法传承到此时已历三代，已经形成优良的书法文化传统，因此，萧子良、萧子云于书法研习颇有进境，成为兰陵萧氏家族书法发展史上的重要人物。

萧子良为齐武帝次子，历官宋宁朔将军、会稽太守，齐高帝封其闻喜县公，齐武帝即位，册封其为竟陵郡王。萧子良喜好文学，《全齐文》卷七有《高松赋》《梧桐赋》《拟风赋》等 20 余篇，《先秦汉魏晋南北朝诗》存其诗六首。萧子良去世后，"竟陵八友"之一的任昉在《为范始兴作求立太宰碑表》中言道："琴书艺业，述作之茂，道非兼济，事止乐善，亦无得而称焉。"[1] 其中提及其书法，但未明确指出其书法的水平。唐代张怀瓘《书估》将其列为第四等，并称"可敌右军草书三分之一"[2]。窦臮《述书赋》载："子良则能知未善，心远迹迩。家风若遗，古则翻鄙。虽有力而无体，将从真而自美。犹土阶茅茨，俭德之始。"[3] 后面注中言见其带名行书四行，可知其擅长行书。萧子良亦擅长书法鉴赏，陈思《书小史》论及秋胡妻所作虫书时，萧子良认为其所作实为蚕书，彰显出不凡的鉴赏功力。萧子良书法主要受家学影响，笔画有力但不循法度，可见其书法主要是才情的表现，实为才子书。《书小史》称其"善行书"[4]，陶宗仪《书史会要》载其"聪敏善书"[5]。除了个人对于书法的爱好，萧子良还是当时的文坛领袖，他为竟陵王时曾在身边聚集了一大群文士，形成一个文学团体，《梁书·武帝本纪》载："竟陵王子良开西邸，招文学，高祖与沈约、谢朓、王融、萧琛、范云、任昉、陆倕等并游焉，号曰八友。"[6] 他们都雅好书艺，常共同谈论书法，并推出一系列重要的书学研究著述，如王融《图古今杂体六十四书》、刘绘《能书人名》等。永明

[1]　（明）梅鼎祚：《梁文纪》，载《影印文渊阁四库全书》第 1399 册，北京：北京出版社，2012 年，第 370 页。

[2]　（唐）张彦远：《法书要录》，载《影印文渊阁四库全书》第 812 册，北京：北京出版社，2012 年，第 164 页。

[3]　（唐）窦臮撰，（唐）窦蒙注：《述书赋》，载《影印文渊阁四库全书》第 812 册，北京：北京出版社，2012 年，第 87 页。

[4]　（宋）陈思：《书小史》，载《影印文渊阁四库全书》第 814 册，北京：北京出版社，2012 年，第 219 页。

[5]　（明）陶宗仪：《书史会要》，载《影印文渊阁四库全书》第 814 册，北京：北京出版社，2012 年，第 679 页。

[6]　（唐）姚思廉撰：《梁书》，中华书局，1973 年，第 2 页。

六年（488），萧子良作《古今篆隶文体》，论述五十二种书体，为中国古代第一部书体研究专著。日本传有《篆隶文体》镰仓时代抄本，论述四十三种书体，并署"侍中司徒竟陵王臣萧子良序"。可以看出，萧子良带动了南朝书法学习和研究的潮流，张天弓等称其为"永明书学"，并对其发展倾向和重要作用进行了深入研究，张天弓认为："萧子良等人的书学研究，有突出的'小学化'倾向，明显有别于永明初年王僧虔书学研究的'玄学化'（'美学化'倾向）。"[1] 萧子良引导的这种书学研究潮流对后来的梁武帝萧衍崇钟繇而贬王献之有极为重要的推动作用。

萧子云为豫章文献王萧嶷第九子，高帝萧道成之孙。萧子云为"萧齐房"中最善书法者，就是在整个南朝也是少有的书法大家。他由齐入梁，历官秘书郎、太子舍人、北中郎外兵参军、晋安王府文学、轻车将军、侍中、徐州大中正等。萧子云兼善诸体，草隶书最佳。袁昂《古今书评》称赞曰："萧子云书如上林春花，远近瞻望，无处不发。"[2] 梁武帝《古今书人优劣评》云："萧子云书如危峰阻日，孤松一枝，荆轲负剑，壮士弯弓，雄人猎虎，心胸猛烈，锋刃难当。"[3] 这些品评都是主观描述，没有明确指出萧子云书法的具体形态，让人莫衷一是，直到唐代张怀瓘为历代书家作传，才对萧子云书法有了完整的描述：

> 梁萧子云，字景乔，晋陵人，父嶷。景乔官至侍中。少善草、行、小篆，诸体兼备，而创造小篆飞白，意趣飘然。点画之际，若有骞举。妍妙至极，难与比肩。但少乏古风，抑居妙品。故欧阳询云："张乌巾冠世，其后逸少、子敬又称绝妙尔。飞而不白，萧子云轻浓得中，蝉翼掩素，游雾崩云，可得而语。"其真、草少师子敬，晚学元常。及其暮年，筋骨亦备，名盖当世，举朝效之。其肥钝无力者，悉非也。今之谬赏，十室九焉。梁武帝

[1]　　张天弓：《张天弓先唐书学考辨文集》，北京：荣宝斋出版社，2009 年，第 209 页。

[2]　　（唐）张彦远：《法书要录》，载《影印文渊阁四库全书》第 812 册，北京：北京出版社，2012 年，第 134 页。

[3]　　（清）孙岳颁等：《佩文斋书画谱》，载《影印文渊阁四库全书》第 819 册，北京：北京出版社，2012 年，第 261 页。

擢与"二王"并迹，则若牝鸡仰于鸾凤，子贡贤于仲尼。虽绝唱于彼朝，未日阳春白雪。以太清三年卒。景乔隶书、飞白入妙，小篆、行、草、章草入能。[1]

萧子云早年书学王献之，书法风流妍美、潇洒出尘。他才气纵横，创制小篆飞白，但是缺乏古意，难以进入神品行列。他晚年书学钟繇，这也是当时整个梁朝的书法风气，并因此而书艺大进，名震当时。《南史》本传载：

子云善草隶，为时楷法，自云善效钟元常、王逸少而微变字体。尝答敕云："臣昔不能拔赏，随时所贵，规摹子敬，多历年所。年二十六著《晋史》，至《二王列传》，欲作论草隶法，言不尽意，遂不能成，略指论飞白一事而已。十许年，始见《敕旨论书》一卷，商略笔状，洞澈字体，始变子敬，全范元常。逮尔以来，自觉功进。"其书迹雅为武帝所重，帝尝论书曰："笔力劲骏，心手相应，巧逾杜度，美过崔寔，当与元常并驱争先。"其见赏如此。出为东阳太守。百济国使人至建邺求书，逢子云为郡，维舟将发。使人于渚次候之，望船三十许步，行拜行前。子云遣问之，答曰："侍中尺牍之美，远流海外，今日所求，唯在名迹。"子云乃为停船三日，书三十纸与之，获金货数百万。性吝，自外答饷不书好纸，好事者重加赂遗，以要其答。[2]

萧子云主要取法钟繇、王献之和王羲之，梁武帝称赞他与王羲之、王献之书艺相当，并与其论书，对其推崇之至，这也是他能名震当世、远播海外的主要原因。李嗣真《书后品》将其列为中中品，《九品书人论》将其列入中中品，张怀瓘《书估》将其与萧思话、萧道成、萧子良等列入第四等。可见，萧子云在梁朝名满天下，颇受推崇，但在唐代地位并不十分突出，这反映出唐代自李世民推崇王羲之以来，天下书风已形成统一的审美取向：不取法王羲之就难入高品。萧

[1]　（唐）张怀瓘：《书断》，载《影印文渊阁四库全书》第 812 册，北京：北京出版社，2012 年，第 63—64 页。
[2]　（唐）李延寿撰：《南史》，北京：中华书局，1972 年，第 1075—1076 页。

子云取法诸家，并非专注于王羲之，因此在唐代未入一流大家行列。《述书赋》云："景乔则润色钟门，性情励已。丰媚轻巧，纤慢旖旎。《诗》虽易其《国风》，赐岂贤于夫子。犹鸾窥镜而鼓翼，虎不咥而履尾。"[1]当时可见其正书具姓名启及临右军书共三十行，另有草书六十余纸。萧子云楷书高于草书，张怀瓘列其楷书、飞白于妙品，而列其草书、行书、小篆于能品，这主要是因为其楷书取法钟繇、王羲之，所以在唐代还能受到推崇。《宣和书谱》亦称其"善正隶、行草、小篆、飞白，而正隶、飞白尤工"[2]，与张怀瓘所言一致。萧子云的才气主要表现在对于飞白书的创造性发挥上："尝以飞白作一萧字于建业壁间，后人取其壁入南徐海榴堂中，以为奇观。至唐有李约，复载归洛阳仁风里，构大厦以覆之，目曰萧斋，张谂特为记而序其事。"[3]陈思《书小史》和陶宗仪《书史会要》对其亦有记载，但多是对此前资料的汇集，没有创新。《大观帖》收录其楷书《舜问》《国氏》《列子》，颇有王羲之笔意。另有章草《出师颂》一章，传为萧子云所书。

"萧齐房"第四代中善书者有萧长懋之子萧昭业、萧子云之子萧特、萧子范之子萧乾。萧昭业在齐武帝去世后曾继位为帝，后为权臣萧鸾所杀。萧昭业善隶书，《南齐书·郁林王本纪》云："昭业少美容止，好隶书，世祖敕皇孙手书不得妄出，以贵重之。"[4]《南史》亦作是言。萧子云之子萧特受父亲影响，颇有书名，梁武帝《古今书人优劣评》载："萧特书虽有家风，而风流势薄，犹如羲、献，安得相似。"[5]萧衍认为萧特得其父萧子云真传，但不如萧子云。《南史·萧子云传》载："子特字世达，早知名，亦善草隶，时人比之卫恒、卫瓘。武帝尝使特书，及奏，帝曰：'子敬之迹不及逸少，萧特之书遂逼于父。'"[6]简文帝曾为其撰写墓志

[1] （唐）窦臮撰，（唐）窦蒙注：《述书赋》，载《影印文渊阁四库全书》第812册，北京：北京出版社，2012年，第88页。
[2] 《宣和书谱》，载《影印文渊阁四库全书》第813册，北京：北京出版社，2012年，第292页。
[3] 《宣和书谱》，载《影印文渊阁四库全书》第813册，北京：北京出版社，2012年，第292页。
[4] （南朝梁）萧子显撰：《南齐书》，北京：中华书局，1972年，第73页。
[5] （清）孙岳颁等：《佩文斋书画谱》，载《影印文渊阁四库全书》第819册，北京：北京出版社，2012年，第262页。
[6] （唐）李延寿撰：《南史》，北京：中华书局，1975年，第1076页。

铭，其中言及"银钩之巧，重世逾隽；况此临池，蝉轻露润"[1]，描述了其书法的美妙姿态。《述书赋》云："惟子深与惠达，总景乔之幼志。俱亲拂毫，同陪结字。深正稳而寡力，达草宽而丰意。或比父而疏省，或过师而巧媚。谁与别其罗纨，且欲同乎箧笥。"[2]子深是王褒的字，惠达是萧特的字，萧子云是王褒姑父，王褒跟随其学习书法，后亦为书法名家。《述书赋》把王褒和萧特放在一起评论，认为他们的楷书和草书得萧子云真传，有胜过萧子云的地方。萧乾善隶书，《陈书》本传载："乾容止雅正，性恬简，善隶书，得叔父子云之法。"[3]萧子云书法亦影响萧乾，其对于家族后代的影响可谓深重。"萧齐房"第四代中擅书法者还有曲江公萧遥欣之子、宋明帝萧鸾之侄孙萧几，《梁书》本传载其"善草隶书"[4]。

"萧齐房"书法传到第五代，其势已微，史书记载只有竟陵王萧子良之孙、巴陵王萧昭胄之子萧贲擅长书法，《南史》本传载："幼好学，有文才，能书善画，于扇上图山水，咫尺之内，便觉万里为遥。矜慎不传，自娱而已。"[5]《书小史》《书史会要》亦载其能书。

三、"萧梁房"的书法繁荣及其对中国书法发展方向的改变

如果说"萧齐房"的书法还处于研习和提升阶段的话，那么，到了"萧梁房"，兰陵萧氏家族的书法则已完全进入自由发展的状态。南朝文艺最繁荣的局面出现在梁朝，这主要与梁武帝萧衍统治前期的努力有关，政治清明和社会稳定推动了经济发展和文化繁荣，书法在这样的环境中成为皇室与高门甲族子弟交流互动的重要载体。梁武帝推崇王羲之，使南朝宋、齐间推崇王献之的风气为之一变，整个社会掀起学习王羲之书法的风气。这种风气一直持续到唐初，经唐太宗

[1]　（明）梅鼎祚：《梁文纪》，载《影印文渊阁四库全书》第 1399 册，北京：北京出版社，2012 年，第 303 页。

[2]　（唐）窦臮撰，（唐）窦蒙注：《述书赋》，载《影印文渊阁四库全书》第 812 册，北京：北京出版社，2012 年，第 88—89 页。

[3]　（唐）姚思廉撰：《陈书》，北京：中华书局，1972 年，第 278 页。

[4]　（唐）姚思廉撰：《梁书》，北京：中华书局，1973 年，第 596 页。

[5]　（唐）李延寿撰：《南史》，北京：中华书局，1975 年，第 1106 页。

李世民进一步推动，最终书定一尊，王羲之成为千古一圣。萧梁时代的书法发展进一步推动了书法理论的繁荣，在萧齐时代理论总结的基础上，出现了更多的书法理论家，如梁武帝、陶弘景、袁昂、庾肩吾等，他们对此前书法的发展特别是东晋王羲之以来的书法名家逐一点评，开后代书法批评之先河。书法理论的发展为书法创作的发展指明了方向，以"二王"为中心的中国书法序列由此而展开。

"萧梁房"的第一位书法名家就是梁朝的开国皇帝萧衍。萧衍是中国历代皇帝中少有的政治和文才都极为出众的人物，他对于儒学的重视使国家进入有序的发展状态，并在全社会形成儒雅中和的审美风尚，自宋齐以来的奢靡风气逐渐消除。他不仅开创了一个新王朝，而且带头进行文艺创作，推动南朝文艺走向繁荣。萧衍一生著述甚多，又能融通儒释道三教，所以，其书法也表现出大开大合的气象。《梁书·武帝纪》称其"草隶尺牍，骑射弓马，莫不奇妙"[1]，《南史·梁本纪》亦载其"六艺备闲，棋登逸品，阴阳、纬候、卜筮、占决、草隶、尺牍、骑射，莫不称妙"[2]。我们从这些记述中可以看出萧衍文艺才能的全面，书法不过是其中之一。因为是皇帝，所以梁朝人的著述不能也不敢对其进行评论，特别是不敢把他与其他书法家放在一起进行评论。直到唐朝时，他才成为书法理论家评论的对象，李嗣真《书后品》将其列为下下品，《九品书人论》将其列入上下品，张怀瓘《书断》列其草书入能品，并评曰："好草书，状貌亦古，乏于筋骨，既无奇姿异态，有减于齐高矣。"[3]在唐人眼里，萧衍的书法并不怎么高明，只有草书尚可入流，其他并不足观，这与他的身份和性格是有很大关系的。萧衍是开国皇帝，国事繁忙，"勤于政务，孜孜无怠。每至冬月，四更竟，即敕把烛看事，执笔触寒，手为皲裂"[4]，再加上他性格上追求完美，爱好广泛，对书法不可能投入太多精力，所以其书法才"乏于筋力"，不如齐高帝萧道成。但是，这丝毫不影响他在中国书法史上的地位，陶弘景在书信中大力推崇其书法：

[1]　（唐）姚思廉撰：《梁书》，北京：中华书局，1973 年，第 96 页。

[2]　（唐）李延寿撰：《南史》，北京：中华书局，1975 年，第 223 页。

[3]　（唐）张怀瓘：《书断》，载《影印文渊阁四库全书》第 812 册，北京：北京出版社，2012 年，第 70 页。

[4]　（唐）姚思廉撰：《梁书》，北京：北京出版社，1973 年，第 97 页。

非但字字注目，乃画画抽心，日觉劲媚，转不可说，以雠昔岁，不复
相类。正此即为楷式，何复多寻钟、王。臣心本自敬重，今者弥增爱服，俯
仰悦豫，不能自已。[1]

　　此番评价虽有诌谀逢迎的味道，但明确指出了萧衍书法的风格特点：劲媚，
这与《述书赋》中"犹巧匠琢玉，心惬雕虫"[2]的评价并无二致。从《淳化阁帖》
收录的《数朝帖》和《众军帖》来看，确是如此，两帖一楷书一草书，笔画劲
健，姿态横生，皆有媚趣。萧衍因有帝王之雄，又眼界开阔，见多识广，所以善
于评论，《衍极并注》载其"善篆、隶、行、草，尝与袁昂评诸家书"[3]，陶宗仪
《书史会要》亦称其"评论名人书法，皆窥其阃奥"[4]。《淳化阁帖》中收录的《众
军帖》标目为"梁高帝"，黄伯思云："米云梁高当是齐高，非也。此帖末云萧衍，
正梁武名。梁武庙号高祖，此书目误以祖为帝耳。"[5]另有一纸《异趣帖》，对其作
者向来有萧衍和王献之两种说法，明代董其昌断为萧衍书。此帖隶意尚浓，结体
紧凑，不似王献之书法之妍媚恣肆，而有王羲之书法潇洒从容的意态，萧衍推崇
王羲之，自然受其影响。乾隆皇帝在帖上注明释文："爱业愈深，一念修怨，永堕
异趣。君示。"[6]这几句释文颇有境界，梁武帝喜好佛法，加以帝王的胸怀，所以
才有此语。

　　与"萧齐房"的状况颇为相似，"萧梁房"也是从第二代开始进入家族书法
的兴盛时期。特别是梁武帝萧衍在位 48 年，勤于政事，天下承平，文化艺术高

[1]　（唐）张彦远：《法书要录》，载《影印文渊阁四库全书》第 812 册，北
　　　　京：北京出版社，2012 年，第 122 页。

[2]　（唐）窦臮撰，（唐）窦蒙注：《述书赋》，载《影印文渊阁四库全书》第
　　　　812 册，北京：北京出版社，2012 年，第 88 页。

[3]　（元）郑杓撰，（元）刘有定注：《衍极》，载《影印文渊阁四库全书》第
　　　　814 册，北京：北京出版社，2012 年，第 457 页。

[4]　（明）陶宗仪：《书史会要》，载《影印文渊阁四库全书》第 814 册，北
　　　　京：北京出版社，2012 年，第 681 页。

[5]　（清）孙岳颁等：《佩文斋书画谱》，载《影印文渊阁四库全书》第 823
　　　　册，北京：北京出版社，2012 年，第 52 页。

[6]　（清）卞永誉：《式古堂书画汇考》，载《影印文渊阁四库全书》第 827
　　　　册，北京：北京出版社，2012 年，第 282 页。

度繁荣，皇室子弟几乎人人善书，呈现出全面盛开的繁荣景象。

萧统，即历史上著名的昭明太子，字德施，小字维摩，梁武帝萧衍长子，天监元年（502）立为皇太子。善诗，有《英华集》二十卷、《文选》三十卷，《全梁文》卷十九、二十、二十一存其文。他自幼受儒家思想影响，性情温和，身边聚集了一批饱学之士，其中如王筠、刘孝绰等人都是书法名家，除了文学创作，书法也是他们经常研习交流的内容，这对萧统书法的提升有很大帮助。萧统善书碑，《应天府志》载："崇明寺……晋咸熙中建……梁昭明太子书额。"[1]《佩文斋书画谱》卷十九、倪涛《六艺之一录》亦有记载。萧统文学成就突出，掩盖了其书法成就，历史上关于其书法的记录并不多。

简文帝萧纲为萧衍第三子，昭明太子同母弟。初封晋安王，中大通三年（531）立为皇太子，太清三年（549）即皇帝位。萧纲也非常喜爱文学，在他的身边也形成一个文学集团，《梁书·庾肩吾传》载：

> 初，太宗在藩，雅好文章士，时肩吾与东海徐摛，吴郡陆杲，彭城刘遵、刘孝仪，仪弟孝威，同被赏接。及居东宫，又开文德省，置学士，肩吾子信、摛子陵、吴郡张长公、北地傅弘、东海鲍至等充其选。齐永明中，文士王融、谢朓、沈约文章始用四声，以为新变，至是转拘声韵，弥尚丽靡，复逾于往时。[2]

其中的庾肩吾、陆杲等都是当时的书法名家。萧纲善行隶书，李嗣真《书后品》将其列为下中品，并评价"简文拔群贵胜，犹难继作"[3]，《九品书人论》将其列入下上品。窦臮《述书赋》载："简文慕钟，不瑕有害。傲景乔而含古，肩邵陵而去泰。"[4]简文帝书出于钟繇，可与萧子云、萧子贞兄弟比肩，比萧子云更具

[1] （明）程嗣功修，（明）王化一纂：《万历应天府志》，南京：南京出版社，2011年，第177页。

[2] （唐）姚思廉撰：《梁书》，北京：中华书局，1973年，第690页。

[3] （唐）张彦远：《法书要录》，载《影印文渊阁四库全书》第812册，北京：北京出版社，2012年，第150页。

[4] （唐）窦臮撰：（唐）窦蒙注：《述书赋》，载《影印文渊阁四库全书》第812册，北京：北京出版社，2012年，第88页。

古意，比萧子贞则更善于取势。《淳化阁帖》卷一收其楷书《康司马帖》，结体古茂，字势跳跃，确如《述书赋》所评。简文帝书法的表现力与其才气相合，他幼而聪睿，六岁属文，被梁武帝誉为"我家之东阿"，"读书十行俱下，辞藻艳发，博综群言，善谈玄理"[1]。他的才气使其笔下充满了艺术表现力，而谈玄则使其思想非常开放，所以，其书法既字势跳跃又充满古意。

萧纶，字世调，小字六真，梁武帝萧衍第六子。初封邵陵王，历官西中郎将、宁远将军、扬州刺史、江州刺史、中卫将军、开府仪同三司。善尺牍，工行、草、隶书，《梁书》本传载："博学善属文，尤工尺牍。"[2]《九品书人论》将其行草书列入下之上品，李嗣真《书后品》亦将其列为下上品，并评曰："邵陵王、王司空是东阳之亚。"[3]东阳是指萧子云，曾做过东阳太守，王司空是指王褒。萧子云是梁朝书法成就最高者，王褒亦颇有书名，萧纶与王褒并称，而仅次于萧子云，可见其书法之高。窦臮《述书赋》载："世调则气吞元常，若置度内。方之惠达，旨趣犹昧。擅时誉而徒高，考遗踪而罕逮。"[4]萧纶书法很有气势，超过钟繇，与萧子云之子萧特相比，趣味性稍差了一些。他的书法在当时名气很大，但传世作品很少，唐朝时仅见到带名行书三纸。张怀瓘《书断》在齐高帝萧道成之后记述太子萧赜之子萧纶、萧纶之子萧确，此为张怀瓘之误，萧纶为梁武帝萧衍之子，萧赜没有叫萧纶的儿子，其第十三子叫萧子伦，字云宗，16岁时为萧鸾所杀，也不擅长书法。《书断》评价萧纶"善隶书，始变古法，甚有娟好，过诸昆弟"[5]，指出了萧纶书法的与众不同。萧纶变革古法，实际就是《述书赋》中所说的对于钟繇的超越。钟繇书法有古意，如果能很好地领会和融入这种古意，必定对创作大有裨益，但大多数人对于钟繇古意的领会还只是停留在表面，很难变化出新，在这种情况下，还不如直接抛却，进入全面创新的状态，这就是超越。"萧梁房"

［1］ （唐）李延寿撰：《南史》，北京：中华书局，1975年，第232页。

［2］ （唐）姚思廉撰：《梁书》，北京：中华书局，1973年，第431页。

［3］ （唐）张彦远：《法书要录》，载《影印文渊阁四库全书》第812册，北京：北京出版社，2012年，第150页。

［4］ （唐）窦臮撰，（唐）窦蒙注：《述书赋》，载《影印文渊阁四库全书》第812册，北京：北京出版社，2012年，第88页。

［5］ （唐）张怀瓘：《书断》，载《影印文渊阁四库全书》第812册，北京：北京出版社，2012年，第70页。

在梁武帝萧衍宣导的学术风气引导下，推崇钟繇、王羲之，而抑制王献之，较之前代书法出现复古气象。但梁武帝及其诸子对于钟繇书法精神的领悟都不够，或者说领悟多而实践少，所以书法成就都不高。萧纶在这种环境中能推陈出新，有所成就，所以超过诸位兄弟，成为"萧梁房"第二代中书法最强者。

萧绎，字世诚，小字七符，萧衍第七子，552 年登基为帝。萧绎天资聪颖，才华横溢，痴迷于文学艺术并有深厚造诣，陈朝何之元称："世祖聪明特达，才艺兼美，诗笔之丽，罕与为匹，伎能之事，无所不该。"[1]《书史会要》载其"天生善书画"[2]，虽然言过其实，但表现出他的书画禀赋异于常人。文艺才能的全面使他的书法表现出与众不同的状态，《南史·梁本纪》载："帝工书善画，自图宣尼像，为之赞而书之，时人谓之三绝。"[3]李嗣真《书后品》将其书法列为下下品，窦臮《述书赋》载："孝元不拘，快利睢盱。习宽疏于一体，加紧薄而小殊。惟数君之翰墨，称天伦之友于。皆可比兰菊殊芳，鸿雁异躯。"[4]从这些描述中可以看出其书法的表现形态非常独特，才气纵横，独树一帜。萧绎可为风流才子，但登基为帝则才具不足。侯景之乱时，他任由父亲萧衍被侯景围困活活饿死而不赴救，又消灭对其有威胁的兄弟子侄，给西魏以进攻的契机，最终亡国。亡国之时，他又做了一件非常让人痛心的事情，他下令烧掉宫中收藏的所有图书和字画，《隋书·经籍志》载："梁武敦悦诗书，下化其上，四境之内，家有文史。元帝克平侯景，收文德之书及公私经籍，归于江陵，大凡七万余卷。周师入郢，咸自焚之。"[5]张怀瓘《二王等书录》亦载：

梁武帝尤好图书，搜访天下，大有所获，以旧装坚强，字有损坏，天

[1]　（清）严可均：《全上古三代秦汉三国六朝文·全陈文》，载《续修四库全书》第 1607 册，上海古籍出版社，1996 年，第 586 页。

[2]　（明）陶宗仪：《书史会要》，载《影印文渊阁四库全书》第 814 册，北京：北京出版社，2012 年，第 681 页。

[3]　（唐）李延寿撰：《南史》，北京：中华书局，1975 年，第 243 页。

[4]　（唐）窦臮撰，（唐）窦蒙注：《述书赋》，载《影印文渊阁四库全书》第 812 册，第 88 页。

[5]　（唐）魏徵、令狐德棻撰：《隋书》，北京：中华书局，1973 年，第 907 页。

监中，敕朱异、徐僧权、唐怀允、姚怀珍、沈炽文枅片而装之，更加题捡。"二王"书大凡七十八帙，七百六十七卷，并珊瑚轴，织成带，金题玉躞。侯景篡逆，藏在书府，平侯景后，王僧辩搜括，并送江陵。承圣末，魏师袭荆州，城陷，元帝将降，其夜，乃聚古今图书十四万卷，并大小"二王"遗迹，遣后阁舍人高善宝焚之。[1]

梁武帝收集了"二王"书法墨迹总计七百六十七卷、一万五千纸，可谓盛极一时，最终全部毁于萧绎之手，这对"二王"书法的传承可以说是毁灭性打击。

"萧梁房"第二代中擅长书法者还有梁武帝之弟鄱阳王萧恢之子萧慨。萧慨善书，《北齐书·萧退传》载其"攻草隶书"[2]，陶宗仪《书史会要》载其"善草隶"[3]。

萧衍父子开创了中国文艺发展的新时代，特别是在文学上，成就非常突出，时人常将萧衍与萧统、萧纲、萧绎父子四人称作"四萧"，与"三曹"父子相提并论。在书法上，"四萧"之外还应加上萧纶，可谓"五萧"，他们在萧齐时代就受到时风影响，家族崛起的理想激荡着他们的文艺情怀，所以，他们将书法作为家族文化提升的重要内容。特别是受儒学风气影响较深，他们以书法的复古风气取代了宋齐以来的妍媚风气，使兰陵萧氏家族书法发展整体上呈现出以钟、王为取法对象的新路数。这种取法开了后世书法发展潮流的先河，从萧梁时代开始，钟王就成为中国书法发展的主流，后世取法研习者络绎不绝，并不断由此开拓出新的书法境界，开创了中国书法发展的新时代。

但是，萧梁皇室子弟对于文艺的兴趣在王朝后期却遭遇了天下大乱的干扰，他们的书法创作受到极大影响。自侯景之乱以后，梁朝就陷入纷争不休中，萧纲、萧绎、萧纶全部死于战乱，他们生活的后期其实早无暇顾及书法；萧纲、萧绎作为皇帝，所受的影响更大。相较之下，萧纶的境遇稍好，所以，在第二代中

[1]　（唐）张彦远：《法书要录》，载《影印文渊阁四库全书》第812册，北京：北京出版社，2012年，第165—166页。

[2]　（唐）李百药撰：《北齐书》，北京：中华书局，1972年，第443页。

[3]　（明）陶宗仪：《书史会要·补遗》，载《影印文渊阁四库全书》第814册，北京：北京出版社，2012年，第794页。

以其书法成就为最高。"萧梁房"的第三代也生活于这样的乱世，他们中擅长书法者更是寥寥无几，史料中有记载的不过萧坚、萧确、萧骏等寥寥数人。其中，萧坚、萧确为萧纶之子，受父亲影响，家学渊源，成就较高。萧坚善书，《南史》本传谓："亦善草隶，性颇庸短，尝与所亲书，题云'嗣王'。"[1] 萧确亦善书，《南史》本传载："尤工楷隶，公家碑碣皆使书之。"[2]《述书赋》评其书曰："仲正则宽而壮，赊而密。婆娑蹒跚，绰约文质。禀庭训而微过，任天然而自逸。若众山之连峰，探仙洞而不一。"[3] 后面注中称当时可见具姓名行、草书两纸一十五行，可见此处所评应是行草书。《淳化阁帖》卷四收其草书《孝经帖》，亦如窦臮所言，绰约玲珑，飘逸自然，连绵起伏，颇有媚趣。《书小史》又载："善行草，尤工正书，公家碑褐一皆使之。"[4] 与《梁书》本传所载完全一致。梁武帝兄萧懿之孙、萧猷之子萧骏亦善书，《南史》本传谓其善草隶。

另有兰陵萧氏之萧挹，史书无传，书史记之。在相关史料中隐隐透出萧挹与"萧梁房"有文学交往，梁元帝萧绎有《与萧挹书》一文，深情回顾了与萧挹以诗交游的经历，盼望得时与他再聚，以诗交心。萧挹曾书《智藏法师碑》，欧阳修《集古录跋尾·梁智藏法师碑》云："右《梁智藏法师碑》，梁湘东王萧绎撰铭，新安太守萧几作叙，尚书殿中郎萧挹书，世号《三萧碑》。"[5] 黄伯思《东观余论》卷下评其书法曰："此楷法，自钟元常后，惟江左诸贤颇得之，故萧殿中书，是碑古雅可喜，然下至隋唐，其法遂亡，虞、欧、褚、薛弗能逮也，此可与识者论云。"[6] 对其评价甚高。

"萧梁房"生活于南朝中期，自东晋以来的书法创新风气至此已基本偃旗息

［１］ （唐）李延寿撰：《南史》，北京：中华书局，1975 年，第 1326 页。
［２］ （唐）李延寿撰：《南史》，北京：中华书局，1975 年，第 1327 页。
［３］ （唐）窦臮撰，（唐）窦蒙注：《述书赋》，载《影印文渊阁四库全书》第 812 册，北京：北京出版社，2012 年，第 88 页。
［４］ （宋）陈思：《书小史》，载《影印文渊阁四库全书》第 814 册，北京：北京出版社，2012 年，第 252 页。
［５］ （宋）欧阳修：《集古录》，载《影印文渊阁四库全书》第 681 册，北京：北京出版社，2012 年，第 61 页。
［６］ （清）孙岳颁等：《佩文斋书画谱》，载《影印文渊阁四库全书》第 822 册，北京：北京出版社，2012 年，第 110 页。

鼓。再加上萧氏为帝已历萧齐一朝，家族子弟研习书法从无到有，到此时已蔚然成风，不似宋齐时期家族刚刚崛起，借东晋书法之余力，家族书法尚有一定的创新空间。所以，"萧梁房"整体表现出书法创新性不高，基本停留在一般的书法喜好和善书层面，多是对家族书法传统的延续，所以，唐代以后的书论对其评价不高，所列品级亦不高。但是，"萧梁房"改变了南朝的书法发展方向，对于宋、齐间崇小王的风气进行了有力的翻转，书法开始出现复古之风，所以，钟繇和王羲之成为梁朝及其后书法发展的主要方向。王献之太媚，而钟繇太古，发展到唐初，不媚不古的王羲之就成为主要的取法对象。由此可见，中国书法发展的王羲之序列，其源头在萧梁时期，再进一步说，就是梁武帝萧衍及其子孙们锻造的审美风气，他们开创了中国书法发展的王羲之时代。

20/3

陈培站

陈培站

陈培站，男，1981 年出生，历史学博士。曲阜师范大学美术与书法学院副院长，教授，博士生导师，杏坛学者。教育部学科评估专家，国家艺术基金评审专家委员。中国书法家协会书法评论与传播委员会委员，中国文艺评论家协会会员，山东省文联委员，山东省书法家协会主席团委员，山东省文艺评论家协会主席团委员，山东省第三批签约文艺评论家，山东省青年书法家协会顾问，山东省孟子文化研究会副会长，济宁市文艺评论家协会主席。

任重而道远
——"全国第九届楹联书法作品展览"学术观察侧记

陈培站

　　全国第九届楹联书法作品展览（以下简称"第九届楹联展"）评审工作于 2023 年 6 月 17 日开始，历时 5 天，在河南省鹤壁市圆满结束。本次展览是近年来投稿数量最多、竞争最激烈的一次单项展，仅中国书法家协会会员投稿就有 1852 件。本届楹联展提倡传统楹联自然书写，赓续传统，回归经典，这也传递出今后创作的导向。作为本届展览的学术·媒体观察员，通过对第九届楹联展评审过程的观察，从楹联书法这个层面，我们可以在一定程度上看出当代书法创作的状态与综合素养情况。

一、书法技术全面进步，而书法文化缺失与内涵不足

　　第九届楹联展的作品不论篆隶楷行草，都率能师古，有根有源，并且有稳定的面目，展示了较高的驾驭技巧能力，对古人的书法风格融会贯通，展现了自然书写状态下的纯熟风貌，这称得上是技术上的全面进步。高校书法基础教育的推进与持续的临摹训练保证了书法作者技法的不断完善，也培养了他们敬畏经典、崇尚经典的心理。技术的进步有其值得肯定的一面，然而书法创作又需要提防唯技术化的趋势。仅看重技术，对书法中文化底蕴势必会有所轻视，技艺并重，二者完美结合才是使书法艺术臻于化境的方式。而在本届楹联展中，书法文化缺失与内涵不足的问题依然显著，作者文史修养整体偏低。

　　北京大学陈平原教授曾言："当下中国，几乎所有书法展，观赏者都只是望气

与品墨，极少关注人家到底写的是什么。因为，都是文钞公，要不唐诗宋词，要不格言警句，大家烂熟于心，于是只谈技巧，不辨东西，极少有认真阅读乃至品鉴书写内容的。"[1] 书法作者文史修养整体偏低，缺少独立思想与思考问题的能力，跟风抄袭获奖作品等问题屡见不鲜。书法作者在准备投稿作品时，只注意到所写内容与准备形式之间的关联，为求字数符合形式，要么唐诗宋词，要么节录文选。因此，作品往往在形式上赏心悦目，但细究内容往往会出现很多问题，错别字、简繁体使用不规范以及内容不妥当等问题时有发生。这一切归根结底是书法作者文史修养偏低造成的。南朝王僧虔曾言："书之妙道，神采为上，形质次之，兼之者方可绍于古人。"[2] 书法，不仅仅是写字，神采到位的同时亦需兼顾内容——形质，"兼之者方可绍于古人"就点明了内容的重要性。书法作为一门独特的艺术，与汉字、国学、传统文化天然相关，书法家文史修养偏低、学养不足就会使所写的书法缺乏文化内涵与底蕴。传统书家淡泊名利、秉持道义的文人风骨亦有缺失，以至于当下的文艺传统、人文精神也十分缺乏。

作为中国特有的文学形式，楹联不仅仅是纯粹的文学表达，也是中国优秀传统文化的重要组成部分，从其诞生初期就与书法紧密结合在了一起。这种悬挂、书写或勒刻于门壁、楹柱或其他器物上的，用来装饰或昭显生活情趣的艺术形式，在先秦时期就有起源之迹，到五代后蜀主孟昶所作"新年纳余庆，嘉节号长春"一联，遂成楹联首创。

近年来，国展越来越提倡自作诗文，第九届楹联展中自拟联句的也并非个别现象了，然而自拟联句却不堪细究。以往观众在绝大多数书法展览中读到的是经典名篇，自作诗文的增多却使书法展成为炫技的舞台。我们倡导书法学习者多读书，读书的目的不只是增强学识，更是增加学养，修身养性，不断追求并达至理想的人格境界。在这种情况下，文本的意义和价值越来越重要，观夫古人书迹，无论是商周铭文还是秦汉刻石，抑或唐碑宋帖，即便是明清书家的书法应酬之

---

[1]　　　陈平原：《书法、手稿与艺术——序跋四则》，《中华读书报》2021 年 8 月 4 日，第 13 版。

[2]　　　（南朝齐）王僧虔：《笔意赞》，载上海书画出版社、华东师范大学古籍整理研究室选编校点《历代书法论文选》，上海：上海书画出版社，1979 年，第 62 页。

作，对文本的重视也是放在第一位的。书法之所以为书法，它的独特性在于它所承载的文字含义，"书法史上第一流的佳作，很多都是诗文与书法合一，比如王羲之《兰亭序》、颜真卿《祭侄文稿》、苏轼《黄州寒食诗帖》、黄庭坚《松风阁诗帖》、米芾《苕溪诗帖》等，不一定一挥而就，但都是自家诗文，写起来更得心应手，也更有韵味"[1]。正如陈平原教授所说，自作诗文写起来更加得心应手，也更有韵味，但它的前提是书法作者的学养能够支撑起自己的艺术。

每次展览过后，社会上对于书法展的质疑声层出不穷，人们的质疑主要集中在获奖及入展作者的文化内涵等方面。观众对入展作者的质疑合情合理，改变大家的质疑，不仅需要作者自身加强书法学养，夯实文化基础，更需要各级书法组织与专业单位深入地工作，注重书法基础知识的普及，减少误读。

二、文字审读已进一步深入，书法作者需跟上步伐

第九届楹联展在文字审读方面可称得上是近年来比较细致严格，也是花费较长时间讨论决定的一次评审。作为近年来重要的一项全国性单项展，第九届楹联展不仅是对中国书法艺术宝库的一次深度挖掘，也是对中国楹联文化的一次专项展示。因此，在文字审读方面，诸位评审也是慎之又慎。然而，此次展览有近百件作品因其内容的不妥或失误而被淘汰。楹联展相较于其他展事，字数要求相对较少，况且楹联属于两两相对的文学题材，但凡出现缺字漏字的问题，对于作品来说就是极大的失误。在展览对文字审读越发严格的要求下，书法作者必须提高自身学养，跟上展览的步伐，"书无学养不立"，就是指书法作者自身修养亟待提高，仅仅追求技艺通神太过虚无缥缈了。

第九届楹联展的审读阶段发现投稿作品中存在一些基础问题，值得大家重视，在此分为以下几点讨论。

[1]　　　　陈平原:《提供书法的另一种可能性》,《羊城晚报》2021 年 9 月 19 日,第 A8 版。

（一）错别字、繁简混用、不规范用字

因错别字、字法不规范、繁简混用等基础性问题而被淘汰的作品较多。评委在审读过程中会细抠字法，楷书中横画的长短、草书中转笔的数量、篆书中的指代用字等都是评委在审读中细细品味的。此外，简繁混用也是投稿作品的一大禁忌，简繁混用本质上就是作者对所书内容不了解，只因为适合所采取的形式而选择内容，对内容不熟悉，不理解其中含义，选取了不符合文意的繁体字。

（二）落款用语不妥、与正文无关

楹联展多选取对联成篇，对联字数无法扩张时，许多作者就会在落款上下功夫，在正文两侧密密麻麻落下四竖行乃至更多落款。落款用语是作者需要仔细核查的重点，落款须与正文内容对应，数量也是恰当即可，否则正文寥寥几言，落款内容毫不相干，岂非贻笑大方？此外，落款不符合基本书仪也成为作品惨遭淘汰的原因之一。本身正文内容是对联或诗文，落款却写作白话文，更有甚者，白话文与之乎者也混用，许多作者没有注意到这一点，使本来书写功力足够的作品与入展失之交臂。

（三）自作联不合格律

近年来，书法展中越来越提倡自作诗文，第九届楹联展中自拟联句的作者数量也增加了许多。自拟联句在书法展上本是一个加分项，但所作联不合乎仄格律，就会使本来的加分项变成了淘汰点。在自拟联句的作者中，也有一些作者选用古人联句，改动其中的部分内容化为自己的作品，如果投稿作者学养不足，就会使改动的联句与原对联的内容意义相左。

（四）所选对联内容不当

第九届楹联展在征稿时便写明其需求：秉持"植根传统，鼓励创新，艺文兼备，多样包容"的创作理念，彰显中华美学精神和社会主义核心价值观，坚决抵制低俗庸俗媚俗的作品。不看征稿需求是投稿大忌，所选内容不妥，偏激，或者存在政治性问题，究其根本还是作者学养不足。一味提高自己的书写水平，却在书写内容方面出现漏洞，这就很遗憾了。

此届展览的评审过程较之以往更漫长，评审工作从上午 9 点开始，至少要到晚上 8 点以后才能结束，甚至有几次评审工作直到晚上 10 点以后才完成。评委们真正做到了对每一幅作品负责，部分有争议的作品，评委都经过反复讨论，若非原则性错误，仍然予以包容态度。综合来看，近年来书法展的文字审读已经进一步深入，这对书法作者自身学养及文化底蕴的要求也逐步提高。因此，今后的书法投稿不能仅追求视觉上的和谐统一，文化与技法必须双管齐下，当于展厅之中找寻曾经的书斋文化。

三、评审方式更加审慎，增添学术支持

自十二届国展以来，全国性展览的评审流程进行了许多调整与改进。初评阶段，各书体始终独立评审，每组书体的评委也各不相同，每组评委的力量仅限本组书体，无法干涉其他组的评审。在进入复评工作中，为确保本次展览评审工作的公平与公正，依据中国书法家协会制定的评审标准，即每件进入第二轮复评的作品须获得评委半数以上的投票，方可成为可以确认的入展作品。另，为使得评委在最短时间内把握同一风格作品的水平高低，在终评阶段将同一风格作品悬挂在一起，这样便于比较取舍，可谓体现出高度的专业性。举凡试图以"苦肉计"的楹联书法作品去感动讨好评委（注：以"龙门对"形式，密密麻麻书写大篇幅小字的作品），包括以色宣、笺纸取悦评委的楹联书法作品等，在评审的各个环节中，均对之慎之又慎，严格控制。

第九届楹联展中的评审中，除了评委、监委、学术观察之外还专门聘请了郑州大学书法学院教授西中文先生等作为学术支持，对楹联格律方面的问题进行二次研讨把关。楹联的本质特征是对仗，王力先生说："诗词中的对偶，叫做对仗。古代的仪仗队是两两相对的，这是'对仗'这个术语的来历。"[1] 当然，对仗只是楹联创作最基本的要求，白启寰先生曾对对联的内容特点有精彩概括——对非小道，情真意切，可讽可歌，媲美诗词、曲赋、文章，恰似明珠映宝玉；联本

---

[1]　　王力：《诗词格律》，北京：中华书局，1977 年，第 10 页。

大观，源远流长，亦庄亦趣，增辉堂室、山川、人物，犹如老树灿新花。陈继昌先生亦言："片辞数语，着墨无多，而蔚然荟萃之馀，足使忠孝廉节之悃，百世常新；庙堂瑰玮之观，千里如见。可箴可铭，不殊负笈趋庭也；纪胜纪地，何啻梯山航海也。诙谐亦寓劝惩，欣戚胥关名教。草茅昧于掌故者，如探石室之司矣；脍炙遍于士林者，可作家珍之数矣。一为创局，顿成巨观。"[1]第九届楹联展中，其所提出的内容要求就点明了楹联创作不仅仅是技法的纯熟精妙，更重要的是思想性、文学性和艺术性的表达，即"立意""立言""立境"。"立意"指题旨要鲜明新颖，富于时代性；"立言"指语言要精练生动，言简意赅；"立境"指意境要雅而不俗，幽深无际。

楹联书法既要求上下联在字形、大小、字句、墨色上产生对比变化，也要求上下联风格统一协调，这对书者的变化处理能力与全局把控能力提出了考验。《国语》中言万物协调统一曾有此言："夫和实生物，同则不继。以他平他谓之和，故能丰长而物归之；若以同裨同，尽乃弃矣。"[2]楹联书法在艺术表现上亦是同样的要求，以他平他，各美其美，方能构成一幅和谐统一的书法作品。

紧张而有序的5天评审工作让我们对当前书法创作有了大致的了解，意识到当前书法创作者存在的不足之处，也为今后书法展的评审提出了更加严格的要求。书法创作者们学养不足的问题值得我们警示，书法本是中国优秀传统文化，传统文化乃其精神内核，古代书家首先是一个文人，书法与其诗文是共生的。我们不能脱离文化去谈书法，否则就丧失了书法作为中华民族优秀传统文化的根本特性与价值。任重而道远，期待今后书法作者能够以学养书，将书法的文化内涵充分彰显！

[1]　　（清）梁章钜辑，王承略、布吉帅点校：《楹联丛话楹联续话》，南京：凤凰出版社，2016年，第3—4页。

[2]　　陈桐生译注：《国语》，北京：中华书局，2013年，第222页。

器以藏礼：汉碑文化意蕴概述
——以曲阜汉碑为例

陈培站

　　人类文明的历史进程中离不开媒介载体的信息记录与传播。媒介载体的变化折射出了社会的变革与文化的发展，而器物作为媒介载体是中国文化发展史上的一个重要特征。中国是一个器物大国，器物的种类名目繁多。在诸多器物中，石碑便是非常特殊的一类，其文化博大精深。《周易·系辞上》："形而上者谓之道，形而下者谓之器。"寓礼于器即"器以藏礼"。"器以藏礼"便是礼乐文化在器物制度内在蕴藉，是社会秩序、政治权利与器物设计具象表达方式。先秦时期，中国人便以金石为媒介载体，"镂于金石""铭于钟鼎"以传后世。东汉后期，碑刻的发展臻于成熟，那么东汉时期的造物观念与碑刻的社会文化功能之间是如何形成统一的呢？也就是说汉碑作为礼器的文化表述模式与功能展现是如何通过该时期的造物观念表达出来的呢？如何在纷繁复杂却又残缺不全的"物与文字"的叙事间，利用有限的文献资料重新构筑那些散佚以及被改写的文化链条，这就需要深入探究隐藏在碑刻形制背后的文化思维观念与模式。汉碑的概念分为广义与狭义两个范畴，广义即为两汉时期所有形制的刻石文字，狭义特指东汉时期的具有碑首、碑身、碑趺形制制度的典型碑刻文字。本文拟以曲阜汉碑为例，所述采用汉碑狭义概念，主要包括墓碑、祠庙碑、德政碑等。

　　东周晚期政治社会"礼崩乐坏"至孔子对周礼复兴的努力，到汉武帝时期，传统的礼仪及孔子所传礼书，在鲁地得以完整地保存并传承下来，没有因兵燹战火而中断毁灭。随着儒家礼仪在鲁地的长久延续，周礼在鲁地有着坚实深厚的社会文化基础，故而青铜礼器功能到碑刻的转移过程是从鲁地最早最先开始。汉碑由西汉刻石到东汉晚期碑的成熟，由存世最早的曲阜西汉时期的"鲁北陛刻石""五凤刻石"到"孔庙三碑",从萌生到演进至最后发展为成熟的"碑",曲阜碑刻保存了最为完整的"碑"的生成链与演进史。到东汉时期,大量的功德碑、墓碑、祠庙碑以及其他形式的碑刻在鲁地大量出现,是由当时深厚的儒家文化社会背景所决定。

一、器以藏礼:汉碑作为礼器的文化表述模式

在古代,人们将所造之物分为两类:"用器"与"礼器"。"礼器"是指行礼的器物,礼必须借助于器物方可进行,即"器以藏礼"。"器以藏礼"典出《左传·成公二年》:"仲尼闻之曰:'惜也,不如多与之邑。唯器与名,不可以假人,君之所司也。名以出信,信以守器,器以藏礼,礼以行义,义以生利,利以平民,政之大节也。若以假人,与人政也。政亡,则国家从之,弗可止也已。'"孔子所谓"器以藏礼"意在借器物来彰显"礼"之含义,进而对世人进行"礼义"思想的宣扬与教化。"器以藏礼"思想源于礼乐文化,是礼乐文化在器物上的承传与发展。"礼乐文化"经由西周"周公制礼作乐"发展至东周"礼崩乐坏"的裂变,"礼"并不再仅仅局限于礼仪、礼俗的狭义范畴中,而是与"政治、法律、宗教、思想、哲学、习俗、文学、艺术,乃至于经济、军事,无不结为一个整体,为中国物质文化和精神文化之总名。'礼'之所以成为中国文化的总名,与其独特的表意功能是分不开的。'礼'在中国,由于它的充分发展和完备的形式,使它在形式上成了一种特殊的负载工具,即礼仪系统是先于文字发展起来的,然而又具有文字一样的负载文化信息的功能"[1]。《礼记·礼器》云:"礼器,是故大备。大备,盛德也。礼释回,增美质,措则正,施则行。"意为礼能使人修养更加完备,消释邪念,增加美质,举止符合正道,社会美德得以实施并传播。清代著名学者龚自珍在其《说宗彝》中归纳出不同礼仪场合下所使用的礼器:如祖先祭礼、宴飨、纪念、结盟、教育、婚姻等,大约有十九种。[2]"器以藏礼"是"礼"的一种表现方式,所蕴含之"礼"并非器物所具有的本质属性,而是在一定历史

[1]　　邹昌林:《中国礼文化》,北京:社会科学文献出版社,2000 年,第 14 页。

[2]　　参见朱剑心《金石学》,北京:商务印书馆, 1955 年,第 68—70 页。

文化背景下被人为赋予了某一特定功能。"礼"的内在要求是，通过对器物外在形制的设计对视觉感官产生刺激进而影响人的心理感受，以达到合乎"礼"的终极目的，使得礼器的价值功能得以彰显。礼仪行为将礼义观念付诸实践，礼器则依理成为礼义观念与实践行为的媒介载体。礼器不仅包括器物，后延展至建筑空间、制造技术等。追溯礼器的源头对于探究汉碑的文化意蕴就显得尤为重要。

礼器早期主要功能之一是"巫史"用来沟通"天地鬼神"之间的器具。殷周之际，青铜彝器作为礼器除了沟通天地人之外，更多并不是为了已故之人所制，而是为了活着的王室成员们所作，"文物以纪"的功能凸显，铸有铭文的礼器象征着王室贵族的权力与社会地位，具有了纪念的目的。《礼记·祭统》云："铭者，论撰其先祖之有德善、功烈、勋劳、庆赏、声名、列于天下，而酌之祭器，自成其名焉，以祀其先祖者也。"其意义为"创造出社会关系，这便进而有助于形成更深层次的社会关系与社会影响"。[1]战国晚期，青铜礼器象征性的形象渐已退去，其主要功能意义已不再是礼仪中进行沟通天地鬼神之间的器具，而是更多彰显死者生前的荣耀与功德，铭文逐渐成为青铜礼器纪念碑性最为重要的标识。春秋至秦汉，随着社会生产力的进步，科技的发展，铁器慢慢替代青铜彝器而广泛应用于生活、军事、生产等各个方面，青铜彝器作为信息传播交流的媒介载体渐渐退出历史舞台，其礼器与书写功能则转移到了石碑之上。东汉末期蔡邕对青铜礼器向石碑的转移进行详细论述，"《周礼·司勋》凡有大功者铭之太常，所谓诸侯言时计功者也。宋大夫正考父三命兹益恭，而莫侮其国，卫孔悝之祖庄叔随难汉阳，左右献公，卫国赖之，皆铭于鼎；晋魏颗获秦杜回于辅氏，铭功于景钟：所谓大夫称伐者也。钟鼎，礼乐之器，昭德纪功，以示子孙。物不朽者，莫不朽于金石，故碑在宗庙两阶之间。近世以来，咸铭之于碑，德非此族，不在铭典"[2]。这种观点同样也体现在了他所撰写的碑文中，"钦盛德之休明，懿钟鼎之硕义，

---

[1]　［英］阿尔弗雷德·盖尔:《魅惑的技术与技术的魅惑》，关祎译，《民族艺术》2013 年第 5 期。

[2]　（汉）蔡邕著，邓安生编:《蔡邕集编年校注》，石家庄:河北教育出版社，2002 年，第 483 页。

乃树碑镌石,垂世宠光"[1]。"备器铸鼎,铭功载德……缘雅则,设兹方石。"[2]南朝刘勰继而论道:"碑者,埤也。上古帝皇,纪号封禅,树石埤岳,故曰碑也。周穆纪迹于弇山之石,亦古碑之意也。又宗庙有碑,树之两楹,事止丽牲,未勒勋绩,而庸器渐缺,故后代用碑,以石代金,同乎不朽,自庙徂坟,犹封幕也。"[3]庸器即纪功青铜礼器,《周礼·春官宗伯》:"典庸器:下士四人,府四人,史二人,胥八人,徒八十人。"郑玄注引郑众语谓:"庸器,有功者铸器铭其功。"[4]刘勰认为"夫属碑之体,资乎史才,其序则传,其文则铭。标序盛德,必见清风之华;昭纪鸿懿,必见峻伟之烈:此碑之制也。夫碑实铭器,铭实碑文,因器立名,事先于诔,是以勒石赞勋者,入铭之域,树碑述亡者,同诔之区焉"[5]。并将"铭、诔、祝"归源至礼,礼有五礼,"吉、凶、军、宾、嘉"。人死要举行丧礼,固有哀诔之文,哀诔为丧葬之礼仪,铭、诔、祝、哀等皆为礼的传统。刘勰将"碑、铭、诔"三者之间的关系进行了明细的区辨,阐明碑为铭器,同时也是因器而得名的一种文体。故,汉碑的概念又扩展成为一种文体。汉碑在发展为成熟的文体之后,成为上层社会经常使用的丧葬礼器,其使用也被纳入礼仪制度范围并对其使用进行了详细的礼仪规定,成为社会等级的一种标识。刘勰通过碑刻之溯源,考释了青铜礼器所肩负的作用与功能渐有碑刻所承担。北宋司马温公则从碑刻功用的视角探究碑刻起源于钟鼎彝器,谓"古人勋德多勒铭钟鼎,藏之宗庙,其葬则有丰碑以下棺耳,秦汉以来,始作文襃赞功德,刻之于石,亦谓之碑"[6]。杨宽先生认为:"到东汉时,由于豪强大族重视上冢礼俗,讲究建筑坟墓,

---

[1]　(汉)蔡邕著,邓安生编:《蔡邕集编年校注》,石家庄:河北教育出版社,2002年,第389页。

[2]　(汉)蔡邕著,邓安生编:《蔡邕集编年校注》,石家庄:河北教育出版社,2002年,第92页。

[3]　(南朝梁)刘勰著,范文澜注:《文心雕龙注》,北京:人民文学出版社,1958年,第214页。

[4]　(清)阮元校刻:《十三经注疏·周礼注疏》,北京:中华书局,1957年,第754页。

[5]　(南朝梁)刘勰著,周振甫注:《文心雕龙注释》,北京:人民文学出版社,1981年,第128页。

[6]　(清)赵翼著,栾保群、吕宗力校点:《碑表》,《陔余丛考》卷三十二,石家庄:河北人民出版社,1990年,第560页。

再加上由于炼钢技术的进步，锋利的钢铁工具便于开凿和雕刻石材，于是在建筑石祠、石阙、石柱的同时，更流行雕刻石碑了。"[1]"碑刻对青铜礼器的继承"之观点为后世大多数学者所认同。通过对文献的爬梳整理，笔者亦持相同观点。

碑刻，作为一种铭器，除了作为书写载体，更主要承传青铜礼器彰显圣德、明尊卑、别爵秩、纪功赏告先祖、示训子孙后代的文化表述。"我们认为，无论立在宗庙里、宫殿前的庙堂之碑，还是置在墓葬前的神道之碑，其做法都有其特殊的、甚至神圣的含义"。[2]"王者化定制礼，功成作乐。"[3]制礼作乐历来为帝王太平功成后首要之事，因此碑刻也就成了歌功颂德的最佳载体之一。青铜礼器铭文所承载铭功纪德之功能与碑刻形制上的结合，使得后世意义上的碑刻制度在汉代初步定型，称之为"汉碑"。自庙堂至坟墓，社会与政治的变迁伴随着宗教的演进，祖先祭祀的场所由宗庙转移至墓地，汉代石碑取代了青铜礼器，成为新的权威与政治表达的媒介。其重要性堪与青铜礼器相提并论，即"宗教（丧葬的祭仪）、政治（任职于官僚政府）和社会（个人和宗族的身份）——还加上道德和文化的维度（儒家德行）"[4]。

二、器以藏礼：汉碑作为礼器的文化功能展现

汉碑作为礼器其功能所展现的"礼"从何而来？又为何具有教化之功能？显然是人采取各种方式将"礼"融入石碑器物中，以确立主人身份地位、昭德纪功、别序尊卑、以垂后世等。"礼"也不再仅仅局限于周礼，而是延展至一切伦理思想。由礼义（观念）、礼仪（行为）与礼器（物质符号）三位一体所建构的思想表述模式，蕴含于礼器之中，礼器遂变成行为与观念的载体，并将行为与观

[1]　　杨宽：《中国古代陵寝制度》，上海：上海人民出版社，2008 年，第153 页。

[2]　　赖非：《齐鲁碑刻墓志研究》，济南：齐鲁书社，2004 年，第 8 页。

[3]　　《后汉书·张奋列传》。

[4]　　王静芬：《中国石碑：一种象征形式在佛教传入之前与之后的运用》，毛秋瑾译，北京：商务印书馆，2011 年，第 76 页。

念付诸实践当中，观念与行为则依附于礼器而得以彰显，此即"器以藏礼"的内蕴所在。

汉以前碑的概念与理解皆源于儒家礼仪文献，故而碑最初作为具有象征意义的器的功能则建构在"礼"，即《周礼》《仪礼》《礼记》的观念基石上。汉承秦律，汉初萧何所定《尉律》是对《周礼》承继。"汉代石碑所包含的价值观多数与儒家有关，譬如德政、孝顺、忠诚和正义。所以汉碑可以被称为儒教的象征物……开始作为儒家正统的纪念碑实体而出现。"[1]先秦时期，碑的材质为木、石，没有文字，作为礼器主要在"献祭""宫廷""葬礼"三种场合下使用，碑既是身份的象征，同时也是礼仪空间的标识，其使用方法则是依据当事人身份与适当场合而定，并与儒家君子观念发展相一致。[2]至汉代，儒家思想成为正统，铭文与形制的定型使得这些礼仪功能在碑刻上的展现日益显著，不仅是作为铭功颂德的载体媒介以及葬礼所用之器，承载碑主与门生故吏所向往的不朽声名，更重要的是蕴含了儒家思想对君子的崇拜。碑作为礼器，为政治统治者树立了共同遵守的德行标尺，其择要表现为儒家礼制精神与公共空间群体本位的价值观。考察汉碑所含蕴的文化思想观念，首要从碑文本身来审视。由碑主及死者或由一个具体事例进行铺陈阐发，进而上升到具有普遍意义的理论命题，围绕这些理论命题阐释儒家经学思想。

汉碑的广泛使用与儒士的崛起有着密切的关系。儒士是中国历史上最为独特的一个阶层群体，不仅存在持久且是最有统治权的阶层之一。他们因为通晓儒家经学实现了其身份的改变，并拥有崇高的地位，享有与汉代官员在葬礼竖碑一样的特权，不但是石碑所颂扬的主要对象，也是石碑的捐资人与观众。"太上有立德，其次有立功，其次有立言，虽久不废，此之谓不朽。"[3]汉代对个人不朽声名即人生"三不朽"的追求与向往，正是儒士阶层所崇尚的人生价值，强调了死者对社会及历史的贡献，述德纪功，加速了为彰显孝道而生成的厚葬仪式，将对死

[1]　　　王静芬:《中国石碑：一种象征形式在佛教传入之前与之后的运用》，毛秋瑾译，北京：商务印书馆，2011年，第74—274页。

[2]　　　参见王静芬《中国石碑：一种象征形式在佛教传入之前与之后的运用》，毛秋瑾译，北京：商务印书馆，2011年，第46页。

[3]　　　《左传·襄公二十四年》。

者无限的怀念及不朽声名刻制于石碑之上。《孝经》自然被推崇至至高无上甚至近乎神圣的地位，以孝治天下，进而促使葬礼仪式与碑刻愈加豪奢浮华。"夫孝，德之本也，教之所由生也"；"夫孝，天之经、地之义也，民之行也"。[1] "孝悌"是由中华民族家族伦理中生成的伦理关系，成为重要的社会关系的建构模式与国民性格，"从孝悌出发，由'爱有差等'而'泛爱众'、由亲亲而仁民，由血缘关系结合起来的家族充当着社会交往的单位和主体。和睦温暖的家庭仍对整个社会的和谐有序运转起着极为重要的稳定作用"[2]。故孝悌不仅是个人家庭所要履行的义务，也是全社会所要担负的责任。是儒家生死哲学在汉碑中的具体体现，是儒士超越个体生命、追求永生的独特形式，折射出中华民族超越生死的独特智慧，形成了儒家一套独特的人伦意义阐释符号体系，以达到弘扬孝悌为核心的儒家宗法伦理目的。

通过墓碑碑文中对碑主生平回顾，可发现碑文重点所突出强调的是碑主及死者的"公共形象"。碑文的撰写以程式化的视觉形制与文字语言将碑主的生平功德进行程式化的描述，日本学者福井佳夫在《关于碑的问题——以蔡邕作品为中心》中阐释道："通览蔡邕碑文中所出现的人物，首先值得注意的是，碑文的主人很少有以生活中原形出现的，大多数是被定型化以后登场的。"[3] 此时碑主及死者将以大多符合儒家理性化的公众形象再现于历史舞台，自我的特殊性也就逐渐消失于再现中。宗庙、墓圹等成为礼仪展演、礼器陈设的公共文化空间，碑立于公共空间里，将礼仪（行为）与礼义（观念）向世人展现传播。人与人之间的社会关系隐藏于人与器的关系中，形而上之道（精神）则隐匿于形而下之器（物资）内。通过颂扬特定的对象即碑主，将其树立为道德与文化的楷模标识。一方面体现碑主在宗教、社会、文化等方面的身份地位，另一方面投射出资捐助人与观众以公开的方式表达内心的政治渴望与建构自我身份理想。"古石刻纪帝王功德，

---

[1] 《孝经·三才》。

[2] 王日美：《中国儒学与韩国社会》，北京：学习出版社，2019年，第221页。

[3] ［日］福井佳夫：《关于碑的问题——以蔡邕作品为中心》，何月如译，《中京大学文学部纪要》1987年第22卷第2号。

或为卿士铭德位，以佐史学，是以古人书法未有不托金石以传者。"[1]清代阮元在《北碑南帖论》中指出，秦汉时期，刻石以纪功明德乃帝王教化天下的主要行径，由此原本为书写媒介的碑刻，同时成为彰显道德品议的载体。汉碑作为礼器，在公共空间的场域内不仅是意识形态转变与宗教信仰的视觉媒体，同时也是转移权力的有效象征途径。在公共空间里最能展现一个人的"孝"，而集体公众的认可则又关乎着一个人的政治生涯。因此，出资捐助人与观众将他们共同的理想与信念即共同的价值观公开投射到碑主身上，碑此时成为宗庙、宫殿、墓圹等特定建筑群物内在的重要组成部分，不仅是一座空间建筑，而且是一个时间的建构。东汉时期，庄园经济的兴起，士人占有大量社会经济资源，地主豪族化现象日益凸显，势力迅速膨胀，形成了诸多的势力强大宗族，大的宗族豪族多达百余家，人口众多，群聚而居，他们以宗族为单位进行祭祀祖先等各项社会活动。他们通过碑刻隐喻似的"回归"，保存了捐资赞助人及观众的集体记忆，并将自己与更广阔的社会关系连接并交织在一起。以《孔宙碑》为例，"故吏门人陟山采石勒铭示后"在其碑阴所载为建碑出资捐助的弟子、门生、故吏等 62 人的名字、籍贯及与孔宙之间的关系，折射出忠诚核心价值观念在人伦关系中的泛化即掾吏对长官、弟子门生故吏对业师的道德责任。碑刻遂成为捐资人感情与政治表白的最佳媒介载体以及社会网络的潜在关系。而墓地也不再是墓主及死者的静寂家园，成了家族、门生故吏等祭祀、聚会的社会活动中心。碑刻则成为典型的集体记忆的载体：既是集体记忆的物资载体，同时又成为集体记忆的承传媒介。碑文此时则充当了人与神或祖先之间的阐释媒介。在祭祀等社会礼仪活动中，集体在宗庙、墓地等公共场域内，重温共同的往事，以获得群体的情感共鸣，从而维系个体的身份认同。在多数情况下，汉代墓地多是呈开放的公共场域式，墓主及死者家族，欢迎并鼓励更多的观众前来瞻仰，以期更好地对墓主及死者的德懿之行进行广泛传播。"皇家陵墓成了朝廷的政治宗教策源地，而且家族墓地也为平民阶层提供了一个宴飨、乐舞和艺术展示的恰当场所。……越来越多具有教育功能、纪念功能和娱乐功能的表现题材进入了这一艺术形式。正是因为这些原因，东汉时

---

[1]　　华东师范大学古籍整理研究室选编校点：《历代书法论文选》，上海：上海书画出版社，2000 年，第 635 页。

期才成为中国历史上丧葬艺术的黄金时代。"[1]劳弗进而解释汉代石刻所传播的内容，必须与中国人的观念相联系，紧密结合当地文化传统，切不可将其从孕育自身的文化土壤中剥离出来，因为其灵感皆源自中国历史与神话传说。[2]碑刻在汉代人的思想世界里包容了宇宙一切，从而激发观众的敬畏之心，使其行为依矩寻规。"这时的碑文表明地方精英分子具有共同表现在笃行传中的价值观——孝顺、敬服和淡于名利。当然，碑文并不表明人们实践了有教养绅士的所有这些美德，但是碑文确实表明人们共同具有一个绅士应该如何立言行事的自觉性。"[3]然，以君子人格之"礼仁"操守与独善其身要求来约束自己并非儒士群体之所愿，将自我价值融入社会群体的价值体系中，充分表达他们对礼乐制度及精神的追思，从而实现化导天下、"修己以安天下"建构良好的社会政治秩序为其理想人格与终极关怀。从另一个视角反观《孔宙碑》，门生故吏四方辐辏于此，反映出汉代私学的发达与繁荣。东汉士人"其为学也，则从师受经，或游学京师，受业于太学之博士。其为人也，则以孝友礼法见称于宗族乡里，然后州郡牧守京师公卿加以征辟，终致通显。故其学为儒家之学，其行自必合儒家之道德标准，即仁孝廉让等是"[4]。东汉私学以授受儒家经学为主，将儒家学说进行广泛的传播，令儒经备受尊崇。从"以吏为师"到"以师为吏"的转变，使得官吏群体普遍儒化。私学与官学一并共同推动着儒家所倡导的"以经治国"的政策，加速了伦理道德的社会化，使儒家"仁孝""忠直"的观念深入人心，更好地促进了教化天下、端正世风、化民成俗的社会效果以及建立良好的社会稳定秩序。

由宗庙到墓圹，"如果说，将儒家经典树为国家教育的权威课本，对儒家价值观的确立起的是潜移默化的渗透作用的话，那么选官领域中对通晓儒经和践行儒家道德准则的要求，则是将教育的长期性、隐形、文化理想性，与政治利益的

[1] 　王静芬:《中国石碑：一种象征形式在佛教传入之前与之后的运用》，毛秋瑾译，北京：商务印书馆，2011 年，第 272 页。

[2] 　参见巫鸿《武梁祠》，北京：生活·读书·新知三联书店，2015 年，第74 页。

[3] 　[英]崔瑞德、鲁惟一编:《剑桥中国秦汉史：公元前 221—公元 220年》，杨品泉等译，北京：中国社会科学出版社，1992 年，第 687 页。

[4] 　陈寅恪:《金明馆丛稿初编》，上海：上海古籍出版社，1980 年，第42 页。

现实性、显性、功利性紧密结合在了一起，这对于引导整个社会的价值倾向具有深刻的影响力"[1]。在公开化的场域空间里，"没有什么东西能比该仪式的不变的、统一的、单调的表演更能销蚀我们全部的活动力、判断力和批判的识别力，并掠走我们人的情感和个人责任感了"[2]。碑将空间转化成为可定义、可管理、可控制的公共空间，上至帝王官宦、儒士阶层，下到普通平民百姓，皆于无形之中深受儒家人生价值观的耳濡目染和熏陶，并在潜意识下化为一种内心恪守的宗教信仰与美育实践教育。

汉碑的设计蕴含了庙宇、祠堂以及墓葬等建筑空间对宇宙、时空的表现。庙堂之碑通常表征着历史的法则、上天之命以及宗教与政治的权威。如《史晨碑》："臣伏念孔子，乾坤所挺，西（狩）（获）麟，为汉制作……昔在仲尼，汁光之精，大帝所挺，颜母毓灵……获麟趣作，端门见徵。血书著纪，黄玉响应。主为汉制，道审可行。乃作春□（秋），复演孝经。"[3]《礼器碑》"□戏统华胥，承天画卦；颜育空桑，孔制元孝；俱祖紫宫，大一所授。前闿九头，以什言教。后□百王，获麟来吐"[4]。董仲舒"罢黜百家，独尊儒术""名号已达天意"，确立了儒家经学为官方政治主流意识形态的地位，阐明儒家经学的发展方向。儒家经学不断被神学化，儒家经学中所传达出的思想皆为圣人之旨义，将孔子塑造成为"圣王""素王"的形象，从而导致经学的谶纬化。孔子被神化为"圣王"形象为汉"定道、制法"，谓孔子得上天之命，由原来儒家圣人变成通天教主，将所有的谶言统统附会于孔子名下，完全是由汉代儒家士人所编纂而出。"孔子在春秋战国之时，一般人视之，本只为一时之大师，在《公羊春秋》中，孔子之地位，由师而进为王。在谶纬书中，孔子更由王而进为神。"[5]汉代儒士以碑为媒介确立了一

---

[1]　郝虹:《儒学的官方意识形态化与东汉党人的人生价值观》，载葛志毅主编《中国古代社会与思想文化研究论集专题资料汇编》，哈尔滨:黑龙江人民出版社，2004 年，第 230 页。

[2]　[德] 恩斯特·卡西尔:《国家的神话》，范进等译，北京:华夏出版社，1999 年，第 345 页。

[3]　何海林编:《史晨前后碑》，上海:上海辞书出版社，2011 年，第 8—23 页。

[4]　何海林编:《礼器碑》，上海:上海辞书出版社，2011 年，第 18—21 页。

[5]　冯友兰:《中国哲学史》下册，北京:中华书局，1961 年，第 572 页。

个合法的公共场域，汉代帝王认可孔子被塑为"圣王"的角色，意在将崇儒尊孔与汉朝的政治统治联系起来试图合法化，最大限度利用儒家道统进行有效治世，士人与皇帝二者之间产生了一种相互妥协的关系。同样，儒家士人为弘扬其政治治世理念，试图以儒家经典来影响政统。"功成作乐"，帝王制礼作乐的行为也鼓舞了文人儒士歌颂赞美正统的激情，也就会处心积虑地去编撰神话儒学、神话孔子的谶纬学说，以便对皇帝形成外在的约束，实现符合王道的理想。"共识的历史"得到确立并向公众呈现，以凸显礼制、政治与神权三者之间的关系，为汉朝的统治建构合法的理论支撑与依据，而将儒家经典刻于石碑之上，则标志着儒家学说作为国家政治、文化的基础得以确立，开启了儒家经学的传统之门。

北宋刘敞在《先秦古器记》中指出石刻文献所具有的学术文化价值："礼家明其制度，小学正其文字，谱牒次其世谥。"[1]碑刻文献的学术文化价值并不仅仅体现在礼制、文字、谱牒等方面研究，在中国艺术史中，汉碑文化是书法发展史上重要的组成部分。汉碑是书法艺术最为重要的媒介载体之一，充分展现了儒家礼乐文化精神。而从儒家思想文化与儒家君子人格融合中提摄出的"中和之美"与"中庸之道"成为汉碑书法艺术所涵泳的至高意蕴和审美意象。"中和"最早见于《礼记·中庸》："喜怒哀乐之未发，谓之中；发而皆中节，谓之和。中也者，天下之大本也；和也者，天下之达道也。致中和，天地位焉，万物育焉。"[2]"中"是一个古老的哲学概念，盘庚对反对迁都的人劝告说"各设中于乃心"，[3]即是让大家端正心态。继而周人承继此"尚中"思想，在周人典籍中记载有："天之历数在尔躬，允执其中。"[4]"人心惟危，道心惟微，惟精惟一，允执厥中。"[5]这里"中"为"中道"之意。"和"，其意为万物并育和谐共存，"和实生物，同则不继"，"君子和而不同"，[6]"和"是一种状态与过程，儒家倡导多元与协调即多元一体性，反对一元化之"同"。汉代人从人性论发展而来，一切皆当"发而中节"，过犹不及。

[1] （北宋）刘敞：《公是集》卷36，《文渊阁四库全书》，第1095册，台北：台湾商务印书馆，1986年，第15页。

[2] 《礼记·中庸》。

[3] 《尚书·盘庚》。

[4] 《尚书·尧曰》。

[5] 《尚书·大禹谟》。

[6] 《论语·子路》。

无论喜怒哀伤，偶尔为之尚可，但最后皆要归于中和。从文化功能上，艺术同样要"助人伦，美教化"；从艺术表现形式上应合乎礼，春秋时期礼崩乐坏，旧章多阙，礼乐荒芜，孔子面对"礼"的质文相悖而无限感慨道："礼云礼云！玉帛云乎哉！乐云乐云！钟鼓云乎哉！"[1]进而提出"文胜质则史，质胜文则野，文质彬彬，然后君子"[2]。艺术中的质文观，主要表现为形式与内容、风骨与技术的辩证问题。"质"指的是艺术作品的真挚、率诚、朴实；"文"为艺术语言表达的技巧与形式。"质文观"是对周代礼乐文化精神的继承，质文相符方可得"中庸之道""中和之美"。曲阜汉碑，一碑一奇，书体风格多样、违而不乖、和而不同。或朴拙典雅，如《史晨碑》；或浑厚从容，如《乙瑛碑》；或凌厉俊逸，如《礼器碑》。从曲阜汉碑的整体书法艺术成就来看，"既无虫篆结构之极繁，又无草书行文之特简，独得简繁之中庸；既无虫篆运笔之钝迟，又无草书挥洒之疾速，独得迟速之中庸；既无虫篆规矩之森然，有无草书章法之不羁，独得法度之中庸；既无虫篆力度之深藏，又无草书气势之外露，独得含显之中庸；虫篆草书书写条件狭而受限，隶书则可广为应用，亦得用途之中庸"[3]。"中庸"，郑玄释为"庸，常也。用中为常，道也"[4]。"名曰《中庸》者，以其记中和之为用也。庸，用也。"中庸意为"中和为用"。唐张怀瓘《书断》："右军开凿通津，神模天巧，故能增损古法，裁成今体。进退宪章，耀文含质。推方履度，动必中庸。"[5]郑杓、刘有定《衍极并注》："谓'极为中之至'何也？言至中，则可以为极。天有天之极，屋有屋之极，皆指其至中而言之。若夫学者之用中，则当知不偏不倚，无过不及之义。子曰：'中庸之为德也，其至矣乎！民鲜久矣。'"[6]"中庸"作为儒家最高

[1]　　　《论语·阳货》。

[2]　　　《论语·雍也》。

[3]　　　杨朝明主编：《曲阜儒家碑刻文献辑录》第一辑，济南：齐鲁书社，2015 年，第 45 页。

[4]　　　李学勤主编：《十三经注疏·礼记正义》卷五十二，北京：北京大学出版社，1999 年，第 1424 页。

[5]　　　华东师范大学古籍整理研究室选编校点：《历代书法论文选》，上海：上海书画出版社，2000 年，第 157 页。

[6]　　　华东师范大学古籍整理研究室选编校点：《历代书法论文选》，上海：上海书画出版社，2000 年，第 477 页。

的君子理想，也是儒家理想主义的最高境界。在书法艺术审美价值观中，"中庸"亦被视为最高最完美的境界。汉代作为中国书法史上承前启后的关键时期，不仅为文字的发展创造了良好的人文生态环境，也为汉字走向规范化奠定了坚实的基础。汉碑所承载的汉隶书法艺术，标志着新的艺术审美秩序的产生，也意味着新的审美经验与审美范式的确立。书法的审美经验随着碑碣的兴起而被逐渐发扬出来，"审美意识已随立碑风尚的普遍而渐成，后世更有取代本意之势，即并不是为正书，而纯为欣赏书法艺术了。本来的宗旨消失了，新的价值观念却注入其中，文字的美渐为人所钦仰，一种艺术含义就这么悄悄地移注到那古老的碑石之中，民俗的扩展，又将此种美的精神传布开去"[1]。

三、结语

"自庙徂坟，以石代金"，青铜礼器到汉碑的转化经历是一个漫长的发展过程。"器以藏礼"成功地把汉碑纳入社会思想的大系统中。汉代帝王的制礼作乐，在碑文撰写者的描述下变成了一种极具象征意义的仪式，刊刻有儒家经典的石经保存了儒家的原则，体现了儒家正统的政治文化基础与价值观，意味着儒家思想视域下统一政体的建立；碑文中歌功颂德的描述多是儒家士文人们乌托邦的理想主义，被视为儒家理想政权的象征，在儒士文人笔下皆转化为现实的政治场景，为汉碑增添了一种神圣、神秘的魅力，正是有了这样一层神秘的面纱，汉代儒士文人对于竖碑立传的热情历久不衰。帝王与儒士们共同用碑刻媒介所具有的礼器仪式功能遮掩了现实政治中的缺憾，进而达到粉饰现实的政治目的。当"孝"与"忠君"思想观念成为正统意识形态，碑刻亦被视为体现最重要的道德标准的形式之一。汉碑作为礼器，在祭祀哀悼追思先人与祖先的同时，维护着宗族的世系亲情与团结，承载了古人对生死观、价值观以及对逝者生命的礼赞与哀思之情。汉碑所折射出的是古人生命中在政治诉求、伦理观念、审美理想等诸多层面的综

---

[1] 　　姜澄清：《中国书法思想史》，郑州：河南美术出版社，1994 年，第76 页。

合色彩，它融合了祭器、礼器及书写媒介等多重载体，凸显在正统儒家社会中的精神文化价值观，无论形制或是碑文皆反映中华民族所崇尚的和谐理念，蕴含了"天人合一"的宇宙观、"和而不同"的价值观。通过"器以藏礼"的礼乐思想，我们可了解到汉碑在丧葬、祭祀等社会活动中作为礼器的运用，成为儒家政体的隐喻。儒士文人通过对碑文的描述，激发起士人对王权政治的庄严感情与神圣责任感，进而自觉维护政治秩序的合法性，成为维持现实政治秩序的重要力量，并在无形中助力帝王化解了其政治的认同危机，完成汉碑作为礼器所具有的礼乐文化功能，——"礼也者，反其所自生。乐也者，乐其所自成"，[1] 成为形而上学的精神符号。

[1]   《礼记·礼器》。

128

当代书法发展的四个维度

陈培站

自 20 世纪 80 年代以来，随着社会经济文化的发展与转型，书法也进入一个新的时期。然而，这个时期在多元文化的碰撞与市场机制的多重影响下，书法的发展开始偏离轨道，陷入"学统"与"道统"解构的迷途中。面对当下远离书法本体的"学统"与"道统"失衡的书法生态环境，笔者以史为鉴，贯彻"笔墨当随时代"转型的书法要求，提出当代书法发展的"四个维度"，以更好地体现书法艺术的时代价值。

一、坚守汉字为根基的正统观

"正统观"是中国古代史学的重要问题，"正统理论既是史学家在处理历史问题时所形成的观念和理论，反过来又对现实政治和未来历史产生深刻而深远的影响"，[1]"正统理论之精髓，在于阐释如何始可以承统，又如何方可谓之'正'之真理"[2]。中国书法史是中国历史重要组成部分，同样也存在着"正统观"。

首先，书法正统观的形成与汉字的发展密不可分。书法之"书"应回到"六

---

[1]　张岱年主编：《中国哲学大辞典》，上海：上海辞书出版社，2010 年，第 346 页。

[2]　饶宗颐：《中国史学上之正统论》，上海：上海远东出版社，1996 年，第 76 页。

书"本意，书写汉字即是书法，这是个约定俗成的观念，有史以来就成为书法赖以生存和发展的现实保障。汉字的价值究竟何在，对人们又意味着什么？书法的本质规定是什么？这是我们首要反思的命题。东汉许慎《说文解字·序》云："盖文字者，经艺之本，王政之始，前人所以垂后，后人所以识古。"[1]意为文字明则六艺明，六艺明则王道生；前人以汉字名垂后世，后世欲明"六经与王道"亦以汉字。元周伯琦即云："六书者，文字之本也。不达其本而能通其用者，不也……书之六义，大略若此，包罗事物，靡有或遗，以之格物则精，以之穷理则明，以之从政则达。"[2]而许慎关于六书之学说则为传统文字学理论的核心，从而将汉字的价值归结为由创立伊始便成为儒家修为模式"格物、致知、正心、修身、齐家、治国、平天下"的延伸。汉字不仅具有记录语言的符号系统的价值功能，更蕴含了古代大量的文化信息。只有准确认识汉字产生发展的渊源脉络及文化背景，才能揭明汉字与传统文化的关系，进而在书法创作中才能够准确书写汉字并运用汉字，而书法的本质规定就是书写汉字，以汉字造型为塑造对象表达出汉字所传递的信息与内涵。

其次，汉字的书写不同于西方字母符号，它在书写方式上有极其严格的法度，这个法度在书法上被称为"笔法"。"周礼八岁入小学，保氏教国子，先以六书"，古代的书法教育和学习主要有"师范"与"家法"两种形式，古人习字一定要师出正脉，有统、有序、有渊源。饶宗颐先生谓："自韩愈《原道》称尧以是传之舜，舜以是传之禹，再传至汤、文武、周公、孔、孟，儒家道统承传之说于焉确立。"[3]孔孟儒家学说的最终确立，一如书法史上"二王"至颜两大系统的建立，终成大统。受儒家道统观念传承的影响，习字逐渐形成笔法谱系的正统观，以名家传授笔法的笔法谱系得以确立。中国书法史则围绕着这一授受谱系前进发展，学习古法视为正统，出新意以其不离"正统"而被誉之"创新"。若不讲古法，无有师法，书法的统序就会大乱，从而不得雅正之旨与书之正统。

[1]　（汉）许慎撰：《说文解字》，北京：中华书局，1978年，第314页。

[2]　（元）周伯琦：《六书正讹》，古香阁藏本。

[3]　饶宗颐：《中国史学上之正统论》，上海：上海远东出版社，1996年，第78页。

二、确立与弘扬书法审美的正统观

社会转型带来了书法生存和书法审美价值观的全新变化。近代以来，毛笔的退场致使中国人赖以为美育教育的习字训练戛然而止，书法在传统文化知识谱系中的位置渐以消失，由此失去了书法美育的普及基础。当下的艺术教育很难再感受到本土艺术韵律与美感。启功云："韵律是汉语的血小板，没有它，不成为正常的血液。韵律像陷阱，一不小心就掉进去。"[1]随着知识阶层身份的转变，当代知识分子建构以技术精英为主体，书法已不再是人文教养的重要蕴含，成为可有可无的业余爱好。书法文化精神遭到了前所未有的冲击，带给书法的则是一种丧失存在基础的命运。面对突如其来的暴风雨，书法被迫走上"自我营救"的坎坷之途，即抛弃完善人格修养、文化品格的人文与社会教化功能，下降为泛文化审美形态之一的大众艺术。自20世纪80年代以来，西方文化哲学思潮汹涌而来，带来的更多的是对传统文化艺术理念的彻底解构。中国书法与西方艺术思潮的冲突日益尖锐，加之市场经济大潮的助澜冲击，使得当代诸多书法家迷失了方向，妄图借用西方文艺理论建立起一种以解构汉字为载体的现代、后现代的前卫艺术思想，随之，"丑书"横行、泛滥。披着传统书法的外衣，表演着低俗恶俗的书写行为艺术，如过江之鲫，无视中国书法的特殊性，自觉或不自觉中割断了中国优秀传统文化的延续性。冷眼审视，就会发现这些所谓的中国书法的"先锋"们追随百年前的西方而大谈思想理念，事实上早已成为过时的"后卫"，令人徒生恍如隔世的悲哀。"当代书法创作的社会环境与审美方式对创作理念乃至形式与技法发生着影响，对古典传统的书法价值评判标准更具摧毁性。"[2]书法之难不在技巧，在于"不自知"与"止于至善"。当代书坛，书法创作大都偏向小巧、精致甚至搔首弄姿，故作姿态，正大气象的作品已鲜少得见；书法审美需要多元化，操守母体美学的核心正统观，以"雅"为基点，坚守民族之正大气象。"正"乃正统，以书法史上充满阳刚、伟博精神的书法经典和书法家作为师承对象。"大"乃格局之大，有宽宏兼容之心，具胸怀天下、兼济民生之志。"气"就是要养成

---

[1]　　　王宁：《走自主创新之路》，《中国社会科学报》2017年第1215期。

[2]　　　中国书法家协会编：《中国书法金陵论坛论文集2012》，上海：上海书画出版社，2016年，第218页。

一股浩然正气，坚守自己的民族文化立场。何谓"浩然之气"？孟子云："难言也！其为气也，至大至刚，以直养而无害，则塞于天地之间。其为气也，配义与道；无是，馁也。是集义所生者，非义袭而取之也。"[1] 如何养成"浩然之气"，孟子训导谓："天降大任于斯人也，必先苦其心志，劳其筋骨，饿其体肤，空乏其身，行拂乱其所为，所以动心忍性，曾益其所不能。"[2] 就是要能够勇敢面对人生各种遭遇、经得住艰难困苦生活的磨炼。如果一个书法家心中无浩然之气，即使学的是正大气象之书，其笔下的气息依旧是萎靡颓废。"象"，常与气连在一起。古人的思维之网是以"象"思维的方式编制起来，"象"是一个特殊中介，具有贯通形而上之"道"与形而下之"器"的功能，作为中华民族一个重要的运思方式，"象"在传统知识系统的生成建构中处于核心位置，是哲学、文学、艺术等思想产生的思维机制。"象"也是对"正""大""气"的升华与总结，"正大气象"四个方面，处于同一价值体系，分属不同层次。我们的书法家只有养成了浩然之气，再来取法正大之书，才可创作出阳刚、雄浑、伟博的书风，才能使得西方社会由此认识、了解、把握充满正大气象的中华民族的优秀文化。

三、接续与守护书法理论研究的正统观

熊秉明在 20 世纪 90 年代提出："中国文化的'核心'是中国哲学，而'核心的核心'是书法。"[3] 中国书法历经 3000 多年漫长的历史发展，形成了自己独特的创作、审美理念，其本质规定没有丝毫改变。要保持一门艺术的纯粹性，不被异化，其本体必须坚守本土理论与母语文化，书法理论是从 3000 多年来的书法实践中产生的。法国汉学家桀溺说："一个人想要认真研究中国文学，首先必须对自己的文化具有十分良好的修养。"[4] 没有母语文化的基础，就不能真正深入本民

---

[1]　《孟子》，北京：中华书局，2016 年，第 53 页，第 222 页。
[2]　《孟子》，北京：中华书局，2016 年，第 53 页，第 222 页。
[3]　熊秉明：《书法与中国文化》，上海：文汇出版社，1999 年，第 252 页。
[4]　胡若诗、余中先:《法国汉学家桀溺采访记》,《文学遗产》1997 年第 1 期。

族艺术经验，也就无法获得对书法的真正理解，永远不会有自己的书学观与书学理论，自己的大脑也只能沦落为别人思想的跑马场。比如，书法美学的研究，因为"美学"一词是西方舶来品，当下的研究大多限于书法史与西方美学理论简单的嫁接，甚至直接套用西方文艺理论来诠释中国书法，对二者的传统关系缺乏梳理与贯通。笔者认为，有文可稽的3000多年文化史是我们理论资源取之不尽的宝藏，只要深入爬梳，就有许多理论命题可以和西方文论对话、沟通、互补。立足本体，并不是故步自封，而是建立在母体理论基点上的一种思维与阐释的"转换"，以注重整体辩证的中国统摄思维为出发点，积极学习西方分析思维的长处。而当下诸多书家及学者试图借用西方文艺理论建立起一种以破坏汉字为基础的艺术理论体系，严重偏离了书法文化赖以依存的"正统"。我们要以中国3000多年的文化史为根基，建立起古代文论与西方文艺理论交流、对话的桥梁，以便中国书法文化资源能更好地书写和传播中国故事。

四、书法走向公共空间的正统观

公共空间是一个在大众生活中不可缺少的能相对自由活动的区域，公共空间范围很广，包括展馆、街道、广场、商场、公园、车站、码头、机场、酒店等，人员流动量大，是对艺术品宣传推介的最佳场所。当下传统书法的"书斋把玩、赏玩"式的欣赏已转变为公共空间的"观看"方式，公共艺术已经成了其中不可或缺的一部分。谈到公共艺术，大家不约而同就想到是西方传来的艺术形式。其实，公共艺术在中国古而有之，早在殷商时期，那些青铜器上的铭文，就已具备公共艺术的公共性的因子，园林楹联书法、寺庙牌匾书法、石窟造像题记、摩崖刻石、"始皇六刻"与《熹平石经》等都是放置在公共空间的书法艺术作品，从内容来说，既有皇家的昭示，又有儒家经典，皆处于当时的公共空间之中。而作为在公共空间出现的书法作品，则必须具备教化、宣传和美化的功能，融合作者的思想内涵、公共参与、作品本身，三者相互作用，其主题应该是传递社会、民族和国家的精神意志，让人们陶冶情操的同时体会到深刻的人文关怀。但公共空间自由性的特点又使得当下在书法审美的尺度把握上出现偏差：一是公共艺术，艺术是本质，要体现的是艺术性，而当下公共艺术书写者良莠不齐，多有江湖书家混迹其中，致使许多"假恶丑"的作品泛滥；二是文字内容缺少甄别，造成文字内容粗俗、商业气息浓厚，在信息的传达上出现问题；三是过度追求形式感、视觉化，忽略了内容与形式的关系，眼下不少所谓的公共空间的书法因功利作祟，丧失了创作者个人的风格特点，使书法家的审美理想、表现手段偏离了正统观的方向。

我们对书法发展的四个维度的正统观进行考察的一个目的，是对当下书法走向繁荣对社会价值及担当提供一些借鉴，尽管书法赖以生存的生态基础发生变化，书法作为一种文化角色参与社会生活的功能渐以弱化，但书法艺术形态内部蕴含的巨大历史惯性，依旧彰显出强大的生命力，坚强地捍卫着自身合理的存在。在坚守"四个自信"、践行社会主义核心价值观的前提下，树立当代书法发展的正统观，凸显书法创作的核心价值。这就要求我们要不断地意识到自身存在的价值，担当起书法传承和发展中所赋予的责任和使命，以"正统观"为导向，以"雅"文化为基石，以书家楷模风范为引领，以经典作品为依托，不断磨炼自我品格、书法品质与人生境界，用汉字思维、书法的审美思维等无形力量去感动世界、影响世界，为中华民族在新时代的伟大复兴推波助澜。

新时代语境下书法批评新出发

陈培站

书法批评滞后于书法创作是当下书法批评期望摆脱却难逃桎梏的一大问题，与古为徒还是大胆创新至今争论不休。在新时代语境下，我们如何解决当代书法批评存在的种种问题，如何令书法批评新出发，是需我们深思并亟待解决的问题。

一、新时代语境下书法批评的重要意义

（一）新时代书法批评的重要价值与使命担当

俄国诗人、文学批评家普希金曾说："批评是科学。批评是揭示文学艺术作品的美和缺点的科学。它是以充分理解的作用和积极观察当代突出的现象为基础的。"[1]书法批评作为文艺批评的一大分支，它不是简单的赞美抑或驳斥，书法批评不仅需要深入发掘作者的创作意图，也需要客观公正地评价作品，以免误导观者。而在当今书坛，书法批评却时常缺位，或是以鼓吹宣扬的姿态吹捧部分书家及作品，这与批评本身应起到的典范作用背道而驰。

书法批评最早见于东汉时期，赵壹以《非草书》一篇小文掀起了书法批评的

---

[1]　　[俄] 普希金著，沈念驹、吴笛主编:《论批评》，《普希金全集 6: 评论》，邓学禹、孙蕾译，杭州: 浙江文艺出版社，2020 年，第 161 页。

序幕，谓草书"上非天象所垂，下非河洛所吐，中非圣人所造"，草书的产生实则"盖秦之末，刑峻网密，官书烦冗，战攻并作，军书交驰，羽檄纷飞，故为隶草，趋急速耳，示简易之指"。[1] 文中对草书产生的渊源进行了客观理性的分析，对草书盛行之时风予以了尖锐的批评。纵使后人对赵壹之说有诸多见解，褒贬不一，但结合当时的社会文化背景来看，赵壹明确地阐发了自己的艺术观点，并借此文针砭时弊，对后世书法批评产生了深远影响。

当下书法批评的滞后现象是亟须改进的，这需要书法批评家们拥有广泛的阅读经验，逻辑分析与形象直观、直观整合三者合一，必须具备书法美学素养、书法史学与文化哲学素养；具有敏锐的感知力、深邃的洞察力、准确的判断力与自由言说的勇气；以弘扬书法美学精神为己任，理论与实践并重，用真善美的批评标准判断是不是艺术，以道德标准去判断是不是优秀的作品；维护批评的尊严，改善自身的书法批评眼光，坚定立场、旗帜鲜明地弘扬与传播书法艺术的真善美。

（二）通过解读与诠释弘扬书法作品的思想价值

书法批评并不只是单纯地对书法作品予以评判也需要对其内容进行解读和诠释，以使观众能够以简单易懂的方式了解书法作品的内涵。书法批评家应当以文字来表现其对书法作品的理解，对作品的创作方向、创作动机、创作心态、创作手法等加以解读。这不仅需要书法批评家对作品的创作有一定的深入了解，也需要对作者本人有一定的熟悉度，才能更好地了解其创作意图，将书法作品的艺术水平以及思想价值理解到位，方能做出真正意义上的学术批评。

（三）通过辨析与评价彰显书法作品本身的艺术特质

在对特定作品进行批评时，比较就成为书法批评家们最常使用的辨析方法，这要求书法批评家们对作品有充足的了解，同时也需要熟稔书法史中与其有关联的作品。古今名作对比的时候，更容易让观者感受到书法艺术的独特魅力，何为

---

[1]　　　赵壹:《非草书》，载上海书画出版社、华东师范大学古籍整理研究室选编《历代书法论文选》，上海：上海书画出版社，1979 年，第 2 页。

136

经典，何为菁华也能显而易见地展现在观者面前。

书法作品常因批评家的审美观念不同导致对其评价参差不齐，而"一千个人眼中就有一千个哈姆雷特"，个体的美学观念与个人经历体验、文化视野理念是分不开的，因此书法批评往往带有很强的主观性，但我们不能忽略书法作品本身带有的客观属性以及它本身所存在的艺术特质。通过对作品的解读与评析，将作品的艺术特质彰显给观众是书法批评家的使命。

二、当代书法批评的严重缺席与存在问题

当代书法批评无论是从数量还是从质量上来看，在书坛发展中都处于缺位状态。这虽然并不代表着没有优秀的书法批评，可多数只是吹捧，无关痛痒地提出"问题"，这也恰恰是"问题意识"的丧失。而问题的提出本身就是批评研究成立的标志。如果不理解这一点，盲目去进行所谓的批评，那么书法批评应有的品格不仅会被牺牲，学术本身的生命力也将枯萎。

（一）缺乏对当代创作现状的系统梳理与论析

首先，书法批评缺乏对当代创作现状的系统梳理，因其缺乏对书法创作的系统认知，所做出的批评文章也缺少足够的深度。当代书法创作与古时书斋文化已经产生了巨大的差异，书法创作从手札时代逐步进入了展厅时代，即便是明清时期的大幅行草也不及今日之尺量。而现今的书法批评对当代创作现状理解却并不全面，往往只是针对某一展览或者某一现象所提出批评，脱离了当代创作的实际情况，因此所提出的批评也只是浮于表面。

要对当代书法做出批评，其前提是对当代书法创作现状进行系统的梳理与论析。如果没有系统的梳理，那么评论家们做出的当代书法批评也只能针对某一观念或要点，这种片面化的批评无法成为书法发展的推动力，因此书法批评只能处于一种搁浅状态，无法进一步发展。

（二）缺乏具有高度和深度的学术意识

其次，当代书法批评缺乏足够的学术支持，很多评论家自身并非书法专业，

或是只通评论，缺乏足够的创作能力。这些现象使他们的书法批评难以服众，创作者自身也难以接纳此类"外行"的评论。

当代书法批评缺少学术支持还体现在评论家缺乏具有高度和深度的学术意识，他们对书法批评理论规范知之甚少，仅对部分书法现象做出评判。这其实只是书法评论的表层现象，其深层次还有更多值得探究的内涵，评论家无法挖掘其中内涵，因此做出的批评也只是浅尝辄止。更有甚者，不但抛弃了书法批评在学术上的高度与深度，还不当地运用批评方法，因此为人诟病，与书法批评引领书法发展导向的目的背道而驰。

（三）缺乏对具体艺术形式的文本解读能力

从书斋文化时代到展厅文化时代，当代书法发展产生了"展厅文化、展览时代、展示意识"所构成的独特特征[1]，这也对当代书法批评家们提出了更高层次的要求：展览面向的是大众，因此书法批评、书法评论也需要让大众认可，更需要增强文本解读能力，带领大众了解书法作品的深刻内涵。当代书法创作已经摆脱了"视觉游戏"的歧途，回归经典、回归正统，书法批评不能继续滞后于书法创作了，而应当成为书法创作的导向，引领书法创作进一步发展，成为大众接受且认可的传统中国艺术。

三、新时代语境下书法批评如何新出发

书法史的历程中对于书法作品的认知也是各不相同的，以朝代而论，有"晋尚韵，唐尚法，宋尚意，元明尚态"之区别；以风格而言，有北碑南帖之分；有人钦慕篆籀之古朴，有人渴求行草之飘逸，最终的追求都是书法之美。每位批评家对于书法作品理解不尽相同，都有其独特的艺术理论框架，这些异彩纷呈的理念是能够互相交融的，因为它们都统一于书法批评这一着力点。

[1]　　参见陈振濂《恢复书法的"阅读"功能——"展厅文化、展览时代、展示意识"视野下的书法创作新理念》，《文艺研究》2011 年第 8 期。

在新时代语境下，评论家们需要意识到书法批评承担的使命，勇于担当引导观众正确看待书法作品的责任，以学术的观念凸显专业力量。书法批评在新时代语境下要有崭新的出发，理性审视当代作者对不同书法风格的熔铸能力，将高格调、高学养作为书法品评的一大维度，为创作更多形式与内容并重、题材与意境共发的优秀作品起到引领与典范作用。

　　书法批评的新出发需要书坛的共同努力，因此，积极开展包容理性、以学术为指针的书法批评，积极推动书法评论工作繁荣发展，营造风清气正的书坛生态，这是书坛中的每一位参与者都应当肩负的责任。良好的书坛生态才能使书法批评家们发挥自身的客观性与前瞻性，以理论指导书法创作，坚持批评的真理性，书法艺术才能成为弘扬人性自由、实现生命价值从而成为达到理想彼岸的航灯。

20/4

张新英

张新英

张新英，女，1979 年生，山东师范大学新闻与传媒学院副院长，教授，博士生导师，山东省第二批、第三批签约艺术评论家，山东省文艺评论家协会理事、副秘书长，山东省电影家协会理事，山东省电影、电视剧评审委员会委员。主持完成国家社科基金项目、教育部人文社科项目、山东省社会科学规划项目等多项课题，出版学术专著 3 部，发表各类学术论文 50 余篇。获第二届中国飞天电视剧评论一等奖、第三届中国电视剧评论二等奖、第五届中国飞天电视剧评论二等奖、第八届中国金鹰电视艺术节电视艺术论文二等奖、山东省第七届刘勰文艺评论奖、中国高校影视学会第十二届学会奖一等奖、中国文联第四届"啄木鸟杯"文艺评论年度优秀作品等奖项。

新技术时代中国电影理论话语体系建构的思考

张新英　李　祺

　　电影诞生距今已有近 130 年历史。作为工业时代催生的艺术，电影与科技有着天然的密不可分的联系。科技的发展对电影的生产方式、表现形态、美学风格、发展趋向和传播方式等都产生了深刻影响，在为电影艺术发挥魅力提供无限可能的同时，也给电影阐释带来了新的命题与挑战：在新技术、新媒介背景下，面对不断更替的电影形态，原有的电影理论和批评范式似乎已无法满足当下电影阐释的需求而常常面临"过度阐释""强制阐释"乃至"无效阐释"的尴尬处境。那么，如何避免陷入阐释的误区？什么样的电影理论才契合当下的电影生态并能以一种前瞻性的姿态引领未来的电影创作和电影批评？建构中国电影理论体系应遵循哪些原则？这些问题，是近年来电影理论界关注思考并亟待解决的问题。

一、历史回溯：技术流变视角下的电影理论之争

　　百余年来，电影学界和业界围绕"电影是什么"进行了不懈探索和追寻，各种电影理论和批评流派层出不穷，为人们深入认识和理解电影做出了重要贡献。人们认识和理解电影的过程，与电影技术的发展息息相关，电影技术的每一次进步，都为各种电影理论的形成和发展乃至影响力的衰退或消亡提供着现实依据和实践支撑。

　　1895 年 12 月 28 日，卢米埃尔兄弟用"活动电影机"在法国巴黎的一间地下室公开放映了一系列电影短片，标志着电影的正式诞生，但电影的"艺术性"

一直受到质疑，于是便有了"电影究竟是不是一种艺术？""电影因何成为艺术""电影如何成为艺术"等关于电影本源的论争。

德国心理学家于果·明斯特伯格指出"电影不存在于银幕，只存在于观众的头脑里"[1]。他在《电影，一次心理学研究》一书中专章阐述了电影影像的深度感和运动感来源于观众的心理，是主体参与的结果，从而论证了电影是一门独立的艺术[2]。德国心理学家鲁道夫·阿恩海姆则从格式塔心理学出发，分析了无声电影独特的创作方式和审美特征，指出了物质现实世界中的形象和银幕中的形象之间存在的差异，力证电影并不是机械地记录和再现现实的工具，而是一门崭新的艺术[3]。匈牙利学者巴拉兹·贝拉特别强调摄影机的作用，称摄影机"将根本改变文化的性质，视觉表达方式将再次居于首位，人们的面部表情采用了新方式表现。……电影与印刷术一样是大量复制和传播精神产品的工具。它对人类文化的影响将不亚于印刷术"[4]。因此，"电影使埋葬在概念和文字中的人重见阳光，变成直接可见的人了"[5]。遗憾的是，巴拉兹·贝拉提出的电影文化学观念在当时并不被世人接受和重视，直到20世纪末人们才发现这一具有前瞻性的预言。

技术的进步为电影创作者提供了从想象世界到现实影像的实践工具。在美国电影《一个国家的诞生》中，导演格里菲斯通过远景和大特写的交替使用，开创了"平行剪辑"和"最后一分钟营救"等叙事手法，宣告了电影正式成为一门真正的艺术；《党同伐异》将远景和特写当作电影叙事语言，并以平行蒙太奇将四个不同时空的故事组织在一起，体现了格里菲斯对景别系统和剪辑技术的纯熟运用。但格里菲斯对蒙太奇的贡献还停留在技术层面，苏联蒙太奇学派则通过大

---

[1]　　杨远婴编：《电影理论读本》，北京：世界图书出版公司，2012年，第24页。

[2]　　参见杨远婴编《电影理论读本》，北京：世界图书出版公司，2012年，第24—25页。

[3]　　参见［德］鲁道夫·阿恩海姆《电影作为艺术》，杨跃译，北京：中国电影出版社，1981年，第8—9页。

[4]　　［匈］巴拉兹·贝拉：《可见的人——电影文化 电影精神》，安利译，北京：中国电影出版社，2003年，第11页。

[5]　　［匈］巴拉兹·贝拉：《可见的人——电影文化 电影精神》，安利译，北京：中国电影出版社，2003年，第14页。

量实践，对其进行了理论化的研究与概括：库里肖夫通过实验得出"库里肖夫效应"，维尔托夫创立"电影眼睛派"，爱森斯坦提出"理性蒙太奇"，普多夫金将蒙太奇归纳为五种类型……这些学术化、系统化的研究，使蒙太奇超越了其原本单一的技术功能而成为一种思维方式，对电影语言的演进产生了深远影响。

早期电影作为"纯视觉形式的哑巴电影"，初步形成了一套较为完备的无声电影语言系统，但人们希望这个"伟大的哑巴"能够开口说话，进而能在听觉层面完善和深化电影叙事语言的表达，为观众提供更为丰富的体验。留声机的发明让声音真正进入电影中。1927 年 10 月 6 日，美国华纳兄弟影片公司出品的《爵士歌王》宣告了有声电影的诞生，随即引发了一场关于无声电影与有声电影的论争。一些电影理论家坚持无声电影立场，认为声音破坏了电影艺术的发展，甚至成为一种倒退，"他们认为，在现实主义方面所取得的每一点收获（例如以逼真如生的色彩来绘饰雕像）都必然会招致一种美学上的损失。他们悲观地预言说，这种最新发明的电影虽然能极完美地表现生活及生活中的各种事物，可是从艺术所应达成的目的来说，这种电影却形同废物"[1]。鲁道夫·爱因海姆将有声电影视为"一种杂种的手段"[2]，爱森斯坦和普多夫金也对声音的出现表达了忧虑。巴拉兹·贝拉则对有声电影予以肯定，他指出："在艺术领域里，每一次技术革新都带来新的灵感……正因为我们承认有声电影是一种伟大的新艺术，我们才对它有所要求。我们的要求是：有声电影不应当仅仅给无声电影添些声音，使之更加逼真，它应当从一个完全不同的角度来表现现实生活，应当开发出一个全新的人类经验的宝库。"[3] 这些论争催生了电影声音理论的形成，并促成了 20 世纪三四十年代美国好莱坞戏剧化电影美学观念的诞生。"好莱坞电影以戏剧美学为基础，它严守三一律和戏剧冲突律，形成一套固定的剧作形式。影片主要依靠演员对话推

[1]　[英]欧纳斯特·林格伦：《论电影艺术》，何力、李庄藩、刘芸译，北京：中国电影出版社，1979 年，第 95 页。

[2]　[德]鲁道夫·爱因海姆：《电影作为艺术》，杨跃译，北京：中国电影出版社，1986 年，第 4 页。

[3]　[匈]巴拉兹·贝拉：《电影美学》，何力译，北京：中国电影出版社，1982 年，第 182—183 页。

进情节。从无声电影到戏剧化电影，标志着电影美学的一大发展。"[1]

20世纪40年代的意大利现实主义电影运动提出和奉行的纪实性电影美学观，则是对以好莱坞为代表的戏剧化电影美学观的突破与挑战。意大利新现实主义电影运动提出"把摄影机扛到大街上"的口号，通过摄影机再现现实生活的原貌，为电影创作提供了一种与好莱坞完全不同的创作方式和拍摄手段。轻便摄影机、高速感光胶片和磁带录音机等新技术成果的出现，为践行这一美学观念提供了物质手段和技术条件，使得新现实主义电影的纪实性美学追求得以真正实现，也为巴赞及克拉考尔等人关于电影本性的研究提供了生动的理论来源和典型案例，对当时乃至其后的电影创作和电影理论都产生了深远影响。

在法国电影理论家安德烈·巴赞看来，摄影影像与客观现实中的被摄物是同一的，"这是完整的写实主义的神话，这是再现世界原貌的神话；影像上不再出现艺术家随意处理的痕迹，影像也不再受时间的不可逆性的影响"[2]。巴赞在《杰作:〈温别尔托·D〉》一文中提出"电影是现实的渐近线"的观点，认为电影只能无限接近现实，却无法完全再现现实[3]。巴赞的电影语言进化观则更多从实践方面阐释和发展了他的纪实美学观念，他分析了声音带给电影美学的重大变革、苏联蒙太奇学派以及好莱坞的戏剧化美学观等电影理论，称赞意大利新现实主义电影为电影语言的革新注入了新鲜血液，为法国新浪潮运动提供了理论指导。

另一位纪实美学大师、德国电影理论家克拉考尔则提出电影的本性在于对物质现实的复原[4]。他认为"电影的特性可以分为基本特性和技巧特性"[5]，基本特性是指对客观现实的记录与再现，而技巧特性是指电影作为依托科技发展起来的一

[1]　　　罗慧生:《世界电影美学思潮史纲》，山西:山西人民出版社，1985年，第157页。

[2]　　　[法]安德烈·巴赞:《电影是什么》，崔君衍译，北京:中国电影出版社，1987年，第21页。

[3]　　　参见[法]安德烈·巴赞《电影是什么》，崔君衍译，北京:中国电影出版社，1987年，第353页。

[4]　　　参见[德]齐格弗里德·克拉考尔《电影的本性——物质现实的复原》，邵牧君译，北京:中国电影出版社，1981年，第380页。

[5]　　　[德]齐格弗里德·克拉考尔:《电影的本性——物质现实的复原》，邵牧君译，北京:中国电影出版社，1981年，第35页。

门艺术，在保持自身基本特性的同时，还兼具自身独有的特性，比如镜头剪辑[1]。可以看出，巴赞和克拉考尔强调电影的物理本性即照相性，强调运用景深镜头和长镜头来保证电影时空的一致性，为后世现实主义电影的发展提供了完备的理论指导。尤以法国新浪潮为代表，他们奉行巴赞的电影理论，大胆革新电影语言，采用反传统的叙事结构，跳跃式的剪辑手段，非线性的时空观念，抢拍、跟拍、景深镜头和长镜头等拍摄方法，对电影的发展产生了重要影响。

20世纪70年代，数字技术的出现使电影迎来了第三次重大变革——胶片时代结束，数字电影崛起。数字技术的加盟使电影形态愈加多样，不断刷新着人们对传统电影的固有观念和认知，早期的蒙太奇美学和纪实美学对电影的阐释在数字电影面前显得无所适从：由计算机技术生成的虚拟影像，既不是物质现实的复原与再现，也不是有目的的镜头组接，它是在想象的基础上由数字技术创作出的虚拟影像，是对传统电影理论中有关"真实性"这一概念的突破和颠覆。因此，数字技术时代出现了同蒙太奇美学、纪实美学并列的"虚拟美学"[2]。"虚拟美学是随着现代电影数字技术发展而产生的，是对电影数字虚拟技术与艺术相结合后的形而上研究，是对实际数字虚拟技术在电影摄制和传播等应用过程中所呈现出来的美学特征的高度概括，研究的是数字虚拟技术与电影艺术的高度结合后的美学呈现方式、特征及意义。它的出现不仅有利于电影艺术的奇观呈现，同时也拓宽了电影美学的书写路径。"[3]虚拟美学对电影的生产制作、作品内容、观众体验、放映方式等各个方面都进行了开创性的变革，但它并没有与传统的电影美学观念相分离，而是重新总结概括了数字时代下电影的新样貌和新特征。可以说，虚拟美学是对蒙太奇美学和纪实美学的一种传承与超越，赋予当代电影中对真实世界的再现和画面镜头的组接以新的表现手段，于数字时代下重新定义了"真实"的概念。

[1] 参见［德］齐格弗里德·克拉考尔《电影的本性——物质现实的复原》，邵牧君译，北京：中国电影出版社，1981年，第35—36页。

[2] 参见彭吉象《影视美学》，北京：北京大学出版社，2019年，第293—294页。

[3] 敬鹏林、唐婷：《电影虚拟美学特征简论》，《现代电影技术》2018年第10期。

综上，技术的发明应用催生了电影艺术，而在电影百余年的发展历程中，技术影响和改变着电影的表现形态，也为众多电影理论家和批评家探讨"关于电影本性"的命题提供了丰富的实践案例，从而衍生出纷繁的电影理论和电影批评方法，这些理论和方法又反过来为电影创作提供了相应的理论支撑，形成了理论与实践之间的良性互动，共同推动着电影艺术的进步。

二、典型案例：建构中国电影理论话语体系的实践

相较于西方电影理论话语的成熟和系统，中国电影理论出现得较晚，影史上虽有"影戏美学""左翼美学""英雄美学"等阶段性理论成果，但整体而言并未建构起全面系统的本土电影理论体系，在阐释中国电影时对西方电影理论话语多有借鉴。但一味照搬西方的电影理论来阐释中国电影，必将导致电影理论与创作之间的游离脱轨。学界唯有建构自己的理论话语体系，才能引领并形成行之有效的电影批评。在中国电影理论体系建构的过程中，"中国电影学派"和"电影工业美学"堪称两个典型案例，它们的建构视角、理论资源、建构方法和优长弊端，为中国电影理论体系的建构提供了诸多启示和思考。

（一）中国电影学派：民族化本土理论话语体系的建构

2015年起，北京电影学院开始探索建立"中国电影学派"，提出了构建"中国电影学派"的宏大设想，并陆续推出了一批有影响力的理论成果。"中国电影学派"的愿景，是建构一个既能体现强烈的中国特色又能面向世界电影的中国电影理论体系，其理论构想可谓深远。

确切地说，中国电影学界尝试建构具有民族色彩的中国电影理论体系的努力是从20世纪80年代正式开始的。1980年，《文艺研究》编辑部会同文化部文学艺术研究院电影研究所和中国电影资料馆联合召开电影美学讨论会，与会学者一致认为："要使电影适应'四化'的需要，就要用科学的电影美学来指导电影创作。当前……我们对电影的基础理论的认识和把握得不准确、不全面，须要提高电影文化水平，加强电影美学的研究。要明确电影美学的对象，要研究电影的本质、电影的特性、电影与其它艺术的关系、电影的表现手段，要研究电影心理

学、电影观众学，要研究电影美学发展史。我们要建立以马克思主义为指导的电影美学。"[1]文艺评论家王朝闻在会议中提出了"建立我们中国的社会主义的电影美学"[2]的命题，建构中国电影美学理论体系的设想正式诞生。

随后，钟惦棐在《中国电影艺术必须解决的一个新课题：电影美学》《电影美学的追求》《中国电影美学的理论与实践》《电影美学：1982》《电影美学：1984》等论文和著作中系统阐述了他的电影美学思想，为中国电影美学体系的建构奠定了坚实的基础。与此同时，学界掀起了关于电影"民族化"的探讨，试图建构具有民族色彩的中国电影美学理论体系，如中国电影民族化研究的代表人物罗艺军在其《电影的民族风格初探》一文中提出：民族化的途径在于继承和发展中国传统的美学思想和艺术观。[3]其后罗艺军发表了一系列相关论文，指出"民族的审美理想、审美情趣和中国传统的思维方式，自觉或不自觉……赋予中国电影和中国电影理论以民族特色"[4]。卫菁、倪震、郝大铮、史可扬等学者也纷纷撰文，尝试从民族化角度入手建构中国电影理论体系。

在中国电影美学建构的过程中，林年同是一个绕不过去的人物。他于20世纪80年代提出的"镜游"理论，为中国电影美学的建构打开了一个新的视域。林年同意识到中国电影的研究远远落后于电影创作，他受宗白华的启发，试图运用中国传统美学观念进行电影研究。他关注电影媒介的特质，尊重东西方文化的差异，将西方电影理论与中国电影相融合，在东西方文化的"异"中求"同"，得出了"中国电影在艺术形式上是有特点的"[5]的论断。林年同借助早期中国电影史上的经典影片如《渔光曲》《一江春水向东流》《小城之春》《枯木逢春》等对中国传统绘画技法如"移步换景""散点透视法"的借鉴，认为中国电影创作者

---

[1] 　边之嵋：《电影美学问题讨论简述》，载中国电影家协会编纂《中国电影年鉴1981》，北京：中国电影出版社，1982年，第452页。

[2] 　本刊记者：《电影美学问题的探讨——电影美学讨论会综述》，《文艺研究》1980年第6期。

[3] 　参见罗艺军《电影的民族风格初探》，《电影艺术》1981年第10期。

[4] 　罗艺军：《中国电影理论研究——20世纪回眸》，《文艺研究》1999年第3期。

[5] 　林年同：《中国电影美学》，台北：允晨文化实业股份有限公司，1992年，第8页。

创造性地将移镜头技术与中国传统绘画技法完美结合，产生了中国电影独有的美学景观，并由此提出"镜游美学"，极大地影响了中国电影美学理论的建构，为中国电影的阐释提供了诸多启示。

20世纪80年代，中国电影理论界还提出了"电影要与戏剧离婚""电影语言的现代化"等口号，就"电影与戏剧的关系""电影与文学的关系"等展开论争，"意味着中国电影美学终于从以往的创作论和功能论的狭窄框架中解放出来，开始了'现代化'的转型"[1]此次论争促使中国电影理论逐渐挣脱传统的枷锁，重新释放理论活力，也影响了众多导演群体创作风格的形成，例如第四代导演的诗化美学、纪实美学，第五代导演的影像美学以及第六代导演的新现实主义美学和后现代主义美学。

2017年，北京电影学院成立的中国电影学派研究部成为建构"中国电影学派"的理论重镇。2018年以来，学界围绕"中国电影学派"的概念内涵和理论体系建构设想展开持续探讨，王海洲、陈犀禾、李道新、贾磊磊、周星、饶曙光、丁亚平、陈山、李镇、吴冠平等学者纷纷提出自己的观点，"中国电影学派"的研究逐渐成为一门显学，渐成学界热点。概而括之，"中国电影学派"以"民族化话语"为核心，致力于从中国传统文化和艺术美学理论中挖掘理论资源，希冀通过对中国电影民族化历史的追溯发现中国人独特的艺术思维，呼吁中国电影人探索有中国特色的电影表达方式，同时也关注中国电影的创作实践和人才培养层面，尝试打破中国电影在理论建设、创作创新、人才培养等方面的局限。

无疑，建构"中国电影学派"体现了中国电影理论界对中国文化和艺术传统的高度重视，是大国崛起背景下电影理论界文化自觉的体现。但"中国电影学派"也暴露出它的固有缺陷：这种从回归文艺传统的角度切入电影研究的理论，确实能够阐释中国电影独特的历史经验，却也常因其过于强调中国电影传统艺术经验的独特性而无法解答数字技术时代中国电影的诸多新现象和新问题，而它是否能成为全球化时代世界电影通用的电影阐释工具，还有待时间和实践的检验。

---

[1] 刘强:《中国电影美学的探索与变革》，北京：新华出版社，2021年，第11页。

（二）电影工业美学：电影工业体制生产的理论阐释

2017 年，以《战狼 2》为代表的新主流大片获得票房佳绩，重新赢得国内市场。彼时中国电影产业基础薄弱，亟待转型升级，中国电影需要一套完备的工业运作机制以保证电影创作的质量和票房收益。针对当时学界热议的"质量提升""产业升级""工业品质""机制保障"等话题，陈旭光先生提出了"电影工业美学原则"，并结合中国"新力量"导演群体进行了阐释，尝试以"电影工业美学"理论来解决电影在艺术性与商业性、艺术创作与工业生产等方面的对立矛盾，最终探寻电影艺术的本质[1]。2017 年 12 月，在北京大学与中国电影评论学会联合举办的"迎向中国电影新时代——产业升级和工业美学建构"高层论坛上，饶曙光、范志忠、张卫、赵卫防等学者及业界人士针对中国电影产业升级与电影工业美学展开了激烈讨论，并围绕中国电影的发展历史和产业现状阐述了建构中国电影工业美学理论体系的必要性与价值意义。与此同时，不少学者也针对该理论提出质疑与商榷，如徐洲赤、李立等学者便撰文指出了电影工业美学理论的不足与缺憾。这些观点的碰撞与交流，也推动了电影工业美学理论体系的不断完善、深化与发展。

电影工业美学体系的建构包括以下几个方面：第一，侧重电影本身的叙事内容，各个类型的电影都需要讲好中国故事；第二，侧重电影技术和工业方面，电影作为一门视听艺术，要带给观众身临其境的观影体验，满足观众不断变化的审美需求，同时电影不能唯技术至上，应当在工业模式下进行科学的风险评估，以保证最终的票房收益；第三，侧重电影的运作、管理和生产机制方面，无论是工业大片还是小成本影片都应遵循工业化的生产机制。围绕这三个"侧重"，陈旭光先生试图建构这样一种工业美学原则："既尊重电影的艺术性要求、文化品格基准，也尊重电影技术上的要求和运作上的工业性要求，彰显理性至上。在电影生产过程中弱化感性的、私人的、自我的体验，取而代之的是理性的、标准化的、协同的、规范化的工作方式，力图寻求电影的商业性和艺术性之间的统筹协调、

---

[1]　　参见陈旭光《"电影工业美学"的阐释与延展》，2022 年 6 月 4 日，光明网（https://news.gmw.cn/2022-06/04/content_35786632.htm）。

张力平衡而追求美学的统一。"[1]陈旭光先生还提出了"想象力消费"理论和"空间生产"理论，不断丰富和拓展电影工业美学体系的内涵。

"电影工业美学"的提出，与"新力量"导演群体的电影创作实践息息相关，正是"新力量"导演群体的创作呈现的新样态首先为这一理论提供了研究的动力和范本。相较于第六代导演在商业和市场方面的薄弱表现，"新力量"导演群体在遵循电影工业化的原则之下，最大限度地做到了商业与艺术、工业生产与电影美学之间的平衡，赢得了票房与口碑的双重收益。陈旭光先生认为："电影工业美学的最大意义和价值在于，它一方面是对'新力量'导演的电影生产实践的一种总结，另一个方面，作为改革开放以来一种本土化的理论成果，一种观念革新的果实，它可能会在一定程度上影响新一代电影人的电影创作。在电影工业美学观念的影响下，电影人可能会自觉寻求电影的工业性和美学的结合，创作出符合电影工业美学精神的精品力作。"[2]在陈旭光先生看来，郭帆导演的《流浪地球》便是电影工业化的一个典型案例，作品从投资、制作、发行到票房收益都高度体现了电影工业化运作的优势，《疯狂外星人》《我不是药神》《狙击手》等中成本影片亦是如此。

显然，"电影工业美学"不是针对电影生产或产业中某一领域或某一方面的思考，而是基于电影的方方面面所建构起来的一个综合性理论体系。它试图在电影的技术性与艺术性、工业生产与艺术创作之间寻求平衡：工业、市场、艺术、技术共同构成了电影工业机制下电影生产的要素，缺一不可。电影工业生产在具备科学、规范、严谨、高效等特点之外，不能忽略电影作品艺术性的塑造与呈现。电影工业以电影的票房和市场为最终目的，采用科学手段进行投入与产出的估算，票房是衡量一部电影成功与否的标准之一，同时亦不能票房至上，忽略电影作品本身的艺术性。电影是科学技术的产物，电影的发展需要以科学技术的发展为支撑，但这无法替代与掩盖电影的艺术本性。

"电影工业美学"理论既是对"新力量"导演群体的创作观念、美学风格、

［1］   陈旭光：《新时代中国电影的"工业美学"：阐释与建构》，《浙江传媒学院学报》2018 年第 1 期。

［2］   陈旭光：《"电影工业美学"的阐释与延展》，2022 年 6 月 4 日，光明网（https://news.gmw.cn/2022-06/04/content_35786632.htm）。

作品特征等进行的概括与总结，也是对当下中国电影发展过程中出现的现实问题的回应。与"中国电影学派"相比，"电影工业美学"具有很强的现实性和可操作性，为新时代中国电影工业的建构和电影美学理论的更新发展做出了不容小觑的贡献，为当下的电影阐释提供了一种新的视野与方法，但它"作为一种标新立异的学术话语体系，也留下了许多亟待解决的逻辑漏洞与学理难题"[1]，比如学术定义不明、学科定位模糊、学理基础不稳[2]，等等。

由此可见，无论是转向历史文化传统的"中国电影学派"，还是面向现代工业体制的"电影工业美学"，它们作为尚在建构过程中的颇具代表性的两种中国电影理论，有效回应了中国电影的诸多历史和现实问题，迄今已形成广泛的学术影响力。但不可否认的是，它们目前还无法完全实现理论体系的周密严谨和逻辑自洽，中国电影理论话语体系的建构仍然任重而道远。

三、新技术时代建构中国电影理论体系的再思考

新技术时代，电影从制作、发行到放映的整个过程，都渗透着技术的印记：3D、120 帧、4K、VR、AR 等技术使电影的表现形态愈加丰富多样，3D 电影、游戏电影、VR 电影、互动电影、桌面电影、元宇宙电影等全新电影形式不断刷新人们对传统电影的定义和认知，电影艺术呈现出与之前截然不同的交互性、奇观性、沉浸性等特征；数字绿幕技术和 CG 技术的应用使现实场景的荧幕再现或非现实场景的模拟搭建成为可能，数字技术对空间的拓展、对时间的重置超越了物理现实，搭建起无数个以假乱真的虚拟空间和梦境幻象，无限延伸电影的叙事时间与空间；依托巨幕、IMAX 和杜比全景声等新媒介播放出的电影更能完美呈现影片的艺术效果，带给观众身临其境的极致体验；家庭影院、数字影院、数字点播、VR、AR 虚拟现实等数字终端和播放形式的出现不断刷新改变着电影放映

---

[1] 朱晓军:《"电影工业美学"建构的愿景与困境》,《北京电影学院学报》2022 年第 4 期。

[2] 参见朱晓军《"电影工业美学"建构的愿景与困境》,《北京电影学院学报》2022 年第 4 期。

的方式;"虚拟前置"式和"中央厨房式"的电影制作模式革新了传统的电影产业模式……新技术、新媒介的出现赋予电影新的时代样貌和表现形态,而新形态的电影作品的出现也为电影理论体系的建构带来了新的冲击和挑战。

通过对技术流变视角下世界电影理论思潮的回顾和对中国电影理论体系建构的两个经典案例的分析,我们发现,在电影的边界被不断拓展的当下和未来,人们对电影的理解和阐释越发多元。在此背景下,我们究竟该如何认识和研究电影? 应如何在众声喧哗中保持建构中国电影理论体系的清醒认知? 应该建构何种电影理论话语体系? 这些问题,对当下和未来的电影研究至关重要。

第一,理论界要有建构中国电影理论话语体系的文化自觉性和创新意识。近年来,中国电影高速发展,进入从电影大国迈向电影强国的新阶段,成为新的世界电影格局的重要创造者。要解决新时代、新语境下中国电影创作中的种种现实问题,对中国本土电影进行有效而深入的阐释和批评,需要强有力的电影理论的支撑。唯此,才能有效指导电影的创作,进而形成创作实践与理论研究的双向良性互动。可喜的是,中国电影理论虽起步较晚,但对有民族特色的电影理论体系的探索却未曾停歇,近年来,电影理论研究和创新的热潮更是此起彼伏。除前文所述的建构"中国电影学派"和"电影工业美学"话语体系的努力外,尚有"共同体美学""国家理论""想象力消费"等理论的不断推出。一批年轻的电影学者更是表现出理论探索和创新的敏感和锐气,比如最近"电影算法工业美学"的提出,便是根据电影生产的现实问题、现实境况与数字人文语境,在"电影工业美学"理论的基础上,"尝试从导演、受众、产业、生产过程、媒介变迁、实践校验等维度扩展其方法性,使其成为'作为方法的理论'"[1],用来解决以"虚拟制作"为代表的后数字技术时代下电影生产制作模式或制作样态缺少理论支撑的问题。这样的尝试和努力,体现了青年学人建构中国电影理论的主动性和自觉性,为阐释当下中国电影的新问题提供了及时有效的理论支撑,值得鼓励和肯定。

第二,电影理论的建构要与时俱进,跟上时代和技术发展的速度,了解并掌

[1]　张明浩:《电影算法工业美学: 生成语境与理论资源》,《电影文学》2023 年第 13 期。

握电影发展的最新动态。如前所述，当今时代是媒介大变革的时代，数字技术和互联网媒介引发了一场全新的"媒介文化革命"，影响和改变了整个文化环境，"它构造了我们的日常生活和意识形态，塑造了我们关于自己和他者的观念；它制约着我们的价值观、情感和对世界的理解；它不断地利用高新技术，诉求于市场原则和普遍的非个人化的受众……"[1]。可见，这场"媒介文化革命"深刻改变了电影创作者的生存语境，理论研究要对此保持充分的警醒，建构具有前瞻性和预见性的理论话语体系。

关注高科技背景下电影发展的同时，我们也应审慎思考技术与艺术的关系，并警惕技术至上主义。自电影诞生以来，技术通过光学、化学、机械、计算机等科技手段渗透进电影创作的方方面面，有了技术的支撑，电影才能自由发挥无限的潜能和魅力。技术与艺术的完美融合创造出无数优秀之作，但技术是把双刃剑，它在给电影带来广阔艺术表达空间的同时，也会对电影本体产生威胁。当追求技术至上的视效大片取代故事为主的传统影片时，当流于表面的视听刺激取代可贵的人文情感时，电影可能会偏离它的初心和本质。尤其是在当今技术高度发达的情况下，一部电影甚至无须导演、演员、摄影师便可独立运作生成，创作主体似乎正面临一场"灭顶之灾"。但归根结底，技术要服务于电影艺术，无论技术对电影的叙事模式、美学风格、表现形式、受众体验、制作机制等方面产生了何种影响，电影艺术依然要致力于探索人与世界的关系，探讨人类命运的真相，表达复杂的人性和情感。因此，对电影理论的建构和阐释必须立足电影本体，直面电影本体面临的危机和困境，从理论批评的角度重新审视电影艺术的本源。

第三，中国电影理论体系的建构需要开拓创新的胆识和开放包容的姿态。中国电影理论界经历了向西方电影理论学习、借用西方电影理论阐释中国电影的阶段，因而在建构中国电影理论体系的过程中，会不自觉地受到西方话语体系的影响。但在数字技术和互联网时代，面对新技术的发展，中国电影理论界和西方电影理论界处在同一起跑线上，需要面对相同或相似的问题。因此，能否突破西方主导的理论话语体系的框架，摆脱对西方话语亦步亦趋的影响，建立属于自己的

---

[1]　　[英]尼克·史蒂文森：《认识媒介文化：社会理论与大众传播》"总序"，王文斌译，商务印书馆，2001年，第3页。

理论话语体系，用以阐释中国电影的新问题和新现象，并能与西方电影理论进行平等的对话和交流，乃至对西方电影理论产生"中国影响力"，非常考验中国电影理论界的胆识和能力。

在立足电影学科的基础上，中国电影研究还应实现跨学科的流动，广泛涉猎文学、哲学、心理学、社会学、人类学等其他相关人文学科的理论，与其展开平等交流和深度对话，以真正实现多学科、多领域理论资源的整合。电影理论家和批评家要善于将中国电影的民族特性和电影艺术的普遍性相结合，将传统文艺理论和现代电影观念有机融合，发现电影阐释的新角度和新方法，最终形成"百花齐放，百家争鸣"的电影阐释生态。

第四，电影理论的建构必须兼顾电影的多个维度，避免顾此失彼。以往的电影研究大多针对电影的某一现象，比如针对"第五代导演"的"影像美学"和"寻根文化"，针对"第六代导演"的"艺术电影"，大都是基于电影文本自身特性展开的电影研究。但在电影文本之外，电影研究也涵盖了电影的现实环境、创作者的创作理念、创作者身处的时代背景、电影的生产方式和生产语境、接受者的群体特征及电影的传播媒介与方式等方方面面，电影理论家和批评家不能片面机械地偏重电影的某个方面，而应站在更高的维度，以全面、系统、辩证的视角进行电影研究。法国文学批评家丹纳在《艺术哲学》中提出了决定文艺的三要素，即种族、时代和环境[1]，今天人们想要深入解读电影的本质，依然需要了解电影所处的时代精神和社会背景，而电影生产者个体或集体的创作心理、艺术素养、生活阅历、生产理念、运行机制等对电影作品的整体风格基调起着决定性的作用，研究生产者自身的特征也能够帮助电影阐释者把握电影作品的风格特质。新媒介环境下，电影研究还需要特别关注电影传播方式的演变和媒介形式的新变，为电影营销与发行提供真实可靠的理论依据，帮助电影有效挖掘市场潜力，取得良好的市场效应。

第五，电影理论既要有哲学的高度，也要致力于解决电影的现实问题，能够与电影的创作实践形成良好的互动。当前，中国电影理论普遍面临的一个问题，

---

[1]　　　参见［法］H. 丹纳《艺术哲学》，张伟、沈耀峰译，北京：当代世界出版社，2009 年，第 136 页。

便是学理性和逻辑性的不足及抽象概括能力的匮乏，这也导致了中国电影理论经常被人诟病的诸种问题。中国电影理论能否对各种电影现象的本质特征进行抽象、集中的概括和总结，在进行哲学化凝练提升的基础上形成全新的电影观念，使其适用于更广泛的领域和更普遍的研究对象？以中国电影学派为例，理论家能否从中国传统艺术经验中抽象提炼出一种具有普泛意义的观照人与世界、人与影像关系的思维方式？这是提升电影理论哲学高度的关键所在。

好的电影理论一定不是虚空悬浮而是务实有效的，它理应面向电影的现实问题，回应电影创作和批评的现实需求。这就要求电影理论家和批评者注重理论与实践的结合，深入电影现场，了解电影创作的全过程，预防先入为主的理论先行，避免理论建构的故步自封。电影理论家和批评家们要时刻保持问题意识，努力打破理论和批评之间的界限，将两者融会贯通，避免陷入理论和批评"两张皮"、阐释与文本相背离、曲解误读作品原意的误区，为当下和未来的电影创作提供切实的指导和引领。

四、结语

早期电影理论提出"电影心理学""电影文化学"，巴赞追问"电影是什么"，克拉考尔提出"物质现实复原论"，苏联蒙太奇学派提出蒙太奇美学观，美国好莱坞奉行戏剧化电影美学。中国早期电影崇尚"影戏美学"，随后提出"现实主义美学""纪实美学"，再到今天学界提出"中国电影美学""电影工业美学""想象力消费""电影算法工业美学"……无数电影理论的提出和完善，深化了人们对电影的理解和认知，也成为电影理论界持续建构理论话语的动力。事实上，所有的电影理论试图回答的，不外乎"电影是什么"与"电影为什么"的抽象命题。作为一门艺术，电影试图通过影像语言探讨人与人、人与社会、人与世界的关联，肩负起记录时代变迁、宣扬主流文化、引导正向价值观念、抒发人类复杂情感的多重使命，而建构电影理论体系的终极目标，便是以理论引领阐释者深入电影内部，发掘电影本源，探求电影与人、与现实世界的关系，以此揭示电影的深层内涵和恒久价值。

新技术、新媒介时代下，电影生态的变化可谓日新月异。网络的普及和自媒体的兴起，让电影批评呈现出"众声喧哗"的样态，但这种批评的泛化也带来了娱乐化、碎片化、随意化的弊端，批评学理性和专业性的缺失尤为明显。另外，学界的主流批评和专业批评又常因缺少理论的引领和支撑而陷入"无力发声"或"无效发声"的境地，面临被大众化批评声浪淹没的危机。但不管技术和媒介的狂飙突进给主流批评和专业批评带来多大挑战，大众化评论和专业性批评都绝非水火不容的对立关系，它们的共同指归，应是期待更优秀的电影作者、更精彩的电影作品和更繁荣的电影市场，而有温度、有情怀、有力量的批评永远是电影评论市场的"刚需品"。在"人人都是批评家"的时代，评论者批评思维的高度、批评视野的广度和批评效果抵达的深度，是决定主流批评和专业批评能否从大众化批评的众声喧哗中成功突围的关键，也是衡量电影批评能否切实助力电影创作实践的标尺。而要达成这一目标，有效的电影理论话语的引领必不可少。正是在这一意义上，中国电影学界建构融独特性和普适性为一体的电影理论话语体系的持续努力，恰是电影理论家和批评者坚定文化自信、担当文艺使命的体现。中国电影理论话语体系的建构，需要正视技术突飞猛进带来的电影生态巨变，需要直面令人眼花缭乱的电影新现象，更需要解决各种纷繁复杂的新问题。如何发掘中国电影独特的美学内涵和民族价值，打造开放包容、多元共存的电影批评生态，为中国电影乃至世界电影的创作实践提供有效的理论引领，永葆电影的艺术魅力与产业活力，依然是中国电影理论界当下和未来的文化使命。

新时代十年中国农村题材电影发展研究（2012—2022）

张新英　李　祺

一、前史回顾：新世纪十年农村题材电影发展概况

著名电影学者杨远婴曾言："真正标示社会文化转型特征的几乎都是农村题材作品。"[1]中国作为一个传统的农业大国，无论是从历史还是从现实来看，农村的发展和农民的境遇都与国家命运息息相关，农村题材电影也因此成为描绘中国乡村的历史和现实、描摹广大农民的生存状态、揭示发生在中国大地上的现实问题并以此隐喻中国命运的最佳艺术载体之一，成为不同时代背景下中国社会政治、经济和文化变迁的社会图景的最直观化呈现，在中国电影史上留下了《我们村里的年轻人》（1959）、《李双双》（1962）、《喜盈门》《许茂和他的女儿们》（均1981）、《咱们的牛百岁》《乡音》（均1983）、《人生》（1984）、《老井》（1987）、《秋菊打官司》（1992）、《被告山杠爷》（1994）、《一个都不能少》《我的父亲母亲》（均1999）等诸多经典之作。

进入新世纪，中国电影市场的格局发生巨变，随着以《英雄》为代表的国产商业大片的崛起，主旋律电影和商业片几乎包揽了整个中国电影市场，农村题材电影的生存空间被无情挤压，作品数量锐减，票房成绩更是惨淡，农村题材电影面临严峻的危机与挑战。但在国家政策的扶持与电影人的不懈努力下，农村题材电影积极谋求创作上的转型和创新，以其特有的包容性和开放性进行艺术表达方

---

[1]　杨远婴：《中国电影中的乡土想象》，《电影艺术》2000年第1期。

面的革新，并逐渐向电影市场的商业化趋势靠拢。在经历了最初的困惑和迷茫之后，新世纪的前十年陆续涌现出《康家大院的新媳妇》（2000）、《新甜蜜的事业》（2001）、《王首先的夏天》《美丽的大脚》《二十五个孩子一个爹》《天上的恋人》（均2002）、《暖》《暖春》《盲井》《婼玛的十七岁》《法官老张轶事之审牛记》（均2003）、《自娱自乐》《上学路上》《惊蛰》（均2004）、《沉默的远山》《日出日落》《花腰新娘》（均2005）、《雪花那个飘》《马背上的法庭》《天狗》（均2006）、《光荣的愤怒》《盲山》（均2007）、《一年到头》（2008）、《走路上学》《法官老张轶事之偃萝卜》（均2009）、《雪乡》《父亲是座山》《派饭》（均2010）、《最爱》《Hello，树先生》（均2011）等优秀农村题材电影，彰显着新世纪农村题材电影在市场困境下迸发的创作生机和活力。

新世纪农村题材电影创作的复苏，得益于国家政策扶持的时代背景。由2004年中央一号文件重新聚焦"三农问题"发端，一系列对农政策的颁布与实施使得中国农村面貌和农民生活发生翻天覆地的变化，也成为农村题材电影创作的源泉，如：《木札岭》（2007）讲述了扶贫干部同村民共同开山修路，建设社会主义新农村的故事；《守望红线》（2009）聚焦社会主义新农村建设中的土地开发问题；《雪乡》讲述农村低保和医保政策在实施过程中出现的问题及解决方案。而新世纪以来一系列文艺政策的密集颁发，为新世纪农村题材电影的生产与制作提供了相应的政策导向与支持，极大地激发了电影人的创作激情。

整体来看，新世纪最初十年的农村题材电影创作秉承"弘扬主旋律，倡导主流价值观念"的创作宗旨，亦不回避对社会现实阴暗面的直观表达，形成一种"弘扬主旋律与直击社会现实"并进的发展势头。农村题材电影聚焦各类现实问题，在题材选择上更加多元，如以乡村女性为表现主体的《康家大院的新媳妇》《惊蛰》《盲山》、讲述农村儿童教育问题的《二十五个孩子一个爹》《王首先的夏天》《上学路上》，以及少数民族题材《婼玛的十七岁》《花腰新娘》《走路上学》、法律题材的作品《法官老张轶事之审牛记》《马背上的法庭》《法官老张轶事之偃萝卜》等则深刻揭示农民法律意识缺失和农村法制建设失范的现状。在一众作品中，2006年的《天狗》堪称一部表现中国农村现实的力作，影片通过护林员天狗为了守护山林与自私贪婪称霸一方的孔家三兄弟斗争的悲壮故事，深刻揭露了当下农民胆小懦弱、随波逐流的群体特征以及农村贫苦落后的真实状态，贫穷的环境和僵化的体制成为村民和三兄弟人性扭曲的根本原因；改编自真实社会事件的

《盲井》《最爱》等作品则聚焦底层人物和特殊群体的生存状态，表现他们在时代洪流裹挟下的困境与挣扎。

新世纪以来，农村题材电影跳脱出传统农村电影的创作模式，主动学习其他类型电影的创作优势，不断进行自我突破与创新，在坚持创作宗旨不变的前提下积极融入大量类型元素，呈现出迎合大众喜好、紧跟时代变化的创作态势，力求让农村题材电影在新的时代背景下重新赢得市场关注。《新甜蜜的事业》《二十五个孩子一个爹》《花腰新娘》《一年到头》等作品在表现农村现实生活的基础上增添了喜剧元素，在充分发挥电影作为商品的娱乐属性的态势之余，也赋予了农村题材电影轻巧精致积极乐观的风格特质。而在《光荣的愤怒》《派饭》《Hello，树先生》等作品中，创作者们又在沉重严肃的乡村空间中加入了荒诞滑稽的黑色幽默，在悲与喜、真与假、梦境与现实之间直击农村世界中那些不为人所知的隐蔽角落，挖掘暗藏其中的乡土危机和人性阴暗。此外，新世纪农村题材电影注重对亲情、爱情和友情等诸种情感的抒发与表达，努力建立与观众的情感与价值认同机制，获得观众的广泛认可与赞同。如《暖》《自娱自乐》《花腰新娘》《天上的恋人》《最爱》等作品融入爱情元素，《暖春》《父亲是座山》《走路上学》等作品则融入亲情元素。在主流商业电影席卷电影市场的境况下，农村题材电影类型元素的融合有效促进了自身类型风格的发展演进，为自身发展赢得了一席之地。

新世纪初期的农村题材电影在地域选择上也呈现出更为开阔的视野，力求在流动变幻的空间中探寻不同地域独有的人文风情，彰显中国农村生活方式的巨大差异，挖掘潜藏在地域风光之下深厚悠久的文化底蕴。一直以来，西北和东北地区是农村题材电影的表现重镇，新世纪之初的农村题材电影仍承袭这一传统，像《王首先的夏天》《美丽的大脚》《惊蛰》《日出日落》《雪花那个飘》等均展现出了浓郁的西北风情，《Hello，树先生》则讲述了一个发生在东北大地上的魔幻故事。值得注意的是，新世纪农村题材电影在地域选择上开始显现"南下"的创作态势，广西、云南、湖北等南方地区逐渐成为农村题材电影表现的重要地域空间，如：电影《暖》展现了江西婺源世外桃源般的田间美景；《沉默的远山》将故事发生地选在湖北鄂西高山地区，通过对山区道路崎岖、交通闭塞的环境呈现，侧面烘托出了基层民政干部周国知鞠躬尽瘁死而后已的伟大精神；《花腰新娘》《马背上的法庭》《光荣的愤怒》《走路上学》等作品则展现了云南山区的自然环境，对栖居此地的少数民族的民风民俗和语言服饰进行了着重表现；《天上的恋人》取景于广西，如诗如画的山林美景成为家宽和玉珍凄美爱情的见证者；根据真实事件改编的《父亲是座山》则在展现秀美如画的巫溪山水的同时，再现了重庆巫溪地区的乡村医生郑子全救死扶伤的感人事迹……广袤中国大地上特有的地域景观、风土人情、民风民俗为农村题材电影的创作提供了丰富的灵感和素材，也让农村题材电影深蕴独特的地域文化价值。

新世纪前十年农村题材电影的上述艺术尝试和市场探索，为新时代十年来的农村题材电影积累了创作经验，也激发了创作者的创新动力。当时代的巨轮行驶到新的历史节点，农村题材电影再次承担起反映乡土中国时代新貌的文化重任。

二、时代样貌：新时代十年农村题材电影的内容呈现与美学特质

新时代以来，随着党和国家对"三农问题"的高度重视以及脱贫攻坚、乡村振兴等政策战略的实施，乡村世界再次成为文艺创作的焦点。继 2012 年李睿珺执导的《告诉他们，我乘白鹤去了》和 2013 年焦波执导的纪录电影《乡村里的中国》成功引爆观影口碑并屡获大奖之后，《卒迹》（2014）、《喜丧》《一个勺子》《心迷宫》（均 2015）、《喊·山》《百鸟朝凤》（2016）、《十八洞村》《村戏》（均 2017）、《暴裂无声》《北方一片苍茫》（均 2018）、《过昭关》《平原上的夏洛克》（均 2019）、《一点就到家》《我和我的家乡》（均 2020）、《留住春天》《我们是第一书记》《枣乡喜事》（均 2021）、《你是我的一束光》《黎乡遇见你》（均 2022）等农村题材电影在口碑和票房方面均有不俗表现。与新世纪前十年的创作态势相比，新时代十年来的农村题材电影的数量优势并不算突出，但其在影像风格、叙事特征、主题思想等方面进行了更为多元化的探索，对中国农村时代样貌和风土人情的挖掘更为深入，对现代语境下农村现实世界的时代症候和文化危机的批判与反思也更为深刻，从而赋予作品更深层次的文化内涵和艺术价值。

（一）现实图景：展现时代变迁与乡村巨变

立足现实根基、紧扣时代脉搏是农村题材电影创作的应有之义。现实主义创作原则主要指"文艺家在文艺创作实践中对于客观现实生活的一种忠实反映

态度，以及文艺自身严格反映现实生活的一种根本遵循方法"[1]。因此，电影创作既要忠于现实生活，又要具备高于生活的艺术性特征。那么，对农村题材电影来说，以人民性为作品创作的出发点和立足点，同时兼备真实性、艺术性和思想性的特征，方能保证作品经久不衰，持续迸发强健旺盛的生机与活力。

首先，新时代以来的农村题材电影通过对新农村发展进程的客观呈现和农民形象的生动塑造，细致描摹了当代新农村的真实样貌。如：电影《十八洞村》展现了湘西苗族十八洞村秀美如画的生态风光，层叠起伏的梯田，云雾缭绕的山峦，绿油油的水稻，青石砖块垒砌而成的房屋，崎岖狭窄的村间小道，整部影片泛着淡雅的青绿和灰调，极具浓郁的乡村生活质感和淳厚的乡土气息;《一点就到家》一改以往农村电影中传统古寨的落后、破旧和闭塞，以漫山遍野的茶田、热闹喧嚣的集市、庄严的祭茶神仪式等极具地方特色的景观打造出如诗如画的新农村样貌，充满油画般的浪漫与诗意;拼盘式电影《我和我的家乡》通过发生在不同地域的五个故事，展现了贵州山区、江南水乡、西北荒漠及东北农村各地的独特地域风光，并以一种动态演变的趋势进行了前后对比，突出了中国乡村在改革发展进程中的巨大变化。

农村题材电影在农民形象的刻画方面也有了极大突破。《十八洞村》中，退伍军人杨英俊勤恳本分，靠插秧维持家人生活，他因耻于"贫困户"的身份而组成"杨家班"，带领村民努力改变贫困的生活。在他身上体现出新农民自省自觉自主的精神品质和自我脱贫意识的觉醒，他们不愿也不再被动地等待和接受帮助，而是充分发挥自身能动性，主宰自我命运。同样，在《一点就到家》中北漂返乡成立"秀兵快递"的彭秀兵和隐居山林潜心种植咖啡豆的李绍群身上，也彰显出农民对家乡深沉的眷恋与始终如一的坚守。他们将自我理想与家乡发展相结合，依托黄路村得天独厚的地理环境，发展起快递业和咖啡种植业，带动了整个村子的经济发展。《留住春天》立志回报家乡的凤凰屯第一书记梁恩，认准了大棚种植草莓的致富之路，力排众议挨个说服不理解其意图的乡亲们，成功带领大家脱贫致富。彭秀兵、李绍群、梁恩是新一代农民群体的代表，他们身上既有传

[1] 薛晋文:《现实主义影视创作的可能走向和必然趋势》,《中国文艺评论》2018年第10期。

统农民对土地的坚守和初心，又有敢于尝试新事物、不怕失败的勇气和决心。从以上几部影片中可以看出，近年来农村题材电影在现实主义创作原则的指引下，更加贴近生活，贴近人物，在彰显农村地域特色和描摹农民形象方面都有大胆的尝试与突破。

其次，新时代以来农村题材电影的创作内容更加注重体现国家政策和时代动向，以国家的对农政策作为主题引领，着重讲述乡村在时代发展进程中出现的新问题和新现象。电影是时代鲜明直观的影像化重映与再现，中国电影自诞生之日起便时刻保持着与时代共振的创作特征，时代性是电影具备现实主义风格的要求之一。随着时代的更迭，农村的实际状态和面临的问题也发生了诸多变化，许多农村题材电影通过对目前农村在经济发展、脱贫致富、教育、旅游、医疗、生态等方面的影像呈现，真实地再现了当代农村在政策引领和时代感召下的现实样貌，极具现实主义色彩。《十八洞村》作为党的十九大献礼片，以"精准脱贫"为故事背景，以村干部下乡成立扶贫工作队帮助村民脱贫致富为故事主线，打造了一部脱贫攻坚电影的经典样板；《一点就到家》中的彭秀兵返乡创业，建立快递驿站，同李绍群、魏晋北三人通过种植咖啡豆发展起互联网经济和电商经济；《我和我的家乡》通过板块化叙事聚焦新农医保、旅游扶贫、乡村教育、沙漠治理、农村脱贫等现实问题……与此同时，影片也对当下农村存在的一些负面问题进行了真实再现；《喜丧》通过讲述86岁高龄的林老太的养老困境，揭开了乡村老人"老无所依"的残忍真相。《十八洞村》和《一点就到家》都反映了青壮年农民进城打工导致空心村激增、大量留守儿童和老人无人照顾、农村发展停滞不前的现状，《十八洞村》还揭示了矿产资源被过度开采后矿渣堆砌、土地荒废的残酷现实……这些作品并未刻意回避乡村现代化进程中真实存在的各种问题，而是以一种冷静客观的方式再现了乡土世界的现实样貌。

"与城市相比，乡村则是一个有力而丰满的话语表述与意识形态景观。乡村是历史拯救力的原生地，是或美好、或丑陋的传统中国文化的贮藏所，是情感与心灵的伊甸园和再生地，是乐观喜剧与悲剧历程出演的舞台。"[1]乡土世界承载着

---

[1]　戴锦华：《雾中风景：中国电影文化 1978—1998》，北京：北京大学出版社，2000 年，第 190 页。

广博悠久的中国传统文化，见证着中国波澜壮阔的岁月变迁，具有广泛的包容性。新时代以来的农村题材电影通过对新农村发展和新农民形象的呈现，在遵循现实主义创作原则的基础上，试图对理想化的农村图景展开想象，从影像表层的物质空间呈现拓展到对农民精神世界和农村精神空间的塑造。

在时代洪流的冲击下，乡土世界原始的生产方式、生活观念、经济制度等都受到相应的影响。传统与现代的矛盾冲突是近年来许多农村题材电影着力表现之处，而这种矛盾冲突的解决在影片中大多被赋予浪漫化的色彩，如《一点就到家》设置了几组冲突关系：作为城里人的魏晋北和身为农村人的彭秀兵、李绍群；作为中国非物质文化遗产的茶叶和产自西方的咖啡豆；坚持种植茶叶的村长和潜心种植咖啡豆的儿子李绍群。影片通过这几组冲突关系的设置，意在说明传统乡村世界正在面临现代化的冲击与转型，最终电影以其特有的造梦技术对这一现实危机进行了合理化的化解——魏晋北、彭秀兵、李绍群三人经营的国产普洱咖啡大获成功，李绍群和父亲的矛盾也得到了缓和。由此，传统文化与现代文明、城市与乡村、传统农民与新农民之间达成了一种理想化的和解。

在对农村发展的宏伟蓝图进行合理化想象与延伸的同时，农村题材电影开始关注农村深邃广阔的精神空间和农民富足丰满的精神世界。《一点就到家》中的村民在彭秀兵的号召下，将世代种植的茶叶转为前途未卜的咖啡豆，只因他们不愿继续贫困的生活，希望凭借自身的努力脱贫致富，成为美好生活的主动追求者和创造者；《十八洞村》中以杨英俊为首的杨家班承包了废弃的尾矿库，展开填土造田行动，土地是农民的根基，这既是对土地的回归与坚守，又是一种渴望摆脱贫困、自力更生的精神扶贫与扶志；《我和我的家乡》中《回乡之路》和《神笔马亮》两个故事也体现出农民对土地和田园的精神回归与身体力行的坚守。这些作品通过对家乡图景的描绘，也唤起了观众心中浓烈的乡愁，激发了人们的集体记忆和价值认同，在更深层次上拓展了电影的叙事空间。

（二）乡土情怀：表达故土情结与文化忧思

农村题材电影旨在通过对乡土世界的挖掘与探索、对农民形象的解读与剖析以及对乡土文化的传承与表达，凸显乡村这一地域空间极具深度和广度的内在价值。"乡土"不仅作为中国社会的根基存在，同时也承载着新旧文明冲击下人们对土地和故乡深沉复杂的情感，成为都市人追忆往昔、体悟人生、抒发情感的主要场所。近年来的农村题材电影仍承袭以往的创作惯例，展现不同地域的乡土文化和风土人情，揭示乡村安谧祥和的表象下潜藏的乡土文明危机。

地域特征浓厚的乡土文化、约定俗成的乡规民约和历史积淀深厚的特色民俗，构成了乡土世界里独特亮丽的文化景观，成为农村题材电影不可或缺的组成部分。创作者以此彰显农村题材电影的文化底蕴和审美价值，同时将对乡土记忆、生命价值等问题的问询与思考融入其中，使作品充满厚重之感。《告诉他们，我乘白鹤去了》中的木匠老马，为周边村子的老人做了一辈子棺材，在人生即将走向终点之时，他最大的愿望便是入土为安，他对火葬的恐惧伴随着对"生死"这一人生终极命题的思考，影片结尾处令人辛酸的"活埋"仪式凸显了他对土地的执念；纪录电影《乡村里的中国》以二十四节气为时间线，讲述了三个不同农民家庭的故事，片中的杓峪村更像是整个中国现代农村的缩影和中国社会的寓言，以此揭示出当下农村所面临的农民精神匮乏、乡村治理体系失衡和伦理秩序失范等现实问题，同时由二十四节气所生发出的一系列民间仪式和民俗文化也随着时间的推移自然而然地得以呈现：山羊头上的红色颜料、墙上大写的"春"字、立春当天村民们的"咬春"习俗……这些朴素的民间仪式和信仰透露出农民丰富的生活经验和处世智慧，是乡土世界里最典型最生动的人文风景。如果说《乡村里的中国》对乡村民俗景观的展现是客观冷静的，那么在《百鸟朝凤》中，导演则对民间文化进行了高度人格化的诠释，通过唢呐匠人焦三爷对唢呐技艺的坚守与传承，肯定了唢呐技艺对生命的颂扬与敬畏，赋予传统技艺鲜活可感的生命力——在特别注重道德伦理的乡村世界，唯有为人正直的逝者才享有在葬礼上吹奏《百鸟朝凤》的资格，影片由此将逝者、演奏者和唢呐技艺融为一体，提炼出一种民族气节与民族精神。

不同于《乡村里的中国》和《百鸟朝凤》将民间仪式、民间文化和乡规民约置于前景进行着重刻画并以此凸显乡村世界的生态风貌和风土人情，电影《过昭关》更像一首宁静悠远、与世无争的长诗。影片借助公路片的叙事框架，通过大量带有乡村标识的符号化物象，描摹出一派惬意安详的乡村生活图景，静静诉说与思考生命个体的本真与纯粹。影片中爷爷将孙子宁宁掉落的牙齿放到房顶上、宁宁在瓜田里吃西瓜的场景唤起了无数观众的童年回忆。爷爷骑着电动三轮车带着宁宁去三门峡探望老友，一路上所遇到的钓鱼人、卡车司机、养蜂老人包括爷爷本人，都各自经历了或正在经受着人生的苦楚，导演将这些具有冲突性的事件进行了一种温和化的处理，将其融入炊烟袅袅的山野之间娓娓道来。这些影片深度挖掘出农村世界里丰厚深邃的民间文化、真诚炽热的农民情义和多姿多彩的风俗仪式，将这些乡土文明中最典型的标识和印记进行了影像化的呈现，既秉承了以往农村题材电影揭示乡村现实问题的传统，也试图在更深层次上表达人们在加速发展的城市化进程中对传统文化和故土人情的强烈怀念与持续回望。事实上，现代化浪潮无法颠覆和湮没乡土社会，深藏在人们记忆深处的乡土情结从未退场和离去。电影中的乡村风俗是人们脑海中共同的文化记忆，中国人骨子里的安土重迁思想注定无论其前行多远，终究要回归故土家园。因此，创作者在不断回望传统文明的同时，也对当下乡村世界和乡土文化所面临的种种困境进行了反思。

现代化的转型必然会衍生出城与乡的对立问题，城市的兴盛和乡村的衰落已然成为所有处于现代化转型期的国家所面临的共同问题。《过昭关》中长期居住在城里的宁宁刚来到爷爷家时的百般不适，便是缘于城市文明与乡村文明之间的巨大差异；《乡村里的中国》中，城市为了发展绿化从农村移植树苗，无情地掠夺农村的生态资源，农民只能从中获取极少的经济利益，城乡差距在无形中被再次拉大。由此可见，城市对农村的挤压和侵蚀已渗透到农村生活的方方面面。霍猛导演在《过昭关》中通过李福长这一人物形象及其安之若素的处世态度，对这种现状予以回应。影片中的钓鱼人和货车司机是典型的城市代表，他们体现出现代社会中人的焦虑、孤独、冷漠以及人际关系的疏离和隔膜，而李福长作为乡土世界的代表，以自己的亲身经历和真挚情感对他们的危机和困境进行了化解和救赎，也寓意着乡土文明对现代文明的一种主动沟通和包容。

现代化转型所产生的全新社会关系、生产方式和现代文明亦对乡土文化进行着猛烈冲击。在《百鸟朝凤》中，唢呐不仅是一项传统技艺，还象征着农村传统的伦理规范，但在时代改革的影响下，焦三爷坚守的唢呐技艺倍受冷落，经济利益已取代传统的伦理道德，焦三爷对唢呐技艺和乡村伦理的信奉与坚守在此刻轰然倒塌，但这并不意味着传统乡村伦理的彻底消逝，于是便有了《过昭关》中年迈的李福长得知远在三门峡的老友身患重病跨越千里前去探望的故事。正如费孝通先生曾指出的：中国的乡土社会是建立在血缘和地缘基础之上的，由此形成了"熟人社会"，村民邻里间的关系是一种平等纯粹的熟人关系，这种关系带有浓厚的乡土性色彩。因而，李福长历经坎坷前去探望老友的举动，正是这种朴实真挚的熟人关系的体现。而影片中传统与现代文明的冲突，也更多地以一种浪漫化的诗意方式被缓缓诉说与演绎。

至此，传统与现代、城市与乡村这两对矛盾，在电影中或以鲜明直观的方式呈现，或淡化于安静惬意的田园生活中，以此表达出创作者对传统文明的生存现状和农村未来发展前景的忧思。焦三爷和李福长都被裹挟在现代化的浪潮中，"他们没有沐浴'现代性之光'却要承受'现代性之难'"[1]，而游天鸣、杜深忠和杜滨则代表了站在传统与现代交汇处的现实大众，他们在物质需求得到极大满足之后开始追求精神上的富足，杜滨努力拼搏是为了摆脱农村贫困落后的生活，而游天鸣既无法抛弃唢呐技艺，又无法融入现代社会潮流之中，从而成为一个游走在传统与现代之间的彷徨者。正如当下现代文明的发展与演进使得传统乡土秩序面临瓦解，乡土民俗遭遇没落，不断前行的人们想要回望故土时，却发现再也无法寻得记忆中的那方净土。农村题材电影呈现了人们精神故土的失落和重建过程，并试图寻得一条出路以实现人们精神的栖息和心灵的复归。

（三）魔幻之境：摹画荒诞寓言与人性悲剧

继 2011 年的《hello，树先生》以魔幻现实主义风格惊艳亮相之后，近十年来的农村题材电影同样不乏魔幻现实主义的佳作。魔幻现实主义是指"借助某些具有神奇色彩或魔幻色彩的事物、现象或观念（如古老的印第安传说、神话故事）、奇异的自然现象、人物的超常举止、迷信观念以及作家的想象、艺术夸张、荒诞描写等手段，反映历史和现实的一种独特的艺术手法"[2]。它立足现实并超越现实，运用魔幻手法将现实扭曲、变形和重塑，终极目标仍指向种种现实境况。电影通过魔幻与现实的激烈碰撞，残酷直白地揭开了掩藏其中的人性善恶与本质。同时，离奇荒诞的影像语言和叙事风格，将冷漠现实和幽默讽刺的悲喜剧交织，无形之中放大了现代农村社会的现实之冷酷和人性之罪恶。

首先，带有魔幻色彩的农村题材电影不再致力于刻画普通农民形象，而是将那些被边缘化、被漠视、被打压的弱势群体置于影片中心，如《一个勺子》中的

---

[1]　　　孟君、王光艳：《当代中国小城镇电影的一种空间叙事风格》，《电影艺术》2014 年第 4 期。

[2]　　　陈正伟：《魔幻现实主义风格电影的叙事与表现研究》，硕士学位论文，苏州：苏州大学，2015 年。

勺子和拉条子、《暴裂无声》中咬断舌头不愿开口说话的张保民、《村戏》中的奎疯子、《北方一片苍茫》中的小寡妇二好、《平原上的夏洛克》中的超英和占义，他们的角色设定均是处于社会边缘的底层人物。影片通过展现他们在农村社会的悲惨境遇，从多个角度揭示出人性走向异化和毁灭的过程。就如拉条子和小寡妇二好本是善良美好的化身，然而当拉条子好心施舍勺子食物、小寡妇二好阴差阳错救了聋四爷之后，却被动地卷入了人性的惨剧之中。最后，拉条子无法理解人们竞相争抢一个勺子的意义何在，迷茫困惑的他带上了勺子的那顶红色遮阳帽，成了时代的"勺子"和异类；小寡妇二好则选择了走向忏悔室结束生命。两人的结局展示了纯真人性被压制、扭曲和扼杀的过程。

值得一提的是，这一时期的电影不仅从当下社会中取材，也注重回顾历史，将历史故事放在现代社会下重新演绎，从而揭示隐藏于乡村社会表象背后人性的顽固性和劣根性。2017 年上映的《村戏》将时代背景拉回到人民公社时期，被制度化的民兵奎生奉命看守九亩半花生田，女儿因偷吃了地里的花生被他催吐至死，他也因此成为那一时代大义灭亲的英雄榜样，却因经受不住内心的谴责成了奎疯子。时过境迁，十年后，当初的楷模被冷漠自私的村民称为"精神病"并被送往精神病院；《暴裂无声》中的张保民选择对真相闭口不言，亦无法逃脱儿子被无辜杀害死不见尸的凄凉下场……这些小人物本性纯朴善良，但他们的命运归宿无一例外地走向悲剧，不禁让人感叹传统乡村的道德秩序、伦理纲常和人情人性的名存实亡。

农村题材电影的魔幻色彩还体现在其荒诞离奇的叙事风格和极具隐喻意味的象征符号。导演通过黑色幽默、悲喜剧交织的表现手法，使作品带有强烈的寓言化色彩，进一步揭示出乡村现实层面面临的多重困境。较之以往的农村题材电影，这一时期的作品开始运用梦境、幻想和鬼神等具有想象力的虚幻场景来隐喻现实，以揭示冷漠现实对美好理想的压制和摧残。如《一个勺子》中的拉条子在梦里挥刀砍向自己——来自周围人的谩骂和妻子的不解彻底动摇了他对纯真人性的坚守，他在潜意识中亲手屠杀了那个原本纯朴善良、老实本分的自己，完成了对自己的异化。

其次，影片善于通过营造温暖的幻象以反衬现实的残酷，《暴裂无声》中徐文杰的女儿和张保民的儿子手拉手从山洞跑向山顶的场景，让观众误以为两个孩子同时获救，但观众随后便意识到这只是导演安排的一场幻象。徐文杰的女儿在父亲的呼唤下睁开了双眼，而张保民的儿子却被永远埋在了爆破的山石堆下。电影《北方一片苍茫》将北方农村敬奉鬼神的传统民间信仰作为故事主线，以此撕开村民掩盖在这一信仰之下伪善狰狞的真实面目和虚伪功利的盲目信仰。影片最后，二好彻底看清了村民自私自利愚昧无知的本性，神仙法术在人性面前已回天无力，她陷入了无尽的绝望和迷茫。电影正是通过构建诸如此类的非现实场景，营造或完满或遗憾的幻象，借助魔幻反映当下现实。又或者，魔幻本身便是一种现实，在物欲横流的现代社会冲击下，乡土世界的秩序规范、伦理体系早已荡然无存，当创作者无情地掀开笼罩在现实外部那层虚幻的面纱之后，人们才惊觉乡土文明早已随着时间的流逝渐行渐远。

许多农村题材电影中还会出现极具隐喻性、趣味性和哲理性的符号象征，以此引发观众对影片主题的深度思考，如《暴裂无声》和《一个勺子》中都出现了羊这个动物，它性格温顺乖巧，恰如善良本分的拉条子和张保民。但是后来拉条子杀了那只曾被它悉心呵护的小羊羔，张保民的儿子为了保护羊群丢了性命。此处，羊的命运象征着现代社会里以张保民和拉条子为代表的农民的命运，他们始终处于任人宰割的弱势群体地位。《村戏》中奎疯子守护的花生田，既埋葬了自己女儿的生命，又让他过上了不人不鬼的疯癫生活。影片将花生剥落的声音幻化为弹壳落地的声音，喻指权力和制度对人性的摧残和对生命的无情掠夺。《北方一片苍茫》将故事发生的场景设定在一片皑皑白雪中，雪的纯净无瑕和村民的贪婪丑恶形成鲜明对比，苍茫的雪地无法冲刷和洗净人性的肮脏和阴暗，暗示乡土社会在时代进程中的逐渐脱轨……这些影片通过大量隐喻暴露出农村社会的现实问题，农民在物欲横流的社会中迷失了自我，他们寄希望于鬼神，不再致力于耕种土地，而是违法开炮仗厂，非法采矿捕猎，造成水源和环境被污染、人身安全受损等一系列严重后果。不仅如此，农民的性格、处世方式、是非观念等也发生了巨大转变，传统农民的纯朴形象不复存在，取而代之的是道德观念的沦陷和极端利己主义的登场。至此，人性的冷漠自私与人际关系的凉薄猜忌在镜头面前暴露无遗。

通过这些荒诞寓言式的作品，农村题材电影展现了现代化进程中城市文明对乡土文明和农民人性的打击和腐蚀。与此同时，创作者亦在极力探寻农村走出发展困境的现实出路，在看似荒诞不羁的叙事背后，也寄托了导演对未来重振乡村文明的期望和信心。

三、前景展望：新时代农村题材电影的未来走向

农村题材电影作为中国乡土社会变迁的记录者、历史更迭的见证者和时代症候的反思者，在整个中国电影中占有不可替代的重要地位。新时代十年，农村题材电影正视处于历史转型期的中国农村现状，冷静客观地展示农村发展过程中的种种问题。面对时代变革之下传统乡村世界的巨变，农村题材电影注入了创作者的思考与探索，表达了对乡土世界没落与崩塌的担忧，竭力呼唤乡土文明的回归与复兴，寻找重振乡土文明的方向和出路。

毋庸讳言的是，当下农村题材电影仍然面临多重发展困境，故事模式俗套、叙事思维固化、人物形象脸谱化、图解国家政策、说教意味浓重、风格单一、类型单调等问题仍存于当下农村题材电影的创作中。在诸多艺术创作弊病之外，其在市场效应和票房收益方面的短板尤为明显，这与电影所处的时代背景息息相关：新世纪以来，随着城市化进程的加快，贫穷落后的乡村逐渐淡出了大众视野，对新生活、新文明的向往掩盖了人们内心深处的故土意识。文艺创作的重心从表现乡村转向表现城市，中国电影的格局也相应发生了变化，农村题材电影市场遇冷，这从 2016 年《百鸟朝凤》的制片人跪求影院增加排片的悲壮之举中便可见一斑。不少小成本的农村题材电影口碑极佳却票房惨淡，如 2019 年的《过昭关》豆瓣评分高达 7.7 分，最终票房只有 50 余万元，即便在北京青年影展、北京国际电影节等多个电影节获奖，也依旧无法实现影片质量和票房之间的平衡。在新的市场环境下，农村题材电影如何跳脱自身发展困境，在主流大片与商业电影之间谋得生存空间，继续肩负起记录乡土世界变迁、描摹农民生存状态、传承乡土文化的历史使命，这一问题值得我们深思。

作为一种传播媒介，农村题材电影要继续践行宣传普及国家最新对农政策的时代使命，以电影独有的光影魅力对党和国家有关农村发展建设的方针政策进行影视化的呈现，为实现民族复兴的伟大梦想助力。随着脱贫攻坚战的胜利，新农村世界不再像以往农村题材电影中所展现的那般保守封闭、贫困落后，农村题材电影的题材内容应聚焦农村经济发展过程中出现的新情况和新问题，如环境污染、农业基础设施和技术落后、农村管理体制不完善，等等。新的时代背景下也涌现了一大批具有现代意识和文化素养的新农民群体，他们成为建设新农村的主要力量。时代更迭变迁的痕迹深刻烙印在生活于这一时代下的人群身上，尤其是

新时代背景下的新农民更应该具备新的时代特性：新农民身上既有传统农民质朴忠厚勤劳善良的特征，又有锐意进取敢想敢做的时代精神，他们应是未来农村题材电影着力刻画的人物形象。概而括之，农村题材电影中对故事题材的选择和农民形象的塑造应贴合当下乡村世界的真实生活状态，与时代同频共振，着力表现时代洪流中农村世界的新变化和农民形象的新突破。

乡村世界的纷繁复杂和农民形象的立体多变，与潜藏在乡土世界中的文化底蕴息息相关。对不同地域农村生活和农民群体的影像呈现，最终都指向挖掘与呈现博大精深的乡土地域文化和中华传统文化。新时代的许多农村题材电影往往将表现重心放在讲述故事和塑造人物上，而将乡土气息浓厚的地域风光弃之不顾，由此造成农村题材电影独有的乡土气质和文化内涵的缺失。因此，将影片故事发展、人物命运走向等与地域文化特色有机融合，是农村题材电影彰显自身文化价值的重要一环，亦是农村题材电影能于竞争激烈的市场中保持自身优势的关键所在。

在商业大片稳居中国电影市场主流的背景下，农村题材电影和主流大片、商业片一样，理应具有趣味性、娱乐性和商业性。未来农村题材电影创作不应闭门造车，对乡土世界的展示亦不应拘泥于传统的创作模式，而应积极学习借鉴新主流大片及商业片的类型元素，在坚持扎根现实主义内核的基础上，拓展影片风格类型，实现多种元素的融合，刷新农村题材电影的整体样貌，方能赢得观众和市场。在进行类型融合的同时，也应注意不同元素间的适配程度，避免发生影片叙事游离、风格怪异、类型不明等问题。

未来的农村题材电影创作还需始终秉持"文艺是为人民大众所服务的"创作初心，以高度的人道主义关怀进一步贴近现实、贴近人民、贴近生活，让作品的气质"落地"，实现内容的"亲民"。农村题材电影以乡土世界和农民群体为表现内容，不刻意回避与掩盖当下农村生活的各类现实问题，更不应将其作为农村题材电影受众面狭窄、叫好不叫座的借口。

毋庸置疑的是，作为中国电影史上不可或缺的重要组成部分和独具中国特色的电影类型，农村题材电影记录着中国乡土社会百转千回的更迭变迁，描摹出中国农民群体悲喜交集的命运轨迹和心路历程，也勾勒出乡村世界现实和理想中的美好图景。即使身处市场困境，也仍有大量电影人秉承创作初心，持续关注农民群体的生存境遇，深入探索复杂多元的乡村世界，近年上映的《一点就到家》《我和我的家乡》等作品所获得的票房佳绩和观众好评已充分证明了农村题材电影的艺术感染力和市场潜力。我们相信，未来会有越来越多的创作者坚守时代性和人民性的文艺创作原则，走进真实的乡村世界，了解真正的乡村生活，触摸农民的喜怒哀乐，创作出更多思想精深、艺术精湛、制作精良的优秀农村题材电影。

附　录

新世纪以来具有代表性的农村题材电影一览表

上映时间	片名
2000	《康家大院的新媳妇》
2001	《新甜蜜的事业》
2002	《美丽的大脚》《王首先的夏天》《二十五个孩子一个爹》《天上的恋人》
2003	《刻骨铭心》《暖》《暖春》《盲井》《婼玛的十七岁》《法官老张轶事之审牛记》
2004	《信天游》《自娱自乐》《上学路上》《惊蛰》
2005	《沉默的远山》《日出日落》《花腰新娘》
2006	《雪花那个飘》《马背上的法庭》《天狗》
2007	《木札岭》《光荣的愤怒》《盲山》
2008	《一年到头》
2009	《守望红线》《走路上学》《特级院线》《法官老张轶事之倔萝卜》
2010	《雪乡》《父亲是座山》《派饭》
2011	《最爱》《Hello，树先生》
2012	《美姐》《告诉他们，我乘白鹤去了》《念书的孩子》
2013	《喊山》《乡村里的中国》
2014	《卒迹》
2015	《心迷宫》《喜丧》《一个勺子》
2016	《喊·山》《百鸟朝凤》
2017	《十八洞村》《村戏》
2018	《暴裂无声》《北方一片苍茫》
2019	《过昭关》《平原上的夏洛克》
2020	《一点就到家》《我和我的家乡》
2021	《留住春天》《我们是第一书记》《枣乡喜事》
2022	《你是我的一束光》《黎乡遇见你》

现实观照、人性母题与叙事探索：
申奥创作风格研究

张新英　李　禛

新世纪以来，中国影坛涌现一批创作势头强劲的青年导演，他们凭借对时代的敏锐洞察、对大众的精准分析以及对技术的娴熟运用，呈现出与第五、六代导演全然不同的创作生态、美学风格、价值观念和制片方式，为当代中国影坛带来了一股先锋实验与民族风貌并存的创作风气。这一导演群体被学界称为"新力量导演"，被视为中国电影的未来和希望，青年导演申奥便是其中的一员。凭借对时代脉搏的精准把控、对民族文化的生动表达以及对人性本质的深度探询，申奥得以从众多新力量导演中脱颖而出。迄今为止，申奥创作了《失窃的药水》（2007）、《河龙川岗》（2009）、《潮逐浪》（2010）、《我不勇敢》（2011）、《2019最美表演》短片系列之《老江湖》和《虚惊》（2019）以及《我们的新生活》之《广场恩仇录》（2021）等数部短片及《受益人》（2019）、《孤注一掷》（2023）等故事长片。在十余年的创作生涯中，申奥逐渐形成了鲜明的创作风格：关注底层人物的成长轨迹与命运走向，直击当下社会的热点和痛点，揭示某种时代症候；在主题表达上持续探讨"欺骗与信任"背后复杂多变的人性母题；热衷类型探索，偏爱反转叙事。在申奥身上，人们可以看到中国青年导演蓬勃的创作激情和努力挑战自我的勇气。

一、现实观照：聚焦底层人物，关注社会现实

申奥认为："文艺创作不能在市场经济大潮中迷失方向，只有深深融入人民的

生活，关注普通人的生活和感受、梦想和希望、拥有和失去，关注人民群众生活的切实体会，才能让更多观众在电影中找到启迪，从精神生活中获得教育。"[1] 从短片时代开始，申奥便极为关注底层人物的生存困境、个人遭遇和成长轨迹，着重表现他们的自我转变与成长。作为一名朝鲜族导演，申奥在他北京电影学院的毕业作品《河龙川岗》中聚焦朝鲜族人民的情感生活，以一名中年男子的轻生计划被两名青年意外打破为开端，展现人性的温暖与救赎；《我不勇敢》同样聚焦朝鲜族人，展现主人公在异国他乡打工的悲惨遭遇，再现人性被摧残碾压后走向阴暗的过程；《虚惊》表现的则是一名网络维修工在雇主家的"惊魂"一幕……中年丧妻的男人、身处异乡的打工者、商场保安、网络维修工、广场舞老人……这些底层小人物和边缘人物构成了申奥短片中表现的主体，他力图从这些小人物身上挖掘与展现人性的美丑与善恶。长故事片《受益人》和《孤注一掷》同样将目光投向在现实困顿中苦苦挣扎的普通人，如《受益人》里中年丧偶、老实巴交的网管吴海，为了给罹患哮喘的6岁儿子治病，在好友钟振江的怂恿下，假扮富二代刻意接近网络女主播岳淼淼，计划以制造意外死亡的方式"杀妻骗保"，而岳淼淼则是与他一样身处底层边缘的苦命女子：父亲瘫痪在床，弟弟正在读书且有学坏的迹象，全家人的希望都寄托在她身上，为了挣钱，她不得不曲意迎合观众的各种无理要求。《孤注一掷》里那些被骗进电信诈骗团伙任人宰割的受害者，也曾是满怀希望和梦想的普通人……申奥借助底层人物透视当下社会政治、经济、文化的变迁，揭露社会内里的种种弊病，反映时代背景下的个体焦虑和身心困境，使得影片具有鲜明的现实主义色彩，对底层人物的聚焦亦能体现出导演高度的社会责任感和浓郁的人文情怀。

申奥并不满足于对底层人物形象的简单描摹，而是更加注重描绘人物成长的动态轨迹，通过表现人物的破碎与成长，将个体外在的生存挣扎状态与内在的精神困境融为一体，让人们切实感受到小人物所经历的命运之痛与成长旅程。例如：《河龙川岗》中，痛失爱妻的青山本欲自杀追随妻子而去，却因一场小意外结识了两名年轻人，短暂的相处让他感受到了来自陌生人的关怀和人性的温暖，他

---

[1]　　　申奥：《用多元视角展现人民生活》，《中国电影报》2023年8月30日，第3版。

从一开始的懦弱悲观转变为坚强勇敢，重拾生活的希望和生命的信心;《受益人》中的吴海中年丧妻，儿子身患疾病，高额的医药费成为他沉重的负担，即便他身兼数职也只能勉强维持生计，来自外部生存环境的挤压让吴海成为一个东诓西骗、唯利是图的人，而岳淼淼的出现唤起了吴海内心深处的良知，促使他完成了弃暗投明、投案自首的转变;《孤注一掷》中的美女荷官梁安娜在虚拟世界中靠美色诱骗他人钱财，一心想要早日完成目标脱离苦海，间接导致了许多受骗者的悲惨结局，在诈骗集团种种酷刑的逼迫下，她开始勇敢寻找出逃之路并在回国后协助警方侦破诈骗案件……在这些作品中，申奥冷静地审视底层人物的生存状态，通过描绘外在环境对人物个体成长的多面影响，表现他们在自我意志下的反抗、成长与转变，展现人性深处的光亮，增强了与观众的情感共鸣与情绪连接，使这些底层人物形象更加生动可信。

值得注意的是，相较于早期作品中女性角色的缺失和离场，申奥在近年来的两部长片中注入一股强大的女性力量，彰显了女性形象的多重魅力。如《受益人》中的岳淼淼凭一己之力供养全家人的生活，在吴海入狱后还承担起抚养吴海儿子的重任，尽管网红女主播的身份让她背负非议，但她始终都在通过自我打拼努力生活。同样，《孤注一掷》中的梁安娜本可以凭借自身的外貌优势在模特行业大有作为，但她却坚守原则和底线，杜绝暗箱操作，因误入诈骗集团而成为一名美女荷官。她从未放弃出逃的信念，在经历无数次计划失败与肉体酷刑折磨之后，终于凭借莫大的勇气与决心成功脱离苦海。岳淼淼和梁安娜身上都蕴藏着强大的女性力量，具有高度的自主能力，她们颠覆了传统女性软弱无力、楚楚可怜的刻板形象。反观两部作品中的男性角色，岳淼淼弟弟和顾天之是需要父母亲人金钱供养才得以生存的依附者，吴海、钟振江、陆秉坤则是利用人性弱点非法骗取他人钱财的犯罪者，两厢对比之下，女性坚强勇敢、独立成熟的特质更为凸显。不仅如此，申奥在两部长片中对女性形象的建构还清晰地呈现了女性的成长和转变:《受益人》中的岳淼淼一开始是传统男性视域下的女性形象，网红女主播的身份使她成为男性消费者眼中的性幻想对象，处于被凝视被物化的不平等地位。遇见吴海以后，她选择放弃直播事业，这种选择可以视为男性力量感召下的一种社会身份的转变，尚未脱离男性话语权力的束缚与压制，也未完全体现岳淼淼女性独立意识的觉醒;《孤注一掷》中的梁安娜是一名模特，原本同身为网红主播的岳淼淼并无二致，均为满足男性性想象的美女形象。但梁安娜在遭受男性权力的迫害时，抛弃了外在形象赋予她的性别优势，凭借超强的自我意志和智慧同诈骗集团头目苦心周旋，最终成功获救，并协助警方成功破获了这起大型网络诈骗案，摆脱了《受益人》中岳淼淼被男性牵制的女性角色困境，展现了女性强大的自我意志与旺盛的生命力。这两部作品亦反映了当今时代下女性仍面临的职场潜规则、性别歧视、男女不平等、女性"标签化"等诸多现实问题。申奥通过塑造成长型的女性形象，从性别角色的角度深化了作品的主题表达，这些拥有自我意识和自主能力的女性形象亦构成了申奥影片中一道亮丽独特的景观。

在 2023 年 8 月举办的第六届中国电影新力量论坛上，申奥再次阐明他的创作理念："电影要反映真实生活，具备社会价值，把握时代脉搏，聆听时代声音，与时代同步伐，以人民为中心。"[1] 申奥希望创作出带有时间刻度和时代印记的电影，他的故事内容或改编自真实的社会事件，或关注当下的社会热点话题，以鲜明的社会元素和热切的现实关注呈现现实生活的真实图景。他的影片也因此具有浓烈的现实主义色彩，并能彰显现实题材电影的时代意义，成为"记录时代更迭与社会变迁的重要载体"[2]，如：《我不勇敢》反映了年轻人远赴异国他乡打工的热潮；《我们的新生活》之《广场恩仇录》讲述广场舞老人与篮球少年争夺地盘的真实案例；《受益人》取材自 2013 年真实发生于江苏常州的一桩杀妻骗保案，反映了儿童教育、单亲家庭、原生家庭、夫妻关系等诸多现实问题，关注当下炒房、骗保、挪用公款、网红主播等社会现象和话题，揭示了底层百姓在生活压迫下艰难求生的真实境况和现实残酷冷漠的本质；《孤注一掷》则聚焦网络诈骗、线上赌博和跨国拐骗等社会热点，高度还原近年来引起全民重视的境外网络诈骗案件。影片从上万起真实案例中取材，为观众详细揭露了网络拐骗与诈骗的完整作案过程，通过对受骗家庭惨状的再现和对人性阴暗面的描摹，起到了劝诫并警醒观众谨防网络诈骗的教育和警示作用，具有极高的社会关注度和话题度。借助电影媒介的传播形式，申奥对当下社会议题和时代特征进行精准投射，旨在引发观众对社会现状的强烈反思。可以说，与现实接轨，力求还原现实生活，成为申奥的作

[1]　　《"第六届中国电影新力量论坛"发言摘要》，《当代电影》2023 年第 11 期。

[2]　　李国聪：《时代性、人民性和主流化：现实题材电影的价值建构与类型探索》，《电影新作》2022 年第 2 期。

品能够打动观众、引发共情、获得票房佳绩的主要原因。申奥通过对当下社会热点和痛点问题的影视化呈现，揭示了时代发展进程中的深层战栗，表达了民众悲喜交集的社会情绪，具有强烈的现实冲击力和感染力。

现实主义的"奇观"也为申奥的影片增添了异乎寻常的真实质感。申奥在几年前的一次采访中坦言："我想要拍的是那种奇观式的电影，现实主义也有奇观。"[1]在申奥看来，"奇观式电影要保持与观众的距离感，让观众认为事情是真实发生的，同时兼具电影艺术的美感。创作时，需平衡现实生活和艺术真实之间的关系，既要对生活进行艺术加工，又不能照搬生活"[2]。这一关于构建"奇观式电影"的设想最终在影片《孤注一掷》中得以实现。在影片中，申奥将诈骗团伙使用的江湖黑话运用其中，如"水房""冰箱""狗推""千门八将"等，并完整再现了诈骗团伙的运作模式、内部管理机制及惩罚酷刑，揭秘了拐骗和诈骗的详细过程。通过纯粹而直观的影像，申奥对鲜为人知的诈骗和暴力犯罪进行了全方位的揭秘，揭开了网络诈骗的神秘面纱。影片对暴力和痛感的奇观化呈现，带给观众强烈的感官刺激，满足了观众的猎奇心理，在增强影片真实质感的同时又达到了警示劝诫的艺术效果，最终产生了一种植根于现实主义的"奇观"效应。

二、人性母题：探询人性本质，贯穿文化意识

对影片的主题，申奥有着清醒的认知："从《潮逐浪》到《受益人》，如果要说我的电影有什么一以贯之的母题的话，就是欺骗和信任，之所以着眼于这个母题，就是因为它很当代，跟我们息息相关。"[3]可以说，"欺骗与信任"的主题始终贯穿在申奥的创作中，反复探询着人性的真相与本质：《潮逐浪》中，时隔多年

[1]　谢维平：《申奥专访：以前错误地认为，拍一个大众电影很容易》，微信公众号"河豚影视档案"，2019 年 11 月 20 日。

[2]　钟茜：《专访〈孤注一掷〉导演申奥：人性的复杂和反转，是我创作的母题》，《综艺报》2023 年 10 月 14 日。

[3]　谢维平：《申奥专访：以前错误地认为，拍一个大众电影很容易》，微信公众号"河豚影视档案"，2019 年 11 月 20 日。

再度重逢的阿豪与小白均以光鲜亮丽的外表和精心杜撰的谎言掩盖现实生活的一地鸡毛，但随着黑夜降临，两人在一艘偷渡前往美国的船上以全新的身份再次碰面，他们试图粉饰生活的谎言也被无情揭穿；《我不勇敢》中身在异乡努力打工的男子被误当成小偷，他竭力为自己澄清却无人相信；《虚惊》中上门维修网络的工人失手打碎了客户家中的花瓶，在无人知晓的情况下，他思量再三主动向客户坦白并提出赔偿，正当他感动于客户对他的宽容和谅解时，却赫然发现楼道走廊中随意摆放着两个一模一样的花瓶。基于"骗保"和"境外网络诈骗"等真实社会案件改编的《受益人》和《孤注一掷》继续延续这一主题，反复拷问谎言背后的复杂人性：《受益人》中的钟振江非法挪用公司千万公款炒房，为了掩盖罪行，他撺掇认识多年的好兄弟吴海去骗钱为他填补亏空。为了让吴海加入他的"杀妻骗保计划"，他故意拿烟熏吴海的儿子，导致孩子哮喘发作，被蒙在鼓里的吴海却对钟振江充满信任；吴海一开始接近网络女主播岳淼淼只是为了谋财害命，但岳淼淼对他无条件的信任却让他摇摆不定，深陷"欺骗与信任"博弈的旋涡。《孤注一掷》借用反诈警察的一句经典台词"人都有两颗心，一颗是贪心，一颗是不甘心"，道出了人性的复杂和弱点，而顾天之的角色将人性深处盲目自信、贪婪无度、懦弱无知的劣根性演绎得淋漓尽致，陆秉坤的诈骗工厂正是抓住了顾天之对金钱的贪婪和对失败的不甘，最终将他推向无尽的深渊和生命的尽头。申奥通过建构充满欺骗与谎言的空间，反复观察与拷问置身其中的人性的复杂与多变。在种种原因和目的的驱使下，人们自觉或不自觉地编织谎言或陷入谎言的圈套中，最终只能自食其果。申奥对"谎言"进行了多样化处理，他的作品中不仅有隐瞒真实身份、骗保、网络诈骗等动机不纯的恶意欺骗，也有一些不得已而为之的善意谎言。如：《河龙川岗》中，当岳父岳母问起女儿秀贤的情况时，考虑到两位老人年事已高，青山选择隐瞒妻子秀贤已经去世的真相，谎称妻子有事未能随他一同前来；《受益人》中，网络主播岳淼淼为抚养父母和一事无成的弟弟，不得已向观众隐瞒自己的真实年龄，依靠直播打赏勉力维持家中生计；《孤注一掷》中，身处险境不知何时得以解救的潘生为了不让家人担心，每次有机会和家人联系时，他总是报喜不报忧，佯装一切安好。这些善意的谎言虽然无法脱离欺骗的内在本质，但是其目的并非图谋不轨，而是为他人着想的善意之举，由此引发观众对"欺骗"的再度深思，道出这一现象背后人性的复杂多面。可见，申奥围绕"欺骗与信任"的主题，将真实的谎言与善意的谎言并置，通过对"谎言"多义性的巧妙运用，深刻揭示出了人性复杂多面的内在真相，完成了对人性本质的追问与探索，这亦是申奥作品中最能触动观众心灵的关键所在。

除此之外，申奥的作品中还蕴含着丰富的地域文化景观和浓厚的伦理道德观念，体现出强烈的文化意识。申奥说："作为一名职业电影人，我认为自己不仅在从事一项崇高的职业，更幸运的是，借助一种文化现象和多元视角，参与和记录时代休戚与共的群体价值，呈现中国文化的价值与聚合力，共享一种心灵和情感层面的家国归宿。"[1] 他的影片试图通过对民族服饰、地域景观、风俗仪式及地方方言等地域文化符号的影像表达，展现整个中华民族的群体风貌、生存状态及伦理道德信仰，如：《河龙川岗》的结尾，青山将亡妻秀贤纯洁素雅的朝鲜族长裙挂在树头，让它随风飘扬，营造了浪漫而又伤感的韵味；《受益人》中的吴海和岳淼淼到大足宝顶游玩，影片对大足石刻中的六道轮回图、地狱变相图、石刻千手观音、卧佛、华严三圣像等进行了细致的影视化呈现，道德劝诫之意明显。影片亦不乏对地方方言的展现，如《河龙川岗》中青山所说的朝鲜语，《受益人》中地方风格浓郁的川渝方言，等等。这些地域符号赋予电影浓郁的本土化美学特征，使电影更接地气的同时故事更加真实，人物更为立体。

申奥影片中的许多地域文化符号呈现也带有隐喻色彩，如《受益人》将故事的发生地设在重庆，当地曲折蜿蜒的地势和幽深闭塞的环境既是对人物密谋犯罪的暗喻，亦是对幽暗人性的影像表达，而故事结尾选址海南，空气清新的钻石湾既是岳淼淼和吴海开启崭新人生旅程的见证，亦是当下现实社会中挣扎于社会底层的百姓群体神往的理想乌托邦。申奥的作品还继承了中国电影的伦理叙事传统，将传统道德观念融入其中，如：《河龙川岗》中华军意外打破了青山妻子的骨灰盒后执意要将青山送回其妻子老家，讲究的是仁和义；《受益人》中吴海教育儿子做人要诚实，旨在凸显诚实守信的重要意义；《孤注一掷》的结局彰显了"善有善报，恶有恶报，法网恢恢，疏而不漏"的铁律……由此，申奥通过对地域文化特征和传统伦理道德观念的创新性表达，既在影像层面赋予作品鲜明的文化色彩，又在主题层面提升了影片的文化价值，彰显出他对民族文化的高度认同。

[1]　《"第六届中国电影新力量论坛"发言摘要》,《当代电影》2023 年第 11 期。

三、叙事探索：尝试类型融合，钟爱反转叙事

作为导演宁浩的忠实粉丝，申奥在进行电影创作时难免受到宁浩黑色幽默电影风格的影响。宁浩的电影通过一种荒诞夸张的喜剧模式，旨在展现其故事内核的悲剧性，但申奥与宁浩不同：相较于风格明确的类型电影，申奥更偏爱对多种类型元素的杂糅与融合。从早期的短片到长片《受益人》和《孤注一掷》，申奥的作品中经常出现喜剧、悬疑、犯罪、惊险、爱情、亲情、黑色幽默等类型元素。从两部长片来看，喜剧与犯罪是他目前创作中较为偏重的两种类型元素。

《受益人》便是一部糅合了爱情、喜剧、黑色幽默、犯罪等类型元素的典型"混搭"影片。作品以"杀妻骗保"的犯罪案件作为贯穿始终的核心动力，片中既有喜剧片的幽默风趣，又夹杂着爱情片的甜蜜心酸和犯罪片的紧张刺激，同时兼具黑色幽默电影的讽刺与批判，极大地拓展了影片的类型叙事维度，丰富了影片的主题内涵，折射出其现实关怀的情感内核。影片将犯罪与黑色幽默这两种看似相悖的类型元素进行了巧妙融合，如岳淼淼在不知情的情况下拿着吴海送她的假名表去专柜以假换真；为打动岳淼淼的芳心，钟振江为吴海营造出结扎的假象……影片在展现整个骗保案的过程中，不断叠加这些喜剧化的冲突事件，一改传统犯罪电影紧张惊悚的气氛基调，实现了出奇制胜的表达效果。在当下娱乐至上的消费场域下，喜剧电影相较于其他类型电影更容易博得市场关注度，而相较于传统喜剧电影，黑色幽默电影在现实层面更注重触及时代症候，反映社会真实现状，采用暗喻讽刺的创作手法对社会中不为人知的阴暗面进行揭示与批判。因此，黑色幽默电影既能在表现形式上满足观众的娱乐需求，提供积极正向的情绪价值，通过制造笑料满满的剧情消解犯罪片内核的悲剧性，又能够在深层主题上影射出导演对社会与时代的观察与思考。影片最后，成为售楼顾问的岳淼淼透过望远镜看到了出狱后来到钻石湾的吴海，带有大团圆意味的温暖结局无形中增强了影片的情感温度，既在叙事层面迎合了犯罪片"善有善报恶有恶报"的价值导向，又饱含现实主义的人文关怀。

同样取材于真实案件的犯罪类型片《孤注一掷》亦夹杂着惊险、悬疑等类型元素，影片呈现了诈骗集团内部严酷的惩罚机制以及梁安娜、潘生等人屡次计划逃跑险遭发现等颇具惊险和悬疑色彩的场景和事件，加强了作品的真实性与可信性，亦为网络诈骗的作案过程提供了生动翔实的影视文本，揭露了诈骗案背后的

众多陷阱与危害。多种类型元素的碰撞融合增添了类型片的商业性和消费性，弥补了单一类型电影的诸多不足与缺憾，丰富了电影的叙事方式和表现手法，充盈了整部影片的风貌气质，满足了观众多样化的观影需求，也体现出申奥进行类型开拓与创新的意识。

除对类型的探索之外，申奥钟爱反转叙事，他在多部作品中运用剧情反转的叙事手法，使故事的发展或结局达到某种带有戏谑感的反转性，这与他早年的广告拍摄和剧本训练密切相关。短片《河龙川岗》中，本该割腕自杀追随亡妻的青山意外被两名青年"解救"，情节走向由此发生转变，开启了拯救绝望生命的至暖时刻；《潮逐浪》的结尾，白日里阿豪与小白老友重逢，讲述各自生活的无限风光，黑夜降临，那艘偷渡船上的偶遇彻底揭开了二人的真实面目；《受益人》中，当观众以为不谙水性的岳淼淼一定会被钟振江残忍杀害时，影片画风陡转，以诙谐戏谑的方式揭开了岳淼淼隐藏游泳技能的事实，影片气氛由悬疑惊险转为轻松幽默；《孤注一掷》中的诈骗集团抓捕出逃的梁安娜，本该难逃一死的她却被阿才出手相救并放回国……通过反转叙事，申奥在剧作层面增强了故事的戏剧张力与叙事节奏，通过"建立—颠覆—重构"的结构，不断推翻原有的叙事线索，建立新的叙事线索，自然顺畅地推动故事情节层层演进，在情节发展的因果关系上形成相对完整的逻辑闭合线，使故事的起承转合更合理有序，故事也更具可看性。同时，这种反转叙事颠覆观众对故事情节的常规想象，彻底打破观众的心理期待，带给观众强烈的心理冲击力和极致的观影感受，引发观众的深度思考，也展现出申奥精心编排、娴熟驾驭故事的导演功力。

除影片的反转技巧外，叙述结构亦能体现出申奥的创新意识。从《受益人》的单线叙事到《孤注一掷》的多线叙事，体现出作为青年导演的申奥希望运用不同的叙述结构探索现实故事表达多种可能性的努力。《孤注一掷》分别从诈骗集团、受害人和反诈警察的角度切入，各自引出一条故事线，三条线索交织展开，再现了一个完整闭合的受害人受骗、诈骗集团作案和警察摧毁网诈窝点的故事。多线叙事的结构增强了故事的节奏感，激化了故事的戏剧冲突，同时扩大了影片的叙事空间，增加了故事容量。影片通过在受害者与诈骗集团这两条线索间的反复切换，产生了强烈的对比效果，揭露了诈骗分子的恶劣行径以及受害人"身不由己"的受骗过程，突出了网络诈骗带给万千民众的痛苦遭遇和悲剧结局，最终起到警示人心的教育作用。多重叙事结构所产生的复杂效果亦推动了影片对人性复杂本质的深刻表达。

四、创作局限：类型定位模糊，文化深度不足

作为一名成长和蜕变中的青年导演，申奥的创作也存在不可避免的局限。

首先，作品类型定位的模糊。比如《受益人》在犯罪元素之外，加入了大量的喜剧和爱情元素，三种类型元素并置，但导演无法厘清这三种元素之间的主次关系，也无法将它们进行有机融合。影片大团圆的结局虽能体现导演的人道主义关怀，但与犯罪片的基调并不相符，暴露出整部影片风格定位不明的缺陷。申奥本人谈及《受益人》的类型定位时也曾表示："现在变成爱情喜剧了。爱情喜剧肯定不能从犯罪起，犯罪不能走到爱情上，这几个元素在打架，这是我纠结的地方，可能能力很强的人可以融合，但我融合不了。"[1] 同样，相较其他犯罪片，影片《孤注一掷》仅仅还原了境外诈骗案件的整个过程，诈骗集团幕后老板逍遥法外的故事结局略显草率和敷衍，未能发掘其作为犯罪片背后更大的社会价值和意义。因此，与其说《孤注一掷》是一部犯罪片，不如说是一部反诈教育宣传片，甚至有观众表示，《孤注一掷》更像一部"法制栏目剧"或"缅北题材短视频合集"。

其次，影片类型定位不明也带来了角色定位的游移摇摆。比如《孤注一掷》中的反诈警察赵东冉，作为正面角色，她本应承担除恶扬善、推动故事情节发展的重要职能，但她在影片中的戏剧功能只体现在进行反诈宣传演讲、告知小雨耐心等待调查结果等方面，对重要情节的推进和主要案件的侦破几乎毫无帮助，也未能给观众留下深刻印象。相比之下，作为反派角色的陆秉坤和阿才却比"冷漠"的警察更有"人情味"：诈骗集团头目陆秉坤表面友好和善，实则阴险毒辣，但影片后半段其女儿的出现，又让他展现出父亲慈爱的一面。这一角色虽能体现导演刻画人物复杂多面性的意图，但角色前后转变过于突兀，难免带有强行为其

---

[1]　　谢维平：《申奥专访：以前错误地认为，拍一个大众电影很容易》，微信公众号"河豚影视档案"，2019 年 11 月 20 日。

洗白的嫌疑，难以引发观众共情。同样，《受益人》中的吴海是挣扎在社会底层的小人物，作品通过一个老实巴交、心地善良的父亲为了救子被迫犯罪的故事去揭示底层人物生活的艰辛，未免过于牵强和夸张。而随着网络女主播岳淼淼的出现，吴海又沉浸在爱情中，人物的原始动机明显减弱，他与岳淼淼的情感戏成为影片表现的重心，尽管导演试图通过塑造立体多面的人物来表现人性的复杂，但仅靠角色前后的对比和反差，显然无法触及人性的根本，反而带来人物设定不明的后果，同样无法激起观众的心理认同。

一直以来，对社会热点和痛点问题的关注，是申奥的作品彰显现实主义风格的主要手段之一。以《孤注一掷》为例，作为中国首部揭露境外电信诈骗的作品，影片一举成为 2023 年暑期档的爆款，首映当天以 1.85 亿元的票房成绩成为中国影史国产犯罪片首映日票房冠军，最终以约 5.36 亿元的票房成为中国影史点映票房总冠军。但值得注意的是，当社会问题的热度退潮，不再拥有话题的时效性和大众的关注度之后，作品本身是否还有足够的文化高度支撑？实事求是地说，《孤注一掷》所取得的超高票房和强烈社会反响，更多的是当下社会热点、短视频平台营销、高人气明星出演等综合作用下的结果。紧凑的故事情节和奇观化的影像固然能够调动观众的观影热情，但当激情退却，影片带给观众的心灵触动和深度思考才是一部电影经久不衰的真谛。比如同样取材于社会热点、关注现实问题的韩国电影《熔炉》《素媛》《杀人回忆》《目击者》《辩护人》《寄生虫》等，这些作品在深度还原各类社会现象的同时，也触及韩国社会的深层问题，激发起观众对社会问题的关注、对生存境遇的反思和对人性善恶的思考，具有强烈的社会意识、人文关怀与文化高度。相较于这些作品对韩国社会现实问题的深度剖析、对各类社会问题共性的高度凝练以及在时代话题性和艺术经典性之间的巧妙平衡，申奥现阶段的创作显然尚未做到对现实生活本质全面深刻的把握，在揭示和批判社会现实的深度和文化反思的高度方面明显不足，也导致了其作品永恒性和经典性的缺失，难以实现从热门电影向精品电影的跨越。

作为青年导演，申奥的创作局限说明他对电影艺术本体和社会现象的思考和认知还有待进一步提高。但毋庸置疑的是，申奥对电影创作的热爱与激情从未消减：为了电影《受益人》的创作，他辞掉广告工作，悉心打磨剧本，前后全盘推翻剧本五六次；创作《孤注一掷》时，他同制作团队研究了上万起真实案例，从反诈一线公安干警的大量采访中收集资料，甚至亲身参与反诈抓捕行动……这些努力充分彰显了他对电影的执着和热爱。申奥对电影艺术不懈探索的可贵精神，将推动他继续用镜头为人民画像，以影像为时代存照。我们期待申奥为中国电影带来更多新的探索与发现，期待他未来能够创作出更多优秀作品。

文化类节目的创新路径思考
——基于对《尼山杏坛·寻找先贤的智慧》的分析

张新英　李　祺

为深入贯彻落实党的二十大精神和习近平总书记在文化传承发展座谈会上的重要讲话精神，尼山世界儒学中心、中国孔子基金会联合山东广播电视台文旅频道推出了大型文化探源节目《尼山杏坛·寻找先贤的智慧》。该节目以"沉浸式探访"为主要表现形式，以党的二十大报告中所提出的"天人合一、民为邦本、为政以德、讲信修睦、革故鼎新"分别作为每期节目的主题，通过探寻古代先贤的智慧思想和文化渊源，开启了一场今人与先贤之间酣畅淋漓的时空对话。

一、创新节目形式：特色嘉宾引领沉浸式文化探访

文化类综艺节目以讲好中国故事、传播中华优秀传统文化和构建民族文化认同感为重要依据，借助电视媒介的传播手段，达成文化传承与传播的重要目标。近年来，我国的电视文化类节目层出不穷，佳作不断，其中不乏引发广泛关注和热议的"出圈"作品。相较于其他文化类综艺节目，《尼山杏坛·寻找先贤的智慧》在节目形式和主题内涵等方面进行了有益的探索和尝试，以别开生面的表现形态，为观众呈现了一场精美绝伦的文化盛宴，引领观众完成了一次中华优秀传统文化的寻根溯源之旅，带给观众别样的文化审美体验。

节目由山东广播电视台主持人辛凯主持，并邀请南京大学历史学院的武黎嵩副教授作为常驻嘉宾，二人一路引领观众走进泰安、济宁、淄博、潍坊、东营、济南、青岛、洛阳 8 个城市的 23 处文化遗迹与景点，并为观众讲解这些城市文

化遗迹背后的文化渊源与文明典故。主持人和常驻嘉宾在这场文化之旅中扮演着参与者、探寻者和传播者的多重角色。观众追随着他们的足迹和目光，与他们一同探索和领略不同时空中的先贤智慧，切身体会中华文化的博大精深。而他们每到一处，又会有不同的特邀嘉宾加入"引领"和"解说"的队伍中来。每一期的特邀嘉宾以他们擅长的专业知识，从不同领域和角度为观众带来关于传统文化的权威性解读，与当期节目主题高度契合。比如，第一期节目《天人合一》邀请了孔子第 79 代嫡长孙孔垂长先生共同登顶泰山，一同感受孔子当年"登东山而小鲁，登泰山而小天下"的开阔眼界。经由嘉宾的解读，节目中出现的自然、历史和文化景观变得鲜活生动、触手可及，那些看似艰深晦涩的先贤文化和思想也变得通俗易懂。

作为一档文化探源类节目，《尼山杏坛·寻找先贤的智慧》定位为"寻找"，呈现的是动态探索、挖掘和解读中华优秀传统文化的过程。节目采取"沉浸式探访"的新形式，以富有文化深意的文化探寻方式，对先贤曾踏足的遗迹故地重游，深入挖掘先贤思想与齐鲁文化的智慧宝藏。节目内容的设置亦是环环相扣、层层递进，主持人和嘉宾边走边聊，由主持人不断抛出问题，武黎嵩教授和特邀嘉宾一一进行解答。这种问答的形式一改许多文化类综艺节目囿于说教、枯燥乏味的单向输出模式，也能引发和带动观众的主动思考，成为节目的一大亮点。

节目以每期聚焦一个主题的形式，针对习近平总书记在中国共产党第二十次全国代表大会上的报告内容，提取出"天人合一、民为邦本、为政以德、讲信修睦、革故鼎新"五个节目主题并结合中国传统文化，从历史源流和现实发展两个层面进行深刻阐释，这本身便是一次践行党的二十大报告精神的文化实践。节目紧紧围绕每期的主题和探访地点，精心准备与之相关的历史故事和文化典故，通过专家和嘉宾的讲解，帮助观众深入了解不同时期的文化背后所蕴藏的思想价值。从纵向角度来看，每个主题之下所呈现的节目内容不仅以历史文化遗迹为表现主体，同时也纵古观今，更加注重表现该主题思想在历史时空中的延续、传承与发展，尤其注重表现这些思想之于当下社会和时代发展的重要意义。如第二期《民为邦本》以孔子曾多次登临的邹城峄山为起点，讲述孔子"以民为本"的重要思想曾先后影响春秋时期的郑国国君、战国时期的孟子和明代的万历皇帝的故事，这一思想的伟大成就在今日东营市的杨庙社区得到了彰显：杨庙社区所打造的幸福社区生动践行了乡村振兴的伟大战略，是党和国家不断满足百姓对美好生活的向往的典型体现。

《尼山杏坛·寻找先贤的智慧》通过探寻古代先贤的足迹，思考先贤的智慧思想于当今治国理政的重要启示，思考中华优秀传统文化的内在底蕴和精神价值于当今社会发展的重大作用。伴随着节目中悠远绵长的背景音乐，观众跟随主持人和嘉宾们走过先贤曾经踏足的地方，再度回想千百年前先人的所思所想所感所悟，我们能更深切地理解党的二十大报告中提到的"中华优秀传统文化源远流长、博大精深，是中华文明的智慧结晶"这句话的深刻内涵。

二、解读文化理念：唤醒民族文化记忆，构建民族文化认同

随着我国文化事业和文化产业的建设与发展，当下的文化类综艺节目面临着新一轮的创新与转型。《尼山杏坛·寻找先贤的智慧》通过娓娓道来的故事讲述和别具一格的视听呈现，带给观众全新的审美体验。它避免了传统文化类综艺节目常见的坐而论道和强行说教，而是以一种自然流露的真实状态带领观众穿越时空，重回先贤时代，仔细聆听与感悟古代先贤们的智慧。作为一档文化探源类节目，随着主持人和嘉宾的探访足迹，其影像内容也向观众展示了不同地区和文化景点的各色风光。如第一期《天人合一》运用了大量的航拍和全景镜头开篇，让观众快速领略了泰山、沂河、峄山、周公庙、文庙、仲庙、孔林、孔庙等多处文化底蕴深厚的历史文化景观的魅力。节目通过对大量文化符号的影像呈现与嘉宾解读，将抽象模糊的文字和思想转化为直观生动的影像符号，消弭了节目与观众之间的距离，实现了影像与文本的完美结合，有效促进了传统文化的精准表达与输出。

节目选取的"天人合一""民为邦本""为政以德""讲信修睦""革故鼎新"五个主题对大多数观众而言并不陌生。如果仅仅是将前人的观点进行简单的汇总整合而无创新，节目只会陷入人云亦云的窠臼，无法真正吸引观众。《尼山杏坛·寻找先贤的智慧》尝试向观众普及那些耳熟能详却又常常被误读或忽略的文化内容，让传统文化常说常新。比如，节目第一集《天人合一》纠正了长期以来人们对"人定胜天"内涵的误读，将"定"诠释为人内心的"淡定从容，顺其自然"；第二集《民为邦本》由《孟子·梁惠王上》中的"仁者无敌"引申出"民

为邦本"在不同时代的内涵变化，由科举体制下应试文人洋洋洒洒纵论为政之道的"状元卷"到中国共产党"全心全意为人民服务""人民至上"的宗旨再到今天全体国人为之奋斗的"中国梦"，凸显的都是"民"与"邦"亘古不变的内在关联。

在专业性之外，创作者还兼顾了节目的趣味性，尝试用当下的语言阐释历史，实现历史与现实的对接。比如，在提到独念苍生的邴文公时，主持人幽默风趣地盛赞他是值得点赞并"一键三连"的一代明君；提及孔子从政的人生经历时，主持人用"孔子有没有升职加薪，有没有得到提拔"的幽默发问来引出孔子的这段经历。这样的处理方式，使节目充溢着轻松自然、自信从容的气息。节目还借助 3D 动画和图像修复技术实现了部分动画人物搬演和图像修复展示，例如以动画形式再现了孔子的授课场景，使观众仿佛置身于课堂之中亲耳聆听孔子的教诲，增强了观众身临其境的参与感和体验感。

《尼山杏坛·寻找先贤的智慧》将传统文化类综艺节目中的主观输出与观众被动接受的单向传播转化为主持人、嘉宾与观众间的双向情感互动。由此，观众跟随影像内容进入节目设定的文化场景中。在寻找先贤智慧的过程中，观众也在头脑和心灵中完成了一场思想与文化的探寻之旅，了解、接受并认同中华传统文化的哲理与内涵，并由此建构起中华民族独有的文化记忆，增强民族文化认同感。

三、诠释时代价值：推动优秀传统文化"两创"，建设中华民族现代文明

《尼山杏坛·寻找先贤的智慧》通过对中国历史文化和先贤智慧的追根溯源，探寻先贤智慧经由历史变迁在当下时代和社会的具体应用和拓展，为我们描画了一幅先贤智慧指引下天人合一、和谐共享、讲信修睦、国泰民安、天下和乐的新时代理想画卷。而节目进行文化寻根和探源的最终目的，便是实现中华优秀传统文化在新时代新语境下的创新与转化。

常驻嘉宾武黎嵩副教授在节目中曾说："孔子看似离开了两千多年，又从来没有离开我们。"古代先贤们的智慧对中国的历史发展和时代变迁影响至深，新

时代背景下，这些宝贵的文化思想亦为解决当下社会发展中的诸多难题提供了有效的思想指引和方法指导，与党和国家的一系列方针政策息息相关。例如："天人合一"的自然观与生命观作为中华文明的核心命题，与当下践行的"绿水青山就是金山银山"生态理念有着异曲同工之妙；"民为邦本"的思想与我党坚持的"全心全意为人民服务""以人民为中心"宗旨不谋而合；"为政以德"的政治思想则对为政者的自我修养提出了更高的道德要求，为国家治理体系和治理能力的现代化提供了源源不断的精神动力；"讲信修睦"对个人品德、社会治理和国家发展提出了"诚信"与"和睦"的要求，有助于推动实现中华民族伟大复兴的中国梦以及中国同世界各国的合作共赢，而回顾近代中国的历史，每一次重大社会变革都离不开"打破旧制，开创新局"的开拓进取精神，因此"革故鼎新"体现了国家在改革发展的过程中要求敢于破立出新。

《尼山杏坛·寻找先贤的智慧》以历史演变为脉络，呈现了先贤思想对不同时期的国家社会和人民的非凡影响，契合了习近平总书记在文化传承发展座谈会上所提出的"十四个强调"中关于实现对中华优秀传统文化的创造性转化、创新性发展，让中华文化展现出永久魅力和时代风采的重要指示精神。

习近平总书记在文化传承发展座谈会上指出："在新的起点上继续推动文化繁荣、建设文化强国、建设中华民族现代文明，是我们在新时代新的文化使命。"《尼山杏坛·寻找先贤的智慧》以影视艺术独有的魅力表达并践行了这一文化使命。节目以中华传统文化为核心，通过精彩的视听手段展现了大量的历史文化和先贤思想，形象地表现了中华传统文化的内在价值对当今国家、社会和人民的指导和引领价值。

四、结语

作为践行习近平文化思想的重要阵地，影视行业肩负着实现中华优秀传统文化创造性转化和创新性发展的时代重任与文化使命。近年来，各种文化类综艺节目层出不穷，不少节目以弘扬中华优秀文化为宗旨，从不同角度对中华优秀文化进行了影视化的呈现，大力创新节目的内容和形式，收到了良好的收视效果和社会效益。但与此同时，我国文化类综艺节目也存在同质化严重、内容单一、形式老套等发展瓶颈，新时代影视节目如何肩负起弘扬中华优秀传统文化的重任，以崭新的形式展现中华文明的连续性、创新性、统一性、包容性、和平性，已成为亟待学界和业界深入思考和研究的问题。在此背景下，《尼山杏坛·寻找先贤的智慧》所做的文化实践探索和节目创新尝试值得重视和推广。如前所述，节目努力避免在形式和内容方面可能会给观众带来的刻板、刻意与造作之感，以沉浸式探访形式、以特邀嘉宾解读先贤思想智慧的方式和独具匠心的视听语言，唤醒人们关于传统文化的悠久记忆，为当下文化类综艺节目的创作提供了诸多借鉴与启示。

论中国影视剧的中华优秀传统文化表达

张新英

一、现状与特征：影视剧多维呈现优秀传统文化

近年来，随着《琅琊榜》(2015)、《知否知否应是绿肥红瘦》(2018)、《陈情令》《长安十二时辰》《鹤唳华亭》《大明风华》(均 2019)、《清平乐》《鬓边不是海棠红》(均 2020)、《风起洛阳》(2021)、《山河月明》《梦华录》《星汉灿烂·月升沧海》(均 2022)等古装剧集的热播，众多影视剧对中华传统文化的密集表达也引发了人们越来越多的关注和讨论。比如：《知否知否应是绿肥红瘦》通过对宋代官宦人家日常生活的描绘，展示了点茶、焚香、插花、马球、投壶等宋代文人的休闲娱乐形式，尽显中国传统文化的精致与美妙；《长安十二时辰》一方面还原了大唐的盛世风华和千年长安的文化气质，另一方面体现了小人物守护百姓平安的家国情怀；《鬓边不是海棠红》既呈现了京剧国粹文化的魅力和气蕴，也展示了守护家国安宁的民族情怀；《梦华录》《星汉灿烂·月升沧海》为古代背景下的女性成长故事赋予了现代独立女性的自主意识……可以说，上述影视剧中的中华传统文化元素已然成为作品中不可或缺的重要文化因子，作品在不同观众群体中的热播和话题度的居高不下，本身便彰显了中华传统文化穿越时空经久不衰的魅力。

事实上，注重对中华传统文化的多维呈现和多样表达，一直是中国影视剧创作的优良传统。比如，1987 年版的电视剧《红楼梦》在尊重原著的基础上，最大限度地还原了小说中的饮食服饰、园林建筑、诗词歌赋、笔墨纸砚、琴棋书画等繁复绚烂的文化场景，成为中国电视剧史上难以逾越的经典。1993 年的历史剧

《唐明皇》和 2000 年的《大明宫词》中也将优雅绮丽、风华绝代的盛唐文化展示得美轮美奂，令人过目难忘；2006 年的《乔家大院》通过晋商乔致庸跌宕起伏的经商历程，详尽揭示了以"忠、智、勇、仁、义、信、利"为核心的晋商精神。中华优秀传统文化不仅仅体现在历史题材的古装剧中，其他题材和类型的影视作品也不乏这方面的典型案例：从 20 世纪 90 年代初的《渴望》到最近的《人世间》，从贤惠善良的刘慧芳到至真至孝的周秉昆，中国家庭伦理剧中呈现的儒家文化的克己复礼、奉献牺牲精神可谓一脉相承；《亮剑》（2005）中"面对强大的对手，明知不敌，也要毅然亮剑，即使倒下，也要成为一座山，一道岭"的"亮剑"精神体现的既是面对敌人的"勇"，更有对人民的"爱"和对祖国的"忠"；《士兵突击》（2006）中"不抛弃，不放弃"的"钢七连"精神以及许三多"大智若愚""返璞归真"的性格特征，都是优质中华传统文化底蕴的体现和表达；《闯关东》（2008）中朱开山一家勇闯关东绝地求生的传奇经历，则生动诠释了"天行健，君子以自强不息，地势坤，君子以厚德载物"的中华文化精髓；《沂蒙》（2009）中的老百姓面对外敌入侵，在家国动荡时期展现出来的无私无畏的民族大义和感天动地的沂蒙精神，正是对"天下兴亡，匹夫有责"的最好注解……因此我们可以说，中国影视剧作为传承和弘扬中华优秀传统文化的重要艺术载体，中华优秀传统文化在影视剧中得到呈现的频次和容量，是评价中国影视剧文化内涵的重要依据，也是衡量中国文化软实力的重要标准。而近年来传统文化在众多影视剧中的大热，更是影视剧创作者和观众的文化自觉和文化自信意识增强的重要体现。

二、问题与隐忧：影视剧的价值观制约传统文化表达

但我们也必须看到，一些影视剧在呈现中国传统文化方面也存在诸多问题并引发争议，这其中不乏一些热播作品。比如，2011 年大热的宫斗剧《甄嬛传》因跳脱出当时流行宫廷剧的剧情俗套、深刻揭示了后宫女性的悲剧命运而高居收视率榜首，但该剧与传统文化元素相关的一些剧情设计仍有可商榷之处：剧中的饮食、医药、香料、服饰、妆容乃至礼仪习俗，均被后宫女性用作向封建帝王献媚争宠的工具和女性之间钩心斗角的权谋手段，这些本应代表中国传统文化精髓的

东西因此被赋予了欲望和血腥的气息，令其本身的文化魅力大打折扣。《人民日报》曾以《比坏心理腐蚀社会道德》为题，指出《甄嬛传》价值观存在问题，认为该剧宣扬好人斗不过坏人，好人只有变得比坏人更坏，才能战胜坏人。"最后，甄嬛终于通过这种比坏的方式成功地加害皇后并且取而代之，这就是《甄嬛传》传播和宣扬的价值观。"这一论断当然有武断的嫌疑，但若将《甄嬛传》与韩国同类题材的电视剧《大长今》做一下联系和对比，便会发现二者在对本国传统文化元素的展示和运用上存在很大不同：《大长今》与《甄嬛传》同为描写宫廷（宫斗）内容的历史题材作品，讲述了女主人公长今从一个御膳厨房的小宫女一步步成长为医术高超的医女的奋斗过程，剧中涉及大量与韩国饮食文化、医药文化等相关的元素，和《甄嬛传》中的甄嬛一样，《大长今》里的长今身处错综复杂、云谲波诡的宫廷环境，同样面对失去亲人的痛苦，同样背负隐忍复仇的重任，但即便无数次面临绝境，她也始终坚守自己的道德底线，从未尝试利用自己掌握的饮食知识和医术去害人，"我不要像那些人一样滥用饮食来累积自己的势力，我绝对不要滥用医术来消除我心中的怨恨"。最终，始终秉持正念的长今迎来了真正的自我成长，并将医术造福于人。两相对照之下，《甄嬛传》中甄嬛逐渐黑化走上权力巅峰的复仇之路的确难逃"比坏"的指摘。同样，2018 年的收视冠军《娘道》也因其超高的收视率和极差的口碑之间的"冰火两重天"而成为当年的争议话题，原因便在于其宣扬了"哺而无求，养而无求，舍命而无求"的"娘道"，将男权封建思想意识中的女性"传宗接代、奉献牺牲"视为理所当然，也因此被广大观众视为"女德复辟"，直指其是"封建糟粕的沉渣泛起"。如果联系到《甄嬛传》和《娘道》的高收视率和上述问题可能对观众造成的潜移默化的影响，此类问题便更应引起创作者的重视和反思。由此可见，中国影视剧如何对传统文化进行恰如其分的挖掘和表达，依然是一个值得业界严肃思考和持续探讨的深刻命题。

三、建议与方向：坚持守正创新打造文化精品

在笔者看来，中国影视剧在挖掘和表达中华传统文化方面，应努力做到以下几点：

首先，创作者要将中华传统文化在影视剧中的挖掘和表达内化为一种自觉的文化意识，主动承担起传承和弘扬中华优秀传统文化的重任。习近平总书记在"5·27"重要讲话中指出："中华优秀传统文化是中华文明的智慧结晶和精华所在，是中华民族的根和魂，是我们在世界文化激荡中站稳脚跟的根基。"源远流长、博大精深的中华优秀传统文化不仅滋养了灿烂的中华文明，也为东方文明乃至世界文明的发展做出了不可磨灭的贡献，其无与伦比的价值和魅力已在历史长河中得到了验证。影视创作者在面对不同的题材和类型时，要对蕴含其中的中华优秀传统文化因子进行有意识的发掘和传达，让中华优秀传统文化成为中国影视剧的"内蕴"和"神韵"之所在。换句话说，对中华传统文化的表达不能千篇一律，不能流于表面，更不能违背基本的历史真相和文化本质。近期大火的《梦华录》被誉为"一幅立体的《清明上河图》"，它的高口碑不仅源于剧中的美人和美景，还得益于剧中着意展示的茶道、饮食、音律、贸易等文化气息浓郁的历史场景，更有女性之间肝胆相照的义气和守望互助的情谊。这些历史文化场景和附着于故事中的深厚人文内涵，成功激发起观众对宋代历史文化的浓厚兴趣，作品也借此完成了对中华传统文化的有效传播。反观那些一味追逐时尚和娱乐、忽视传统文化正面表达的作品，即便有众多流量明星的加盟，也往往难逃口碑上的滑铁卢，更不会成为经典之作。

　　其次，影视作品中的中华传统文化要在新的时代语境中实现创造性转化和创新性发展。随着社会和时代的变化、发展和进步，传统文化常常被赋予新的意义和内涵，这是文化自身发展的应有之义和必由之路。因此，影视创作者既要警惕传统文化中的糟粕，及时剔除那些不适应时代命题的负面因子，更要将时代精神融入对优秀传统文化的表达中去。这就对创作者提出了更高的要求。在这方面，电视剧《琅琊榜》为我们提供了一个创作的标杆和榜样。剧中的梅长苏作为中国传统文化中"士"的人物形象，将"仁、义、礼、智、信、忠、孝、悌、节、恕、勇、让"的中华美德诠释得淋漓尽致。剧作虽将故事背景设定在五代十国时期，但其包蕴的政治哲学和价值理念却超越了彼时彼地的时代环境而具有了现实指涉意义。面对梁帝深入骨髓的权力欲望，梅长苏斩钉截铁地告诉他："天下，乃是天下人的天下！若无百姓，何来天子？若无社稷，何来主君？"这样的政治观，无疑是在新的时代背景下对《孟子》"民为贵，社稷次之，君为轻"的政治理念的全新阐释。在权谋当道、人人自危的复杂变局中，背负血海深仇的梅长苏成功辅佐靖王上位，完成了自己的复仇使命。但他的复仇，却又不似甄嬛那样只为一己私仇——梅长苏除了身负父母之仇和灭门之恨，还要为无辜枉死的七万赤焰军将士伸张正义，更要维护朝廷政治的清明和江山社稷的安宁。可以说，正因梅长苏的复仇行为超越了一己私仇的范畴，因而已然升华到了"为国为民，侠之大者"的价值高度。而梅长苏复仇的过程也是正义和情义得到彰显的过程，围绕着梅长苏的复仇计划，我们看到了坚守道德底线的难能可贵和士为知己者死的慷慨激昂，看到了家国天下的雄心壮志和风清气正的理想主义情怀。《琅琊榜》对优秀传统文化的创新性表达，正在于它将传统文化中的优质因子与当下的时代精神和文化气质进行了恰如其分的链接与融合，使故事、主题和人物均焕发出迷人的光彩和魅力。《梦华录》《星汉灿烂·月升沧海》亦复如是，将现代女性独立意识与古代背景的女性成长故事进行了巧妙嫁接，实现了对当代语境下女性成长环境与生存境遇的探讨和反思。

再次，影视剧对中华传统文化的表达要追求制作上的"用心""用情"和精益求精。宏大抽象的传统文化要借助微观的细节表达才能呈现，影视剧在服饰、化妆、道具、布景、构图等方面用心用情，追求极致，才能确保影视剧品质的"表里如一"。《琅琊榜》剧组一度被外界称为"处女座剧组"，其对细节的注重和把控令人称道：整部剧的服、化、道等都经过了详尽而严格的历史考证，比如剧中人物宽衣博带、束发右衽的造型，基本都是按照历史场景进行复原，而根据人物的不同身份和出场场合，其服装的材质、色彩和造型又各有不同，且与情节进展和人物命运紧密勾连。剧中涉及的各种繁复礼仪在规范严谨、一丝不苟的前提下，同样与人物的性格命运交织在一起，比如太皇太后去世后，梅长苏难忍心中悲痛，不顾身体病痛，严格遵循禁食、跪经和叩灵等丧礼仪节，而太子和誉王却在灵堂偷偷进食，太子更是在孝期肆意饮酒淫乐。双方在"礼"上的一"守"一"悖"，人物德行的高下便不言自明。全剧布景之讲究也令人叹为观止：借助中国古代山水园林的构图，全剧多次呈现中国传统的对称美学，着意渲染意境的空灵写意，处处彰显出东方美学的冲淡幽雅。剧中多次出现的宾主对坐、长亭送别等场景，均是人景相依、情景交融的典范。无独有偶，电视剧《长安十二时辰》也在充分调研博物馆馆藏民间收藏文物资料的基础上，逼真还原了唐代人物的服饰、妆容乃至唐朝的点心，并将古法造纸、打铁花等传统技艺融入其中，成功营造了千年长安的盛世风采。上述作品在传播优秀传统文化方面的成功，正是源自创作者对文化和历史细节的精准把控和对剧作品质的精益求精。

四、结语

在全面复兴传统文化的当下，中国传统文化热度不减。影视剧作为大众文化的重要组成部分，作为展示国家文化软实力的重要载体，在挖掘、传承和弘扬中华优秀传统文化方面任重而道远。影视创作者应以高度的文化自觉、文化自信和文化自强意识，坚持守正创新，讲好中国故事，创作出更多具有中国特色、中国风格、中国气派和中国品质的影视作品，向世界展示中国传统文化的底蕴和魅力，进一步提升中华文化的国际影响力。

20/5

宋法刚

宋法刚

宋法刚，男，1981 年生，中国传媒大学博士、北京大学博士后。山东艺术学院传媒学院副院长、教授，山东省泰山学者青年专家，山东省文艺评论家协会副主席；主持国家社科项目 1 项、省部级项目 4 项；主持国家级一流本科课程一门、省教改项目 2 项，获山东省第七届"超星杯"高校青年教师教学比赛三等奖；受聘中国高教学会影视传媒专业委员会常务理事、中国高校影视学会影视评论专业委员会理事，担任北京大学生电影节、山东文化创新奖等专家评委

电影工业体系下新导演的生产模式与伦理叙事探究

宋法刚　李潇微

近些年，特别是三年疫情结束以来，一大批优秀新导演及其代表作纷纷涌现，丰富了电影市场的产品供给，加速了中国电影市场的回暖。2023 年 8 月 29 日，第六届中国电影新力量论坛以"新时代·新征程·新力量——电影和观众在一起"为主题在长春召开。会议里，中宣部电影局常务副局长毛羽着重赞扬了新导演的培养计划以及培养成就，并认为"'新力量'的出现和成长，带来电影形态、类型与话语方式的新变革，带来电影投融资模式的新尝试，带来媒介融合与人才跨界的新可能"[1]。新导演的出现，不仅为中国电影产业化融合出了新的创作模式，即出现了从"导演中心制"向"制片人中心制"过渡的"监制中心制"。同时还因其文化背景的不同，在电影的艺术把控及伦理叙事等方面都较之以往导演呈现出不同的自我表达。本文就中国新导演近年来的影视作品，从制作模式、叙事模式及影像本体三个方面来论述中国电影新导演的总体特征以及审美表达。

一、"监制中心制"：产业化生存下"制片人中心制"的过渡

总体看从 2019—2023 年的新导演所上映的优质影片，监制似乎在其工业流程中占据了非常重要的角色。饶晓志监制了徐磊的《平原上的夏洛克》，韩三平

[1]　　毛羽：《"第六届中国电影新力量论坛"讲话》，《当代电影》2023 年第 11 期。

监制了张大鹏的《无价之宝》，郭帆作为孔大山《宇宙探索编辑部》的监制，白雪《过春天》的监制是田壮壮，申奥《受益人》《孤注一掷》的监制是宁浩，刘循子墨《扬名立万》的监制是韩寒，最近爆火的《三大队》的监制是陈思诚……监制对于新导演来说，不仅是他们刚进入电影生产流程中的领头人、言传身教的师父，还充当着"导演"与"制片人"的中介，以"隐含作者"的身份言说、把控电影的大方向创作。

（一）工业流程的把控

在电影产业化进程中，中国电影如何才能调动市场的积极性、丰荣电影产品类型、全面拓展电影产业的发展空间，并同时完成 2035 年建成电影强国的目标呢？

从工业流程上，尹鸿认为"电影工业体系""并不一定只与大制作、高新技术相关，而是与建立在市场基础上的工业化相关"，并认为其核心要义即"分工化、专业化、流程化、标准化、规模化"。[1] 电影行业是一种高风险、高回报的"投资行业"，只有当电影在工业化生产流程中得到成熟、稳定的制作运转时，才会提升自身的商业竞争力，减少电影制作的损失与风险。在产业模式上，陈旭光提出了"电影工业美学"，希冀在清晰、合理且成熟的工业化体系下完成电影从创作、生产到上映的精密化操作。同时认为新导演群体在电影创作中不约而同地"秉承电影产业观念与类型生产原则……游走于电影工业生产的体制之内……最大程度地平衡电影的'艺术性'/'商业性'，体制性/作者性的关系，追求电影美学效益和经济效益的统一"[2]。对于新导演初次或刚开始触及电影创作的情况，电影工业生产体系确实帮助他们解决了大部分的"烦恼"，其中"监制"便在电影工业流程下充当着"老带新"的创作模式。

从资本驱动的方面来说，监制利用自身的"品牌"效应为新导演争取到了较为宽松的创作环境。众所周知，电影生产背后需要庞大的资金支持。新导演在创

---

[1]　　尹鸿：《从观念到实践：电影工业体系的理论辨析与建构路径》，《当代电影》2023 年第 9 期。

[2]　　陈旭光：《论"电影工业美学"的现实由来、理论资源与体系建构》，《上海大学学报（社会科学版）》2019 年第 1 期。

作初期，都会面临"资金不足"的困境。如果资金无法满足工业生产，再完善成熟的工业流程都只能是"巧妇难为无米之炊"。监制正是在此种困境中，利用自身的品牌保障，为新导演筹备、介绍、提供或引进多种资金渠道及优质资源，为之做好"兵马未动，粮草先行"。与此同时，在创作资金帮扶上，政府、电影展、影视公司等就资金方面对青年电影人推行了帮扶策略：各大电影节启动了创投平台、FIRST 青年电影展开展训练营、坏猴子影业开展"坏猴子72变电影计划"作为新导演扶持计划，等等。资金环节的帮扶让电影市场的商业法则"悬置"，使得新导演能够放松地、大胆地进行艺术创作，拍摄出极具个人表达的电影作品。同时，监制的出现也在一定程度上影响了新导演电影作品的艺术审美价值取向，在"商业性"和"艺术性"的二元抉择中，让新导演稚嫩的创作之路有了一丝喘息、缓神的休憩之所。

从生产环节的方面来说，监制大多是成熟的导演、制片等电影人的身份，深谙电影创作流程，并带领新导演熟悉并提升对生产环节的把控。其实，电影从一开始的创作便是学徒制的。大多数优秀导演的电影启蒙大都是跟随一位成熟导演开始的，他们参与电影制作的全过程从而得到锻炼成长。很多早期电影导演大多数从场记开始做起，侯孝贤便是其中之一。与早期学徒制的理念相同，监制在新导演接触电影产业链各个环节也充当着"师父"的角色，但与早期学徒制的模式不同的是，监制与新导演的关系不是以监制为中心、耳提面命的教授模式，而是以新导演为创作中心的"陪练模式"。宁浩认为监制和导演最理想的关系状态是每个导演都是个人意志很强的个体，作为监制，最主要的是提供帮助，最大限度地激发导演的潜能[1]。很多新导演都是刚刚完成自己的电影处女作，对电影作品创作的把控还尚未成熟。监制的出现，能帮助他们最高效地避免低级、幼稚的错误，从而影响其电影的商业价值与艺术价值。戴墨的《误杀2》和《三大队》都是陈思诚监制的，比较一下两部作品，能非常明显地看出戴墨的成长，不仅在叙事上的把握、人物形象的塑造有所改观，其电影氛围和节奏的把控能力也得到了显著提升。他在采访时曾坦言，没有陈思诚的帮助项目都无法成立。

[1]　　　参见《宁浩：导演不是学出来的，是活出来的》，《人民日报》2018 年 7 月 7 日。

（二）"隐含作者"的在场

韦恩·布斯在论述"隐含作者"和小说的叙事文本关系时认为："隐含作者"的价值观、意识形态、审美偏好在无形之中影响了叙事文本，而且"隐含作者"对创作小说时可调用的修辞手段做出了选择，使小说文本呈现出最终的形态，最后创造了他的"隐含读者"，进行了作者与读者之间的"秘密交流"。[1]"隐含作者"的价值观念、风格喜好等影响了小说的叙事文本的发展，借助这种反馈关系，许修纯认为"隐含作者"在电影创作过程中也同样在场，即在电影建构过程中，以特定创作状态下，导演、编剧、制片、监制以及整个创作团队的整合，都能保证有选择性的统一观点。如此创作关系中，监制在电影中不自觉地表露出自身固有且成熟的创作痕迹，成为其"隐含作者"在场的证据。

《平原上的夏洛克》是徐磊个人自编自导的首部电影，获第 13 届 FIRST 青年电影展最佳电影文本奖。影片讲述了两位年过半百的农村老人为了找到撞伤好友的肇事者，单凭一个车牌号从农村找到城市的"江湖"故事。该片的监制是饶晓志，所以当我们在观看《平原上的夏洛克》时，会不自觉地与饶晓志的电影风格产生联想。两者都具有极为相似的小人物视角、个体命运以及黑色幽默风格，表达出对城市和农村之间的关系含而未露的探讨。可以说，饶晓志的创作风格对徐磊创作该电影作品的影响甚大。当超英在追凶失败后，将金鱼养在塑料袋做的吊顶上的细节处理和饶晓志在《无名之辈》里安置在马嘉祺家里的鱼缸也有一定的关联。前者是对超英愿望落空后无可奈何心情的浪漫解构，后者则是以金鱼被困在鱼缸不得自由的意象来衬托马嘉祺和胡广生的生存困境。不仅如此，《平原上的夏洛克》还有着和《无名之辈》一样的"江湖之气"。占义为帮助超英完成建房的心愿，甘愿多次以身涉险去探查肇事司机的下落，甚至替超英做"违法犯罪"之事，就如同《无名之辈》里李海根对胡广生的无条件服从，两人都注重的是朋友之间的"义"字。超英为阻止老友犯错，在深夜头戴斗笠骑马奔驰，而高翔的同学也在最后一刻来到高翔身旁守护。

韩延的作品大多是关注个体的生死哲学与疾病叙事，在他监制的《人生大

---

[1] 参见［美］韦恩·布斯《小说修辞学》，华明、胡苏晓、周宪译，北京：北京联合出版公司，2017 年，第 275 页。

事》中，导演刘江江也同样讨论了殡葬行业这个介于生与死的灰色话题。陈思诚的作品靠着悬疑、犯罪类型片"出圈"，《唐人街探案》系列成为商业性电影成功的典型案例之一，因此他监制的如《误杀》《消失的他》《三大队》等电影也与其作品风格相似。

"惯习既受到来自场域的形塑，又是行动主体将个人性情与过去经验相结合，共同'积淀'于相对稳定而又可改变的性情倾向系统之中。"[1]监制与导演作品风格的适配度，一方面来自监制作为"隐含作者"的身份，不可避免地在电影叙事文本中带有专属于自己无意识的惯习印记；另一方面也来自"监制"和"导演"的场域吸引，使两者自然而然地愿意彼此接受风格的相似和风格的沿袭。在相似的价值观和审美偏好的条件下，监制对导演个人追求给予充分的尊重与认可，并帮助导演更自由地完成个人创作。同时，监制又完美地充当起导演与制片人对话的桥梁，调和制片人商业上的诉求。

在"产业化生存"模式中，电影对商业成功的需求在所难免。因此，导演在平衡电影商业性和艺术性做出抉择时，往往会忍痛割爱。罗伯特·考克尔曾说："电影制作的商业和文化现实大大抵消了（导演）希望成为一个个性化创作者的愿望，抵消了（导演）希望拥有自己的主题风格和个人化的世界观的愿望，世界范围内的电影产品的经济现实和绝大多数电影观众的口味抵消了这种愿望。"[2]如此，新导演一方面希望借助"制片人中心制"来达到市场定位、融资投资、票房回报等方面的成功；另一方面又不希望受限制于资本，渴望自我意识的抒发。监制在电影文本创作上给新导演提供帮助与建议，在制作、宣传等宣发环节中，又利用自身的品牌效应发挥着统筹的角色。"监制中心制"的出现正是中国电影的创作重心从"导演中心制"向"制片人中心制"的过渡。在这种模式下，新导演不仅摸准了电影的工业化流程，而且还在意识形态和舆论导向领域最大化地专注于电影创作的艺术性。我们衷心希冀在中国电影产业结构的完善进程中"既尊重电影的艺术性要求、文化品格基准，也尊重电影技术水准和运作上的工业性要

[1]　　［法］皮埃尔·布尔迪厄、［美］华康德：《实践与反思——反思社会学引导》，李猛、李康译，北京：中央编译出版社，1998 年，第 152 页。

[2]　　［美］罗伯特·考克尔：《电影的形式与文化》，郭青春译，北京：北京大学出版社，2004 年，第 205 页。

求……力图达成电影的商业性和艺术性之间的统筹协调、张力平衡而追求美学的统一"[1]。

二、个体自由伦理叙事：向生命本质的回归

电影本来就是一种文化产品，其自身的艺术性与商业性并非一个绝对对立的命题模式。"电影工业美学"虽然起源于工业性与艺术性的"二元对立"，却从未将"二元对立"的界限奉为圭臬，而是不断在电影创作与市场迎合中反复尝试探索，希冀超越"二元对立"的界碑。正如前文提到而在此时重申的"电影工业美学"的原则，前文重视原则中对"理性、标准化、规范化的工作方式""游走于电影工业生产的体制之内""追求电影美学效益和经济效益的统一"的"商业化运转需求"，此时是对原则中"兼顾电影创作艺术追求""最大程度地平衡电影艺术性/商业性、体制性/作者性的关系"[2]的"艺术创作目标"的强调与践行。因此，除了在产业流程、制作模式等帮助新导演节省因"资金协调"而带来的耗神之外，电影工业体系下衍生的"电影工业美学"，也为新导演在电影创作空间中"挤开"了一片自己可控的自由表达之地。

在现代化语境下，作为一种文化现实所寓身的场所，电影在绝大多数时刻不可避免地承载着他者的欲望投射。第五代导演在国际电影节上名声大震，在带来荣誉的同时，也为西方人固化其陈旧的东方镜像提供了大量佐证；第六代导演以拒绝影片意识形态运作的姿态决绝地拒绝了中国电影的体制及市场，讽刺的是当他们走出国门后，西方世界仍然强硬、粗暴地篡改着第六代导演的意愿与初衷，并将他们的目光"'穿过'了这一中国电影的事实，降落在另一个想象的'中国'之上；降落在一个悲剧式的乐观情境之中"[3]。从某种程度上说，两代导演都不得

[1]　　陈旭光：《新时代中国电影的"工业美学"：阐释与建构》，《浙江传媒学院学报》2018 年第 1 期。

[2]　　陈旭光：《论"电影工业美学"的现实由来、理论资源与体系建构》，《上海大学学报（社会科学版）》2019 年第 1 期。

[3]　　戴锦华：《雾中风景：中国电影文化 1978—1998（第二版）》，北京：北京大学出版社，2006 年，第 370 页。

已承受着西方电影标准的凝视，或多或少承受着被"狎玩"的电影理想。新导演似乎还没有出现这方面的困扰，或许从中国规划在 2035 年成为电影强国的时候开始，或许更早，新导演所渴求的凝视便不再是来自西方的认可，而是在诸多欲望投射下立足于丰盈自身的决定。因此，新导演的电影作品从叙事上来说，更多地将目光凝视于个体生命的自由舒展，大体归结为个体英雄形象的塑造、个体自由伦理的叙事。

（一）个体英雄形象的塑造

与之前电影对英雄"神性"的塑造不同，新导演群体塑造的英雄似乎更具有"人性"。可以说，前者是对高尚道德情操的敬仰，使众人亦步亦趋紧随道德标准至上；后者则是对个人意志的赞同，使更多的人坦然接纳生命的欲望与平凡。前者对个体英雄的建构着重于"德"，后者对个体英雄的构筑聚焦于"道"。

更准确地说，近些年新导演在电影中钟爱塑造的人物是逆旅的英雄形象。"逆旅"指涉着个体物质边缘属性，他与正常的事情走向是相反的，这就造成了人物形象的"边缘化"；"英雄形象"指涉着个体正确的道德观念，它符合着正常状态下人们所推崇的价值评判和道德追求。行为动机的"反"和道德价值的"正"，成为新导演电影作品中独特且深刻的人物形象塑造方式之一。

《三大队》讲述的是程兵在脱离警察身份后仍然追捕凶手的缉凶之旅。从广东到湖南、四川、辽宁，再回到广东、云南、广西，最终到贵州铜仁。程兵在出狱后的时间是停滞的，他只想抓住 8 年前从他手中逃脱的杀人凶手程二勇。因为程二勇导致程兵的师父去世，也让程兵与同事入狱。在以后辗转的十几年间，程兵的个人时间和社会进程是相反的，这就形成了他的"逆旅"。随着三大队的战友们先后被感召加入追凶之旅，一直到他们各自与"过去之我"和解，并重新被纳入正常生活潮流。程兵的坚持，塑造了他的"个人"。他不惜抛弃自己幸福的权利，付出一辈子时间为代价，在被迫脱下警服，陷于无依无靠的境地，仍然百折不挠地凭借个人之力去追查一个不可错放的凶手。如此逼自己入绝境的胆魄和对"天网恢恢，疏而不漏"的坚信，促使他成为一个"英雄"。

《平原上的夏洛克》讲述的则是占义和超英为给受伤的好友树河寻找肇事司机讨个公道，只身从农村来到城市寻找肇事车辆的蛛丝马迹，甚至最后不惜对抗权势和身份都足以碾压他们的商业老板。《无价之宝》里石振邦只为遵守和欠债人的一句约定，便将欠债人的孩子芊芊抚养长大。《扬名立万》中的演员们为了真相，冒着生死危险将案件的真相以舞台剧的形式表演了出来。《消失的她》里陈麦为找到好友李木子的尸体，以身入局，引诱赌徒何非说出真相。

不仅是物质现实造成的外部力量迫使主人公以逆旅英雄的形象出现，当内在精神驱动下，这些主人公以游离状态出现在正常社会空间中时，这些形象也是以一种内在孤独和不屈服于命运的英雄形象出现的。这种英雄主义大多来源于忍受痛苦、接受孤独和热爱命运的壮烈。《宇宙探索编辑部》里唐志军无法在现实社会环境中获得自洽的人物身份。他的孤独来源于自我精神与社会的无法沟通、家庭的失散和个人的失语，但唐志军在被失语与孤独侵袭的状态下，在一次次的失望与被伤害中，依旧没有折服于命运的打击，仍然坚持为自己的理想寻找喘息的可能。他的英雄主义来源于如同堂吉诃德般笃定自若的坚守、积极寻找着人生的意义并试图将它和自己的理想融为一体。《爱情神话》中生命个体的孤独状态来源于个体欲望的隔离;《过春天》也同样是无法反抗家庭环境下对生活和自己的接纳与和解。《回南天》《野马分鬃》《小伟》《脐带》《一念无明》等作品也有所指涉相似精神空间下的英雄主义。当生命个体忽略掉对社会环境的感知而专注于自身原初欲望的释放与和解时，就在社会这一物质空间下重新创造出一个以自己精神为内核的新的空间向度。在这一私密性、知觉性的精神空间里，淋漓地展现着游离于体制之外的个人英雄主义的魅力。

（二）个体自由伦理叙事

影像伦理是电影作为叙事文本难以脱离的文化研究，"作为一种以影像叙事形态为研究对象，以影片表现的伦理取向为核心研究内容的电影理论方法，中国电影伦理学的元命题既包括影像、镜头、叙事这些来自电影本体方面的核心概念，同时也包括是非、善恶、正邪这些来自伦理领域的概念"[1]。

在具体观影过程中，伦理问题常以电影叙事文本为寄身之所，并通过镜头对个体命运、历史进程的凝视，完成道德与伦理的指涉。

---

[1] 贾磊磊、袁智忠:《中国电影伦理学的元命题及其理论主旨》,《当代电影》2017 年第 8 期。

刘小枫在《沉重的肉身》中将伦理学分为理性伦理学和叙事伦理学。理性伦理学是借助对生命感觉的一般法则和个体生活所遵循的基本道德观念的建构，来培养并深化人的道德准则。叙事伦理学是通过个体的叙事经历提出对生命的独特感思，即"从个体的独特命运的例外情形去探问生活感觉的意义，紧紧搂抱着个人的命运，关注个人生活的深渊"[1]。电影不是道德规范的戒尺，它多数靠"寓教于乐"潜移默化地影响人们对道德的认识和形塑，因此，电影多数靠的是叙事伦理表达伦理叙事。在现代叙事伦理中，刘小枫又将其分为两种，一种是人民伦理的大叙事，一种是自由伦理的个体叙事。前者通常以小见大，通过展现个人命运来窥透个体背后的国家历史的大进程。在前几代导演的典型之作中，这是惯常的叙事模式。陈凯歌的《百花深处》通过冯疯子的"失家"和"搬家"，指涉了传统文化和现代性文化的冲击；贾樟柯的《小武》通过边缘人物在故乡找不到身份认同来代替当下年轻人的"身份焦虑"。

自由伦理的个体叙事通常见微知著，通过个体命运的偶在性展现生命的呢喃与叹息，即在国家道德标准大环境下，将目光凝视在个体的道德境遇。这也正是新导演通常在初次创作电影时所做出的惯常反应。他们通常下意识地选择与自己生命体验和见闻息息相关的事物来刻画或勾勒自己的人物形象与故事脉络。表现的经常是一个具有独特生命体验与生命思考的个体生命在面临伦理困境时的凝重抉择。所以，新导演的电影在影像伦理叙事上大多数呈现为自由伦理的个体叙事。

首先，这种自由伦理的个体叙事表现为对个体的尊重，不受身份限制的尊重。身份代表着权力结构，在一个以家庭为单位、以血缘为联系纽带的家族环境中，"亲密的血缘关系限制着若干社会活动"[2]，这就使带有血缘关系的亲属之间常产生一种权力的压迫，因此，身份也代表着伦理上的束缚。《我的姐姐》中，安然从个体迷茫到个体觉醒，再到赢得姑姑的支持，获得个体独立的权利。这虽然在一定程度上冲击着中国传统的"重男轻女"的封建思想，但无法真正获得生命的自由。影片开放性结局的无奈与不置可否，表现出情感叙事中亲情逻辑和伦

---

[1]　　刘小枫：《沉重的肉身》，北京：华夏出版社有限公司，2020年，第5页。

[2]　　费孝通：《乡土中国》，北京：人民出版社，2008年，第91页。

理逻辑的对抗，显然让每个观众都在下意识从至高道德标准去审视并强制完成圆满，也让观众不约而同会忽略以安然为代表的群体们依然要面临的伦理困境。《脐带》也面临着如此困境，只是与前者不同。《脐带》讲的是亲情的牺牲。母亲因为失智渴望回到自己的故乡，儿子尊重母亲意愿和她一起回到了自己小时候的家园，但母亲仍然要找她自己的家。儿子想象中母亲的家和母亲自己想象中的家有了出入。儿子认为母亲的家是她在成人后建立的第一个带有个体独立意义的家园，母亲则认为自己的家是她降生在这世界上第一个安身立命之所。因此，母亲忘记了她和儿子共同拥有的第一个家，执着地寻找在一半是生命一半是死亡的大树之下她自己和父母所生活的蒙古包。导演如此安排，使得观众发现了母亲身份背后的另一层身份，即她还是女儿。个体生命降生在世界上后，便拥有源源不断的他者凝视并使其产生相对应的身份属性。大多数导演只把母亲归结为母亲，也有更进一步像《妈妈！》一样将母亲和女儿的身份对调，但几乎很少有导演单纯地注视着一个剥离母亲或女儿身份后鲜活的生命个体。阿鲁斯主动割断了拴住母亲的绳子，让母亲自由地奔向她所渴望的方向。这是亲情的让步尊重了个体生命的选择。《宇宙探索编辑部》里唐志军最终在意念里和自杀的女儿达成和解，也是他在透过"女儿"这层身份属性，看到了一个生命的自由状态。

其次，个体自由伦理叙事表现为对生命个体偶在性的认同。刘小枫认为："对伦理问题的思考，是从伦理秩序的规范性出发，还是从生命个体的偶在性出发，完全不同。"[1]前者表现为以道德规范束缚人的欲望及肉体，其正当的意义来源是寻找意义的人生；后者表现为对个人化价值秩序的承认和允许每个人能活出自己的人生，即对生命个体偶在性的认同。偶在性意味着不确定性，事情因人而异产生可能，也因个体的抉择使每一种可能性都可能成为现实。对生命个体偶在性的认同，就是允许个体生命多种欲望的发生和介入。《平原上的夏洛克》里，当超英因为树河的医疗费而选择放弃自己建造新房的心愿时，占义和超英辗转追凶的决定，也有一部分的原因来自超英自己的愿望有实现的可能。面对友情和梦想的抉择，导演允许了超英的"私心"。《受益人》选择了杀妻骗保的刑事案件原型

---

[1]　刘小枫：《沉重的肉身》，北京：华夏出版社有限公司，2020 年，第 285 页。

作为改编素材。道德审判和法律审判都足以使吴海沦为心灵和肉体的阶下囚，但导演给了主人公吴海一个陷入困境的理由——他自己的儿子患有严重的哮喘。《过春天》里，佩佩作为一名往返于深圳与香港的水客，直接碰触了法律的底线，但影片更多关注的是佩佩迷茫的青春与不知何以为家的惶恐不安。最直接的表现是《河边的错误》，影片中作为司法象征的警察马哲，因为自己的感性放纵了疯子连杀四人。感性和理性的对抗、恍惚的精神状态、不合时宜的影院办公地点，这就解构了司法的严肃与威严。观众从对法律标准的"盲从"中，洞见了"执法者"标签背后"人"的错误，发现了伦理意识的惊颤。

"司法制度能惩罚不正当的故意行为，却不能填补生活中因个人性情而产生的偶在性裂痕。"[1]新导演在司法制度和伦理意识的选择中，经常延缓司法制度的在场，例如在影片结尾用字幕的方式揭示触犯法律的各位主人公的结局。或像《无价之宝》一样，给予了石振邦非杀不可的理由，因为要维护女儿的安全，也可能是误杀，因为惊慌而失手。电影中主人公所处的伦理困境是真实生活的本身，而新导演更愿为这一困境提供展现的舞台，也倾向让电影中的主人公以自由的个体存活，而不是成为道德规范的模范。这也是新导演们不愿随意以道德标准约束他人的"谨慎态度"，是对人的自由欲望的认可和尊重。

2019 年胡克在《冲破写实禁锢》一文中曾经对未来数年电影发展的趋势进行猜测，其中他认为"传播多年并被固化的人文思想观念体系也要接受挑战"，其大致表现为"对于人性的单一的正面肯定态度会被多样化的表现取代。恶被释放出来，并得到多元化的表现。潜意识中的非理性因素会得到释放或宣泄"。[2]新导演们在电影素材的选择及叙事人物的处理方面也确实出现了这一趋势。当电影中的人拥有了"复杂"的权利，紧随其后的是影片对伦理道德的探讨，也随即深化了对生活深度、人性复杂度的认识。这样也就弥补了中国电影基于现实土壤对生活和生命的感知，提高了电影内在的精神价值与艺术价值。

[1]　　刘小枫:《沉重的肉身》，北京：华夏出版社有限公司，2020 年，第274 页。

[2]　　胡克:《冲破写实禁锢》，载厉震林、万传法主编《华语电影：新发展与新探索》，北京：中国电影出版社，2021 年，第 19 页。

三、电影语言的诗性描摹：我思故我在的电影世界

电影文本是一种关于自我表达的文本，邵艺辉曾说："我理想中的电影，应该是在虚幻的世界里流露真情实感。"[1] 流露的真情实感便是导演自我意识的表达。新导演在电影创作中，沿袭着自己的价值观念与精神诉求，因此始终以关注个体精神困境为表述重点。对精神的关注，也让新导演的电影作品呈现出一种诗意描摹，从审美上呈现为静默意境，从电影语言上表现为对内心空间的建构。

（一）静默之诗意性

作为一种美学风格，静默早在 20 世纪 30 年代便被提及。中国最典型的代表费穆导演的《小城之春》便是以一种"言有尽而意无穷"的意境使整部影片充斥着氤氲的暧昧氛围。静默不是一种声音的禁止，"寂静不是状态，而是事件，是人的感受，是汇聚点。"[2] 静默的对象是在电影中生存的生命个体，静默的呈现效果不仅是电影中有节制有规划的短暂性"失声"，更是以视觉化效果呈现电影中"可见之人"的心理状态和情感状况。巴拉兹曾说："沉默不语的人内心却可能充满了可以用影像、面部表情和手势等多种方式表达的情感。"[3] 可以说，静默意境是电影将其感受直观化、叙事化，以视觉效果取代文字描述，将个人情感的私密性公之于众的特殊美学风格。

新导演的大多数作品因为关注个体本身及精神状况、伦理叙事，自然也乐于展示个体私密性极强的内心世界。《宇宙探索编辑部》是一部最典型的例子，在这部电影中，每位主角几乎都存在"失语"的状态，或是唐志军的自言自语，或是那日苏的口吃，或是晓晓的沉默。每个人都因为"口不能言自己所言"的无奈封闭着自己的内心，从而形成平静且孤独的个体。静默常使他们在影片中呈现萧索孤独的状态。导演非常有创意地运用采访的方式，强迫这群孤独封闭的人面对

---

[1]　《"第六届中国电影新力量论坛"发言摘要》，《当代电影》2023 年第 11 期。

[2]　[匈] 巴拉兹·贝拉：《可见的人——电影文化 电影精神》，安利译，北京：中国电影出版社，2000 年，第 238 页。

[3]　[匈] 巴拉兹·贝拉：《可见的人——电影文化 电影精神》，安利译，北京：中国电影出版社，2000 年，第 11 页。

自己的窘境。采访是一种非常直接打进被采访者内心世界的方式，它强迫被采访者直面自己的脆弱，并被迫承受镜头背后目光的凝视与剥削。唐志军左右闪躲的眼神表达自己的惶恐和尴尬，那日苏直接睡着躲避镜头的打扰，晓晓在接受采访后惯性缄口不言。在如此强硬态度的入侵下，《宇宙探索编辑部》的各位主角，在采访结束后面对依然敞开的录像镜头，呈现着精神的胆怯和肉体的游离。

（二）情境之意象化

　　静默意境的表现有赖于叙事情境的建构和镜头语言的表达，静默意境的空间呈现有时却依仗于导演对内心空间的建构，即通过电影的视听完成内心世界的洞见。甚至有些时候，新导演对"情境制造"的乐趣大于对故事讲述的乐趣，从而造成叙事上的欠缺。

　　制造"情境"，是对"形式"的在意，因此，新导演的作品往往表现为意象符号的频繁使用。《河边的错误》里警察将办公室搬至电影院，严肃的办公日常宛若一场舞台剧一样上演着，局长坐在观众席目睹着这场闹剧。如此看来，最可怕的不是马哲作为警察在办案过程中的逐渐"失智"，而是警察局局长始终以旁观者的姿态清醒地看着这场凶杀闹剧，却始终不出面阻拦。局长从影片一开始便以三等功为诱饵，引诱着马哲自愿成为权力争夺的表演者。局长是一种权力的凝视，一旦以某种诱饵吸引人入局，便乐此不疲地看着这场困兽之斗。小镇连绵不绝的雨，是每个人难以逃避的欲望：马哲的升官渴望、幺四婆婆的性欲、许亮渴望成为女性、王宏对爱情的索求……最终降落的雨汇成河流，纷繁复杂的欲望也凝汇在一起，成为人原罪的证词。《过春天》里最终在深圳下的雪、《脐带》里母子之间的脐带外化成彼此捆缚的绳子、《无价之宝》中石振邦牵着的红色气球等等都是如此。

　　"制造情境"还表现为心理空间的建构，《宇宙探索编辑部》唐志军最后跟着孙一通进入洞穴，在火光的映照中，古老的文化和先进的外星文明同时碰撞在唐志军面前，成为一所现在的"柏拉图洞穴"。《无价之宝》中石振邦在好友婚礼后有一段模仿《等待戈多》的超现实音乐之舞，以此来表现石振邦在好友及养女都各有稳定归宿后对未来生活积极的渴望和热爱。

　　综上所述，"制造情境"其实是脱离叙事的危险之举，但在新导演的影视作品中却是有理可依有情可原。它对形式的在意、对心理空间的建构，与新导演在关注个体精神状况与探讨个体伦理困境方面是一脉相承的。它渴望展现的是一种由视听语言和物质现实所呈现的直观的生命体验，是一种在谎言、自洽、欲盖弥彰的粉饰面前戳破迷障的举措，因此它需要"制造情境"来暂停生命的叙事，而在暂停的这一瞬间，人人都是真实不加掩盖的自己。

四、结语

"电影工业体系"与"新导演群体"的结合是大势所趋，论及两者关系，笔者认为"电影工业体系"作为一种"方法"比作为一种"背景"更适合新导演群体对电影的创作表达与价值营构。前者是一种"途径"，强调的是自由选择；后者是一种"环境"，有无意识的"强制"意味。作为"方法"的有益性体现在新导演群体可以自由地选择影片的存在方式，不限制于文艺片、商业片的二元统摄，同时在一定程度上缓解了商业压力，保障了电影内容在本体创作上的"作者性""艺术性""多样性"。

诚如赵卫防先生等人所说："提升中国电影质量，（中国电影业）要想飞起来，就需要依靠两个翅膀，一是产业翅膀，二是美学翅膀。"[1]新导演对中国电影发展的探讨，统摄在工业体系之下，在生产模式上遵循电影的产业化流程，以成熟、规范的电影制作流程完成高效、高质量的电影产出；在美学观念上以"电影工业美学"的原则为导向；在多元化创意创作及"体制内导演"等界限内做出尝试、探索与拓展；在艺术追求及表达上则勇于探寻人物新的价值表达，强化电影内在艺术涵养。在中国电影产业化进程的催化和"十四五"中国电影发展规划要在2035年建设电影强国的目标下，新导演在创作模式、创作概念、主体意识和美学风格等方面，都有着显著的个人特色。也正是如此"百花齐放"，才不断丰荣着中国电影市场，并持续为中国电影"商业性"和"艺术性"之间的平衡做出自己的探索方式。

[1]　张卫、陈旭光、赵卫防、杨鸽、曹婧:《以质量为本 促产业升级》,《当代电影》2017 年第 12 期。

守正创新：融媒视域下影视批评的 "变" 与 "不变"

宋法刚　陈　鸣

　　步入新时代以来，我国的数字技术、通讯产业与互联网市场取得了长足的进步与发展，极大地改变了人们的生活条件与思维方式。依托于互联网载体，广播、影视、报纸等媒体"在人力、内容、宣传等方面进行全面整合，实现'资源通融、内容兼容、宣传互融、利益共融'的新型媒体"[1]即"融媒体"。在此视域下，产生了一系列在内容生产、形式样貌、传播途径等方面与传统相异的全新文艺作品，这给我国文艺产业发展带来历史机遇的同时，也使影视批评家面临着"如何转型"的现实难题。

一、多元化转向：影视批评的新样貌

　　随着数字媒介技术日臻成熟、通信设备的广泛普及与应用软件的高度开发，移动互联网已然占据了当下传播模式中的主导性地位。从技术的角度而言，互联网是一种计算机网络，它以数值化呈现的方式将影视转换为可供编程的文本；从传播的角度而言，借助通信设备和线路的相互连接、信息存储与传播速率的不断更新，互联网成了可以即时共享与互动的平台；从文化的角度而言，全新的技术形式不仅衍生出了独特的文化形态，更加速了文化间的碰撞与交流，形成了网络

---

[1]　　庄勇：《从"融媒体"中寻求生机的思考与探索》，《当代电视》2009 年第 4 期。

文化的鲜明底色。因此，基于网络整合建构下的影视批评便具有数字技术加持、多种话语交织、即时互动反馈等为特征的文化景观。相较传统而言，置身其中的影视批评在批评阵地、批评样式、批评主体、批评内容、批评属性等方面都发生了巨大变化。

其一，影视批评阵地的网络化转移。纸媒时代，影视批评家多集中在书籍、报纸、杂志等媒介平台上发表评论文章，宣传、介绍、点评时下的影视片目与创作现象。中国早期电影人郑正秋便邀请好友顾肯夫为明星公司合办《影戏杂志》月刊，继而宣传、鼓励、引导观众观看具有文学意味与艺术价值的影片。[1] 此外，民国时期的《申报》《民报》等开设的电影专栏、《电影杂志》《电影艺术》等电影杂志在观众中也具有较强的专业性与权威性，成为影视批评家引导舆论场的主要阵地。而影视批评领域纸媒独大的情况在电视普及后发生变化，步入网络时代后，纸媒的市场份额进一步萎缩，个别经营不利的报刊、杂志甚至"鲜有问津"。受众量的锐减使得传统媒介无法继续充当影视批评的主要宣传阵地，与之相对的是，依托于移动互联网而迅速兴起的豆瓣、猫眼、抖音、微博、微信等平台迅速成为全新、高能的舆论场地。仅以豆瓣为例，电影《霸王别姬》的词条下便收录了近 42 万条短评信息、9000 余条影评，而猫眼、抖音、微博等平台更成为影视作品宣发的重要载体，以设定话题的方式引导评论，以回复留言的方式实现创作者与受众的良性互动。就此而言，基于网络化平台的影视批评极大地吸引了受众的关注与参与，已形成较为完善的批评体系。

其二，影视批评样式的融媒介特质。列夫·马诺维奇认为，数字化包含采样与量化两个步骤，采样将连续性数据转化为离散的数据，并以人、页、像素等不同单位出现；量化则将赋予其一个特定范围内的数值。[2] 因此，从技术角度而言，文字、图片、声音等均可以数值化（如代码、像素等）的方式加以呈现，这使得报纸、影视、广播之间具备了相互融合的基础。事实上，一些网络平台本身即具备了多媒介的特质，如微信便是集文字、图片、视频等于一体，并赋予部分如

---

[1] 　参见郑正秋《明星公司发行月刊的必要》，载丁亚平主编《百年中国电影理论文选（第一卷）》，北京：中国文联出版社，2016 年，第 17 页。

[2] 　参见［俄］列夫·马诺维奇《新媒体的语言》，车琳译，贵州：贵州人民出版社，2020 年，第 28 页。

"Sir 电影""肉叔电影""陀螺电影""电影工厂""差评"等微信公众平台以影视批评的媒介优势。同时，相关的文化传媒有限公司也纷纷基于自家的微信公众号发表对时下影视作品的批评文章，如北京看理想文化传媒有限公司的公众号"看理想"便于 2021 年 5 月 25 日发表了一篇针对《爱，死亡与机器人》第二季口碑滑落的分析批评推文，并收获了"10 万 +"的阅读量，形成了广泛的传播效应。同时，微信公众平台、抖音、微博等平台的评论文章还具备超链接的功能，可以从一篇评论的内容中直接跳转至另一篇评论文章，甚至成为影视资源播放的跳转"入口"，而此类功能也是报纸、杂志等传统纸媒所不具备的。

其三，影视批评主体的大众化趋势。北京大学陈旭光教授曾发文宣称这个时代似乎是一个"人人都是评论家"的时代，认为"在这个时代，影视批评无疑泛化了，早已经不再是'威权化'的单向发声了，而是一种网络时代的'众声喧哗'"[1]。互联网极低的准入门槛与较为便捷的"批评入口"使得广大网民通过简单的点击与打字操作便可直接参与到影视批评当中。同时，借助数量优势，网民"每时每刻"的自发评论都在稀释着影视批评家的发声权重，这不仅打破了原有职业批评家单向发声的传播模式，更消解着文化精英的权威性。这种对权威性的消解标志着影视批评家的职业、阅历、经验、受教育程度等优势的权重也在进一步下降，每一个屏幕终端的用户，不论相互之间在年龄、职业、教育、地位、区域、种族等方面存在着多么大的差异都可以发表自己的意见，甚至成为一种衡量影视作品的价值尺度。

其四，影视批评内容的多样化态势。相较于影视批评家，基于网络用户为主体的影视批评内容更为灵活多变，具体而言，则表现为"短、快、准"，具有多元与个性并存的特点。传统专业影视批评家出于专业性考量与系统性表述，发表的影视批评文章往往篇幅较长，而大众的影视批评多为有感而发，即兴而作，虽然专业性与系统性不足，但表达更为自由、篇幅更为简短，这也满足了当下网民的碎片化阅读需求。内容的短小在一定程度上也促使影视批评生产的"快"，学者刘强认为"电影批评虽不必像新闻那样将时效性视为生命，但对于肩负着引导观众观影的影评来说，只有与电影的放映档期保持同步，才能更好地发挥其应有

---

[1]　　陈旭光:《互联网时代：影视批评何为》,《现代视听》2020 年第 9 期。

功能"[1]。虽然快的未必是好的，但就其功效论而言，影评表发的快捷性也在一定程度上凸显着电影批评的存在价值。而"准"更倾向于大众的主观感受与情绪体验的表达之"准"，相较于一些影视批评家们的抽象化用语，网民的影视批评文字表达更为通俗易懂、简洁凝练，如"萌""淦""666"等网络高频用语也多用于批评的内容书写当中，而且批评材料也不仅仅局限于文字，"视频＋解说"甚至表情包都可以成为其表达意见的重要内容。

其五，影视批评属性的需求化满足。清华大学彭兰教授认为网络用户的需求可以分为"关系需求、内容需求与服务需求三大方面"[2]。基于互联网崛起与媒介融合而派生衍化的新型影视批评也具备了相较于传统而言更强的互动性、自由性、娱乐性、服务性等特质，更好地满足了受众在关系、内容与服务方面的需求。就关系需求而言，个人用户在自媒体平台上发表影视批评文章不仅可以树立"影视爱好者"的形象标签，还可以与网友之间形成交流、讨论与互动，满足个人自我塑造与人际交往的双重需求。同时，每一条批评文章的获赞、获评、转发，都可以使评论者获取自我认同感与社会归属感。就内容需求而言，网络的各融媒体平台已成为用户获取外界信息、把握环境变化的一扇窗口。因此，浏览平台中出现的任一批评文章都可以提高用户对影片的了解程度，而有意识地检索相关讯息更可以扩充认知宽度、提升认知深度。同时，一些内容轻松、幽默，形式新颖多样的影视批评还可以满足用户的娱乐需求面向。就服务需求而言，一些专业的学术机构、影视企业相继在网络平台上发表影视批评，借助融媒体的技术优势，向用户提供专业解读、提问解答、深度学习、推介资源等服务，具有一定的公益属性。

二、开拓型创新：影视批评的新路径

新时代融媒体的迅速发展使得影视批评领域发生了巨大变化，衍生出了网络批评、视频传播、独立影评人等新样貌与新形态。在此视域下，职业影视批评家

[1]　　刘强:《全媒体时代电影批评的新特性》,《青年记者》2012 年第 32 期。
[2]　　彭兰:《网络传播概论》,北京：中国人民大学出版社,2017 年，第 170 页。

"一家独大"的局面被打破，影视专家学者的权威性被稀释，其影视批评的力度与有效性都被极大地削弱。专业影视批评文章似乎在融媒体语境下反而成为一种较为边缘的声音。然而，解构并不等于消灭。依靠独特的权威性、专业性，影视批评家在当今的批评语境中仍占据着重要的话语权重，而融媒体语境下的多元化转向召唤着影视批评家们探索与创新出更多新路径。

第一，搭乘全球化顺风车，立足国际视野，强化国内外的学术交流。长期以来，我们一直从优秀传统文化中汲取养分，创新影视批评的研究方法，并取得了丰厚的成果。而在全球化进程飞速加快的当今世界中，我国的影视批评家才与国外学者们紧密接壤，因此，一方面，我们需要批判性地学习国外优秀的、前沿的影视批评理论，鼓励国外学者来到中国发表相关文章，强化学术交流，实现创造性转化；另一方面，我们也要面向国际，传播中华优秀文化，走访世界各地，发表影视批评意见，继而实现创造性发展。

第二，活用渠道途径，扎根融媒体语境，创新影视批评的新形态与新样貌。新时代的语境下，网络融媒体势头强劲，占据了文化传播的主导地位。就此而言，影视批评家想要在时下的影视批评语境中扩宽批评场域、增加话语权重亟须向新媒体平台中开拓阵地。如北京大学影视戏剧研究中心便于 2022 年 4 月开设专门的微信公众平台，并以"推文 + 直播"的方式持续吸引着用户的注意力，强化学术批评的影响力。同时，一些知名的影视批评学者也以个人的身份入驻自媒体平台中，为影视艺术献言发声，如北京大学李洋教授便以作者与译者的身份入驻豆瓣，并通过发表与影视艺术相关的动态、影评、书评等内容赢得较高的关注度。此外，采取"影视 + 解说"、视频混剪、发起话题等契合于网络传播的新形式展开影视批评亦是一条可行的创新路径。

第三，活泼表述内容，用"接地气"的语言风格与受众真诚对话，力图实现情感共鸣。随着影视批评主体的大众化，影视批评内容的表述也更为多元化、平民化，而这类批评话语也更易为广大受众所理解，一些反响较高的网民短评甚至比学者们的长篇大论能更能取得较好的传播效果。究其原因，则在于部分学者的影视批评越发挤向象牙塔的尖端，手持各种"高深"的理论工具对影视作品进行剖析，逐渐脱离了大众的接受视野，显得"曲高和寡"。因此，影视批评的书写内容要充分考虑到广大受众的接受程度，采用接地气、口语化的表达方式才能更好地被理解与传播。

第四，扎根实地问题，学会换位思考，避免自说自话。由于每个人的成长环境、人生阅历、社会地位、学识水平等方面存在一定的差异，所以影视批评的内容往往具有鲜明的个性化倾向。尤其是在现代多元文化的语境中，人与人之间的差异也在不断地被放大。因此，存异基础上的求同则成为影视批评获取广泛认可的关键。笔者认为，职业批评家受个人专业理论知识的影响，往往从学理性的视野审视影视批评作品与现象，而大众"评论家"往往从个人的经历感受出发，更多即兴式地发表自己的看法与观点。就此而言，这两种视野都具有一定的主观性，致使二者之间难以建立有效的对话渠道。毛泽东认为"我们讨论问题，应当从实际出发，不是从定义出发"[1]。实事求是，以实际问题为出发点避免了先入为主的主观判断。同时，这也对影视批评家提出了更高的要求，即尽可能亲身地接触、了解影视艺术的实践过程，只有这样才能够准确地发现问题、把握问题，也只有据此才能阐发出具有共鸣性的影视批评。

第五，顺应时代变化潮流，运用新的研究方法，使影视批评更有力度、更多维度。数字媒体技术的快速发展给人文社会科学带来了全新的研究方法，尤其是在当下大数据、算法文化盛行的态势下，更给予文艺批评以全新的可能。事实上，新方法的使用往往是潜移默化的，一些研究学者不自觉地便借助融媒技术展开影视批评。比如，"拉片"便是常常借助于网络视频播放平台的快进、暂停、倍速等功能而展开，继而获取对影视文本更多的掌握度。智能识别系统可以准确地辨识出影视作品中的人物、场景甚至镜头运动的变化，从而为研究者提供数据参照。批量处理数据的量化统计更是在受众研究、现象研究、传播研究等领域中大放光彩，甚至成为研究文献中的有力佐证。此外，一些学者也采用数据分析的方法开展影视批评，如学者伊丰便以豆瓣的网友短评为研究对象，借助词频分析工具阐发藏族题材电影的接受效果。[2]这些新的研究方法极大地改变了传统影视批评的生态样貌，并给予了影视批评更为丰富、更为多元的研究路径。

第六，强化媒体合作，打造全媒体批评矩阵，紧抓受众的注意力。"所谓注

---

[1]　　毛泽东:《在延安文艺座谈会上的讲话》,《中国农业科学》1966年第6期。

[2]　　参见伊丰《内、外视角下藏族电影传播效果差异分析——一项基于豆瓣评论的词频分析研究》,《电影文学》2021年第14期。

意力，是指人们关注一个主题、一个事件、一种行为和多种信息的持久尺度。"[1]
正如诺贝尔经济学奖获得者赫伯特·西蒙所言"随着信息的发展，有价值的不是
信息，而是注意力"。在当今信息大爆炸的媒介语境下，个人的声音时常淹没在
流量的洪流之中，难以翻起浪花。同样，默默无闻的影视批评更难以抵达传播效
果的最大化。如此一来，既要坚持高质，又要实现"高曝光"，无疑成为当下影
视批评所面临的一大挑战。我们应当认识到，一篇无法被受众认识、阅读的影视
批评文章难以产生较大的社会影响力，更不利于长远的发展。因此，笔者认为，
优秀的影视批评首先要紧跟时事，持续追踪时下的影视热点问题，解决受众"眼
下"的难题；其次，与影视出品方合作，尝试批评与宣传的协同推出，不断调试
影视批评的最佳"档期"；最后，影视批评应与制片方、报纸、杂志、互联网企
业，甚至服装等周边企业合作，有组织、有计划地展开集中的宣传批评，以产业
间联合实现矩阵式效应，继而换取关注的最大化效果。

三、原则性坚守：影视批评的责任与担当

创新以守正为前提，守正是创新的基础。对于影视批评而言，守正便是坚持
"以人民为中心"的创作导向。当下，影视批评的泛化无疑进入了一个"众声喧
哗"的时代，置身其中，如何坚守正能量，确保主流价值观的"高音量"，这既
是影视批评家所面临的重大挑战，也是不可推卸的责任与担当。

习近平总书记《在文艺工作座谈会上的讲话》中强调"只有牢固树立马克思
主义文艺观，真正做到了以人民为中心，文艺才能发挥最大正能量"[2]。"以人民为
中心"既是影视批评的原则，也是立场。这便要求影视批评家正确认识到文艺与
人民之间的关系，不断提高政治站位，才能坚守影视批评的正确方向。首先，人
民需要文艺。优秀的文艺作品不仅能够满足人民的日益增长的精神需求，还能增
进国际社会对中国的了解。就影视批评而言，优秀的批评作品可以满足人民的认

---

[1]　　　张雷：《注意力经济学》，杭州：浙江大学出版社，2002 年，第 3 页。

[2]　　　习近平：《在文艺工作座谈会上的讲话》，《人民日报》2014 年 10 月
15 日。

知需求、社交需求、文化需求、娱乐需求，增进人民对影视作品了解的广度与深度，促进影视艺术的繁荣发展。其次，文艺需要人民。一方面，人民是文艺创作的源头活水，蕴含着最丰富、最生动、最鲜明的艺术养料，是一座取之不尽、用之不竭的活宝藏。对于影视批评而言，是否真实地反映了人民的现实生活，是否紧跟时代潮流、顺应人民意愿，是否存在着贬低、丑化人民形象的问题是评判一部影视作品的重要标尺。另一方面，文艺也要虚心向人民学习，从人民的现实生活中汲取养料。就影视批评而言，要"接地气"，善用人民群众听得懂、读得懂的批评语言，把握人民冷暖，反映人民心声，表达人民的美好愿景。最后，文艺要热爱人民。热爱人民并不是一句口号，而是要落到实地。就影视批评而言，要与人民群众"打成一片"，做到"从群众中来到群众中去"，打破与人民之间的身份隔阂，不仅要做到"身入"，更要"心入"与"情入"，创造出经得起人民评价、专家评价的影视批评作品。同时，要弘扬社会主旋律，坚持社会价值的第一位，力图凝聚社会共识，反哺优秀的影视艺术作品繁荣发展。

坚持"以人民为中心"的原则与立场的同时，还要明确影视批评的态度与方向的问题。弄清其中的关键，不仅能让影视批评家走在正确的道路上，还能群策群力、汇聚力量，实现影视批评生态的良性发展。笔者认为，影视批评家应立足于中国影视发展的桥头之上，以文化产业标准，协调商业价值与艺术价值的平衡，继而推动产业发展，提高经济效能，满足人民群众日益增长的精神需求。分而论之，作为一种特殊的商业产品，一些影视作品为了"迎合"观众，极力打造视听奇观，不断刺激着受众的感官体验，甚至带有强烈的庸俗化、低俗化、媚俗化倾向，不断试探社会道德与价值的底线。与此同时，影视作品又属于艺术作品，具有陶冶情操、提升审美、教育大众的重要功用。然而，过度强调艺术价值反而又远离的受众，陷入曲高和寡、无人倾听的局面。因此，偏重于商业抑或艺术任何一方都是偏颇的，唯有平衡二者才能更好地推动影视行业的发展。作为影视作品的"把关人"，影视批评家一方面能够引导观众的观看行为，另一方面也能影响艺术家的创作行为。影视批评与创作者、受众三者的互动关系揭示出影视批评家的三重职责。其一，要公正客观地评价影视作品，正确把握好批评力度，继而推动创作者的作品质量。面对既有艺术价值又具商业效力的影视作品，要给予鼓励与推广；面对一些存在不足的影视作品，要给予适当的建议，以期获得提升与进步；面对艺术价值弱，甚至有错误导向的影视作品，要认真严肃地批评。

应当注意，批评应讲究方式方法，例如提供一些可供参考的解决策略等。其二，要协调好影视作品与受众的关系，正确处理好普及与提高的关系。普及的作品比较浅显，但可以迅速地为广大人民群众所接受；提高的作品比较高级，能够满足人民群众较为高级的精神需求，但是往往不会迅速地为群众所接受。因此，是普及还是提高的问题还要从人民的实际接受情况上来考察。步入新时代，随着人民受教育水平的广泛提高、影视艺术作品的长期发展、影视批评家的长期努力，人民群众已具备了一定的影视批评接受水平，但是在当下多元语境的社会下，接受水平也因认知水准、地域差异、社会地位等各方面因素影响表现出较大的差异。这便对影视批评家提出了两方面的要求：一方面，是用通俗化的语言，深入浅出地对影视艺术作品做出阐释，最大程度上满足各类受众的影视批评需求；另一方面，是坚持百花齐放、百家争鸣，既要创作普及的影视批评作品，也要创作提高的影视批评作品，这便对影视批评家提出了更为多元化的创作要求。其三，是坚持社会价值，发挥美育功能。优秀的影视作品不仅具有较高的艺术性与思想性，还能传播文化知识、陶冶观众情操、提升审美能力。因此，寓教于乐是影视作品的重要功能。作为影视批评家，要充分介绍、宣传、解释这部分作品，从而推动我国美育事业的发展。这不仅是影视批评家的责任与义务，也是促进影视艺术繁荣的应有之义。

四、结语

无疑，融媒时代的到来使得影视批评的内容、形式、渠道、效果等方面都发生了巨大的变迁，带给影视批评家一定的不适感。同时，在一个"人人都是批评家"的时代，影视批评无疑置身于一个"众声喧哗"的语境中，如何坚守正能量，确保主流价值观的"高音量"，这既是影视批评家所面临的重大挑战，也是不可推卸的责任与担当。就此而言，则是坚守"以人民为中心"的影视批评原则与立场，创新影视批评的内容、形态与方法，使之契合于数字媒介发展的时代之变。回望历史，是丰富的历史文化资源宝库等待影视批评家继续阐释、继承、发扬；面向未来，影视批评家应继续坚守社会主义核心价值观，努力创作无愧于人民、无愧于时代的影视批评作品。

跨学科视野下的批评延展与知识生产
——"影游融合"研究综述

宋法刚　陈　鸣

在信息革命的时代潮流下，各种媒介相继探索"融媒"的发展道路。作为其中的代表，电影与游戏之间相互融合的态势日益显见，并逐渐从艺术现象延伸至学术的话语讨论中。2018年，陈旭光主持的国家社科基金艺术学重大招标课题"影视剧与游戏融合发展及审美趋势研究"（项目编号：18ZD13）正式立项。同年，伴随着《头号玩家》（*Ready Player One*，2018）的热映，陈旭光教授、李黎明在《从〈头号玩家〉看影游深度融合的电影实践及其审美趋势》一文正式提出"影游融合"的概念，引发学界的热烈反响。在陈旭光教授及其团队的持续推动下，国内对于"影游融合"的研究取得了重大突破。截至2023年11月，中国知网（CNKI）共收录相关论文144篇，其中北京大学中文核心期刊目录和中文社会科学引文索引（CSSCI）收录的就有73篇，占比超一半。在从现象到认知的转换过程中，电影学界的知识话语无疑起到了十分重要的作用。但是，"影游融合"毕竟有着跨界的性质，对这一问题的探讨势必有赖于不同学科的合作共谋，进而形成跨学科的复合型研究。更大、更多元的视野有助于获得不同的解释、产生不同的意义，继而延展本学科的批评话语。尤其是在当下深入推进"新文科"建设的新节点下，对"影游融合"类研究的阶段性梳理，可谓正当其时。

一、概念的形成与界定

概念是理论研究的基础，关乎"是"的问题，它能明确研究对象的疆域与范畴，为后续的研究提供基础和方向。梳理"影游融合"概念缘起、衍变、形成、发展的过程，有助于发掘研究问题的变迁轨迹，为理解"影游融合"提供基础的视野和线索。国外较早开始了相关问题的讨论，并将 1982 年《电子世界争霸战》的公映，视为开展相关研究的起始点。经过 40 余年的研究积累，已从电影本体、产业、媒介等多方面汇集成果，甚至吸引一众社会学、心理学、教育学、传播学、政治学等领域的学者参与讨论，逐渐形成交叉研究的知识话语。但是，更精确意义上"影游融合"的概念是基于国内的影视艺术研究而被提及，由陈旭光教授及其团队提出，学界广泛关注与讨论，继而逐渐盛行的。因此，本文主要聚焦于国内对影游融合现象的讨论及其概念形成、发展过程。

国内早期大多将"电影与游戏"作为研究的主题与关键词，强调二者之间的关联性。如王峥《数字化时代电影与游戏的相互渗透》(2005)，何志钧、秦凤珍《当代电影与电子游戏共舞》(2006)，汪代明《引擎电影，电子游戏与电影的融合》(2007)，袁联波《电子游戏与电影产业在融合中的冲突》(2007)等文章聚焦新世纪之初的"影游融合"类实践现象，尝试从文本内容的彼此渗透和相互借鉴、审美观念的相互启发、形式语言的"异质同构"、产业的合作互补与商业共谋等方面进行探索与解读。但总体来看，相关的研究成果还比较少，也未引起学界的大规模关注。同时，后续电影与游戏融合的态势越发复杂、多元，已不仅是一个连词"与"所能表述的了，因此，相关的学说也逐渐被更具整合性的概念囊括。

2011 年，腾讯集团副总裁程武提出"泛娱乐"的概念，确立了以 IP 为轴心，协同推进小说、游戏、电影、漫画等领域的业务拓展模式。2014 年，游族影业董事长林奇首次提出"影游联动"的概念，强调通过彼此间的跨界合作和联动推广，可实现"1+1>2"的规模效应。学界对此进行回应的代表性文章是聂伟、杜梁《泛娱乐时代的影游产业互动融合》一文。文章以审慎的态度看待被业界"翻炒"的"影游联动"概念，认为"二者在互为蓝本改编的过程中，事实上具有的复杂、模糊甚至从属性的关系，如今被一种'联动'的呼声所消融"，指出"如今影游共生的最大障碍并非银幕／屏幕的介质跨越，而是两种不同的符码象征体系之间的天然鸿沟"。[1] 的确，在"互联网 +"的时代语境下，电影和游戏的"异

---

[1]　　　聂伟、杜梁:《泛娱乐时代的影游产业互动融合》,《中国文艺评论》2016 年第 11 期。

业融合"固然描绘出一幅打造全产业链模式，壮大文化创意产业发展的美好蓝图，但诸多改编"翻车"的案例依然表露出电影与游戏的媒介差异并不是简单的产业扩张与联动就能够解决的。一味地盲目逐热容易陷入产能过剩、存量竞争与资本泡沫的局面。这使得对"影游联动"的讨论"高开低走"，当概念遇冷之后，便显得后继乏力。因此，单纯的"联"容易将问题简化，难以形成对影游融合的充分讨论，还需要呼唤一种能够涵盖技术、文化、叙事、审美等诸多方面深度融合的新界说。

2018 年，借着《头号玩家》的公映热潮，陈旭光、李黎明在《从〈头号玩家〉看影游深度融合的电影实践及其审美趋势》一文中首次提出"影游融合"的概念，并从电影的"跨媒介叙事""跨媒介视听""跨媒介文化融合"三个层面进行分析，认为影视与游戏的联动与互赢可能会引领中国电影业与游戏业的蜜月期与新时代。[1] 在《游戏与电影的融合：新趋势、新形态、新美学》一文中，陈旭光进一步将"影游融合"视为"电影工业美学"必须容纳的有机部分，并将其作为"想象力消费"的新美学特点。[2] 通过与本土两大理论体系的衔接，奠定"影游融合"在国内影视学科与院校系统的研究地位，大大推动了相关研究的探索与争鸣。在《论互联网时代电影的"想象力消费"》一文中，陈旭光指出了影游融合类电影的四大特征：其一，直接 IP 改编；其二，游戏元素被引入电影或电影以游戏风格呈现；其三，是具有广义游戏精神或游戏风格的电影；其四，剧情中展现"玩游戏"的情节，甚至直接以解码游戏的情节驱动电影情节的发展，[3] 并称此类电影呼应了"网生代"的思维特征与观影诉求。随后，这一概念吸收了电视剧的研究维度，并在陈旭光、张明浩《形态格局、工业化追求与想象力美学表达——论近年中国剧集生产的影游融合新态势》一文中进一步表述为"影游融合类影视剧"。在从"影游融合类电影"到"影游融合类影视剧"的话语变迁中，一方面

[1]   参见陈旭光、李黎明《从〈头号玩家〉看影游深度融合的电影实践及其审美趋势》，《中国文艺评论》2018 年第 7 期。

[2]   参见陈旭光《游戏与电影的融合：新趋势、新形态、新美学》，《现代视听》2019 年第 10 期。

[3]   参见陈旭光《论互联网时代电影的"想象力消费"》，《当代电影》2020年第 1 期。

是不断将相关研究对象明确为影视文本的过程，另一方面是陈旭光教授已经注意到了"影游融合"是一种复合现象，并试图对其做出区分。在《技术美学、艺术形态与"游生代"思维——论影游融合与想象力消费》一文中，陈旭光、李典峰将"影游融合"界说为"电影与游戏这两种媒介在发展过程中，在思维、叙事、风格、内容、产业、技术等方面的互相融合"[1]。这一概念逐渐成为学界共识，并被多数学者引用为推进相关研究的立足起点。

从发展的视野来看，"电影与游戏""影游联动""影游融合"三个概念的依次演进，可以看作从初级阶段向高级阶段迈进的历时性过程，伴随着影—游不断深度融合的现象事实。因而，概念的"迭代"可以跟进现象的新变化，弥补阐释力不足的缺陷，契合理论学说发展的规律。同时，在"概念命名权"上，"电影与游戏"并未形成独立概念；"影游联动"由游戏业界率先提出，"影游融合"由影视学界提出。无论是影视界还是游戏界，都享受界说的权力。但是在学界的范畴之内，影视艺术无疑占据着优势性的主体位置，展开相关论说的学者身份、科研单位、报刊、理论工具等大多都带有影视学科背景。这就使得我们在面对"影游融合"这一问题时难免先入为主地"把'影'放在绝对的主体性地位，对于'游'的关注与阐述相对忽视"[2]。随着争鸣的展开，孙佳山、李雨谏、赵宜、贾天翔等学者曾先后表述过，将"影游融合"作为影视学科内部的研究，会忽视其中的复杂性，从而不利于理论的拓展与深化。这一呼声引起了一些学者的共鸣，但是由于诸多因素，话语的偏重问题恐怕无法在短期内修正。对于当下的"影游融合"研究而言，或许重要的并不是话语权之争，而是能够从跨学科的视野出发，实现影视学与游戏学研究的双向拓展与共进。

[1]　　陈旭光、李典峰：《技术美学、艺术形态与"游生代"思维——论影游融合与想象力消费》，《上海师范大学学报（哲学社会科学版）》2022 年第 2 期。

[2]　　赵世城：《媒介融合、美学变革与产业发展——"影游融合"研究述评》，《电影文学》2022 年第 16 期。

二、问题域下的学术争鸣

概念引发问题，而什么样的问题则左右着学术话语争鸣的方向。首先，在知识的形成与扩展时期，伴随着学术合法性的论述与确立，从而为相关的研究奠定基础，以便达成共识。其次，综观学界"影游融合"概念形成与发展的轨迹，"电影与游戏"阶段关注"与"的联系，主要研究电影与游戏的元素渗透、美学启发、IP 改编、产业合作等问题，并触及"媒介差异"这一关键性问题；"影游联动"强调产业间的合谋，注重全产业链开发与 IP 经济等问题的探讨。而到了"影游融合"阶段，过往研究的问题非但没有消失，反而更加深入，已经关涉到思维、叙事、风格、内容、产业、技术等方面的全面融合。这种知识的积累使"影游融合"成为一个包括了前两个概念的母概念。再次，随着新技术的介入，电影的本体形式逐渐发生变化，催生了 VR 电影、互动电影等影游融合的新形态。诸多因素的交织，共同形成了影游融合的问题域。最后，作为一个不断发展的知识体系，影游融合的讨论也越发深入、多元、开放，衍生出许多新的议题，这就要求我们用一种发展的眼光来看待它。面对诸多线索，笔者尝试将相关的学术争鸣议题划分为以下几个方面。

（一）"何以融"的学术合法性

面对"影游融合"的艺术现象，许多学者不约而同地为"融"的可能性寻求依据，从不同的维度回答"何以融"的问题，继而奠定其学术研究的合法性地位。这里做出最大贡献的是陈旭光教授，他不仅为"影游融合"界定了概念，厘清了相关的内涵和外延，为相关的学术讨论奠定基础与共识，还创造性地在"网生代"基础上提出"游生代"[1]这个术语，指出这一批伴随着互联网强势崛起，具有视觉影像经验、电子游戏经验和游戏化思维的导演和观众群体，与他们的前辈、兄长辈都逐渐表露出鲜明的区别，真正实现了玩家、观众、生产者、消费者四者的身份融合。通过对此群体的相关论述，陈旭光教授为影游融合的现实依据

---

[1]　　陈旭光、李典峰《技术美学、艺术形态与"游生代"思维——论影游融合与想象力消费》，《上海师范大学学报（哲学社会科学版）》2022 年第 2 期。

做出有力表述。比较有代表性的还有李典峰、耿游子民的论述，他们关注"影游融合"的物质性基础，并强调身体与生物学依据。通过对游戏引擎与摄影棚的媒介考古，他们指出"数字洞穴"是二者共享的媒介物质性基础，并借助笛卡儿（Descartes）"松果体"与当代医学"松果腺"的知识考古，试图让松果体功能机制和电子游戏控制论在图像谱系研究的环境中展开对话。[1] 同时，一些学者也关注到了影游融合的技术与媒介基础。从生产端来看，耿游子民、陈旭光关注 CGI 在电子游戏与电影生产中的运用，得出"影视游戏融合是视知觉融合"[2] 的观点。从接收端来看，李黎明关注到移动互联网时代，接受介质的变迁对影游产业融合产生的关键作用，强调移动终端统一了影游消费的接受终端，影视剧与电子游戏之间的媒介差异性正在消解。[3]

此外，范志忠、金韶、张路、李黎明等学者亦系统性地梳理了影游融合现象的产生与发展，为这一学术议题的"合法性"找寻了存在的历史依据。

（二）影游融合的"新美学特征"

从影视文本的游戏化特征入手，以文本分析的方式阐释影游融合的新美学特征，此类研究在新世纪之初便有学者展开论述，经过学界长时间的知识汇聚，已成为关于"影游融合类影视剧"研究的主要焦点。在此，笔者仅介绍近年来的最新成果。其中，具有概括性的有陈旭光关于"影游融合"与"想象力消费"的论述。在《论互联网时代电影的"想象力消费"》一文中，陈旭光教授指出影游融合类电影借助计算机特效技术来改造视听真实感，具有"后假定性"的美学特征，可以满足受众想象力消费的巨大需求。在《技术美学、艺术形态与"游生代"思维——论影游融合与想象力消费》一文中，陈旭光、李典峰指出影游融合根植于导演身体记忆层面的"游戏化"思维：电子游戏对电影导演想象力的拓展

---

[1]　　参见李典峰、耿游子民《"影—游"融合背后的视知觉对话——笛卡尔"松果体"与〈巨洞探险〉》，《北京电影学院学报》2020 年第 12 期。

[2]　　耿游子民、陈旭光：《从符号的自生成到去同步观看——CGI 技术下的影游融合新美学》，《未来传播》2020 年第 4 期。

[3]　　参见李黎明《论影游融合的媒介基础与产业路径》，《文艺论坛》2021 年第 2 期。

进一步开启了影像世界的多层叙事与游戏化表达。因此,影游融合的新美学特征离不开"游生代"导演利用游戏思维、游戏规则、游戏文化进行影视作品创作的现实背景。此外,在《论后疫情时代"影游融合"电影的新机遇与新空间》一文中,陈旭光、张明浩借助"沉浸理论""心流体验"等理论视野,提出有效的互动感、沉浸式体验、适度的挑战、明确的目标与及时的反馈等促使受众身心"介入"影像,并将"身体介入影像"作为影游融合类电影的总体美学特征。李雨谏、周涌从游戏元素对电影视觉机制的影响与改造入手,总结出三种游戏化影像的表达方式:特殊视角的视觉拟态,即第三人称视角(TPS)和第一人称视角(FPS);空间蒙太奇的镜头调度,即具有空间导航功能的摄影机连续运动;界面化的画面形式构成,基于多屏幕、多窗口的画面构成元素,形成一种超媒介化的视觉语言表达。继而指出,影游融合类电影展现出一种迈向混合形态与再媒介化的视觉美学。[1]区别于李雨谏、周涌的论述,施畅在《游戏化电影:数字游戏如何重塑当代电影》中还谈到游戏化电影在时空设定与情节结构上的美学特质。可以说,这一类研究的论述最为丰富,也最为多元,可以照见电子游戏在时空创设、视听风格、叙事策略等方面对电影产生了全方位的影响。随着相关研究的不断深入,一些学者开始从更为细致的角度展开论述,如空间场景、人物形象等,也囊括有以具体案例进行美学分析的文章,在此不过多赘述。

(三)"怎么融"的跨界之答

媒介差异性问题的探讨始于IP改编类作品多数失败的现象总结,后经诸多学者的阐释而得出。如秦凤珍、何志钧在《电子游戏与传统电影的审美异同》中将其描述为单向传播与双向传播反馈的差别,聂伟、杜梁在《泛娱乐时代的影游产业互动融合》中将其称为"两种不同的符码象征体系之间的天然鸿沟",张明浩、郭培振在《论影游融合的"媒介共通性"基础、叙事融合策略与想象力消费满足》一文中将其表述为"游戏偏于'玩家嵌入'与空间链接,影视偏于镜头

---

[1]　参见李雨谏、周涌《当下影游融合类电影的影像美学研究》,《当代电影》2020年第6期。

组接""游戏是体验认同，影视是情感认同"。[1]表述性的差异也喻示不同学者在面对这一问题时，会寻求不同的解决路径。因此，对这一议题的探讨也最具争鸣性。李诗语强调电影与游戏在作品的内部连续性上存在差异：电影更倾向于隐藏内部结构，让观众通过独立的、连贯的观影行为来获得一种连续感；游戏更倾向于展示内部结构，让玩家通过碎片化的游戏行为来建构玩游戏的连续感。据此指出了电影和游戏在外部连续性上的共性（在跨代际和跨媒介的连续性中不断向外延展）促使二者在跨界中融合，以及这种融合潜在的有限性及其边界。[2]可以说，李诗语是从文本之外寻求解决问题的依据，而周涌、李雨谏则试图为游戏改编文本的故事建构寻找有效方案。他们基于"电影更强调叙事，游戏更强调互动"的媒介差异性，反对跨媒介叙事上的简单搬用与迁移策略，认为游戏 IP 的改编"需要考虑如何从外在形式的角度去重塑动画中的故事世界"，提倡"遵循着一种建构故事世界空白区域的改编策略，以'参考世界'的再媒介化方式去丰富原文本故事世界中的可能情节点，以形成相互关联的跨媒介故事世界建构"[3]。刘梦霏在《叙事 VS 互动：影游融合的叙事问题》一文中还引入了"预设叙事"和"生成叙事"两个概念检视影游融合过程中的叙事排异性问题，其中，"预设叙事"主要指由作者预先写定的文本结构；"生成叙事"主要指并非由设计师写定，而是玩家在游玩游戏机制的过程中自然"生成"和"涌现"的故事。她指出，目前影游融合实践所遇到的瓶颈，更多是因为将自身囿于叙事光谱偏向于预设叙事的一侧，提出用"生成叙事"打开"玩家拼凑事件"出口的创作方向。当然，亦有一些学者将解决此类问题的希望寄托于 FMV 游戏与互动电影上，在此不多赘述。诸多回答，虽路径不同，但殊途同归。在影游不断深入融合的当下语境中，媒介差异性问题依然会摆在我们的面前，相关的论述与争鸣也会不断地持续"更新"。

[1]　张明浩、郭培振：《论影游融合的"媒介共通性"基础、叙事融合策略与想象力消费满足》，《东南传播》2022 年第 2 期。

[2]　参见李诗语《时间的辩证法——影游融合视野下电影与游戏的连续性问题及其比较》，《未来传播》2020 年第 4 期。

[3]　周涌、李雨谏：《媒介意识与故事世界——近年国产动画电影在动游联动路径上的创作研究》，《当代电影》2020 年第 9 期。

（四）产业观察与发展图景

这类文献主要关注电影与游戏产业的联动与协作效应，其中以陈旭光、张明浩的研究最为丰富、系统。他们在《论后疫情时代"影游融合"电影的新机遇与新空间》一文中首先论述了影游融合类电影的产业优势：一方面，IP 品牌、中小成本、投资与回收的快捷，网影两栖的灵活性，全媒介宣传营销，受众的跨媒介、跨阶层、跨文化等天然优势，是影游融合电影发展的产业、工业基础；另一方面，影游融合类电影不是小众化的艺术电影，天然具有青年亚文化性、商业性，具有较为驳杂广阔的受众基础。随后又相继在《后疫情时代的网络电影：影游融合与"想象力消费"新趋势——以〈倩女幽魂：人间情〉为个案》《论游戏改编电影想象力与工业化的高度及限度——以〈征途〉的跨媒介改编为例》等文中以具体的个案展开分析，形成了多层次、系统性的表述。此外，陈旭光教授还将影游融合放在"互联网 +"态势急剧加速的新媒介时代中进行考察，指出"影游融合不仅生成影像艺术的新语言、新思维和新美学，也以巨大的艺术与产业潜能成为'大电影'产业，形构互联网生态环境下新的影视文化产业业态和'元宇宙'发展趋势"[1]。后人类时期的"后想象力"具有"虚拟现实"的特点，而影游融合类电影满足了观众对虚拟现实和拟像世界的想象力表达和文化消费诉求，可以称之为元宇宙的一种重要类别或组成。但也引发出元宇宙世界中，想象力被进一步释放还是限制的深层问题。通过这些思考，为"影游融合"的产业发展挖掘了新的可能，提供了新的思路。张明浩通过对爱奇艺影游融合的发展历程、优势探析、具体策略、未来战略的阐释，探索"影游融合产业格局何以形成与如何布局"两个问题，为致力于布局影游融合的企业提供了可供参考的有益思路。[2] 从产业优势到个案分析，从"互联网 +"语境到互联网企业，陈旭光教授及其团队为影游融合的产业研究积累了丰硕的研究成果。面向未来，影游融合将持续为文

---

[1]　陈旭光：《影游融合三题："游生代"主体、想象力消费与元宇宙世界》，载胡智锋主编《国际视听研究》，北京：中国国际广播出版社，2022 年，第 1—10 页。

[2]　张明浩：《影游融合产业格局何以形成与如何布局——以爱奇艺影游融合为个案》，载胡智锋主编《国际视听研究》，北京：中国国际广播出版社，2022 年，第 35—47 页。

化创意创业产业发展甚至"元宇宙"产业提供更多可能，因此相关的研究还需要学界更多的知识汇聚。

（五）新媒介技术形态下的影游"结合体"

新媒介技术形态下，互动剧、VR 电影、FMV 游戏等影游"结合体"既扩展了电影的边界，又难以直接归类于游戏。故本文将其视为影游融合的高级形态，并将关于此类的研究成果单独列出。在关于互动剧的研究成果中，不少学者强调互动剧既有"看"的体验，又兼得"玩"的操作，既可作为消除媒介差异的重要尝试，又使我们面临一系列全新问题。陈旭光、张明浩就曾指明，互动剧将以往"只读"性文本变为了真正意义上的"可写"的文本、游戏文本，在真正意义上使受众成为叙事的生产者与作品的创作者，继而给接受美学理论带来了新的"挑战"。[1] 关于 VR 电影的研究成果中，比较有代表性的是张斌、郑妍《从IP 到 VR：影游互生的产业"虫洞"》一文，该文认为 VR 具有打通影游永久"虫洞"的潜质，指出 VR 技术更侧重影游本体的连接，为影视媒介的进一步游戏化加入了"人—机"交互的属性，弥补了"可玩电影"游戏被减弱的互动性，并成为一种"可拓展的电影"[2]。而关于 FMV 游戏的研究则比较少，在赵益《虚构现实与娱乐反思——影游联动影响下的媒介交互之变》一文中，作者将 FMV 游戏（全景视频游戏）描述为以电影拍摄的方式制作完成，游戏界面风格与真人实拍电影无差别，所有角色也都由真人演员扮演，玩家点选事件分支选项推进剧情，并通过数个关联性事件的差异化组合最终触发不同结局，认为其与电影的相关性与交互性主要体现在三个方面：一是美学表现方面，具有典型的电影性和类型化特征；二是制作模式方面，兼顾游戏玩法设定与电影创作思维；三是受众感知方面，进一步模糊现实与虚拟现实的界限。从上述文献可以看出，影游融合具有鲜明的技术依附性。相信随着技术的不断发展，未来会诞生更多影游融合的新形态，相关的研究成果也会进一步丰富。

---

[1]　　参见陈旭光、张明浩《影游融合、想象力消费与美学的变革——论媒介融合视域下的互动剧美学》，《中原文化研究》2020 年第 5 期。

[2]　　参见张斌、郑妍《从 IP 到 VR：影游互生的产业"虫洞"》，《当代电影》2017 年第 5 期。

（六）影游融合的接受主体

目前，这类研究成果的积累还相对较少，甚至很少有以消费者作为影游融合的切入点，进而独立成篇的文章。但影游融合现象的火爆离不开日益壮大的"粉丝市场"与青年群体，因此对这一部分的研究有必要单独讨论。国内比较关注这一问题的是陈旭光教授，在他与李黎明合作发表的《从〈头号玩家〉看影游深度融合的电影实践及其审美趋势》一文中，不仅首次提出了"影游融合"的概念，还指出"影游文化融合"具有以电影为游戏"正名"的作用，寓言了成人文化与青年亚文化、主流文化与非主流文化之间的一次沟通与和解。同时，陈旭光教授提出"游生代"的概念，指出在互联网媒介强势崛起的基础上，"游生代"观众成为电影与游戏消费的主力军，此类观众在观看影游融合类电影时，往往调用身体内部的视听资源库，而这个库便是通过之前看过的电影、玩过的电子游戏构成的。因此，看出电影中的游戏梗的玩家观众非常兴奋。随后，陈旭光、李雨谏在《论影游融合的想象力新美学与想象力消费》一文中指出，具有想象力消费特征的影游融合类电影为观众提供了一种后假定性的审美经验，是一两小时的梦幻般的、不必负责任的超级游戏，给当代观众提供一次次"想象力充沛的影视意指游戏"[1]。在陈旭光、张明浩《论电影"想象力消费"的意义、功能及其实现》一文中，再次指出："当下青少年鉴赏者（消费者）也是通过'消费'影游融合类等'想象力消费'类影视作品背后的符号所指（想象力）来满足自身社群阶层认同之需；进行重新部落化与青年亚文化意识形态再生产，编码个体身份，彰显个体存在，完成身份认同，实现自身主体的'象征性权力'表达。"[2]通过一系列的论述，确立了青年群体作为消费影游融合类电影的主体地位与意义功能。值得注意的还有杜梁《影游融合：从联动到共生》一书，在这本或许是国内首部关于"影游融合"的专著中，列举了粉丝群体自制引擎电影进行个人化表达与亚文化表述的案例，并注意到"粉丝群体数量与资本方的利润率呈现为正相关关

---

[1]　　　陈旭光、李雨谏：《论影游融合的想象力新美学与想象力消费》，《上海大学学报（社会科学版）》2020 年第 1 期。

[2]　　　陈旭光、张明浩：《论电影"想象力消费"的意义、功能及其实现》，《现代传播（中国传媒大学学报）》2020 年第 5 期。

系"[1]，继而表述粉丝被资本利用、受众的消费行为转化为特殊劳动、文本的接受行为异变为利润生产活动的担忧。

随着研究的不断深入，以影视为主的"影游融合"研究也推动了以游戏为主的视角切入。如《文化艺术研究》在 2023 年 8 月（第 2 期）推出游戏研究专刊，并分设"游戏与哲学""游戏与影像""游戏与社会""游戏与设计"四大板块，汇集国内外影视学、游戏学、哲学、设计学、社会学、心理学、传播学等诸多领域学者的经验智慧，推动了国内游戏学研究的发展。可见，未来的"影游融合"研究需要更多学科的知识汇集，才能不断地接着讲、继续讲。同时，梳理相关研究的演进脉络，也可发现一些学者在影视学知识结构的基础上，引入游戏学的相关理论，并以此为跳板，逐渐吸收经济、传播、体育等多个维度的知识体系，且有着向管理学、生物学、计算机、大数据等领域蔓延的趋势，这无疑反映出跨学科视野下影视批评视野的不断延展。这点从近年来一些学者文章中引入的专业术语、理论工具中就可看出端倪。因此，如果说影游融合是一种"可拓展电影"，那么相关的学术研究也可称为一种"可拓展的电影批评"，并成为"新文科"理念下的重要试金田。当然，在这个过程中，我们也应当关注到一批"游生代"批评家的重要力量。在笔者收集的 144 篇期刊文献中，共汇集了 129 位学者（含第二作者）的知识智慧，其中 90 后的学者占绝对多数。他们对游戏的理念和理解阐释有着特殊的敏感性，也正是由于这些新生力量的加入，才为影游融合的相关研究注入了更多活力。

三、总结与展望

"影游融合"发轫于影游产业间的合作、联动、兼并，早期以内容元素的借鉴、启发、改编为表征，逐步涵盖至思维、叙事、风格、内容、产业、技术等全方面的相互融合，并深入游戏和电影的本体属性及媒介特性的结合，具有鲜明

[1] 杜梁:《影游融合：从联动到共生》，上海：上海社会科学院出版社，2022 年，第 13 页。

的"跨界"性质。我国自新世纪之初就已有"电影与游戏"的相关论述，为影游融合的内容改编、美学观念、形式语言、产业经济等方面的研究做出初步探索。2014年，业界率先提出"影游联动"的运营概念，引起了一定的反响，但显然难以概括出当下影游交互相融的复杂现象。2018年，伴随着《头号玩家》的热烈反响，陈旭光等学者首次正式提出"影游融合"的概念表述，并在随后的一系列文章中基本厘清了相关概念的内涵和外延，奠定了学术研究的基础。在陈旭光主持的国家社科基金艺术学重大招标课题"影视剧与游戏融合发展及审美趋势研究"（项目编号：18ZD13）的持续推动下，国内对于"影游融合"的研究取得了重大突破，并成为学术热点与前沿。随着研究的不断深入，《电影艺术》《当代电影》《当代动画》《文艺论坛》《电影新作》《国际视听研究》等学术刊物专门设置专栏，推进研究成果，各种新探索、新思考、新内涵和新思想相继涌现，呈现出一幅"百家争鸣"的学术图景。

应当承认，"影游融合"的问题具有一定的复杂性，不仅牵扯到影视与游戏"两极"，还关涉到体育学、经济学、新媒体技术、计算机软件工程等多重维度。面对跨界的难题，我们应该如何将"影游融合"问题放在影视批评发展的脉络中接着讲、继续讲，是一个需要不断思考的问题。在促进文理交叉的"新文科"理念下，面对"影游融合"问题，需要我们有更多跨界思考。卡尔·波普尔（Karl Popper）曾有一个著名的说法："我们不是某个主题的学生，我们是问题的学生。问题可以横贯任何主题或学科的边界。"[1]无疑，"影游融合"就是一种以问题为导向的学术研究，在今后的发展中，应树立大知识视野，注重跨学科的角度，吸引各领域的人才参与其中，增益影视学和游戏学研究在视野扩展、理论延展、知识拓展的维度中实现迭代与升级。同时，相较于国外，我们在关于"影游融合"的研究上晚了近一代人的时间，应发挥"后发"优势，推进译著、译文工作的开展，以开放性的姿态吸收外来成果，在知识的碰撞与争鸣中促进研究繁荣发展。最后，在我国本土的语境下，游戏的发展在我国具有一定的特殊性，其中包括以武侠、神话为代表的IP类型，从"电子海洛因"到"游戏竞技"的话语转型，并

---

[1]   Menken S., Keestra M, eds., *An Interdisciplinary Research: Theory and Practice*, Amsterdam: Amsterdam University Press, 2016，p. 13.

伴随城市化进程及网络社交平台快速发展的文化经验等。因此，如何从影游融合的研究中阐发中国特色，也是我们需要面对的问题。而目前的相关成果要么体现在一些具体个案研究的细节描述中，难以汇集为体系，要么则注重一般性论说而忽视本土的特殊性。从这些方面来看，关于"影游融合"的研究，还需要继续深入。

复刻泰山符号　庚续泰山文化
——纪录片《大泰山》感怀

宋法刚

　　纪录片《大泰山》是国家广电总局"记录新时代"精品工程、"十四五"纪录片重点选题规划项目，2023 年 1 月 1 日至 3 日在山东卫视首播。"泰山"这一中华民族集体无意识中"国泰民安"的价值符号在"元旦"这一象征"万物复元"的特殊节日赋能下得到广泛传播，迅速产生"破圈"效应。

　　"泰山"作为传播符号无疑具有"破圈"潜质，但与之相应的创作难度也是需要"破圈"的。其一，泰山文化博大精深，如何在有限的艺术时空中抽丝剥茧，将重点凸显？其二，纪录片已多有涉猎，如何突破前辈们的成就和窠臼，将时代凸显？其三，观众审美大大提升，如何满足其期待视野且有意外之喜，将特色凸显？这些都是需要破的"圈"，总导演刘卫斌称之为"知难行难"。笔者认为，该片在影像语言、叙事维度、价值传承、文化熔铸方面的实践很好地"破圈"，在前人基础上"复刻"了泰山符号，丰富了泰山文化的内涵和外延。

一、高清影像和历史资料的真实互证

　　"复刻"需要"刻刀"，摄影技术的进步让这把"刻刀"更加得心应手。首先是影像的高清，4K 技术的真实还原度甚至突破正常人的视觉极限；其次是航拍的成熟，阿斯特吕克说过，影像艺术的发展史某种意义上就是摄影机被解放的历史，航拍技术彻底解放了摄影机，让推、拉、摇、移等镜头运动自由；最后是声音的"高清"，让声音更具艺术性，让声画组合更具多元化。所以，观众见识了泰山上的"奇观"，既有远眺东方日出的气势磅礴、俯瞰山脊河流的阴阳昏晓、仰视南天大门的崇高巍峨，也有庙宇香火的袅袅青烟、山景雪凇的晶莹剔透、拓片醒墨的抚摸呵护。这种摄影技术对艺术的加持甚至让观众达到了艺术的"通感"体验。

不过，再高清的影像也没法再现泰山自然与人文的生命历程。因此，片中很好地借助历史图片、历史影像等资料经纬互证，织出了泰山的昨天和今天。我们从姜桂松画像的照片中知道了岱宗坊的建造传奇，从民国初年的历史影像中看到了泰山的破旧迷惘，从李继生的陈封资料上了解到申报遗产名录的起承转合，等等，这些辅以专家学者的权威解读，共同建构了泰山可信的历史，进而酝酿出可敬的文化。

需要说明一点，笔者认为相较历史资料，动画呈现的形式由于动作细节上有些生硬，感觉与整片风格有些出入，或许演员表演、情景再现的方式会稍好一些。

二、宏大叙事和平民叙事的维度交织

泰山符号的特殊性决定了真实的他、历史的他乃至未来的他都是不可能脱离宏大叙事的。宏大历史投影出来的神话传说、民俗信仰、大汶口文化是中原文化的历史烙印，孔子登临、一言止杀、金刚石刻是和而不同的历史见证，帝王封禅、东岳至尊、国泰民安是民族一统的文化脉基。正如片首的解说词："日出东方，拔地通天。这座山，见证着沧海桑田出九州的格局；这座山，寓意着华夏五千年文明的兴盛。这是日火山的交相辉映，这是天地人的彼此感召。"

不过，"重要的不是故事讲述的年代，而是讲述故事的年代"。艺术创作的思想环境已经走出了《话说长江》时代的高屋建瓴的宏大模式，艺术创作的多元探索允许把历史前进的动力更多地投射到平民、普通人身上，艺术接受的审美习惯是越来越关注大历史奔腾不息中一叶叶扁舟的命运。因此，我们看到了岱顶气象站赵勇和同事们与天对话的日常、保洁员刘佐仓一家春节山上团圆的温馨、导游娟姐饱含深情的的直播。

总之，面对泰山，平民叙事赋予宏大叙事更多的人情冷暖、人事变迁、人间烟火，让对生活步步高升的"小我"的期盼和对社会国泰民安的"大我"的宏愿两个维度自然交织。泰山不仅仅是国泰民安的"泰山"，也是每个人自我奋斗的"泰山"。人生就像登山一样，每一个人都有一个信仰。所以登顶泰山，帝王可以封禅，普通人也可以"小天下"——"看见自己并且他山互鉴，才是从泰山极顶观天下的真正含义。领命然后奉行，才是每个人在世上向天而行的非凡使命"。

三、传统价值和时代价值的时空对话

不管是宏大叙事还是平民叙事，该片都非常明确地传达着国泰民安、稳如泰山、文化融合、奋斗拼搏等传统价值指归。伴随其间，还结合当下时代氛围——文化氛围、经济氛围、政治氛围等——主动钩沉延伸很多时代价值理念。

对家风传承的突出强调。该片除了体现家的温暖，还注重家风传承这一传统价值的时代演绎。在讲雍正修建岱宗坊时，将镜头聚焦到姜桂松身上，不但表现把奖励分发给工人的重义轻利，还让其第十一代孙姜兴国领着第十三代世孙姜懿宸走在姜桂松给大汶河上修筑的石桥上。一座桥，两代人，家风传承，生生不息，希望后代能够传承重义轻利、乐善好施的美德，做到"达则兼济天下，穷则独善其身"。

对生态文明的巧妙勾连。该片从泰山特殊的地质环境讲到独有的鱼类赤鳞鱼，顺延到野生赤鳞鱼的数量减少和史兆奎对赤鳞鱼的人工养殖、培育和放生。谈到生态环境的改善，该片用"绿"来归纳、用1949年前后的对比来彰显，并通过"柏洞"的种植过程传递古人天人合一的理念，强化生态文明思想的时代价值。

对祖国统一的真诚询唤。泰山是中华民族共同的精神图腾，是海峡两岸同胞共同的文化基因。片中巧妙借用"孔子刻像"的故事将台湾台南孔庙、泰山岱顶孔子庙和曲阜孔庙联系起来，将血浓于水的文化血缘联通起来。互文当下国际环境，这样的对祖国统一时代价值的呼唤巧妙、自然、真诚。除此之外，对民俗文化的重视、对非物质遗产的保护、对优秀文化的外宣等这些时代理念也都有所体现。

四、泰山文化和齐鲁文化的融汇浇铸

孔子登临处、碧霞元君祠、金刚经石刻，和平共处、和谐相处，泰山文化对思想传统、宗教流派的包容博大可见一斑。同时，我们常用"一山一水一圣人"来标注齐鲁文化高峰，而该片深刻剖析出三者——泰山文化、黄河文化、儒家文化——的内在关联，丰富了齐鲁文化的内涵和外延。

第一集中指出黄河的七次改道都未曾远离泰山的目光，并共同养育了大汶口文化，作为黄河文明的继承者，泰山、黄河共同成为中华民族最伟大的图腾。第二集中孔子研究院原院长杨朝明在采访中指出，孔子自比泰山和梁木，"当孔子登临泰山那一刻起，就将自己和泰山融为一体""孔子'小天下'从此成为泰山认知的最高境界""从某种意义上讲，泰山文化哺育了孔子儒学。同时，泰山文化也是整个黄河文明的一个继承者"。

泰山文化和齐鲁文化融汇浇铸，同时汇入中华文化、世界文化的河流。季羡林先生曾言："泰山是中华文化的主要发祥地之一，欲弘扬中华文化，必先弘扬泰山文化。""和而不同"等价值理念在泰山文化中得到了充分体现，也在对外传播中被积极肯定。我们看到高校教师传播泰山文化日益受到欢迎，听到国外拉什乐队在歌曲中将泰山称为"圣山"，泰山不仅是对外文化交流的窗口，更日益由国族图腾成为人类文明共同体的象征。

每一部纪录片，每一个故事，都是对文化符号的复刻，每一次成功的复刻都是对符号的完善与丰富。先有艺术成就的"破圈"，才有文化传播的"破圈"。面对泰山这一百科全书式的创作对象，需要地质、生物、气候等自然科学知识，历史、文化、宗教等人文科学知识，同时担负超越以往作品的主观压力，其难度可想而知。不过，新时代同时赋予泰山故事新的讲述背景和接受语境。应该说，依托摄影技术的赋能和艺术理念的探索，该片成功讲述了一个可信、可爱和可敬的泰山故事，庚续了泰山文化，对泰山文化进行了有积极意义的创造性转化与创新性发展。

20/6

周根红

周根红，男，1981年生，文学博士。山东大学文学院教授、博士生导师，主要研究方向为文艺生产机制、影视艺术与文化传播等。主持国家社科基金重点项目1项、青年项目2项、重大项目子课题1项，省部级重点和一般项目10余项。在《光明日报（理论版）》《现代传播》《中国电视》《电视研究》等CSSCI刊物发表论文60余篇，出版有《新时期文学的影像转型》《新时期中国电视剧的文化生产》《网络文学与网络文化》等著作；曾获第五届和第六届飞天电视剧优秀评论三等奖等。

《问苍茫》的叙事创新与美学风格建构

周根红

    《问苍茫》是国家广播电视总局和湖南省纪念毛泽东同志诞辰 130 周年重点项目、重大革命历史题材电视剧。其实，有关毛泽东革命生涯的电视剧已有不少，如《恰同学少年》《数风流人物》《毛泽东》《毛泽东三兄弟》《光荣与梦想》《觉醒年代》《中流击水》《大道薪火》等。因此，推动毛泽东光辉形象和革命道路的影视创新，是该类题材电视剧的一大难点。《问苍茫》首次聚焦 1921 年至 1927 年间的毛泽东和中国共产党的早期革命道路，立足青年视角的青春化表达，着眼于大历史的"小"叙事，构建诗史交融的美学风格，实现了重大革命历史题材电视剧的重要创新，引发了观众强烈的追剧热潮。

一、时代主题的青春化表达

    青春化是近年来革命历史题材剧重要的创作趋势，是连接主流话语、打通青年话语、平衡市场逻辑、形成社会共识和构建集体认同的重要表达策略。《问苍茫》在吸收近年来革命历史剧青春化叙事优点的基础上，在青春化叙事方面进行了新的探索。

    《问苍茫》把握青春的"成长"叙事这一主线，展现了中共一大归来后的毛泽东，面对内忧外患、军阀割据、国家积贫积弱、人民生活困苦的国内环境，创办自修大学、领导工人运动、成立农民工会、参与国共合作、培养革命力量等，最终探索出中国共产党独立自主的革命道路。这一探索的过程，正是毛泽东成长的关键阶段，为其后领导中国革命积累了丰富的经验。《问苍茫》也充分展现了刘少奇、瞿秋白、李达、夏明翰、蒋先云、毛泽覃、毛泽民、毛泽建等"真同志"的成长历程。当然，《问苍茫》也刻画了以蒋介石、汪精卫等为代表的国民党青年的"成长"，展现了不同理想信念的青年在成长过程中的不同道路选择。正是通过"真同志"和国民党青年的成长叙事，《问苍茫》揭示了毛泽东如何在当时苍茫的历史格局中做出正确的选择，如何从一个"探索者""早行者"成长为"开拓者""领导者"。该剧既表现了毛泽东在成长过程中的喜悦、收获和感动，也不回避毛泽东遭遇的挫折、迷茫和无奈，"这种混沌中的憧憬、困顿中的激越、迷茫中的希望，跟困在精神内耗中的当代年轻人一样，也自然会让青年观众具有极佳代入感"[1]。

《问苍茫》彰显出强烈的"创业"话语，进一步贴近了年轻观众的心理。近年来，"创业"话语成为中国共产党革命历程的一种幽默、形象和接地气的表达方式。《问苍茫》抓住了这一年轻化的话语形态，从"创业"的视角讲述毛泽东的青年时代和中国共产党的早期历史，让年轻人感同身受。毛泽东在"创业"过程中遇到过各种难题：回到湖南发展党员时找不到"真同志"，创办自修大学缺场地缺资金缺人，在安源煤矿面临矿长、帮派和警察等相互勾结，京汉铁路工人大罢工后工人运动陷入低潮，国共合作过程中复杂的人际关系，革命事业与家庭之间如何平衡等。然而，毛泽东都一一找到了解决的办法，组建了中国共产党第一支省级支部，创办了党校性质的自修大学，湖南工人运动成为全国表率，当选了中国共产党中央执行委员，在国民党一大、二大上当选为候补中央执行委员等，一步步成为中国革命的领导者。在毛泽东的"创业"过程中，观众能够从职业的选择、职场的适应、创业的艰难、带头人的培养、团队的组建、职场人际关系的处理等方面，产生深刻的"职场认同"和强烈的共情。因此，《问苍茫》被认为是一本启迪着现代青年心智的"创业图鉴"，是一份"职场逆袭教科书"。

更重要的是，《问苍茫》通过展现早期共产党人的进取精神，在坚定理想信念、树立远大目标、激发奋斗动力等方面，实现了与当代青年的对话。《问苍茫》

[1] 沐云：《首部纪念毛泽东同志诞辰 130 年大剧热播，〈问苍茫〉看"伟人正年轻"》，2023 年 12 月 14 日，微信公众号"广电独家"（https://mp.weixin.qq.com/s/n_VfM8ZftsCvqd6iB1FdxQ）。

不仅通过毛泽东的青春成长史和创业史激励着观众，也塑造了一批青年革命者的群像，揭示出他们在革命道路上奋进拼搏、无私奉献、不畏牺牲的精神气质。正如电视剧中毛泽东创办自修大学时指出："我们要培养的是猛虎，是迅豹，是像雄狮一样的新青年！"正是在这一目标下，早期中国共产党吸收了一批又一批有着共同信仰的"真同志"。夏明翰的"荡涤积弊，救国救民，直到新生"，朱少连带领安源煤矿工人喊出"从前是牛马，如今要做人"的口号，黄爱、庞人铨牺牲后的"黄庞精神不死"，陈独秀落泪于"延年和我们有了一样的信仰"等，都极富感染力地传递出信仰的力量。《问苍茫》通过 20 世纪二三十年代一群年轻人的信仰之光，照进新时代年轻人的生活，让新时代青年遇到"新青年"。这是《问苍茫》青春化表达的重要目的。

二、大历史的"小"叙事

《问苍茫》是一部重大革命历史题材电视剧，但是，该剧选取的则是中国共产党历史上的一个"小"时段。该剧在整体把握大历史进程的基础上，形成了历史中的大事件和小事件、大人物和小人物、文献记载和艺术表达等相结合的表现方式，创新了重大革命历史题材剧的"小"叙事模式。

《问苍茫》独辟蹊径地选取了大历史中的"小"段落，聚焦 1921 年至 1927 年这一影视作品鲜有完整刻画的时间段，再现了毛泽东难得一见的青春岁月，呈现了大量不为人知的党史细节。不过，值得称道的是，该剧在讲述这七年间的历史时并非局限于这一时段，而是充分体现了整体历史观和对历史人物的整体把握。该剧对这一时段的历史描写，基本上都是从中国革命历史的时代背景和历史进程中予以把握和呈现，并非孤立的、割裂的历史叙事。安源工人运动、京汉铁路工人大罢工、陈炯明叛变、国共合作的开展与破裂等，都是历史上的重要事件。该剧在这个"小"时段里对这些历史事件进行了深入详细的反映，充分揭示了 1921—1927 年的历史格局对中国革命的影响，阐述了中国革命道路"为何"和"何为"的时代根源，用"苍茫之问"回答"何以中国"。

《问苍茫》在人物的刻画上也遵循了"小"的原则，既注重重要历史人物的"小"，也尽可能展现历史中的"小"人物。该剧虽然主题是反映毛泽东成为革命者、领导者的成长过程，却用了大量笔墨刻画了毛泽东的生活"小事"、日常"细节"和家庭"小"情感。该剧描写了毛泽东游泳、踢球、种地等大量生活细节；陪同共产国际代表马林品尝当地特色小吃长沙臭豆腐；在去安源的路上与佟伢子讲述自己拜石头为干妈的故事等。从人物细节中展现毛泽东的家庭情感，则是该剧重点塑造的内容：毛泽东坚持等菊妹回来后全家才开饭；抱着岸英与青年们讨论工人运动、国共合作；开完中国共产党三大后在广州街头给岸英和开慧买拨浪鼓、杏仁饼等；送别毛泽覃去水口山做教员时送了他一本自己编写的夜校教材；讲述毛泽民挑着一担谷子从湘潭到长沙贩卖为他上学凑学费；等等。这些"动情"的细节，有力地刻画了毛泽东的丰满形象。

《问苍茫》中有姓名有原型的人物350余名。该剧或集中刻画，或一闪而过，或数句对话，都恰到好处地反映了人物的鲜明形象。这成为该剧的重要亮点。陈独秀被捕入狱临走时放下撸起的袖子、让夫人拿出研究用的公文包、通知出狱时不急不忙让狱警别打扰他写文章等，凸显一个文人的风骨和气节。夏明翰在自修大学面试时慷慨陈词"我愿牺牲所有，包括生命"。他的真诚与坚定，让人更能真切地理解那个"砍头不要紧，只要主义真"的夏明翰形象。陈炯明在与孙中山劝其助力北伐后，临走上车时对部下说出的一句"孙大炮"，显示出其阴险狡诈的一面；何宝珍借剪短头发来表明想参加革命的愿望；蒋介石得知自己未能成为国民党一大代表后被鱼刺卡了嗓子；等等。

《问苍茫》采取"专家 + 艺术家"的创作模式，由著名党史专家陈晋和著名编剧梁振华担任总编剧，从而对整部电视剧的历史进行总体把握，也对该剧涉及的历史史实、细节和对话等进行细致严谨的考证。中共湖南支部的成立，长沙文化书社、船山学社、自修大学的关系，李大钊、陈独秀缺席中共一大的原因，毛泽东去安源煤矿见到的工人、参加国民党一大和二大时身边坐的人和座位号，孙中山逝世一周年追悼大会上蒋介石、周恩来等人的站姿、位置和手里拿着的悼词等，都源于有据可查的历史史实和历史照片。

该剧虽然也坚持"大事不虚，小事不拘"的创作原则，但是对"小事"的"艺术虚构"也是建立在对历史史实进行充分研判的基础上，是比较符合历史史实和历史可能性的"小事不拘"。1925年，毛泽东即将动身去广州时，电视剧设计了他和中国共产党主要创始人和早期领导人之一——李达的对话。毛泽东去安源组织工人运动，临别时朱少连送伞的细节，是从经典油画《毛主席去安源》中提炼出来的。毛泽东与蒋介石在国民党一大上的"代表你先走""同志你先行"，毛泽东与陈独秀在长江边并肩而行，也源于二人共同参会、共事的历史史实。杨开慧、毛岸英的全家福中缺少毛泽东，该剧根据毛泽东当时的党内身份认为是出于革命保密的需要。这些"小事不拘"的细节，不仅是对史实的合理想象和延伸，也进一步丰富了该剧的故事和人物，提升了该剧的艺术品质。

三、诗史交融的美学风格

《问苍茫》在空间设计、视觉构图、色彩运用等方面营造出一种独特的视觉美学。该剧还运用隐喻、象征等手法，融合中国传统文化元素，结合剧情和时代背景，表现出一种诗与史交融的美学风格。

《问苍茫》注重空间组合、视觉构图和视觉色彩的使用，以此传递出不同的思想内涵和人物心境，形成了一种寓意深刻的视觉美学风格。《问苍茫》所讲述的故事涉及全国各大城市，该剧采用多时空的组合、叠加，既展现出历史的"苍茫"和"波澜壮阔"，实现了不同地区、不同人物的跨空间对话，也以长沙、上海、广州等地为重点展现以毛泽东、陈独秀、孙中山、蒋介石等为中心的故事主线。毛泽东所处的韶山山水苍茫、天朗气清，蒋介石所处的奉化树木密布、阴森潮湿；陈独秀在上海的房间光线明亮，毛泽东在湖南的房间昏黄如蜡，安源洪帮大佬的房间模糊而氤氲；毛泽东在湖南工作时总体以"暖"色调为主，在上海工作时以"冷"色调为主[1]。剧中大量的开会场景都使用了围坐在一盏油灯或背靠一盏油灯的视觉构图，形成以油灯为中心的视觉画面，既突出了人物的中心地位、历史的"苍茫"色彩，也有一种星火燎原之意。蒋介石第一次亮相时身处寺庙亭檐之中，竹林掩映，天山色阴郁，衬托出其内心的郁郁不得志。孙中山与李大钊谈国共合作时，天空出现的是朝阳冉冉升起、霞光漫天的画面。一艘轮船在大海里航行、毛泽东独自提着油灯赶路等画面，也在该剧中多次出现，传递出一种

---

[1]　　参见马二《〈问苍茫〉啃下了一块"硬骨头"》，2023 年 12 月 22 日，微信公众号"北青艺评"（https://mp.weixin.qq.com/s/JplgAkdHpSmmly V47FG0fA）。

"方向"和"寻找"的意味。

《问苍茫》在人物对话和视觉符号方面,也表现出一种强烈的隐喻、象征等意味。该剧的开头部分,渔夫不理解毛泽东为何要游泳而不坐船,毛泽东则回答:"莫管这水啊有多急,只要摸准了它的脾气,照样有法子治它。"毛泽东考察完安源煤矿临走前,朱少连塞给他雨伞时说的"毛先生,你走的路,长",隐喻工人运动和中国革命道路的艰难。陈独秀第三次被抓时,正不停地打蚊子,最后一只蚊子落在了麻将牌"红中"上,寓意着军阀、资本家、帝国主义等是中国的吸血鬼。贺民范在请辞湖南自修大学校长一职后,对毛泽东语重心长地说了句"山高路陡,我走不动了,你自己上去吧",指的无疑是革命道路。谭延闿借吃火锅讲述做菜的诀窍万变不离其宗——火,进而指出革命的"火"就是武力、军队。毛泽东参加完中国共产党三大后在广州的书店买了一本《曾胡治兵语录》,并用特写镜头予以呈现,预示着毛泽东对革命军队的领导权。

《问苍茫》较好地运用诗词、民歌、戏曲等元素来烘托和强化剧情。该剧剧名撷取自毛泽东诗词《沁园春·长沙》,该剧也正是从长沙橘子洲头开启了故事的讲述。《问苍茫》引用了毛泽东的三首词,抒发了毛泽东在不同时期的心境。1923年,毛泽东离开长沙去广州参加国民党一大与妻子杨开慧分别时,引用了《贺新郎·别友》,表现出儿女情长与革命豪情相融合,其中的"人有病,天知否"也表达救治中国的远大理想。1925年,革命运动蓬勃发展时,该剧引用了《沁园春·长沙》,显示出毛泽东"风华正茂""激扬文字"的青春豪情和"问苍茫大地,谁主沉浮"的豪迈气势。1927年,国民党开始抓捕共产党员、毛泽东的革命主张未被采用、大革命走向失败的紧急关头,引用了《菩萨蛮·黄鹤楼》,表达内心的迷茫和难以平复的心情。正如有研究者所说:"这些诗词的引用都水乳交融地沉浸在毛泽东的具体革命历史现场之中,生成了革命史的诗意化和浪漫化意味,实现了化史为诗的修辞效果。"[1]该剧的开篇用渔家船歌和韶山山歌,唱出普通民众渴望生活安稳的需求和毛泽东的壮志豪情;陈独秀与马林会面时正在听黄梅戏《女驸马》,戏台上唱的是"为救李郎离家园,谁料皇榜中状元",与当时

---

[1] 王一川:《〈问苍茫〉:苍茫时分的革命伟人青春史诗》,2023年12月26日,微信公众号"央视剧评"(https://mp.weixin.qq.com/s/mSqyTACSPW0XsAe0cPymeA)。

陈独秀的党内身份、"救中国"的目标、离开安徽"家园"等可谓一语多关。这些传统文化元素的运用，既符合人物身份，也表现了人物的内心情感，是重大革命历史题材电视剧重要的艺术创新。

四、结语

近年来，重大革命历史题材剧不断探索创新表达的方式，产生了一系列引发广泛社会反响的代表性作品。《问苍茫》进一步探索讲述革命历史的话语策略，在"成长""创业""信仰"等话语体系中，找到历史与时代主题的呼应、与年青一代的共鸣，形成了在宏大历史视野中突出"小"的历史和人物的叙事方式。与此同时，《问苍茫》还通过视觉造型、空间组合、意象运用、诗词曲艺等方式，营造出一种诗意盎然、诗史交融的美学特征，洋溢出浓厚的中华美学精神。因此，《问苍茫》为重大革命历史题材剧的叙事话语和美学风格构建提供了新的经验范式。

（原载《电视研究》2024 年第 1 期）

电视剧创新与新媒体平台营收突破

周根红

随着新媒体的发展和媒介技术的变革，电视剧与新媒体的关系日益密切。从台网互动到网台互动、从视频网站到自有平台建设、从版权售卖到融媒体产品开发，"电视剧"和"网络剧"的边界越来越模糊，电视剧在新媒体平台的运营方式越来越多元。新媒体平台的商业创新模式和用户生态，也进一步推动着电视剧制作、产业、内容等方面的创新，为电视剧在新媒体平台的营收不断拓宽道路。

一、创新广告模式，增强创意设计

一般来说，电视剧的广告模式主要是剧场冠名、中插广告、植入式广告等形式。近年来，新媒体平台不断进行广告探索，一些具有创新意识的广告形式陆续出现，如"小剧场"式广告、"创可贴"式广告、"边看边买"式广告等。这些广告的共同点是将广告的内容与剧情相结合，兼具艺术性和互动性，甚至对电视剧内容起到了烘托和促进作用。

一是"小剧场"式广告。"小剧场"式广告是指在电视剧播出过程中插播的、由剧中角色饰演的广告情景短剧，时长一般在30—60秒。"小剧场"式广告的内容形式和盈利模式成熟于2016年东方卫视和爱奇艺播出的《老九门》。该剧前12集植入了7个品牌，营收四五千万元。2017年以来，"小剧场"式广告实现了爆发式增长，大约能给平台方带来 30% 的增长收益[1]。"小剧场"式广告能够让用户体验到演员的另一面、剧情的嫁接效果等。"小剧场"式广告都会被赋予一个独特的名字，以完成与电视剧的情景连接，如《大军师司马懿之军师联盟》的"军师令轻松一刻"、《长安十二时辰》的"长安娱乐时间"、《那年花开月正圆》的"花开时刻"等。"小剧场"式广告也十分注重差异化定位。《陈情令》主打番外彩蛋小剧场;《亲爱的，热爱的》设置了中场休息"创意剧场";《长安十二时辰》制作了明星头条、MINI 小剧场等 11 种创新内生广告形式，树立了剧集营销的新标杆[2]。"小剧场"式广告，能够增强观众的注意力，加强与观众的互动，提升用户黏性。当然，"互金平台广告"较多、广告设计与剧情冲突、创意欠佳等，也是"小剧场"式广告需要进一步改善的地方。

二是"创可贴"式广告。"创可贴"式广告是根据剧情、对话、场景、人物等对广告进行场景化设计，有针对性地制作的弹幕广告。"创可贴"式广告以调侃、幽默、网络流行语等方式，有效连接了电视剧情节和用户，完成了电视剧和用户的心理互动。"创可贴"广告始于 2016 年的电视剧《老九门》。2017 年《人民的名义》在爱奇艺播出时，也制作了大量包括二手车、零食和电器等在内的"创可贴"广告。"创可贴"式广告正成为新媒体平台必不可少的广告模式。总体来说，"创可贴"广告可以分为"明星贴""剧情贴"和"台词贴"。作为一种创新场景精准广告，"创可贴"式广告具有场景的精准匹配、CPM 售卖、按需购买、可监测可外链等特点。这类广告主要通过 AI 技术对剧中的场景、道具、人物行为、表情等方面进行识别，实现广告的精准植入。目前，"创可贴"式广告正试图打通大屏和小屏，实现二者的同步互动。不过，"创可贴"式广告也存在不少问题，如广告过于频繁、缺乏统一规范，甚至挡住字幕，影响了观众的观剧体验。

三是"边看边买"式广告。电视剧在新媒体平台的营收，不仅是视频网站的版权营收，而且也包括电视剧、视频网站和电商之间的合作收入。这类合作的早

[1]　　参见杨文杰《打擦边球、披内容外衣 花式小剧场广告还能火多久？》，《北京青年报》2017 年 10 月 23 日。

[2]　　参见《〈长安十二时辰〉将收官　优酷剧集 IP 商业化价值再升维》，2019年 8 月 10 日，微信公众号"传媒圈"（https://www.sohu.com/a/332728115_570245）。

期方式是"电视端 + 电商"模式，即电视剧热播后，电商平台推出电视剧中的同类产品。如今，"电视剧 + 新媒体播出平台 + 电商"正成为新的商业模式。用户在新媒体平台观看电视剧时，可以直接将屏幕中出现的衣服、道具、图书等衍生商品加入购物车或一键购买，实现了观看与购物的联动。这类广告被称为"边看边买"式广告。《人民的名义》在视频网站播出时，点击"×× 电器"的"创可贴"广告时，可以直接引流到电商官方旗舰店进行购买；《长安十二时辰》联合多个品牌推出了包括饮料、美妆、服饰等在内的长安十二时辰主题衍生品，并通过电商线上渠道和线下渠道进行推广[1]。"电视剧 + 新媒体播出平台 + 电商"模式，其实是将广告转变为实际购买行动，体现了电视剧的产品开发能力、商业运营能力和新媒体资源整合能力。

二、加强融媒产品开发，实现 IP 最大价值

新媒体平台为电视剧的多次传播提供了重要机会。视频网站、视频号、微信、抖音、快手等，已经成为视频传播的重要渠道。电视剧也在抓住新媒体的特性，突破剧集的一次售卖，不断创新发展模式，注重融媒体产品的开发，着力电视剧资源的深度转化，在多样化的产品中实现 IP 的最大价值。

一是完善二创短视频的版权模式。短视频是新媒体平台异军突起的内容形式。根据中国互联网络信息中心发布的《第 48 次中国互联网络发展状况统计报告》显示，短视频用户规模为 8.88 亿人，占网民整体的 87.8%，成为网络视频用户的最强增长点。电视剧的二创短视频成为短视频用户消费的重要形式。这类短视频主要包括对特定情节进行截取的片段类短视频，对一部或多部电视剧进行主题汇聚的盘点式短视频，加入配音或字幕进行评论，解读的影评类短视频和解说类短视频，再创作的混剪类短视频等。二创短视频能够提高电视剧的传播效果，一些电视剧正是借助二创短视频实现了"出圈"效果。2020 年，根据《三十而已》

---

[1] 参见《〈长安十二时辰〉将收官 优酷剧集 IP 商业化价值再升维》，2019
年 8 月 10 日，微信公众号"传媒圈"（https://www.sohu.com/a/3327281
15_570245）。

制作的短视频，在影视官方抖音号中播放量位居榜首，达35亿多次。如果加上其他非官方内容渠道，"三十而已"相关话题内容的播放量超过230亿次[1]。《小舍得》通过抖音账号发布的系列"二创"短视频，形成了以"小流量"撬动"大流量"的"破圈"热点[2]。由此可见，二创短视频已经成为电视剧引流的重要渠道。不过，需要注意的是，二创短视频存在大量的侵权行为，遭到版权方的抵制。二创短视频的健康发展，需要影视版权方、短视频平台和自媒体运营者三者探索建立合理的营收模式，从而共享二次创作的盈利收入。

二是网络虚拟体验场景的开发。新媒体市场的快速发展，使得电视剧版权运营方更加充分利用IP的深层价值，打造全方位的娱乐生态。网络虚拟体验场景的开发就是一个值得关注的方向。在这方面，一些网络剧起到了重要的示范作用。《陈情令》在视频网站开设音乐专辑；优酷自制剧《鹤唳华亭》推出"瑰丽·犹在境 × 鹤唳华亭——观念式数字意境展"；《长安十二时辰》在众筹平台推出"长安市集上元灯会"，通过互动和周边文创吸引用户参与，最终众筹金额超过100万元，大幅超额并提前完成目标。[3]新媒体的重要优势就是其互动性和参与性，电视剧的运营方应加强与电视剧相关的音乐会、演唱会、数字展览、网络集市等虚拟体验场景，为用户提供多元化的IP产品，让用户充分享受沉浸式体验，从而强化用户对电视剧的黏性，进一步拓展了电视剧的营收渠道。

三是加强跨媒介互动产品开发。随着大量从事内容生产、集成和开发的新媒体企业对电视剧的跨界融合，电视剧产业越发需要构建跨媒介的互动业态。《三生三世十里桃花》《琅琊榜》《花千骨》等纷纷推出了网游、手游、页游、动漫、网络电影等各类新媒体产品，《都挺好》推出了角色人物的性格测试H5页面。但是，不得不说，当前电视剧在融媒体产品开发方面较为乏力。正如有研究者所

[1]　参见孙冰《"二创"野蛮生长 短视频背后的版权战与商业局》，《中国经济周刊》2021年第9期。

[2]　参见中央广播电视总台《2021中国电视剧发展报告（节选）：新媒介环境下的电视营销（下篇）》，2022年3月15日，微信公众号"CCTV电视剧"（http://news.sohu.com/a/530076695_532230）。

[3]　参见《〈长安十二时辰〉将收官　优酷剧集IP商业化价值再升维》，2019年8月10日，微信公众号"传媒圈"（https://www.sohu.com/a/332728115_570245）。

说:"尽管几乎所有的剧集在表面上都实现了'跨屏联动',都开设了官方微博账号、抖音账号及官方微信公众号,都推出了剧集制作花絮、内容预告和幕后访谈等'联动'内容,但这些内容所倚靠的核心资源无一例外是剧集内容本身,其新媒体实践本质上都是'跨屏联动'的浅层次实践,甚至是基于剧集内容的重复性传播,几乎没有产品是在新媒体平台上被谋划出来的,环环相扣的内容与传播合力也并未形成。"[1]因此,电视剧的产业链的开发,应该着眼于新媒体新业态的培育,实现新媒体产业的整体构建,真正实现电视剧与新媒体产业的融合发展。

三、树立新媒体思维,构建新媒体业态

随着新媒体用户的日益壮大,"双屏用户分离化"成为整体发展趋势。然而,新媒体平台的运营方式、商业理念、生产模式等,与电视端平台的运营有着较大的差异。这使得电视剧的内容制作、形式编排、产业运营都需要充分考虑新媒体的特性,树立新媒体思维,满足新媒体用户的需求,挖掘新媒体时代电视剧的潜力。

一是加强电视剧创作的"年轻化"。近年来,电视剧和网络剧市场异常火爆,出现了一批深受用户喜爱的现象级电视剧。然而,如果将电视端和网络端播出的剧集进行比较,二者还有着较大的差异。电视剧主要是以主题创作带动多元收视,如通过《山海情》《石头开花》《大江大河》《觉醒年代》《跨过鸭绿江》等现象级电视剧,带动《三十而已》《妈妈在等你》《小娘惹》等家庭剧、都市剧。网络剧则注重社会话题,彰显年轻化特点,推出了聚焦打工人都市生活的《理想之城》,现实奋斗题材的《斗罗大陆》《流金岁月》,家庭教育题材的《小舍得》,女性题材的《乔家的儿女》,主旋律题材的《叛逆者》等。因此,电视剧要拓展新媒体营收渠道,自然需要把握新媒体平台剧集的特点,加强电视剧创作的"年轻化",观照"现实生活",捕捉"社会话题"。有研究者认为,"未来行业的价值转

---

[1]　　张红军、刘煜:《"故事世界"构想下的电视剧生产和跨媒体转型》,《传媒观察》2021 年第 8 期。

移将跟随更年轻一代的需求而发生，这一群体的意向将导致全新的业务形态，或从当前的既有业务中转化出微创新的应用，进而带来新的资本流通过程"[1]。

二是利用"链接性"盘活库存资源。独家播出权或首播权是电视剧运营的重中之重。其实，一些优秀的电视剧往往会成为长线产品，如《三国演义》《西游记》《水浒传》《天龙八部》等，每年都会成为固定收视剧目。2017年2月13日，《大明王朝1566》（2007年首播）作为会员付费剧目在优酷独家上线，12小时内播放量破百万，人均播放时长达到了2.5小时，远高于一般网剧的平均值[2]。2018年，《重案六组》《神雕侠侣》《康熙王朝》《闯关东》《新白娘子传奇》等形成了"旧剧新播"的热潮。2021年，央视频客户端播放量排名前十的电视剧中，就有首播于2006年的《亮剑》。"旧剧新播"现象的出现，主要有三个原因：与某一重要时间节点、重要事件相吻合；新媒体平台的评论、表情包、短视频等的触动；与正在热播的某部电视剧有相似的题材、导演、演员等元素。这也是新媒体时代电视剧的版权方、运营方、新媒体平台等都应该树立的互联网思维，从而充分利用互联网的"链接性"特点，唤醒沉默的电视剧资源。

三是"剧场化"与"档期化"的排播。"剧场化"已经成为视频网站剧集播出的重要创新模式，如爱奇艺的迷雾剧场、恋恋剧场和小逗剧场，优酷的宠爱剧场、悬疑剧场和港剧场，芒果TV的季风剧场等。"剧场化"模式是根据相同或相似的电视剧题材进行编排，不过，"剧场化"对题材的要求相对较高。因此，"档期化"也成为电视剧在新媒体平台播出的重要编排方式，如贺岁档、春节档、暑期档、国庆档等。"剧场化"与"档期化"的排播运营，正是当下视频网站品牌化探索的两个重要方向。2020年，爱奇艺迷雾剧场的现象级"破圈"，让视频网站的剧场化奠定了品牌。为此，2021年爱奇艺再次推出了迷雾剧场，试图进一步增加用户黏性，增强网站品牌。芒果TV的季风剧场发挥台网联动的优势，采取"9+X"的排播模式（即9部电视剧贯穿双平台全年，X部网剧不定期登录芒

[1]　　王建磊：《新媒体产业资本流通与价值转移的影响机制研究——以网络视听行业为例》，《新闻大学》2020年第12期。

[2]　　参见《〈大明王朝1566〉：十年前老剧缘何热播新媒体》，《综艺报》2017年第5期。

果 TV），是国内首个台网联动的周播短剧剧场[1]。"剧场化"与"档期化"正逐渐走向成熟化和专业化，从而进一步增强了用户的观看和付费意愿。

四、加强自身平台建设，完善用户服务体系

电视剧在新媒体平台的主要播出渠道是爱奇艺、优酷、腾讯视频等。这些新媒体平台占据着主导地位。不过，一些资源丰富、资本充足、实力雄厚的电视台，也在加强建设自己的新媒体平台。加强自身新媒体平台建设，挖掘自有电视剧资源，加大新媒体运营，完善用户服务体系，是电视剧在新媒体时代发展和拓展营收渠道的重要路径。

一是加强自身新媒体平台建设。近年来，各电视台也在不断加强自身新媒体平台的建设，为电视剧资源的传播提供了重要支持。芒果 TV 推出时间较早，也是近年来增速最快的新媒体平台，目前形成了爱奇艺、腾讯、优酷、芒果的竞争格局。2019 年，中央广播电视总台打造了综合性视听新媒体旗舰平台——央视频，内容包含电视剧、电影等在内的 30 个一级品类。"央视频"实现了大小屏的互动链接和总台内容的产业化、全媒体化，树立了新媒体的垂直制作、产业先行思维，以用户需求为导向，通过原创短视频激发内容生产机制[2]。无疑，以总台为依托的"央视频"有着丰富的资源、强大的资本运营能力和生产能力，也能为电视端新媒体平台的建设提供一条新的路径。

二是完善用户服务体系。"会员付费"模式是视频网站营收的主要形式。一些视频网站通过头部电视剧的独家播出权，迅速壮大了视频网站的会员。2019 年，爱奇艺和腾讯视频的会员规模就已经破亿。会员付费已超过广告收入，成为视频

[1]　参见金佳、徐肖冰《"季风"吹动"剧变"，芒果 TV 破局自制赛道》，2021 年 11 月 1 日，澎湃新闻客户端（https://m.thepaper.cn/baijiahao_15167534）。

[2]　参见《央视频 5G 新媒体平台：开创三个第一，引领三股新风》，2019 年 11 月 27 日，中央广电总台总经理室（http://1118.cctv.com/2019/11/28/ARTIYjwUgr2TExf0rfEJF57I191128.shtml）。

网站最主要的盈利来源。视频网站还不断探索会员付费的新形式，其中影响最大的是"超前点映"模式。《陈情令》在"超前点映"推出不足 24 小时的次日下午已有超 260 万用户为其买单，最终收入达 1.5 亿元。此后，一些电视剧纷纷推出了"超前点映"模式。虽然"超前点映"模式引发了很多会员的异议，但是，完善"会员付费"模式、分类提升服务质量，确实是当前视频网站的当务之急。国外新媒体平台的"会员付费"模式主要分为两类：一类是以 Netflix 为首的无广告的完全订阅制，另一类是以 Hulu 为代表的以广告多少来划分订阅价格。然而，国内新媒体平台的"会员权利"五花八门，但与观看内容最直接相关的权益却又不够清晰明确，缺乏与价格相对应的区分度[1]。因此，视频网站的平台建设，应加强用户的精准分层，满足不同用户的需求，提升用户的服务质量，开辟平台营收的分层模式。

（原载《电视研究》2022 年第 5 期）

---

[1] 参见大娱乐家《优爱腾芒与其抢救超前点播，不如重新定义会员模式》，2021 年 9 月 14 日，微信公众号"壹娱观察"（https://xueqiu.com/4842861514/197892824）。

人民文学出版社与"十七年"时期少数民族文学生产

周根红

    "十七年"时期少数民族文学的发展，是学界关注的重要研究内容。不过，大多数研究成果较多采用的是文学审美的研究视角，对"十七年"时期文学出版机制与少数民族文学的出版缺乏足够的关注。其实，"十七年"时期少数民族文学的发展离不开出版机制的推动。1956 年 2 月 27 日，老舍在中国作家协会第二次理事会（扩大）会议上做了《关于兄弟民族文学工作的报告——中国作家协会第二次理事会（扩大）会议上的报告（摘要）》。老舍在报告中提出，"为开展各兄弟民族文学工作"，打算采取一系列措施，其中第三条措施是，"商请人民文学出版社与民族出版社拟定出版兄弟民族的古典文学和新的创作的计划。协助有关出版社做好汉文文学作品译成各兄弟民族文字和各兄弟民族互相翻译作品的工作"[1]。老舍的这篇报告，成为少数民族文学工作的纲领性文件，使得少数民族文学作品开始在人民文学出版社得以出版，标志着少数民族文学从此进入主流文学视野。作为国家级的专业文学出版机构，"十七年"时期人民文学出版社出版了大量少数民族文学作品，对少数民族作家成长、少数民族文学进入主流话语空间和少数民族作品的经典化等方面，都具有重要的意义。因此，研究人民文学出版社和"十七年"时期少数民族文学生产，能够为少数民族文学的发展提供另一种思路。需要说明的是，由于"十七年"时期作家出版社是人民文学出版社的"副牌"，因此，本文所说的人民文学出版社也包括作家出版社。

---

[1]   老舍：《关于兄弟民族文学工作的报告——中国作家协会第二次理事会（扩大）会议上的报告（摘要）》，《人民日报》1956 年 3 月 25 日。

一、主流话语的出版选择

"十七年"时期,"文学—政治"的一体化是这一时期特殊的文学生产语境。人民文学出版社不仅承担着文学作品的出版工作,而且还负责建构新中国文学的主流意识话语形态。有学者认为,"研究与政治关系特别紧密的'十七年'文学,作品的编辑过程以及编辑的价值判断与文化命运,就成为透视文学生产的核心机制的一面镜子"[1]。少数民族文学因其民族身份和国家认同,其政治意识形态方面更是文学出版过程中需要特别重视的因素。新中国成立后,文学作品基本上围绕革命历史和社会主义建设两个方面进行创作。虽然少数民族文学作品也离不开这两个主题,但是又表现出不同的民族特征。从人民文学出版社所出版的少数民族文学作品来看,这些作品的主题基本上都围绕着"党领导的民族解放斗争"和"社会主义新生活"两个方面,而前者占据主导地位。这一编辑出版意图在少数民族文学单行本的"内容说明""出版说明""前言"等部分都有着直接的体现。

"党领导的民族解放斗争"是这一时期人民文学出版社出版的少数民族文学作品的主要思想主题,它们基本上都反映了少数民族在遭受封建压迫和地主阶级剥削后,在共产党的领导下取得斗争的胜利,最终实现了民族的解放。这成为人民文学出版社在出版少数民族文学作品时着重强调的内容。以长篇和中短篇小说集为例,人民文学出版社共出版了18部长篇和中短篇小说集,其中,表现"党领导的民族解放斗争"主题的就有14部。《红路》"反映了一九四七年春迄一九四八年春在内蒙古地区人民间的激烈的两条道路的斗争。……使他们清醒地认识到只有共产党才是真正的民族解放者,只有跟随共产党,并投身于群众斗争的实践,才是真正的改造思想,以及使蒙古民族获得真正的自由解放的唯一道路"[2]。《挣断锁链的奴隶》"真实地反映了世世代代任人驱使的奴隶,怎样在党的领导下挣断锁链,飞往自由的天地,奔向幸福的生活"[3]。《奴隶解放之歌》"反映了凉山彝族人民过去奴隶生活的悲苦和民族改革后获得解放的欢乐,以及对各族

---

[1]　　黄发有:《中国青年出版社与"红色经典"》,《当代作家评论》2014年第4期。

[2]　　扎拉嘎胡:《红路》"内容说明",北京:作家出版社,1959年,版权页。

[3]　　李乔:《挣断锁链的奴隶》"内容说明",北京:作家出版社,1963年,版权页。

人民领袖毛主席的衷心爱戴"[1]。《早来的春天》"生动地反映了在党的教育下广大奴隶群众的觉醒和他们要求废除奴隶制度的焦灼心情，也表现了少数反动奴隶主勾结匪特阴谋叛乱的罪恶行径"[2]。《呼啸的山风》"描写我国凉山地区广大的彝族奴隶群众，在党的教育下，觉悟不断提高，坚决英勇地进行彻底的民主革命，粉碎了叛乱分子和匪特的阴谋"[3]。《春天的太阳照耀着乌珠穆沁草原》"描写党如何组织领导内蒙自治区乌珠穆沁草原的牧民，克服各种困难，战胜大雪灾并抢救了牲畜的故事"[4]。从这些"内容说明"中可以看出，人民文学出版社在出版这些文学作品时，着重强调的主题是共产党领导各民族进行斗争，争取民族解放的道路。

"社会主义新生活"是这一时期人民文学出版社出版的少数民族文学作品的又一主题。这些作品表现了少数民族地区人民在新中国成立、民族解放后的新生活，表现出对新中国社会主义建设和社会新风尚的歌颂。《草原之夜》"更可以看到新的思想品质和社会风气在兄弟民族间的迅速成长与发展"[5]。《狂欢之歌》"以奔腾的激情，反复咏叹的手法，幸福地歌唱着伟大的党，首都北京，人民公社，总路线以及第一颗人造卫星等。其中'塔什干的召唤'组诗，是作者参加亚非作家会议时所作，作为内蒙古文艺界向党献礼的'狂欢之歌'，是一篇充满热情的对祖国十年的颂歌"[6]。《花的草原》"题材广阔，生动地表现了草原牧民、翻身奴隶、说唱诗人、长跑健将、马头琴手、矿山工人、森林猎户等各种人物的生活和斗争，多方面地反映了内蒙人民含泪的昨天和含笑的今天，歌颂了草原上百花盛

[1]　吴琪拉达:《奴隶解放之歌》"内容说明"，北京：作家出版社，1959 年，版权页。

[2]　李乔:《早来的春天》"内容说明"，北京：作家出版社，1962 年，版权页。

[3]　李乔:《呼啸的山风》"内容说明"，北京：作家出版社，1965 年，版权页。

[4]　纳·赛音朝克图:《春天的太阳照耀着乌珠穆沁草原》"内容说明"，北京：作家出版社，1958 年，版权页。

[5]　安柯钦夫:《草原之夜》"内容说明"，北京：作家出版社，1957 年，版权页。

[6]　纳·赛音朝克图:《狂欢之歌》"内容说明"，丁师颢译，北京：作家出版社，1960 年，版权页。

开的繁荣景象"[1]。《遥远的戈壁》"从不同角度,生动地反映了内蒙人民在解放战争和社会主义建设两个历史时期所走过的光辉里程"[2]。《科尔沁草原的人们》"成功地塑造了一个勇敢顽强的蒙古族牧羊姑娘的形象,从而歌颂了草原人民在和反革命分子斗争中表现出来的社会主义觉悟和爱国主义精神"[3]。为庆祝中华人民共和国成立十周年,人民文学出版社出版了《我握着毛主席的手》和《新生活的光辉》两部合集。这两部合集作为中华人民共和国成立十周年的献礼作品,自然蕴含着更为浓烈的政治意识,"他们满怀热情地在自己作品中表现了兄弟民族的新生活,表达了各族人民对共产党和毛主席的热爱,歌颂了祖国大家庭的团结友爱精神"[4]。

　　一些作品还在"内容说明""后记"等部分阐述了作者的创作动机和作者身份,言语之间表现出强烈的政治认同和主流话语的引导。超克图纳仁在《金鹰》的"后记"里说:"我在锡林郭勒盟体验生活的时候,听了很多老年人讲述他们在王公时代的悲惨的生活,也听了他们在活着比死亡还可怕的时候,怎样风起云涌地反抗暴君,反抗憎恨人民自由的王公贵族。这些可歌可泣的斗争生活激动了我,使我产生创作欲望,于是我写了《金鹰》。"[5]陆地在《美丽的南方》的"后记"里阐述写作的目的"无非是为了想通过韦廷忠这个人物从奴隶变成主人的这一翻身故事,使读者不但看到世世代代受剥削和迫害的农民如何在党的领导下跟地主进行了尖锐而复杂的斗争,终至获得了胜利,同时也看到各级干部怎样通过不断的实践,逐步做到了领会和掌握党的方针政策,以及为人民服务的思想也逐渐成为人们共同追求的崇高的品德"[6]。乌兰巴干在《草原烽火》的"后记"里说,

[1]　　　　玛拉沁夫:《花的草原》"内容说明",北京:作家出版社,1962 年,版权页。

[2]　　　　敖德斯尔:《遥远的戈壁》"内容说明",北京:作家出版社,1962 年,版权页。

[3]　　　　玛拉沁夫:《科尔沁草原的人们》"前言",北京:人民文学出版社,1959 年,第 1 页。

[4]　　　　《新生活的光辉》"出版说明",北京:人民文学出版社,1960 年,版权页。

[5]　　　　超克图纳仁:《金鹰》"后记",北京:人民文学出版社,1959 年,第 96 页。

[6]　　　　陆地:《美丽的南方》"后记",北京:作家出版社,1960 年,第 335 页。

"1949年随着全国范围内革命的胜利，中华人民共和国的成立，使内蒙古人民得到了彻底的解放，党和毛主席给了蒙古族人民无限的幸福。在这欢庆的节日里，越来越激发我写作的热情，于是我就从1949年10月开始写起这部小说"[1]。《金色兴安岭》的"出版说明"里对作者朋斯克的身份予以强调："我们还要特别提到的是，作者就是在党的教育和内蒙古的解放斗争中培养出来的一个蒙古族的青年作家。他在一九四七年参军的时候，还只有高小文化程度，他的文艺兴趣和写作能力，完全是在部队生活中培养起来的。"[2]

为了与主流话语保持一致，一些作品的内容或"出版说明"也经过了相应的修改。玛拉沁夫的短篇小说《路》原发表于《人民文学》1959年10月号。不过，《路》发表后受到读者的批评，认为《路》中描写的是"个人幸福、家庭幸福由于战争而破灭的悲剧"，并且"宣扬了资产阶级个人主义思想"。[3]于是，作者对《路》进行了修改，将原小说中"主人公塔尔娃的儿子珠尔赫在一次剿匪战斗中牺牲"，修改为"捷尔克（即珠尔赫——引者）在战斗中负伤，转业后成了一名穿孔司机"，消解了小说的悲剧效果。这篇修改稿选入了小说集《花的草原》。玛拉沁夫的《在茫茫的草原上》原发表于《内蒙古文艺》1956年第12期，1957年5月由作家出版社出版，随后也受到读者的批评，其中最主要的批评有三点：第一，作为文本中唯一一个汉族党员领导者，洪涛这一人物有损党的领导者形象；第二，民族主义情绪高涨，尤其是主人公铁木尔的表现；第三，在爱情叙述方面有自然主义的描写倾向。1962年，作者针对争议最大的这三点分别做出了不同程度的修改。修改稿由作家出版社于1963年以《茫茫的草原》为名重新出版，获得了极大的好评。[4]正是因为出版后引发的批评，《在茫茫的草原上》没能入

[1]　乌兰巴干：《草原烽火》"后记"，北京：人民文学出版社，1959年，第498页。

[2]　朋斯克：《金色兴安岭》"出版说明"，北京：人民文学出版社，1958年，第2页。

[3]　奎曾：《谈谈对"路"的批评意见及其修改》，《草原》1963年4月号。

[4]　关于《在茫茫的草原上》的批评和修改，参考王怡《〈茫茫的草原（上部）〉不同版本的修辞重构研究》，硕士学位论文，福州：福建师范大学，2017年，第10页；带兄《蒙古族作家汉文小说创作研究（1949—1978）》，硕士学位论文，内蒙古：内蒙古大学，2006年，第19页；杨晓华《玛拉沁夫〈茫茫的草原〉版本考证》，《青海师范大学学报（哲学社会科学版）》2012年第4期。

选 1959 年出版的"建国十年优秀创作选拔本"。《在茫茫的草原上》于 1957 年和 1958 年先后由作家出版社和人民文学出版社出版，两个版本的"出版说明"也经过了一些调整。1957 年版的"出版说明"里强调的是"解放战争初期，生长在茫茫的察哈尔草原上的蒙古族人民，过着动荡、混乱、贫困和苦难的生活。他们在黑暗的反动统治下挣扎着、斗争着，寻求着自己民族解放的道路"。1958 年版强调的是"读者可以看到，国民党反动派的派遣军队、潜伏特务，勾结蒙奸，在草原上杀人放火、奸淫掳掠，无恶不作，令人发指的残酷面目"。"人民的武装在中国共产党的领导下，逐渐成长壮大，终于消灭了屠害人民的国民党匪徒，使草原进入了一个新的历史时期。"可以看出，1957 年版的"出版说明"相对较为中性，而 1958 年版的"出版说明"则侧重的是国民党反动统治的罪恶、人民生活的困苦和党领导的人民武装的革命斗争，其所要突出的政治意识不言自明。

二、民族性的文学标准

政治性是"十七年"时期文学出版的首要考量因素。不过，民族性也是人民文学出版社在出版少数民族文学作品时重点考察的一个因素。有研究者认为，"1949 年 9 月茅盾撰写的《人民文学》'发刊词'是'第一次文代会'精神在实践层面的具体规划和落实"。《人民文学》"发刊词"所提出的"开展国内各少数民族的文学运动，使新民主主义的内容与各少数民族的文学形式相结合"，"也就是说，新中国少数民族文学的基本创作范式，是以新民主主义思想为指导，用少数民族自己的文学形式，去反映少数民族新民主主义生活"。"这一规范与'政治方向的一致性与艺术形式的多样性'的文学总规范相一致，因此成为少数民族文学的核心评论标准。"[1]

因此，人民文学出版社在出版少数民族文学作品时，既坚持政治性的重要标准，同时也凸显少数民族文学的民族性，自然是情理之中。这从人民文学出版社在相应作品出版时的"内容说明""出版说明""序言"等部分就可以看出。《在茫

---

[1]　　　李晓峰:《"少数民族文学"构造史》，《当代作家评论》2017 年第 5 期。

茫的草原上（上部）》的"内容说明"里强调"豪迈的风格、饱满的热情和浓郁的草原生活气息是它鲜明的特色"[1]。《花的草原》"以他新颖的艺术构思、鲜明的民族特色和诗意浓冽的抒情风格，使小说迸发出绚烂的艺术光彩和强烈的感染力量"[2]。《春到草原》"在浓郁的草原生活气息中展开了先进与落后、革命与反革命间一系列错综复杂的矛盾和斗争"[3]。《草原之夜》"散发着内蒙古草原的芳香和洋溢着兄弟民族对新生活、对祖国大家庭的热爱"[4]。《奴隶解放之歌》，"虽吸收了汉族新诗风格，仍具有彝族民歌的优秀传统，朴素、亲切而自然，具有清新活泼的风格"[5]。《春天的太阳照耀着乌珠穆沁草原》"整个作品洋溢着浓厚的开旷而淳朴的草原气息，是一部具有鲜明的民族特色的好小说"[6]。《草原集》"作者受有藏族民歌的影响，因此，诗的风格大都清新活泼，富有浓郁的藏族生活气氛，描绘出壮丽的祖国边疆风光"[7]。《新生活的光辉》集中收入十个民族19位作者的46篇作品，"这些小说真实地反映了新民主主义革命时期和社会主义革命时期各族人民的生活和斗争，生动地刻划了成为国家主人的劳动人民的崇高的精神面貌，感人地描绘了'大跃进'中的新人物、新事物、新风习，具有强烈的时代精神和鲜明的民族特色"[8]。《流沙河之歌》"保持了浓厚的民族情调，以生动恰切的比喻，把古老的传说、久远的历史和当前的现实生活融汇在一个诗篇之中，做到了革命的

[1]　玛拉沁夫:《在茫茫的草原上（上部）》"内容说明"，北京：作家出版社，1957年，版权页。

[2]　玛拉沁夫:《花的草原》"内容说明"，北京：作家出版社，1962年，版权页。

[3]　扎拉嘎胡:《春到草原》"内容说明"，北京：作家出版社，1957年，版权页。

[4]　安柯钦夫:《草原之夜》"内容说明"，北京：作家出版社，1957年，版权页。

[5]　吴琪拉达:《奴隶解放之歌》"内容说明"，北京：作家出版社，1959年，版权页。

[6]　纳·赛音朝克图:《春天的太阳照耀着乌珠穆沁草原》"内容说明"，北京：作家出版社，1958年，版权页。

[7]　饶阶巴桑:《草原集》"内容说明"，北京：作家出版社，1960年，版权页。

[8]　《新生活的光辉》"出版说明"，北京：人民文学出版社，1960年，第1页。

现实主义和革命的浪漫主义相结合"[1]。

李乔的《欢笑的金沙江》三部曲也是彰显民族性的代表作品。《欢笑的金沙江》之所以具有浓烈的民族风格，是因为第一部在出版过程中，作者听取了各方面的意见进行了修改，进一步凸显了小说的民族特色。李乔曾回忆："作协把这部稿子转给艾芜看。没几天，他叫我到他的家里，喜欢地对我说：'作家协会的同志不知道大小凉山的情况，他们把这部稿子拿来给我看。这个地方的情况很特殊，我国的作家从来没有到过这地方，不足之处是，文笔有些粗糙，没有精雕细刻，对民族色彩渲染不够。你可不可以再修饰一番，对凉山的风俗习惯多加描绘，对人物的心理活动多加刻划这会更吸引读者一些。"[2]李乔根据中国作协通过艾芜转达的意见对《欢笑的金沙江》第一部做了修改，突出了阿火黑日和阿罗的说唱形式、民风民俗、禁忌、民间传说等民族化的表现形式。[3]此后，第二部和第三部也都遵循第一部的写作风格，将民族性作为小说的重要特征。正如"出版说明"所说，第二部《早来的春天》"描绘了彝族独特的社会风习和凉山自然景物的特色；在人物刻划和情节安排上，带有某些可喜的浪漫主义色彩"[4]。第三部《呼啸的山风》"保持了前两部的风格"[5]。

除了在"内容说明"中明确指出具有鲜明民族特性的作品外，其他少数民族文学作品也都因饱含着各民族特色而受到评论界的关注。《狂欢之歌》发表后，茅盾曾高度评价："诗人浓笔酣墨地对内蒙古各条战线各个领域在十年中，所出现的神奇变化放声歌唱：大漠果林、草原钢城、戈壁电站、大青山畔的水库、浩特上空盘旋的银鹰……均有纵横捭阖与精细描绘交融的抒写，而这又是结合对祖

---

[1]　袁勃：《关于长诗"流沙河之歌"（代序）》，载康朗英《流沙河之歌》，北京：作家出版社，1959 年，第 1 页。

[2]　晓夫：《回到历史的语境——也评〈欢笑的金沙江〉》，《西昌师范高等专科学校学报》1997 年第 4 期。

[3]　参见晓夫《回到历史的语境——也评〈欢笑的金沙江〉》，《西昌师范高等专科学校学报》1997 年第 4 期。

[4]　李乔：《早来的春天》"内容说明"，北京：作家出版社，1962 年，版权页。

[5]　李乔：《呼啸的山风》"内容说明"，北京：作家出版社，1965 年，版权页。

国、党的讴歌的反复咏唱，诗中处处洋溢着诗人炽热的感情"，并称这"不但是好诗，而且在形式上也有值得我们学习之处"[1]。《草原烽火》发表后，叶圣陶也对其融入自身经历所表现的浓郁的民族地域特色给予高度评价，认为"要是不能分析和融化他的经历，抓住其中主要的东西，就不可能把草原上一段时期内的斗争生活再现出来，使读者身入其境，觉得小说里的那些人物就在面前"[2]。《百鸟衣》《刘三妹》《热碧亚—赛丁》《财主与长工》等作品，本身就是来自各民族流传久远的民间传说，具有鲜明的民族特色。这些根据民间传说创作的诗歌、戏剧等作品，是对民族文艺形式的一次新的开掘。

三、经典化的出版策略

文学作品的经典化离不开作品的传播，出版则是文学传播中最重要的一环。传统的文学生产场域基本上由各级作家协会、期刊、出版社等机构和作家、编辑、专家等文学生产环节的把关人所构成。一个作者需要经过这些把关人的认同，才能确认其"作家"的合法身份，其作品才有被出版并广泛传播的可能。因此，"十七年"时期，文学作品的出版本身就是一种受到认可的重要标志。而人民文学出版社作为新中国成立的国家级文学出版机构，其作品的出版更是具有重要的文学权威和主流话语认可的意义。有研究者统计，蒙古族作家在 1949 年到 1978 年间共出版了 21 部中长篇小说和小说集，其中有 2 部中篇、4 部长篇小说和 15 部小说集。出版这些作品的出版社有人民文学出版社、作家出版社、内蒙古人民出版社、中国少年儿童出版社、通俗文艺出版社、百花文艺出版社、春风文艺出版社等。其中，人民文学出版社出版的作品最多，一共出版了 6 部作品，其次

[1]　　　　茅盾：《反映社会主义跃进的时代，推动社会主义时代的跃进》，《人民文学》1960 年第 8 期。

[2]　　　　叶圣陶：《读〈草原烽火〉——代序》，载乌兰巴干《草原烽火》，北京：人民文学出版社，1959 年，第 1 页。

是作家出版社，出版了 5 部作品。[1] 当时，人民文学出版社是国家级专业文学类出版机构，是"全国文学出版的中心"，代表着"国家文学"的生产；作家出版社作为人民文学出版社的"副牌"，也几乎与人民文学出版社享有同等重要的地位。因此，这些作品由这两个权威性出版社出版，足以说明少数民族作家的创作实力和少数民族文学作品的水平。更进一步说，这些作品的出版奠定了它们在少数民族文学史上的重要地位。

丛书是文学出版经典化的常用策略。入选丛书本身就是对作品质量的一次认可，而通过一次次的遴选、入选各类丛书，一些少数民族文学作品不仅提升了影响力，也最终实现了作品的经典化。"十七年"时期，人民文学出版社出版了"新创作选拔本""文学初步读物""文学小丛书""解放军文艺丛书""建国十年优秀创作选拔本"等丛书。这也成为少数民族文学作品经典化的重要路径。1953年 11 月，随着作家出版社的成立，大量新创作的文学作品使用作家出版社名义出版，人民文学出版社则从中选拔优秀作品进行出版。1958 年，人民文学出版社出版了"新创作选拔本"丛书，入选的少数民族文学作品有《在茫茫的草原上（上部）》《欢笑的金沙江》《金色兴安岭》。"文学初步读物"丛书从 1953 年 3 月开始出版，是一套面向广大群众的普及类读物丛书，其对当代文学的编选标准是"已有一定评价的短篇作品（或长篇中的片段）"[2]。玛拉沁夫的《科尔沁草原的人们》成为第一批入选的少数民族文学作品。1959 年 12 月，玛拉沁夫的《草原上的战斗》再次入选。"文学小丛书"从 1958 年开始编辑出版。该丛书"选的都是古今中外好作品。字数不多，篇幅不大，随身可带，利用工休时间，很快可以读完。读者从这里不仅可以获得世界文学的知识，而且可增强认识生活的能力，鼓舞大家建设社会主义新生活的热情"[3]。入选"文学小丛书"的有《科尔沁草原的人们》《百鸟衣》。"解放军文艺丛书"于 1952 年开始出版，由解放军总政文化部

[1]　参见带兄《蒙古族作家汉文小说创作研究（1949—1978）》，硕士学位论文：内蒙古：内蒙古大学，2006 年，第 15 页。

[2]　玛拉沁夫：《科尔沁草原的人们》"出版说明"，北京：人民文学出版社，1953 年，扉页。

[3]　玛拉沁夫：《科尔沁草原的人们》"出版说明"，北京：人民文学出版社，1959 年，扉页。

组成的解放军文艺丛书编辑部负责。1954年，《金色兴安岭》入选"解放军文艺丛书"。

最具有经典化建构意义的丛书是"新中国成立十年优秀创作选拔本"。该丛书是为庆祝新中国成立十周年、展现新中国文学创作实绩而于1959年集中出版。因此，这套丛书不仅具有重要的文学意义，也具有重要的政治意义。入选这套丛书的有《欢笑的金沙江》《草原烽火》《百鸟衣》《金鹰》。其中值得注意的是，超克图纳仁的《金鹰》和乌兰巴干的《草原烽火》未曾经过人民文学出版社的各类丛书选本的"选拔"，而直接入选了"新中国成立十年优秀创作选拔本"，可见人民文学出版社对这两部作品的高度认可。"新中国成立十周年优秀创作选拔本"还出版了诗歌合集《我握着毛主席的手》和小说合集《新生活的光辉》。《我握着毛主席的手》共选了16个民族的28位歌手和诗人的作品。《新生活的光辉》集中收入了十个民族19位作者的46篇作品。这两部选集，不仅是"他们满怀激情地在自己作品中表现了兄弟民族的新生活，表达了各族人民对共产党和毛主席的热爱，歌颂了祖国大家庭的团结友爱精神"[1]，更重要的是入选这两部选集的少数民族作家有了进入主流话语空间的可能。而入选的作品包括纳·赛音朝克图的《春天的太阳照耀着乌珠穆沁草原》、玛拉沁夫的《科尔沁草原的人们》《春的喜歌》、乌兰巴干的《牧场风雪》、安柯钦夫的《新生活的光辉》、祖农·哈迪尔的《锻炼》等，它们在入选前已经产生了较大的影响，这次的入选实现了作品的再经典化。

人民文学出版社在少数民族文学作品经典化方面的另一策略，是在出版物中通过"出版说明""序言""评论"等形式进行经典化建构。乌兰巴干的《草原烽火》原由中国青年出版社于1958年出版，人民文学出版社出版该书时，以叶圣陶先生的小说评论作了"代序"。叶圣陶在评论中认为"这是一部优秀的作品""运用随处流露感情的重实笔触，画成这样史诗式的画幅"。[2]玛拉沁夫的《花的草原》出版时，茅盾评价这部作品说，"行文流利，诗意盎然，笔端常带感情

---

[1]　　　《新生活的光辉》"出版说明"，北京：人民文学出版社，1959年，第1页。

[2]　　　叶圣陶:《读〈草原烽火〉——代序》，载乌兰巴干《草原烽火》，北京：人民文学出版社，1959年，第1页。

而又十分自在"，"民族情调和地方色彩是浓郁而鲜艳的"，"为作品的轻灵明丽所吸引"。[1]茅盾也对敖德斯尔的《遥远的戈壁》给予了很高的评价："说真话，读他的作品，感到很大的愉快和激动，每一篇（不论多么长）总是非一口气读完不可的。"[2]茅盾读《花的草原》《遥远的戈壁》的"札记"，后来成为这两部小说重印时的"代序"，足见茅盾的评价对这两部作品的重要推举作用。玛拉沁夫的《花的草原》、敖德斯尔的《遥远的戈壁》、乌兰巴干的《草原烽火》得到文学巨匠茅盾、叶圣陶先生的高度评价，无疑为作品的经典化增加了分量。《流沙河之歌》选用了袁勃的评论《关于长诗"流沙河之歌"》为代序，认为"它不只是一朵傣族的花，而且是我们祖国百花争妍的文艺园地中的一朵又香又美的花"[3]。《流沙河之歌》还附录有《康朗英和他的长诗"流沙河之歌"》，这篇评论认为，"这首长篇叙事诗，在傣族文学领域中，可以说是一个新的起点。这不仅由于它在内容上突破了旧的传统文学，超出了对理想的追求，和个人命运的呻吟与叹息，而且在形式上也是一个很大的发展，可以这样说：'流沙河之歌'是第一部用巨大的幅页，和高度的政治热情，表现了傣族人民现实生活的长诗"[4]。

四、结语

"十七年"时期，人民文学出版社所出版的少数民族文学作品具有重要的文学意义。玛拉沁夫的《科尔沁草原的人们》是新中国蒙古族小说的开篇之作，《在茫茫的草原上》是新中国第一部反映蒙古族人民斗争生活的长篇小说；朋斯克的《金色的兴安岭》是少数民族当代文学中的第一部中篇小说；纳·赛音朝克图的《幸福和友谊》是新中国成立后蒙古族的第一部汉文诗集；《草原烽火》是被

[1]　茅盾:《读书杂记》，北京：作家出版社，1963 年，第 56—57 页。

[2]　茅盾:《读书杂记》，北京：作家出版社，1963 年，第 83 页。

[3]　袁勃:《关于长诗"流沙河之歌"（代序）》，载康朗英《流沙河之歌》，北京：作家出版社，1959 年，第 1 页。

[4]　勐海县文艺办公室、云南省民族民间文学西双版纳调查队勐海调查组:《康朗英和他的长诗"流沙河之歌"》，载康朗英《流沙河之歌》，北京：作家出版社，1959 年，第 65 页。

称为"二火"之一的红色经典;《红路》是少数民族文学在"十七年"间唯一一部描写知识分子成长为主题的作品;《百鸟衣》是壮族诗歌乃至少数民族诗歌的代表作品……由此可见,人民文学出版社在真正推动少数民族文学的发展、族别民族文学的建设和少数民族文学的经典化等方面,起到了重要的作用。

（原载《民族文学研究》2022 年第 2 期）

天地与我并生　万物与我为一
——古典文学里的中华美学精神

周根红

中华文化悠久的历史孕育了灿烂多彩的中华美学。古典文学作为中华文化的集大成者，闪耀着熠熠生辉的中华美学精神。《诗经》中"风雅颂""赋比兴"并称的"六义"，以《离骚》为代表的"屈骚传统"，魏晋风度，建安风骨，盛唐气象，唐诗宋词的韵外之致，元明戏曲的当行本色等，都为中华美学风范提供了重要的创作范例。观物取象、道法自然、形神兼备、情景交融、虚实相生、诗画一律、文以载道等美学范畴，为中华美学的形成奠定了坚实的理论基石。"天地与我并生，万物与我为一"所彰显的天人合一观念是中华美学精神生成的基础，并内化为天、地、人浑然一体，互为表里的深层美学结构。正是历代文人的审美实践和美学凝练，古典文学在不断的经典化中形成了独具一格的中华美学精神。

一、文以载道的家国情怀

寄情山水、托物言志，是中国文学独特的表现手法。历代文人对山川形胜、日月光华、喧鸟鸣禽、残红飞絮的吟咏歌唱，重在表露内心的"志"和"道"。无论是盛世时的豪放、激昂、雄壮与飘逸，还是乱世时的低沉、苍凉、孤独与悲怆，都充分表现出浓郁深厚的家国情怀。在对天地万物的行吟中寄托文以载道的家国情怀，正是古典文学里中华美学精神的突出表现。

传递经世治国的思想，始终贯穿着中国文学的发展历史。《诗经》编纂的目的，是试图在"礼崩乐坏"的时代"洞明治理"，重建社会道德伦理秩序，进而形成了诗教的传统。曹丕《典论·论文》"盖文章，经国之大业，不朽之盛事"，将"文章"视为"经国"大业，倡导文学摆脱经学的羁绊，赋予文学以独立而崇高的地位。荀子、扬雄、刘勰一脉相承的"明道、征圣、宗经"的文学观，成为文章需要遵循的三要素。韩愈和柳宗元发起古文运动，主张"文道合一""以文明道"，对后世文学产生了重要影响。"唐宋八大家"虽风格各异，却都以"明道"为旨归。韩愈在因反对佞佛而被贬的路上，仍不忘表明"欲为圣明除弊事，肯将衰朽惜残年"的报国心迹；柳宗元被重新任用后准备返京大展宏图时，激荡着"为报春风汩罗道，莫将波浪枉明时"的昂扬斗志；王安石在宋神宗授意主持变法时，满怀"千门万户曈曈日，总把新桃换旧符"的美好期待。宋明理学更是在"文以载道"的基础上完成了"文"与"道"的体系建构。

文学书写时代，也反映了时代的精神。《诗经》的"兴观群怨"即是反映社会变化、抒写个人情怀、采撷民风民情、怨刺上政世道。《乐府》的"采风"，采集的也是政风、时风和民风，为为政者反躬自省。"建安风骨"的慷慨悲凉、雄健深沉，"魏晋风度"的率直任诞、清俊通脱，"盛唐气象"的笔力雄壮、气象浑厚，反映的都是不同历史时期的时代精神。"元白诗体"对现实的关怀和对社会的"美刺"，都体现了"文以载道"的美学精神。李煜的"亡国之音"跳出了"花间词"的香软秾艳，被王国维认为"眼界始大，感慨遂深"，以哀婉之音，发亡国之悲。苏轼突破"词为艳科"的藩篱，从"烟雨迷离"的婉约闺怨转向"铁马金戈"的恢宏雄放。即便柳永"凡有井水饮处，即能歌"的俗词，有"杨柳岸，晓风残月"表露出怀才不遇、报国无门的失落惆怅，也有"关河冷落，残照当楼"展现出漂泊江湖、仕途失意的悲慨愁思，犹见词人内心挥之不去的家国情怀。范仲淹的"居庙堂之高则忧其民，处江湖之远则忧其君"，心系百姓疾苦和国家安危，成为家国情怀的集中体现。

二、天人合一的和谐之美

"天人合一"是中华传统文化独特的哲学观、世界观和伦理观，融合了儒家的伦理道德追求和道家的天道自然观念，是中华文明内在的生存理念。古典文学在天人合一观念的影响下形成了天地共生、物我一体、感应会通、道法自然等审美体验和美学观念，由此将中华美学精神导引向和谐之美的崇高境界和理想归宿。

天、地、人融为一体是文艺创作追求的大美至境，神与物游、物我两忘、澄怀味象、天地境界、逸神妙能等审美评价，都体现出天人合一的美学风范。"日月之行，若出其中；星汉灿烂，若出其里"，"余霞散成绮，澄江静如练"，"落霞与孤鹜齐飞，秋水共长天一色"，"星垂平野阔，月涌大江流"，"江流天地外，山色有无中"，这些天地交融的诗句数不胜数，出神入化，令人称道。天人合一的思想生发出古典文学的意、象、境等美学范畴。《周易·系辞上》"言不尽意"故"立象以尽意"，最早提出了言、意、象的互补；刘勰进一步将审美形象凝练为"意象"，提出"意"与"象"的统一，开创了中国古典审美意象理论；刘禹锡"境生于象外"则揭示了中华美学最高范畴"境界"的本质；王国维提出"词以境界为最上"，实现了艺术与人生的合二为一。

在天人合一的观念引导下，道法自然成为文学创作的最高准则。《诗经》的"赋比兴"手法，《离骚》的"香草美人"范式，都是以自然万物为抒情明志的依托。魏晋士人畅神悟玄，开创山水田园诗一派。南宋文人感念山河破碎，在比兴寄托中实现了诗、词的精神合流。李梦阳的"情真说"、李贽的"童心说"、袁宏道的"性灵说"、冯梦龙的"情教说"，都是倡导艺术要发乎自然、不事雕琢、返璞归真。正是对自然美学法则的推崇，古代文人品藻论文都视自然为高格。杨时《龟山先生语录》称陶渊明的诗"冲淡深邃，出于自然"。司空图《二十四诗品》专设"自然"一品。李白崇尚"清水出芙蓉，天然去雕饰"的清新诗风。姜夔追求"野云孤飞，去留无迹"的"清空"幽韵。陆机《文赋》"言拙而喻巧""理朴而辞轻"，陈师道《后山诗话》"宁拙毋巧，宁朴毋华"，都主张"造化自然"的朴拙之美。与自然的和谐相处，与天地的同声应和，与万物的彼此感应，是中华美学最为理想的精神境界。

"天人合一"的理念孕育了"和"的美学观念，成为中华美学根本性的规范，形成了"和谐之美"的中华美学精神。"和"的观念来自音乐，正所谓"八音克谐，无相夺伦，神人以和"。乐不仅是一种艺术形式，更是"声音之道与政通矣"，从而与"文以载道"相呼应。诗教传统、道德文章、析万物之理、究天人之际等，都承载着家庭、社会和政治相成相济的和合之道。古典文学的"和谐之美"，突出"人"的审美感受和生命体验，指向天地万物和人与自然的生生之美，是一种心灵相通的美学精神。《关雎》"乐而不淫，哀而不伤"，是"礼不逾矩，情不逾度"的情感节制和平衡。《诗》三百"思无邪"也是指情感的中正和谐，正如《礼记》所言"中正无邪，礼之质也"。古典文学不仅要追求天地境界，也需要在谋篇布局、遣词造句、运思表达、意境营造等方面找到文学内部的和谐之美，由此出现了情景交融、虚实相生、动静相宜、形神兼备、气韵生动、阴阳和合、刚柔并济等美学规范。

三、意味兴然的含蓄之美

言简意赅、凝练节制，是古典文学重要的审美旨趣。在方寸之间、物象之外展现意义的深远阔大，含而不露，引而不发，意蕴丰富，从而形成了中华美学精神含蓄之美的标志性特征。

"含蓄之美"当然与古代诗词都为短制有关，也与儒道文化博观约取相涉，一直贯穿着历代文艺创作和文艺批评。"春秋笔法""微言大义"注重在精微的字里行间藏着深刻的道理。司马迁评屈原"其文约，其辞微"，然而"其指极大""见义远"。因此，"俪采百字之偶，争价一句之奇"就成为文人们孜孜不倦的追求；"吟安一个字，捻断数茎须"成为津津乐道的写作态度。唐代诗歌的"含蓄"更是成为一种普遍现象。朱庆馀的"洞房昨夜停红烛，待晓堂前拜舅姑。妆罢低声问夫婿，画眉深浅入时无"，内心渲染淋漓尽致，场景动作细致入微，可谓是唐诗中含蓄的典范。含蓄之美也是古典文论着重论述的文艺批评观。刘勰"析辞尚简"、司空图"不着一字，尽得风流"、白居易"为诗宜精搜"、梅圣俞"含不尽之意，见于言外"、严羽"言有尽而意无穷"等，都是倡导作品的"言简意赅、凝练节制"，最终达到一种内敛的含蓄之美。

宋代词人姜夔在《白石道人诗说》中提出："语贵含蓄。……句中有余味，篇中有余意，善之善者也。"这种"余味""余意"自然需要通过天地万物的意、境、象等来营造，因而有了"象外之象""景外之景""味外之旨""韵外之致"等美学范畴。汉乐府《江南曲》用"鱼戏莲叶"描绘了一幅明亮生动的江南水乡画卷，传达的却是青年男女爱恋欢情、嬉戏追逐的主题。唐代金昌绪《春怨》写道："打起黄莺儿，莫教枝上啼。啼时惊妾梦，不得到辽西。"这首看似写闺情的

"春怨"，实际上反映的是社会征战带给百姓的苦难，颇有"可怜无定河边骨，犹是春闺梦里人"的悲痛和无奈，却又更胜一筹，其层层叠叠，举重若轻。苏轼《赠刘景文》诗云："荷尽已无擎雨盖，菊残犹有傲霜枝。一年好景君须记，最是橙黄橘绿时。"全诗只见景不见人，虽写的是秋尽冬来枯荷残菊之景，其实是寄喻好友傲霜坚贞的品质和切忌意志消沉的勉励。宋人胡仔《苕溪渔隐丛话》将此与韩愈诗句"最是一年春好处，绝胜烟柳满皇都"相提并论，评二诗"皆曲尽其妙"。

含蓄之美不仅是要表达言外之意、弦外之音，还需要追求一种意境和境界。"大漠孤烟直，长河落日圆"以极为简单的线条勾勒了边陲大漠的壮阔雄奇，表达的却并非纯美的边地风光，而是突出"都护在燕然"的奋勇杀敌、征人的边关冷月和诗人的孤寂惆怅。"春潮带雨晚来急，野渡无人舟自横"也不只是一处水流湍急的岸边风景，而是安史之乱后诗人在滁州为官时的进仕和退隐的矛盾中，以水急舟横抒发顺其自然的心态。"孤帆远影碧空尽，惟见长江天际流"抒发诗人久久无法平静的深情，而字句之中不见"友情"，只见浩渺无穷、天水合一的虚实之境，真是含吐不露而境界无穷。

四、映射万象的诗性人生

古典文学向来讲究境由心生，重视意境的营造，追求人生的境界，把自然之美、寄寓之志和生命之感相结合，体察万象，通于天地，融于物我，获得自然的启迪、人生的适意和生命的超越，从而形成了中华美学诗性人生的精神。

诗性是文学作品的重要审美品质，也是时移世易的人生姿态。"采菊东篱下"的陶渊明，在"山气日夕佳，飞鸟相与还"的山水田园间找到了淡然闲适的诗意。"千金散尽还复来"的李白，既在"众鸟高飞尽，孤云独去闲"中感受落寞的惆怅，也在"两岸猿声啼不住，轻舟已过万重山"中抒发欢快的豪情。王徽之雪夜访戴，乘兴而来，兴尽而返，最能代表文人超然洒脱的诗性。"越名教而任自然"的魏晋风度，进一步将山水之美上升为精神层面而不是"知者乐水，仁者乐山"的道德比兴层面，从而开辟出一条诗性山水的美学通途。"半竿落日，两行新雁，一叶扁舟"用寥寥数笔诗意的画面，写尽了时局动荡、身世飘零中的离愁别绪，也写出了千古文人的诗性旷达。

宗白华说："艺术家以心灵映射万象，代山川而立言，他所表现的是主观的生命情调与客观的自然景象交融互渗，成就一个鸢飞鱼跃、活泼玲珑、渊然而深的灵境；这灵境就是构成艺术之所以为艺术的'意境'。"这是要求艺术家将生命体验锤炼为诗性的品质，将审美境界上升为人生境界。庄子"独与天地精神往来"，孟子"养浩然之气"，周敦颐"观天地生物气象"，都是宇宙人生的交融合一。历代文人吟啸山林，笑傲江湖，对酒当歌，在自然中涵养了宽阔深广的审美境界和人生体验。杜甫"星垂平野阔，月涌大江流"以雄浑阔大、浩荡灿烂的意境，反衬了诗人受到朝廷排挤后的孤苦凄怆。柳宗元"孤舟蓑笠翁，独钓寒江雪"以幽静冷峻、超然世外的形象，描写诗人因改革失败而被贬的落寞失意和孤傲清高。这比陶渊明《桃花源记》的世外桃源更增加了人生体验的厚重和内心情感的浩瀚寥廓。王国维更是将"昨夜西风凋碧树，独上高楼，望尽天涯路""衣带渐宽终不悔，为伊消得人憔悴""众里寻他千百度，蓦然回首，那人却在，灯火阑珊处"概括为人生的三种境界。

历代文人寄情山水，归隐田园，享明月清风，品炎凉冷暖，经人生浮沉，感沧桑变幻，最终走上了一条寻"自然之美"、抒"鸿鹄之志"、浇"胸中块垒"的诗性道路。人生得意时，要"莫使金樽空对月""一日看尽长安花"；人生失意时，也要"纵酒高歌杨柳春""直挂云帆济沧海"。"宠辱不惊，闲看庭前花开花落；去留无意，漫随天外云卷云舒"是人生的理想境界；庄周梦蝶的"物我两忘"是审美的高峰体验。这就需要人们以超然的姿态，传递人生的诗意，养浩然之气，悟天地之道，走向一种"化境"。"化境"不只是艺术的审美，也是宇宙变化和人生修养的结合。美学名家陈望衡认为："这种化境将有限的艺术空间引导到无限，将现实的人生引导到未来，将情感的愉悦升华为哲理的启迪。"

中华美学精神意蕴丰富，博大精深，在文学、书法、绘画、音乐、建筑、服饰等各领域都有突出的表现。"文变染乎世情，兴废系乎时序。"文学最能反映时代，也最易贴近人心。人生于天地之间，与万物同理相通，创作出充满无限诗情画意、逸兴遣怀的千古华章，令后人激赏，引读者共鸣。因此，从古典文学入手，或许更能形象真切地展示中华美学精神的时代层积，更能细致入微地表现中华美学历久弥新的精神风范。

（原载《光明日报（理论版）》2024 年 1 月 24 日）

出版体制重建与 20 世纪 80 年代文学出版生态

周根红

新时期以来，出版行业进行了一系列的拨乱反正，终于走上了正轨。新时期出版行业经历了发行制度改革、书价定价制度改革、地方出版社体制改革、印刷技术改造工程、出版分工制度改革、出版社税收制度改革等，为 20 世纪 80 年代文学图书的出版提供了良好的保障。20 世纪 80 年代是我国文学大发展、大繁荣的时期，武侠小说热、丛书出版、文学史料与作品整理、文学思潮命名、中短篇小说热与选本出版等，不仅是文学创作对文学出版的推动，也是文学出版的自觉追求，从而形成了文学创作与文学出版相互促进的文学生态。

一、出版体制重建

20 世纪 70 年代和 80 年代的一系列出版工作会议，为新时期出版体制的重建和改革起到了重要作用。1978 年 10 月，在江西庐山召开的全国少儿读物出版会议（以下简称"庐山会议"），提出要恢复少儿读物的出版，并制定了三年重点少儿读物出版规划，三年内出版 29 套丛书。1978 年 12 月，国务院批转了国家出版局、教育部等七个部门的《关于加强少儿读物出版工作的报告》。该报告不仅是为少儿出版读物的发展进行了规划，也为整个出版行业和图书品种的多样化指明了方向。1979 年 12 月，全国出版工作座谈会在长沙召开（以下简称"长沙会议"）。该会议的重要作用就是调整了地方出版社的经营方针，将"地方化、群众化、通俗化"调整为"立足本地，面向全国"，将原本只能立足地方、出版通俗化小册子的出版方针扩大到可以"面向全国"的出版范围，这就使得地方出版社的出书限制被解除，也意味着地方出版社可以出版各种类型的图书。这次会议还通过了《出版社工作条例》（1980年4月由中宣部以"暂行条例"转发），对出版社的指导思想、工作方针、性质等进行了规定，尤其是对地方出版社的"立足本地，面向全国"的出版方向进行了制度化的规定。

新时期出版行业经过拨乱反正，虽然出版工作得以恢复和重建，但是却遇到了许多新的问题，其中重要的问题有两个：一是随着人民群众对图书需求的迅猛增长，出版社的印刷、发行、纸张和资金都严重不足，制约着新时期出版业的发展；二是新时期以来，出版工作出现了许多新问题、新现象，如何理解和处理，就需要新的思想进行指导。1982年2月4日，中央书记处会议审议国家出版局工作汇报时，对这两方面的问题做了充分讨论。1983年6月6日，中共中央、国务院联合发出了《关于加强出版工作的决定》。该决定明确规定了出版工作的性质、指导方针，删除了"为政治服务"，只保留了"为人民服务，为社会主义服务"，进一步明确了地方出版社"立足本地，面向全国"的出版方针，同时也对许多实际问题进行了规定，如实施印刷技术改造工程、出版单位的所得税由55%降为35%、全部留成用于发展出版事业等。该决定对出版工作进行了全方位的规定，成为指导新时期出版工作的纲领性文件。

当时的买书难问题，也受到中央领导同志的高度关注。买书难的原因主要有：第一，当时的印刷技术落后、纸张匮乏、出版周期长；第二，发行体制流通不畅。因此，发行体制改革也是新时期出版体制重建的重要工作。1980年，发行体制改革逐步推进，主要工作是：第一，允许出版社自办发行；第二，提倡和推行"一主"（以新华书店为主渠道）、"三多"（多种经济成分、多种流通渠道、多种购销形式）、"一少"（少流转环节）的新体制。然而，这两项改革也引起了发行方、出版社和新华书店等多方面的矛盾和争论。正是在这一背景下，1984年，时任国家出版局副局长的王益对发行体制改革提出了四点意见："（一）改革出版、发行分工绝对化，出版社与发行单位共同解决买书难的问题。（二）改包销为寄销，社店共担风险，改变出版社长吃'保险饭'的局面。（三）妥善解决备货问题，由出版社承担备书的主要责任，允许把备货所需费用计算成本，有的书可以适当提点价。（四）出版社从单纯生产型改为生产经营型。"[1]王益的意见以题为《关于买书难问题对新华社记者的谈话》的形式在 1984 年 8 月 2 日的《新华社内参》发表。这四条意见的总体思路就是将发行体制改革和出版体制改革相结合，整体推进出版发行体制改革。胡乔木看到王益的建议后，于 1984 年 11 月 8 日写信给邓力群（时任中宣部部长）并中宣部出版局、文化部出版局："王益同志所提意见，触及了现行出版发行制度弊端的症结所在，这是建国以来没有人提出过的。我原则上同意他的意见。如同意，希望中宣部出版局协助和督促文化部出版局认真研究，征求各大出版社和新华书店总店的意见，提出切实的改革措施。此事涉及到出版社仓库的修建和书价问题，要力求不向或少向国家要钱，提价幅度也要慎重限制，提出的办法在经文化部审核批准后还须向中央和国务院报告请示。"[2]随后，发行体制改革进一步向前推进，到 80 年代末期买书难的问题终于得以缓解。

　　发行体制改革和所得税降低并留成用于出版事业发展这一政策的推行，必然会涉及图书定价制度，这事关发行行业和出版社的经济效益和长期发展。当时图书定价执行的是 1973 年的定价标准，这一标准比 1956 年的定价标准还低。由于纸张价格、印刷成本上涨，这一标准已经严重不符合实际。于是，1984 年，图书价格进行了相应调整，并引发了社会的广泛关注，甚至中央领导同志也有批评。1985 年，国家出版局提交了《关于图书定价调整情况的报告》，实事求是地报告了图书提价的必要性、增长幅度较大的原因和改进意见。后经中央领导同志和主管部门的审批，"对一般图书继续执行 1984 年中央批准的调价方案，对中小学课本和大专教材，则以国家补贴的办法，既保持低价水平，又使出版单位有微利收益"[3]。书价改革既坚持了课本和教材的低价策略、保障了教学工作的正常开展，同时允许一般图书的价格适当调整，也给出版社进行自我营收提供了机会。总体来说，书价改革有力地促进了新时期出版事业的健康发展。

---

[1]　　宋木文：《胡乔木对新时期出版工作的历史性贡献（上）——纪念胡乔木诞辰 100 周年》，《中国出版》2012 年第 9 期。

[2]　　宋木文：《胡乔木对新时期出版工作的历史性贡献（上）——纪念胡乔木诞辰 100 周年》，《中国出版》2012 年第 9 期。

[3]　　宋木文：《胡乔木对新时期出版工作的历史性贡献（上）——纪念胡乔木诞辰 100 周年》，《中国出版》2012 年第 9 期。

经过出版体制的一系列改革，地方出版社的出版限制被松绑，图书的发行更加灵活，书价改革放开了"一般图书"的定价限制，为新时期文学图书的出版提供了良好的保障。有资料统计，1978 年以来，"文学出版工作发展迅速。至 1989 年 7 月，全国专业文学文艺出版社已由 1978 年的 9 家增至 37 家。1977 年至 1990 年，全国共出版各类文学作品和文学理论书籍 4 万多种。其中 1988 年就出版 6998 种（包括少年儿童文学图书），其中新版书 5801 种"[1]。

二、武侠小说热与出版管理

由于经过十余年的出版禁忌和创作中断，新时期出版遇到了严重的"书荒"现象。于是，出版工作者重新审视新中国成立以来和"五四"以来出版的各种书籍，并认为有些书可以原样出版，有些书可以进行必要的修改后出版。国家出版局也决定"从北京和上海有关出版社已经出版的文艺书籍中，选出三十多种为当前广大读者迫切需要的中外优秀作品，迅速重印一批，首先供应大中城市"[2]。这些迅速重印的书籍共有 35 种，主要可以分为三类："五四"以来的现代作家作品，古典文学名著，革命历史和解放区文学作品。但是，这些图书的品种过于单一，基本上都属于严肃文学范畴，缺乏供读者娱乐消遣的通俗读物。出版社敏锐地把握了市场的这种需求，于是开始大规模出版旧武侠小说、公案小说，如《三侠五义》《封神演义》《杨家将演义》《侠女奇缘》《侠女风月传》《济公传》《龙图耳录》《彭公案》《施公案》《呼延庆打擂》《西游补》等。"光是《三侠五义》上报数字即达 700 万部，而实际印数还要大些。"[3]此外，《封神演义》印刷了 300 多万套、《杨家将演义》印刷了 250 万套。[4]

［1］　寇晓伟：《蓦然回首 星光灿烂——建国 40 年文学出版述略（一）》,《中国出版》1992 年第 6 期。
［2］　《年内将有大批重印书出版》,《出版工作》1978 年第 3 期。
［3］　孙五川：《论出书的"一窝蜂"现象》,《出版工作》1990 年第 4 期。
［4］　《"〈三侠五义〉出版热"说明了什么？》,《宣传动态 1981》,北京：中共中央党校出版社,1982 年,第 57 页。

古旧武侠小说的出版虽然满足了社会文化的需求和出版社的经济效益，但是对于当时的图书出版业来说，也有着很多负面影响，受到来自中央领导和学术界的严厉批评。一是浪费纸张，严重冲击了教科书和重点报刊的出版；二是有些武侠小说宣传了暴力、凶手，给青少年带来了不良影响。许多机构和媒体甚至直接将 20 世纪 80 年代初青少年犯罪率的飙升，归因为旧武侠小说、公案小说的流行。1981 年 1 月 9 日，国家出版局下发了《关于从严控制旧小说印数的通知》，指出可以印一部分用作学术研究，但不能"几十万、上百万地印行"；1981 年 2 月 18 日，国家出版局在《复广东省出版局关于从严控制旧小说印数问题》时再次提出严格控制旧小说印数："今后对有关公案、侠义、言情等旧小说，请不要租型。已经租型出去、尚未开印的书，亦请通知租型单位停印。""对上述这类旧小说，必须严格控制印数。一般不要超过二三万册，主要发给文艺研究方面的专业工作者。如印数超过三万册，需经省出版局审议批准并报国家出版局备案。"[1] 1982 年 4 月 3 日，国家出版局又发布了《关于坚决制止滥印古旧小说的通知》明确提出"这类小说一律停印""今后所有古旧小说的出版，要纳入统一规划，待规划制定后再分配给有关出版社出版"。[2] 由此，古旧武侠小说的出版被列入审批行列。1983 年，古旧小说热有所降温。

虽然国家出版局三令五申进行了严格控制，但是 1985 年，以金庸、梁羽生、古龙等人为代表的港台武侠小说掀起了一轮"新武侠小说热"等。"新武侠小说热"也带动了旧武侠小说的重新出版："新的武侠小说和旧的武侠小说，有的出版社印几十万甚至上百万册……"[3] 有数据统计："1985 年上半年，新武侠小说、旧

[1]　　广隶：《侠客不行：武侠小说为什么是禁书？》，2014 年 10 月 30 日，澎湃新闻（http://www.thepaper.cn/newsDetail_forward_1262548）。

[2]　　国家出版局：《关于坚决制止滥印古旧小说的通知（1982 年 4 月 3 日）》，载新闻出版署图书管理司编《图书出版管理手册》，沈阳：辽宁大学出版社，1991 年，第 120 页。

[3]　　《许力以同志在全国图书评论工作会议上的讲话（1985 年 5 月 18 日）》，载中共中央宣传部出版局编《书评工作指导与探索》，昆明：云南人民出版社，1986 年，第 9 页。

小说出版量高达四千多万册。"[1]其中，还有大量盗印、冒名的出版现象，所出版的新旧武侠小说数不胜数。新旧武侠小说热严重冲击了文艺图书市场，甚至导致了1985年新华书店系统的"图书进货失控"："各种发行渠道自编、自印、自发一千多万册（套）新武侠、传奇、言情、探案等小说，在全国范围内掀起了新武侠、传奇小说热"，新华书店盲目进货，导致"到货过量，销售呆滞，销存倒挂，库存猛增"，据统计，"1985年末，全国库存图书高达15.6亿元，比1984年末库存9.42亿元增长65.5%"。"许多书店只好削价大拍卖。连环画三折出售，文艺社四五折拍卖，经济损失严重。"[2]于是，武侠小说的出版再次引起了社会的广泛争议和主管部门的不满，随后政策进一步加压新旧武侠小说的出版。1985年3月19日，文化部下发《关于当前文学作品出版工作中若干问题的请示报告》，要求新武侠、旧小说以及据此改编的连环画必须经过专题报批后才能出版；1985年4月3日到12日召开的"全国出版局（社）长会议"也专门强调不能滥出新武侠小说；1985年5月2日，国家出版局下发《关于几类文学作品征订发行的通知》，要求新武侠、旧小说以及据此改编的连环画的征订必须有国家出版局的批文。1985年的6月18日、9月2日、9月21日，文化部、国家出版局陆续重申严控新武侠小说的出版。1985年11月召开的"全国出版社总编辑会议"宣布近两三年不再出版新武侠、旧小说以及据此改编的连环画等图书。经过一系列政策的严控，1986年武侠小说的出版再次进入一个低谷。

然而，1987年，武侠小说出版又一次走向高潮，并一直持续到80年代末90年代初。当时，几乎全国所有的出版社都在出版武侠小说。如花山文艺出版社的《金丹侠女》、延边教育出版社和文化艺术出版社的《侠影红颜》、工人出版社的《大侠情怨》、中州古籍出版社的《侠女喋血记》、辽沈书社的《侠骨丹心》、华艺出版公司的《少侠华龙传》、广西文艺出版社的《金刚奇侠》、中国文联出版公司的《侠隐岛》、黄河出版社的《怪侠神刀》等。新武侠小说之所以能够突破

［1］　郑士德：《1985年图书发行工作概况》，载中国出版工作者协会编《中国出版年鉴1986》，北京：商务印书馆，1986年，第115页。

［2］　周一苇：《重视研究1985年图书进货失控的严重教训》，《实践与探索 周一苇图书发行研究论文选》，北京：中国国际广播出版社，1992年，第172—175页。

严控的出版政策，一方面与出版社追求经济效益有关，另一方面也与当时的"统战"政策有关。与以《三侠五义》为代表的旧武侠小说热所不同，旧武侠小说是以"古籍整理"和学术研究的名义出版，新武侠小说则是以"统战"的名义出版。时任国家出版局局长的边春光在谈到1985年的新武侠小说热时曾说："对港台文化界知名人士，我们应该主动做统战工作，但是，要正确处理统战政策与文化政策的关系。"[1]1991年，三联书店获准引进金庸小说的正式版权时，使用的就是"统战"策略："用什么来统战呢？我们又想出一个词：'文化。'后来把这词扩而大之，广泛使用。……如出金庸的武侠小说，也强调它的文化性格和文化意义，尽管那时查禁武侠小说甚严，我们的方案还是被批准了。"[2]

1992年8月8日，为了贯彻邓小平同志的"南方谈话"精神，深化出版改革，简政放权，新闻出版署下发文件，将"古旧小说专题审批权""新武侠小说的专题审批权"下放，出版社"可按一般选题管理程序安排出版"。[3]武侠小说严厉管控政策的取消，宣告了武侠小说地位得到了主管部门的认可，重新获得了市场地位。通过80年代新旧武侠小说出版过程中的一波三折，我们可以看出，出版体制的市场化改革过程中，出版机构为获取最大的经济利益，与主流意识形态、政府管理之间采取各种周旋手段，将"古籍整理""学术研究"和"统战政策"等话语转化为市场效益，并为此寻求自身的合法性。

三、丛书出版与史料整理

图书出版规划是影响20世纪80年代文学出版生态的重要政策。1977年12月召开的全国出版工作座谈会上，讨论了1978年的出书计划和1978年至1985

[1] 边春光：《总结经验端正思想 繁荣社会主义出版事业》，载中国出版工作者协会编《中国出版年鉴1986》，北京：商务印书馆，1986年，第1页。

[2] 沈昌文：《恢复三联书店》，《也无风雨也无晴》，北京：海豚出版社，2014年，第166页。

[3] 《新闻出版署关于调整部分选题管理规定的通知（1992年8月8日）》，《中国出版年鉴1993》，北京：中国年鉴社，1994年，第43页。

年 8 月间的出书规划。在文学艺术书籍出版方面，会议提出要出版 "《鲁迅全集》新版注释本、《鲁迅手稿全集》影印本，一九七八年开始出版，一九八〇年出齐，以纪念鲁迅诞生一百周年。要大力组织作家写作反映现实斗争和革命历史题材的长篇创作，力争在一九八〇年前至少出版一百五十部。'五四'以来的优秀作品（包括文学、戏剧、美术、音乐、午蹈），除陆续出版一些作家的选集和单行本外，还要选编一套《中国现代文学三十年集》（1919—1949）十卷，一套《建国三十年文学作品选》（1949—1979）十卷，一九八〇年出齐"[1]。1978 年，陈翰伯在国家出版局直属出版社规划动员大会上提出要落实在全国出版工作座谈会所提出的出书规划，并将其划分为一年（1978）、三年（1978—1980）、八年（1978—1985）三个时间段。[2] 1978 年 2 月 24 日，国家出版局制定了《八年（1978—1985）出书规划初步设想》，确定了三年（1978—1980）、八年（1978—1985）的奋斗目标和重点图书出版项目。于是，各出版社根据《八年（1978—1985）出书规划初步设想》纷纷制定了各自的"出书规划"。如人民文学出版社规划要出版 "新文学史料丛书""中国现代文学流派丛书""中国现代文学作品原本选印丛书""中国现代作家丛书"等丛书[3]；中国青年出版社计划八年内出版长篇小说 40 部左右、供青年阅读的鲁迅选集和鲁迅的传记故事、一套文学知识普及读物、一套 160 种左右的"青年文库"（包括哲学社会科学、文学艺术和自然科学）。[4] 广东人民出版社规划出版包括 40 部中长篇小说和个人专集在内的 20 部"粤海文丛"，并在八年内分三个阶段出版。[5] 由于新时期出版体制的重建，国家出版局对于出版社的出版总体指导思想是"整理""重印"和"规划"，这成为 80 年代文学出版的重要动力，造成了这一时期出版的丛书、文集等规模化出版现象和出版形式。

[1] 　　《保证重点 三年大见成效》,《出版工作》1978 年第 1 期。

[2] 　　参见陈翰伯《动员起来 订好出书规划——陈翰伯同志在国家出版局直属出版社规划动员大会上的讲话摘要（一九七八年一月十九日）》,《出版工作》1978 年第 2 期。

[3] 　　参见霸括《向系列化出书的方面努力——1983 年人民、商务等出版社出版丛书一瞥》,《出版工作》1983 年第 4 期。

[4] 　　参见《中国青年出版社八年出书规划》,《出版工作》1978 年第 16 期。

[5] 　　参见《广东人民出版社四套丛书规划》,《出版工作》1978 年第 4 期。

在"出书规划"政策的指导下，"五四"以来现代作家全集或文集的出版成为新时期文学出版的重要工程。1981 年人民文学出版社在 1958 年版《鲁迅全集》的基础上进行重新注释，出版了 16 卷本的新版《鲁迅全集》。人民文学出版社还出版了《郭沫若文集》（共 20 卷）、《茅盾全集》（共 40 卷）、《巴金全集》（共 10 卷）、《周扬文集》（共 5 卷）等。1983 年以来，人民文学出版社陆续出版了"中国现代文学流派创作选丛书"，既包括熟知的"荷花淀派""山药蛋派"等流派的作品选，也包括第一次整理出版的"新感觉派""象征诗派""新月派""战国策派""湖畔诗社""文学研究会"等流派或文学社团的作品选。这套丛书的出版一直持续到 20 世纪 90 年代初，成为第一套系统地介绍中国现代文学流派的丛书。各地出版社也都编辑出版了本地区的（也有些外地区）作家的文集或选集。如江苏教育出版社出版的《叶圣陶全集》（共 25 卷）和《朱自清全集》（共 12 卷）；花城出版社出版的《欧阳山文集》（共 10 卷）等。

在"整理"、"五四"文学和"学术研究"的出版思想指导下，具有文学史料意义的大型丛书的出版成为新时期文学出版的鲜明特征。上海文艺出版社编辑出版的《中国新文学大系》（1983—1985 年陆续出版）和中国文联出版公司编辑出版的《中国新文艺大系》（1984 年以后陆续出版），是中国现当代文学（文艺）重要的集大成丛书。《中国新文学大系（1927—1937）》共分文学理论集、小说集、散文集、杂文集、报告文学集、诗集、戏剧集、电影集、史料、索引共 20 卷。《中国新文艺大系》采取由近溯远的方式编辑，主要分为 1982 年至 1976 年、1976 年至 1949 年两个时间段，共出版了 30 集，内容包括小说、诗歌、民间文学、少数民族文学、舞蹈、书法以及文学理论、艺术理论、文艺史料等 20 个方面。1983 年以来，人民文学出版社陆续出版的"中国现代文学流派创作选丛书"，整理挖掘了大量稀有的文学作品和文学流派的作品；人民文学出版社出版的"中国现代文学作品原本选印丛书"按照原书面貌进行了出版，共 27 种。这套丛书突破了当时的意识形态束缚，出版了包括康白情、左舜生、沈玄庐、胡适、傅斯年、戴季陶、周作人等在当时尚属敏感人物的作品，同时也挖掘了一批重要的作家作品，如冯沅君、彭家煌、凌叔华、沉樱等因各种原因被湮没在文学史中的作家的作品。这套丛书中大多数是绝版书，具有重要的文学价值和版本价值。此外，上海文艺出版社出版的"中国现代文学史资料丛书"（甲、乙两种版本）和上海书店通过复制古旧书刊影印出版的"中国现代文学史参考资料"等丛书，通过不同形式对中国现代文学的优秀作品进行了系统化发掘。

为贯彻国家出版局的"三年"和"八年"规划精神、迎接中华人民共和国成立 35 周年和 40 周年，一些出版社纷纷出版以革命、延安、抗战、解放等为主题的图书。1984 年至 1988 年间，湖南人民出版社出版了"延安文艺丛书"，包括文艺理论卷、小说卷（上、下）、散文卷、诗歌卷、报告文学卷、秧歌剧卷、歌剧卷、话剧卷、戏曲卷、美术卷、文艺史料卷、民间文艺卷、音乐卷、电影·摄影卷和舞蹈、曲艺、杂技卷 16 卷；1983 年到 1985 年间，福建人民出版社出版了"上海抗战时期文学丛书"，选编了郑振铎的《蛰居散记》、巴金的《控诉集》、师陀的《无望村的馆主》、罗洪的《群像》、陈伯吹的《魔鬼吞下了炸弹——上海》、钱锺书的《人·兽·鬼》、杨绛的《喜剧二种》、钱君匋的《战地行脚》等 40 余册；1984 年到 1986 年间，漓江出版社出版了"抗战时期桂林文化运动资料丛书"七种；1989 年，重庆出版社出版了"中国抗日战争时期大后方文学书系"共 20 卷。这些"丛书"和"书系"的出版，不仅具有"献礼"性质，更为重要的是系统梳理了特定历史时期的文学作品，具有重要的文学史和史料意义。

四、选本出版与文学自觉

20 世纪 80 年代大型丛书的出版不仅体现了对"五四"以来文学思潮和文学发展脉络的接续，寻找新时期文学的"合法性"源流，同时也有一批丛书对七八十年代的文学创作进行了梳理，并积极捕捉 80 年代文学创作所表征出的重要现象，从而通过文学的"选本"出版现象，归纳总结了 80 年代的文学思潮，表现出一种自觉的文学意识。

现代主义文学新潮选本的出版是新时期文学出版中类型较为丰富、总结较为全面的选本。吴亮、章平和宗仁发编选，时代文艺出版社出版的"新时期流派小说精选丛书"对 20 世纪七八十年代文学创作流派进行了较为全面的总结。1988 年，花山文艺出版社出版的"八十年代中国文学新潮丛书"对 80 年代的现代主义文学进行了全面梳理。上海文艺出版社出版的"文艺探索书系"通过书封底的一段文字表明了编选的意图："以探索为手段，以开拓为目的，从中可窥探到作家、理论家的心路历程和精神状态，了解到作家、理论家思考的广度和深度。

它是当代文艺变革的缩影。"蓝棣之和李复威主编、北京师范大学出版社出版的"八十年代文学新潮丛书"分别在 1989 年和 1992 年出版了两次。该套丛书的"序言"里说："我们的目标是：从 80 年代文坛所发生的新潮流、新现象、新趋势、新走向、新热点、新试验、新经验、新成就里，挑选出那些积极的、富于成果的和有价值的作品，介绍给当世，借以总结过去，开拓未来。我们甚至还希望这套书成为全国各地高等学校和科研机构文科图书馆的必藏书，为有关的教学和研究提供第一手的客观的和活的材料。"此外，还有程永新编选、上海社会科学院出版社出版的《中国新潮小说选》(1989)。这些现代主义思潮、具有探索性的文学丛书的出版，表明的是文学生态在 80 年代中期发生的一系列变化。

与现代主义文学思潮密切相关，就是争鸣小说选本的出版，这也是 80 年代文学出版的重要现象。陈子伶和石峰编选、山东文艺出版社出版的"当代文学资料丛书"，包括《1983 年中篇争鸣小说集》(1984 年版)、《1983—1984 短篇小说争鸣集》(1984 年版)、《1985 年争鸣小说集》(1987 年版)等；1981 年，北京市文联研究部选编了《争鸣作品选编（内部资料）》（共二辑）；1989 年，中国作家协会创作研究室选编、时代文艺出版社出版的"新时期争鸣作品丛书"共 13 册；於可训、吴济时和陈美兰主编，武汉大学出版社出版的《文学风雨四十年——中国当代文学作品争鸣述评》并不是新时期十年的争鸣作品的汇编，而是对 1949—1986 年来将近 40 年的争鸣作品的一种文学史的叙述，"目的是使读者既对每次讨论有一个总体把握，又对历次讨论共同涉及的问题有一个史的线索和比较"[1]。

现实主义思潮的文学选本，则涉及伤痕、反思、改革等写作潮流。1978 年，广东人民出版社出版了伤痕反思小说选本《醒来吧，弟弟》，"收入最近一个时期在全国各地报刊发表的短篇小说共十八篇。这些作品，力图通过一些具有典型意义的人物和事件，揭露林彪、'四人帮'的罪行及其恶劣影响，表现人民群众对'四人帮'的仇恨，对党的热爱，以及对社会主义美好生活的向往之情"[2]。1978年人民文学出版社出版的《短篇小说选 1977—1978.9》也大多收录的是伤痕反思

---

[1]　　徐勇：《选本出版与八十年代文学生态》，《文艺理论研究》2016 年第 4 期。

[2]　　广东人民出版社编辑部：《内容提要》，《醒来吧，弟弟——短篇小说集》，广州：广东人民出版社，1978 年。

小说。1980年以后，随着改革文学的流行，改革文学方面的选本也开始出现，如王行人和刘蓓蓓编选、文化艺术出版社出版的《各领风骚——改革题材小说选》（1984）。80年代乡土文学概念被再次提及，刘绍棠编纂、人民文学出版社出版的乡土小说选本《乡土》（1984）就是这一文学思潮的见证。

"中篇小说热"和"短篇小说热"是80年代文学创作的重要现象。不过，由于中篇小说和短篇小说篇幅较短，往往难以通过单行本出版，大多只能结集出版。中短篇小说的结集出版最具代表的是人民文学出版社出版的1977年到1989年间出版的"中篇小说选"和"短篇小说选"（其中前四年是两年出版一次，1981年起每年出版一次）。这些"中篇小说选"和"短篇小说选"基本上收录了当时最具代表性的作品，如鲁彦周的《天云山传奇》、谌容的《人到中年》、刘绍棠的《蒲柳人家》、蒋子龙的《赤橙黄绿青蓝紫》、张贤亮的《龙种》、蒋子龙的《锅碗瓢盆交响曲》、李存葆的《高山下的花环》、张承志的《黑骏马》、梁晓声的《今夜有暴风雪》、张承志的《北方的河》、张贤亮的《绿化树》、冯骥才的《神鞭》、贾平凹的《天狗》、王安忆的《小鲍庄》、莫言的《透明的红萝卜》和《红高粱》、郑义的《老井》等。1977年起，中国作家协会主办了全国优秀中篇小说评选，1979年起又主办了全国优秀短篇小说评选。于是，将获奖作品进行结集出版是自然而然的。1977—1982年的获奖作品集（书名为《全国优秀中篇小说评选获奖作品集》和《全国优秀短篇小说评选获奖作品集》）由上海文艺出版社出版，1983—1986年的获奖作品集由作家出版社出版。1986年以后，由于商品经济大潮和社会的浮躁功利，中短篇小说创作逐渐进入低潮。两年一届的全国优秀中篇小说评选活动也停止。

20世纪80年代文学选本的出版，充分展现了七八十年代文学创作的转型和探索。这种现象带有集体性、群体化，而不是单一、个别的现象，展现了七八十年代文学创作的活力。这些选本对七八十年代文学的命名，既是与"五四"文学思潮流派丛书、全集、选集等的出版密切相关，表现出对文学发展脉络的整体认识，也是与七八十年代西方文学作品或文学思潮丛书的出版不无关系。80年代出版的文学选本对七八十年代文学作品的编选，已经不再是主管部门的"出版规划"，官方意识形态色彩较为淡化，因此，一些"争鸣""性爱""敏感人物"等文学作品也都收录各种选本。这一时期文学选本的主要意义在于凸显了文学的本位，并通过选本的出版对当时的文学创作思潮和现象进行系统总结，在这些选本的编选过程中，自然就体现出强烈的"专业化"色彩。这些选本的主编基本上都具有专业背景，是作家、批评家或学者。他们通过序言、编选说明、后记等形式，阐释其编选的意图，更重要的是注重从文学思潮的角度去分析、总结七八十年代文学创作的特点，并从文学发展的整个脉络中梳理新时期文学现象、进行文学思潮的命名。

五、结语

新时期出版体制的拨乱反正和出版秩序的重建，为 20 世纪 80 年代文学的出版提供了制度性保障，为文学出版的繁荣起到了重要的作用。正是由于出版体制的重建，武侠小说、丛书和文学选本等的出版，形成了 80 年代文学出版的主要潮流，共同见证了 80 年代的文学生态。值得注意的是，通过对武侠小说、丛书和文学选本出版的考察，我们也能发现，这些出版现象也彰显了出版体制重建过程中文学出版所蕴含的多元话语机制，如武侠小说出版政策的起伏反映了出版市场化的探索与出版规制的博弈，丛书出版体现了"出版规划"的主流话语机制，文学选本的出版则反映了文学热潮下的市场机制和精英话语的文学自觉意识。这无疑是贯穿出版体制改革的重要现象，也为 20 世纪 90 年代出版机构的市场化探索奠定了基础。

（原载《中国出版史研究》2022 年第 2 期）

20/7

殷 波

殷　波

从文明变迁看手工艺的文化本质

殷 波

　　人类社会经过采集及渔猎文明、农耕文明、工业文明到信息文明叠加的演进历程，技术生产力不仅驱动物质生产满足生存生活所需，也形成相应的生产组织方式和社会组织结构，构建形成相关联的思想观念和精神世界。在中国漫长的农业文明进程中，人们依靠土地并驯化利用自然作物和畜力通过手工劳作进行生产，顺应自然，安土重迁，自给自足，以天然的血缘关系为基础，以宗法礼俗相维系，由"家"至"国"形成了专制人治的政治体制，在思想观念、精神追求上往往祈望风调雨顺的自然和谐、子孙满堂的家族兴旺，精英阶层多怀有修身齐家治国平天下的社会抱负。随着农业文明向工业文明转型，矿物燃料、水力、核能等自然能源和机械力取代人力畜力，标准化、规模化、高效率的机器生产取代手工劳作，顺应自然变为征服自然，安土重迁、自给自足转向人力资源和物质产品市场化的自由流动，封闭的乡村格局被打破，工厂和城市成为社会生产的主要组织形式，纳入全球化的商品经济流通，传统的血缘宗法被现代法制契约取代，专制人治被民主法治替代，个体成为社会活动的基本单元，在普遍具有自由、平等、理性观念的同时，也具有"以物的依赖性为基础的人的独立性"以及"因从事高度分化的专业性劳动而处于发达的片面发展状态"。[1]当工业社会的自动化、信息化水平发展到一定程度，计算机技术、数字技术、生物工程技术等促成以信

---

[1]　　《政治经济学批判大纲》，《马克思恩格斯全集》第 30 卷，北京：人民出版社，1995 年，第 107 页。

息为核心要素组织社会生产和生活的文明形态，由工业文明内生而来的信息文明并非摒弃土地等自然资源和工厂及能源能量，而是以数字化、网络化、智能化的方式加以组织运行，构建起"人机物"万物互联的链接机制，产业组织关系从线性竞争转向平台生态共赢，组织结构呈现扁平化、去中心化、多元化的新趋势，基于普遍的信息互动交流形成超越血缘、地理限制、具有心理归属特点的网络社群，也因现实空间与虚拟空间共存，人们进一步获得从追求物质向度到精神向度追求的新的平台和视域。可见，不同阶段的文明形态在技术、制度、精神等不同层面构成上具有内在的系统性的联系。

对于传统手工艺而言，作为自文明发端即存续发展的造物实践，其演进嬗变受社会系统的综合影响，积淀形成相应的社会历史内涵，反映文明变迁的要素与联系，也在农业文明到工业文明、信息文明的重大转型迭代中凸显出自身的本质属性和核心价值。因此，从文明演进看传统手工艺发展，在于深入把握传统手工艺之于社会历史、人生存在的意义，并重新认识在宏观环境里其发展更新的可能。

一、从农耕文明到工业文明：传统手工艺文化的冲突与自觉

从农业文明向工业文明转型，机械加工在物质生产方面大范围替代传统手工艺成为技术生产力发展的必然。如英国作家和艺术评论家爱德华·露西-史密斯（Edward Lucie-Smith，1933—　）所著的《世界工艺史：手工艺人在社会中的作用》中所述："工业革命是诸多因素的混合物，除某些美学因素外，主要是经济的因素"，它并非一夜之间发生，"从中世纪以来的发展轨迹——机器替代手工工具、原始工厂系统组织形式的出现、劳动分工日益细致等等。技艺本身则因不断出现的新发明而贬值——17世纪织袜机的应用赛过了家庭手动编织机"[1]。就中国而言，工场手工业自明代中叶开始发展，显现出由"农本"向"重商"自然

---

[1]　　[英]爱德华·露西-史密斯：《世界工艺史：手工艺人在社会中的作用》，朱淳译，杭州：中国美术学院出版社，2006年，第151页。

296

转化的征兆，但在殖民入侵被动开启现代化转型的过程中，传统手工艺生产在危机状态下并未自然而然地被机器生产取代，而是在较长历史时期发挥对国民经济的补充支持作用。20 世纪 80 年代，随着工业化、城市化进程加快，传统手工艺的应用范围进一步缩小，手工艺品的日用功能不断弱化，欣赏值更加突出，创作与生产的目的从"物用"向"审美"转化，传统手工艺作为社会生产方式趋于边缘化。这是一个逐步演化的过程，自 1949 年新中国成立到 20 世纪 80 年代中期，在国民经济恢复发展中发挥重要作用的工艺美术生产里日用品占一定比例。这一历史时期的主要工艺美术生产品类中，除木雕、石雕、象牙雕等雕刻类手工艺和景泰蓝、花丝等金属工艺主要用于制作欣赏品外，各传统手工艺品类均有大量日用品。如：陶瓷产品中，有日用陶瓷；刺绣产品中，有被面枕套、靠垫桌布、服饰手帕等日用品；织锦中，南京云锦、四川蜀锦、苏州宋锦和漳绒等开发了沙发垫、民族用品等，如南京云锦研究所自 1958 年以来，结合生活需求"积极创作生产了台毯、靠垫、枕套、被面、床罩、提包、挂屏等新品种以及适合于服饰的雨花锦、敦煌锦、双面锦、凹凸锦、金银妆等"[1]；编织类产品中，竹、藤、棕、草、玉米皮、麦秸等编织的篮、盘、帽、鞋、席、手提包等美观实用；京式、木作工艺品中，苏式、广式等传统风格的家具也努力将传统工艺与现代生活结合起来，如"蒋荣兴""毛全泰"等上海传统风格的家具工厂在 80 年代除制作长案、花架等传统家具外，还开发了大餐台、啤酒橱等。相关日用品有的面向出口需求，也有的出口转内销或面向国内市场，整体上传统手工艺的日用性在工业化浪潮中得以延续。随着经济发展、国民收入水平提高，大规模排浪式消费兴起，工业化机械化产品成为消费热点，模仿型消费不仅在于自行车、手表、缝纫机等"旧三大件"和彩电、冰箱、洗衣机"新三大件"，而是渗透于不同代际人群和生活需求、消费心理的各方面。随改革开放涌入的西方时尚风潮中，城乡间成衣商铺林立而裁缝店越来越少，塑料制品普及而自然材料应用减少，大量日用品成为"快消品"甚至用后即弃，可以反复使用的耐用消费品往往仅限于房子车子等单价高、购买频次低的商品。使用天然材料、运用手工技艺、用于日常生产生

---

[1]　　《当代中国》丛书编辑部编辑:《当代中国的工艺美术》，北京：中国社会科学出版社，1984 年，第 107 页。

活甚至在家庭代际中流转的传统手工艺品往往被工业化的消费浪潮湮没。在这一时期，传统手工艺主要在欣赏品、纪念品的领域发展。"物"的冲击替代背后是"人"的变迁，工业生产及消费冲击下传统手工艺的生活日用功能弱化，掌握传统手工艺的人群规模随之缩减。历史上运用地方物产普遍习得的传统手工艺不同程度地出现代际断层甚至人亡艺绝；在日常生产生活里信手拈来、得心应手的传统手工艺应用者、实践者减少，而主要在相关职业、院校、文化保护机制中的特定群体中传续；生活中为特定习俗而自创自制手工艺品的人群减少，如春节的窗花、端午的香包等多购得少自制，且往往取其形略其艺，对机器刺绣、自动刻印等普遍接受，传统手工艺与万千生活主体的自发的联系相对弱化。在应用范围缩小、习得人群减少的同时，传统手工艺遭遇工业化冲击替代还体现为功能和内涵的单一化。由于这一时期传统手工艺品的应用场景减少，相应弱化了与生老病死之人生旅程、四时八节之节日仪式、家庭内外的人情往来等相联系的、涉及感情寄托、习俗承载等社群维系的功能和意义，主要与工业生产的批量化、标准化相对而突出精工、精湛、艺术化的欣赏功能和审美意义。历史上，手工艺在人文意识觉醒过程中因其重复、陈式以及天赋灵感的相对欠缺而与艺术分离，在大工业生产迅猛发展的阶段又再次以艺术化的趋向探寻发展空间。应该说，其中包含古已有之的审美意义、欣赏功能的延续，但与日常生产生活及万千生活主体联系的弱化也是传统手工艺遭遇冲击、在工业文明中境遇的反映。

同时，工业文明发展，工业化的组织机制和观念对传统手工艺的生产和传承加以重构，产生新的影响和变化。从中国当代工艺美术生产组织机制看，1949 年至今经过工厂制、公司制等发展阶段，在计划经济时期，以往城镇作坊、乡村个体等分散的手工艺业态重组形成"工、产、艺、销、学"一体化的生产、经营、研究、销售、传承机制；在市场经济转型过程中，乡镇企业、个人作坊以及相关公司、工作室等个体、民营企业再度发展，但整体上，实行的是具有工业化特点的运作机制，包括计划经济体制中对于工序之间连续性强、运用一定机械设备的工艺品生产主要采用专业工厂集中生产、统一经营的"工厂制"，从原材料准备、创作设计、加工制作到整理包装等分工协作完成。由于传统手工艺具有料轻工重、劳动密集、往往不依赖特定设备和生产空间的特点，因此在大力发展集体经济专业工厂的时期也广泛实行专业工厂和农村、街道副业加工结合的形式，分散生产。"据 1982 年的统计，在工艺美术行业中，广泛采用专业和副业结合形式的，主要有竹藤棕草柳葵编织品、抽纱刺绣、烟花爆竹和地毯四个大类。"[1]20世纪90年代市场经济改制后，不同规模、类型的传统手工艺经营实体自主经营自负盈亏，面向市场找出路，逐渐形成新的产业聚集区、产业带。从中可见，工业化生产组织机制对传统手工艺在规模化生产、精细化分工方面的重构。同时，工业化生产组织机制的作用还体现在一定程度上对于标准化、专业化的追求。1949年以来，《玉器雕琢通用技术要求》《漆器通用技术要求》《铸胎珐琅工艺品》等国家标准、行业标准、地方标准、企业标准等相继建立。2022年"全国工艺美术标准化技术委员会"成立，设在中国轻工业联合会手工艺产业部，"主要负责地毯、漆工艺品、花画工艺品、雕塑工艺品、金属工艺品、印染织绣工艺品、编织工艺品、民间民族工艺品等工艺美术领域国家标准制修订工作"[2]。传统手工艺从业者的职称评定也是专业化管理机制的组成部分。自1979年我国首部工艺美术技艺人员职称的评定条例（轻工业部〔1979〕轻艺字第123号文）下达各地，关于工艺美术人才职称评定的标准仍在不断更新修订。在工业化机制对传统手工艺生产组织的分工协作程序化、工艺质量标准化、从业者专业化等方面进行重构的同时，也对传统手工艺传承机制产生影响。一方面，历史上师徒相授、父子母女相传等传承机制有所延续，特别是在国家大力发展工艺美术生产以支援国民经济恢复重建的历史时期，专业工艺美术厂、工艺美术研究所等通过师父带徒弟的方式培养了大量人才，虽然受精细化产业分工影响综合性人才在减少，但不少当时的学徒工成为日后的工艺美术大师；另一方面，在工业化机制影响下，专门化的知识技能培训发展，传统手工艺的学校教育发展，建立现代知识谱系中的专业、系科，进行知识、理论和技能的教育培训，与传统传承方式中言传、物传、心传等经验传承存在差别。也由于师徒制与学校教育之间交叉较少，形成工业美术行业从业者和手工艺"学院派"在风格、理念等方面分立的局面。此外，工业文明发展，物质产品极大丰裕及工业化产生的破坏性影响从正、反两个方向促成传统手工艺的文化自觉。从正向发展上看，虽然英国等欧美国家在工业文明发端之际

［1］　《当代中国》丛书编辑部编辑：《当代中国的工艺美术》，北京：中国社会科学出版社，1984年，第454页。

［2］　国家标准化管理委员会：《国家标准化管理委员会关于轻工领域标准化技术组织体系优化结果的公告》（2022年第10号）。

即开启手工艺文化的追溯与工业文化的反思，但手工艺在物质生产的规模、效率上让位于机械成为必然，只有当工业化生产发展到一定程度，才可能进一步超越流水线的规模而追求个性，超越机械的效率而寻求历史记忆，也正是在工业柔性生产、定制化生产发展的同时，传统手工艺作为生产方式回流获得新的发展空间。我国是工业文明的后发型国家，长期以来主要是发展、追赶工业文明而非拒斥和反思，手工艺生产相伴相生发挥补给作用，直到经济总量达到一定规模，中国作为"世界工厂"在国际产业链分工中处于附加值较低位置，"中国制造"亟须向"中国设计"转型，科技、文化的原创性提上日程，在工业文明视野中，传统手工艺的文化价值得到新的发现和重估——在"造物"意义上贯通传统手工艺与当代中国设计，于传统中吸收养分，凝练塑造"中国制造""中国设计"的独特内涵及标识。因此，正是在工业生产充分发展、产能不断提高、水平不断提升的正向作用下，回溯传统手工艺文脉，实现传统手工艺的文化自觉成为可能与必须。同时，基于工业化发展、国民经济水平提升，物质产品极大丰裕，排浪式模仿型消费转向个性化消费，本土的、民族的审美文化兴起，传统手工艺也因此形成与不同工业品类相融会的新的发展空间，工业化的正向发展为手工艺文化的自觉与回归提供了新的可能。从负面作用上看，工业文明征服式地发掘利用自然资源、实行"有计划地废止"以消费促进生产，并使人捆绑于机器的单向度生存等，产生破坏性影响。当人们越来越强烈地意识到工业化的弊病时，进一步促成对于传统手工艺顺应、共生式地取用自然物产、寄情于物的长久意义、人的本质力量实现等文化意义和价值的普遍的自觉。在生态环保观念普及、非物质文化遗产保护意识深化以及以文化创意助推经济发展的过程中，手工艺的优势得到重新认识和发掘。当人们不只以物质之"新"为时尚也寻求"旧"的记忆和韵味，不只以物质的价值体现人生的意义也致力寻求自我创造力的实现，不只是无时无刻地消费也致力构建人与世界的生态联系，由此将形成传统手工艺复兴的内在动力。

二、从工业文明到信息文明：传统手工艺文化的回归

当工业文明进一步演化发展到信息文明阶段时，信息作为核心，重构人类世界的发展系统，人机物互联互通，虚拟与现实平行复合，物理的时空局限被打

破，不同于工业文明的价值观念、组织机制、生活方式成为传统手工艺回归发展的新的契机。具体包括信息文明中"信息大于物质"的价值观与传统手工艺文化意义与体验的实践，信息文明中平台化、扁平化、共享化的组织架构及运行机制与传统手工艺跨界融通发展的可能，信息文明中数字化生存、元宇宙等虚拟世界建构与传统手工艺本质的重新发现等，成为文明演进跃升过程中传统手工艺存续壮大的新的动因。

首先，由于信息和知识取代物质资源成为社会发展的核心，对信息的获取与利用超越对物质的占有和消费，"人生的价值不在于占有和消耗的物质，而在于它能拥有和消费什么样的信息以及创造什么意义，获得什么样的体验，以及升华什么样的精神"[1]，信息文明的价值观成为传统手工艺意义追求与体验实践的核心动力。相对于工业文明勃发阶段，通过机械化流水线大批量的物的制造以满足消费物欲，传统手工艺因生产效率低而处于劣势；信息文明中，物质化的消费需求进一步转向对意义的追求和人生的深度体验，传统手工艺作为古老的造物文脉，本身即天然的信息载体，包含民族、地域、历史等信息内涵，具有符号能指及唯一性的体验过程，由此显现出新的价值，其文化意义的发掘、发现与实现也具有必然性。具体而言，传统手工艺中蕴含的约定俗成的符号意义、民族历史的集体记忆、自然物产的时空联系、表情达意的载体内涵等有助于构建更广、更深、更细腻的体验。正如当前风格鲜明的"国潮"设计，在物化产品方面，传统手工艺的发掘应用体现在视觉形象取用、工艺应用和风格境界呈现等不同层次；在体验服务方面，文旅研学式的传统手工艺习得体验、亲子教育中的手工艺文化体验、悦己解压主题的手工艺制作体验以及在网络空间展开的手工艺制作过程直播、手工艺主题电子游戏体验等受众广泛。由此可见，基于信息技术加持的影响，每一个消费个体都能够在网络节点上提出诉求、做出评议并进行传播，"二八定律"转向"长尾效应"，经济生产需要洞悉人心、发现需求，信息技术主导的经济就在于满足消费群体多样化、个性化、多层次的需求，在柔性化、定制化等新的产业生态中，传统手工艺具有天然优势。尤其通过人性化的信息平台和创构活动，

---

[1] 肖峰：《信息大于物质：信息文明的价值取向》，《长沙理工大学学报（社会科学版）》2016年第4期。

信息文明的发展扭转了工业文明中"人为物役"的局面，消费因此不只是占有物质也是体验过程，不只是获得成品结果也是感知事件的展开及走向，不只是获得"物"的价值也是实现"我"的价值，传统手工艺的体验价值由此进一步被发现和唤起，以多种形式在文旅休闲经济及个体生活方式中展开。而且，不同于物质文明中传统手工艺特定领域对贵重材质、精湛工艺的追求，往往只是回归体验、经验本身，是心手相应、心物相通、人与物相互成就。整体上看，超越于物而追求精神价值和生命体验，信息文明的价值观奠定了传统手工艺回归、复兴的内在基础。

其次，信息不同于物质能源，经由传播利用不会消减而是壮大，具有共享的本质，信息文明的组织机制由此促成并进一步建构了传统手工艺跨界发展的可能与空间。在网络传播、平台生态等形成社会及经济扁平化架构的过程中，进一步消融传统产业或技术领域的边界壁垒，使"互联网+"式的融合互通、关联共赢成为普遍趋势，不仅形成非物质文化遗产等传统文化资源的"破圈"效应，也倒逼高等教育的学科建设朝融通方向发展，促成新文科、新工科等学科的定位重组。对于传统手工艺来说，在信息文明的共享机制中，经由消融边界的创造性实践，极大地突破了传统的发展机制和样态，具有业态融通、赋能发展的丰富可能。传统手工艺不只在材料、工具、技法、形态语言等方面原汁原味地保留和传续，也在生产生活的不同节点、不同层次、不同领域产生交织碰撞、衍生发展出新的空间。如，传统手工艺之"形"的衍生，色彩、纹理、图案、型制等与视觉设计、工业设计等相融会，无论是简单拼贴还是创意化重构，往往都能够创造心领神会的熟悉感和特定的风格特点；传统手工艺之"艺"的衍生，其体验过程由数字技术加以重构，创造了新的沉浸式体验；传统手工艺之"境"的衍生，生态之美、生命之本、生活之意融入现实或虚拟的产品、场景开发，传统手工艺不再局限于工匠生产或艺术创作的阈限，作为造物实践，作为融入历史时空、人文内涵的经验体系，在信息生态中形成丰富的跨界空间。又如，传统手工艺作品以数字藏品的形式在元宇宙空间留存，虽然当前尚处于相对初级阶段，但已有打破 3D 成品模型向技艺过程性展示和体验拓展、由单个数字藏品向工艺过程各步骤藏品拓展、由线上数字藏品向线下观摩、课程、旅游等拓展的趋势，传统手工艺作为信息资源在数字空间中发展的形态更加丰富。信息文明的组织架构、发展机制为传统手工艺创新性衍化发展提供了可能。应该说，信息文明中经由技术和平台化、共享化的组织机制实现万物互联，传统手工艺里自然与人、事朴素地相关联，其共通性在于，生态位的构建不是此消彼长的竞争，而是共享共生。传统手工艺的境遇不再是被冲击替代边缘化、难以为继，而是获得赋能发展的广阔空间。信息文明使传统手工艺的回归与复兴获得现实的衍生、创构机制和可能。

此外，虽然目前元宇宙等虚拟时空的建设尚处起步阶段，但随着信息文明中数字化生存方式的不断普及和深化，实在与虚拟、现实世界与数理程序的差异将促进传统手工艺本质的发现和意义实现。试想在元宇宙等虚拟空间，以映像形式呈现物质本体，以数理逻辑主导相互关联与作用，其时空可以被编辑，现实世界里不可逆转的时间在虚拟世界可以暂停、重启甚至倒流，现实世界里肉体生命的种种局限在虚拟世界可以程序运行的方式获得持续的存在，而且绝非沉浸式的网络游戏或 VR 体验，既平行又关联现实的物理世界，那么，以实在对抗虚无，以具身体验补偿数理程序的运行，以现实生活世界的时间体验减少"无自我"的恐惧和信息沉溺，成为新的需要。传统手工艺之于现实生活的必要性或将更加突出，相对以往数字化技术在工具意义上成为传统手工艺数据化存储、保留、保护的重要途径，当前以及未来，数字化生存方式及生活世界的全面拓展和将使传统手工艺本来的、具身的实践状态成为现实生活中普通个体的需要。在具体的、不完美的、唯一性的工艺实践中体验生命时间与物质生成本来的样子，在心手相连的实践中唤起某种情感、回忆，投入激情或专注力，接受可能的瑕疵，体验时间流动的必然，感知经历物理世界的因果联系，现实世界的传统手工艺经验作为一种现实存在的、有因果力的、独立于人的心灵并具有交互作用的实在，具有新的补充作用。正如工业化、信息化发展到一定程度，手工艺成为一种被冠以"治愈""解压"标签的体验，在虚拟化场景更加普遍的生活中，传统手工艺的回归将成为实在实践的必要。

总之，从采集及渔猎文明、农耕文明、工业文明到信息文明，生产所运用的工具、技术及依托的资源发生改变，生产力关联生成的社会组织关系、观念精神也经历相应演变，传统手工艺作为贯穿古今的造物实践在人力向机械力跃升的过程中遭遇冲击替代，也形成前所未有的自觉；在人力进一步借助计算机和算法向万物赋能的过程中，工业文明等物能文明向信息文明跃升，传统手工艺由人对物最本质力量的投射与实现以及作为人类历史文明的特定信息载体，在追求意义与体验、打破边界融会发展、成为虚拟化生存之补偿的过程中获得新的发展契机。

德国哲学家恩斯特·卡西尔（Ernst Cassirer，1874—1945）指出："人的突出特征、人与众不同的标志，既不是他的形而上学本性也不是他的物理本性，而是人的劳作。正是这种劳作、正是这种人类活动的体系，规定和划定了'人性'的圆周。语言、神话、宗教、艺术、科学、历史，都是这个圆的组成部分和各个扇面"[1]，传统手工艺作为古已有之的生计方式的延续或数字化境遇中人的现实创造力的实现，融通劳作与创作，包含的是人之为人的本质，因而在文明迭代演进中绵延存续并衍生新的发展空间。就中国而言，自近现代至今，在百余年发展历程里经历农业文明向工业文明的转型并全方位向信息文明跃升，悠久的手工艺传统在现代化后发状态下经历价值实现与文化自觉，当前所关联的"国潮"设计、"破圈"热点等体现了信息文明发展与手工艺本质的逻辑联系。传统手工艺作为一种素朴的存在充满生命的韧性，也如文明信息的容器承载并关联着社情人心。从文明演进观照手工艺的存在，因而可把握其恒常属性及与社会的有机联系，守其根本并面向广阔的未来。

[1]　　　［德］恩斯特·卡西尔:《人论》，甘阳译，上海：上海译文出版社，2004 年，第 95—96 页。

关于手工艺与设计关系的历史反思

殷　波

　　手工艺与设计的关系似乎是不言而喻的，一个是前现代的文化创造及最主要的生产方式，另一个是现代化以来独立的生产环节和职业且具有从物质到非物质规划运筹的广泛的延展性，从现代设计的角度看待手工艺往往是传统的回望、资源的发掘、文化养分的汲取，从手工艺的角度看待设计也构成基于差异的批判和补充。在历史视野中把握二者的内涵及演进历程，由表层的取用和联系深入主导性的逻辑与本质，或将更清晰地认识手工艺与设计在贯通意义上构成的生活图景和生存意义。

一、手工艺与设计范畴的流变

　　"手工艺"与"设计"的范畴不仅具有字面构成的语义，也包含不同历史时期、不同文化族群的认知、解读与应用，经历了历史性的演变过程，把握其内涵流变，从特定语境中把握二者的联系，有助于在本质意义上做出比较和分析。

　　"手工艺"在汉语字面上是"手""工""艺"的组合，即以手的劳作，对物质材料施以技艺，完成物品生成或改造，实现实用、审美等功能。历史上，我国古代文献有"工""艺"及"工艺"合用的表达，主要以"工"指代工匠、技巧及相关官吏、职事，由"艺"的"种植"本义引申出技艺、限度之义，"工""艺"复合连用指手工造物的技艺。由于古代社会手工造物是最主要的生产方式，无须强化人力手工的界定，汉语中"手"与"工艺"连用出现于 20 世初。原因之一是清政府在学制改革过程中引入"手工"概念，"从洋务学堂中附设工艺科到兴办独立的工艺学堂、兴办各类工艺讲习所，在引进和广泛传播西方现代工艺技术的同时，工艺教学中图画、手工等课程开始成为面向民众的教育课程"[1]，由引进发展机械工艺教学而同步促进图画、手工等现代专业体系中艺术教育的发展。根本原因还在于生产力发展，生产工具及生产方式变化，机械工艺与手工工艺分野日趋清晰，不仅机械工业与手工业分野，手工业与手工艺的差异也有所深化，"手工艺"在手工的工艺意义上被使用，并常与"工艺美术""传统工艺"等互换使用。在西方历史及语用中，"手工艺"（craft）在盎格鲁－撒克逊语词源"craeft"中包含"体力"及其引申的"才能""品质"等含义，涉及身体、心智和品德等不同层面的技巧，核心是以手及身体运用技艺实现物质生产，其中包含人的思想和精神，涉及手工劳作过程中本真而自由的人性智慧和社会直接与潜在的文化作用。18世纪，因"美的艺术"及以科学为支持的"技术"与"手工艺"分离，"手工艺"的物质生产属性更加突出，即使开放性地定义"手工艺"，也在于"以材料的运用为基础、技艺和专业知识为核心的相对小规模的生产活动"（格伦·亚当森《手工艺：一段美国史》）。工业革命以降，以物质属性为核心并关联人的文化和精神，成为手工艺价值发现与思辨的重要内容。

关于"设计"，英语"design"源于拉丁语"designare"，由"de-"和"signare"组合，本义为"标记"。受意大利语"disegno"影响，有刺绣、素描及艺术品"构图、绘制"和设定目的与手段的"打算、策划"含义；法语以不同拼写加以区分，"dessin"表示素描、图案，"dessein"表示计划、意图；在语言的流转融合过程中，英语"design"兼有"为某个目的而策划"和"用艺术技巧绘制轮廓或图形"的含义。《大不列颠百科全书》主要将工业革命前"design"定义为物质形态、视觉审美上的协调，包含结构、比例、形状、轮廓、线条、色彩、动态等，将工业革命后"design"被定义为"拟定计划的过程"及特指"制作成草图的具体计划"。由于工业革命后"设计"成为现代产业体系中前端的独立环节并不断开放性地突破固有边界，不同时期，不同设计师、设计组织、设计研究者就"设计"

---

[1]　　殷波：《中国现代艺术教育思想研究》，博士学位论文，山东大学，2007年，第9页。

做出界定分析，以赫伯特·A.西蒙的定义为代表——"凡是以将现存情形改变成想望情形为目标而构想行动方案的人都是在搞设计"[1]，"设计"成为改变现状、解决问题、实现目的的创造性活动。汉语中，"设计"作为动宾结构在"设定计划、谋略"意义上的使用古已有之，作为与英语"design"相关联的理解和使用与日语从"意匠""图案"到"设计"的转译有关。当前，依据我国学科专业目录（《研究生教育学科专业目录（2022年）》）关于"设计"知识体系和实践构成的布局，设计类学科在艺术理论、应用实践、科技交叉方面实行"三分式"设置，涉及艺术、技术的综合运用，面向物质生产、文化创意、管理运营等实践。

综上，"手工艺"范畴包含手工造物的基本内涵，在工业化社会分工发展前，"手工艺"中设计和制作相统一。《新唐书·阎立德传》"父毗，为隋殿内少监，本以工艺进，故立德与弟立本皆机巧有思"，"工艺"中包含"执艺事成器物以利用"（《说文》）之制作"机巧"，也包含设计、计划之"思"。科林伍德在《艺术原理》中定义"手工艺"（craft）时指出："这正是古拉丁语中的Ars和希腊语中的技艺所指称的东西，即通过自觉控制和有目标的活动以产生预期结果的能力。"[2]工业革命后，设计与制作分离，"设计"在现代社会生产分工中独立，有计划、有意识地创造物质性的人工物和非物质性的人工物，并在发展中不断突破专业边界，呈现"创造性地实现美与善的目的"的本质，如原研哉分析，好的设计作品，不仅仅是给用户功能上的使用和提供感官上的愉悦，作为社会问题解决方案的一种呈现，好的设计作品更能在无形中让人们向往并践行更好的生活。当"手工艺"与"设计"并置时，实质是手工艺与工业革命之后现代设计的并立，手工艺集中于人的具身经验及其相关的认知、情感、价值判断，设计则以开放的场域吸纳运用数学化的现代科学技术，应对并融入现代生产生活方式和社会机制，手工艺与设计形成新的联系。

[1] [美]赫伯特·A.西蒙:《人工科学》，武夷山译，北京：商务印书馆，1987年，第111页。

[2] [英]罗宾·乔治·科林伍德:《艺术原理》，王至元、陈华中译，北京：中国社会科学出版社，1985年，第15页。

二、传统手工艺与现代设计的分离

机械化大生产发展前，人既是生产中劳作实践的主体，也扮演最主要的能源和工具角色。一件物质产品从设计到加工往往由工匠一人承担，设计和制作混沌为一，人的自主性从构思到加工融入物质生产全过程。18世纪60年代第一次工业革命，手工工场被机器工厂取代，手工生产逐渐被机械化生产取代。机器生产不同于手工，不能在物料加工过程中随时加以修正完善，机器一旦开始运行就不可更改，必须在投入生产之前定好样式。因此，出现负责产品原型或模具设计的设计师，待设计完成后，产品的制作生产交由工人和机器，批量化、标准化加以生产。在大工业生产精细化分工中，设计因此与制作分离，成为产业链前端的独立环节，设计师成为独立的职业。

设计独立并面向机械化生产，直接导致四点变化：

其一，设计从手工生产阶段材料和工艺的束缚中解脱出来，全面应用新材料和新技术，形成物化产品在形态、功能、风格上的新特点。以1851年伦敦世博会展馆"水晶宫"的设计为例，采用仿大王莲经络的花房温室"肋拱结构"，以铁为骨架、玻璃为幕墙，使用3300根铁柱、2300条铁梁、面积达10公顷的玻璃搭建楼高3层、长约563米、宽约138米的新型展馆建筑，也是第一座能够在同一天容纳十万人的大型建筑。"水晶宫"的设计建造运用新材料、新结构、新工艺，不同于砖石堆砌建造的传统建筑，从打造地基到竣工完成用时仅9个月，是手工匠人运用传统材料无法做到的，作为"第一届世博会最成功的作品和展品"，标志现代技术从此成为新建筑、新产品的直接源头。第一次工业革命，蒸汽机的发明和改进促进手工工具机械化，纺织、造纸、印刷等轻工业部门逐渐从工场手工业向机器大工业过渡；第二次工业革命，发电机的发明，电力的广泛应用，进一步改变生产和生活方式，各种新技术、新发明同工业生产紧密结合起来，设计作为工业生产的前端环节，开放性地面向并运用新技术，超越人力手工和自然材料的限制，进入造物发展的新阶段。

其二，由于工业化的生产效率和规模，产品易为普通人所拥有，设计广泛面向普通民众需求，发挥刺激和引导消费的作用。随着机械化、批量化生产发展，产品数量空前增长，以往由手工业行会把持手工艺品审查权和设计销售垄断权并通过向君主缴税以换取一个地区制造、销售其产品专有权的局面被打破，产品生产规模和销售范围大大拓展，与普通民众日常生活产生紧密联系。因工业化生产效率提高、供给量扩大，人们的生活水平与消费欲望也大幅提升，不仅可以购买生活所"必需的"，还可以购买"想得到"的产品，在手工劳力被机械力取代的同时，超越"自然人"的基本生存需求，出现大众消费。设计因此不只是技术的应用或艺术审美的综合实践，更驱动生产、关联消费，与工业化的生产体系、商业和消费紧密联系，是现代社会体系的有机组成部分。设计发挥刺激、引导，甚至改变消费的作用，消费倾向也反作用于设计，引发或引导新的设计潮流。设计的独立，在于从现代化的社会体系中发挥人与物的新的建构作用，与现代化世界的认知方法、技术实践方法、生产运行机制、社会组织结构以及人的观念和欲望形成有机联系。

其三，设计在工业大生产高度细化的社会分工中独立初期存在不足，导致早期工业产品外观粗陋，与传统手工艺品的精湛细腻形成差异，成为回溯手工艺传统并不断寻求艺术与技术结合的直接原因。首先，设计作为工业化流程和职业独立之初，从业者素质存在局限。原因之一是文艺复兴以来"美的艺术"与工艺、艺术家与工匠分离。以往艺术大师和工匠大多来自手工作坊，随着美术学院发展与兴盛，艺术家往往出自正规学院而非作坊，创作表现的是艺术的思想，将参与生产制造视为低等工作。工匠主要完成雇主交代的"活儿"。而且随着行会组织彻底瓦解，受过行会训练、有教养的工匠与商人阶层同化，为提高生产效率、强化统一管理，工厂放弃行会"师带徒"的培养模式，采取专人专职的培训手段，高度细化的分工模式和重复的工作程序使劳动者与产品进一步疏离，或直接由缺乏艺术素养的制造商从事设计，不少工业品外形粗陋、装饰庸俗、艺术风格罗列混淆，存在不足。其次，机械生产追求批量化，导致类型化的设计和制作占据主导地位，相对缺乏个性和特色。一方面，机械的问世导致片面追求大量生产，忽略匠师的创造力与想象力，忽略装饰美和形式美的因素，造型粗糙丑陋，产品的审美品位与格调不高。另一方面，一些资产阶级富豪为炫耀自己的财富地位，强调手工艺制品的高贵价值与精湛技艺，运用维多利亚时期的烦琐装饰，将古典艺术元素、巴洛克和洛可可的雕塑装饰于机床、火车头等部件，造成产品设计中装饰杂糅、美感缺失的矫饰之风，导致设计水准急剧下降，以及追求贵重材料的仿造技术，导致设计上良莠不齐，浮夸庸俗的产品充斥市场。早期机器产品和手工艺品在美感上的巨大差距是19世纪下半叶兴起"工艺美术运动"和19世纪末

"新艺术运动"回溯手工艺传统而反对工业化生产的重要原因,对设计美感的关注成为现代设计理论自觉的动因之一。

其四,早期工业生产者的工作条件和状态恶劣,使人希望恢复手工艺劳作的创造性和愉悦感,因此凸显"设计不仅应实现物质形态上的美感,还应促进社会和谐"的要求。彼时,城市工人阶级被束缚在超长时间的工作和单调乏味的生产体系中,而且通常居住在肮脏恶劣的环境里,并因处于社会政治的边缘,几乎无选择地承受长时间超负荷的劳动、肮脏危险的工作环境和低收入的贫穷困苦,拉斯金、莫里斯等理论家因此提出,设计不仅应关注审美,还应关注人的权利。莫里斯认为,复兴手工艺,使劳动者参与设计和生产将避免"分割",使"分裂的人"重新恢复成"完整的人",并因精湛的工艺、愉快的劳动、高尚的情操而创造美感。莫里斯反对机械化和劳动分工,主张回归手工艺传统,指出:"手工艺人把个人的智慧和热情投入生产的产品中。他的劳动完全没有被'分割',相反,他制作的是一件完整的产品,他了解关于这件产品的所有一切……他必须思考自己的行为,根据环境和个人的情绪调整他的工作……所以我会将这样的人称为'工匠'(workman),而不是'操作工'(operative)。如果你愿意的话,你可以称他为艺术家,因为他具有我所了解的艺术家的特质。"(威廉·莫里斯《艺术与社会主义》)不仅如此,工业化发展,在生产者处于恶劣劳作状态的同时,人们普遍的思想意识中工业财富也成为个体的追求目标,甚至成为一种束缚力,形成更加复杂和分化的社会价值体系。设计独立后,在理论和实践中回溯手工艺中统合为一的状态,实质是对设计所关联的人的存在状态、人的权利的自觉,由此超越单纯的视觉审美追求,向更深的维度拓展。

从根本上看,现代设计的独立,源于工业化大生产的精细分工,是生产力发展之必然。如亚当·斯密在《国富论》中关于大头针生产的描述:"第一个人抽铁丝,第二个人将其拉直,第三个人将其截断……制针这个重要的职业被分成大约十八种不同的工序。在一些工场,这十八种不同的操作由十八个不同的工人担任"[1],劳动分工是产业化的发展趋势。事实上,某些品类在前工业时代的手工

[1]　　　[英]亚当·斯密:《国富论》,唐日松等译,北京:华夏出版社,2005年,第7—8页。

310

生产中已实行分工，如亚当森以 18 世纪晚期的鞋业为例，原本由一个鞋匠完成的测量脚、裁剪皮革、组装鞋子等一系列工作，在引入标准化尺寸后实行分工外包，由此降低了制鞋成本，并"在美国白人中出现了一种新事物：一个有技能的下层阶级"，即高度细化的生产分工和重复的工作程序，使劳动者与产品进一步疏离，导致工艺技能的碎片化，并剥夺了生产者的创造性和愉悦感，引发不同层面的反思。总之，设计作为分工生产体系的必要环节，开放性地吸收应用现代科学技术，因直接关联生产、驱动消费并受到现代社会消费欲望、意识观念的影响，成为现代工商业社会组织体系的组成部分。由于早期工业化生产中显现的不足，从审美和人的存在意义上反思设计与手工艺的联系，也成为现代设计理论自觉的标志。此后，在不断寻求艺术与技术结合的过程中，现代设计发展出新的形态、衍生新的主题、创造新的价值，手工艺也成为现代设计主体视野中的潜在的资源。设计独立自觉之初由手工艺追溯而形成的意义维度贯穿至今，构成手工艺与设计的内在联系。

三、传统手工艺作为现代设计的资源

设计成为现代社会组织运行机制的有机组成部分，不仅以开放的视域吸收应用不断更新发展的科学技术，也不断回溯重寻古老的手工艺传统，通过生产应用满足现代社会中人的需求。传统手工艺在自身演进发展的同时成为现代设计的潜在资源，在艺术审美、经济效益、存在意义等层面被发掘和应用。

首先，为对抗早期粗陋的机械化生产，手工艺首先在审美意义上为现代设计所关注，但作为审美资源的取用主要与现代社会的发展基础和需求相关。比如，历史上不同民族在手工艺实践中往往以繁复的装饰表现权力威仪，到现代社会，基于民主政体中个体平等、科技理性强调生产过程的经济高效，宫廷化手工艺的装饰法则往往不再是普遍应用的设计语言和风格，具有朴素实用特点的民间手工艺更受重视。在"艺术与手工艺运动"中，设计理论家批判机械化生产缺乏形式美感，同时反对维多利亚时期的烦琐装饰，主张从中世纪或文艺复兴早期淳朴自然的手工艺风格中挖掘适宜的装饰风格。在日本"民艺运动"中，理论家对民间手工艺做出美学阐释，具有传统特色的自然简洁和实用性的美的标准深刻

影响日本现代设计。如原研哉所分析"近代以前的社会，为了表现某种强大深远的力量，装饰是必需的。印度的泰姬陵的外壁上布满了工艺品，哥特式教堂的图案也是精细至极。在法国绝对君主制最昌盛的时候，建筑上出现了像巴洛克式和洛可可式那样稠密的装饰特性。总之，要显示出所拥有的力量，稠密的装饰是必不可少的"，到现代社会，"稠密的花纹也好，神龙花纹也好，都不需要了"，"我们要追求的是那种简单的知性和感性，这样我们就可以发现到达目的地的最短距离"。[1]在民主社会面向规模化机械生产，现代设计吸收借鉴传统手工艺之美的法则首先是简约与实用性的再发现，历史上镂金错彩、繁缛富丽的手工艺风格在普遍意义上让位于对简约的追求。值得指出的是，当传统手工艺中繁复装饰的形态美，以符号化的形式为现代设计所汲取，用以表征财富、地位时，则主要不再是审美意义上的发掘，而是符号化的策略，从设计和生产者的角度来看，主要是将手工艺作为创造溢价、产生附加值的经济资源。

现代社会以"工业化逻辑"为主导，大量生产、大量消费，形成以物质为中心的生产和消费体系，设计为驱动生产、刺激消费实现更高的产业价值不断创意创造多样化的产品。从物质产品多样性的角度看，传统手工艺赋形于物的纹饰、色彩、形制等视觉形态，物料材质等物质构成和形态语言，以及功能和寓意等都是现代设计丰富的语料库。但经济资源意义上的取用根本上服从于市场和消费的法则，在现代设计中，手工艺之"形"与"意"的应用不乏表面化的拼贴挪用，即使精湛地加以吸收和演绎，当目标集中于创造物品的差异和特色从而促进消费时，也主要是实现表面化的多样性、产生吸引力、提升附加值的策略。工业社会的标准化机制由物及人，导致"整齐划一的生活"，"虽然说是进入了'多元化时代'，人类并没有向着生活多样性转变，仅仅是在更加扩大的工业经济系统中变得多样了而已。那就是被符号化的设计变得更加多种多样，是一种伪装的多样性。也就是说商品的本质以及商品的意义并没有改变，只是商品的外形上多出了符号的差异，比如颜色更多或是形状稍有不同，在商品上面附加各种差异，是伪装出来的多样性"。所以，当设计的目标指向消费，而非"寻找'人类的幸福与

[1]　　　[日]原研哉、阿部雅世:《为什么设计》，朱锷译，济南：山东人民出版社，2010年，第22—23页。

日常'并与看不见的系统和状况不断斗争，或重新审视人类自己，打破无益的既成的东西"[1]，则手工艺的文化样态在设计中的呈现将停留于表面，不涉及生活方式和深沉的精神积淀。现代设计从分工独立到相当长时期里作为"生产、供给、销售"体系中的组成环节，主要是物品的设计、市场的设计，以物为中心，受物质逻辑支配，关注物质产品的价格竞争、市场竞争，致力实现物质的价值，包括物品的使用价值以及由市场价格体现的经济价值等，设计往往停留于物质的表面，而非探求人的生活的根本，对手工艺造物传统的发现和吸收也较为浅表。当设计从以物为中心转向以人的生活为中心，深入思考人的精神、社会共同体的存在、自然环境的联系，深度参与和建构生活时，手工艺所包含的深层意义才进一步被吸纳和实践。

随着现代文明发展，设计的作用不再局限于工业化的物质生产流程，不只是推动生产与消费，而是作为生活方式的赋形机制向更广泛的生活领域拓展，对"人类如何生存""幸福是什么"以及人与人、人与自然的关系等做出思考和探索，摆脱"物质至上"主义，展开对于生活本质问题的探索。因此，重新审视构建人与物的关系、充实物所承载的共同体的价值、促进人与自然的沟通共生等成为持续的主题，手工艺中积淀的历史传统、情感记忆、生态价值观等得到深度阐发和表达，手工艺成为现代设计的意义资源。在人与物的关系建构上，物的设计不仅在于便利、高效，也要考虑物中承载的记忆、习惯和情感，相关设计不仅是经济、技术的理性思考，也涉及记忆类的感性。譬如一把椅子，不仅有着坐具的功能，或许还包含童年时就有的记忆，代表族群的传统、家庭的历史、生活的记忆以及与之相关的喜悦或悲伤等感情和记忆。设计因此不只是以新的替代旧的来增加生活的获得感和幸福感，而是进一步关注物与人之间复杂的联系，包括在人的内心留下的印象、掀起的波澜。手工艺的造物传统由此具有天然的优势，手工造物中的感性内涵因此得到发掘和借鉴。在人与人的关系建构上，设计要重新考虑人与人之间的关系，包括社会共同体在现代社会的存在，尤其当机械化、标准化消磨了人的族群与物的体系曾有的鲜明差异，社会共同体的历史、民族固有的

---

[1]   [日]内田繁:《日本设计六十年: 1950—2010》，张钰译，北京：中信出版社，2018 年，第 405 页。

文化、家庭和个人的记忆等将人和人联系在一起的存在，如何在现代生活中以日常的状态表达呈现和存续，也成为设计关注的内容。如内田繁提出："优秀设计从英国发起，后来扩展到欧洲，又延伸到美国，它毫无疑问是以西欧社会的生活文化作为铺垫的。这也是为什么现代化这个概念事实上与'西方模式'在形式上十分相似。现代文化是以西方人思考的人类伦理和道德为基础的，它既不是东方模式，也不是伊斯兰模式或非洲模式。再进一步思考，所谓的现代设计莫非就是要排除地区性吗？这个问题值得我们所有人深思。"[1] 由设计使文化传统的本质得以显现，不只在于设计中呈现民族的文化形态，更在于延续和唤起内在的情感和精神联系。传统手工艺中包含历史积淀的族群联系、地区特色，以物的形态体现，能够为本土设计、民族设计提供养分。这种内在的精神联系通过设计加以表达有助于文化传统在日常的、细微的、无处不在的状态中加以延续。在人与自然的联系上，由于工业化导致能源危机、环境污染、人与自然疏离，设计以重构人与自然生态的联系成为迫切主题，绿色设计、可持续设计等自 20 世纪六七十年代被提出和实施持续至今，即在设计中致力降低能源消耗，使用易于降解的材料，加强材料与能源的循环利用，从而最大限度减少对自然环境的消耗与破坏，并通过设计构建人与自然亲和、沟通的关系，从工业化的征服和索取转向生态共同体的依存、共生。传统手工艺亲自然的属性进一步在现代设计中被认识和发掘，包括自然材质的选择、低碳工艺的运用以及自然生态的审美风格塑造等，是生态价值观的设计表达。当"设计的意义并不在于创造亮丽的形态，设计的力量体现在探求事物与人类之间潜藏的那种肉眼看不到的关系的过程中，让人们意识到在日常生活的背后隐含的环境形成系统中存在的诸多本质性的问题"[2]，设计的价值趋向于塑造尽善、尽美的生活方式，手工艺中关乎造物本质的传统将在现代设计中被唤起，呈现出新的时代意义。

[1]　　[日]内田繁：《日本设计六十年：1950—2010》，张钰译，北京：中信出版集团，2018 年，第 27 页。

[2]　　[日]原研哉：《欲望的教育——美意识创造未来》，张钰译，桂林：广西师范大学出版社，2012 年，第 1 页。

四、传统手工艺对现代设计的批判

现代世界是技术驱动的世界，设计面向现代化生产生活不断吸纳应用新技术并成为市场促销的一种手段，与工业文明相关联，具有数学化的技术逻辑、机械生产的时间观、物质消费的驱动力。在反思机械化产品中昔日美感的流逝及进一步关注设计中的感性意义和关系建构的过程中，作为前工业社会产物的传统手工艺在具身体验的感性构成、生命存在的时间观、自然共生的价值观等方面成为重要参照，因此也构成对于现代设计的批判。

首先，现代设计以数学化科学技术为主导具有相应的局限，手工艺的具身体验属性对此构成批判。工业革命引发巨大变革，"以新技术革新（诸如蒸汽动力和机器等）的发展为中心的革命导致了广泛的社会与经济的转型"[1]，现代设计独立并全面发展，从应用新能源、新材料以及与之相关的新的结构模式起，科学技术即发挥关键作用。现代科学以数理实验支持，经概念符号化的数学推演形成普遍的程序规则，与之相关的技术应用进一步指向实用性目的，在数学化的科技思维中，运用纯粹符号和运算程序，事物之间质的差异被抹平，世界多样性的意义被消解，以科技为主导的设计与生活世界严重疏离。正所谓"现代技术是普适性观念的一个体现。现代科学的数学化过程是对质的多样性的一个有效的清除过程"，"当我们人类运用现代的技术对自然进行征服和控制的时候，它同时意味着人对自己也进行了完全的征服和控制。现代人经常谈的所谓异化状态，人成了机器的奴隶、成了机器的工具，根本的原因就在于此。人在现代被分裂为两半，一方面作为主体的人似乎是高扬起来了，但另一方面我们作为自然的一部分，却被严重地贬低了、边缘化了，人和自然一起丧失了自主性和尊严"。[2]甜或苦、幸福或痛苦、爱或恨这些尚未或不能被数学化的人类经验同样需要设计关注和表达，所关系的是人的存在体验以及人与世界的关系。当设计不只是促进消费的策略，而是通过制作的过程对人类生活或生存的意义做出解释和探索，在趋向于更加快

---

[1]　　　[英]安东尼·吉登斯、菲利普·萨顿：《社会学》，赵旭东等译，北京：北京大学出版社，2015年，第8页。

[2]　　　吴国盛：《技术哲学讲演录》，北京：中国人民大学出版社，2016年，第27、215页。

捷、便利、高效的功能的同时，也致力唤起关于善与美的感动的萌芽，关注真实的感受和无形的存在，那么传统手工艺则是最直接的参照，以物质性的存在传达人文价值，不局限于由语言和文字表达的概念和逻辑命题，作为一种具身体验延伸至知觉、情感和记忆，通过身体实践学习、掌握和传承文化。因此，设计对手工艺价值的深度发现或手工艺对设计的批判、补充，关乎设计摆脱工具理性的新的感性意义，包括设计的身体性、日常性、精神性等，目的是使生活更加丰富和充实，而非单向度指向效率和功能。

其次，设计以现代科技为主导包含线性向前的时间观，手工艺蕴含的生命存在的时间观对此构成批判。在欧洲启蒙运动和工业革命中形成线性向前的时间观，指向更快、更高、更好，在加速和增长中实现动态稳定，是一种"进步"的时间观。实质是工业技术的发展逻辑，即精准计量时间，遵从精密运转的机械的节奏，不断提高生产效率，总是不断向前、不断提升，因而未来可期，无疑是值得向往的、更加美好的。这样的时间观支配设计、支配生活，深刻写入现代人的意识和感受。与之不同，手工艺作为工业文明前的实践产物，包含的是前工业阶段以生命存在为尺度的时间观，是春生夏长秋收冬藏、草木荣枯、代际更迭的生命存在、自然循环的时间观。正如中国悠久的农耕文明中"年""岁""二十四节气"与粮食作物的生长周期、自然物候紧密相关，蒙古族等游牧民族以草原植被的变化、牛羊的生育周期以及生产生活中安装蒙古包、挤羊奶、备马鞍的工夫来衡量时间，时间观蕴含在生产生活展开的过程里，与生命、生活体验合一，而非独立于生活之外、客观而永恒流逝的存在。在享受现代社会的便利高效的同时，人们也需要出离机械化的时间逻辑，体验自然、生命、生活真实的、细微的、变化的状态，不只面向未来，也专注于当下，手工艺品或手工艺实践可以带来这样的时间体验。手工制作的过程是心力投入、事件展开、物的塑造过程，手工艺品的自然材质、日常消磨、代际流转包含特定的时间记忆，因此，设计从手工艺中汲取养分，不只是其形其技其意的取用，而是对生命存在的理解和体验。

最后，大量生产、商业主义产生严重问题，手工艺中人与自然共生的价值观对消费主义的设计构成批判。维克多·帕帕奈克在《为真实的世界设计》中批判广告设计和受消费驱动的工业设计："它诱惑众人，不管别人手中是否有钱，让他们仅仅为了博人眼球的目的，买些可有可无的东西……将总是不会消失的可有可无的东西重新制出破坏着大自然，使用污染着我们呼吸的空气的材料或采用带有污染的生产工艺等等，设计师变成了危险的人群。"相关的反思批判及绿色设计、可持续设计的发展极具必要性，它不是被炒作的危机感，而是关乎人类的现实存在和道德行为。从这个意义上看，手工艺中可降解循环的天然材质、日常使用中的用物惜物之心都是可资参照的维度，因为从更深层面看，人与自然共生关系的建构在于生活方式的意识、价值观等根本问题。手工艺对消费主义设计的批判或对现代设计的补充，不是简单的复古或挪用，也不是反智式的否定，而是观念、意识的重新发现和共鸣，发现事物本来的样子，构建健康、和谐的生活方式，在物质的功能和价值之外实现精神的充盈，等等。

正所谓"时代向前发展，并不一定就代表文明的进步。我们的立足之处，是过去与未来的夹缝之间。创造力的获得，并不是一定要站在时代的前端。如果能够把眼光放得足够长远，在我们的身后，或许也一样隐藏着创造的源泉"[1]，观察和认识手工艺与设计的联系，不只是功利地、资源化地取用，更在于重新认识人与物的关系以及人的生活方式和意识，重新体验时间、空间以及生命存在的意义，贯通古老的手工艺与现代以来无所不在的设计，在每一个当下的、微小的、变化的存在中以及从远古到未来的远大图景中实现关于真、善、美的追求。

[1]　　[日] 原研哉:《设计中的设计》，朱锷译，济南：山东人民出版社，2006年，第15页。

身份、生计、意义：中国百年社会革新中的工艺主体变迁

殷 波

从 1840 年鸦片战争到 1949 年中华人民共和国成立，近现代中国历经反帝反封建反殖民主义的革命斗争，完成了从传统国家向现代国家的转型，实现民族独立、国家民主和社会进步。社会制度的根本变革涉及社会基本结构及公民在国家生活中的地位等，"确立人民在国家政治生活中主体地位"成为中国社会根本变革的重要标志。传统社会的百工艺匠、游方艺人、城乡手工业生产者等工艺主体，因此在现代化的国家建设中实现身份地位的转化与建构。此后几十年里，当代中国展开系列社会体制改革，就社会制度中的具体组织形式及工作方式等进行自我革新和完善。实行改革开放，建设社会主义市场经济，人们的生产生活、思维方式及价值理念发生持续深入的改写和建构，工艺主体由此经历生计生活的更新发展及主体意识、意义追求的变迁。

一、传统工艺主体的身份：制度化的根本变革

历史上，我国农耕文明主要以土地为生产资料，根据节气物候进行周期性的耕作生产，安土重迁定居生活，形成以血缘、地缘为基础的社会组织形式。在皇权统治下以家庭为单位精耕细作的小规模集约经济中，手工生产是有机组成部分，形成官营、民间私营和"男耕女织"结构里作为农民家庭副业的手工生产机制。工艺的主体因此是相应社会结构与社会关系中的工匠、作坊主、游方艺人以及家庭中以手工劳作补充生产生活所需的广大群体，包括从事手工副业生产的广

大农民和满足家庭日用、礼俗之需或审美自娱的"女红"群体。传统工艺的主体既可按生产组织的形式与归属划分为官制工匠和民间的职业社群，也可按所属的生产空间划分为城市官府工匠及作坊手工业者、乡村家庭手工业者、游离于城乡之间的游方艺人等，整体上是"执艺事成器物以利用"的"兴事造业"之人。他们既是手工造物的生产者，也是文化、技术经验的传承者、创造者和实践者，推动了历史上社会经济流通、文化传承乃至技术生产力的提升发展。但在漫长的封建社会发展中，从春秋时期《管子》提出"四民分业"的社会分工思想，"士、农、工、商"即不仅是职业的划分，也成为地位的区分，"农桑为本，工商为末"，手工业者的地位相对低下。不同朝代对工匠有不同程度的管控政策，在清初废除"匠籍"制度以前，工匠的户籍、从业等往往受到严格限制，虽然在一定程度上有利于经验积累和传承，但实质是对个体自由和自主性的束缚。此外，手工业者隐性的经验传承传播往往以默识、体验、实践的方式在师徒之间或家庭内部等较为封闭的系统中展开，以立言存志等形式留存流传的相对较少，加之工匠等自身社会组织兴起较晚，千百年来创造了古代世界造物高峰的大量能工巧匠处于寂寂无闻的文化失语状态。

"身份"不仅涉及个人在某一社会制度中的地位，社会组织对个人规定的权利和义务，也包含个体对自身与社会之间联系的认知，涉及外在的社会认定、规约、评价与内在的自我认知和认同。在中国百年现代化进程中，封建帝制被推翻，新民主主义革命、社会主义革命取得胜利，人民当家做主的社会主义民主政治制度建立，历史上具有不同程度人身依附关系、世袭职业并相对处于文化失语状态的工匠、艺人、手工业者作为现代化国家的生产者，在政治、经济、文化、教育上的地位获得根本提升，艺人群体获得新的认同与归属，传统工艺的持有者、经营者、发展者的"身份"发生根本改变。虽然在这一转型过程中，传统工艺的主体作为手工行业从业者、手艺农户等在生计劳作的形式上具有一致性，但社会民主、个体自由、文化自觉和自信使得工艺主体的社会地位、思想意识、实践追求等发生根本改变，传统工艺中宫廷、文人、民间等身份区隔的樊篱被打破，工艺主体在现代化、开放性的社会中面向经济、文化的需求，传承发展传统工艺，实践其价值追求。

工艺主体身份的根本转型始于1949年中华人民共和国成立，国家为恢复经济，发展工艺美术生产，积极组织艺人归队，安置生活，恢复生产。当时，工艺美术同其他手工业一样处于个体、零散状态，"家庭手工业、独立劳动者和有少量雇工的小作坊占大多数，生产分散、技术落后、资金短少是其共同的特点"，"党和国家采取了积极扶持的方针政策，对这种完全分散的个体经济，有的由国营和合作社商业进行加工订货，或统购包销他们的产品，有的则自产自销"，"在不同程度上把这部分生产纳入国家计划监督的轨道"，"促使生产者组织起来，为合作化创造条件"。[1] 同时，各地还试办工艺美术合作组织，"不少改行专业和流散的艺人归了队，一些停产的行业得到了恢复，失传的传统产品得到了新生"[2]。经历战乱磨难的手工生产者转变为当家做主的工农生产者，发展生产，获得经济收入和待遇。艺人群体作为国家的生产者、建设者不仅得到有效组织和扶持，发挥了发展经济的重要作用，而且参政议政参与到国是国策的建构中，工艺主体的经济地位、政治地位、文化地位全面提升。国家举办一系列工艺美术展览和会议进行宣传和交流。如，1953 年 12 月全国民间美术工艺展览会在京举行，其间召开艺人代表和工艺美术专家的座谈会，宣传工艺美术政策并听取各方面建议；1957 年 7 月全国工艺美术艺人代表会议在京举行，465 名代表参加会议；1979 年 8 月全国工艺美术艺人、创作设计人员代表大会在京召开，565 名代表出席会议。"不少艺人当选各级人民代表或政协委员。1966 年以前有 377 人被授予'老艺人'的荣誉称号。1979 年国家对艺术上有独特成就，创作上有重大贡献的 34 名技艺人员，授予'工艺美术家'的荣誉称号。"[3] 1988 年，"工艺美术家"正式更名为"中国工艺美术大师"，作为授予工艺美术创作者的国家级称号沿用至今。国家制定工艺美术技术职称制度，1979 年 8 月轻工业部《关于颁发全国工艺美术技艺人员职称试行条例的通知》下达各地，1983 年 1 月国务院批准颁发《工艺美术干部业务职称暂行规定》，"到 1983 年底，全国评为工艺美术师职称的有 1066 人"[4]。

[1]　《当代中国》丛书编辑部编辑:《当代中国的工艺美术》，北京：中国社会科学出版社，1984 年，第 448 页。

[2]　《当代中国》丛书编辑部编辑:《当代中国的工艺美术》，北京：中国社会科学出版社，1984 年，第 66 页。

[3]　《当代中国》丛书编辑部编辑:《当代中国的工艺美术》，北京：中国社会科学出版社，1984 年，第 63 页。

[4]　《当代中国》丛书编辑部编辑:《当代中国的工艺美术》，北京：中国社会科学出版社，1984 年，第 63 页。

时至今日，关于工艺美术人才的职称评定机制仍在不断修订完善，艺人群体的技艺水平、职业资格等能够得到统一的认定评价。可见，在社会历史转型进程中，曾经的宫廷工匠、城乡作坊艺人等经历战乱动荡，举步维艰甚至流离失所、改行转业，在新中国成立后成为工人阶级队伍的一员，并因社会贡献获得相应的政治、经济、文化地位。值得指出的是，相对于经济收入、生活条件、社会评价等身份的外在构成，强烈的工作热情、职业使命则体现了认同与归属等内在的身份建构。新社会的政治氛围以及艺人群体作为国家主人翁的意识和社会发展使命等促使其突破传统手工艺行业在技艺传承与交流上的封闭与保守，即以往对各家绝活视如珍宝，"宁赠一锭银，不传一口春"以保守技术秘密，转变为相互观摩，交流工艺，集体攻关，公开示范，老艺人乐于接受没有人身依附的师徒关系，对学生们倾囊相授，示范传授绝技，发挥传帮带作用，新中国工艺美术行业人才辈出。同时，艺人群体乐于开阔自身眼界，与进厂指导的专家学者交流，在国家资助下去"采风"创作，并有机会进入艺术院校学习，或在工艺研究中进行工艺挖掘整理和创新研究，其创作因此体现出鲜明的时代性。

21世纪以来，我国开展非物质文化遗产保护，对包括传统手工艺主体的"传承人"身份加以认定和扶持，制度建设对工艺主体身份产生深刻影响。自2007年起，国家级非物质文化遗产项目代表性传承人名录分批公布，形成资格认定并辅以文化荣誉、经济待遇、传承支持。"传承人"身份的建构是在社会发展新阶段，针对非物质属性的、地方或族群代表性的、具有历史传统积淀的文化，就其具有传承传播关键作用的持有者进行认定和扶持，作为一种国家在场的身份建构，目的是通过制度设计将文化传承相关的使命责任进一步赋予文化主体，使之成为全球化、工业化冲击下非物质文化遗产存续的有生力量。对于传统工艺主体来说，"传承人"身份具有文化的标识性和荣誉性，也包含相关文化责任和使命。虽然学术界对于传承人身份与文化建构的本质还在进行持续讨论，但文化经验存续与发展过程中人的主体性无疑已成为核心。整体上看，政治革新从根本上改变了工艺主体的生存境遇和内在心态，从依附走向自主，从封闭保守走向开放交流，从寂寂无闻走向国家在场的关注和发展，是历史的进步。虽然，关于工艺主体的制度性评价应在何种程度上加以完善、可在哪些方面落地落实的讨论一直在持续，甚至不乏关于新"名利场"对工艺主体异化的反思，不可否认的是，中国的工艺主体地位在社会现代化转型中获得了根本性的提升，其于社会演进发展中所面临和经历的新的问题和困惑，也可从手工艺文明与新的文明文化之间的碰撞或更为普遍的人性人情等维度加以观照。

二、传统工艺主体的生计：市场化与城镇化的持续改写

1978年党的十一届三中全会召开，开始实行改革开放，开启新中国成立以来社会主义制度自我完善和发展的重要历程。经济领域，高度集中的计划经济体制向社会主义市场经济体制转变。在政治领域，经政企分开、精简机构以及对外开放等从封闭半封闭的社会向全面开放的社会转变。经济体制深刻变革，社会结构深刻变动，利益格局深刻调整，思想观念深刻变化，实现经济发展、社会进步、人民生活水平提高，传统工艺主体由此经历了生计、生活的一系列变迁。

计划经济向市场经济转型、政企分开、企业改制等在一定时期给工艺美术生产及其主体带来阵痛，但进一步推动了工艺生产及工艺主体的现代化转型，使之在适应现实的、变迁发展的市场和生活过程中实现新生。在市场经济体制建立发展初期，工艺美术企业改制——"关、停、并、转"，一度出现工艺人员流散、生产停滞、市场萧条的局面，但经过转型适应随之出现从事工艺美术生产营销的新型市场主体，包括民营企业、个体手工艺作坊、大师工作室和大量手工艺专业村、专业户以及以家庭副业形式开展手工艺生产的农户等，手工艺生产以适应市场和需求的多元化机制展开。就工艺主体而言，从国家指令性计划组织回归个体的、灵活的、分散的创作和生产，以平等、独立和自由的市场主体身份参与经济活动，以强烈的进取心和创新性赢取市场回报，极大增强了工艺生产变通、更新的可能。一方面，工艺创作和生产不再以计划形式统购统销，并受多重因素影响从外销主导转向内需为主，在进一步面向本土生产生活的过程中汲取养分，在社会发展的整体环境中得以壮大。直到当前，国内不同代际、阶层人群对传统工艺的日用品、收藏品、文创品的消费需求多元化，持续促进工艺主体的生产创新。另一方面，市场具有逐利本质，消费需求中不无符号化、虚假性、盲目式需求，工艺主体及其创作生产也有可能走向文化精神虚无、极端功利化的误区，市场及消费也对传统工艺不无制约与异化影响。片面的市场导向、过度的经济效益追求可能导致工艺生产的乱象，甚至使工艺生产仅以代工的形式存在，缺乏与生活的

直接联系和原创的意义融入。从根本上看，传统工艺包含生产属性，只有保持生产并拥有市场才具有广阔的生活基础和发展空间，而非固化为博物馆的历史遗存、停留在文献史料的描述记载或趋向于纯粹的艺术欣赏品，传统工艺经济生产价值的实现也不仅在于特定行业产值、利税等宏观数据信息，更关乎每一个工艺主体的生计生活。市场化使工艺主体获得自主选择参与竞争的机会，捕捉市场需求和消费动向，在获取物质效益的同时也实现生活的价值追求，随着社会消费水平的提升和工艺核心价值的发现，传统工艺主体以之为生计获得了更广阔多元的发展空间。

在市场经济深入发展过程中，广大城镇获得内驱动力，城镇化进程加快，"乡土中国"向"城乡中国"转变，城镇化生活对工艺主体产生影响。事实上，不论留守乡村还是离土离乡进城生活，源自乡村的工艺主体的生活世界已然发生改变——伦理本位的乡土生活转变为讲求科学、理性、民主、公平和正义的现代生活，自然经济状态下的自给自足、封闭保守转变为市场化、全球化的高速流通，血缘、地缘、业缘对于传统工艺的影响逐渐淡化，工艺主体所依托的生产经验、集体文化、所处的社会文化情境发生改变。从刘铁梁教授的分析看，传统工艺作为劳作模式，"不仅是指获得某种物质利益的生产类型，而且是指身体经验意义上的日常生活方式"[1]，生活变迁对工艺主体及其生产创作的影响深刻，一方面，从乡村到城市、从乡村手艺人到成功经销商或获评"传承人""大师"等转化，往往伴随与以往生活经验、乡土乡亲的疏离，部分传统工艺从传统生活基础、文化生态、集体经验中抽离，演化为个体实践。事实上，传统工艺的发展离不开群体创造，历史上民族的、地方的传统工艺往往依附于特定族群的生活环境、生产生活方式、思想观念和价值体系，呈现的工艺形态融合了特定地域、族群不同领域的生产实践、审美文化特点，具有"不断地被再创造"的可能和族群"持续的认同感"。随着城乡生活变迁，地缘、血缘等维系的族群不同程度消解，经由个体实践的工艺经验在保留历史记忆和内涵的同时，也将面向社会结构变迁中新的社群、圈层，实现新的群体性的再造。另一方面，城镇化发展也为发掘利用传统工艺资源的村民群体把握市场需求、通过手工艺生产营销重构乡村经济结

---

[1]　　刘铁梁：《城市化过程中的民俗学田野作业》，《文化遗产》2013年第4期。

构和社会关系提供了新的可能，不少手工艺专业村等形成了适应城镇化、市场化发展的转变。如，历史上乡村中自制自用或小范围集市贸易的传统手工艺，在面向更加广阔的城乡市场时成为重要的副业生产，并在相关经验、习俗、观念的传承传播中形成乡村群体新的凝聚力。城镇化发展带来工艺主体的生活变迁，对传统乡土生活的影响弱化，同时形成新的发展空间，因而在工艺主体的创作与生产实践中形成回溯历史与创意新生等不同方向的演化路径，表现为城镇化发展过程中为追寻昔日乡村记忆、文化乡愁而重新发掘的手工艺符号与产品，以及乡土手工艺延伸到城市文创、旅游等经济生活中的创新和再造。

制度革新带来生产生活的持续改变，工艺主体的生计生活方式、人生观、价值观发生新的变化，同时引发工艺外在形态与内在精神、生产组织形式与社会功能的一系列改变。其中包含社会现实发展中的适应与提升，也存在"双刃剑"式的影响，如片面地市场化逐利造成工艺语言单一、形态雷同、意义浅表化等。整体上，作为工艺主体在开放、自主环境中的发展，体现了中国手工艺真实的发展面貌和动力，以及中国手工艺所关联的广大民众的生活状态和思想观念，具有积极意义。

三、传统工艺主体的追求：个体意义价值的实现

在中国现代化转型进程中，工艺主体的价值追求发生改变，突出体现为以经济价值追求为主导、伦理价值追求逐渐弱化以及对文化价值追求的不断提升。如果说经济价值的追求是生产生存之本，手工生产勤劳致富是工艺的属性古今皆然，那么，在现代化政治经济体制中，人的独立性、自主性、创造性被全面激发，对经济价值的追求更凸显出新的内涵和意义，虽然其中不乏消费社会、市场逐利的负面影响。加之从传统的伦理本位的社会向现代的民主社会转型，封闭性被打破，基于血缘地缘的传统礼俗联系弱化，工艺作为传统礼俗的一种载体以及工艺主体在礼俗互动中扮演的社会角色等发生改变，工艺主体对于传统伦理价值的追求趋于弱化。此外，随着国家经济、文化发展，国民文化自觉自信意识普遍增强，工艺主体对工艺传承与创新发展的使命感增强，历史上相对封闭保守的工艺传承传播局面得以改观。

自给自足的小农经济转变为现代化的市场经济，工艺群体在商品经济发展

中勤劳致富，经济价值追求成为主要方向。在广大农村，改革开放"分田到户"后，农业生产效率大幅度提升，农忙时间短、富余的农业劳动力进一步从事手工生产等副业，大量手工艺专业村、手工艺乡镇发展起来。相对以往"男耕女织"生产结构中手工生产除一定比例为自产自销、自用自织或礼俗交往中无偿应用外，仅有部分进入市场流通。在现代化商品经济特别是市场经济壮大过程中，手工艺生产者面向市场进行制作生产获得经济效益，对经济价值的追求具有普遍性。在规模不断扩大的城镇，市场经济发展，资源按市场需求配置重组，劳动力自由流动，伴随国内消费市场潜力不断壮大，进一步形成工艺美术企业的聚集区和产业带，部分工艺美术产区的年产值达亿元至十亿元以上。从工艺主体角度看，伴随社会发展、经济增长、价值观演变，以往受传统道德和家庭观念影响较深的个体在自由和独立过程中获得包括经济财富价值的全面实现，因此也体现为传统工艺作为产业的进一步壮大和发展。

随着传统伦理本位社会向现代公民社会转化，家庭人伦关系对个人生活仍有根本意义，同时，现代法律意识、个体权利认知等不断深化，生活观念、生活方式等发生改变。一方面，传统手工艺关联民俗应用和伦理价值，保留家庭亲情等人伦内涵及意义的追求，仍是传统节日和人生礼仪中仪式感营造、赠礼以维系情感的重要载体。如当前"国潮"设计，往往结合四时八节等节日传统，发掘应用具有文化特色的传统手工艺元素开发新产品以满足消费需求。另一方面，宗法关系、差序格局变迁，家庭规模逐渐小型化，个体意识强化，生育观念改变，通过传统手工艺表达和寄托生命繁衍、宗族延续等人伦追求趋于弱化。加之工业化、城市化的生产生活方式发展，科学知识技术广泛传播，借由传统手工艺表达和寄托驱邪禳灾、抵御难以抗拒的天灾、人祸和疾病等自然伦理的追求不再强烈。整体上看，社会变迁中，人们极大突破了传统血缘、地缘的关系网络，在重视家庭亲情、社会群体联系的同时，也呈现出后现代社会伦理的特点——"信仰活动世俗化、生活内容片面化、需要结构平面化、精神需要边缘化、伦理尺度隐匿化"[1]。因此，在手工艺的制作、应用、接受、传播过程中传统伦理价值的追求相对弱化，手工艺形态和功能既是价值观的表征，也作为造物体系参与新的伦理观

---

[1] 郭济、高小平、何颖主编:《行政伦理导论》，哈尔滨：黑龙江人民出版社，2006年，第352页。

的表达与建构。

推进国家治理现代化，确立了以人民为中心的根本立场，人民作为社会生产力的实践主体融入国家富强、民族复兴发展。传统手工艺之主体的文化使命感及文化自觉、文化自信全面提升，极大突破了传统手工艺作为隐性知识传播的封闭性及在文化认知与评价上"重道轻器"的局限，在更加自觉、广泛的意义上加以传承并实现艺术与技术追求并重。如中华人民共和国成立之初工艺主体身份转型，"主要还是沿用千年相承的艺徒制，但有了改进和发展。由于消灭了剥削制度，艺人的生活有了保障，原先'只许串门，不许参观''留艺保身'等陈规陋习也随之消除了，老艺人公开技艺、乐于传艺"[1]。高等教育领域民间艺人进课堂以及非物质文化遗产保护与传承机制中传统手工艺在文化意义上的传播传承等，超越了传统社会中工艺作为具身经验和生计方式的无意识与功利性束缚，改变了"不愿意"传授或"不能够"传授的境况，体现了工艺主体的文化价值追求。此外，历史上传统工艺受"形而上者谓之道，形而下者谓之器"的观念影响，在工艺的评价与接受上有"重道轻技"倾向，当人作为主体的能动性在现代化的体制机制中得到全面认可和评价后，技艺及技艺包含的工匠精神、境界得到自觉和普遍性的认知与评价，工艺的文化价值得以追求更加全面。

总之，一百余年的变迁是中华民族从救亡、革命到建设发展的现代性进程，也是从古代中国向现代中国、从农业文明向工业文明转型的历史过程，宏观社会的政治、经济、文化等各领域均发生了重大改变，微观人生的思想意识、生活方式也产生了深刻变化。手工之工艺作为积淀深厚的传统造物方式以及人最本质创造力的实现，在社会、人生持续深入的变革中遭遇冲击也不断被重新发现，并在存续演进中不断作用和影响着社会的发展和普通人的生活。工艺主体在身份、生计、意义追求上的演变是物质、技艺、制度背后"人"的变化，交织构成工艺形态与内涵的演变，理解工艺主体的变化因此是把握工艺变迁发展的关键，物态辉映人心，工艺中绵延的是人的精神，刻录着时代的印记，在人与物的联系中书写人生建构历史。

---

[1]　　　《当代中国》丛书编辑部编辑:《当代中国的工艺美术》，北京：中国社会科学出版社，1984年，第545页。

中国工艺美术产业内需体系的基础与内涵

殷 波

一、工艺美术的产业内涵

在社会工业化的发展进程中，工艺美术是传统手工造物的延续，主要利用地方特有的天然材质，运用手工技艺，或借助一定的工具、器械，制作日常生活实用的日用品和用以陈设观赏的欣赏品。由于具有特色化的生产要素、工艺过程以及劳动服务特点，工艺美术成为现代社会特定的行业类别，在我国国民经济管理体系中有相应定位。基于工艺美术的生产制造属性以及手工加工为主的特点，1949 年以来我国工艺美术产业主要纳入"轻工业"系统组织管理和生产[1]。20 世纪 50 年代至 80 年代，在计划经济体制下，工艺美术领域由国家统筹生产和销售；80 年代后期，随着机构改革、政企分开，工艺美术行业从政府管理转向行业管理；90 年代，市场经济体制建立，工艺美术企业面向市场自主经营；到 2018 年，在国家统计局最新修订的《三次产业分类》中，工艺美术属于"第二产业"中"制造业"的第二十四大类；在《文化及相关产业分类（2018）》中，"工艺美术品制造"被列为"02"大类之"026 中类"。此外，工艺美术与设计服务等相融合，融入工业设计、商业设计等设计产业。因此，工艺美术作为物质生产门类，一直是我国经济发展、社会生产的有机组成部分，在社会不同历史时期发挥了显

---

[1] 　先后由轻工部（1949.10—1993.3）、中国轻工总会（1993.3—1998.3）、国家轻工业局（1998.3—2000.12）、国家经贸委（2000.12—2003.3）、国家发改委（2003.3—2008.3）与工业和信息化部（2008.3 至今）主管。

著的经济作用。

随着我国社会经济进入高质量发展阶段，工艺美术在已有的发展基础上，基于其产业内涵，有望在提高生活品质、刺激文化消费、发展乡村副业生产以促进共同富裕等方面发挥积极作用。

二、工艺美术产业外向型发展历程

历史上，工艺美术涉及手工生产的各行各业，自产自销，在衣食住行用各领域与人们的生活紧密相连。在社会工业化转型进程中，基于国民经济恢复发展需要和工艺美术生产投资少、用料省、消耗能源少、收效快、换汇率高的特点，彼时的工艺美术产业主要发展外贸生产，由政府设立外贸出口部门征购营销，工艺美术企业根据出口贸易的需要组织生产，用以增加外汇收入。由此也导致各类工艺美术品的形态、工艺特点等主要依外贸市场需求而定，一定程度上脱离了国内的生产生活和历史文化传统。特别是 20 世纪 70 年代以后，全国兴起"三来一补"的外贸生产，工艺美术领域也普遍发展手工艺的代工生产，通过组织劳动力开展来样加工赚取加工费。在形成一定经济收益的同时也产生了一系列深刻影响，比如在工艺美术产品的样式风格上，因面向外商需求，或停留于仿制、复制外来样式，故而缺乏基于本土文化和生活的创作生产；或集中生产制造精工富丽的特种工艺品以提高售价、增强国际竞争力，甚至过于追求繁细复杂、工重料贵，有繁缛纤细、求齐求贵的倾向；在行业管理及品类划分上，主要采用外贸市场对工艺美术品类的划分和称谓。如《全国工艺美术普查报告》（2009 年发布）的十一个大类为漆器、陶瓷、花画、雕塑、金工、地毯挂毯、抽纱刺绣、珠宝首饰及有关物品、天然植物纤维编织、民族工艺及其他制品、烟花爆竹。此种分类统计成为之后分类的范例。如《2020 工艺美术产业白皮书》仅取消民族工艺及其他制品、烟花爆竹类别，增设"其他工艺美术及礼仪用品制造"，其他类别相同。

值得指出的是，工艺美术外贸或内销不只是政策驱动的结果，还与社会生活基础等综合因素相关。在相当长的历史时期里，扩大内销市场虽然也是我国工艺美术产业的方向之一，但受经济发展水平等综合因素影响没能成为主体，直到经济充分发展才形成广泛的市场需求。如 20 世纪 50 年代，许多地方以"适用、经济、美观"为原则试制和生产了一系列实用、内销的工艺品。60年代初，由于外贸渠道受阻，进一步加大了内销市场的开发，据记载，全国开展了对国内市场，特别是对五亿多农民和少数民族地区的调查研究，努力扩大内销市场。到80年代，生活水平提高，国内工艺美术品的需求增加，不仅节庆及民族民俗工艺品产销较快，城乡居民生活中绣花衣、羽毛画等一系列具有装饰性的日用品备受欢迎，成为畅销货。工艺美术产业从外销为主、内销为辅转为内销为主。《全国工艺美术普查报告》显示，2006年，全国工艺美术总产值的六成以上为内销占比。据中国轻工业信息中心统计，2018年，从全国工艺美术行业中规模以上企业的市场销售情况看，内销率为78.52%。[1]当人们不再满足于"填饱肚子"等基本的日常消费时，即对产品的质量、样式、功能等提出多元化需求，消费持续升级，内需潜力激发，工艺美术市场因此也是经济生活的一种表征。

我国的工艺美术产业虽经外贸改写，但在内需市场持续崛起的过程中形成新的变革。从转化初期情况看，从本土生活方式、生活文化和精神需求出发，工艺美术产品的内容、内涵有新的调整和发展。比如在工艺美术产品的符号、意象上，以往来样加工仿制的元素有所减少，本土的、传统的符号和意象得到进一步塑造和表达。转化之前，面向出口订单组织加工生产，刺绣、石雕、金工等工艺美术产品融入了大量西方文化元素，在形成工艺与文化交流的同时，也存在低层次复制、仿制外来样式、自身文化传统失落的问题。然而，随着本土文化需求及消费升级，自身传统的认同和共鸣不断增强，传统工艺美术价值受到关注。如：家纺企业与刺绣传承人合作开发富贵吉祥等传统元素产品；家具及家居设计装修企业发掘运用传统家具造型、纹理、空间布局及其关联的工艺和审美文化等；重塑工艺品的符号、意象和形态，使有历史感、有本土文化内涵、有自身生活基础的工艺美术品得到传承和创新。与此同时，在本土的、大众的、多元的内需市场发展过程中，工艺美术的传统程式、工艺及其内涵得到新的文化美学消费及审美土壤塑造，工艺美术产品的精神文化内涵与本土生活的联系更加紧密。此外，工艺美术产品的创作生产和经营机制将更加丰富多元，面向国内市场和崛起的新一

---

[1] 资料来源于中国轻工业信息中心《数说2018工艺美术行业》，中国轻工业信息网（http://www.clii.com.cn/ReDianJuJiao/TouTiaoXinWin/201905/t20190521_3934588.html）。

代消费群体，结合互联网新的消费和体验环境，融入文创、旅游等相关业态，将形成新的变化和发展。

三、消费升级与工艺美术产业内需体系构成

从工艺美术产业发展角度看，我国基于"十四五"时期扩大内需的战略基点，超大规模市场和多层次消费需求的优势将体现在以下三个方面：

一是生活日用品消费的升级。经济发展，生活水平提高，人们对于日用品的材质、工艺及其表达的思想情感、文化内涵和体现的个性风格有了新的要求，从物质实用的功能消费向追求环保、健康、历史与人文精神的体验消费拓展和转变，工艺美术产业有新的发展机遇和空间。

从当下的衣食住用来看，在服饰消费方面，主要不是基于"解决温饱"及"适应换季"等使用价值的"刚需"，更多是基于自我形象塑造的审美需要、彰显个性的精神诉求、体现潮流的身份表达以及自身健康愉悦的生活追求等等，特别是追求服饰内涵的消费渐成主流，单纯追逐服饰符号价值的炫耀消费有所弱化。越来越多的消费者更加重视服饰材质的环保安全，注重服饰品牌的制造理念和生产工艺，包括对民族传统服饰的丝绸棉麻材质、刺绣印染工艺、传统款式及细节等更加关注和推崇。服饰消费的个性化、品质化、定制化为相关工艺美术产业提供市场和动力。仅以目前相对小众的汉服市场为例，产业规模已逾十亿。消费市场也为手工织造、剪裁、刺绣、印染等工艺提供了应用发展的具体空间。在餐饮领域，就餐已不只是"吃饭"，餐饮相关的文化体验、情感体验蕴含在食品、餐具、环境等综合因素中。生活需要仪式感，仅就餐具而言，不仅有盛放之实用性，也是视觉欣赏和审美的一部分，器皿的材质、器型、色彩更加丰富。如时下莫兰迪色系等多彩餐具热销、家庭中木质餐具、陶器、漆器等回潮，工艺美术相关生产有广阔市场和发展空间。在居住装饰方面，多元化风格中"新中式"逐渐发展。相关调研显示，占比三成的消费者选择中式家居装饰风格，在传统家具的样式、工艺及陈设所传递的传统美学精神找到归属和共鸣。另据家居装饰材质的数据显示，我国72%的消费者喜欢实木材质，26%的消费者喜欢合成板材；在木材之外的其他材质选择上，72%的消费者选择陶瓷、红木、真皮等传统材质，

喜欢工业化金属制品的消费者占比仅为 13%，[1]整体上趋于选择天然材质，追求舒适和环保。居住装饰消费选择与传统工艺美术的风格、材质等相契合。日用品领域，在智能科技产品不断迭代发展的同时，铁锅、柳编、油纸伞、刺绣家纺等也成为大众的日用之物，既与生活和文化水平提高后人们关于自然生态、人文历史的价值观念在日常生活中的选择和表达有关，也与网上"晒生活"、互动传播助推有关。从"实用""需要"的物用价值到"审美""想要"的精神追求，生活日用消费呈升级趋势，工艺美术作为传统造物文脉的延续，在自然环保材质的利用、手工制作的个性化实现、历史文化符号及程式的意蕴积淀与演绎表达以及所关联的民俗礼仪、自然时令内涵等方面，有不同于机械化、批量化产品的优势，具有较大发展机遇。

二是大众艺术消费时代的来临。艺术消费与社会的经济、文化、教育发展水平密切相关：当艺术消费进入大众化阶段时，其不仅以艺术品消费、投资、收藏为手段以产生经济收益，而且还需依托欣赏审美功能，满足精神生活需要。我国居民可支配收入逐年递增，艺术市场上除画廊、艺术家工作室、拍卖机构等传统艺术消费平台，网络电商、线上拍卖兴起，博物馆商店、艺术购物中心等也参与发售艺术品、艺术衍生品及艺术周边产品。艺术品定价区间更广，"买得起的艺术"使艺术消费能为普通工薪人群所选择，艺术消费因此不再以投资收藏为主导，基于审美欣赏的消费成为主流。整体上，艺术品的价格、销售渠道、消费群体构成及消费目的更加多元，大众艺术消费时代来临。

从工艺美术产业角度看，部分工艺美术品与艺术品价值同构，即部分工艺美术品由手工创作所具有的唯一性；由知名艺人构思创作所具有的原创性；因工艺材质或地方文化、民族文化所具有的鲜明的装饰性及视觉风格特征，以及部分品类因艺人、艺术家、学者的阐释而具有艺术风格和学术取向等，都使之具有艺术品价值，被纳入大众艺术消费。据电商大数据分析，2018 年，在天猫平台上销售的各类艺术品摆件中，朱炳仁铜器等传统工艺品占相当比重，景德镇陶瓷器的工艺摆件以 4.2 万元成为成交单价最高的工艺品。另据调研统计，91% 的消费者认

---

[1]　　参考十三家行业协会、居然之家及新浪家居联合发布《2018 中国新中产家居消费指数报告》，新浪网（http://jiaju.sina.com.cn/news/20190106/647 8181133938131389.shtml）。

为原创工艺品（即使作者本人尚不出名）属于艺术品，65% 的消费者愿意为原创工艺品支付溢价。[1] 因此，基于经济发展、生活美学复兴，工艺美术产业向艺术消费领域深入，并多层次发展，从而形成了广阔空间。具有较高经济价值的是艺人、艺术家的原创作品，只需突出唯一性，富有思想性，风格独特鲜明，进入艺术品收藏、投资范围，即可实现更高的产业效益。与此同时，大量周边、衍生品量产销售，富有装饰性与欣赏性，不求数量和质量上的稀缺性，但融入当代生活精神，突出当代生活趣味，表达情感或直击痛点，形成深度互动，具有艺术消费的精神和情感价值，也开拓了市场。艺术生活化，生活艺术化，工艺美术产业需植根本土生活，关注和表现当下的生活经验和情感，在精神情感共鸣的基础上形成艺术品价值。

三是泛娱乐体验消费的发展。在网络信息技术环境下，文化娱乐形式更加丰富，传统的文学、音乐、演艺、影视与不断更新发展的动漫、游戏、短视频等内容相联动、业态相融合，形成了泛娱乐生态系统。

工艺美术产业不只是产品生产及销售的传统业态，还包含手工艺体验的服务以及手工艺与影视、动漫、短视频、直播相结合的内容产业业态，形成了一系列新的发展路径和机制。比如，在手工艺体验服务业方面，既有乡村等特色手工艺"体验游"，也有城市商圈综合体中的手工艺体验休闲的服务业态，陶艺、面塑、剪纸、扎染、年画印制、画风筝等制作体验由不同年龄群体消费者参与，工艺体验过程成为卖点，是文旅、文创、休闲娱乐业的一种运营形式。此外，在图文、音频、视频、直播等内容消费商业模式中，工艺美术创作生产过程或产品也是重要的题材内容。如手艺人故事、手工艺制作过程等是短视频的题材之一，工艺美术产品直播带货也使更多人点击关注传统手工艺并创造可观收益，还有一系列以年画、剪纸、砖雕、瓷器为造型元素的动漫作品，以新的媒介语言再现传统工艺题材。另有以传统工艺的材料质感、造型风格塑造新的故事氛围、诠释主题和理念，比如以瓷质动漫形象表现生命易碎的痛感，以砖雕的色彩质感表现世事浮沉、人生沧桑的亘古主题，以剪纸语言表现对现代生活的感受，由此成为工艺

---

[1]　　天猫：《天猫艺术品线上消费趋势报告》，2019 年 3 月，CBNData（https://www.cbndata.com/report/1396/detail?isReading=report&page=1）。

美术与内容产业融合的生长点。传统工艺美术的工艺过程、所关联的时令节俗人生礼仪等生活文化、所蕴含的集体文化意识、所包含的符式观念性语言等都成为当代生活体验的补充和叙事表达的特色媒介。虽然科技发展，生活方式变迁，在人们的娱乐休闲方式中线上的、虚拟的、碎片化的形式渐成主流，新兴的话题、变化的观念越来越多，但心手实践的方式、物我合一的体验、传统精神程式里的记忆以及更深层的生命观、时空观等都能成为休闲娱乐内在诉求的一种回应，激起今天精神情感的共鸣。工艺美术作为一种实践方式、艺术类型，其要素、过程借助新的传播媒介进入视野、冲击心灵，在新兴业态的融会创新中形成新的生长点。

四、新消费群体与工艺美术产业内需体系内涵

从根本上说，"物"的需求变迁的背后是"人"的变化，"十四五"时期，工艺美术消费群体的构成具有一系列新的特点：一是据《2018 中国互联网消费生态大数据报告》显示，2018 年 90 后在天猫"双十一"期间的消费占比近半，作为个性化消费群体，90 后的崛起带来新的创造力。新一代消费者成长在我国改革开放、经济飞跃发展、互联网普及的时代，不曾经历物质匮乏并秉持精致生活理念，有文化审美消费需求，是文创、文旅及线上艺术品消费的主力，是汉唐文化产品的推崇者，其对生活审美化、个性化的追求助推工艺美术传统造物艺术发展。同时，90 后、00 后作为移动互联网原住民，对信息、事物的接受度更加开放，依托互联网的购物、社交、娱乐等生活习惯，容易形成兴趣相投的社交互动圈层，容易接受游戏、视频等场景化体验，同时又能对久远的历史传统、不同于机械批量化生产的手工独特性以及民族文化的特色都容易形成认同和共鸣。此外，新一代消费群体重视体验消费、解压消费、治愈式消费等注重当下的体验，消费品的情感价值更突出，一系列热销的工艺文创品在融入了传统工艺美术沉淀的精神韵味之后又作为生活寻常之物走进生活。因此，工艺美术的内容、内涵和使用方式将被重新发现、认识和不同程度地改写，工艺美术的自然材质将得到尊重，工艺中的手工性、艺术性将被赋予更高的价值。历史形成的标志性的符号、纹饰、色彩、造型等将在文化认同与共鸣中得到取用传承，古朴内致或吉祥热烈

的审美取向将在不同的场景中被应用，工艺美术在"物"的意义上不再只是陈设品、纪念品，还能演化成日用、文创、艺术欣赏、娱乐体验等不同的产品形态，从而在新消费群体的选择与传播中传续和发展。

二是"城镇化"进程中，不断扩大的城镇消费群体促进城乡工艺美术产业发展。就工艺美术产业而言，不仅因为新兴的城镇化人口受城镇生活条件、消费习惯及理念影响而选择有工艺内涵的日用品、文创品、艺术品或文旅体验从而扩大了工艺美术产业的消费群体，更由于新兴的城镇化人口将引发一系列深层变革：其一是依托于第一、二产业，第三产业迅速发展并创造更多的就业机会，加之乡村信息、物流等基础设施发展，城市消费理念和趋势进一步传导和带动乡村发展；其二是新兴的城镇化人口较传统城市人口与乡村有更密切的联系，加速了城市消费理念、产业发展理念向乡村的传播，也对城乡间的工艺美术与相关业态的融合发展有直接的促进作用。在以上因素的共同作用下，工艺美术与乡村产业可形成一系列融合机制，比如运用城市消费故事化、场景化、IP化的趋势，发展地方特色手工艺产品，以具有乡村生活、手艺温度、工匠精神、文化意境的产品开拓市场；或发掘地方手工艺的体验方式，以手工体验与慢生活、手工体验与节日仪式等为主题带动乡村旅游。比如，将地方传统工艺与农产品销售结合，在包装及营销主题上突出地域文化风格，增加文化附加值，或进一步发掘地方传统工艺的母题和形象，以动漫、短视频等形式营造地方文化IP，将之融入乡村文化景观、特色农副产品经营以及文化活动中，发展乡村文化旅游等相关产业。城乡二元的消费差距缩小，不仅在于有相同的消费理念和品质追求，更在于对消费选择以及相关经营发展机制的传导和认同。

三是家庭规模小型化、结构扁平化导致家庭消费变迁。即使近年来受生育政策影响，部分地区家庭规模呈现"逆小型化"趋势，但整体上仍是代际数量和人数减少、人际关系简化，规模趋于小型化甚至微型化，结构趋于扁平化。由此导致生活状态和消费结构的变化，从工艺美术相关消费来看：其一，小型化、扁平化家庭有条件、有主导能力追求属于自己的生活方式，消费上实现个性化和多元化，工艺美术等小众市场容易获得发展空间；其二，增加对服务消费、文化消费的需求更多，比如婴幼儿养护及少年兴趣培养方面，相关手艺体验课程、手艺工作坊、手艺玩具等市场随之发展，而一人户家庭的此类相关文化消费往往高于其他类型家庭；其三，小型化、扁平化家庭中女性成员多具有经济收入及消费支配权，导致女性消费力量崛起，被称为"她经济"，艺术性、审美性产品受关注，是工艺美术产品的重要消费群体。

社会发展，生活状态改变，消费者不再是有计划废止制度下的工业逻辑主导的消费对象，而是以自身需求对产品的存在形态、精神文化内涵乃至产业机制等发挥影响和塑造作用。在成为民族历史文化表征的同时，也以物的形式、美的意蕴回应其时其人之所需，故而在当下乃至未来，突出自然、手工、民族生活记忆和历史文化的工艺美术也将因本土、本民族的日常生活文化需要而不断传承和创新、发展。只有在物质充裕的基础上于机械化、批量化、标准化产品之外实现个性化的诉求；在"物"的功能性与便利性之外实现人们心理之所需；在即时的、快捷的产品服务之外追溯历史的记忆、唤醒被遗忘的情怀；在传统大家庭礼俗趋于淡化之际寻找和构建属于个体的日常的美感以及日常生活的仪式化，才能做到既不离工艺美术固有的手艺本质，又能融入时代性的审美意识，甚而挣脱历史性的束缚，形成新的创意和表达，令传统重生。生活的变化、人的变化对工艺美术的影响是深入的，思考如何将精神追求和文化融入独特的工艺语言与符号，归根结底都是对民族独特文化的深层发展。工艺美术建立在内需市场及其依托的本土生活基础上，也将实现内涵的传承、丰富和创新。

五、工艺美术产业内需体系的发展趋势

从我国工艺美术发展历史看，与农耕时代以及工业化早期不同，基于当前消费社会形态发生转变，在物质功能性和便利性的消费之外，人民进一步追求审美价值和个性化生活，工艺美术在天然材质的选择利用、手工的独特创造等方面富有优势。

从根本上说，工艺美术产业内需体系不断丰富和深化的发展趋势，在于人们对生活本质的深度探求。一段时期以来，工业产品批量化生产、大力刺激消费欲望，以兴起和搅动时尚潮流甚至通过设计上"有计划地废止"以助推消费，使人们在均一化、同质化的产品中找到特殊性、差异性、新鲜感并不断消费。而人与物的关系并非只是使用与更新，"今天人们的生活并不建立在物质单一的价值、用途的价值、表面的价值等看得见的价值上的，人们看的是物质背后的与物质相

关的许多其他的关系"，"人们通过这些物质周边的关系看到了文化的价值，看到了无形的价值"。[1] 工艺美术产品的销售更似一种唤起，因其包含的历史记忆、象征意义、民族精神在得到认同、产生共鸣的基础上被选择。透过工艺美术品，于自然材质中把握人与自然的关系，于历史纹样里回溯岁月流转的意蕴，于手工中体会人之精神与物之形态的联系，不断认识和传播民族的文化与审美意识。这一消费趋势的形成、兴起和持久发展，不只是消费品上民族文化符号的表面差异，也不只是批量与小众、创新与怀旧等简单地概括划分，而是基于共同生活基础、基于民族固有文化的生活之美的追求，它以共同的历史和记忆将人们联结在一起，以日常的甚至是微小的美的存在参与世事人心的建构与表达，也是社会文明积淀发展的生动表征。

[1]　　　[日]内田繁，《日本设计六十年：1950—2010》，张钰译，北京：中信出版集团，2018 年，第 414 页。

20/8

于晓风

于晓风

于晓风，女，1978年生，文学博士。山东大学影视文化艺术传播研究中心执行主任，山东大学新闻传播学院副教授，山东大学"未来学者"，山东省签约艺术评论家，复旦大学传播学博士后，美国纽约城市大学媒体文化系访问学者，澳大利亚阿德莱德大学人文艺术学部访问学者，北京电影学院中国电影文化研究院访问学者，山东省电影家协会、电视家协会、文艺评论家协会理事。

《狂飙》是怎样炼成的
——专访电视剧《狂飙》总编剧朱俊懿

于晓风　于卓希

　　一个悲悯的灵魂，一颗敏感的心，一种执着探索的专业精神，以及一份坚韧不拔的信仰，这一切汇聚在一起浮现出了安欣、李响、高启强、高启盛、陈书婷、老默、龙虎兄弟、徐江等一系列鲜活的人物。他们栩栩如生，跃然纸上，在属于他们的时代狂飙突进，上演着一幕又一幕命运的交响。2023年春节，电视剧《狂飙》收视率一路飙升、横扫热度，该剧以真实性、反套路和鲜明的人物塑造赢得了观众口碑，山东大学新闻传播学院副教授、山东大学影视文化艺术传播研究中心执行主任于晓风对话《狂飙》总编剧朱俊懿，一起讨论关于编剧职业、剧本创作、人物塑造、团队努力以及文化传播的话题，讲述故事背后的故事。

一、撞穿一堵墙，翻越一座山——关于职业

　　于晓风：朱老师好，《狂飙》从开年火到现在，想必给你的生活带来了不小的影响。你喜欢现在的状态吗？

　　朱俊懿：二月《狂飙》火了，不仅收视率、点击量高，也掀起了二度创作的全民狂欢，成为社交资源。网络上大家已经自己玩起来了，很多内容已经与剧本身无关了，我们这些一创的主创团队，都成了二创的观众。我觉得这是个好事情，一些关于《狂飙》的二次创作，像是话剧、B站上的剪辑之类，我其实很期待，也很喜欢。

　　最近这阵热度似乎终于过去了，我还挺高兴的。我感觉终于可以回到我原来

的生活了，就是那种手机一天 24 小时都不响，几乎没有人找我的那种生活节奏。《狂飙》其实就是我在这样的环境里面写出来的，我迫切地想要回到这个环境当中去。

我其实一直在试图逃离《狂飙》所引发的风暴。为了让我自己能够真正沉得下心来，我从北京跑到了杭州，又继续跑进了山里，那种车都不通的地方。我把自己封闭在山顶上的一个房子里，在门口的荒地上种了西瓜，是我从老家专门托人带来的种子。他们跟我说山地不行，肥力留不住，顶多结个西瓜球。但，我想试试。

于晓风： 你是怎么走上编剧这条道路的？

朱俊懿： 我一直认为我不算是专业编剧出身，大学的专业是艺术管理，但是在学校的时候，我本身对写字创作一直有兴趣，我们学校的课程几个专业间可以互通，其他专业的老师也会给我们上课，而且机缘巧合的是我跟戏文系专业的同学在一个宿舍里，时间长了之后，被他们带得对创作更有了一些天然的兴趣。但是当初想往写作这个方面去转变还是比较艰难的，首先遇到的问题就是质疑，大多数人还是有一些出身论的感觉，那个时候我还年轻，比较畏惧人言，那种被否定的感觉一直影响了我很久。

最开始我写的是小说，写了一年多，拿给出版社的朋友看，得到的评价很伤人。那时候积蓄花得差不多了，放弃又不甘心，于是找了家公司上班，每天读大量剧本，出调研报告和意见。我发现一些年轻编剧写的东西，也许会有各种各样的问题，但最新奇的创意、最令人难忘的桥段往往也出自他们。这段工作经历对我来说是一个刺激，我开始意识到有时候"青涩"和"不成熟"并不都是坏事，这些人不懂什么叫常规，也就天然地摒弃了套路，他们或许长期不被行业认可，但他们的文字会有很深的个人烙印，那是他们与众不同的地方，是将来脱颖而出的关键。于是我刻意跟行业保持一种距离感，不再那么容易被别人的意见左右，如果一种写作方法所有人都觉得正确，那往往是不正确的。

但这样的做法注定是一条弯路，比别人走得辛苦。幸运的是，我身边有一群支持我、鼓励我的人，特别是我的家人，我媳妇不在意我能不能挣钱，她只有一个要求，就是别疯了就行，情绪尽量稳定，写作之余能做做家务带带孩子；我的父母比较纯朴，也对我没有任何的要求，在这样的环境里，我一直是被保护的，这也是我能够坚持到今天的原因之一。

于晓风：你如何看待编剧这个行业？

朱俊懿：影视行业是一个庞大的产业链，各个环节环环相扣，编剧只是这个链条上的一环，一个作品的成功是离不开各个环节的努力和配合的，而我能做的只是把我这一环打造得足够结实，不掉链子。这就是我该做的事情，我的人生我说了算，但是别的人我是管不到的。

编剧行业是有门槛的，很多专业对口的人都不一定找得到工作，何况是一个跨专业的外行人。但实际上，这个壁垒没有那么坚硬，是可以突破的。这个"墙"是比较主观的东西，你觉得它很厚，就会一辈子也撞不破；你觉得它很薄，你就可以去试试。从内心来说，至少要"不设限"，自己都觉得做不成，那就真做不成。

我觉得这个行业里头，内行在山腰，外行在山脚，要付出的努力都是一样的。没有人是在山顶的，再成功的人也不能躺在功劳簿上。过去的作品只能代表过去，我要想继续创作能令观众喜欢的作品，就要接着再往上爬。当你选择一条路的时候，不要只看到眼前的美好，因为风景宜人的道路上都布满荆棘，每一条路都不好走。

《狂飙》就是一部原创剧本，证明了原创还能打。其实过去很多优秀的影视作品都是原创的，近几年 IP 才取代了原创的地位，很多编剧寒窗苦练那么多年，最后被框在小说的架子里，自己一身才能没法发挥。希望原创剧本能够被重视起来，再度占有一席之地，让更多编剧的创意得到发挥，而不仅仅成为改编 IP 的工具人。

于晓风：在你的眼中，一个"好编剧"的标准是什么？

朱俊懿："好编剧"的标准就是作品好。

好的作品就像大海一样，它可以让观众在不同的层级找到自己的乐趣。有人喜欢海面，那就在上面晒着太阳游泳，享受毫无压力的放松；有人喜欢浮潜，那就稍微下去一点，体验可控范围之内时不时来一点的刺激；有人能够克服自己内心的恐惧和孤独，那他就可以选择深潜到最下方去，寻找编剧埋藏在海底的宝藏——这也是我一直以来的创作理念。

但对待"好作品"也不要无限崇拜，"敬佩"可以有，但"存疑"才是应该鼓励的态度。无论面对多好的作品，都要学会去质疑，永远不要去仰视，要去平视，既能够看到优点，也能够看出问题，不迷信"好作品"才能写出更好的作品。我会看观众的评论，看大家喜欢什么，抗拒什么，像照镜子一样发现自己的问题。有些观众水平很高，批评得很准确，令我受益匪浅。

创作一部好作品很难。就像厨子做饭，口味不一定适合所有人，夸你骂你都得听着，人的认知和审美是无法统一的，一些人的高山就是另一些人的深渊。编剧也是人，难免会有自己的局限性，没有办法精准带入每一个角色，所以肯定会有不足。《狂飙》的最后安欣说"哪有那么多如果呀？"，"如果"，是对过去已发生的错误选择的追悔，但谁的人生没有遗憾？我们不能只盯着无法改变的过去。这次的遗憾，就是下次的努力方向。

于晓风：以你的经验，如何能成为一个"好编剧"呢？

朱俊懿：首先得成为一个编剧：一是"传帮带"，就是相对传统的熟人模式，老师、同学都是这个圈子的，谁混好了拉别人一把；二是拼命地展示自己，比如参加影展、自己写东西出书评奖；三就是一意孤行，不在乎外界的声音，按照自己的想法一条道走到黑。像我这样不太会处理人际关系的，凡事又不爱积极争取，大概率只能走第三条路，一意孤行，一直去闷头做事。

要做好一个编剧，光有毅力还远远不够。剧本创作的关键不是技巧，而是人生阅历，是对这个世界的理解。我很敬佩的一个前辈，他为了体验什么叫"窒息感"把自己跑到体力耗尽，感受脸色青紫、差点憋死的感觉——这就是一种人生阅历的积累方法，虽然听上去有点不可思议，甚至有点极端，但编剧在创作的时候就应当是这样的。人不可能经历百态人生，但可以通过还原模拟试着去理解、去体验、去感受。在创作上，一个编剧能做的，就是不断地打磨自己、打造自己，功夫下在平时，观察生活、记住生活、感悟生活，找到生活当中的痛点，并且进行真实、真诚的表达。我觉着编剧应该把自己的脑子当作一个充电宝，不停地往里充电，逐渐积累生活中的事情。我就挺喜欢逛菜市场，站在那里听别人聊天砍价，所以才知道鱼贩是最害怕摊位调动的，因为他们的设备很难移动。这就是生活里真实发生的，后来就成了《狂飙》里的一个设计。

然而即使是这样，创作的时候仍然会有一些东西是没办法体验的，比如战争。但是，从过去到现在，有很多共同的情感是一直流淌在人类的血液当中的，比如保家卫国、不畏强权的信念，民族荣耀，以及对亲人的关爱。编剧要做的就是找寻这些不变的东西，去一个碎片一个碎片地拼凑出你要表达的东西。我们没法回到那个战争里去，但是我们可以去拼凑战争拼图，每个碎片都是拼图的一部分，捡回来的越多，它就越完整。当然，这很难做到100%的还原，只能是尽最大可能地去接近真实。

于晓风： 在漫长的写作过程中，有什么是你坚持或者信仰的吗？

朱俊懿： 有一句话一直支撑我在一路的否定和质疑中走到今天。一个朋友跟我说：这南墙其实是可以撞穿的，如果你一直去撞、一直去走，哪怕是一条错误的路，你也能走成一条正确的路。当时她说这句话的时候我是不信的，但是现在从结果看，无疑她是对的。我想无论什么职业，大家都是一样的，想要真正走出来的话，都需要花一个比较长的时间，很难说我今天写了，明天就可以享受到胜利的成果，我今天努力了，明天我就可以得到我认可的一个状态。事情没有那么好做成的。就像一万小时定律说的那样，"一万小时的锤炼是任何人从平凡变成超凡的必要条件"。想要做到你想做的事、得到你想要的东西，总是要付出较长的时间的。

同样的事情，出发点不同，追求的目的不同，做法也就大相径庭。比如影视行业里，有人追求市场，有人追求梦想，有人相信经验，有人相信数据，虽然都说"内容为王"，但大家追随的可不是同一个"王"。

我有自己的坚持，但同样吃过这种坚持的亏。就好像面前并行着两条车道，一条快车道，一条慢车道，选哪一条？快车道挤满了人，慢车道人少。我在一条人少的路上走，可能会比别人走得慢，但当我跑起来之后，发现那条所谓的快车道上塞满了堵在那里的车。

听上去这是一个挺像样的逻辑，但也许只是幸存者偏差呢？同样全力以赴，未必会取得同样的结果。别人的成功经验没有太多的指导意义，找到适合自己的道路就好。

二、真实是最大的底气——关于《狂飙》的诞生

于晓风： 我们来聊聊创作。《狂飙》为什么会叫这样一个名字，它暗含了什么样的意思？又是什么样的因缘际会让你想要创作这样一部作品呢？

朱俊懿：《狂飙》这部剧的名字是徐纪周导演起的，出自毛泽东主席的《蝶恋花·从汀州向长沙》中的"国际悲歌歌一曲，狂飙为我从天落"一句。表面上的

意思，是指扫黑除恶的斗争和政法教育整顿工作就像秋风扫落叶一样势头很大、风速很快、力量很足，迅速有力。深层上，我认为"狂飙"也指人处于暴风中的时候，那种被裹挟随风上下的失控感。在珠海剧组安排的酒店里，我第一次见识到了台风，黑云密布，风震得落地窗发出金属才有的震动声。那一刻，我忽然意识到这就是"狂飙"。我们被风暴裹挟着，时代风云翻涌20年，很多人迷失，但也有人能够坚守，重点在于人生的十字路口要选择向哪个方向迈步。

我跟《狂飙》有特殊的缘分。早在开始创作的一年前，我就接触过这个项目，但当时手上有另一个戏，只好拱手让给别人去写。谁知一年后，我写完《八零九零》，这个项目又找了过来。当时我就觉得，这个戏命中注定该是我的，曾经错过的，绝不会轻易放手。

扫黑除恶的题材，国内曾经出现过许多优秀的作品，我们作为后来者，必须讲出点不一样的东西来，所以面对的挑战和压力也更大些。持续多年的扫黑除恶专项斗争取得了显著成绩，也有一些影视作品去展现政法战线的战果，既有纪录片，也有文艺作品，最后留给我们的空间其实不算大。但我有一种盲目的自信，或者说强迫自己从真实的案卷中找到新的视角，做一个不太常见的东西出来。

于晓风：《狂飙》的悬念设计亮点颇多，可见你的功力和用心，能介绍一二吗？

朱俊懿：一般来说，悬疑剧往往做三种戏剧冲突：第一，谁是凶手（内鬼）；第二，谁会死，怎么死；第三，凶手如何落网。《狂飙》中也有相应的做法，但又不太一样。比起宏大的叙事，我更在乎每个人物的命运。我设计悬念的出发点，不在于戏剧逻辑，而是关心人，关心一个人因何而来，为何而去。徐导说这是"悲悯"，我觉得这只不过是普通的肉长的人心。

我在写戏上不太守规矩，有时会做一些出格的事情。比如，我创造了安欣这么一个反主角光环的主角。正常的主角会有光环，但安欣是反着的，他像一个天使一样高高在上，为了追求真相，翅膀被燃烧，不断坠落。又比如，一开始京海市政协副主席龚开疆心脏病突发身亡，给人感觉是悬疑的开始，但我反其道而行之，这就是一个单纯的意外；安欣去抓人，不带人不带枪，只是带了一只表；他见到高启强，也不是上去一个手铐，拿枪顶着脑袋，而是一起去吃了碗猪脚面；李响欠安欣的人情，很多人以为他会为安欣牺牲，那我就绝不会这么写，你们都猜到了，还有什么意思？

于晓风：《狂飙》采用了三条时间线，分别建构起安欣、高启强两位主人公在2000年、2006年和2021年三个时间节点的核心冲突。这种复合交叉叙事的操作难度比单线叙事大得多。为什么会选择这样一种相对困难的叙事方式呢？

朱俊懿：为了讲清楚黑恶势力的前世今生。近几年打掉的黑恶团伙，有一些其实很早就存在，它是逐渐成形并且长期潜伏的，所以才会犬牙交织，盘根错节。想要打掉他们是很艰难的过程，这是政法部门"倒查二十年"的原因所在。《狂飙》要讲一个长达20年的故事，时间跨度很长。这种非连续性的时空叙事可以避免故事太过拖沓、空洞，而且可以凸显人物的转变，不论是高启强还是安欣，他们在不同的节点做出了不同的选择，才导致了最终的结局。

根据我们查阅的资料，2000年左右，类似高启强这样的犯罪集团逐渐成形，处于一个萌芽的形态；到2006年这六年的时间内发展比较快，催生出很多暴力手段和不正当营利的模式，这成为我们戏剧创作上的一个考量。2006年左右我国出台了新的土地政策，一些犯罪分子会想方设法从中牟利。莽村拆迁的情节就是基于这个时间节点的背景引发出来的故事。2021年则是扫黑除恶专项斗争进入攻坚的阶段，也是政法系统的教育整顿工作进一步开展的时间节点。于是，这就成了戏里工作组进驻京海的时代背景和冲突依据。《狂飙》开篇就以2021年"全省扫黑除恶专项斗争表彰总结暨政法队伍教育整顿动员部署大会"的剧情展示了扫黑除恶要进入常态化，这其实就是与现实背景的互文。《狂飙》是命题作文，它要传递的是中央有黑必扫、除恶务尽的决心，还人民清风正气的指导思想——这项初衷和使命不能跑偏。

于晓风：既然是命题作文，那这份"作业"给了你多长时间，主要做了哪些准备工作？

朱俊懿：这个项目时间紧，任务重。从2020年的秋天开始写剧本，共写了一年多，边拍边改。其实整体的创作是比较顺利的，更多的痛苦来源于跟自己的较劲。随着资料收集得越来越多，剧本经历过很多的修改，小修小改不计其数，大的改动主要是通改了整个第一单元，重新梳理了故事，除了保留故事开头，和12集收尾的大反转，中间大量的剧情都做了改动，还增加了白江波这个角色，让各方的角力更加复杂。敢大改的基础是故事逻辑没有问题，只是总想做得更加精彩。

我们是在政法部门的指导下开展工作的。它们给我们提供了一些真实案卷、扫黑除恶的工作记录，还提供了一些案件相关地的信息。我有一段时间集中翻阅这些案卷，然后找当地的知情人进行对接，走访一下当地的风土人情。找不到知情人的就找当地老百姓、街上的出租车司机聊；去领略当地的城市风貌，感受一下为什么这个城市会滋生这样的罪恶。这个过程中，真实感对我来说特别重要。我得跟懂行的人聊：写拆迁，就去找拆迁户；写房地产，就去找房地产商；写案件，就去找刑警队的警察。我的做光伏光能的发小、刑警队的哥们都经常被我拉着一起捋逻辑。这个过程帮助我收集了大量的资料。

最初考虑扫黑题材的时候，我们认为应该不仅仅讲"扫"，而要去研究它是怎么出现的，怎么发展的，未来会变成什么样子，也就是研究它的演变过程。如此一来，要讲清一个黑恶势力的前世今生，就想到从一个小人物的发迹慢慢讲起。我认为我要写的重点是人，不想把故事做成那种正义集团对抗邪恶集团的大战。我刻意强调的是人和人之间的纠缠，那些人情世故，这样能让观众的代入感更强。我认为黑社会并不是看上去青面獠牙、穷凶极恶的暴徒，反而可能是一个不想惹事的人，老实人一样可以伤害人。高启强就是这样一个普通人，一个在看似在时代的波澜里"被动"变坏的普通人，但事实上，每一次选择都是他自己的决定。哪怕有的选，他仍然主动选择了走上黑社会这条路。所以我把高启强塑造得没有那么多英雄气，而是更像普通人，就像我们身边的人。因为任何人都有可能变坏，每个人都要警惕，谨慎选择眼前的路。

于晓风：那么剧中这些人物都是有现实原型的吗？

朱俊懿：真实是好作品最大的底气。但"真实"并不是对号入座，而是一种感受上的共鸣体验。背景、事件、经历甚至人物都让观众觉得有迹可循，好像在哪里听说过、见到过，似曾相识。

《狂飙》这部戏里，一方面，对于真实原型我都是拆碎了用的，像拼积木一样重新组合。剧中涉及的案件也都是打碎了重新拼接的。有人认为高启强很像现实里的某个人，其实是因为黑恶势力的发展总是有相似性的，前期靠暴力垄断，中期借力打力，跟官员纠葛、渗透入政府，后期涉及控制官员任免。主角安欣则是现实中很多警察、很多坚守正义的人的叠加。当然，当这些英雄事件叠加在同一个人身上的时候，很容易就显得这个人物太过于"神圣"了，但我认为需要这样一个神圣的人。因为高启强是往上走的，安欣就必须做成一个"天使"，一个燃烧着翅膀坠落而无怨无悔的奉献者。事实上，守护一方平安的许多基层办案人员，都是这样一个状态，所以才有了我们今天这样的治安环境。我们享受着别人的奉献换来的安全感，可能我们做不到他们做的事，但我们可以试着理解他们，了解一下他们翅膀燃烧和坠落下沉的痛苦感觉。

另一方面，人物即使有原型的，创作中也是点到为止。例如，谭思言的原型是"校园操场埋尸案"里那位失踪16年的受害教职工，但是剧中的情节很克制，并没有完全复现，因为要照顾受害者亲属的心情。剧中的谭思言一直是贪官心里的一根刺，这也是想要告慰现实里长眠地下的那位英雄。

我觉得创作者心中的世界要大一些，不要只盯着"功能性"。原型好用就用原型，真实案件动人就当噱头，太偷懒了。不能只顾自己做事，不顾别人苦痛悲哀，你心中在乎的东西会流淌在你的文字中。

于晓风：刚刚说到安欣身上好像有一种"神性"，这会不会带来一种距离感？反之，反派高启强的有血有肉让很多观众产生了同情，这会不会有悖于"命题作文"的初衷？

朱俊懿：安欣这个人物是极致的单纯。亲情上，他是烈士后代，作为一个孤儿他没有体验多少父母疼爱，师傅曹闯和如养父般的孟德海和安长林对他的关爱教导弥补了一些亲情层面的不足，但是随着曹闯成为内鬼死去、孟安调离，安欣在亲情层面的情感依靠也失去了；爱情上，他为了使命和责任，也为了保护爱人选择了独自前行，永失我爱，因此他的爱情没有开花结果；友情上，搭档李响先背叛后牺牲，好友杨健走上歧途，徒弟陆寒永久失联，他的友情失去着落，随风而逝。这么多情感的缺失叠加在一个人身上，就给安欣的孤独镶了一层光芒的边儿，也就是观众解读的"神性"。这当然会拉远他与观众的距离，但只有这样，才能让他与一个后期成魔的高启强斗了20年，伤痕累累还要斗。或许他身上的执拗产生了一种距离感，可他所面对的其实仍是每一个你我一样的普通人常常思考的问题——要不要坚持？坚持有没有意义？或许答案因人而异，但我希望安欣的选择能给人们带来一丝勇气。

我认为对于人物塑造而言，永远不存在有血有肉"过度"了这种情况。越有血有肉越好，再有血有肉一点，再符合逻辑一点，再深入人性一些，永远不会是件坏事。创作者会和观众一起成长，随着各自的阅历增长，对故事中角色的情感也会改变，大家都会成熟起来。

三、每个角色都有自己的人生——关于人物

于晓风： 人物塑造是影视剧作的重中之重。《狂飙》有那么多位令人印象深刻、爱不释手的人物，他们是怎么出现在你的故事里，你又是根据什么让他们成为观众面前的他们的呢？

朱俊懿： 我认为想要把人物塑造好，首先就是要把角色当作"人"看待，就像现实生活中我自己的朋友和合作伙伴是一样的，要先拿对方当人。如果一开始就把角色当成一个冷冰冰的工具，只是为了在某一个片段里存在的功能性人物，那他就永远只能是一个工具。每个角色都是一个独立的人，有着属于他自己的人生。

首先，人物有自己的欲望、感知和痛苦，他在戏中的活动一定带着他自己的目的。这种目的是现实中人的目的，而不是剧情的目的。比如高启盛，他可不是生下来就为了给高启强的集团当军师的。他之所以会走到这一步，是因为在人格上他有着扭曲到变态的自尊与自卑，同时又经历了极度而无处释放的压抑。那么，到剧情的第二单元拿到白金瀚之后，他就一定会去挥霍、去喝酒，逐渐失去理智。之后的剧情中，他选择用"冻鱼"砸死李宏伟也是基于同样的人格基础。他可以用别的东西，像刀枪之类的，但他选择了冻鱼，这都来自他本身自卑过度的性格和他睚眦必报的心态——你既然骂我是"卖鱼的"，那我不用别的，就用鱼来杀了你。

其次，角色的人生意味着他们的路也是自己走出来的。《狂飙》里，我给每一个角色都设计了"分岔路口"。剧里的每个人都会不停地走到一个个分岔路口前，这个时候往东还是往西，往正义还是往邪恶，都是人物自己选的。他们做出每一个选择的依据是他们的人格基础和人生经历，而选择又决定着他们未来的走向。比如李响，他是个"人情"驱动型的人格，促使他在人生十字路口选择的所有行为动机都来自"人情"，无论是面对兄弟的枪，还是面对师父的死。他极其在意人情，所以当他看到师父是内鬼的时候，他的内心是纠结的，但他纠结的是伤害师傅一家，还是伤害兄弟安欣。如何选择全在一念之间，但师傅说出那句"拿我去换前程吧"，李响就绝不可能再出卖师父，投桃报李，他要保全师父的名誉。二单元结尾，李响为了谭思言而死，死在了追求正义、追求真相的道路上，此时的他终于放下了"李响"这个身份，重新拿回了"警察"这个身份，他不再是为了"人情"，而是在追求"职业使命和信仰"。这是属于李响的成长线，他以死明志完

成了蝶变。再比如高启强，其实对于他而言止步深渊的机会不计其数，像最初当他看到意外触电身亡的徐雷，做出的选择是坐享了徐雷死亡的成果（钱），而不是在明明拥有良好警民关系的条件下果断报案——这是他迈向"恶"的开端。正是一次次的选择，让高启强一步步与罪恶靠得更近，与正义进行渐远。

最后，对待正面人物和反面人物，创作态度要一视同仁。有观众开玩笑说我们这个戏里"全员恶人"，其实我只是不愿意创作太多洁白无瑕的角色。我努力在每个角色身上都找一点人性的弱点，包括主角安欣都有一些不完美的地方。李响身上表现得就更明显一些，他一直是在黑白间辗转的。为什么会这样设计？我认为其实没有好人坏人之说，既然每个人都在活他自己的人生，都在不停地踏上人生的十字路口，那么黑道人物就未必一味的冷血、残忍、凶狠，对于挚爱亲朋难免真情流露，比如高启强去香港追回陈书婷时，他谎称患了绝症，拿出诊断书却是干眼症，说明高启强身上一直保持着对亲人的深情和幽默；警察也未必一贯骁勇善战，无惧无畏，比如安欣枪打不准，业务技能被李响全面碾压，面对心爱的姑娘又戆又怯，永远像个青涩莽撞的孩子。

于晓风： 挺有意思的一件事，《狂飙》里的人物除了自身的复杂立体之外，人物与人物之间好像还有着一种伴生、对照或者说互文的关系。这样的设计意欲何在呢？

朱俊懿： 哈哈，这部戏里的确设计了挺多组对照的，安欣与高启强、安欣与李响、高启强与高启盛、孟德海与安长林、唐小龙与唐小虎，等等。

两个主角之间是一组对照关系，一个向上走，一个向下走。高启强是从下往上的，他不断强大膨胀，从一个不起眼的鱼贩到黑恶势力的老大，从家徒四壁到京海富豪，从任人践踏到只手遮天；安欣反而是从上往下的，就像天使燃烧着翅膀坠落一样，从前途无量的警队好苗子到只能写新闻稿的基层文职，从背靠大树好乘凉到孤家寡人，从意气风发到满头白发。他们的人生就像一组对照，结局却是完全对调的。他们两者互为正反面，或者可以说是一体的两面，就像是人性，正面之善与背面之恶，永远无法简单分割。

两个重要的正面角色之间也是一组对照关系，从安欣和李响这两个名字的设计上就可见一斑了。名字有很多隐喻和互文，安欣谐音"安心"，其实是他的亲人、长辈、爱人和朋友对他的一种安心生活的期待，但是他选择了战斗，而且是最残酷的燃烧，得不到真相他没办法"安心"。李响名字中的"响"是父亲和家族对他一鸣惊人的期待，但是他自己原本追求的不过是一种小富即安的美满，他把这当作自己的"理想"，于是过得很拧巴。最后他意识到了自己的使命，勇敢牺牲，成就了警察职业的"理想"，他和安欣的选择殊途同归。这个时候，"只有'理想'，才能'安心'"就形成了现实和精神两个层面的呼应。

孟德海和安长林这一组是处事方式上的对照。在我的设计里，孟德海是个"方"，说一不二，刚正不阿，不懂也不容变通；安长林是个"圆"，老练圆滑，人情练达，能够弥补孟德海的不足，灭他后院的火。这两人是完美的搭档，他们羽翼下的安欣获得了相对自由的发展空间，后来赵立冬要腐化京海公安政法系统，撒手锏就是打着"提拔"的名义拆散了这对老搭档的组合，这才收走了安欣的助力，给了犯罪分子可乘之机。

唐小龙和唐小虎这一组是生活境遇的反转。起先哥哥唐小龙是有点世故的，弟弟小虎只是莽撞的跟班，还沦落为遭人绑架的肉票，等待哥哥和高启强的救赎。后来哥哥小龙入狱，赶上高启强发展壮大，弟弟小虎作为左膀右臂顺理成章成了企业高管，从着装打扮、知识储备到头脑认识提升了不知道几个档次。此时出狱的小龙却再也跟不上时代，只能管理白金瀚、游戏厅这种灰色生意，干的是见不得光的营生，彻底被弟弟比了下去。这样"三十年河东，三十年河西"的对比，生活中比比皆是。

再有，相似人物的差异性其实也是一种对照。这种同一类型的性格差异其实比较难表现，比如老默和疯驴子，他们的标签都是"疯"，都狂妄、弑杀，但是他们是有区别的。老默是个非常重情的人，他不太在乎法理和规则，所以他既对高启强有情，也对安欣有情，他的情是所有性格里最长的那一块板。疯驴子看重的则是哥们儿义气这种黑道的"道义"，他屡屡被安欣和同伙欺骗其实都是因为他太相信这个所谓的"道义"了。

于晓风：《狂飙》中的女性也够火的呀，大嫂还直接"出圈"了。你对女性角色的塑造有什么特别之处吗？

朱俊懿：这个真没有。还是那句话，故事里的正面角色跟反面角色、男人跟女人，我都把他们当成一个活生生的人。不论是意难平的初恋还是"嫂系审美"，剧中的角色只是在全力过好自己的人生，她们有她们的性格、她们的日子，站在分叉路口会做属于她们的选择，不会在意那些旁观者的眼光，没有哪个角色是为了取悦观众而存在的。

我不喜欢在剧里物化女性，把女性作为钱权交易的一种形象、一个符号、一种货币或者物品。一方面，犯罪题材的影视作品关于权色的描写已经很多了，看久了也会疲劳；另一方面，国内的影视作品没有分级制，播出来谁都能看到，那么很大程度上就是一个合家欢的东西，要适合全家人坐在一起看，谁也不尴尬。这种情况下，一个戏要够好看，把情感方面的冲突浓度顶上去就可以了，大家都能接受，没有必要为了感官刺激而做出格的场面，比如血腥暴力、恐怖奇观或者性什么的。尤其对女性的施暴画面，我的戏里没有任何对女性施暴的场景，都是女性打男性，比如大嫂打高启强、孟钰"欺负"安欣，男的比较抗揍（笑）。

四、聚沙成塔的结晶——关于团队

于晓风：影视行业是团队运作，一部作品的成功离不开整个创作团队的共同努力。你跟徐纪周导演合作过多次，《狂飙》的合作过程有什么新感受吗？

朱俊懿：我跟着徐导写了八年剧本，基本是他手把手教我的。这么多年，他帮我顶了很大的压力。我基本功是欠缺的，但他觉得在我身上看到了一些想表达的欲望，敢说，敢想，会触碰一些别人不愿意触碰的领域，有机会出好东西。他觉得这个是罕见的，愿意给我机会，让我试一试。

在《狂飙》的创作中，徐导提供了两个非常好的创作思路，一个是横跨20年的三幕式结构，一个是黑白双方的冲突，给塑造角色提供了一个有张力的开头和一个良好的基础。徐导给了我很大的发挥空间，允许我创作上的任性，这才有今天《狂飙》的差异化风格。我觉得他像是一个栽树的人，可以看着这棵树慢慢成长，结出果子来，然后跟别人共享这个果实。他是这个世界的少数派，我非常感谢他。

于晓风：《狂飙》的主角配角几乎全员给力，很多饰演小角色的演员一战成名。你认为他们对角色的呈现和你的预期有差别吗？

朱俊懿：《狂飙》的演员都很让我惊艳。《狂飙》是一个集体作品，它的成功离不开剧组每一个部门、每一个演员的努力。一般来说，每个人的人生价值、生活经验、见识阅历都不同。有些剧组演职人员在一些情节的处理上，会表现出跟编剧理念的差异。这个差异会导致编剧想要表达的东西没能表达出来。但《狂飙》不是这样的，观众看到的剧中角色的出彩是剧本和演员的共振。剧本搭建了一个平台，然后大家不断添砖加瓦，搭建起一座华丽的大厦。

我们很幸运，找到了许多像我们一样爱这个戏、为这个戏付出很多的演职人员。剧中的很多角色都受到观众的喜爱，说明我们的努力被大家看到了，再多辛苦也值得。

于晓风：剧中有很多视觉效果上的细节值得推敲。这些细节是前期就设计好的，还是后期添加的？

朱俊懿：都有。影视作品是个庞大的产业链，离不开各个部门的通力合作，镜前的演员、镜后的摄影、美术、剪辑等。所有的人都奉献了自己的热情，我们是一个战壕的战友，守护着彼此的侧翼，缺了谁都不行。

比如高启强的房子，一般这种场景在剧本里我只会说他的房子很破旧、很潮湿，但美术部门特意把一楼做得特别低，高启强进去之后做饭要弯着腰、低着头，给人一种"低人一头"的既视感，压抑的感觉一下子就出来了。

还有就是第12集里"两把枪四个人"的场景。怎么一通乱打之后既要造成对射的假象，同时还要留下一个弹道不合理的引子让安欣继续追查下去呢？这个问题非常棘手，解决不好后面剧情就接不上。那个景是美术部门找了很久找到的，好几层，圆环套圆环，上下能透视，这场戏就舒服了，画面构图很巧妙，拍出了少见的影像气质。

由于剧情设定在了广东、福建一带，我们道具组就依据沿海地区的特点和年代发展情况，通过网络平台回收了大量旧物件。有的东西在大部分地区已经彻底落伍淘汰了，根本找不到，只有在极个别、很偏僻的地方可能还有，非常难找，他们都想尽办法把困难克服了。于是像每条时间线所在年代的服装、捷达和桑塔纳小轿车、小灵通、诺基亚手机等就统统出现在了戏里，为的是在力求真实、符合剧中年代设定之外，也希望能唤起一种属于某个时代特定的集体记忆。

五、本土的就是世界的——关于传播

于晓风：英剧、美剧、日剧、韩剧是电视剧创作领域走在我们前面的强大阵营，从文化流动的角度讲，我们很难不受他们的影响。这一点你在创作中感受明显吗？现在我们提倡中华优秀传统文化创造性转化、创新性发展，也就是"文化两创"，你觉得可以从哪些方面摆脱这种影响的框范呢？

朱俊懿：中国影视行业在发展的过程中的确很大程度上受到了外国影视的影响。比如创作层面，近几年我们的悬疑剧、刑侦剧就向韩国、美国的犯罪片学习了很多，也获益不少。但是考虑到本土特点，也是为了增强观众的代入感，《狂飙》这部戏在创作过程中就在很多方面努力避开国外作品的影响，很多地方甚至故意反其道而为之。做本土特色说起来简单，但绝不是场景或者道具的堆砌，而是从设计角色内心开始，就要考虑符合中国人能够理解、容易接受的心理动机。我们有中国式的好人，有中国式的正义警察，也有中国式的恶人，有中国式的黑恶暴徒。本土的文化环境可以提供给我们非常丰富的创作素材，就像一个巨大的宝库，只待你弯下身子去仔细地翻阅查找、发现记录，去把它们写成故事。中国的暴力犯罪大多数用的是榔头、铁锹、棒槌、斧子，而非什么高科技武器。不一定要用奇怪的东西去作恶，也不一定要用那些非法的方式去收集证据、执行正义。那些刻意强化戏剧冲突、营造刺激场面的做法是空虚的。我觉得把本土特色做到极致，是可以走向世界的，国外的观众也希望看到原汁原味的中国风，而不是拼接起来的四不像。

创作《狂飙》的时候，我有意使用了一些中国传统文化的符号，比如安欣和高启强的结识是从安欣转交年夜饭的饺子开始的。这两个人虽然在法理层面水火不容，但感情上却惺惺相惜，有一种亦敌亦友的交情。之所以用"饺子"作为情感的载体，是因为这种食物对于大多数中国人来说是特殊的，会让人联想到过年、团圆、家族兴旺……那些延伸出的意象，其重要程度在儒家文化中不言自明。安欣和高启强前后纠缠20多年，他们第一次见面太重要了，那就不能只是简单的对话或者普通的吃饭。氛围感要足，所以大年夜和聚众殴斗、春联鞭炮和满脸鲜血、春晚的声音和家人的啜泣，法理和人情交织在一起，最后让一切平静下来的，是一盒饺子和那句"新年快乐"。这是一个小警察和一个小鱼贩的情感连接，这种情感浓度才能够一直贯穿到最后。故事的结尾，安欣又带了饺子去见高启强，既是呼应初次相识的场景，也是对明争暗斗半辈子的两个男人的总结——尘归尘，土归土，20年的波澜平息于一顿饺子，那些黄粱一梦比不过此时的袅袅热气。这是人间的普通味道，却是那些罪人求而不得的奢望。我相信这样的比照，足够让人明辨是非，知道该如何走好人生路。

除了"饺子"这种广为人知的文化符号，我也描摹了一部分家乡的风景，这是一种对家乡的留恋，生于斯长于斯，会情不自禁地套用那些熟悉的事物。像是"下河街派出所"的名字，还有关于旧厂街的描述，都是源于在我潍坊老家的部分印象。再像是高启强与徐江接头，要摆脱警察追踪时闯过的那条火车道，原型就在我老家的一条街上，横穿柏油马路，是两个厂区之间运货的轨道，下班时经常看见大家推着自行车，等火车驶过。这些身边的场景、细节，就是非常好的本土文化素材，都能成为我的创作来源。

剧中整个的社会背景就是一种中国社会环境的浓缩。中国社会很大程度上是一个人情社会，写好了挺有意思的。虽然城市化极大地淡化了一个乡土社会的感觉，但我听很多人聊天，讲起来都是我认识谁谁，能办什么事。这种人与人之间人情关系像一种路径依赖，不是那么容易改变的。尽管两个主角信仰不同，安欣是执拗的理想主义者，高启强是极端的实用主义者，但是他们的对决也一直纠缠在人情里，互相有帮助，也有冲突。这两个人之间的"友情"不会破坏安欣的警察形象，反而让安欣有一种被观众认可的"人味儿"。这也与当下提倡的"执法温度"不谋而合。高启强的活动场所——旧厂街，就是一种人情社会的集中体现。别看初期唐小龙、唐小虎对待高启强蛮横跋扈，可高启强面对警察的质询，还是下意识地将自己和龙虎兄弟的关系说成"街坊朋友"，觉得从小玩到大，他们不是外人。这并不是高启强宽容，而是人情社会的典型表现———一层套一层的圈子。家庭、亲戚、一市一省的老乡、一个国一种的同胞，内部可以有冲突，但彼此的身份认同是抵御外来压力最可靠的东西。

今天的中国社会正在经历变化，日新月异。老百姓的物质生活和认识水平都越来越进步。剧里有这样两个细节：一个是交警杨建表示可以因为安欣的刑警身份而减轻交通违章的处罚，但反问下次如果自己触犯刑法安欣能帮他吗？于是安欣坚决选择了尊重原处罚决定；另一个是检察院接到举报调查安欣时，时任安欣上级的孟德海与安长林划出红线，明知安欣被诬告，也绝不干涉，尊重程序正义。这些都是在传达法可容情，但是法治不应被人情干扰的价值观，展现的是一种今天的中国从人情社会向法治社会的转变。

总的来说，当我们扎根真实的生活、现实的人生，尊重每一个人，敬畏我们的职业和理想，就能体现出坚定的文化自信。中华优秀传统文化和影视文艺作品结合，强调创新创造，求真求美，会促成更多像《狂飙》这样的作品出现，为文化兴国添砖加瓦，讲好中国故事，树立文化自信。

人民美学·日常生活·情感包容：
国产电视剧的生态女性主义景观

于晓风　孔玉瑶

在千百年父与子的权力循环中，关于"女性"的集体记忆始终处于"有生命而无历史"[1]的灰色地带。19 世纪中后期，生产力的解放使深埋于历史地心的女性意识产生松动，第一波女性主义思潮对政治经济空间的争取、第二波女性主义思潮对男性气质的追求无疑是女性为突破历史与现实囚笼做出的史无前例的抗争。20 世纪末，裹挟着前两次女性主义浪潮的霞光，在社会环境与文化语境合力激发下，融合关怀主义伦理学与关联主义伦理学的"生态女性主义"以振聋发聩之势登上历史舞台。生态女性主义最早见诸于 1974 年弗朗索瓦·德·埃奥博尼（Françoised' Eaubonne）的《女性主义·毁灭》一书，代表人物有卡伦·J. 沃伦（Karen·J. Warren）、查伦·斯普瑞特耐克（Charlene Spretnak）和卡洛琳·麦茜特（Carolyn Merchant）等。生态女性主义试图发现父权社会在贬斥女性和自然两者之间某种相似的历史联系——在父权制文化价值观里女性和自然皆被视为统治的奴仆和工具，将不唯女性群体的多元生态纳入批判"等级制"和"价值二元论"的阵营中，将压迫的范畴从女性至臻于性别、阶级、地域和种族等同源的结构性问题，女性主义运动的"第三次浪潮"呼啸而至。至于国产电视剧领域，生态女性主义的参与表现为对文化取向、叙事策略以及叙事面貌的改造与更新，在潜移默化的情感流动中寄予着改造压迫性体系、打造命运共同体理想的美好期许。

---

[1]　　孟悦、戴锦华:《浮出历史地表：现代妇女文学研究》，北京：北京大学出版社，2018 年，第 24 页。

一、人民美学：生态女性主义理论的中国式对接

中国共产党的人民美学诞生于革命历史实践，始于社会主义文艺对阶级结构压迫的整治和调节，伴随生态文明的推进，人民美学对生态女性主义的呼应和召唤，体现了新时代中国特色社会主义文艺先进性和本土性的双重发展逻辑，也使生态女性主义在中国的落地越发有相得益彰之势。

（一）人民美学与生态女性主义呼应

1942 年毛泽东《在延安文艺座谈会上的讲话》要求文艺工作者贴近群众，要调动社会最广泛的力量为最广大的人民服务，开创了"现代的文艺人民性理论"[1]，人民美学由此勃兴，经由几代优秀共产党人的延展阐释，中国马克思主义美学骨血越发鲜活。进入新时代，2014 年习近平总书记《在文艺工作座谈会上的讲话》对文艺创作提出了更具体的要求，对接生态文明价值观念，"新时代人民美学"诞生，其审美调性与生态女性主义反对父权制的二元思维、等级观念和统治逻辑的批判立场越发凸显异曲同工之妙。其一，人民美学摒弃"二元制人民观"，号召消灭统治阶级以及艺术创作者居高临下的意志阐述，同生态女性主义一道，对"阴阳对立"的价值观齐声诘问；其二，人民美学主张团结一切可以团结的力量，热情赞扬女性力量和生态能量，以整体论和多元论的原则扩大同盟范围，协力冲破主体"被建构"的命运藩篱；其三，人民美学重视情感体验的创作价值，人民不是文艺创作中抽象的文本符号，亦非面目模糊的失语受众，"而是一个一个具体的人，有血有肉，有情感，有爱恨，有梦想，也有内心的冲突和挣扎"，[2] 生态女性主义对经验共享、伦理互动的强调与人民美学不谋而合。

（二）人民美学对生态女性主义的召唤

生态女性主义魅力所在，莫过于建构了一个非中心的能量场，每一股能量在广袤寰宇中交织碰撞、平等共进，且不以消除对立、排斥异己为目的，包容自我

[1]　　李丹:《文艺人民性理论与人民美学》,《求索》2022 年第 6 期。
[2]　　习近平:《在文艺工作座谈会上的讲话》,《人民日报》2015 年 10 月 15 日, 第 4 版。

与他者的多元交往，最终目标是以身临其境的情感体验赋予包括女性和自然在内普遍个体的广泛主体地位。人民美学是生态女性主义卯榫到中国式文艺建设的一个接入点，但关涉到安全着陆问题，其观照角度和衡量标准难以抛弃历史唯物主义和辩证唯物主义的立场，中国社会主义文艺与生态女性主义的接洽服务着人民美学现实化需求。一则，生态女性主义切近全球视野下的中国实践需求。全球化加剧了不同地域和国家文明相遇碰撞，丰富了世界文化场域的系统构建样态，但由于差异造成的隔膜却也难以完全避免，生态女性主义从女性和自然这两个普适而深刻的对象出发，重新审视人类关系的共同问题，打通中华民族或者人类命运共同体的意义空间。二则，生态女性主义契合中国主流价值的审美期待。后现代语境下，社交媒体的高速迭代破除了大众交往的时空壁垒，却同时异化了具身传播关系，受众陷入了信息茧房的泥淖，"群体极化"在这个众声喧哗的网络世界并不鲜见，加剧了社会风险和公共危机。生态女性主义将主体间情感共享、共鸣楔入文艺审美建设当中，以情感关怀消解部分"群体性孤独"和结构性歧视问题，以包容性培养多元认同和尊重差异的审美习惯，对抗消极暴力情绪。

二、日常生活：生态女性主义关系的互动性表达

女性和自然的命运与社会历史有着错综纠缠的关系，在以"男尊女卑"为传统的东方文化体系中，根深蒂固的价值意识早已深深植进日常言语和行为体系中，转变难以一蹴而就。追踪生态女性主义在中国文艺作品中的落点，毫无疑问，生活戏剧与日常经验的结合是当下展演"主体—主体"分享认识论、架构自我与他者双向链接的不二之地。首先，生活戏剧永远处于现在进行时的状态，站在日常生活的线性舞台上，现实主义的语境允许女性可以成为敢于挑战陈腐权威的精神领袖，可以不再是被讨论、被规定的他者；其次，日常经验关注平凡而细微的情感经历和体验，大多采取回避或者批判阶级权贵叙事的立场，衔接生态女性主义非中心价值观，呈现的是一种积极的、发展进取的态度；再次，世俗经验使女性和自然的包容性得以肆意挥洒，以女性特质召唤着爱与真诚，贯穿到社会发展、家庭温暖和个人进步的展演中。由表及里，生态女性主义在日常的多元接触中更张扬着传统文化价值理念，指向社会、群体和个人三个层面上的"自我—他者"

确认性互动，以主体价值提供着完满当代国产电视剧女性的角色体认的某种可能。

（一）社会确认

社会确认是指个体身份在社会中的普遍定位范围以及整体评价态度，一般与社会分工密切相关。传统男耕女织的生产方式将女性困于一隅灶台下，家庭成为女性视角文艺作品难以逃脱的叙事穹顶。躲在父亲或者丈夫的姓氏之下，成为某小姐、某夫人是女性获得社会侧目的唯一途径。女性与社会关系的断裂使历史文本中女性的天地聚拢于家庭，女性的评价标准与亲情、爱情质量紧密挂钩，这也不难解释《红楼梦》续章以宝黛破裂、家族破败注解悲剧结尾，《西厢记》状元郎张生如约迎娶崔莺莺理所应当成为女性反叛的最终极结局，《狂飙》中的陈书婷再怎样雷厉风行也终究是服务于高启强爱妻反差人设的"大嫂"。女性个体的社会确认指向的是其生存状况的两种危机：一则对女性身份的偏狭定义使其牢牢固定在非社会性岗位上，不得不成为父权抚养的幼子，是为不平等；二则以是否服从服务家庭作为女性的社会评价标准，其间充斥的统治驯化意味，是为非正义。因此，生态女性主义拒绝狭隘的偏见与歧视，鼓励女性身份进入日常社会场域，拥抱多元社会角色，接受多元社会评价，成为公共社会想象建构的一部分。流动混合的身份建构使女性获得了社会层面的解放，也是女性获得个体解放的第一步，"她"可以在职场大展拳脚，可以与男性等礼相亢，"她"不一定贤良温婉，也不一定唯爱至上，同样可以凭借非歧视的身份获得社会认同、接纳与宽待。

（二）群体共助

无论是父权还是人类中心主义的秩序稳定往往通过结构化的分级来实现，女性、自然以及有色人种等群体无时无刻不处于上位者的睥睨中，父权社会细化群体内部等级结构，以无形的手操控一场场群体内斗，合理化自身的霸权行径，被霸凌群体苦苦陷入自我怀疑、自我否定、自我阉割的恶性循环中，瓦解着原生群体的向心力。文艺作品中的女性时常被这种竞价机制包围，业已衍生出固化的叙事模式。一为女性"荣耀"，婆婆为难儿媳、母亲苛待女儿的戏本屡试不爽，家庭中的母亲从父权手中接过规训的棍棒，异化为"权威的母亲"，不可理喻地轻蔑、虐待着"曾经的自己"，以协助男性塑造女性神话；二为女性"奖励"，男性青睐成为女性趋之若鹜的竞赛奖品，为此，姐妹反目、朋友陌路，女性角色在善良与邪恶间犹疑，以供男性挑选，最终善良隐忍的女性脱颖而出成为"最佳配偶"，为主流意识形态背书，却也毫不掩盖其撕裂、分化群体的目的。生态女性主义继承生态观念，以生态和谐为标榜，讲求的是生态整体的共生共荣，对动辄划分三六九等、挑动对立敌视的行为大加讨伐，极力反对女性角色的异化性、强制性塑造。在生态女性主义的指导下，电视剧创作也呈现出群体书写的崭新样貌，以友谊叙事和理解宽容重构女性关系。角色塑造上，打破传统女性面具，"权威的母亲"成为"开明的朋友"，"阴险的情敌"变成"豁达的女伴"；叙事模式上，补足女性行为的深层逻辑，苛刻的母亲也可能有过原生家庭的创伤，存在竞争关系的女性也会在困境中互相扶持。张牙舞爪的女性关系变得温和可亲，群体理解与互助成为解构男性话语阐释的利器。

（三）自我感知

在一个多元差别的社会里，自我感知指向自我解放，要求个体对自我有清醒的认知和明确的定位。历史上的女性解放和个性解放的时间节点具有一致性，个性解放常常以女性作为指涉的话语容器，女性解放也难以放弃个性差异只论男女平等。但女性运动的发展中，特别是第二次女性主义思潮，却也落入消灭个性表达和以无差别性别或者说是男性气质彰显权益的泥淖，这无疑将女性置于自我认知失落的茫然无措境地。综观国产电视剧，这种假性大女主现象也并不鲜见，且为了与先前"作为工具人的女性"相区别，越发有极端割席的趋势，比如在都市情感剧中，女性摇身一变，成为职场完美女强人，她们头顶精英光环，傲视"男权"，在职场上叱咤风云，在家庭中尽心尽责，需要解决的问题却是如何应对"女强男弱""女大男小"的情感危机。显而易见，此类剧情设置表面上以女性自我独立为噱头，其本质仍未逃离男权凝视与驯化，进入象征秩序的女性沦为没有任何区别他者的符号，以反抗压迫为目的的女性仿佛又回到了服从压迫秩序的原点，女性匮乏的自我阐释未尝不令人扼腕叹息。"差异"是女性获得自我感知的潜在价值资源，也是生态女性主义的基本态度，女性不必进入模仿强权的怪圈，不为差异分歧而羞赧，听从内心生发的意志，以个体为单元，以自我推及他者，促成全视野的生态觉醒。以尊重为前提展露女性真实生存景观，关怀现代女性对生存发展问题的内省，是生态女性主义下国产电视剧打破女性空洞能指，填补自身意义空白，从脆弱敏感的幼年走向自觉自信成年的必经之路。

三、情感包容：生态女性主义景观的批判式更新

"女人的自我意识不是取决于她的性征，而是取决于社会经济环境，这一环境又反映了所到达的技术发展水平。"[1]社会经济的发展、女性意识的勃兴使电视剧中女性的存在和发展获得前所未有的瞩目与期待，当下国产电视剧追随生态女性主义的基本立场，润物细无声地滋养着国产电视剧由环境到他者到我者的三重女性意志互动的景观，在反刍过往的基础上践行对身份场域、主体关系和自我言说的包容，平衡着中国传统道德伦理和现实心愿诉求的表达倾向，以情感经历为融合剂，给予多元生态春水繁星式的温暖。

（一）从牢笼到自由：身份场域的包容

"父权制可以被看成是一种社会关系，男人们在其中支配、剥削和压迫妇女们。"[2]女性对自我身份认知之所以在很长一段时间陷入无尽迷惘循环中，其根本原因在于父权剥夺了女性社会身份的权利，建构了一整套服务于自身的女德法典，并将其等同于女性的社会通约。因此，如若谈论女性自由，就不得不冲破菲勒斯中心主义建构的评价体系，观照女性身份生存困境。从《渴望》（鲁晓威，1990）的刘慧芳到《山海情》（孔笙，2021）的李水花，女性角色正在解除着传统身份的枷锁。

1990年大型家庭伦理剧《渴望》播出后，"娶妻当娶刘慧芳"一句俚语传遍大街小巷，其中女主角刘慧芳被塑造为一个极近梦幻的"大地神母"形象，命运多舛的她依然坚守着无私奉献、忍辱负重的精神品格，见者无不同情掬泪一把。"刘慧芳式"的苦难女性一时引爆荧屏，却暴露出早期部分国产电视剧假颂扬女性之名、行囚禁女性之实的某种意识形态。最核心之处在于，刘慧芳们的社会身份只是一个虚无的摆设，真正的职业乃是男性的家庭保姆，女性所有的行为动机都围绕家庭这一强制女性的牢笼展开。刘慧芳们困于性别专制之中，主要的身份

---

[1]　[法]西蒙·德·波伏娃：《第二性》，舒小菲译，北京：西苑出版社，2009年，第20页。

[2]　[英]多米尼克·斯特里纳蒂：《通俗文化理论导论》，阎嘉译，北京：商务印书馆，2001年，第219页。

任务，一则为男性生儿育女，二则满足男性性欲望，为男性服务成为女性一生指归，更遑论个体理想和自我价值的实现。某种程度上，电视剧一方面表现现代女性的家庭困境，但另一方面却并不能突破性别和家庭分工为女性提供解困之道，女性的自我夭折在四角一方的深深庭院中。

《山海情》里闭塞西北漫天的黄沙越发凸显李水花等女性的苦难命运。在角色设置上，李水花和刘慧芳一样饱受父权统治逻辑压榨：李水花的婚姻被父亲以彩礼的形式强制卖出，被迫辍学、放弃自己的初恋，又被迫接受婚后丈夫残疾的事实，李水花的身份角色，从孩子到妻子到母亲，无一不沾染着强迫和异化的男权气息，她受过教育却不能继续学业，有能力却不能参与家乡建设，文本中的男性试图剥夺其所有的社会身份和地位，把她驯化为缺乏主体意识和自我价值的工具。但是，李水花最终在苦难中获得女性意义上的解放，根本原因在于解除了身份的枷锁：面对父亲的包办婚姻，水花一度出走，虽最后因为对父亲的牵挂而回归，但其本质转换为接受现实后的坦然，并内化为水花对"父亲的女儿"身份的第一次反抗；丈夫因建水窖致残，她挑起家庭致富的重担，日夜兼程用地板车拖着瘫痪的丈夫、女儿赶到玉泉营，勤勤恳恳学习种菇经验、开超市，这是对传统"丈夫的妻子"身份的彻底挑战。刘慧芳和水花的危机同样源于家庭，但解决方式却大相径庭，慧芳以履行传统身份责任、完全牺牲自我的精神求取家庭的圆满，水花则是反抗角色的不平等，通过融入社会场域的方式获得了身份上的自由，摆脱了女性在家庭内苦苦转圈的境遇，在黄土飞沙之地自由飞舞。从慧芳的被困到水花的自强，国产电视剧的女性终于拨开了身份的疑云，从"男性的女人"走向"自我的女性"。

（二）从背叛到互助：主体关系的包容

"不同他人发生关系的个人不是一个现实的人"[1]，胡塞尔提出的主体间性理论认为个体身上都有一种他者意识，因此个体间既是共同的主体也是共同的客体，每个主体只有通过与他者的关系连接也就是主体间性，才有可能抵达完全主体性

---

[1]　　[德]黑格尔：《法哲学原理》，范扬、张企泰译，北京：商务印书馆，1961年，第347页。

的彼岸。伴随着女性进驻社会步调的加快，女性间幽微而隐秘的非亲属互动关系越发引人瞩目，充分以女性视角为中心的"双女主"电视剧或女性群像剧一定程度上体现了对女性主体间性的探讨，萌生着以内质的、共享的情感经验促成主体间彼此理解、共同交往的主张。从《错爱一生》（梁山，2004）的顾忆罗和陈想南到《流金岁月》（沈严，2020）的蒋南孙和朱锁锁，国产电视剧女性关系体现了从伦理欲望斗争向互助合作表彰的转向。

《错爱一生》大致可以现代女性版"狸猫换太子"冠之，尚在襁褓的顾忆罗和陈想南因为忆罗生母一念之差被掉包，由此开启了牵绊纠葛的错位人生。某种程度，《错爱一生》对女性关系迈出了初步探讨的第一步，忆罗和想南不是被言说的客体，而是主动诉说情爱和权力欲望的主体。人物塑造上，虽看似忆罗自私虚荣、想南善良重义，但其行为逻辑皆是出自两种迥然不同的价值观——忆罗为情而狂，信奉"攥在手心里的命运才是看得见摸得着的，才是属于自己的命运"；而想南看淡荣辱是非，遵循"宽以待人，严于律己"。全篇以身世的关系为矛盾冲突，围绕她们的爱情、亲情和友情，串联起忆罗和想南两种女性力量的对比。但尚待商榷之处在于，《错爱一生》的剧情设置使女性关系变成了一场二元制的竞争和血腥厮杀，忆罗和想南在或主动或被动参与这场两败俱伤的战争后，原本清晰的价值观辩论变得面目模糊。一则，竞争奖励机制颇有歧视性，有明晃晃的他者设置痕迹，忆罗和想南的身世秘密是为阶级竞争，忆罗、想南和马奔的三角关系是为男性注意的竞争；二则，人物性格与情节极端化，忆罗为了独占外婆的宠爱陷害舅妈流产，为了不使身份曝光多次尝试杀害自己的亲生父母，最后竟将一直宠爱她的外婆推下楼，忆罗已然站在了道德法律的反面，且与想南的关系落入不可调和、势必分道扬镳之地。

《流金岁月》的蒋南孙和朱锁锁同样出生在两个截然不同的家庭。富家千金蒋南孙自恃清高，捍卫从一而终的爱情；寄居二代朱锁锁独立重义，但偶尔也愿意以"美貌的感情"作为进阶的筹码。二人性格和价值观迥然相异，但与忆罗和想南背叛关系的分野在于，拟亲属式的友谊贯穿蒋南孙和朱锁锁的交往始终，蒋南孙疗愈着朱锁锁原生家庭的创伤，朱锁锁扶持着家道中落的蒋南孙一家，温暖和煦的互助情感带她们走过人生浮沉。相比《错爱一生》，《流金岁月》的女性关系更接近生态女性主义"主体—主体"的认识论本质，女性跳出了对家庭资源和配偶资源的竞争，蒋南孙和朱锁锁由主客对立走向主客依存，成为共同分享经验、收获情感慰藉的意义主体。区别于对立关系，一方面，意义共同体允许所有存在的共同出席，对抗不是叙事重点，包容才是阐释要义，拓展了电视剧文本的社交网络和演绎范围，这包含以蒋南孙和朱锁锁为中心的不同亲情、爱情和友情等人际关系，囊括时代、家庭、职场等多个场域；另一方面，意义共同体下的价值观决不是分庭抗礼、一竞高下的比拼，它给予所有参与者表述和完善的机会，受成长环境影响，蒋南孙和朱锁锁的价值观难言孰优孰劣，剧内两人彼此理解和支持，甚至经历家庭变故的蒋南孙和婚姻危机的朱锁锁的价值观有了一定的共趋性，清高和逐利达成了某种和解，同时剧外的观众以全知视角共享包容，体现了生态女性主义主体关系的共生共建意图。

（三）从遮蔽到敞开：自我言说的包容

权力与话语互相渗透。历史上，男性的绝对权力使女性话语没入尘埃，女性无法建构属于自己的话语体系，难以言说自我心愿和需求，变成被操纵的提线木偶。基于话语的缺失，生态女性主义希望女性拥有清醒的自我感知，觉察并摒弃周身的歧视和非正义行为，冲破话语的结构性压迫。从《奋斗》（赵宝刚，2007）的夏琳到《理想之城》（刘进，2021）的苏筱，女性的自我言说从欲语还休走向全面敞开。

2007年，《奋斗》里留着清爽干练短发的夏琳闯进电视剧观众的视野，她敢爱敢恨、洒脱自由，几近是对传统女性形象的颠覆：夏琳忠于性灵相吸的爱情感觉，为此不顾陆涛是好友男朋友的身份，与其坠入爱河，是对传统伦理道德的反叛；她崇尚女性独立自主，所以即便陆涛重认生父晋升为富二代后，夏琳也能潇洒挥手作别，是对传统女性依附性人格的反叛。夏琳标志着新时代女性以自我意志向父权话语发起挑战的尝试，身上洋溢着创作者积极建构女性话语的试验，但是却也存在言说遮蔽的局限。一是，夏琳的话语依旧无法逃离男性的话语审判，陆涛的生父徐志森毫不避讳地将夏琳和米莱做比较，直言选择夏琳并不会让陆涛得到成长反而容易失去自我，以物化女性的方式消解了夏琳自我言说的有效空间；二是，夏琳的话语始终带有浓重的乌托邦色彩，她对独立自我的阐释和表达基本架构在爱情动荡之下，即便她的宣言中大肆张扬事业理想蓝图，但在剧中鲜少有实际展演和推进，事业又只是爱情的辅助，而爱情本质难言自我。如此一来，夏琳的言说就多少有些空中楼阁的意味，指向不明的口号难以获得真正的共情。

《理想之城》将镜头聚焦于建筑行业，描摹了建筑公司造价师苏筱在职场上一路披荆斩棘的故事，女主角苏筱与夏琳一样，也是有着高扬理想信仰旗帜的都市女性，但苏筱最终实现了对自我独立而完整的阐述。言说主题上，全篇议题围绕女性和她的职业理想展开，苏筱身上女性、普通家庭出身、精英造价师这几个着重刻画的标签构成了苏筱与理想这一命题的叙事张力，铺垫苏筱个人理想信仰面临的多重困难。叙事线索上，苏筱的成长成为全剧的主线，观众跟随苏筱的"摄影眼"进驻建筑行业企业管理模式等陌生视域，同苏筱一道体味职场的暗流涌动与酸甜苦辣，探讨职场性别歧视、职场欺生、人事斗争、选边站队等问题，其间虽有爱情线迂回穿插，但也仅为点缀。叙事结构上，苏筱与男友夏明因价值理念悖逆而分开，男性身影的介入并没有损害女性意义的完满性，甚至辅助了对职业理想这一终极主题的表达，使《理想之城》切实观照社会职场的生存环境和状态，找寻覆盖两性关系、社会经纬和个体意义的共同生命价值满足。以此，《理想之城》真正超越性别专制话语的约束，苏筱的理想落地为对人的信仰和现实的探讨，并以女性视角拓展了情感关怀的范围。

四、结语

生态女性主义是 21 世纪女性主义理论的集大成者，国产电视剧的生态女性主义拓展了生态文明时代人民美学的审美逻辑，在自我与他者双向互动中呈现出一派的可持续发展生态景观。但需要认识到的一点是，对于目下社会经济环境来说，生态女性主义的理想主义色彩注定使国产电视剧只能无限接近这一设想，而不能违背日常行为事实强行将乌托邦世界变成现实，女性地位的无限拔高、冲突对立的绝对消灭以及女性自恋的刻意展示无疑违背生态女性主义的初衷，罔顾事实地使国产电视剧陷入另一场性别霸权和贩卖焦虑的角逐中。

"命定的局限尽可永在，不屈的挑战却不可须臾或缺"，戴着镣铐跳舞或许是凝视者的视觉盛宴，却永远建立在被凝视者的痛苦之上。愿她和它及他，都能挣脱既定的命运，拂去历史的尘埃，解脱幽灵般的放逐，成为自由的我。

中国电影中的生态女性主义景观

于晓风　余晓琪

关于女性话语和女性力量的思考自人类社会步入现代文明起就从未缺席。生态文明时代，在人类命运共同体的感召之下，"女性是一束光"的呼声以个体生命呼应群体力量，再度引发当代中国对女性自我书写与自我表达的普遍关注。[1] 纪录片《人间世》《生门》对"中国式产房"的呈现印证着女性仍被视为"生育机器"的残酷现实；蔓延全国的"女德班"和网约车遇害女性遭遇"荡妇羞辱"的网络暴力说明基于男权立场的传统女性规训某种程度上已然内化为后者自我压抑的充分理由；购物网站目标明确的穿搭"好嫁风"显示出消费主义裹挟父权话语对女性审美的绝对控制……女性不是天生的，而是后天被塑造而成。[2] 身处晦暗不明的社会空间，今天的中国女性仍然需要不断被发掘、被表达、被看见。

一、横跨两个百年的女性主义思潮

普遍认为，女性主义思潮的第一波肇端于 19 世纪中后，争取同男性平等的

[1]　"女性是一束光"作为理念，2018 年由《人物》和《每日人物》主办的"她面孔·年度女性力量盛典"首度提出。参见陈墨《她们从不愿温和地走进那个良夜》，微信公众号"每日人物"，2019 年 1 月 6 日。

[2]　参见 [法] 西蒙娜德·波伏瓦《第二性》，郑克鲁译，上海：上海译文出版社，2011 年，第 24 页。

政治经济权利乃其核心诉求，选举权、受教育权和就业问题是三个斗争焦点。政治上，著名活动家玛丽·沃斯通克拉夫特（Mary Wollstonecraft）的《女权辩护》（*A Vindication of the Rights of Woman*）堪称这一阶段女性主义思想的集大成者。"在合理的政治给我们带来自由的时候，整个人类，包括妇女在内，将变得更聪明和更有道德。"[1] 经济上的独立，则诉诸于倡导女性在劳动市场上的平等竞争与同工同酬。[2]

第二波女性主义思潮涌动于 20 世纪 60 年代初，主要目标是批判性别主义、性别歧视和男性权力。虽然经历第一波思潮与运动之后，女性获得了较之以往更为广阔的政治经济空间，但同时也陷入了表面化的泥淖。女性主义思潮的第二波将性别平等难以实质性推进的根源归结于两性差别。因而，消弭差异、使两性趋同就成为这一阶段的总体基调，并由此衍生出学术领域性别研究的热潮。女性主义运动的旗手西蒙娜·德·波伏瓦（Simone de Beauvoir）秉持自由主义女性主义立场，鼓励女性超越自我性别，克服女性气质的直觉和感情，成为同男性一样"理性"的"人"。[3] 为此不惜隐藏甚至抹除自我特征，着力彰显强攻击性、充满野心、富有竞争力等男性气质。

事实上，波伏瓦的主张承袭的恰恰是自亚里士多德（Aristotle）以来西方男权中心主义对于"理性人"的理解——"妇女并非生而缺失理性……只是潜在理性没有得到开发"[4]。这也为其基于使女性成为"与男性同样完整的人"[5] 这一目标而展开的"理性培育计划"招致了非议。政治理论家埃尔西坦（Jean Bethke Elshtain）就将这一论调视为自由主义女性主义者馈赠给男性价值的"超值大奖"，并尖锐

[1]　[英] 玛丽·沃斯通克拉夫特、约翰·斯图尔特·穆勒:《女权辩护·妇女的屈从地位》，王蓁等译，北京: 商务印书馆，2009 年，第 52 页。

[2]　参见李银河《女性主义》，济南: 山东人民出版社，2005 年，第 19—20 页。

[3]　[法] 西蒙娜·德·波伏瓦:《第二性 II》，郑克鲁译，上海: 上海译文出版社，2011 年，第 572—579 页。

[4]　亚里士多德:《政治学》，吴寿彭译，北京: 商务印书馆，2009 年，第 15、39 页。

[5]　陈英:《生态女性主义: 文化批判理论研究》，北京: 人民出版社，2017 年，第 82 页。

地指出，这种把男性等同于人类、把男人的"美德"等同于人类美德的做法，显然是错的。[1]

第三波女性主义思潮，兴起于20世纪末社会环境与文化语境的合力激发。一方面，互联网提供的海量信息与传播赋权实现了媒介自主，技术的进步使人摆脱了地理空间的限制，为女性主义思想实践和女权主义运动的进一步发展创造了更为优良的外部条件。另一方面，全球化趋势客观上加剧了不同文明间的流动，多元文化交融为女性主义提供了更为开阔的内生视角。而生态意识的觉醒则令环境被愈加关注，人与自然的关系也随之被重新审视。抗争中，自然与女性归入同一阵营，向人类中心主义和父权话语齐声诘问，进而将所有遭受二元压迫的边缘群体统统纳入麾下。生态女性主义恰在此时横空出世，成为第三波女性主义思潮对这个世界最为响亮的回应。

生态女性主义自诞生之初，即被视为女性主义的未来与希望。由之引发的思想震撼，堪称妇女运动抑或女性主义策略的"第三次浪潮"[2]。生态女性主义重点探讨女性与自然的关切，强调主体的意义和价值，批判二元对立的统治逻辑、父权专制和理性主义，将女性与其他因阶级、种族、地理、文化等差异分隔开来却同处"被建构"地位的他者有机且紧密地整合为一个强有力的联盟。情感体验作为主体认知的重要过程，以关怀的方式表达对他人、动物及自然世界的肯定与尊重，被生态女性主义置于与理性判断同等重要的认识论高度。经由主体间情感的共享、共情和共鸣，双方的价值及需求方能得到关注、理解与尊重。

二、自我与他者：生态女性主义的双向互动

"自我"与"他者"的关系探讨是认识论的核心议题。区别于前两个阶段对自我诉求的单向注重，以生态女性主义为标志的第三波女性主义思潮不再以自我

---

[1]　参见 Jean Bethke Elshtain, *Public Man, Private Woman: Women in Social and Political Thought,* New Jersey: Princeton University Press, 1993, pp. 201-297。

[2]　陈英:《生态女性主义：文化批判理论研究》，北京：人民出版社，2017年，第22页。

为中心，将关注投向了自身以外的他者。这种关注并非简单的呼吁，而是要求沉浸式体验，将自我置身更为广阔的自然，感受与身处"对立面"他者的沟通障碍、误解根源和冲突逻辑，发掘身处"相似位"他者的痛苦来源和不幸造就，最终的目标不是消除对立，而是努力寻求主体自身的深度清醒，多元立场的了解认同，以及差异观念的最大包容。

（一）主体清醒

感知的主体清醒，指个体基于外部刺激或内省反思，主动审视自我价值意义之后的主体意识觉醒。任何社会正义的实现，都要以主体的意识觉醒为前提。今天的女性越来越期待过上幸福美好的生活。这一美好生活与自身、他者和整个世界息息相关。在"什么对象应该纳入不被歧视的正义讨论"追问之下，人类中心主义和男权话语这类原有的确定正义主体的规则，可能本身就包含歧视和非正义，从而导致泛化偏见。而偏见乃是持有者、对象和旁观者等多方因素相互作用、共同建构的社会心理现象。[1] 因此，全球化时代依然未能摆脱非正义歧视的女性，就面临两大主体认知层面的当务之急：其一，体认自我在歧视环境下作为偏见"对象"或"旁观者"的主体身份；其二，将性别歧视批判纳入生态文明社会正义的范畴，寻求更为开阔的主体身份认同边界。正是在这一基础上，生态女性主义摒弃了男性"理性而完整的人"的立场，拥抱一切被工业文明和工具理性规定为"他者"的边缘群体——动物、自然，将挑战和反抗从父权话语延伸至人类中心主义。

（二）多元认同

观念的多元认同，倾向多样性和不同间的混杂与离散，"强调我／他之间没有绝对的边界"[2]，反对二元论逻辑及其对"他者"的僵化规定，表现为批判单一权威和鼓励文化流动。一方面，男性赋予自身的价值为"1"，而规定包括女性在内的一众他者的价值皆为"0"。唯有依附于男性话语之下，"1"之后的"0"的

---

[1]　参见 Kenneth J. Gergen, *Relational Being: beyond Self and Community*, New York: Oxford University Press, Inc., 2009, p. 51。

[2]　卢梅芬：《从展示文本迈向我群与他者的沟通——原住民文化再现的策展脉络与反思》，《博物馆学季刊》2015 年第 29 卷第 3 期，第 15 页。

存在才有意义。据此进一步推理，男性便可唤起"法律""规则"和"永恒"，并与"积极""良好""光明""秩序"等理性的代名词紧密相连。而女性作为对立面，则意味着"混乱"和"不可预测"。[1] 二元论是一种非常特殊的否定或他者概念，摆脱的恰切方式，唯有动用非等级化的差异取而代之。[2] 生态女性主义对其的批判，正是着眼于统治逻辑的等级设置，鼓励多元话语参与叙事，从而解构男性话语的单一权威立场。另一方面，文化史上自我与他者的对立在西方由来已久，时至今日依然潜在于群体身份之中，最为直接的影响，就是将文化进行静态条块分割，并固执于"边界"的不可逾越。伴随着西方哲学史对"他者"独立地位的恢复，女性开始重新思考自我，着力寻求在地发展的更多可能。事实上，无论作为个体还是群体，"她"，都不是一个封闭自足的空间，面对文化和文明，实则呈现与传承。因此，生态女性主义化二元对立为相互渗透，在"自我"和"他者"之间进行主动性延异，将身份建构为流动的多元混合，力图化解全球化时代文化认同的冲突和障碍。

（三）差异包容

态度的差异包容，指向文化观的宽容与博爱，发展观的共生与共荣，遵循自我—他者、人类社会—自然系统之差异耦合，关注全球化与在地性的流动进展，内蕴着深度的情感温暖与善意。由于依赖的加深，"差异"成为全球化时代极具潜力和价值的文化资源，欣赏、尊重和主动性理解则是其现实保障。与此同时，全球化语境下的"边界"早已突破了政治权力和国家历史的象征，显示出更为鲜明的流动性。[3] 经济的迅速发展引发全球范围大规模的城乡巨变和社会转型，环境和文化领域的冲突不可避免。空间和地理思维对性别歧视的影响日益可见。今天的女性抗争，很大程度上业已划归为追求宽容以待和自我控制的全部努力。正是在这一立场上，生态女性主义力主对差异和不同的兼收并蓄，拒斥狭隘的男权

[1]　Ariel Salleh, *Ecofeminism as Politics: Nature, Marx and the Postmodern*, London & New York: Zed Books Ltd., 1997, p. 36.

[2]　参见 [澳] 薇尔·普鲁姆德《女性主义与对自然的主宰》，马天杰、李丽丽译，重庆：重庆出版社，2007 年，第 50 页。

[3]　参见 Randy William Widdis, "Crossing an Intellectual and Geographic Border", *Social Science History*, Vol. 34, No. 4, 2010, pp. 445-497。

主义、民族主义、人类中心主义，怀抱一腔热忱，始终对他者保持以尊重为前提的好奇、以平等为前提的开放和以关怀为前提的包容，无论认知惯习还是生活方式上的"独特"，都被视为尊重与珍视的"值得"。借助"情境普遍性"（Situated Universalism）[1]，生态女性主义脱离了浑身是刺、张牙舞爪的表达，得以在不同的道德共识和价值选择之间，展开冷静而客观的思辨、沟通与共享。而从具体生活情境性出发，由衷推崇人与人、人与其他物种、人与自然的差异性存在的起点，恰恰是对多元价值虚怀若谷的开放与充满善意的包容。

值得注意的是，生态女性主义并非简单的田野调查、社会剖析或前沿思考，而是在体验中不断调整、修正、更新对于自我和他者关系的认知，尝试通过观察整理二者情感互动的进路，对比过程中力量的强弱变化，概括不同阶段二者各自存在以及对于对方和环境的意义和价值，并以此为基础对双方的需求进行合理化解释，最终阐明彼此关注、理解与尊重的必要与可行，并努力给出可供操作的解决方案。这一第三波女性主义思潮对于整个人类社会进步和发展的贡献，可谓历经百年发展的女性主义逐渐跳脱认识论思维，转向方法论探索的醒目标志。

三、双向互动的多元呈现：以女性为视角的新时期中国电影

中国电影敏锐地把握了生态女性主义的核心诉求，在创作中努力尝试对自我与他者的双向互动以及过程中的力量对比、关系变化、方法调试和认知发展进行各个维度的多元呈现。近十年来，以情感体验为特征的生态女性主义在中国电影的女性人物表达上总体呈现为两条脉络：自我感知和他者认同。前者通过女性自我审视的困顿、迷茫与坚定，描摹出日渐清晰的过程；后者则通过面对环境的孤独、无措和善意，呼唤着他者对于女性对象的深层体验与多元感受。二者分别按照各自的进路成长，在"情感强度"的统摄之下，多种组合效果各异，借助女性视角勾勒出一条上升曲线（如图1）。

[1]　　指个体在共享的社会情境中形成了具有普遍性的道德共识。参见 Karen J. Warren, *Ecofeminist Philosophy: A Western Perspective on What It Is and Why It Matters,* Lanham: Rowman & Littlefield Publishers, Inc., 2000, p. 114。

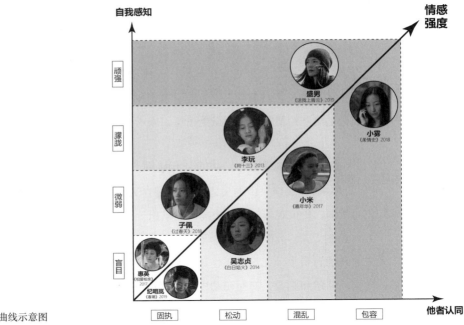

图1 上升曲线示意图

（一）盲目的主体感知与固执的一元认同

《相爱相亲》（2017）中的慧英与《春潮》（2019）里的纪明岚主体感知过分盲目，价值选择执着而固守。

慧英自豪于自己"一家之主"的地位。她在客厅最显眼的位置摆放"家"的装饰，时刻彰显家庭内部的话语权威，就连提器挖坟也一马当先，走在一众男性的最前头，与此同时，精湛的厨艺和熟谙的家务，以及年轻时留给丈夫腼腆保守的深刻印象，暗示着慧英内心深处固守着父权话语下的"妻子"身份及其对于传统女德规训的恪守。在一元价值观的统摄下，整部影片的线索"迁坟合葬"成为其意在满足一厢情愿的"父母爱情"想象而上演的一出现实闹剧。纪明岚则得意于其家庭以外的影响力和号召力，但在家庭内部，她无法接受作为女人婚姻的不如意，为此不惜撒了一辈子诬陷前夫的弥天大谎，并一边把所有愤怒发泄在女儿身上，一边仍自以为是、一厢情愿地为女儿着想，实施对后者的绝对统治。纪明岚以自我为中心的价值观同样坚不可摧，其对女儿人生的左右弥漫着浓重的二元对立意味。

慧英与纪明岚追求的是拥有家庭空间的绝对话语权，但这"绝对"却因为过分盲目而外强中干，奋力争取来的"自我"实则沦为他者的附庸。诚如慧英多次叹惋未能生出儿子的遗憾；诚如纪明岚屡屡执着于为明显应付的女儿寻觅如意郎君。过分盲目的主体感知背后，仍然是一元统治逻辑及其织就的二元对立关系，不过她们用生猛的外表自我蒙蔽了而已。正是对一元价值的固守和对多元价值的排斥，成为最终制约慧英和纪明岚走出意识困局、破解人生窘境的深层原因。

（二）微弱的主体感知与松动的一元认同

《白日焰火》（2014）中的吴志贞和《过春天》（2019）里的子佩身上的主体感知相对微弱，价值观却已不再执拗，显示出一元论暗地溃散的松动倾向。

吴志贞在丈夫"死"后，选择了固守与等待。她将自己的生活乃至生命附着于丈夫罪恶的背负上，无论是工作还是感情，无时无刻不在接受着周遭男性的同情、怜悯、馈赠和施舍，初初萌动的觉醒停留在欲望长期压抑下的反抗，然而这种反抗却毫不留情地将之引向死亡。相较于吴志贞的被动，子佩的身份认同则更多是潜意识层面的卑微。一张证件既不能弥合文化语境的差异，也无法掩饰"单非"（父亲是香港人，母亲是内地人，户籍在香港，居住在内地）身份的尴尬，唯一能做的就是在夹缝中苟且偷生：融入同学的途径是手机贴膜，享受父爱的条件是远赴货场，自我独立的代价是违法走私。两个形象身上，"他者化"的记忆已经内化为深刻的自我身份认同，差别仅仅在于吴志贞诉诸情爱，子佩寻求梦想。但是，无论是被动还是主动，自我感知的脆弱乏力都令她们的存在微弱到形同于无。

与此同时，一元价值的动摇也显而易见。吴志贞对张自力的倾心彰显着自我的放纵，子佩深埋的旅行梦和甘于牺牲的挺身而出昭示着内心的执着。她们是幸福的——冲破固有惯习的框范固然艰难，却终究在情感上获得了前所未有而充实饱满的体验。她们也是痛苦的——主体感知在习惯被打破之后势必天翻地覆，诚如吴志贞只能留下白日焰火作为爱情的祭奠，诚如子佩最为深有同感的还是那条关在鱼缸里的鲨鱼。松动的一元价值仍然不是女性自我救赎的正解。

（三）朦胧的主体感知与混乱的多元认同

《狗十三》（2013）中的李玩与《嘉年华》（2017）中的小米主体意识模糊，情感感知朦胧，价值的多元认同建立在难以取舍的混乱体验之间。

李玩在父母离婚后被寄养在祖父母家里，流放于规范的成长环境之外。其主体的朦胧感知体现于三个层次的混乱。首先，作为身份识别的名，"玩"字起得任性而随意，对照异母幼弟以"昭"为名的隆重而正式，尤其凄凉。其次，作为权威话语的父亲，给出了自相矛盾的价值判断。无关紧要的时日为品德操守严禁她沾染酒精，虚与委蛇的酒场却为谋利讨好鼓励她放胆去喝。最后，作为精神寄托的爱好，真假一再错落。意外惊喜的礼物——溜冰鞋源自培养幼弟的顺手牵羊。孤独心灵的唯一伙伴——宠物狗走失之后可以轻而易举地张冠李戴。小米对于自我的朦胧感知则是基于身份的无处安放。"黑户"的限制使她的生活没有保障，游走在城市边缘，"三年换过 15 个地方"。初次介入犯罪现场的她，基于善良的直觉保留了证据，之后为办假身份证拿证据要挟罪犯，而后又因为不想惹祸上身而刻意藏匿，沦为帮凶，直到同样遭受欺骗和伤害之后，才选择了站在正义一方。

主体感知的模棱两可导致价值选择的左右为难。值得注意的是，这一多元价值并非破釜沉舟的去处，反倒充斥着举棋不定的犹疑。李玩眼中，父亲既是家庭内部高高在上的统治者，又是自己面前卑微愧疚的赎罪者；异母幼弟既是争夺爱护资源的竞争者，又是释放关怀情绪的接收者；宠物狗既是自己不被理解的现实境遇的同情者，又是自己无足轻重的身份地位的救赎者……小米面前，"参与者"的自我奉行"帮助别人不如给钱来得更有意义"的逻辑；"旁观者"的自我遵循"事不关己，高高挂起"的规范；"受害者"的自我秉持"感同身受，伸张正义"的原则……无论哪个身份，都令她们无法抗拒，亦无从逃脱，辗转反侧之余，只能做出态度暧昧、来者不拒的选择。

怀抱多元价值却认同混乱的李玩和小米，因为主体感知的朦胧，结局的洒脱终究只能浮于浅表。李玩曾经展开数度反抗——疯狂寻找走失的狗，残忍丢弃家人以慰安抚的替代品，但最后还是扼杀自我的童真，回归他者眼中成熟懂事的大人。小米则在历经良心的挣扎、金钱的诱惑、无知的嘲弄和卑微的生命最为残酷的蹂躏之后，冲出逼仄的裹挟，踏上生命中第 16 段征程，依然做着无处安身的流民。

（四）顽强的主体感知与包容的多元认同

《柔情史》（2018）中的小雾和《送我上青云》（2019）中的盛男显然已经脱离了左右为难的境地。她们的主体感知深沉而强烈，自我的顽强毫不减损对"不相干"和"不相同"的尊重，展现着宽厚包容的多元价值认同。

小雾是个身在京城的大龄未婚文艺青年。没有房子、固定收入、婚姻……这些世俗层面极具杀伤力的字眼儿丝毫不能阻挡她对于惬意生活的信仰，赖以谋生的剧本创作也不能为显得有品位随便屈从市场需求，就连长久以来单亲家庭的相依为命也无法终止她与母亲势同水火的相爱相杀。盛男的挣扎源自她要的"体面"。父亲出轨，母亲无知，自己单身还被查出卵巢癌，要站着把救命的钱挣了，就得舍下脸，放低身段，向原本最不屑的活计、最瞧不上的人低下高贵的头颅。面对这个并不慈悲的世界，柔弱而渺小的她们不屈不挠，不卑不亢，锲而不舍。

葆有顽强主体感知的同时，她们也在坚持以自己的方式，向世界敞开胸怀，努力对话。小雾并不擅长与人相处，但她艰难地走进男友的交际圈，尝试写出适销对路的"抗日神剧"，认真地感受母亲年深日久的焦虑，然后放低自己，接受已然老去且无法改变的母亲，从餐桌礼仪到市井砍价，主动迎合其趣味和习惯，只为使妈妈有陪伴，不孤单。盛男的成长经历和不幸遭遇使她对二元话语天然排斥。感受到母亲的幼稚无力，她既厌恶又保护；沉浸于异性的相濡以沫，她既霸道又珍惜；体会到伪君子的虚情假意，她既享受又鄙视；置身于恶疾的突如其来，她既恐惧又担当。二者的多元价值，建立在真诚的体认，由衷的尊重与清醒的判断之下。

顽强，洋溢着冒险的精神和不服输的勇气；包容，并非泯灭个性的顽强。小雾和盛男一直在不遗余力地提醒着自己与血缘上最为亲密的他者——母亲的差异，但是，她们对于个性的坚持并没有导向一意孤行的偏执，而是思考之后，转过身，理解和拥抱了母亲——这，才是对于多元价值最为智慧而伟大的包容。正是在这个意义上，无论小雾骑着单车招摇过市于狭窄的胡同，还是盛男站上城墙与疯子共同呐喊，都显得那么美好。

四、结语

生态文明时代召唤出人类命运共同体的命题，破题的关键在于建构主体与他者的良性互动关系。生态女性主义给出了情感体验的提示。按图索骥，步入新时期的中国电影交出了女性表达的生动答卷。这是第三波女性主义思潮在当代中国的艺术实践，也是中国电影阐释新时代中国特色社会主义核心价值的努力与结晶。

愿你我俯下身，细看沿途被忽略的风景，聆听耳畔不一样的声音，呼吸日常遗忘掉的气息，感受身边最熟悉的她／他／它们。于是，乘着微光，踏月而来，爱，已是多重含义。

想象力的建构与情感力的唤起
——2022 年度山东省优秀广播文艺作品评析

于晓风　　夏子惠

　　2022 年度山东省优秀广播电视和网络视听节目奖评选活动中，优秀广播文艺作品分为音乐节目、文学节目、戏曲节目、长篇联播、综艺节目和广播剧六个类别，共有 113 件参评作品参评。经专家评审、公示，选出一等奖作品 29 件、二等奖作品 17 件、三等奖作品 24 件。

　　尽管此次参选作品仍然存在较为明显的不足之处，集中表现在：一方面，主题性与艺术性难以兼顾。部分广播文艺节目主题鲜明，但表现形式单一，只有主持人的介绍和音乐的播放，缺少氛围感和沉浸感的营造，导致节目效果不佳。另一方面，改编、剪辑的作品多，原创性缺失。这一点在耗费时间、精力、人力、物力较多的广播剧类型中较为突出，说明在广播剧这一领域的支持和投入尚显不足。但是总体而言，2022 年度山东省优秀广播文艺作品同样呈现出多方优势。选题方面，高扬主旋律旗帜，紧跟主题主线，同时积极回应人民群众关切，顺应时代潮流，做人民喜闻乐见的题材；形式方面，充分利用数字技术，使用同期声、现场声、音效、音乐等形式激发听众的想象空间；内容方面，灵活转换叙述视角，创造陌生感、新鲜感，并以此为基础进一步提升想象力和情感力的表达；类型方面，涵盖音乐节目、文学节目等六个类别，同时提升面向少年儿童和老年人群的节目数量和质量，充分探索广播文艺节目类型的可能性和包容性。

　　广播是声音的艺术，自 20 世纪 20 年代随着无线电技术的发展而产生以来，在抗战救国、社会启蒙等方面起到了巨大的作用，时至今日依旧继续发挥着思想宣传、审美满足、知识传播等功能，并于互联网技术的应用下焕然一新，成为一片可移动的听觉自留地。声音，不仅能够让人直接产生听觉表象，而且能够唤起非听觉的意象，也即想象与情感，从而完成一次思想内涵的传达与接受。综观 2022 年度山东省优秀广播文艺作品，其在内容、形式、语境和价值层面的积极探索，时刻关注、捕捉并持续耕耘着想象力的建构与情感力的唤起。

一、想象力建构的具体路径

声音具有模糊性，而以声音为第一介质的广播，被称为"模糊媒体"。广播所传达的信息只有声音，缺乏视觉形象，与电视等视觉媒介相比带有更多的不确定性。但是声音的模糊性可以通过与其他介质的交融扭转为独特优势，即开启听众的记忆阀和固有编码，依赖听众的想象和联想能力，由真实的第一介质（声音）过渡到虚拟的第二介质（图像）[1]。听众结合个体的记忆与感知对声音进行二次加工和再创造，在广阔的主观空间中产生独特的想象与意义解读。因此，广播媒介的模糊性为广播文艺节目的想象力建构提供了可能。

（一）可辨识的角色塑造

广播文艺节目中，起到塑造角色作用的有他人对角色的描述或评价，以及角色本身的语言行为。他人通常较为客观地直接告知听众角色的特征所在，留给听众的想象余地相对有限。角色的语言行为则因继承了声音一贯的模糊性令听众浮想联翩，包括两个方面。其一，即角色可转化为文字表现的言语内容的意义内涵。其二，即角色进行口语表达时表现出的副语言，包括音色、语速、音量、口音等语言特征。言语内容和副语言形式共同构成完整的语言表达，从而传达出具有辨识度的角色形象塑造信息[2]。济南市广播电视台制作的音乐节目《我的青春我的城》刻画了五位截然不同的济南青年音乐人形象。其中一位湖南女生莫荼荼讲述自己从山东艺术学院毕业后留在济南从事音乐创作，并鼓励学弟学妹来济南追

---

[1]　　　参见周七月《广播声音的创造性功能研究》，《中华文化论坛》2008 年第 1 期。

[2]　　　参见丁卉、韩强《电视真人秀节目中声音的多重叙事角色探析》，《当代电视》2015 年第 5 期。

梦的故事。"我是新济南人，但是这座城市早已把我当成了女儿"，女生的自述引导听众在脑海中想象出一个心思细腻包容、勇敢坚定的济南追梦人形象。她的原创民谣歌曲《紫薇路6000号》名字来源于山艺的地址，温柔而有力量感的歌声让听众将她与微风拂面的长清湖等美好意象联系起来。另一位济南女生徐童琳在美国读了三年高中，学成归来后给济南带回了国际化的音乐表达，希望济南能够在版权保护方面更加完善，她的故事则让听众想象出一个自信张扬、心系祖国的新济南音乐人形象。歌曲 *Marshmallow* 中她甜美通透而略显慵懒的嗓音和流利的英文拓展了更多个性流行音乐人的想象空间。

（二）现场感的情节与场景再现

现场感，指的是听众在收听广播文艺节目时如临其境，如见其人，如闻其声。广播声音具有增强现场感的作用，能够通过真实生动的语言描述、清晰适配的环境音效和动作音效，还原故事发生的场景，营造出身临其境的效果，顺利推进情节发展。语言描述的作用不再赘述。作为语言叙事之外的重要手段，环境音效更注重表意的功能，北风呼啸、流水叮咚、春雨淅沥有助于听众构建想象中的世界，巨石滚落、雷电交加、鸡鸣狗吠则可能意味着剧情的转折并勾起联想；动作音效更多关注叙事，例如脚步声往往暗示着故事场景的转移或角色的移动，推搡打斗的声音暗示着角色间矛盾的激化。听众正是在语言和音效等多重声音的作用下形成对情节和场景的认知，并展开想象。青岛市广播电视台播出的广播剧《第四极》取材于2011年7月16日"蛟龙"号深海载人潜水器在东太平洋海域进行5000米深潜试验的重要事件，以亲历此事的记者视角生动再现设计师、潜航员、蛙人师傅等人在极端恶劣天气下克服重重困难圆满完成深潜任务，凸显"严谨求实、团结协作、拼搏奉献、勇攀高峰"的中国载人深潜精神。执行任务当天，狂风大作，电闪雷鸣，负载"蛟龙"号的母船随着汹涌的波涛上下波动，船上的油桶纷纷倒地。此刻出现了雷电霹雳声、海浪拍打声、油桶倒下的闷响声及其骨碌碌滚动的声音，让听众较为容易想象举步维艰的出海情景。蛙人师傅王老大操作启动车时，伴着机器巨大的轰鸣，众人"快快"之类的疾呼和仍在持续的雷声，"扑通扑通"，两个蛙人师傅冲进海里抓住缆绳，极力渲染了海面的漂浮不定，为听众的想象世界增添紧张不安的氛围。"蛟龙"号潜入海中的那一刻，巨大的海浪声仿佛扑面而来，接着是水下的呼啸声与船舱机器的滴滴声，带领听众快速转移到神秘安静的船舱环境。

（三）沉浸式的氛围营造

"沉浸"是指人完全处于某种心理境界或思想活动时，对某种事物全神贯注、全情投入的状态。"沉浸式体验"来源于 1975 年米哈里·契克森米哈赖提出的沉浸理论，即人全身心地投入某一事项，心无旁骛，只关注于相关的信息并产生事物与意识相融合的心理体验。在本文中，沉浸式氛围是指，广播文艺节目具备沉浸式特征，通过声音串联角色、情节和场景，打造想象中的世界，更容易激发听众的联想等心理体验，甚至使得听众进行主动的加工与创造，扩展想象世界的边际。沉浸式特征没有明确的限定，可以是生动鲜活具备形式美的修辞语言，也可以是真实记录现场的同期声，还可以是恰到好处的音乐。广播文艺节目以多元的沉浸式特征共同营造充满想象空间的氛围[1]，例如山东广播电视台制作的综艺节目《弹起我心爱的土琵琶》，以创作于 20 世纪 50 年代的电影《铁道游击队》的同名歌曲为线索，关联到 2021 年同样以铁道游击队为主题的电影《铁道英雄》的创作历程与声音片段。在火车修理工老洪带着一群铁路工人试图截断日军通过津浦铁路押送物资的故事中，慷慨激昂的小提琴音乐骤然而起，踏着重重的节拍走来，随着刀出鞘声、女子尖叫声、血肉喷溅的声音，和老洪"日本人开始疯狂报复"的沉重嗓音，仿佛让听众暴露于日军来临的恐惧和紧张之中。而泰安市广播电视台推出的文学节目《赤子心 泰山情——柳萍和她的泰山散文》则致力于描绘沉静而悠然的想象空间。节目中对作家柳萍的散文《静听泰山》进行了诵读："踩在脚下的雪，伴随着咯吱咯吱的声音定格下一行行弯弯曲曲的脚印。啾啾的鸟鸣，欢笑着春天的惬意，拂面而来的微风荡漾着心醉的味道。"拟声词和修辞手法的运用将春日爬泰山的惬意娓娓道来，配上悠扬清浅的笛音，让听众如同置身于此地此情此景，与柳萍一同感受山间的凉爽与微风的轻柔，抚平或浮躁或兴奋的心情。

---

[1]　　参见郝丽萍《如何增强广播语言的想象魅力》，《中国广播电视学刊》2021 年第 5 期。

二、情感力唤起的底层逻辑

声音与情感有着紧密相连的一致性。尽管声音不能像图像那样具象地再现事物，但是能够以诉诸心灵的洋溢情感，通过力量的强弱、节奏的张弛和音调的高低来传达情感世界和展现情感心态，并激发听众的情感反应。在广播文艺节目中，声音本身固然能够直接唤起情感力，标题、歌词、题材的含义也能够在听众心中与固有认知结合，间接萌发情感体验。情感从情感社会学的角度来认知，可划分为"场域性情感"和"库存性情感"。场域性情感指人们在特定场景产生的即时情感，库存性情感指人们固有的认知基模和情感框架[1]。听众聆听广播文艺节目中音符的高低起伏、人声的字词断句，并思考节目的故事背景、主旨意蕴，也就产生了"场域性情感"与"库存性情感"的共鸣。

（一）数字声音与情感互动

广播是保持着人类身体自然性的传播媒介与传播方式。声音在脱离传播者的限定进入空气和电波中传播时，因为其构成材料声波的特殊性，反而能够实现双向度的情感交流。不仅如此，从单声道到多声道立体声，从模拟声音到如今的数字声音，技术的革新与发展使得声音动态范围更大、频响更宽、信噪比更高，大幅提高声音的表现力和情感力[2]。广播文艺节目充分利用数字声音技术创造声音刺激，让不可听变为可听，例如水滴从叶片上滑落、人体轻微的换气和呼吸、蚂蚁在沙地上爬动，充分调动听众的听觉感官。听众亦可直接参与听觉互动的叙事，去感受和体验声音对象的情感变化，从而产生沉浸感和更加丰富细腻的情感体验。

广播文艺节目使用的数字技术放大了声音的细节，让听众仿佛置身于其中，体验讲述者的喜怒哀乐。滨州市新闻传媒中心推出的《音乐 DO RE MI——我们要做美羊羊》是以居家封控期间自我防护为主题的儿童音乐节目。"娟子妈妈相

---

[1]　参见郭景萍《情感社会学：理论·历史·现实》，上海：上海三联书店，2008 年，第 20 页。

[2]　参见陈越红、裴磊《数字技术电影声音沉浸性审美接受与人类身体感知系统的自然性》，《当代电影》2011 年第 9 期。

信每一个小朋友都是一位出色的宝宝！如果你感到了寂寞，每天晚上 8 点要记得收听音乐 DO RE MI"，主持人娟子妈妈以亲切而柔和的声线和一位主持人小朋友 DO RE MI 稚嫩可爱的声音将听众小朋友们带入了音乐世界。"无症状是喜羊羊，浑身酸痛是懒羊羊"，主持人小朋友 DO RE MI 奶声奶气地唱着歌，在娟子妈妈的好奇追问下，引出了一首防新冠病毒儿歌。这首歌以深受小朋友喜爱的"喜羊羊灰太狼"为切入点，将出现不同新冠症状的小朋友类比为喜羊羊等动画角色，既能引起小朋友的兴趣，又能加深小朋友对新冠病毒的了解，减轻他们对病毒的恐惧。随即主持人们采访了几位小朋友对于病毒的想象，有人说"像珊瑚，很扎人"，有人说"像仙人掌"，还有人说"像王冠"，整体气氛欢快而热烈。听众小朋友仿佛置身于幼儿园课堂，跟着温柔的娟子妈妈和可爱的 DO RE MI 一同徜徉于儿歌的世界，和同学们一同分享心得，在单调的居家学习期间也能体验与老师同学们相处的快乐。青岛市广播电视台制作的戏曲节目《山海情深——我心中的秦腔》采用第一人称视角，以一位到甘肃支教的青岛老师的口吻，讲述她的秦腔故事。"这一年，我作为支教老师和这片土地未来的希望朝夕相处。同时，我也作为一名学生，被这片土地上千百年流传至今的唱腔深深影响着。这，就是秦腔。"主人公的叙述中插入了多段秦腔曲调，似吼声一般粗犷豪迈、高亢激昂、语气硬朗结实，清晰的歌声仿佛让听众感受到喉咙的撕裂和脖子上暴起的青筋，感受到尘沙漫天的黄土高原，感受到世世代代甘肃人民内心爆裂的情感。此外，秦腔表演艺术家窦凤琴自小学秦腔，冬天天还没亮就冒着严寒出来练功的经历鼓舞着主人公。在主人公的梦里，"秦腔表演的小戏台下，锣鼓声，欢笑声，响成一片。无数个窦凤琴在台上挥舞着飞旋着，演唱着"，将听众也带入了如梦似幻的戏台，为那流传千古的秦腔和千百代秦腔表演艺术家的传承掬一把泪。

（二）集体记忆与情感共在

集体记忆又被称为"群体记忆"，由法国社会学家哈布瓦赫提出，意指"一个特定社会群体之成员共享往事的过程和结果"，通过社会交往和群体意识提取记忆的延续性不断传承下去[1]。集体记忆存在于普罗大众熟识的文化符号，一如

---

[1]　　参见 [法] 莫里斯·哈布瓦赫《论集体记忆》，毕然、郭金华译，上海：上海人民出版社，2002 年。

"黑猫警长""穆桂英挂帅";存在于人们共同经历的历史事件,一如"抗日战争""北京奥运会",也存在于为大众铭记的社会共识,一如"好好学习,天天向上""科学技术是第一生产力"。声音内含的人们共有的生活经历、兴趣偏好、价值观念总是能够勾起人们的情感共鸣,达成情感的共在。对于广播文艺节目而言,广播声音可以让家人、亲友、同事一起收听,让千千万万个听众共情,借此过程凝聚情感与共识,构建情感共同体。

具体而言,广播文艺节目选用重大题材作为主题,包括重大现实、重大革命、重大历史,这些全社会人民共同经历和参与的事件能够有效调动起听众的回忆和怀念,唤起听众的崇高感和敬佩感。"这里是延续着红色血脉的革命老区,这里的孩子喝顿饱水都曾是奢望。这里的人们在党的领导下脱贫致富,又把奔向小康的澎湃力量传向边疆",山东省广播电视台推出的长篇联播《沂蒙脱贫带边疆——九间棚建设小康社会30年目睹记》在全面建成小康社会,中国共产党成立100周年之际,讲述山东省平邑县九间棚村的脱贫故事,反映"党群同心、军民情深、水乳交融、生死与共"的沂蒙精神。在党的支持和带领下,曾挤在共30米长的九间石棚生活的村民们建起了盘山大道和寿山农场,种起了金银花,并将农业种植技术带到了新疆。节目中九间棚村的艰苦环境,以及村中寥落的情景拨动听众的心弦,甚至是相似的贫苦回忆,而九间棚的脱贫致富成果又舒展了听众紧锁的眉头,传递着对党的感激和对幸福生活的歌颂。

除此之外,民间流传的艺术记忆等非物质文化遗产、经典的电影作品、文学作品、音乐作品,都能成为广播文艺节目唤起大众集体记忆与情感共在的着力点。聊城市广播电视台推出的音乐节目《劳动的号角 黄河的赞歌——濒临失传的"老唱腔"省级非遗"寿张黄河夯号"》以非遗"寿张黄河夯号"为题,试图唤醒人们浓缩在夯号中的乡情。在黄河边奋力拉夯的汉子们使尽力气呐喊着:"伙计们,拉起来!"粗放、豪迈的音律像呐喊,似怒吼,雄壮激昂。有时又似一种委婉动听的喊唱,如自吟自唱,轻快悦耳。这些野性风情的鲁西北黄河夯号一想起来,让人捡拾起许多儿时记忆。烟台市广播电视台制作的《"永恒的旋律"——新中国成立初期的电影音乐》播放许多新中国成立之初经典老电影的音乐,这些熟悉的旧时曲调就像熟悉的气味,比回忆更真实地把听众带回到从前。"小船儿轻轻,飘荡在水中",《让我们荡起双桨》中愉快轻松的心情感染了听众,仿佛又回到了幼时在公园湖畔度过的那个周末下午。《九九艳阳天》歌曲中,"九九那个艳阳天来哟"欢快的旋律、纯洁美好的爱情和积极向上的力量编织了许多听众青年时代、少年时代、儿童时代的美好回忆，令人久久不能忘怀，至今想起仍然有一分感动。

三、结语

尽管，2022 年度山东省优秀广播文艺作品整体呈现出较高的水平，但是电视等视觉媒体的快速发展导致抢夺注意力的竞争越发激烈，这对广播文艺作品提出更高的要求。其一，坚持价值引领，当好官媒把关人，在众声喧哗的舆论场发挥"引路标"的作用；其二，深化媒体融合，打通媒介之间的创作资源，与电视媒体、新媒体团队进行合作，开发更符合听众喜好的新形式；其三，强化互联网思维，抓住听众关注点并进行艺术创作，打造有"网感"的作品——三措并举，或可成为山东省广播文艺再攀高峰的新起点，为坚持文化"两创"，打造"齐鲁广播文艺精品"开辟新的空间。

20/9

邢祥虎

邢祥虎

邢祥虎，男，1974年生，戏剧与影视学博士。山东师范大学新闻与传媒学院副教授。主要研究方向为影视批评、影视图像美学及视觉文化等。主持教育部人文社会科学研究规划基金、山东省高等学校哲学社会科学研究项目、山东省艺术科学重点课题6项。在《电影艺术》《当代电影》《北京电影学院学报》等刊物发表学术论文40余篇，部分文章被《人大复印报刊资料》《高等学校文科学术文摘》转载。参与编著《中国电影批评现状与对策研究》《纪录片解析》等著作4部。先后获得中国文艺评论家协会"啄木鸟杯"年度优秀成果奖、山东省"双百"正能量网络精品奖、山东省高等学校人文社会科学优秀成果奖等多项学术奖励。

《铁道英雄》：红色经典 IP 的正剧美学表达

邢祥虎　刘　莉

　　铁道游击队是抗日战争期间活跃在山东鲁南地区的一支抗日武装力量，根据其英勇斗争事迹改编的文艺作品不胜枚举，如小说《铁道游击队》，电影《铁道游击队》（1956）、《飞虎队》（1995）、《铁道飞虎》（2016），电视剧《铁道游击队》（1985）、《铁道游击队》（2005），京剧《铁道游击队》（2008），舞剧《铁道游击队》（2010），以及杂技剧《铁道英雄》（2021）等。可见铁道游击队是个"火出圈"且屡屡"破圈"的红色大 IP，深受广大文艺工作者青睐。2021 年上映的《铁道英雄》是又一部翻拍于此的电影，有上述珠玉在前，该片的 IP 改编难度可想而知。但电影《铁道英雄》并未黔驴技穷，而是在继承前作优点的基础上，大胆进行艺术创新，突破甚至颠覆了已有的情节模式，以英雄正剧的态度重返历史现场，视听语言考究，剧情质感老道，观众从中获得了全新的审美体验。

一、辨识度高的冷黑系战争影像

　　视觉性是衡量一部影视作品影像风格的重要术语，与"上镜头性"（photogénie）密切相关。路易·德吕克超越时代局限，早在 20 世纪 20 年代就认为白与黑、明暗对比、逆光、模糊、远景感等电影摄影手法均可以营造"上镜头性"，恰当的技巧手段服务于影片表现的生活内容，二者结合就能生产出"有意味的形式"。因此，银幕要求、呼吁、恳求导演在主题和技巧上多多推敲，在艺术表现上"赶时髦"[1]。对于银幕前的观众来讲，被看见的影像画面是电影获得"上镜头性"的合理途径，在感性观看中，"赶时髦"的影像普遍具有值得被看的特征，会自动转化为"上镜头性"的概念，影像—叙事关系最终得以确立并稳居观影行为中的优势地位。《铁道英雄》的视觉性标新立异，值得被看的影像特征高度风格化，就是导演精心雕琢的冷黑系视效，感官设计摄人耳目，战争影像的腔调感十分在线。

其一表现为场景空间低照度、低饱和度、低彩度，画面效果呈现为冷峻的暗黑色，鲜艳的彩色被抽离出去，留下的只有黑白灰，还有弱至难以察觉的淡彩，可以称其为黑白淡彩片。临城火车站、万隆皮货行、铁路旷野、小镇街道、机修车间、山区密林、火车调度室，无论外景还是内景都是统一的暗黑色，且贯穿全片始终。近乎黑白片的影像基调并非空穴来风，而是导演在详细查阅鲁南铁道大队史料，遵照故事发生地的地理环境，真实还原出来的美术空间，追求的是一种身临其境感。导演杨枫说："镜头就聚焦在火车站和周边的大街以及棚户区，呈现一个工业小镇的面貌，当地就是煤矿业……泥泞的黑地，路面上的煤渣和着工厂的机油，往上是漫天的风雪，这样确立了影片黑白的影调风格。"[2]黑白淡彩影调传递出低沉压抑、惊惧不安的戏剧气氛，像上帝之手牢牢支配着角色、场景、情节、动作等镜头诸元素，夜袭洋行、暗杀鬼子、抢劫医疗物资、传送情报、高炉泡澡、铲除汉奸等故事情节在这种气氛烘托下显得真实可信，撼人魂魄，令那些荒诞离谱的"抗日神剧"相形见绌，自叹弗如。黑白淡彩影片并不少见，比如《斗牛》《影》《八佰》《云霄之上》等，低沉的色调给每部影片带来的艺术效果不尽相同，有的讽刺了故事本身的荒谬离奇，有的象征了权谋与人性间的角力，有的描摹了向死而生的孤勇。不同于以上艺术效果，《铁道英雄》把暗黑色调处理为直观的视觉修辞，既传递了故事发生的20世纪30年代背景，也表现了日本侵略者占领下中国军民暗无天日的苦难生活和民族磨难。"场景设定上，《铁道英雄》为齐鲁大地披上一层皑皑白雪，通过展现游击队抗争环境的艰苦，暗示时代

[1]　[法]路易·德吕克:《上镜头性》，载杨远婴编《电影理论读本》，北京：世界图书出版公司，2012年，第15页。

[2]　王诤:《导演杨枫谈〈铁道英雄〉：小切口、大格局》，2021年11月21日，光明网（https://m.gmw.cn/baijia/2021-11/21/1302688432.html）。

民族之苦。"[1]铁道游击队队员们在艰苦的环境里不仅没有退缩,反而革命意志越发坚定。在枣临铁路沿线大展拳脚,扒火车,抢洋行,杀鬼子,用革命乐观主义精神为黑暗沉闷的影像涂抹一丝亮色,千劫百难的黑暗必定为光明所献祭,胜利的曙光也必定从暗夜里诞生。

影像特征高度风格化的另一表现则是漫天的飞雪。《铁道英雄》全片在冬季取景拍摄,一场大雪从片头一直下到片尾,与张艺谋导演的《悬崖之上》有异曲同工之妙。导演精心炮制的气候奇观令人极度着迷,本来已经极致化的暗黑影调再叠加上鹅毛大雪,黑白对比,亮暗反差,镜头造型完全像导演策划的一场装置事件。有人质疑雪的真实性,认为导演在编造噱头,愚弄观众,鲁南地区又不是东北,怎么会有如此大的雪呢。其实,看似不合理的雪却充分体现了导演的艺术匠心与意境构思,杨枫说:"我考察过山东的史志和县志,上世纪 30 年代山东遭过几次大雪,主要集中在鲁西南一带,能长达一个月都不停,这个没有夸张。"[2]王国维认为一切景语皆情语,文艺作品中并不存在单纯的景语,所谓"零度自然"或者"纯粹客观"是机械唯物主义的艺术观,已被无数艺术实践活动证明是僵死的教条。景语为表,情语为里,景物美服膺于抒情美,抒情美指涉着景物美,表里互动,体用比和,艺术意境由此得以生成。因而,《铁道英雄》的雪绝非雪景,仅仅表明一种天气现象,交代故事发生的时空环境,而是功能性的情感元素,参与影片的主题建构与思想输出。这里的雪不想传达"北国风光,千里冰封,万里雪飘"的雄伟壮阔,也不想传达"孤舟蓑笠翁,独钓寒江雪"的苦闷凄凉,更不想传达"鸣笙起秋风,置酒飞冬雪"的闲适散淡,而传达的是"欲将轻骑逐,大雪满弓刀"的豪迈气概。导演营造的雪中劫车的戏剧情境颇得边塞诗歌之神韵,其艺术构思如再世卢纶。有观众认为《铁道英雄》看起来"很冷",这种视觉感受其实折射了内心的情绪体验,表明大家真正看懂了雪,参悟出了漫天飞雪里昂扬着的杀敌报国、建功立业的高亢革命气节。作为华夏儿女普普通通

[1] 何思路:《这版冷气十足的〈铁道英雄〉,能唤起你的记忆吗?》,2021年 11 月 22 日,微信公众号"影艺独舌"(https://mp.weixin.qq.com/s/v-Ug8POeyWVEkJegHX78dw)。

[2] 王诤:《导演杨枫谈〈铁道英雄〉:小切口、大格局》,2021 年 11 月 21日,光明网(https://m.gmw.cn/baijia/2021-11/21/1302688432.html)。

一分子，以老洪、老王为代表的铁道游击队队员们在极寒的天气里与日本侵略者斗智斗勇，用热血生命守护着故国家园，驱除敌寇，争取民族独立。冷的雪，热的血，雪越冷则血越热，队员们可歌可泣的斗争精神越崇高，银幕前观众的灵魂净化越彻底。我们也终于懂得，"哪有岁月静好，只是有人负重前行"不是一句轻飘飘的爽文，而是中华民族历史丰碑上共御外辱的长篇诗行。

导演杨枫其实是个多面手，担纲《铁道英雄》的出品人、导演、编剧、摄影指导、剪辑指导等多个职位，实现了作者电影的夙愿，因而全片影像处理得十分机巧，树立了统一的美学特色。与最早的《铁道游击队》（1956）相比，《铁道英雄》黑白淡彩的镜头画面蒙上了一层革命浪漫主义的风格滤镜，像诗意电影一样赋予了影像隐喻意义和象征价值，尤其片尾处 MV 化的处理，所有的铁道游击队战士重新聚拢在一起，伴随着《弹起我心爱的土琵琶》经典旋律，向观众微笑致意，打破了假定性的"第四堵墙"，无言的共情一刻深深触动了观众的心弦，写意化的黑白影像获得了生命色彩。

二、英雄正剧的强类型化叙事

毋庸讳言，随着商业电影的发展，铁道游击队题材的影视剧出现了戏说风、喜剧风，如《飞虎队》《铁道飞虎》等，将严肃故事包装成爆米花电影，市场反响并不理想。《铁道英雄》扭转了这一创作倾向，以英雄正剧的态度重新演绎红色经典。英雄正剧是一种写实性剧作方法，以表现英雄人物的崇高品质和革命意志为艺术诉求，在于人物命运、事件结局的美学价值，法国戏剧理论家狄德罗称其为"严肃剧"。在叙事方式上，《铁道英雄》坚持英雄正剧的道德目的，融合了悬疑片、动作片、家庭伦理片等片种的类型元素，强化类型痕迹，实现艺术性、思想性和商业性的有机统一。将类型化元素融入红色经典叙事，通过类型化手段的介入，增加电影的戏剧张力，提升观影的视听感受，为新时代红色经典电影的发展与创新做了有益探索。

悬疑手法是强类型表现之一。悬疑类型元素一方面迎合了受众的审美，另一方面又提升了电影吸引力。如老洪与藤原首次交战，这时镜头快切，片刻间生成了"未知"情节，给观众带来强烈的压迫感和惊险感。悬疑元素的加入，客观上实现了导演采取新的方式、新的视角讲述故事的可能，使电影《铁道英雄》在情节铺排上，抓住观众视点的同时，又提高了观众"听"故事的沉浸感。影片开头展示了一段珍贵的历史影像，影片记录了日军在中国的侵略行为，为影片交代了环境。随之映人眼帘的是已被冰雪覆盖的会馆，会馆内灯火通明，一群日本特务正在和艺妓饮酒作乐，屋内的氛围被突然熄灭的灯光打断，三名黑衣人破门而入，果断干脆地杀掉三名敌寇后，留下"杀倭灭寇"字条转身离去。利落干脆的行动勾起了观众观影的兴致，留下疑问的同时，也为事件的发展做了铺垫。悬疑元素还可以增加观众观影心理上的情绪沉浸体验。比如，亓鲁和老洪等人在排队接种疫苗时，暗中传递"小纸条"，被藤原"注意"搜查，两人是否会被发现？身份是否会被暴露？当老洪将纸条扔进了医务纱布包中，目睹了这一切的小护士庄妍是否会拆穿他？这一系列情节设定都为观众埋下了疑惑的种子。此外人物着装、面部妆容、周遭环境所传带出来的黑白影像，构建了压抑紧张的视觉系统，有效营造了肃杀冷冽的悬疑氛围。

动作元素是强类型表现之二。动作类型元素的融入加强了影片的整体张力，为受众的观影心理提供了有效的情绪体验。"动作"作为构成电影画面的基本元素，其核心在于人物的行为表现。动作表现不仅是诉诸受众的视听感受，更是调动整个身体体验的过程。[1]影片《铁道英雄》中出现的打斗、刺杀、枪击、扒车等极具冲击力的动作，有效地营造出紧张激烈的氛围感，调动着观影者参与其中，一同享受这种"体验式快感"。激烈紧张的动作为受众打破银幕的"墙"，置身于故事现场，与游击队员感同身受，甚至产生恐惧的生理性反应。动作元素是拓展受众视觉体验感的关键因素，影片中铁道游击队的队员们冒着风雪穿铁轨、扒火车、炸铁路、劫取武器物资，惊险的动作不禁令观众把紧张体验提到了嗓子眼儿。动作元素还可以通过行为表现完成情节建构，推动叙事进程，从而完成叙事表达。铁道游击队的队员先后两次刺杀日寇，一是趁黑夜潜入火车站附近洋行人室刺杀寻欢作乐的日本军官，二是在行驶的火车上假扮宪兵队刺杀押运货物的日本士兵。这两处打斗情节短平快、稳准狠，凌厉干脆，丝毫不拖泥带水，不禁

---

[1]　　参见钟大丰《作为类型的动作片：动作、人物与情节》,《电影艺术》2017 年第 6 期。

让人大呼过瘾，既激起了观众的情绪，又为主线剧情发展做了铺垫。《铁道英雄》在动作设计上，没有上下翻飞的花架招式，没有拳拳到肉的武术动作，只有人与人之间的贴身肉搏，三五个镜头便交代一场动作戏，节奏行云流水。这样的动作设计与《刺客聂隐娘》颇为相似，聂隐娘为了保护聂锋和田兴，与元氏派出的刺客对决，还有聂隐娘与精精儿在白桦林短兵相接，侯孝贤通过凌厉写实的打斗动作塑造了一位绝世女侠。回到《铁道英雄》，无论是在火车上与日军搏斗，还是劫车枪战，观众通过动作展示看到的是一群有血有肉、有胆有识的铁道英雄。他们像中国古代的侠客那样心怀信仰，为民族大义英勇赴敌，提高了悲壮美学境界。

亲情元素是强类型表现之三。《铁道英雄》不仅讲述了战争的残酷、英雄的英勇，还用温情的笔触诉说了亲情，这种叙事方式为挖掘人物情感空间提供了更多可能性。《铁道英雄》无疑是一部过"硬"的电影，其硬核精神不仅表现在对历史的敬畏、英雄的敬重，更表现在对铁道游击队故事的重塑和表达。[1] 作为一部英雄正剧，影片在叙事上着重强调"中国精神"，展现英雄人物的崇高革命意志，整体的叙事氛围过于沉闷，低沉压抑的叙事会导致整体节奏过于紧绷，亲情元素的点缀会让影片的影调更为多彩立体。老王与小石头之间的父子之情，如同寒夜之中的一丝暖光，调和了影片过"硬"的严肃感，增添了人物的层次感，丰富了影片的情感空间。影片中老王和小石头两人一个是火车站台调度员、一个是火车车头锅炉工人，一个是老光棍、一个是孤儿，从刚开始两人关系的"没到时候"，到老王与小石头的"父子相认"，再到最终两人在火车上的英勇牺牲，两人的命运同火车紧紧地联系在一起。老王与小石头两者之间建立起特殊的"父子"关系，既充满叙事的吸引力，又蕴蓄情感的张力，父子情深的情节，为大雪纷飞的临城寒冬添加了一丝暖意。一个当时相当稀罕的苹果，一把常年随身携带的小刀，两个物件搭建起独身老王和孤儿石头之间的温情，在冰冷残酷的大环境下让人感受到浓浓的人情味。石头在"爹"的感召下开始向敌人反抗，并在生命最后一刻与敌人同归于尽。亓顺因哥哥的牺牲加入铁道游击队抗敌保卫家园，用自己

---

[1]　　参见李道新《〈铁道英雄〉的"硬核"与中国电影的自信心》，《电影艺术》2022 年第 1 期。

对枪械的研究，升级了队员手中武器的杀伤力，并在最后时刻给予藤原致命一击。庄妍在"亲情"的感召下投身革命，奔赴前线，成为驰援后方的战地蔷薇。亲情的感染唤醒了人们的反抗意识和民族意识，带来了极强的戏剧张力和情绪感染力。

三、三足鼎立式的圆形人物塑造

与之前铁道游击队题材电影不同，《铁道英雄》虽然还在塑造战斗英雄，但已不再单方面强调正面人物，或正面人物中的主要领导者形象，而是关注鲜活立体的平民英雄，甚至反派人物形象。老洪、老王、藤原三种不同人物形象相互对立，塑造出三足鼎立式的圆形人物。人物形象塑造的流变其实折射了不同时代受众的审美心理变化。《铁道英雄》中的人物塑造，并没有直接照搬历史中的真实人物，而是在尊重史实的基础上，进行了艺术化虚构。导演杨枫说："我拍的不是铁道游击队，而是八路军第115师的鲁南铁道队的抗战事迹，这是活跃在日本人掌控下的津浦铁路线上的一支抗日武装力量，成员都是平民老百姓。"[1]

《铁道英雄》中塑造最突出的英雄人物，莫过于张涵予饰演的铁路机修车间工长老洪与范伟饰演的火车站台调度员老王。老洪与老王，一明一暗、一刚一柔，一个负责实战、一个负责传递消息，一个铁血硬汉、一个笑面卧底，两人呈现出截然不同的英雄形象。老洪，正义、铁血、有胆识、有谋略、有领导力，犹如一名铁血战士，以火车为战场，带领兄弟们刺杀敌寇、劫取物资，破坏敌人运输线，给予敌人沉重的打击。相较于老洪硬汉战士的英雄形象，老王的"隐士"形象更具艺术表现力。影片中的老王，世故逢迎、圆滑坚忍、卧薪尝胆、外在懦弱、内在硬核。面对日本人时的哈腰点头和谄媚之笑，逢人便掏花生的嬉笑讨好，无不透露着老王这个人物的圆滑世故。这个看似不是英雄的英雄，在间谍身份被暴露后依旧冒死为同伴传递信息，识破汉奸跟踪在日军眼前干脆利落地丢

---

[1]   周慧晓婉:《导演说〈铁道英雄〉不是"铁道游击队"，范伟最爱父子戏份》，2021 年 11 月 17 日，新京报网（https://www.bjnews.com.cn/detail/163713961414729.html）。

手榴弹锄奸，身处险境依旧怒斥日寇的大义凛然。酒鬼的表象背后，是他忍辱负重，用酒遮脸，为民族大义，卑躬屈膝，刚柔并济的平民英雄形象。老王与小石头之间的父子情深，让观众看到了一个血肉鲜活的普通人，父子俩之间的温情满满的亲情线，为影片肃杀冷冽的氛围增添了浓浓的人情味和烟火气。在红色题材影片中，用小人物刻画英雄，英雄人物形象更加世俗化，更易与观众产生情感距离。

"英雄们无往不利，反派们则对英雄们的计谋后知后觉"[1]，观众对红色正剧中的反派形象依旧停留在以往的刻板印象中。秉承着对历史的敬畏和尊重，导演杨枫通过实地考察，查阅地方志以及相关党史等文献资料，最大限度地还原历史，再现真实事件和"真实人物"，致敬奋战在铁道上的英雄先烈，表达对历史的敬畏。如《铁道英雄》在日军人物形象塑造上，跳脱了为突出革命者的机智英勇，刻意把反派塑造成愚笨、粗鲁、傲慢、丑陋的扁平人物的窠臼，而是塑造了一个极具个性化色彩的立体的圆形人物，真实地展现了敌人的干练、强横与狡猾。通过强调日军与铁道队的冲突较量，凸显反派角色的强大狠辣。有了立得住的反派，正邪双方的对抗才会更激烈也更真实。铁道队在实力与武器装备上与日本侵略者相差悬殊，铁道游击队队员大多是出身普通的工人，缺乏作战经验且武器装备稀缺，而日本侵略者拥有精良的部队，先进的武器装备和丰富的作战经验。虽然铁道游击队势单力薄，但面对强大的敌人，他们毫不畏惧，有力地打击了敌人的嚣张气焰。敌人越狡猾越强大越能凸显铁道队的英勇无畏。以日本军官藤原弘一这个人物角色为例，他出场便着便装下车，以皮货商的身份深入市井，买通汉奸打听铁道游击队的活动轨迹，冒充铁道游击队杀害抗日群众制造恐慌，监视老王传递假情报，给予游击队沉痛的打击，种种行为无不透露出他的城府之深、智谋之高、手段之狠辣、心思之缜密。面对"难啃的硬骨头"，以老洪为首的铁道游击队队员在刺杀敌寇、劫取物资等行动中受到一定的阻碍，铁道游击队队员亓鲁等人相继牺牲，铁道游击队付出了惨重的代价。而恰恰正是敌我力量的悬殊、斗争条件的残酷，使老洪与老王等人激发起了强烈的革命斗志，坚定了自己的人

[1]　　高运荣、伊正慧:《从〈铁道英雄〉论基于历史事件的主旋律电影创作策略》,《电影文学》2022 年第 8 期。

生抉择和价值取向，让红色经典的影像表达具有了较强的时代性。

《铁道英雄》将小人物的抵抗与平民百姓的挣扎融入叙事，通过艺术化的创作，将观众带入历史战争的"记忆灼痛"中，完成了主流价值观的影像新表达。在宏大的历史架构上，用"小人物"展现"大作为"，"鲁南铁道游击队"作为平民英雄这一群体的缩影，其"作为"展示了主流价值观中的红色主题。在人物塑造和情节设计上，通过刻画以老洪、老王为代表的抗战先烈与以藤原弘一为代表的日本侵略者之间的对抗，更易与观众情感互通，实现主流价值观的传达。除此以外，次要人物形象塑造也比较鲜活立体，如小护士庄妍。她从开始不敢直视日军残杀同胞的血腥场面，到帮助老洪掩护情报、解救身负枪伤的老洪、冒着危险向铁道队员传递消息，庄妍走向了革命道路并完成了自我成长的蜕变，由最初的平民百姓到投身战场的英雄，其思想的觉醒，正是红色血脉的赓续。

四、结语

电影《铁道英雄》沿袭了新主流电影的美学模式，影像表达具有鲜明的当下性，实现了红色革命文化的创造性转化、创新性发展。在尊重历史、敬畏战争的原则基础上，用世俗化的英雄形象讲述具有时代气息的中国故事，弘扬了中华民族的英雄主义传统，进一步重塑了观众的审美认知。影片从小切口出发，将故事背景设置于枣庄临城火车站这一特定地域空间，将视角聚焦到平凡且普通的铁路工人身上。他们在残酷的战争年代，做出了无悔的人生抉择和理想追求。当教导员在废弃的火车车厢里，带领游击队队员面对车窗上的手绘党徽宣誓时，观众知道，中国主旋律电影的优良传统没有丢。太阳照在车窗上，党徽熠熠闪光，把人们对黎明的向往与崇高信仰艺术化地融合在一起，家国情怀在这里不再是概念化的抽象符号，而是革命理想照进历史时空的具体模样。时代在变，电影的形式风格也在变，但电影留给观众的历史记忆和精神血脉不会变。

《战国大学堂之稷下学宫》："百家争鸣"的复魅与赋形

邢祥虎　　冯玉莹

　　五集历史文化纪录片《战国大学堂之稷下学宫》先后登录爱奇艺、山东卫视和中央电视台纪录频道，经三大平台轮播后，备受关注，口碑不俗，广大网友和观众纷纷称赞其"真诚恢宏""涨知识，有水准""心驰神往，非常到位"。作为中国最早的官办大学——稷下学宫无疑是重大的文化IP，但改编自此的影视作品并不多见，而以纪录片语言复现这方精神宇宙，《战国大学堂之稷下学宫》更属首次。因此，该片具有填补历史空白之作用，其影视艺术价值显而易见。二十一载磨一剑，搜尽创意谋篇章，主创们以精益求精的艺术态度全景式再现了稷下学宫兴起、发展、繁荣与落寞的全过程，制作精良、气势恢宏、思想醇厚。在视听语言的带领下，观众重返战国历史现场，以全知视角领略儒家、法家、阴阳家、纵横家、兵家等诸子风流，见证"百家争鸣"，经历思想洗礼。观古今于须臾，抚四海于一瞬。纪录片以高度浓缩的影视时空，将抽象的价值观念与精神信仰具像化为一段段精彩故事，完成了国家主流意识形态与文化记忆的建构，传承了稷下文脉，传播了齐鲁文化。

一、历史影像的创新表达

　　历史文化纪录片由于肩负着讲述历史和传播文化的双重使命，以过去发生的事实或事物为观照对象，题材内容严肃，稍不留神就会落入形式沉闷单一的艺术窠臼。新世纪以来，随着纪录美学的发展和观众审美能力的提升，历史文化纪录片逐渐摆脱了以往的抽象呆板，从《复活的军团》《故宫》到《假如国宝会说话》等，可以看出，近年来中国历史文化纪录片已然呈现出一种全新的样貌。《战国大学堂之稷下学宫》汲取了同类纪录片之长，注重故事化讲述和电影化的造型手法，增强了纪录片的趣味性和观赏性。除此之外，它在人物形象的塑造、复合式叙事手法的运用以及文本内涵的挖掘等方面，更是超越了同类题材纪录片，做出了新的尝试。

（一）情景化表演再现历史人物

情景再现等故事化讲述手法越来越多地出现在历史文化纪录片中，这一手法也曾引发争议，有学者认为这种方式违背了纪录片的真实性与现实性。实际上，在不违背客观事实的前提下，情景再现的创作手法已然成为历史文化纪录片创作的新趋势。[1]其中演员扮演是历史文化纪录片常用的情景再现手法，比如《故宫》《圆明园》《玄奘之路》均采取此种手法。《战国大学堂之稷下学宫》也延续了这一传统，但有所创新突破，就是角色处理戏剧化、性格化，变扮演为表演。

表演化处理方式之一是让演员直接开口说话，用台词丰富视听语言层次，继而弥补历史时空，使人物活起来、生动起来。值得一提的是，片中所有对白台词均摘取自《韩非子》《孟子》《史记》《荀子》《资治通鉴》等历史典籍，并用字幕注明其出处，这样就保证了场景内容的准确性，避免过度戏说与编纂。这充分体现了创作者尊重史实，有一分证据说一分话的艺术态度与保持纪录片真实准确的观念立场。

表演化处理方式之二是演员职业化，起用有表演经验的专职演员而非素人进行表演。以往的历史文化纪录片多以全景或远景简单交代人物形象，毫无戏剧动作、表情动作可言，人物如同背景一般，只是概念化的存在。而在《战国大学堂之稷下学宫》中，演员则如同置身影视剧拍摄现场，承担起了重要的戏剧功能，调动一切表演因素去塑造历史人物。比如在第一集《初兴》中，齐桓公田午弑兄继位，内心充满了对权力游戏的恐惧与不安，演员调动微相表演，用一系列精妙

[1] 参见李劲松、周敏《浅谈电视纪录片叙事方法的创新》,《中国电视》2009 年第 11 期。

的神态细节和眼神细节，准确刻画了齐桓公即位之初的忐忑心境。加之特写镜头的运用，观众更能深入人物的内心世界，与之认同。再比如第二集《争鸣》里，孟子初次进谏齐宣王，规劝其施行仁政，并以牛羊衅钟的故事来激励齐宣王发现善心。在这段君臣论政的情节里，饰演孟子的演员应答如流，侃侃而谈，神色沉静，气度雍容，举手投足间尽显一代儒宗之神韵。

相较于《故宫》《敦煌》等的宏大叙事，《战国大学堂之稷下学宫》以个体人物为小切口，关注小写的历史。通过情境化的表演，把人物处理成引领观众重返历史现场的线索。李泽厚所言，个体的人总是出生、生活、生存在一定的时空条件的群体之中，总是"活在世上""与他人同在"。这种"与他人同在"的个体的历史，同时也是一种"小写复数历史"。[1]纪录片以小见大，以人物命运的小写历史折射出战国时期"百家争鸣"的大历史。

（二）"编年体"+"纪传体"的复合式叙事

早期的历史文化纪录片叙事风格趋于严肃，宣教色彩浓厚，曲高和寡。随着纪录片叙事风格的发展，线性叙事、板块叙事、交替叙事等更加多元化的叙事手法开始应用于历史文化纪录片，像《圆明园》《故宫》便采用了线性叙事，通过时间线索串联历史故事，而《故宫 100》则采取板块叙事，以地点为线索，讲述故宫中的 100 座建筑物及其历史故事。《战国大学堂之稷下学宫》不是单纯的线性叙事或板块叙事，而是采用复合叙事方式，在整体上采取"编年体"叙事策略，按时间先后顺序讲述稷下学宫创建、发展、衰落的全过程；每一集中则以"纪传体"方式展开，聚焦淳于髡、邹忌、孟子、荀子、邹衍、苏秦等稷下先生和韩非、李斯、叔孙通、董仲舒等各家诸子，利用人物经历重构"百家争鸣"的历史。

"编年体"是中国传统的史书体例，以年代次序为线索，在固定的时间或篇幅里组织情节、叙述故事，注重故事的完整性，时间的连续性，以及情节的因果性。《战国大学堂之稷下学宫》按照年代次序，讲述了从田午自立齐侯（前 374）

---

[1]　　李泽厚:《历史本体论》，北京：生活·读书·新知三联书店，2002 年，第 13 页。

到西汉初年（前134）200余年的学术思想变迁历史，由点到面，由表及里，层层铺开。每集开篇及节点性事件都以字幕卡的形式标注故事发生的时间、地点，竖版字幕渐显而出，模拟了古籍目录般的视效。在字幕卡的引导下，整部纪录片犹如一部徐徐打开的史书，让观众穿行于战国时空，目睹了稷下学宫150年的发展史。编年式书写不仅使得纪录片线索清晰，条理分明，而且还带来了另一重艺术效果，就是分集叙事的章回体结构。在每集的结尾，《战国大学堂之稷下学宫》通常会制造"预知后事如何，且听下回分解"的悬念效果，引发观众对下一集内容的期待。比如第一集结尾，淳于髡在城门口迎接远方来客，与之作揖寒暄："先生别来无恙。"第一集就此结束，并未交代客人是谁，给观众留下了期待悬念。第二集开篇再揭示人物身份，从而使得整部纪录片环环相扣，节奏紧凑。

虽然全片呈现"编年体"结构，但就单集而言则以"纪传体"的方式展开，集与集之间既相互联系又自成一体。每一集以具体的人物个体为核心，挖掘其与稷下学宫的学缘关系，展现战国诸子们的稷下经历，并重点阐发其学术思想，为观众还原了稷下先生们的精神成长史，形成了一篇篇战国知识分子影像传记。如博学多才滑稽善辩的淳于髡，追求仁政而不得志的孟子，三次担任稷下学宫祭酒的荀子，纵横捭阖的战国策士苏秦，以法治国的李斯，因时而变的叔孙通等。古罗马诗人贺拉斯认为："你自己先要笑，才能引起别人脸上的笑，同样，你自己得哭，才能在别人脸上引起哭的反应。"[1]《战国大学堂之稷下学宫》里的演员在体验派表演观念的引导下，深入角色，感受情绪，为观众塑造了一个个具体鲜活的战国人物，赋予他们喜怒哀乐的感情变化。这不是冷冰冰的"美"，而是能立在观众心目中，成为独特的"这一个"的美。这个"美"始于感情，终于感情，足以打动观众，并给予观众美感的力量。

（三）学术化品格的彰显

作为一部历史纪录片，仅具有观赏性和趣味性是不够的，它还应当传递出一定的内涵信息并承载相应的文化知识。形式上的创新不能取代作品文化内涵的建

---

[1] ［古罗马］贺拉斯：《诗艺》，杨周翰译，北京：人民文学出版社，1982年，第142页。

构和精神思想的传达，观众对于知识与信息的渴求，已经成为纪录片的内在要求和发展动力，感官上的刺激过后，唯有精神上的陶冶与启迪才能使纪录片获得永恒的生命力。

首先，对精英立场的坚守形成了纪录片《战国大学堂之稷下学宫》特有的文化内涵与思想膏壤。众多思想在稷下学宫汇聚，其中儒学不断吸收各家所长，经过历代学者的传承与发展，成为中华文化的主流和正统思想。创作人员在诸子百家中选择以儒家作为表现重点，通过展现儒学发展过程中所面临的困难、挑战与机遇，向观众传播"仁义礼智信"等主流思想与精英文化的价值观念，体现出历史文化纪录片所具有的崇高性话语立场。在精英权力话语下，更好地借助主流媒体平台进行传播，使观众在潜移默化中感受儒家思想的底蕴与魅力。

其次，专家学者们的点评建构起当今时代的"百家争鸣"气象，与稷下学宫诸子百家的思想争鸣遥相呼应。该纪录片采访学者专家十余人，有历史学家、文物专家、教授学者、齐文化研究者、博物院院长以及历史文学作家等，众多来自不同领域的专家就相关历史问题，发表各自的见解，实现了多角度还原与解读历史。例如李斯与韩非的同门厮杀问题，各位专家分别从不同的角度，阐释了形成这种结局的历史原因。再如儒学与法学治国思想的对比，不同学者对其进行深入浅出的解读，不仅使纪录片观赏性强，而且引导观众从更高层次上看待历史问题，追问历史真相。专家学者的思想交锋，让纪录片充满思想张力与文化品位。

二、文化记忆的唤醒与传承

文化记忆属于集体记忆的一部分，是一个集体性质的概念。阿莱达·阿斯曼认为文化记忆关注的是过去中的某些焦点，它以集体起源的历史文化为记忆对象，指所有通过一个社会互动框架指导行为和经验的知识，都是在反复进行的社会实践中一代代地获得的知识。历史文化纪录片聚焦历史事件以及社会变迁，如同一面"记忆的镜子"，对过去的事件进行非直接的复杂反射，纪录片《战国大学堂之稷下学宫》通过历史记忆场所的搭建和文化符号的隐喻，试图带领观众重回"历史的现场"，唤醒观众的文化记忆。

（一）3D 复原历史建筑，搭建记忆场所

跨时空场景连接可以激活受众在特定时空中的特定记忆，对特定时间里的特定事件产生情感继而产生认知。也就是说，当人们置身于特定的历史场景时，如同身处于"记忆场"之中，可以触发对过去回忆的建构，从过去找寻民族身份一致性的认同。对于历史文化纪录片而言，要想使观众获得认同感，进入记忆现场，关键是记忆空间的选择与场景的搭建。《故宫》前两集"肇建紫禁城""盛世的屋脊"便聚焦恢宏雄伟的宫廷建筑，这些物理空间形成了中华民族的"记忆之场"，承载了中华民族的历史记忆。毋庸置疑，稷下学宫必然是《战国大学堂之稷下学宫》的主要叙事空间，必须予以重现。创作人员根据考古勘探资料，利用数字 3D 技术，于系水河畔复原了稷下学宫建筑群。建筑群规模庞大，高门大屋，整饬有序，巍然屹立，中心学宫雄伟壮阔，其余院落如星斗般环绕四周。特写镜头里的宫殿、稷门、飞檐、亭台均体现出齐国建筑的艺术风格与特色，建构起具有民族特色的历史场景。文化学者指出，只有使过去复活，一个民族才能存活。观看这种"复活"的影像，观众会激活内心深处的记忆，实现历史记忆的空间重构。

阿莱达·阿斯曼认为，每个文化体系中都存在着一种"凝聚性结构"。在时间层面上，它把过去的重要事件和对它们的回忆以某一形式固定和保存下来，并不断使其重现以获得现实意义，这样它就把过去和现在连接在了一起。[1] 纪录片《战国大学堂之稷下学宫》既注重历史空间的重塑，又关注现实空间的再现。稷下学宫位于齐国国都临淄稷门外，也就是今天山东省淄博市临淄区齐都镇小徐村西。航拍镜头展现了稷下学宫的建筑基址群，兀然矗立的"稷下学宫遗址"石碑提醒人们，这片绿油油的农田便是昔日的稷下学宫，今天虽然寂静无声，但 2000 多年前这里却高谈阔论，人声鼎沸。镜头在现实场景与 3D 场景间叠画切换，制造了一种"凝聚性结构"，把现实时空与历史时空交织在一起，形成了文化记忆。除此以外，纪录片还拍摄了孟庙孟府、荀子文化园等历史古迹，这些纪念性场所与稷下学宫一道，打开了人们的"热"回忆，一种可以回溯到时间深处的连续性

---

[1] 参见［德］阿莱达·阿斯曼《回忆空间：文化记忆的形式和变迁》，潘璐译，北京：北京大学出版社，2016 年，第 12 页。

想象，社会成员之间借此获得了文化认同。

（二）借助符号隐喻，传承文化记忆

纪录片对于文化记忆的呈现与建构，离不开特定的文化符号。符号被认为是"携带意义的感知：意义必须用符号才能表达，符号的用途是表达意义"[1]。像雕像、墓碑、文物等都是被赋予象征意义的文化符号，具有特殊的纪念意义。对于历史文化纪录片而言，要呈现文化记忆，就必然要展示众多文化符号，搭建起历史与现实之间的桥梁，借助符号隐喻，完成文化记忆的重塑。如《如果国宝会说话》中所选取的每一件文物都具有独特的象征意义，像后母戊鼎代表了高度发达的商代青铜文化；红山玉龙作为万物同源的象征，展现了中华民族共同的精神信仰。

纪录片《战国大学堂之稷下学宫》中出现的场景、道具、服饰等均成为具有象征意义的符号，渗透着特定的文化价值与内涵。如带有"齐"字的旌旗影像在片中多次出现。在战场上，旌旗是使命必达的象征，激励着齐军英勇作战，所向披靡。在齐王宫内，旌旗作为国家意志的象征，更是随处可见。齐宣王与孟子商讨伐燕事宜时，背景画面处旌旗猎猎，此处的旌旗既是齐宣王身份的象征，也暗示了齐国合纵连横的野心。齐湣王时期，乐毅率领五国联军伐齐，把战火烧到临淄城下，齐国差点亡国。特写镜头拍摄了战场上散落残破的旌旗，暗示了齐国的陨落。很显然，稷下学宫兴衰沉浮的命运紧紧系于齐国国力，齐威王齐宣王时期，齐国国力达到顶峰，稷下学宫聚集着天下各家各派的学者近千人，先生们不治而论，盛况空前。而齐湣王齐襄王时期，齐国急剧衰落，国力一蹶不振，稷下学宫冷清萧条，日渐凋零，先生们逐渐散去，百家争鸣已成历史绝唱。因此，作为视觉表征符号，旌旗影像是学宫命运及学术状态的一种能指，一种意义编码。通过隐喻这种视听修辞手法，观众与影像生产者在"事物""符号"和"概念"间建立协商式解读关系，产生"共享的意义"——文化观念。再比如，第五集《垂统》中多次出现叔孙通手持玉佩的特写镜头，作为另一个视觉表征符号——

---

[1]　　　赵毅衡：《符号学原理与推演》，南京：南京大学出版社，2011年，第1页。

玉佩隐喻了叔孙通儒家君子的内心修养。正如孔子在《礼记·聘义》中所言："夫昔者君子比德于玉焉。"[1] 受儒家思想的影响，中国人自古就垂青于玉，以玉之"十一德"作为自己为人处世、洁身自爱的标尺，因此佩戴玉器就套上了一层人文主义光环。纪录片中以玉佩象征叔孙通隐忍于世，因时而变的品质，以及他在乱世中对儒学的初心坚守。

空间是古今同构的记忆现场，物件是文化传承的符号载体。《战国大学堂之稷下学宫》借助历史场景的复原、文化符号的表征，建构起群体的文化想象，丰富了该片的历史感与文化感，这是建立在全体社会成员共同知识系统与共同记忆基础之上的社会归属性意识。

三、主流意识形态的建构与传播

纪录片作为一种文化形式，始终参与意识形态的建构过程，并在潜移默化中影响观众的思想意识与价值观念的形成。英国纪录片运动的旗手约翰·格里尔逊早在 20 世纪 30 年代就把纪录片看作意识形态的工具、启蒙的工具，他对纪录电影的关心更多地来自"社会"的关心，除了关心艺术价值，还关心宣传价值。因而他强调纪录电影是一把榔头，而不是一面镜子。

（一）讲述神话的年代与大写的"主体"

历史文化纪录片再现和还原的是过去某段时间的历史事件，纪录片创作者在文献史料、出土文物、考古遗迹的帮助下，对过往历史进行创造性的处理，如"细节化""情景再现"等。该类型纪录片承载着历史对现实的影响，折射了今人对历史的态度，具有鲜明的"新历史主义"特征，强调了一种对历史文本加以释义和政治解读的文化诗学观念。正如美国电影理论家布里恩·汉德森所说，文学、电影、电视等文化产品"重要的是讲述神话的年代，而不是神话所讲述的年

---

[1]　　陈澔注，金晓东校点:《礼记》，上海：上海古籍出版社，2016 年，第699 页。

代"[1]。也就是说，创作生产文化产品的现实背景远比文化产品中作为素材的历史故事重要。同样，对于《战国大学堂之稷下学宫》而言，重要的不是战国时期"百家争鸣"的思想史以及稷下学宫的兴衰史，而是纪录片创作者所置身的当下社会现实语境——坚定文化自信。在当下大力推动中华优秀传统文化创造性转化和创新性发展之际，《战国大学堂之稷下学宫》具有鲜明的时代症候，为新时代社会主义文化建设赋能，做到了当代化表达，增强了全社会的主流话语凝聚力。

法国哲学家阿尔都塞认为，意识形态建构的关键就是将个体"询唤"成主体。这种"询唤"的过程不是简单的"刺激—接受"的过程，而是一种"教化"和"暗示"的过程。[2]创作者将主流意识形态如盐入水般融入纪录片的题材选择与内容创作过程中，深埋于纪录片的内核表达中，观众受到影视作品的"询唤"，与影像意识形态产生想象性的认同，原子化存在的个体便塑造为"大写的主体"。《战国大学堂之稷下学宫》通过对稷下学宫的历史书写，再现了战国时期学术思想的大碰撞大交融，形塑了自由开放、兼收并蓄的中华文明精神。稷下先生们咨政议政，主动参与国家治理，体现了知识分子尤其是儒家学派积极入世、"修齐治平"的圣贤理想。观看这样的纪录片作品，观众很容易将自我代入影像情境，从中感受到了中华优秀传统文化的当代价值，并激发起继承与弘扬中华优秀传统文化的内心渴望与精神动力。一代人有一代人的责任，一代人有一代人的担当。新时代的中华儿女，尤其是青年一代必须补足精神之钙，主动与中华优秀传统文化认同，坚定文化自信，把自己建构为合乎主流意识形态要求的时代新人，像稷下先生们那样，胸怀国之大者，堪当民族复兴大任。

（二）全球视野下的中华文化形象塑造

一直以来，作为国产纪录片类型市场的重点板块，历史文化纪录片扮演着凝聚社会共识、传播文化知识的关键角色，是国家和民族最经典最厚重的档案相册，在跨文化交往中发挥着桥梁和纽带的重要作用，是讲好中国故事、传播中国

---

[1] ［美］布里恩·汉德森:《〈搜索者〉—— 一个美国的困境》，戴锦华译，《当代电影》1990 年第 4 期。

[2] 参见史可扬编著《影视批评方法论》，广州：中山大学出版社，2009 年，第 51 页。

声音的有效载体。《丝绸之路》《敦煌》《中国》等纪录片站在全球化的视野回望中国文化，展现了自信从容的大国形象，体现出历史文化纪录片独有的开阔视野和恢宏气度。《战国大学堂之稷下学宫》同样以全球化的视角，阐述了中华思想文化的源流。第一集开篇就高屋建瓴，放眼全人类文明，将中国的礼乐传统与古希腊文明、印度的吠陀传统并置在一起，称其为轴心时代伟大的精神觉醒。而片尾又把稷下学宫与雅典柏拉图学园这两座几乎同时建立的学术机构进行跨时空对比，利用蒙太奇艺术手法，交叉组接稷下学宫遗址镜头与柏拉图学园遗址镜头，指出二者同为世界文明中心。创作者跳出中国看中国，以世界文明共同体的宏观立场讲述中国故事，定位稷下学宫，观照齐鲁文化。

儒家思想是齐鲁文化的主流，也是中华文明贡献给世界的宝贵精神财富。因此讲好中华文化故事，势必要讲好儒家思想故事。《战国大学堂之稷下学宫》重要的一条叙事线索就是交代儒家学派的发展史。"诸子百家思想能够大放光彩，就是因为在稷下学宫相互融合交流，特别是儒家思想在这里吸收各家思想后，成为中华文化的主干。稷下学宫不仅成就了诸子百家，更是成就了儒学。"[1]纪录片梳理出孟子—荀子—叔孙通—董仲舒这样一条儒家学派发展脉络，自此，中华思想文化"大一统"的格局基本奠定，并影响了此后近2000年里中华文化的道统走向。兼容并包是儒学的文化基因，传承弘扬儒家文化重要的是自觉传播兼容并包的精神。因此，《战国大学堂之稷下学宫》给世人的启迪远不只百家争鸣的学术自由，而更应该是培养一种民族意识，就是在世界各民族交往交融的过程中，我们要尊重文化差异，美美与共，共同塑造起一个开放包容的中华文化形象。

四、结语

文艺复兴时期，意大利画家拉斐尔创作了传世名画《雅典学院》，再现了古希腊时期柏拉图学园内哲学、语法、修辞、逻辑等七种学术流派自由交往、民主

---

[1]　《大型文化纪录片〈战国大学堂之稷下学宫〉恢弘开播》，2020年1月4日，舜网（https://news.e23.cn/yule/2020-01-04/2020010400103.html）。

讨论的生动场景，高度赞扬了人类追求智慧和真理的理性精神。500 多年后，中国纪录片工作者也重现了一幅百家争鸣的壮丽画卷，在《战国大学堂之稷下学宫》里，观众同样感受到了中国早期思想的光芒，领受到了东方文明初绽的荣耀。一东一西，一古一今，人类总是孜孜不懈地寻求恰当的艺术语言来向先贤圣哲致敬，向传统文化礼赞。以《战国大学堂之稷下学宫》为代表的历史文化纪录片主动承担起文化传承的责任与使命，在新时代影视美学观念的指导下，坚持故事化表述、风格化展示、当代化表达，复魅历史本来原貌，激活了传统文化的先进因子。"文章合为时而著，歌诗合为事而作。"《战国大学堂之稷下学宫》就是采取了这种现实主义艺术观念，借助历史影像烛照现实，思考中华文明对世界文明的历史意义和现实价值。历史与现实、当下与过去不是彼此孤立，彼此遮蔽，而是彼此融通。"谁掌握了过去，谁就掌握了未来；谁掌握了现在，谁就掌握过去。"[1]观看《战国大学堂之稷下学宫》，我们已经掌握了百家争鸣的过去，在荧屏上回望这段思想历史，也就占领了未来话语空间。相应地，表达好当下交付的时代命题，我们就有足够的底气面对过往。

[1]　　　　[英]乔治·奥威尔:《1984》，谢高峰译，北京：开明出版社，2018 年，第 296 页。

文化记忆·普及美育·化育人生：
中小学影视教育价值的三度面向

邢祥虎　王思懿

　　自影视艺术诞生伊始，就因自然美、社会美、人文美等多元艺术表达成为最受大众欢迎的综合艺术样式。优秀的影视作品更是通过丰富的故事题材和精湛的视听语言，来表达思想深刻的主题意蕴，使之具有强大的艺术感染力和学科教育价值。互联网技术的迅猛发展，把影视艺术的优势进一步放大，越来越便利的观影环境大大增加了受众，尤其是中小学生接触影视作品的机会。这无形中推动了影视教育进中小学校园、进基础教育课堂的进程，与语文、数学、英语等主要学科一道搭建起现代素质教育体系。因而，开展普及中小学影视教育对促进学生全面成长成才具有重要价值和深远意义。2018年，教育部、中共中央宣传部联合印发文件，对中小学影视教育进行了通盘部署，提出了未来3—5年的主要工作任务。《教育部　中共中央宣传部关于加强中小学影视教育的指导意见》指出，加强中小学影视教育"对于激发学生对党、国家和人民的热爱，增强对'四个自信'的理解与认同，对于从小养成良好思想道德、心理品质和行为习惯，形成正确的世界观、人生观、价值观，对于提高学生审美和人文素养，形成健康文明的生活方式等具有重要意义"[1]。

----

[1]　《教育部　中共中央宣传部关于加强中小学影视教育的指导意见》，2018年12月24日，中华人民共和国教育部（http://www.moe.gov.cn/srcsite/A06/s3325/201812/t20181224_364519.html）。

一、建构文化记忆，增强文化自信

习近平总书记在党的十九大报告中指出："没有高度的文化自信，没有文化的繁荣兴盛，就没有中华民族伟大复兴。"[1]文化自信与道路自信、理论自信、制度自信共同构成中国特色社会主义"四个自信"的价值谱系，被写进中国共产党章程。"文化自信是一个民族、一个国家以及一个政党对自身文化价值的充分肯定和积极践行，并对其文化的生命力持有的坚定信心。"[2]坚定文化自信，既是对中华民族上下5000年悠久文明的传承，也是对党领导人民在探索奋斗中创造的革命文化、社会主义先进文化的弘扬，为中国特色社会主义的向前发展打下精神根基。

在全媒体时代，影视艺术是最受大众欢迎的艺术类型，承载着传递国家话语与社会主流文化的重要使命。"青少年通过视听的锻炼，能够更快地掌握认识世界的方法，并且借助影视扩大视野，培养贴近网络的视觉认知，从而更加贴近现代影像创造的趋势。"[3]中小学生是社会主义的未来建设者、中华民族优秀文化的传承者，更是中华民族伟大复兴历史任务的接力者。优秀的影视艺术作品肩负引导主流文化、构建社会主义核心价值观以及传承中华民族优秀历史文化的重要使命，对中小学生文化自信的坚定和文化素养的提升大有裨益。因而，现代教育应当加强完善对中小学生影视教育体系的建设，拓宽观影渠道，精选影片题材，积极组织学生观摩弘扬中华优秀传统文化、革命文化和社会主义先进文化的影视作品，构建中小学生的个体文化记忆，强化中小学生的文化自信，使其自觉以主流文化价值观引导言行，实现对中华民族优秀文化的传承发展。

中国作为四大文明古国中唯一的现存者，有着连绵不断的传统文化，随历史长河涓涓流淌，越发泱泱彧彧。璀璨的历史文化为艺术创作提供了丰富的素

[1]　习近平:《决胜全面建成小康社会 夺取新时代中国特色社会主义伟大胜利——在中国共产党第十九次全国代表大会上的报告》，北京：人民出版社，2017年，第41页。

[2]　新华网"学习进行时"工作室编:《学习进行时——不忘初心 继续前进》，北京：新华出版社，2017年，第26页。

[3]　周星:《青少年影视教育的历史使命与实施路径》，《浙江师范大学学报（社会科学版）》2019年第2期。

材，因而弘扬中华民族优秀传统文化也成为许多影视作品的精神内核。传记历史电影《孔子》讲述诸侯征战的东周末年，儒家思想先圣孔子奔走在列国之间，希望以超越时代的思想智慧影响春秋时期历史进程的故事。影片内蕴丰富的传统文化和深沉的儒家思想，既探讨了残酷麻木的殉葬制度，又展现了春秋时期独特的建筑风格；既解读了孔子一生推崇的"仁义礼乐"的思想体系，又表达了"己所不欲，勿施于人"的处世哲学。中华传统文化的内在价值对青少年文化认知的教育具有重要导向作用。学生们在观影过程中，能真切地感受儒家思想的丰厚内涵和传统文化的独特魅力，形成良好的文化素养和坚定的文化自信。弘扬传统文化的影视作品并不仅仅局限于史诗题材，国产动画电影《大鱼海棠》将中国传统文化与动画手法相结合，成就了一部口碑佳作。影片的角色设计、建筑风格、物件细节，处处凸显中华民族传统文化的元素。以角色设计为例，三位主角中，椿和鲲的名字均取自道家经典《庄子·逍遥游》一文，湫则源于战国名篇《高唐赋》。女主角椿如庄子所说"上古有大椿者，以八千岁为春，以八千岁为秋"，暗示她漫长的生命。鲲的名字则来自"鲲之大，不知其几千里也"这句话，表现了他为救人而不畏牺牲的强大内心。而"湫兮如风，凄兮如雨"这句意境凄清的辞赋也最终成为为爱牺牲的湫的命运写照。这些设定增加了电影的历史文化厚重感，给予学生传统文化浸润式的学习体验，通过建构个体文化记忆，激发学生内心对传统文化的热爱以及对传统文化传承的责任感。

百年前的五四新文化运动使新思想的星星之火出现在国家危亡、满目疮痍的中华大地上，在进步青年的领导下渐成燎原之势。党领导人民在革命战争年代共同创造了极具中国特色的先进文化，即革命文化。"革命文化既是中华民族革命斗争历史的高度文化凝聚，也是中国精神在革命年代的主要表现形式，寄托着各族人民对美好生活的向往。"[1] 近些年来，革命历史题材的"红色经典"影视作品在荧屏、银幕上热播，已成为一种重要的文化现象。"建国三部曲"(《建国大业》《建党伟业》《建军大业》)作为弘扬革命文化的经典系列电影，分别讲述了新中国成立、中国共产党成立、中国共产党领导的人民军队建立这三大惊天动地的历

---

[1]　　汤玲:《中华优秀传统文化、革命文化和社会主义先进文化的关系》，《红旗文稿》2019 年第 19 期。

史事件。在《建国大业》中，中小学生们能够全景式回顾新中国成立的艰辛过程；在《建党伟业》中，看到革命先烈满腔热血、挥斥方遒的探索救国之路；在《建军大业》中，感受前仆后继、不畏牺牲的革命精神。此类弘扬革命文化的优秀影视作品能培养青少年的爱国主义情感，维护青少年的民族自尊和文化自信，推动青少年积极投身于社会主义的建设中。

自新中国成立后，党领导人民从站起来到富起来，再到向强起来的目标不断迈进。在大力发展社会主义意识形态的过程中，产生了内涵深远的社会主义先进文化。"社会主义先进文化是在党领导人民推进中国特色社会主义伟大实践中，在马克思主义指导下形成的面向现代化、面向世界、面向未来的，民族的科学的大众的社会主义文化，代表着时代进步潮流和发展要求。"[1] 在中小学生影视教育课程的开展中，应当主动选择弘扬社会主义先进文化的优秀作品进行观摩，如《离开雷锋的日子》《中国合伙人》《战狼》《十八洞村》《我和我的家乡》等。在这类影片中，集锦式影片《我和我的祖国》因其独立成篇的结构更适合中小学课堂播放。作为新中国成立70周年的献礼片，该片以七个新中国成立至今的重要事件，讲述普通民众与祖国息息相关的经历。从科研人员到女排教练、从阅兵女飞行员到香港回归的升旗手、从出租车司机到汶川遗孤，影片以小人物为切入点，展现大时代，以社会主义先进文化感染、教化学生，使其在强烈的民族自豪感中建构文化记忆，进而强化全国青少年的民族凝聚力。

二、与经典艺术共鸣，普及美育教育

艺术教育的历史源远流长，早在先秦时期，儒家先贤孔子就提出过"礼乐相济"的思想理论，把当时符合儒家之礼的艺术看作道德教育的一种特殊方式。古希腊哲学家柏拉图也认为审美教育应当从属于道德教育。18世纪德国美学家席勒在《美育书简》这一美学理论名著中，首次提出了"美育"这一概念，并且系统

---

[1]　汤玲:《中华优秀传统文化、革命文化和社会主义先进文化的关系》，《红旗文稿》2019年第19期。

地阐述了他的美学思想，此后美育的概念和地位不断延伸发展。美育的核心是艺术教育，它的根本目标是培养全面发展的人。"艺术教育承担着开启人的感知力、理解力、想象力、创造力，使人的内心情感和谐发展的重任。艺术教育是实施美育的主要手段。"[1]

中小学生正处于审美建立的重要阶段。全球化的趋势推动科技飞速发展，将大众带入网络高速、万物互联的 5G 时代，这使得大部分学生能通过笔记本电脑、平板电脑、智能手机等移动互联终端，轻松接触到各式各样的影视作品。当前影视行业空前繁荣，但与此同时，产品生产的快节奏也导致影视作品出现良莠不齐、部分同质化严重甚至扭曲道德标准和艺术标准的现象，极易对学生造成不良影响。因而这一阶段的首要任务是提高中小学生的审美鉴赏能力和人文素养，培养他们鉴别是非、善恶、美丑的能力，引导树立正确的审美观。优秀的影视艺术作品能给予学生丰富的审美体验，使其感受艺术形象中蕴含的艺术魅力，同时培养学生自觉抵制低级庸俗趣味的能力、抵制现实生活和网络世界中假恶丑的能力。在中小学课堂开展影片观摩时应选择经典影视作品，使学生在视听影像的感染中获得以下三个方面的美育知识。

首先，学生在参与影视艺术欣赏活动中，能够得到音乐、舞蹈、美术、诗歌等多门经典艺术知识的普及，感受艺术形象蕴含的理想美。正如《至爱梵高·星空之谜》通过呈现梵高一幅幅极具特色的经典画作，使学生领略到西方油画的造型魅力，领略到后印象派绘画用色彩表达创作者主观情绪的艺术魅力。网络短纪录片《此画怎讲》精选中国美术史上 14 幅巅峰之作，利用幽默诙谐的网络语言普及名画鉴赏知识，把枯燥的美术史演绎为趣味横生的故事桥段，十分贴合中小学生的欣赏习惯和接受心理。在观影过程中，学生跟随影片学习了各门类艺术知识，并能从专业视角来欣赏艺术作品，艺术修养和鉴赏能力得到逐渐提高。其次，学生在艺术欣赏这种精神自由的活动中，还能激发丰富的想象力和无限的创造力。比如音乐电影《寻梦环游记》以怀揣音乐梦想的 12 岁男孩米格为视点，讲述了他在亡灵世界开启了一段奇妙冒险旅程的故事。该影片塑造了亡灵世界各

[1]　　　　　　彭吉象:《艺术学概论（第 4 版）》，北京：北京大学出版社，2015 年，第 49 页。

处光怪陆离的场景，呈现给学生丰富有趣的视听奇观。观看这样的影片，能充分解放中小学生的艺术天赋，放飞天马行空的创意想象，用无拘无束的艺术语言去探索自己心目中未知的神秘世界。最后，由于艺术是审美情感的集中体现，优秀的影视艺术作品能陶冶中小学生的性情，塑造完美的人格个性，在现实生活中诗意栖居。中小学生们在《音乐之声》《爱乐之城》一首首悦耳动听的歌曲中体会爱与理解的可贵；在《黑天鹅》的女主角妮娜优雅轻盈的舞姿中见证她内心世界的变化和人生命运的走向；在《戴珍珠耳环的少女》中，透过精美的画作触及画家难以言说的情感世界；在《掬水月在手》中，置身于叶嘉莹先生历经坎坷仍心性坚韧，追寻初心的传奇人生，去体味古典诗词恬淡闲适的意境以及吟诵之美。

总之，内涵丰富、风格鲜明的影视艺术作品，能悦情悦志，拓宽中小学生的艺术视野，养成良好的审美习惯，提升他们的审美鉴赏能力和艺术认知，促进个性解放，成长为有格调有品位的人。

三、化育人生品格，淬炼健康身心

《论语·子张》云："执德不弘，信道不笃，焉能为有？焉能为亡？"《三国志》有言："勿以善小而不为，勿以恶小而为之。"古往今来，主张重视道德修身的思想不胜枚举，经久不衰，可见道德对人格塑造的重要性。现代社会认为道德是人们共同生活及其行为的准则和规范，对社会生活起着约束作用，是衡量个体人格的重要标准。高尚的道德品质帮助个体树立正确的人生观和价值观，心怀爱国理想和远大抱负，以自律的言行和乐观的心态面对生活，是塑造完美人格、维护社会稳定所不可或缺的要素。"十年树木，百年树人。"道德教育一直是我国现代教育体系中永不缺席且极为重要的一环。党的十八大以来，立德树人更是作为我国教育的根本任务越来越成为理论研究和实践变革的焦点。中小学生正处于人生观、价值观、世界观逐步确立的过程中，如不加防范，网络上潜伏的部分鼓吹拜金主义、利己主义甚至带有极端反动情绪的影视作品很有可能趁虚而入，对中小学生的人格养成造成负面影响，因而在全国中小学开展影视教育具有迫切性。影视教育课程可以通过精选蕴含亲情、友情、爱国主义情怀题材的优秀影视作品，寓教于乐，使学生在愉悦的观影体验中获得主流价值观的正面引导，体悟温暖人生，领略人性光辉，成长为具有完美人格的优秀青年。

作为影视教育的经典片例，许多学生都观看过法国音乐电影《放牛班的春天》。影片讲述失意音乐家马修来到乡下的一家辅育院担任音乐教师，面对疏于管教、调皮作乱的学生，他不但没有放弃他们，反而真心以待、因材施教，通过组建合唱团打开孩子们封闭心灵的动人故事。马修与孩子们之间亦师亦友的亲密师生情、皮埃尔母亲对他宽和包容的母爱、孩子们彼此陪伴成长的友情，如春日暖流一般沁人心脾，使观影者在孩子们动听的歌声中真切地体会到世间真情的可贵，在享受电影视听盛宴的同时，得到心灵的净化与升华。《那山那人那狗》镜头优美，意蕴隽永，刻画了父子之间若即若离的人伦亲情，不善言表的中国式感情最能打动人心，也最能俘获青少年学生的胃口，是改善亲子关系最好的教育片例。学生在山水画般的影像世界里，既理解了父亲的良苦用心，又见证了儿子态度的转变。乌鸦反哺，羔羊跪乳，当儿子背起父亲蹚过河水时，学生们瞬间感觉儿子长大了，肩上扛起的不仅是人伦亲情，更是对职业的尊崇与敬畏。类似的影片还有很多，如《美丽的大脚》《一个都不能少》《我们诞生在中国》《桃姐》《送你一朵小红花》《哪吒之魔童降世》等。除了亲情和友情，爱国主义情怀对塑造青少年高尚的道德素养和人生品格同样重要。讲述几代中国女排为国家荣誉而不屈不挠、不断拼搏的电影《夺冠》，唤起了一段充满温暖和力量的全民回忆。炎炎夏日，郎平等女排队员在闷热的训练场里一次次练习接发球，膝盖和手臂上满是伤痕，状态不佳，队员朱婷压力大到躲在一旁哽咽难言，哭过之后仍擦干眼泪快速投入备战中。奥运赛场上，女排姑娘们凭借高超的技术、强大的内心和团结的精神最终站上领奖台。这一幕幕画面具有强大的情绪感染力，使学生感受到中国女排坚韧不拔的精神，激发内心的爱国主义热情和民族荣誉感，在影像力量的化育下，树立正确的三观，形成知大善大爱、立大志大德的人生品格。

四、结语

加快推进影视教育进课堂是贯彻落实两部委文件的重要举措，当下的新媒体手段为中小学开展影视教育提供了良好的技术环境，共享视频网站、海量在线资源、5G 移动通信、WIFI 热点，这些硬件环境已经在理论上实现了 4A 式影视教学（Anyone、Anytime、Anywhere、Anystyle）。因而，决定中小学影视教育成败的关键因素不是教育技术壁垒和设备设施，而是恰当的影视教育策略，从建构学习者合理的知识结构出发，满足中小学生成长成才的内在需求，以此为目标来驱动影视教育落地见效。影视教育不是放松娱乐，也不是急功近利的加分考核，教育行政主管部门、学校、教师、家长等影视教育执行者必须端正认识，认真思考并正确对待影视教育的价值属性。作为素质教育的有效手段，影视教育在欧洲已经取得长足进步，法国等欧盟国家十分重视影视教育，除了面向大学的专业影视教育，还有面向幼儿、青少年等基础学段的通识教育。2014 年，美国发布了《国家核心艺术标准》，用于指导学校课堂中的艺术教育。除了舞蹈、音乐、戏剧等传统艺术样式，该标准还开列了媒体艺术、视觉艺术两个新兴艺术样式，帮助幼儿园前到高中阶段的学生开展艺术教育。与国外相比，我们国家的艺术教育尤其是影视教育起步较晚，但只要认识到影视教育的重要性，厘清影视教育价值的三重功能就会从思想认识上取得决定性突破，即建构中小学生的文化记忆，增强文化自信；普及艺术知识，培养青少年的艺术鉴赏力，提升美育素养；感受亲情友情家国情，塑造具有高尚情操的完美人格。

文艺批评的人民性：从政治标准到共同体美学

邢祥虎

《文心雕龙·知音》指出："良书盈箧，妙鉴乃订。"可见，文艺批评和鉴赏的功能有多么重要。刘勰以"六观"辨优劣，"深识鉴奥，玩绎方美"，认为只有秉承此种批评标准和批评态度才能"平理若衡，照辞如镜"，才称得上文章的知音君子。一代有一代之文艺，一代有一代之妙鉴方法，文艺批评方法总会随时代发展而发展。中国共产党领导下的社会主义文艺事业也概莫能外，不同文艺门类虽有不尽相同的批评方法，但"人民性"是一切文艺批评的妙鉴底色，是我国文艺理论建设的主导范式。

人民性的概念最早出现在俄国文学批评界。1819 年，批评家维亚捷姆斯基在写给屠格涅夫的信中已经使用了"人民性"术语。后经别林斯基、杜勃罗留波夫等文艺理论家，以及马克思、恩格斯、列宁等革命导师的丰富完善，其含义由起初的民族主义逐渐发展为"以人民利益为立场"，表明这一概念已经成熟。20 世纪 30 年代，人民性的概念传入中国，引发国民政府与左翼文学阵营的两种不同理解。20 世纪 40 年代，毛泽东根据中国革命工作的实际，提出对待文艺作品应"检查它们对待人民的态度如何"。这种无产阶级文艺批评观与恩格斯的"从人民的利益的观点"一脉相承，二者的内在精神基本一致。经过近 90 年的发展，符合马克思主义文艺立场的人民性理论在中国文艺界已经形成普遍共识，并建构起强大的批评话语体系，牢牢占据了文艺批评现场的指导地位。但人民性概念不是僵死固化的观念符号，更不是刻板的意识形态教条，它总是和中国社会发展阶段相接合，和共产党领导下的社会主义文艺政策相结合，和文艺事业理应承担的历史任务相结合，和各门各类艺术创新发展的自身规律相结合。总之，人民性是个具体的、实践的、历史的、美学的概念，拥有无比丰富的包孕性内涵。下面我们循着党的文艺座谈会和历次文代会的讲话精神去理解阐释人民性。

一、人民性与政治性

1942 年 5 月，毛泽东发表《在延安文艺座谈会上的讲话》，讲话甫一开篇，就指明文艺工作者的立场问题："我们是站在无产阶级的和人民大众的立场。对于共产党员来说，也就是要站在党的立场，站在党性和党的政策的立场。"[1] 在《结论》部分，毛泽东进一步指出文艺运动的中心是"为群众的问题"和"如何为群众的问题"。这就可以看出，人民性是贯穿《在延安文艺座会上的讲话》的核心与主旨，是毛泽东文艺思想最宝贵的精神财富。在革命战争的特殊时期，人民性主要表现为政治性和阶级性。毛泽东认为文艺是从属于政治的，服从于政治的，不存在为艺术的艺术，超阶级的艺术，和并行于政治或互相独立的艺术。但这政治是指"阶级的政治、群众的政治，不是所谓少数政治家的政治"。在全民族团结抗战的大背景下，占全国人口 90% 以上的工人、农民、兵士和城市小资产阶级构成人民大众的主体，而地主阶级、资产阶级、帝国主义者等剥削者压迫者则是反人民的，是我们的敌人。包括文艺批评在内的文艺工作的任务就是团结人民、教育人民、打击敌人、消灭敌人。因此，承认文艺的人民性必须首先接受文艺的政治性、阶级性。文艺批评必须坚持政治标准和艺术标准相统一，革命的政治内容和尽可能完美的艺术形式相统一。

1943 年 4 月 25 日《解放日报》发表社论《从春节宣传看文艺的新方向》，认为鲁艺、西北文工团、青年剧院以及各学校的秧歌舞及街头歌舞短剧等春节文艺活动体现出文艺与政治密切结合的特点、面向群众的特点。文艺工作者开始抛弃了那些小资产阶级的艺术趣味，努力使自己的工作中表现出革命的战斗的内容，把抗战、生产、教育的问题作为创作的主题。文艺工作开始从知识分子的小圈子

---

[1] 　　毛泽东:《毛泽东选集（第三卷）》，北京：人民出版社，2009 年，第848 页。

走向工农群众，许多文艺工作者开始下乡参加工作，访问和开会欢迎劳动英雄。王大化在谈到秧歌剧《兄妹开荒》的演出经验时说："我内心中燃烧起了对于这农民的热爱，我把他当作革命斗争中的主要力量来表演。只要我们是表现了他们的生活，只要是真正反映了他们的斗争的，他们一定会喜欢。"[1] 由上可见，延安时期文艺批评的人民性被纳入民族解放和阶级斗争话语中，赋予了革命精神和战斗精神。

二、人民性与党性、民族性

1979 年，邓小平在第四次全国文代会的祝词中指出，在社会主义现代化建设的新时期，我们的文艺"要塑造四个现代化建设的创业者，表现他们那种有革命理想和科学态度、有高尚情操和创造能力、有宽阔眼界和求实精神的崭新面貌"[2]。社会主义文艺首要任务乃是描写和培养社会主义新人，表现人民的优秀品质，来激发广大群众的社会主义积极性，推动他们从事四个现代化建设的历史性创造活动。邓小平提出了"人民是文艺工作者的母亲"的真理，继承和发扬了延安时期文艺为最广大的人民群众、首先为工农兵服务的方针，总结形成了共产党领导下的文艺工作的"二为"方向，即为人民服务、为社会主义服务。在社会主义现代化建设时期，人民性得以从阶级斗争的政治控制中解放出来，被赋予主体性价值，彰显了党性内涵。在这一时期，荧幕上涌现了许多优秀影片，如《甜蜜的事业》《小花》《庐山恋》《天云山传奇》《瞧这一家子》《夕照街》等，这些影片充分表现了人民的优秀品质，赞美了人民在革命战争和新中国建设中，在同敌人和困难斗争中取得的重大胜利，同时也描述了党同人民群众建立的血肉联系。因此，这些电影同广大人民群众心灵相通，同党在"四化"建设新长征中的步调合拍。无论是揭发批判"四人帮"的影片，还是追忆为人民的解放事业出生入死

[1]　　　王大化:《从〈兄妹开荒〉的演出谈起——一个演员创作经过的片断》，《解放日报》1943 年 4 月 26 日，第 4 版。

[2]　　　邓小平.邓小平文选（第二卷）[M].北京: 人民出版社，1994 年，第 210 页。

的老一辈革命家的影片，尤其是拍摄普通人新的精神状态的影片，"既忠实地反映了人民的生活和斗争，又能与历史发展的趋势相一致，具有强烈的人民性，也具有鲜明的党性"[1]。

进入新世纪后，江泽民、胡锦涛在历次全国文代会作代会上号召广大文艺工作者："坚持深入群众，深入生活，努力把握时代的脉搏，充分认识建设有中国特色社会主义的时代意义，充分认识最广大人民群众的根本利益，充分认识人民群众对文艺发展的基本要求。"[2]"一切进步文艺，都源于人民、为了人民、属于人民。一切进步的文艺工作者的艺术生命，都存在于同人民群众的血肉联系。"[3]在全面建设小康社会，实现中华民族的伟大复兴，开创中国特色社会主义新局面的历史进程下，人民性被赋予了新的时代含义——民族性，要体现中国特色、中国风格、中国气派，能够推动建设形成中华民族共有的精神家园。许多文艺作品体现了人民性概念在新阶段呈现出的新变化，比如纪录片《大国崛起》，该片论证了世界九个发达国家相继崛起的历史规律，目的在于为中国的现代化进程寻找解决之道，为中华民族发展繁荣、国家强盛提供镜鉴和参考，其人民性蕴含在民族崛起之中。再比如，解放军八一电影制片厂拍摄的重大革命历史题材影片，《我的长征》《太行山上》《冲出亚马逊》等具有历史性、人民性和宏大叙事特征，开辟了类型电影的民族特色。而民族性是重大革命历史题材影片突出的特点，人民性则寓于民族性之中。但新世纪以来某些第五代、第六代导演极力追求历史戏说和作者风格，忽略了人民性表达，只有高擎人民性的艺术理论大旗才能纠偏这种不良倾向。因而我们呼吁导演们应"站在'人民性'的一边，拍摄出更多经济、实用、感人、清新的真正的'中国人民'的经典电影来……在追求独特个性的同时，将'人民性'与电影风格结合起来"[4]。以上正反两方面的文艺批评实践均表明，在社会主义现代化建设新时期，人民性的能指所指进一步向民族性漂移。

[1]　　韦翰:《电影·人民性·党性》,《电影评介》1980 年第 7 期。

[2]　　江泽民.江泽民文选（第三卷）[M].北京：人民出版社，2006 年，第403 页。

[3]　　胡锦涛.胡锦涛文选（第二卷）[M].北京：人民出版社，2016 年，第541 页。

[4]　　潘先伟:《论后新时期电影创作人民性原则的审美需求》,《电影文学》2007 年第 22 期。

三、人民性与世界性

党的十八大以后，全世界开始经历百年未有之大变局，实现"两个一百年"奋斗目标、实现中华民族伟大复兴的中国梦是摆在中国人民面前的国家大势，中国特色社会主义也昂首阔步进入新时代。以习近平为领导核心的党中央高度重视文艺工作，于 2014 年专门主持召开全国文艺工作座谈会，这是继延安文艺座谈会后，时隔 72 年中国共产党召开的第二个文艺座谈会。这次文艺座谈会延续了党的以往文艺工作路线方针政策，紧密围绕文艺事业人民性的根本，更加强调了社会主义文艺服务于人民群众的思想。习近平总书记指出"只有牢固树立马克思主义文艺观，真正做到以人民为中心，文艺才能发挥最大正能量"[1]。在中国文联十一大、中国作协十大开幕式上，习近平总书记进一步强调了以人民为中心的创作导向，希望广大文艺工作者要把人民放在心中最高位置，坚守人民立场，书写生生不息的人民史诗。时代潮流和国家大势为人民性概念注入了前所未有的新意义、新动力，在理解社会主义文艺事业本质特征上达到了新高度。当代中国文艺工作者必须胸怀国之大者，把目光投向全世界、投向全人类，创作更多彰显中国审美旨趣、传播当代中国价值观念、反映全人类共同价值追求的优秀作品。评论判断文艺作品是否具有人民性，很重要的一条准则要看是否有利于构建人类命运共同体，是否有利于人类文明交流互鉴，是否向世界展现了可信、可爱、可敬的中国形象，是否具有共同体美学表达。

实践表明，许多文艺作品忠实践行了这些标准。作为中国首部硬核科幻片，《流浪地球》刷新了中国科幻电影的天花板，树立起一座中国电影攀登世界巅峰的里程碑。真正带动该片火爆"出圈"的不是顶级视效，而是建构人类命运共同体的主题设定，在拯救地球的行动中，中国人展现了深厚的天下情怀，心存大爱，护佑苍生，坚守地球家园。在这种共同体美学观的带动下，《火星异变》《重启地球》《太空群落》等网络科幻电影也接通了世界，在执行国际合作任务中凝结成了想象性共同体。此外，《修复巴黎圣母院》《飞越冰雪线》《从长安到罗马》

---

[1]　习近平:《在文艺工作座谈会上的讲话》，北京:人民出版社，2015 年，第 13 页。

《人类溯源》等纪录片采取中外合拍模式，用纪实化的影像客观呈现了包括"一带一路"在内，中国参与各个领域的全球合作行动，与世界各国人民同呼吸、共命运，创新了"人类命运共同体"话语体系，取得了良好的国际传播效果。

人民性既与经典马克思主义文艺观一脉相承，又具有丰富的时代内涵，是与社会主义文艺事业合目的性、合规律性的存在。在长期的文艺工作领导实践中，中国共产党人创造性地解决了人民性与党性、人民性与阶级性、人民性与民族性、人民性与世界性的统一关系，为人民美学的现代性转化提供了根本遵循。面向未来，在增强文化自觉、坚定文化自信的语境下，人民美学仍然是评判和鉴赏文艺作品先进性的根本出发点和落脚点。

山东省
第三批签约
艺术评论家
论文集

（下集）

王之明　主编

中国文联出版社

20/10

李丽娜

李丽娜

李丽娜，女，1978年生，山东艺术学院舞蹈学院副教授，
硕士研究生导师，山东省签约文艺评论家，中国评协音乐舞
蹈艺术委员会委员，山东省评论家协会副秘书长，中国舞蹈
家协会会员，中国评论家协会会员。《拧巴·拧吧》等原创作
品参加第九届中国舞蹈"荷花奖"民族民间舞评奖、第十届
全国舞蹈比赛、第十一届全国"桃李杯"舞蹈展演、第十一
届中国舞蹈"荷花奖"民族民间舞评奖、2017年国家艺术
基金项目。主持中国文联理论研究重大课题、山东省社科基
金项目、山东省研究生教育优质课程建设项目、山东省教育
厅项目、山东省艺术科学重点课题等十余项，撰写论文获中
国文联"啄木鸟杯"入围奖，入选中国文艺评论海外推介项
目等。

"国潮"舞蹈现象中的"破"与"立"

李丽娜

  赓续于华夏文明的中华优秀传统文化是文化自信的基石,是培根铸魂的根本。曾几何时,"传统"已化身为一种"国潮"符号,国潮服饰、国潮设计、国潮音乐、国潮舞蹈……以国风、国潮命名的各种文化品牌应时而生。"国潮"并非对"传统"一成不变的继承,而是将悠久的传统文化在时代潮流下与现代元素进行"破圈、融合、发展、再创"后的新生产物。国乐、国艺、国学等"国"字号一时风云四起,成为国人表达民族情怀和文化态度的新方式,这种现象不仅体现了国民对传统文化价值的认同感,更是文化自信向文化自觉转型后的文化创新之举。"国潮"舞蹈现象正是暗合了这一文化发展趋势,将"中国风"与"时代潮流"融入舞蹈创作,在保有传统舞蹈根脉的基础上,融入时代意蕴和审美趋势,将悠久的传统文化因子进行至真至善至美的转化与发展,以前所未有的姿态引领着舞蹈人乃至大众的民族文化情怀和精神世界。

一、"破"传统之局:打破舞蹈创作的藩篱

  "破"与"立"自古以来辩证而生,有破即有立。以中国哲学为思想内核的中华优秀传统文化之所以成为世界上唯一绵延数千年而未曾断裂的伟大文明,即缘于中国文化的包容性与柔韧性。中国哲学思想中天人合一、道法自然的精神境界,以及自强不息、和而不同的中国传统文化精神,使中华文明保持主体文化稳定发展的同时不断进行文化格局的"破"与"立",勇于打破原有之局,持续对

其他文化进行容纳与消融，是中华文明既古老又年轻的核心密码。舞蹈创作正是遵循了这一内在规律，以社会发展和文明进步为根基，不断吸收演变、融合创新。早在我国古代，《扶来》《扶犁》《葛天氏之乐》《阴康氏之乐》为舞蹈开启了最初的创作之门，自周代起创立的"制礼作乐"制度，开创了中国古代舞蹈史上继承与发展的篇章。汉代"以舞相属"的交流形式拓展了乐舞发展的界面，"百戏"更是将音乐、舞蹈、歌唱、杂技等融合在一起，形成了古朴与浪漫、厚重与轻盈相互对立统一的审美形态。唐代则以开放的气度和包容的胸怀兼收并蓄，《剑器舞》《霓裳羽衣舞》《柘枝舞》奠定了千年古韵之风。宋代"社火"将雅乐与俗乐进行了融合，拓展了乐舞艺术的发展维度。中国舞蹈正是在中华优秀传统文化和哲学思想的涵濡下，以海纳百川的包容力、融摄力和创新力一路走来，直至今日仍旧不断进行自我创新，打破固有编创范畴、审美范畴、接受范畴的局限，力图建立新的格局。

（一）"破"舞蹈"小众场"格局

极目当代中国文艺创作中的传统文化回归热潮，无论从创作数量、创作品质、创作内容与形式，还是从创新融合高度及圈粉数量来看，名列榜首的当数舞蹈，诸多精品舞剧和"爆款"作品交替冲击着观众的视野。

当下，在传统文化复兴的最好时期，集综合性于一体的舞蹈艺术迎来了自己的高光时刻，广阔的历史跨度和广泛的题材选择，以深刻的思想内涵和强烈的艺术魅力极大丰富了舞台演出市场，践行了"以人民为中心"的文艺创作理念，舞蹈创作主题以中华优秀传统文化为根基，立足于历史人物及经典事件，涉猎广泛。从春秋战国的思想家《孔子》到南北朝替父从军的《花木兰》，从唐代的诗仙《李白》、诗圣《杜甫》到还原宋代美学的《只此青绿》，以舞蹈独有的审美与方式，翻阅历史、描绘历史人物、讲述历史故事。还有倡导生态平衡的纯美舞剧《朱鹮》，将舞台的唯美与现实的残酷形成鲜明对比，警示人类保护环境、保护动物、保护生态平衡的紧迫性。别开生面的艺术考古《五星出东方》，使珍贵文物所承载的悠久文化因子通过舞蹈的形式再现于舞台。红色题材舞剧《永不消逝的电波》是通过舞蹈讲好中国故事的典范之作，声、光、电、舞美等高科技的融入，颠覆了"舞蹈拙于叙事"的论断，整场剧在复杂、交错的剧情中展开，既全方位诠释了"剧"，又深层次渲染了"情"。"电波永不消逝，爱与信念永存。"舞台上响彻天际的爱国情怀与观众达成同频共振，成功圈粉无数观众，400 余场的国内巡演一票难求。这些史无前例的现象说明舞蹈正在以一种新的姿态向大众走来，打破了以往"看不懂舞台上在跳什么"的僵局，和"只有业内人士关注、孤芳自赏"的"小众场"之局。

舞蹈艺术以精品力作服务人民大众，以舞蹈的艺术形式引领时代精神风貌。如今，走进剧场观看舞剧已逐渐成为人民大众喜闻乐见的生活方式。舞剧中耳熟能详的历史人物和经典故事在掀起国风舞蹈热潮的基础上，打破原有舞蹈仅有少数人群参与的"小众场"格局，逐渐成为大众瞩目的焦点，构建了弘扬中华优秀传统文化，各美其美、美美与共的良好舞蹈艺术新生态。

（二）"破"创作模式之旧局

舞蹈《唐宫夜宴》中憨态可掬、圆润可爱的唐俑小姐姐于河南卫视春晚节目火热"出圈"，开启了现代科技焕活传统文化的新路径。随后，河南卫视又联合北京舞蹈学院、B 站等各媒体相继推出了"中国节日"奇妙游系列和舞蹈综艺《舞千年》，精妙绝伦的舞蹈作品目不暇接，带领大众以观剧的形式踏着舞蹈的旋律走进历史，"复原"历史。节日奇妙游为生活增添了浓浓的仪式感，使观众在舞蹈中深入了解中国传统节日中的民俗、民风、民乐、民情，以及不同朝代遗留下来的舞形、舞态、曲调、词牌。当代舞蹈创作正是紧紧抓住了中华优秀传统文化的根脉，以观众的审美标准与精神需求为出发点，在现代科技、融媒体、流媒体的介入下使舞蹈打破原有创作模式，拓展了演出形式和场域的维度，在坚定文化自信的同时为复兴传统文化推波助澜。

当传统文化融入多媒体时代的审美元素和科技手段，每个作品都爆出了不同凡响的亮点，呈现出令人惊呼赞叹的美感。创作中不仅将现代技术与传统文化融为一体，并且对表演场域进行了颠覆，由传统的剧场舞台转场至田间乡野、溪边、庭院……甚至水下！《清明奇妙游》之《陇上踏歌行》呈现出一幅天人合一的劳作景象，田间清新明快的舞步，跳出了心中的田园春色；七夕奇妙游之《龙门金刚》在龙门石窟实景前，通过三维建模、电脑染色等数字技术的赋能，在虚实结合中复原千年前的石刻艺术，使婀娜柔美的"伎乐天"和孔武有力的"龙门金刚"形成对比，彰显了深厚的文化魅力；《洛神水赋》的"爆点"则是将舞台挪移至水下，洛神降临时在水中裙带飞舞，衣袂飘飘的场景，将曹植《洛神赋》中

"翩若惊鸿,婉若游龙"的唯美形象,"仿佛兮若轻云之蔽月,飘飖兮若流风之回雪"的轻盈曼妙姿态,以及"皎若太阳升朝霞""灼若芙蕖出渌波"的超然意境惟妙惟肖地呈现于众。

国风十足的创意奇妙游使饱含悠久文化的中国舞蹈史跨越时空,在现代科技AR(增强现实技术)、VR(虚拟现实技术)、MR(混合现实技术)等数字技术的融入下,锻造出多维立体、虚实结合的舞蹈环境,使观众在虚拟真实混合的舞蹈表演中,感受视、听、动觉的感官综合体验快感。"国潮"舞蹈创作在多元文化的融合下打破原有创作模式、演出场域之局,在舞蹈的律动中美轮美奂、原汁原味地还原中国传统艺术之美感。

(三)"破"艺术思维边界之局

中国艺术、中国哲学与传统文化相通相融。在传统中国,艺术这一概念并不被艺术本身限定,艺术的人生化、人生的自然化,即艺术向人生、自然的无限漫溢,使中国艺术精神成为以艺术方式思维人生、自然问题的整体性精神。据此来看,中华美学精神就成为中国文化和艺术精神的中间聚合形态。它既源发于文化、奠基于艺术,又将两者共同带入统一的精神场域和存在高度。[1]中国艺术、中国哲学、中国文化之间无形中形成了一个大的场域,中国的艺术创作是游艺于三者之间的创作,传统文化和哲学思想通过艺术的形式进行传达,在这个"大场"之下,形成了各艺术门类之间的"艺术场"。缘于大的文化艺术背景,中国文化、哲学、审美的认识和理解具有思想上的趋同性,在创作中自然而然就把这种文化精神刻化到艺术作品之中,各艺术门类之间生成了彼此交融互通的特点,音乐、舞蹈、绘画、书法、园林、建筑等艺术门类在这个"艺术场"中相互依托、生发、借鉴。中国文化的博大精深和中国哲学的浑厚深邃注定了中国"艺术场"无限大的格局,使艺术创作不受边界的阻隔,在思维所抵达的广度和高度中任意翱翔。

当下的舞蹈创作在现代科技的加持下实现了出人意料、标新立异、打破常规

---

[1]　刘成纪:《中华美学精神在中国文化中的位置》,《文学评论》2016年第3期。

的创作模式,珠联璧合式的艺术营造完全打通各艺术界别之间的维度,形成了集多元文化、思想境界、艺术审美于一体的整合式创作表达。以热评最高的作品来看:《唐宫夜宴》创作灵感来源于周昉的《簪花仕女图》、张萱的《捣练图》以及十大名画之一《唐人宫乐图》;《陇上踏歌行》来源于马远的《踏歌图》;《墨舞中秋帖》来源于王献之《中秋帖》的草书之美;《龙门金刚》来源于龙门奉先寺雕塑;《洛神水赋》来源于曹植的《洛神赋》和顾恺之的《洛神赋图》;《只此青绿》来源于王希孟的《千里江山图》;等等。中国古代哲学和中国古典艺术的特点均是自然与心灵,尤其心领神会,与老子道法自然的哲学观一脉相承。所以说,艺术本无圈,当下舞蹈正是抓住了这一特质,拓宽了原有思维界限,打破艺术、哲学、文化间的边界阻隔之局,实现了现代科技与传统文化的完美结合。

二、"立"时代之美：传统文化涵濡下的"国潮"舞蹈美学

中国艺术门类之间渊源深厚,乐舞书画交融互通,陈方既先生在《中国书法精神》中这样说:"书法不是绘画,却要求有绘画艺术的形象感;不是音乐,却要求有音乐艺术的乐律美;不是舞蹈,却要求有舞蹈艺术的姿致;不是建筑,却要求有建筑艺术的严谨;不是诗,却要求有诗一般的意境;不是生命,却要求其有生命般的形质和神采……"[1]中华传统艺术在彰显各自艺术特质的同时交错互融,体现了中国艺术所追求的整体美。中国艺术以强大的整合性与融通性与当代审美相结合,彰显着悠久的魅力和旺盛的生命力。当代舞蹈创作将中和之美、自然之美、和善之美、和合之美的中国美学思想贯穿其中,在"至高、至美、至善"的创作追求中与现代审美相融通,逐渐形成了多元文化涵濡下的新时代舞蹈美学范式。

（一）"游于神思"：立当代舞蹈审美融通之范

每个时代有每个时代的审美。当代审美融通传统文化,集共通性、时代性、

[1]　　陈方既：《中国书法精神》,武汉：湖北美术出版社,1992 年,第 6 页。

民族性、个体性和集体性于一体，不仅体现在创作主题的"中国风"趋势，在创作思维、想象空间、审美意蕴维度也暗合了传统艺术的审美范式，又不缺乏与时代审美的交融互通，形成感通古今的审美风范，在不同维度满足大众的精神文化需求。"国潮"舞蹈诗剧《只此青绿》就是一部中国传统美学与当代美学有机结合的优秀之作。以中国青绿山水第一长卷《千里江山图》为创制背景，采用时空交错式的舞蹈叙事结构，"复现"旷世之作的绘制过程。《只此青绿》在重现宋代美学的同时，将舞蹈美学和山水美学相结合，无论服饰、妆容、仪态、舞台调度与构图，还是舞美设计，均传递了宋式美学中极简、风雅、情趣、清逸的格调，在多维空间中呈现了山水画作之美。时空交错式的叙述方式则充满了东方诗意，青绿为主色的视觉表达，与山川河流、雾气飞鸟意象，以及舞美设色的融合，创造出丰沛的疏离感与意境感，队形的错落变化构造出广阔的虚拟空间，符合中国传统美学中天人合一、虚实相生的美学境界。刘勰《文心雕龙·神思》曰："文之思也，其神远矣。故寂然凝虑，思接千载；悄焉动容，视通万里；吟咏之间，吐纳珠玉之声；眉睫之前，卷舒风云之色；其思理之致乎！故思理为妙，神与物游。神居胸臆，而志气统其关键；物沿耳目，而辞令管其枢机。枢机方通，则物无隐貌；关键将塞，则神有遁心。"[1]刘勰的"神思"正是当代艺术创作中感通万物的思维方式，突破时空的局限，构成传统审美与时代审美的联通性重建，在时间上"思接千载"，在空间上"视通万里"，借"神思"之枢机，使万物呈现生气。编创者正是在对传统美学精髓"感而通之"的基础上融入现代审美元素，通过《只此青绿》发掘深藏于《千里江山图》的生机，从而引发了当代人的审美共识。

"神与物游"强调了艺术创作审美中想象的变化莫测，在当代舞蹈创作中将作品中的角色形象、思想立意、精神彰显与宇宙万物相通相随，将艺术作品之"神"与万物相"游"，作为"隐喻符号"贯穿其中，在创作中则"有如神助"。舞剧《只此青绿》中的青绿是石青、石绿两种颜料和无限山河的视觉形象幻化，将青绿塑造为角色，是作品的"神游"之笔，青绿望月，垂目转身的写意化状态

---

[1]   （南朝）刘勰:《文心雕龙译注》，陆侃如、牟世金译注，济南：齐鲁书社，2009年，第378页。

将观众带入王希孟潜心作画的时空，营造出层峦叠嶂、烟波浩渺的纯净、雅致之美。青绿不仅是展卷人眼中的颜色，更是每一位观众心中的设色，是祖国大好河山的写意，借"青绿"展其"神思"或许正是编导的意图。陈寅恪曾说："华夏民族之文化，历数千载之演进，造极于赵宋之世。后渐衰微，终必复振。"[1]可见宋代美学于中国美学之地位，而当下即是复振时刻的来临，舞蹈作品正是在回归中国传统美学的热度中掀起了"国潮美学"的热潮。

舞剧《骑兵》中战马尕腊是蒙古族精神的符号性象征，亦人亦马，与男女主人公情感交融交织，人马合一拼杀于战场、生死离别的双人舞段，使我们忘却物种的跨越，将"神游"之情推向高潮，传统蒙古马精神和现代骑兵精神在物我两忘中"游于神思"，在"人天融通"的路径中通往"天人合一"的境界。生态舞剧《朱鹮》中飘落于天际的"翎羽"，以及《大河之源》中充满灵性的雪豹则是联通古今、跨越山海的神来之笔，在时空切换中贯穿始终，那个充满祥和，人与自然和谐共生的远古时代，唤醒了人类对自然的敬畏和对生态保护的良知，更是生命共同体的诗意呼唤。当代舞蹈创作正是在中华传统文化和美学思想的涵濡下，以自由齐物的精神境界为追求，古今融合的艺术审美为导向，借助先进科技手段，结合多元的艺术表达方式、创作手法，以及新媒体、流媒体、融媒体的助力传播，将中国传统美学形态在时代审美中创造发展，在跨界、碰撞、融合中尽展"国潮"美学之光彩，打造具有全球影响力的中国文化符号，将其大智大慧大美寄寓于斯。

正是在文化自信意识觉醒，在"创造性转化、创新性发展"文艺政策原则的指引下，当下中国舞蹈创作以"游于神思"的思维方式，结合当代身体表达，将中国传统文化、精神、艺术、古韵与当代时代思想、审美、科技相结合，掀起了"国潮"舞蹈的风靡势态，不断确立起当代中国舞蹈创作的审美范式。

（二）"具身化"：立当代舞蹈审美主体之根

"具身性"作为认知哲学的最重要概念之一，认为人类的意识之所以有意义，

---

[1]　陈寅恪：《金明馆丛稿二编·邓广铭宋史职官志考证序》，北京：生活·读书·新知三联书店，2001 年，第 277 页。

是因为它蕴含于具体化的身体之中，并深受身体的影响。舒斯特曼是"身体美学"的倡导者，强调在身体"具身化"中提升个体的身体意识、身体思维和身体表达，对理性化个体部分进行完善。"具身化"认知回归身体，强调了身体的活动方式、存在样式及其对理论的塑造和制约作用。[1]身体美学思想整合了不同学科之间的身体话语、扩展了美学的研究范围，在感性与理性、身体与意识、艺术与生活之间架起了一座沟通的桥梁。[2]

身体是舞蹈身体美学的主要构成因素，个体的身体不仅是构成人们思想意识的核心因素，也是形成我们对世界存在的观念和认知的基础。"身体美学在本质上不仅关注身体，关注身体的意识和媒介，更关注具身化的精神。"[3]儒家的"中和之美"，道家的"至美至乐"等都是围绕道德而论美的。[4]络绎纷呈的舞蹈作品是编创者内在思想意识、道德品格的外化产物，通过身体观念的表达、思想意识的传递、精神品格的升华对这一理论进行显性呈现。

舞剧《孔子》是一部蕴含中国身体美学和历史文化厚度的作品，以孔子周游列国的历程为纵线，剧中的孔子不再是高高在上的"圣人"，而是饱含家国情怀，在努力奋争中不断碰壁、屡遭阻难，却坚守道义有血有肉的鲜活人物，通过一生的坎坷经历艺术化地展现了孔子的生命激情、思想高度和人格魅力，诗、乐、舞三位一体的艺术表现形式既还原了源远流长的中华优秀传统文化之根柢，又挖掘了蕴育其中的时代价值和民族精神。《书简》之舞气韵脱俗、刚柔并济，于袖舞飞扬之间舞出了孔子与弟子寄情山水，传道授业时的意气风发，尽显文人风骨。《采薇》之舞青衣水袖、杨柳依依，诗、乐、舞相融为一体，在自然平和、行云流水般的翩跹舞姿中道出了《诗经》中最美的诗句，结合当代审美元素，在采薇之姿中折纤腰以微步，呈皓腕于轻纱，尽显中国古典身体美学之审美情趣。《幽兰操》以千古绝唱之势道出了孔子的暗自神伤和郁郁不得志的忧怨……结尾处，

[1]　王亚芹:《"具身化"：理查德·舒斯特曼美学思想研究》，北京：中国社会科学出版社，2020 年，第 109 页。

[2]　王亚芹:《"具身化"转向与美学的改造——以梅洛 - 庞蒂、约翰·杜威和理查德·舒斯特曼为主的思考》，《文艺争鸣》2013 年第 7 期。

[3]　王亚芹:《"具身化"转向与美学的改造——以梅洛 - 庞蒂、约翰·杜威和理查德·舒斯特曼为主的思考》，《文艺争鸣》2013 年第 7 期。

[4]　吕艺生:《舞蹈美学》，北京：中央民族大学出版社，2011 年，第 24 页。

在诗的吟唱，乐的磅礴，舞的渲染下，将舞剧推至高潮，浓烈感受到来自孔子那任重道远的颂唱和对大同世界的追求与期望。三段经典舞段以不同的艺术表现形式和身体质感呈现了对古典身体美学的突破与创新，在我们的内心深处一直在蕴育、亟待着此情此美此剧的呈现。舞剧《孔子》《关公》《昭君出塞》均出自孔子第 77 代后人孔德辛之手，一文一武一巾帼，彰显的是同样的气节和风骨，属于中国人身体中独有的君子气节和傲然风骨，也是编创者通过身体所呈现的精神之美，最大张力地传递了对信念的坚守与追求。

"国潮"舞剧《沙湾往事》《杜甫》《花木兰》《永不消逝的电波》《只此青绿》均出自舞坛"双子星"周莉亚和韩真。她们的作品热播于春晚的经典舞段更是掀起阵阵狂澜，收获无数粉丝。两人十年创作了五部舞剧，部部爆款，逐渐形成了自己独具特色的创作审美风格，每部舞剧都有独特的编创视角和审美属性，在排练过程中，特别注重对演员身体质感的锤炼，可以花一个月的时间让演员的身体沉进去、慢下来，将身体"具身化"到剧中的场景与年代。《杜甫》华贵奢靡的"丽人行"，雍容的博袖华服，经典汉唐舞姿与现代意识的碰撞，在婉转回身中带你重回大唐。《花木兰》飒爽英姿的传奇故事，将古典舞语汇、传统武术融合现代舞编舞手法，既有浓郁的沙场风情，又有温馨美好的生活气息，在刚柔并济中彰显大爱情怀。《永不消逝的电波》极具人间烟火的"渔光曲"，蒲扇、板凳、旗袍、弄堂，这些典型性符号象征融入最贴近生活的身体律动，在舞的宣泄与美的传中尽展东方女性神韵、气韵之美。《沙湾往事》岭南雨巷中的"雨打芭蕉"，集民族气质与现代气质于一体，既不失民族色彩，又饱含时代气息。《只此青绿》中惊艳全国的"青绿腰"是"险峰"意象呈现的至高演绎，更是将古典韵味与现代气韵融通交汇的完美重构，在舞的流动中缔造了中华传统文化的磅礴气势和险峻之美。

舞蹈界持续不断的精品创作，在弘扬中华优秀传统文化，共筑时代精神的历程中推动了"国潮"情怀的持续升温。舞蹈创作在追逐文化与潮流相融合的过程中灌注了强烈的主体意识，通过舞蹈艺术中身体的"具身化"产生情感共鸣和思想共振，获取高度的身份认同和文化认同，进而为时代的精神家园建构作出独特贡献。

（三）"在场性"：立当代舞蹈审美场域之境

"在场性"共情是包括舞蹈在内的舞台艺术的一个重要观演体验。走进剧场观看舞剧已成为一种生活时尚，这种现象的生发归根结底要依托于剧场所赋予"在场性"共情带给舞蹈的艺术魅力。

中国舞蹈是一种身体文化，汉代《毛诗序》将"舞"列为人类表达情感的最高手段，也是与人的内在情感靠得最近的艺术。舞蹈作为一种"活态"文化传承在反映人的底层思想和内在情感时与当代美学思想、审美意识、审美需求最为贴合，具有最深厚的群众根基。中华优秀传统文化是中国舞蹈发展的沃土，其同流共源性是演员表演与观众观演所达成身心共振的核心。当下，不同题材舞剧的上演，吸引、满足了不同需求的观众走进剧场感受身临其境的身体之美与艺术陶冶，也是舞蹈由小众走向大众的桥梁，只有走进剧场，才能体验到"在场性"观演带来的刺激与震撼。

当下，舞蹈以独特的艺术魅力唤醒了大众的审美意识和文化共识，吸引了越来越多的观众，以受众为主体，生发为两种"在场性"观看模式，一种是观众走进剧场观看的实际性在场，另一种是通过网络观看的虚拟性在场，两者均存在着主体间交往互动的实在关系。演员与观众的身体同时在场，主动与被动间信息与能量的交换使观与演角色在不断互换与交融中产生身体共振与情感共情，达成身体与思想的"共生"状态。这种"共生"不仅来自身体的同一性，还来自思维、意识、文化、精神所带来的共识。当观众走进剧场，角色便发生了质变，不单纯是前来观看演出的观众，更是一名"在场性"参与者，与舞台上所讲述的故事、塑造的人物、传达的情感同步进行三度创作，这种同频共生的体验会产生最本能的情感共鸣，在身体之美的感召下唤醒观众的审美共情。

舞剧是要走进剧场才能感受到舞蹈所带来的艺术张力和氛围感的。民族舞剧《赵氏孤儿》堪称最"费"观众眼泪的舞剧，从人性的维度解读、塑造、刻画剧中复杂的人物关系和跌宕起伏的剧情，以饱满恣意的情感、细腻到位的演绎，在舞与剧最完美的结合下，成就了舞剧史上最壮丽的悲剧。全程充满沉郁顿挫的悲凉之感，当庄姬公主"托孤"程婴时，扮演群舞的赵家族人以传递的方式庄重悲凉地把婴儿交至程婴手中，程婴一次次的拒绝、躲闪，群舞一次次的传递、跟随，在情绪堆叠中，将内在情感充满张力地扩散于舞台，庄姬公主的悲凄、崩溃、渴求之情也弥散于整个剧场。舞蹈中情绪递进的舞台化处理外化、放大了人物的内心情感，使人物塑造更具艺术张力，更容易与观众建立情感连接，达成共情。《托孤》《救孤》《成长》《复仇》幕幕催人泪下，在紧张的剧情推进和情感晕染中激荡出人性最深处的崇高与永恒。此外，像《精忠报国》《醒·狮》《青梅煮酒》《昭君出塞》《家》《朱自清》等均是在舞蹈艺术中弘扬传统文化、彰显精神力量的舞剧作品，在舞蹈魅力的感召下唤醒在场观众的审美共情和民族情怀。

舞剧《永不消逝的电波》是中国首部谍战舞剧，剧场内观众与演员始终同频同心，舞台上演员饱满的情绪、扣人心弦的情节和紧张的悬念联动着观众身体内细微的情感、心跳，乃至呼吸，红色记忆、谍战氛围融合青春梦想、浪漫情怀，在情感共情中激活了每个人心中的"红色基因"。舞剧《杜甫》"春夜喜雨"舞段中诗画乐舞相得益彰的融合，在舞美、灯光、色彩的渲染下，使观众共情于"好雨知时节，当春乃发生"的诗词意象与舞蹈意境，沉浸于美轮美奂的古典舞意蕴之中。"兵车行"舞段中硕大的车轮滚滚而来，征夫们踏着强有力的鼓点艰难前行，双肩在束缚力效下的交替振动式坠落，顿挫有力。在剧场，观众可以真切地感受到演员对呼吸的控制和对力量的把控，由身而生的被迫感鲜活而真实。情景交融、虚实结合的写意叙事手法使在场观众领略到别具一格的以舞传情、以舞诵诗、以舞立象的舞蹈大写意之美。

身体在场是"在场性"不可或缺的要素，信息时代新兴媒介技术使当下中国社会迈入一个高度智能、互联网与泛媒介化的沉浸传播时代，致使虚拟性在场比实际性在场更具普遍性。河南卫视与 B 站合作的《舞千年》以"剧中有舞，舞中追剧"的呈现形式，使观者于虚拟性在场的情境下沉浸式感受最整合的艺术表达，高达 9.9 的评分，是舞蹈融入大众生活的最有力佐证。现代化舞美、高科技的融入，还原了表演场域的真实性，《十二风舞志》五位"荐舞官"以复原舞林"无字天书"的形式巡游四朝，讲述舞蹈的"情""真""柔""刚""礼"，带领观众在至真至美的舞之要义中存续中国美学精神。《相和歌》《越女凌风》《侠骨伞影》中"历史古韵"与"时代古风"的完美融合，牢牢地吸住观众的视线。《朱自清·背影》通过营造沉浸式剧情式体验，最大化放大舞蹈对美与情的营造，将课本中父亲对儿子深沉的爱还原式搬上了荧幕，电影镜头的切换，蒙太奇手法的处理，细腻到位的脸部情感特写，真实环境背景的铺设，等等，在"剧对事的陈述和舞对情的宣泄"中将"言不尽最是父子，意难忘背影深情"的感动深度刻画，尾声的起舞更是将积蓄已久的情通过身体的表达与言说喷涌而出，淋漓尽致地将父子之间深沉、永恒的爱进行了深情宣读，每个动作都直抵观者内心深处。当观者沉浸在情景交融的剧情式舞蹈演绎过程时，便形成观与演二者"在场性"审美共情的创立，剧情式导入模式加速了二者之间的连接，身临其境的带入感则唤醒了观者对文化的记忆和精神的崇仰。

无论是走进剧场感受实体性在场带来的震撼式审美共情，还是在网络平台感受多元艺术带来的沉浸式情感共鸣，舞蹈正在以独特的魅力吸引越来越多的年轻观众群，以舞蹈的名义和使命激活中华优秀传统文化的生命力。

三、展现大国气象："国潮"舞蹈发展之趋势

"国潮"舞蹈作品的持续火爆，充分彰显了当代中国人对舞蹈艺术的关注和热爱，以及由此带来的文化自豪感和使命感。如何以舞蹈艺术的方式讲好中国故事，进一步将中国文化与时代审美因素相融合，有效弘扬优秀传统文化，让"国潮"艺术精品走进国人生活的同时，自尊自信地走向世界，是当代中国舞蹈人继续努力的方向。

其一，回归舞蹈创作本体。在舞台艺术大制作、大投入、大场面的驱动下，艺术创作要把握好审美高度和创新尺度，不要一味地追求或依靠高科技人工智能、虚拟现实、特效特技的运用，要将舞蹈本体的创新与发展放到创作首位。舞坛"双子星"作品中的舞蹈语言体系别具一格，也是作品成功"破圈"的核心因素，在专业舞蹈领域和非专业圈中均引发了审美共鸣，穷原竟委，源于编创者对舞蹈本体的艺术追求高度，在传统舞蹈语汇根系的涵养中融入时代元素，舞姿、体态、动律、节奏、构图中既传承了民族风格韵味，又暗合了创作主体的时代审美意识，实现了新时代"国潮"舞蹈语汇的"创造性转化、创新性发展"。因此，秉承在中华身体美学的奠基下拓展舞蹈本体的创新模式，强化舞蹈本体的主体效应，是未来舞蹈创作发展的重要路径。

其二，张扬东方审美追求。完整的审美过程是一次美妙的精神净化和生命体验，艺术创作要极力打造精品，一部好的作品可以引导观赏者进行内部精神世界的重新构建，建立积极向上的价值追求，带来优良的社会效应。在舞蹈创作中依旧要遵循形神兼备、气韵生动的中国美学风格，情景交融、虚实相生的意境呈现

和意蕴悠远的中国式哲思，在"天人合一""大道无形""大美无言"的东方审美意蕴中弘扬真善美，传播正能量。在优秀传统文化和精神力量的感召下凝心聚力，逐梦前行是未来舞蹈发展的审美走向。

其三，突出传统舞美元素。"国潮"符号是彰显中国传统文化亮丽的风景线，在当代舞台艺术的氛围营造中起到推波助澜的作用。北京冬奥会开幕式将意蕴空灵的山水画、清新淡雅的水墨书法、活泼可爱的传统虎头造型、中国长信宫灯、中国熊猫、中国色彩、中国节气等文化元素以含蓄、简约、内敛的艺术形式与冬奥会主题进行了完美的结合，是一次由文化符号意象表达向深层精神挖掘塑造的重大突破，在将国风、国潮推向世界的同时充分展现了中国文化的魅力，在舞台艺术营造上具有引领和转折性意义。借此，舞蹈创作的舞台营造在强化"国潮"符号艺术化彰显的同时，还要把握好科技赋能与文化本体之间的尺度，将中华文化的思想内涵、美学精神转化为传统文化元素中善、形、意、美的符号象征，进行继承、整合、创造、发展，并恰如其分地运用到舞美、灯光、道具、服装、化妆之中，在高科技赋能下实现虚实相生的舞台空间营造，与舞蹈本体达成和谐共生，增强文化认同和中华民族共同体意识。

其四，融通中外舞蹈理论。艺术实践与理论之间是相辅相成、互鉴而生的，这种趋势和规律在我国舞蹈艺术领域同样鲜明。从新中国舞蹈艺术发展史看，自吴晓邦将西方现代舞引入中国后，基于舞蹈自然法则的现实主义舞蹈创作成了主流，开辟了新中国舞蹈的新境界。贾作光将中西舞蹈创作理念相融合，提出了"创造具有中国特色的'新现代舞'"的编创理念，为新舞蹈艺术作出了开拓性贡献。后来，"交响编舞法""环境编舞法""机遇编舞法""力效编舞法""舞蹈剧场"等创作理论和方法均是在借鉴了西方舞蹈编创理论之后在我国兴起并在实践中不断演进创新的。当前我国开放的大门越开越大，舞蹈艺术创作也将顺应时代潮流，在充分发扬中华民族优秀舞蹈理论的基础上，积极吸收借鉴西方舞蹈理论中的有益成分，为舞蹈实践的发展提供更加厚实的理论土壤。比如近年来，我国舞蹈界对拉班舞谱及拉班动作分析研究体系的引进和学习研究，大胆借鉴其提供的人体科学分析方法，正在对我国当代的舞蹈表演、编创产生广泛的影响。深入研究西方舞蹈美学思想、舞剧创作思想、舞蹈人类学、舞蹈心理学等学科，不断探寻潜行于内的"逻辑关系"，汲取西方舞蹈学科中先进的理论与方法，在融通中外的舞蹈理论中精进实践与理论的互生互鉴，为新时代舞蹈发展蓄养更为多元丰富的舞蹈创作观念、美学特征和审美需求，在舞蹈理论界也已经形成共识。除此之外，在舞蹈本学科外借鉴中外文化精神和思想理论精华，汲取西方美学、哲学、生态美学、文艺批评等理论中的有益营养和智慧，使舞蹈在"文化"交流中生发新的创作灵感与理论成果，将中国"国潮"结合国际潮流，在中西方理论的相互吸纳、融合与碰撞中构建舞蹈艺术的新格局，既是践行"创造性转化、创新性发展"文艺理念的必然要求，也是在新的时代语境下发展好中国舞蹈理论，有力弘扬中华优秀传统文化的必由之路。

"国潮"舞蹈的崛起体现了当下国民的审美范畴、审美形态、审美趋向和生活态度，代表了国人对文化的高度自信和自觉。展望未来，舞蹈创作更要时刻铭记"国之大者"，让艺术创作的生命力与创造力在破立之间良性循环，透过舞蹈艺术的力量赓续华夏文明、塑造人类文明新形态，在"千年古韵"与"时代风尚"的融合中尽显当代中华文化的正大气象，让自信自强自尊的中国人形象在世界艺术舞台大放异彩。

"顺势而起，蓄势而发"
——中国古典舞动势解析

李丽娜　马晓倩

　　"动势"是中国古典舞实践与教学中颇具标识性和极其重要的一环。"动势"在舞蹈中是内化于心，外显于形的艺术追求。"动势"的特点在于它往往处于重心流动之间，不仅是上一个动作的形成，也暗示了下一个动作的开始与流动的走向。"动势"的巧妙运用，使舞蹈多了些超越外在形态的余味。因此，研究中国古典舞教学训练中的"动势"，是对于中国古典舞的审美风格进行一次更为全面、立体的理解。

一、意入境，气运身——蓄势

　　中国古代艺术中，无论是书画石刻还是陶俑器具，似乎总在追寻一种生命力，一种运动感，"未动"但"似动"，这便是动势的未发而威，趋于未来的审美表现。如故宫博物院藏《千里江山图》（图 1），虽是凝固的画面，却能通过青绿交间的色彩感受到山的起伏、水的流动、树的生长，处处是生命力的彰显。王微在《叙画》中云："本乎形者融灵，而动变者心也。"即"山水画不仅要将客观事物的外在形象描绘出来，还要融入创作者的主观感受（心），才能把握山水的'动势'，从而才能打动人，引发人的情感"[1]。因此山水画之"动"，体现在创作者的主观审美感受的融入，创作时自我"入境"，才能描绘出千岩竞秀、诗情画意的山水之作。再比如张旭的草书《古诗四帖》（图 2），虽无色彩的渲染，但却能

---

[1]　　姜宏敏:《中国山水画之"势"论》,《中国书画》2020 年第 6 期。

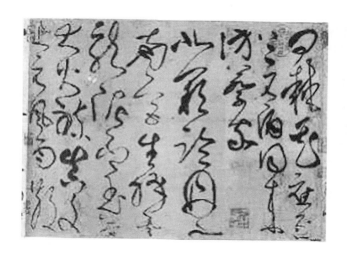

在画面上感受到隐于笔锋之下那蓄势待发的张力，视韵满满。区别于凝固在时空之内的书画艺术，对于舞蹈而言，也同样具备着这种"未动"却"似动"的审美表达。

（一）"静中呈势"：形雅而内合

中国古典舞讲求动作应"起于心"，即动作是起于内心充沛的情感的肢体外化，舞者通过外在回旋往复的肢体语言来传情达意，在龙飞凤舞、神采飞扬的运动过程中，营造出"只可意会不可言传"的审美意象。中国古典舞的动律节奏首先需要内在情感的调整，即心理"入境"，心理"入境"是实现"形神统一"的基础，由情感带动"力"的转化，进行"力"的分配，将存在于意识之中的虚幻的力转化为自然的力。舞者"入境"后产生对动作的想象，用意识带领肢体形成动作所需的"气力",进而引发身体的预动,达到"心与意合、意与气合、气与力合"的"内之合"。

笔者认为"内之合"即"内心蓄势",从内心产生动律意识,完成气息的调整和力量的分配,即使处于站立位,也能真正让旁人感受到一种势之蓄而未发的状态。正如唐满城先生所言:"舞蹈者在静止的体态(或姿态)情况下所必须具备的自我审美意识与气质。比如'挺拔而含蓄''刚劲而柔韧'这种矛盾而统一的审美意识。"[1]笔者在课堂展示环节中,处于准备位时,肢体虽是挺拔向上的状态,但仍会强调只有挺拔的外形是不够的,要将意识贯满全身,情感虽不外露于表情,但仍需具有饱满的精气神。

动作应"起于心",以静态的形式去维持一种力的势能,只有内心是一种情感充沛的状态,才能达到动作上的形神兼备,正所谓"形未动、神先领、形已止,神不止"。

(二)"反正相从":对抗中生势

《道德经》第四十章中云:"反者道之动,弱者道之用。"[2]老子用简短精练的话语概括出世间万物的运动规律,"反者道之动"可以理解为:矛盾的对立物是向着对立面转化的,且这个过程将会是一种循环往复、永不停休的过程;而"弱者道之用"则可以理解为:道的作用是无形的,道作用于世间万物的发展是自然的、无痕的。老子认为道是万物之源,世间的一切事物分为两级,且存在于对立统一的矛盾关系之中。这一理念同时也为中国古典舞的反向动律提供了哲学理论和美学基础。彭松先生在"反者道之动"这一观点下进行了舞蹈审美探究与动作动势探索,在谈到"反正相从"这一理念时,他指出:中国古典舞特别讲究"反正相从"的运动规律,欲前先后、欲左先右、欲进先退、欲纵先收、欲提先沉、逢冲必靠、欲止又行。追求动静相宜,张弛有致,高低错落。古典舞小至眼神的收放,大至云手、晃手、小五花、大刀花、青龙探爪、燕子穿林等动作,无不包

---

[1] 唐满城:《论中国古典舞〈身韵〉的形、神、劲、律》,《舞蹈论丛》第 2 辑,舞蹈杂志社 1989 年版。

[2] (春秋)老子:《道德经》,陈徽译注,上海:上海古籍出版社,2023 年,第 149 页。

含着"反正相从"这一民族动律特色。[1]反律动势作为力量注入，与顺势之行的动作矛盾对立，并相互制约、依存，恰恰是构成中国古典舞循环往复、绵延不断之感的重要因素。

中国古典舞讲究"一切从反面做起"，这种辩证思维体现在中国古典舞的身法上是一种"反律"的运动规律。通过肢体运动过程中动作的"欲左先右""欲前先后""欲进先退""欲上先下"等典型动律来展现时间与空间上的协调与对称，由"反势"带动、贯穿"起、止、行"的表达，从而在身体文化意识上体现出一种整体的宇宙观，基于身体"反律"动势所呈现出的中国古典审美体现。

当舞者欲从静止的体态下开启舞动时，必须有"预动"，"预动"不是一件简单的事，它是舞者入境后心理给予身体的发动力。如在"提沉[2]组合"中：准备位时，盘坐于地面之上，双手放松搭于膝盖，后背挺立、目视前方，身体呈静止状态，意识中气息已充盈全身，在一次提、沉之后，第二次再提气时较于第一次的提气会更绵长一些，意识之中再次将气息灌满全身，萦绕至头顶尖，延伸至更远后吐气向后含，将所有的气进行释放。"提"与"含"虽是两个静止的动作，但通过气息的运用，使得两个动作获得"形成还在动"的状态，在这个由"提"到"含"的运动路线中，并不是只靠身体的直立和弓背体现的，整个过程气息是贯穿始终的，动作的变化并不只是表面形态的变化，而是在呼吸之中，营造出一种连绵不断之感，因此心理上"预动"对于古典舞细腻韵味的表达是极其重要的。

二、静呈态，动延势——顺势

从动势的生成过程来看，绵延不断的走势感，应是古典舞"形止神不断"的审美特征。在掌握了外在形态之后，下一步要做的就是在运动中去完成形态。舞

---

[1]　　参见彭松《舞蹈审美六题》，《北京舞蹈学院学报》2004 年第 3 期。

[2]　　提沉："提"与"沉"是古典舞身韵八大元素的基础。所谓"提"，就是将重心从盆骨转移到头顶，在这个转移的过程中，要始终感觉头顶上有一股力量始终提着自己。所谓"沉"，是建立在"提"的基础上，与"提"完全相反的一个动作，"沉"就是将胸腔之中积攒的气呼出，直至重心完全下沉至腹部。

蹈不是"摆"出来的，而是"动"出来的，每动必有势，动势中必有形，这就是"动中有静"的意义。[1]中国古典舞中各种舞姿的动势都会影响动作流动的连接，所有的"静止"都要在"动"中完成，所有的"动"都要有瞬间的"静止"，中国古典舞中这种似静非静，似动非动的态势，使得舞蹈在动与静中瞬间变化，呈现出不同的语义和审美想象。

（一）"适之所适"：动势在身法训练中的合理运用

艺术创作讲究"适度"原则，古典舞身法中的"动势"运用也不例外，"顺势而起"，方能展现圆融流畅之感。在古典舞身法运动过程中，顺势是在动律"起、止、行"的借力发力、彼此转化的过程中，顺其自然、和谐流畅地完成动作与动作的连接，在此过程中强调身体自然的动势，不需要人为过多的安排，顺其势来强化外在的情感表达。

在课堂中，经常会探讨关于组合动势合理性的问题，比如：观赏过程中会感受到某个组合的动势是断的，不连贯；平圆接立圆，动势不合理；等等。因此，如何使组合在呈现时行云流水、一气呵成是我们在编排时需要思考的问题。在有限的动作元素中，通过升降、回旋、平移、平面等不同的动势组成，对于元素进行排列，在排列过程中选择动作完成的速度、力度、幅度，赋予动作的想象性，进而去寻找生成动势的可能性。

例如"燕子穿林"组合，为保证整体组合动势的合理性，先从组合"闪转腾挪"的动作特点入手。四个"动"词所代表的动作特征在身体运动过程中的动势与动态承上启下、首尾相接，可以说是"牵一发而动全身"，但四个动作并不是单一的动作连接，而是让每个不同动作中的"势"与"态"相互并行，交织排列在无形的空间中，上下贯穿，左右闪转，不论是在空间上还是在运动路线上都呈现出连绵不断、婉若游龙的舞蹈视觉效果。在了解"燕子穿林"组合基本的动作特点之后，为了营造出"燕子在林中穿梭"的视觉效果，增强组合的流动性和灵活性，在调度上进行了巧妙的设计：两次原地"穿林"动作之后，是处于一种"下收"的姿态，为使得动势顺畅，在半蹲位上接"摆扣步"，以作为动作新

---

[1]　　参见邓文英《中国汉唐古典舞教学法》，上海：上海音乐出版社，2011年，第89页。

的起势，带动身体的流动，流动至教室侧后方时，接"刺翻身"，又是以"下收"的舞姿为停顿，随即用手作为引领，转身敞胸，向反方向流动，流动至教室前区位置时，再接"刺翻身"，以此弥补动作的协调与对称。从身体的"倾倒（摆扣步）—悬停（刺翻身结束）—缓走（流动的调度）"，为观者带来回环往复、流转有韵的审美体验，传递出一种出其不意、眼前一亮的艺术感受。

"燕子穿林"的顺势在于快速中求变，"闪转腾挪"带来的是一种"顿挫延展"之美，动作拧、倾的动态加入外在形态上的圆曲、步法上的腾挪、身法上的游转和空间上的流动呈现出一种刚劲洒脱的气质。通过对组合中动势、力量与节奏的把握，使组合具有了"满、赶、闪"的视觉效果，形成急中有缓、刚中带柔、韧中有脆的动作形态与气质。

（二）"圆融流畅"：动静相携下的古典舞审美体现

"美"在动静之间，即使是在那一刹那的静止——"亮相"之中，也要求神采飞动，形停而劲不停。[1]中国古典舞的审美奥义体现在动静相携的运动过程中，当身法流转在空间最完美处停顿，形成舞姿造型，外在形象虽静止但意识与神韵不断外放，静中含动；当身法处于流动过程中减弱或逐渐静止，"气"的动势使得舞姿形态顺势延伸，但内心节奏已趋于平和，这是一种动中延势的状态，动中有静。通过对古典舞中"势"的把握，才能精准地抓住古典舞、韵律、审美的关键。

中国古典舞在起承转合的身法流转过程中，通过不同动势节奏的运用，出现张与弛、快与慢、动与静、紧与松等视觉对比效果。舞姿造型的"静中有动"，即舞姿虽静止但仍会有走势感，这是舞者内心气势与神韵的持续延伸发展，呈现出动静结合下的绵延不断之感和虚实相生之境，静止的动作以"留白"[2]的形式创造出延展和想象的空间。比如古典舞作品《点绛唇》（图3）中舞者左手点朱唇、右手持妆镜，坐在椅之上探身向前这一静止舞姿，虽是静止的状态，但给人一

---

[1]   参见于平《古代舞蹈史与民族舞蹈学研究的联通共治（上）》，《民族艺术研究》2021 年第 1 期。

[2]   留白：最初是书画艺术创作中，为使整个作品画面、章法更为协调精美而有意留下相应的空白，留有想象的空间。从艺术角度上说，留白就是以"空白"为载体进而渲染出美的意境的艺术。

图 3
——
《点绛唇》舞姿造型

种身体仍在延伸走势,直至手指尖都在继续延展的感觉,营造出一位少女轻点朱唇装扮自己等待心上人归来的场景,整幅画面洋溢着浓浓的喜悦之情,甚至裙摆都荡起令人陶醉的弧度。古典舞中静止的姿态不仅带来广阔的想象感,更铺垫着动作走向的动势感,以静制动,古典舞在动静相谐之态下呈现出一种循环往复、无始无终的运动意象。

《道德经》有言:"万物负阴而抱阳,冲气以为和。"[1]即阴阳两级的互相转化、制衡融通是世间万物的运动规律,和谐相生方能达到"和"的境界。

中华民族审美观受到儒家正统思想的影响,十分推崇"中和","中和"之美最能体现中华民族文化精神之美。[2]"致中和"的审美理想同样也影响着中国古典舞的情感追求,在古典舞龙飞凤舞、行云流水的动态美感中,瞬间的静态造型犹如锦上添花,为舞蹈整体意境的营造增添了一份独特的节奏美;在静态造型中,内在动势的延展使得造型充满情感想象,产生"此时无声胜有声"的艺术意蕴,动与静的相得益彰才能使得古典舞中循环往复的气息、蓄发相含的动势以及含蓄隽永的意韵得以流露,展现古典风采。

[1]　(春秋)老子:《道德经》,陈徽译注,上海:上海古籍出版社,2023 年,第 159 页。
[2]　参见王熙《基于动作形态分析的中国古典舞审美观研究》,《北京舞蹈学院学报》2020 年第 6 期。

三、起于心，止于态——心势

正如动势口诀"势由心控、心随意转、意催律动、顺势而起、蓄势而发、环环相扣、连绵不绝"所道出的古典舞动势之妙，舞蹈真正的生命力在于"动"的过程，若想让动作在运动过程中体现出行云流水、龙飞凤舞、翩若惊鸿的视觉效果，这就需要外在动势与内心气韵的完美统一。舞者外在"形"的规范，给人单一、稳定之感，动作与动作之间的连接根据节奏、规律来完成，动作本身的审美意味的赋予则是由"形"静后"神"的传递，但若是依托"势"而生成的动作，往往会带给人一种相对的意境延伸感，恰如唐代司空图所讲"象外之象"[1]。因为动势本身就带有一种动作走势的暗示性、外在劲力上的绵延不停之感，动势不仅仅是上一个动作的延续，同时也是下一个动作的始发，是结束亦是开始，这就是中国古典舞中"顺势而起，蓄势而发"的运动法则之所在。

（一）"气韵生动"：动势相融之美

中国古典舞在蓄势待发、循环往复、不断流溢的动态过程中形成对想象世界的描摹，在动势相融之间赋予形象超脱外在的韵味，正如美学家宗白华先生所说："'舞'，这最高度的韵律、节奏、秩序、理性，同时是最高度的生命、旋动、力、热情，它不仅是一切艺术表现的究竟状态，且是宇宙创化过程的象征。"[2]这是空间艺术中存在的时间意识，亦是对静止、形似的一种超越。

不论是入境之后的内心蓄势，还是神达之后的外在绵延，内外相合才能淋漓尽致地展现中国古典舞的风格和品貌，到达"气韵生动"的境界。"气"是动作始发的原点、动力，是舞者在入境时的"心劲儿"，是动作所散发出来的一种只可意会不可言传的身体意识和元气；"韵"则是于"气"的基础上，外在肢体形态上的节律和延伸。"气韵"则表现为透过外在形态而持续展现的"力"，这个"力"既是可以被看到的力，又是只可意会不可言传的虚幻的力，"力"度不

---

[1]　　　象外之象：中国古代文论中的美学观念。前一个"象"指构成作品的具体的有形形象；后一个"象"是欣赏者依据作品所描绘的具体形象，结合自己的审美体验后体悟到的另一层美的境界。

[2]　　　宗白华：《美学散步》，上海：上海人民出版社，2017年，第79页。

同则会影响"势"态的灵活多变。古典舞中的"力"受"气韵"的影响，往往会呈现出"四两拨千斤"的效果。舞者在动态运动过程中的"气韵"则是要将舞者自身的生命意识和情感融入动作的气息、节奏、神态等等之中，它们高度融合，使舞蹈势态展现出一种"舞有尽而意无穷"的境界与气势，就好比绘画艺术中的留白，使观者浸淫意境，感受通过动作赋予舞蹈的生命之气。比如，在"青龙探爪"组合中拧身穿手动作后的静态停顿，留下的是该动作外在形态上的延伸和舞者内在心意、劲的延续走势，这种"气韵"体现在舞者体内之动势所散发出来的生命力的气势上，表现在动作"形止，神不止"的状态之中。通过内在动势与外在动势的相融相生，才会有"气"与"韵"的相互融合，舞蹈自然也就生动了起来。

（二）"含道飞舞"：随心而舞之境

舞蹈是由无数舞姿连接而成的，"动势"变则形变，在静态舞姿中去寻找动态延展之美，在动态流动中去发掘身体无限的可能，动静相生，调动身体内心之所动。当外在肢体动势恰如其分地展现，内心意念的引领则是使动作魂赋的重要环节，当"内之合"与"外之合"[1]相融交织，才能将生命的感悟与情感的表现在时间和空间上交替展开，于连绵不断之中透露着对"道"与"气"的理解和体悟。

著名京剧教育家钱宝森先生曾说："形三、劲六、心意八、无形者十。"在钱先生看来，舞蹈表演中，最高的境界即"无形"。这句话与《道德经》中"大音希声，大象无形"有着同样的审美旨趣，最好的、最完美的境界即"无形"。如何在有形的肢体内去找寻无形？"在有限的形象中，舞者用'反势'与'蓄势'增强了肢体的艺术表达空间，这是十分精妙的经验。"[2]"反势"与"蓄势"使得中国古典舞的所有动作在此消彼长中相互衔接流转，在内心意念的支配引领下，舞者在肢体上以"势"作为意念延伸的手段，在顿挫延展、刚柔并济的身体语汇中，畅意抒发内心至纯之情，探寻"无形"之境。

---

[1]　　外之合：手与足合、肘与膝合、肩与胯合。

[2]　　李馨、苏娅：《"意""气""力""势""态"——中国古典舞训练核心概念谈》，《舞蹈》2016 年第 8 期。

四、结语

综上所述，口诀"势由心控、心随意转、意催律动、顺势而起、蓄势而发、环环相扣、连绵不绝"，道出了舞蹈艺术独特的审美价值，从美出发，向上通达艺术思想，向下落实身体技术的特性。本文以此为原点，分析了关于"动势"作为古典舞教学中间环节的重要性。宗白华曾言："'美'就是势，就是力，就是虎虎有生气的节奏。"[1]对于中国古典舞而言，美就是势，就是气韵，就是循环往复、龙飞凤舞的形象。中国古典舞的动势有着无尽的奥妙，通过对"动势"的把握，才能真正体味到中国古典舞的动静相谐之态、虚实相生之美。

[1]　　　宗白华:《美学散步》，上海：上海人民出版社，2017 年，第 171 页。

动势相通　书舞相融

李丽娜

　　宗白华先生说："中国的绘画、戏剧和中国另一特殊艺术——书法，具有着共同的特点，这就是它们的里面都贯穿着舞蹈的精神，由舞蹈的动作显示虚灵的空间。"[1]中国传统艺术中的书法与舞蹈是中华传统文化的重要组成部分，呈现出独特的文化印记，虽然舞蹈与书法是两种相对独立的艺术形式，但自古以来就有着千丝万缕的联系，不仅蕴含了深厚的文化古韵，还极大彰显了中国传统美学精神的特质，并且在节奏、韵律、曲线、审美等方面有诸多相通之处，尤其书法中的行草与中国古典舞，在其艺术本质上有着共同的追求。本文以行草与中国古典舞之间的审美互通性为根基，由动势出发，在形神兼备、刚柔并济、动静结合、身心交融、内外统一的艺术特点中探寻二者的内在审美特质和艺术呈现规律，在"势因形生，形为势存"的融通关系中剖析"力""韵""气""形""神"之间的相融相生之处。

一、书与舞：势形相合之态

　　中国古代书法文献中将书法与舞蹈相联系，并从舞中受到启发，如唐代草圣张旭的草书便是在观公孙大娘舞剑后受到启发而大为长进。又如草书大家怀素自

---

[1]　　宗白华：《美学散步》，上海：上海人民出版社，2017 年，第 184 页。

动势相通　书舞相融

445

述在创作时的感觉如同"桑林舞"一般，以自身体验见证了书与舞在律动中的相通之处。宋代郭熙在《林泉高致·山水训》中亦云："张颠见公孙大娘舞剑器而笔势益俊者也。"其中的"势"字更是点其精髓，意味深远，准确地道出了书与舞相融互通的重要契机。书法与舞蹈的区别在于艺术表达载体不同，但二者均将线条作为艺术表现手法的核心要素，其线条的运动属性，均蕴含在动势之中，从"势"的角度出发，探寻书与舞之间形态与动势的关联，"形"为"势"的外在表达形式，"势"为"形"的内在韵味生成，二者相辅相成，构成了书法与舞蹈的艺术本质特征。

（一）以"势"领形

"势"——属于古代美学范畴，这里多指艺术作品或审美对象所表现出来的逻辑趋向和态势。[1]中国古典舞"拧倾圆曲"的审美范式形成了"反律"动势规律的"反向蓄力"起势和"平圆、立圆、八字圆"的动势轨迹，这与书法艺术中"逆锋起笔"的行笔动势，以及腕法笔势中"笔圆流转"所呈现出的线条浑圆饱满，精气内敛的审美追求如出一辙，因此，舞蹈与书法内律相合的动势原则构成了二者在形态韵律间的密切关联。

中国古典舞从建立发展以来不断吸收其他艺术如戏曲、武术、太极等传统艺术的精华进行再创作，将"反律"动势融入中国古典舞中，"欲前先后、欲沉先提、逢开必合、逢冲必靠"等一切从反面做起的"反向蓄力"动势原则，形成了一气呵成的态势特点，使外在形态在跌宕起伏、相反相成之间有机结合，形成了鲜明的张力对比和错落起伏的节奏美感。中国书法中有同样的动势走向，蔡邕在《九势》中云："藏锋，点画出入之迹，欲左先右，至回左亦尔；……护尾，点画势尽，力收。"[2]"藏锋起笔"的笔法之中有"欲左先右，欲上先下"的线条动势，在与力的对峙中行笔，使其充满张力，一气呵成，与中国古典舞的"反向蓄力"具有异曲同工之妙。同样采用"正势与反势"的动势连接产生力量，使书法线条

---

[1]　　参见林同华主编《中华美学大词典》，合肥：安徽教育出版社，2002 年，第 117 页。

[2]　　（宋）陈思编纂:《书苑菁华》卷十九《书诀》，北京：北京图书馆出版社，2003 年，第 702 页。

和舞蹈动作在路线轨迹和曲姿流韵的动静转合过程中，既具有行云流水、连绵不绝的动势之美，又具有力量对比的张力之势，使其艺术呈现更加富有表现力和感染力。

（二）以情带"势"

"势"在舞蹈与书法中分别包含着内在和外在两种"势"的存在，第一种是内在的情感趋势，第二种是外在的重心、方位不断变换流动形成的形态之"势"。舞蹈中内在的"势"是凝聚在舞蹈语汇中的势，与内驱力相辅相成，即便是相对静止的形态造型，也会在静止的造型基础上继续向动势的方向做有意识的延伸。通俗来说就如同中国古典舞中点、线之间的联结，在舞蹈动作造型亮相时造型的相对静止与意识情感的不断延伸是相通并存的。舞蹈动作之间的连接和起承转合都遵循一定的艺术规律，不仅要求运动轨迹中"线条"的流畅圆润，对于舞姿造型的特征也有其审美范式，动作在流畅自然、开合相济中形成曲姿流转的"线"式形态。中国古典舞的独特韵味就是在内驱力动势的推动下融合力量、气息、气韵、神态、情感等因素与外部动势中的路线轨迹相合同存而生的。

书法与舞蹈的相同之处就在于不能只局限于外在形态而不注重凝神蓄势。书法中不同的动势显现，与作者内心情感催动下的内驱力相辅相成，由内生发的情感蕴藏在书法的动势轨迹之中。被誉为天下第一行书的《兰亭序》，是抒发王羲之盛事不常、修短随化，终期于尽的感慨之作，正是在情感的推动下才使作品一气呵成，直抒胸臆。笔画之间纤细轻盈、笔断意连，字体之间灵活多变，时而流畅婉转、时而厚重显峰，在刚柔相济的融合之下，尽显书法动势的流畅之美，是既蕴含造型美，又饱含艺术美的"尽善尽美"之作。可见，行草书写时对美的呈现过程与舞蹈的形成过程相同，都是自内而外生发的艺术，若要得其质更应心神内敛，必要以情来推动创作，如果忽略内在"势"的存在，那么作品中的情感性和连贯性则难以呈现，就会削弱艺术作品的生命力。

舞与书势同相合，在起舞、起笔之时都在强调"势"的带动，以势领形、以情带势是二者之间的相通之处，亦是书与舞在体现艺术作品时"气、韵、力、形、神"的根源之"势"。

二、书与舞：同势相生之道

李泽厚先生曾在《美的历程》中说过："如同音乐与诗的关系，舞蹈之于书亦然。"[1]在书法中以行草为代表，由动势中看书法与舞蹈之间的共通性与相连性。书法与舞蹈都是在传统文化以及美学思想下孕育生发的艺术门类，在道家阴阳学说理念的影响下，达到阴阳对立、虚实相生的转化。舞蹈与书法之间"势"能相当，在本"源"上具有极强的互通性、互融性、互鉴性，"势"贯穿于书法、舞蹈艺术的生命态势之中，从外在的"形"与内在的"势"中探索书与舞之间阴阳相合、虚实相生的美学意象呈现。

（一）力见形之"势"

书法是"宣纸上翻飞的舞蹈"，舞蹈是"空间中流动的书法"，二者同属于时间和空间的艺术，在运动轨迹中尽显线条之美，而这个过程便是"势"和"力"的延伸与迸发。"势"在书法中主要指书体或字幅之间点画相连、行云流水般的运动趋势，它使松散的笔画变为完整的有机整体，凝结书法中力的"筋骨"之势，行笔运转时手腕的力道与控制，使每一个点、画的书写都具有实在的形态质感，在章法有序中冲破静态的空间，于时间中翻飞流溢。"力"在"势"的带动下呈现出书法中变幻莫测的形态之美，于静态之美中观其动态之势，于动态之形中见其力道之劲，在一动一静、动静相合之间感受气贯全字乃至全幅之势，在有形、无形之间彰显书道哲学之本。

舞蹈中的"势"表现在"造型"的静态美和"动势"的流畅美，集中体现在呼吸、韵律、节奏、力量和动势之中，舞蹈中的"力"则是贯穿于身体内部空间，融合于身体动势而存在的。从内部空间来看，力存在于舞蹈形态之中，而力在舞蹈中的外化体现为节奏力和风格力，节奏力使舞蹈形态在轻、重、缓、急之中切分为有停有顿、有点有面的身体节奏，也是呈现动作质感的关键，忽而轻柔延展，忽而翻飞雀跃，忽而刚劲挺拔，在刚柔相济、辗转腾挪之间尽展"力"与"势"的相生相合。书法与舞蹈中的"势"，是艺术表现的生命符号，是由情感驱

[1]　　李泽厚:《美学三书》，合肥：安徽文艺出版社，1999年，第138页。

动的内在美，蕴含在"形态"之中，如果没有力的支撑，那么"形"便失去了艺术生命的本质。

（二）"韵"藏形之内

"韵"是中国古典美学的核心范畴之一，在中国传统艺术中，"韵"既是有形的韵律之"韵"，又是无形的韵味之"韵"。"韵"在舞蹈与书法中是使作品"活"现的关键，古人云："韵是无迹可求，透彻玲珑，如空中之音，相中水色，水中之月，镜中之缘，言有尽而意无穷。"在书法创作中讲究力度和节奏的变化，强调"韵味"的表达，丰富书法语言的表现。"韵"包含的范畴较广，"气、情、意、神"皆是韵，书法与舞蹈之间韵律相通，气韵相成。如"草圣"张旭观公孙大娘舞剑后得到启发，在剑舞纷飞的顿挫之势中悟出了狂草的真谛，找到了紧凑有力、飘忽多变的狂草书法神韵，成就了笔走龙蛇的绝世书法。云门舞集的创始人林怀民先生历时二十年，在书法中汲取灵感，带领舞团的演员们每日研习书法，通过身体模拟书法的动势，感悟运笔和动势的发力，通过行书、草书中点画相连、顺势相通的动势特点编创出富含传统美学韵味的"行草三部曲"，在《行草》《松烟》《狂草》三部作品中，舞者将"身形"融入"字形"，于身体中再现行草中笔走龙蛇、行云流水的笔法之势，在空间中尽现书法圆柔、婉转、盘旋之美，节奏中的连、顿、静、变、抻，以及呼吸与身体的配合呈现出极具张力与内敛之力，动静相宜地幻化出书法挥毫泼墨的肆意张狂之势和流动的内驱动势之韵。在动静虚实之间，将"韵"化为舞蹈与书法中独特的语言符号暗含于动势形态之中，狂澜但不缥缈的韵律之美和留白处的意境叠加，传达出气韵生动的舞蹈意象。

（三）"气"与形之合

"气"是中国传统美学中非常重要的范畴，中国书法艺术中的笔画来往于书法的行笔动势，将点画之间的连接与形神气韵有机的结合在一起，使得书法在纸上体现出以静动动、以神领形的审美趣味。书法与舞蹈两者均是通过情感的抒发外化于形，并在情感的内在驱动下达到身心合一的整体性艺术，在视觉效果上二者皆追求一气呵成之效。书法中最重要的是气势和韵律，"气势"可看作行书运笔时，点画相连之间所呈现出的"势来不可止，势去不可遏"的动态节律，而这种气贯全幅的动势节律则由书写者内在的气韵所控。一是书法者的专注，在书写的时候，保持高度的专注，将当下的心境、情感注入笔下；二是书法者运笔时对气息的把控。草书的流动性正在于此，以气运笔，将对气的控制通过字的形态来体现，或长或短，或迂回或直接，或厚重或飘逸，或平正或险绝，由始至终不曾间断，追求的是气韵导引下"形断神连、笔断意连"的超然境界，也是书法家内在气韵之美的外化。

舞蹈中也同样追求"形断意不断，意断神尤连"的气韵之象，若要呈现蜿蜒缠绵、刚劲有力时的气韵贯通之势，就要注重气息控制下对力的灵活运用。轻柔舒缓时气息跟随动势的轨迹在身体律动中呈现出慢如抽丝、连绵不绝之感；在快而有力的动作中，气息的收放之势则呈疾如电掣、动如脱兔之感。在气息的贯通下身体将气外化为抑、扬、顿、挫的灵活之变。舞蹈中"形止神不止"的气韵之势与书法中的气韵贯通有异曲同工之妙。书与舞的"气与形合"，顺应了"道"家的道法自然法则，在周而复始中找寻动势连接点下的连贯与共通。

三、书与舞：动势相融之美

书法是一种语言性的静态艺术，而舞蹈是瞬时性的动态艺术。从审美的角度凝练、提取书与舞动势中的意象符号，近代书法大家沈尹默在《书法论丛》中说："不论是石刻或墨迹，表现于外的，总是静的形势，而其所以能成这样的形势，却是动作的结果。"张旭观公孙大娘舞剑，从舞蹈动势气韵中捕捉与书法相通的动势连接，悟出了狂草变化莫测的节奏和动律。在杜甫"昔有佳人公孙氏，一舞剑器动四方。……来如雷霆收震怒，罢如江海凝清光"的诗词意象中领略到舞蹈那锐不可当的气势，这与行草笔法动势中的波磔与险绝如出一辙。书与舞正是从传统审美的刚柔并济、阴阳相合、虚实相生中找寻"中正平和之美"；从循环往复、运转不息中找寻"圆融流转之美"；从弦外之音、象外之象中找寻"玄妙幽深之美"。

（一）中正平和之融合美

在中国美学思想观念中，书法的线条美蕴含着哲学、理趣的意味。书法中的

"势"讲究遒劲与柔和，从"势"中呈现出刚与柔、虚与实、动与静、曲与直、枯与润、疾与涩的差异性与对立性。书法中这种既对立又统一的哲学思想也是融合《易经》中阴阳辩证思想的法则以及中正平和、虚实相生的美学意象。蔡邕曾在《九势》中提到："夫书肇于自然，自然既立，阴阳生焉，阴阳既立，形势尽矣"。[1] 书法中所衍化生发的刚与柔、枯与润、疏与密等，都充分转化了阴阳的辩证法则，将阴阳及其对立关系看作书法艺术的本质核心，书法的动势中也暗合万物的运行规律，呈现自然万物阴阳即变的动态平衡与中正平和之美。

中正平和、虚实相生的美学观念在舞蹈艺术中有同样的韵味体现，吕艺生先生曾在《中国古典舞美学原理求索》中提到："'一阴一阳之谓道'，可以说阴阳之道便是古典舞的'舞道'"。[2] 所谓"阴阳"是古人对世间万物以及同一事物内部之间相互作用、相互对立的抽象概括，"一阴一阳之谓道"是中国古典舞审美韵味中最核心的虚实关系呈现。例如：舞姿、旋转、技术的呈现均是在上下身子午相的基础上进行的，中国古典舞中一切动势以及舞姿造型都呈现出"阴阳"交替的运动法则，以及一切从反面做起的"反律"动势，起源皆是"阴阳之道"的动态体现。

中国传统美学崇尚阴阳融合的"中正平和"之美，在书与舞的动势发展变化中常常能看到"刚""柔""粗""细"之间的对比与融合。轻与重的力量对比，粗与细的线条变化，使动势发展态势互为反衬，在艺术作品中则体现为"轻、重、缓、急、抑、扬、顿、挫"的起承转合律动之美。书与舞，在阴阳互补、虚实相生的融合过程中赋予其艺术生命力，体现出"中正平和"的意蕴融合之美。

（二）圆融流转之曲线美

《周易·系辞》中有讲道："一阖一辟谓之变，往来不穷谓之通。"[3] 其中的

[1]　（宋）陈思:《书苑菁华》卷十九《书诀》，北京：北京图书馆出版社，2003 年，第 701 页。

[2]　吕艺生:《中国古典舞美学原理求索》，北京：中央民族大学出版社，2018 年，第 67 页。

[3]　金景芳、吕绍纲:《周易全解》（修订本），上海：上海古籍出版社，2017 年，第 1223 页。

"变"是一开一合、往来互通、对立统一的万物运行规律。在书法中，圆融流转的境界与这种万物皆可"变"的更迭变化密切相连。书法作为流动的线条艺术，其中周而复始的圆融之美，也呈现出阴阳环转、无往不复的曲线美。这种曲线美就如太极图的曲线一般，将这种圆通之势作为宇宙万物的生命态势。中国书法融合道家哲学思想，体现"道"的运动变化规律，从飞动、流动感中召唤艺术生命力。行草的"一笔式"书写带有一种循环往复、一气呵成、气韵相连之美，尤其是行草作品中有许多首尾相连的顺势之态，犹如"龙蛇飞动"一般，在静态形态下也能呈现出蜿蜒盘桓的动感。书法中"藏头护尾""一波三折""无垂不缩""无往不收"的笔势都蕴含着圆融流转、生生不息之势，将作者的心灵感悟与天地万物之间达到"天人合一、物我合一"的圆融之境。

中国古典舞由中国传统文化与美学思想孕育而生，蕴含着"圆"文化的精神内涵，它与中国人的审美情趣有着密切的联系。老子在《道德经》中主张"反者道之动"，其中意思多指宇宙间万物的运动变化规律是轮回交迭、周而复始的，就中国古典舞动势而言，这种循环往复的状态与太极图"阴阳相生、圆融流转"的内核一致。太极之圆标志着艺术生命产生之源，圆融流转体现了中国文化的生命境界，也体现出中国古典舞圆融之美、生生不息的特性。中国古典舞在造型与动势等方面都遵循着"圆"的运动规律，"三圆相生"的平圆、立圆、八字圆，是中国古典舞"划圆"动律的基本动势法则，平圆流转中的"云肩转腰"以腰部为中心做"磨盘式"平圆运动，要求在起于心、发于腰、形于体、达于梢的心境状态下，带动身体在动势连贯中做到气韵一体的行云流水之势。圆转盘绕中的"风火轮"以及"青龙探爪"等传统短句中融合了"三圆"的运动路线，尤其是"青龙探爪"在强调"满、赶、闪"的动作质感基础之上，突出"钻"的动势，它的动势及形象婉若"游龙"一般，给人婉转多变、体态万千之感。"三圆相生"的源始之道体现了中国古典舞"拧、倾、圆、曲"的动势显现，承继了传统文化精神赋予的审美意象。

行草的"状如龙蛇，相钩连不断"的圆融流转之势，中国古典舞"划圆"动势中的圆融交替变幻，均是在"圆"文化中孕育生发出的饱含"圆融流转、生生不息"的生命态势之美。

（三）玄妙幽深之意蕴美

中国汉字作为文化传承载体和语言符号系统，最初源于象形文字的"观物取象"，这种对自然的模仿也包含了世间万物运行的法则，其发展演变则经由意象思维中观象、取象、抽象三个层面的递进过程。王弼在《周易略例·明象》中说："言生于象，故可寻言以观象；象生于意，故可寻象以观意。"[1]中国传统艺术中的书法与舞蹈都通过"象"的表现形式，达到一种"立象以尽意"的审美境界。孙过庭曾在《书谱》中写道："鸾舞蛇惊之态，绝岸颓峰之势。"[2]这与王羲之笔韵所呈现出的"状如龙蛇，相钩连不断"如出一辙，行草书法的意象与龙蛇盘桓、动转回环的审美意象紧密联系在一起。王羲之、张旭等书法家以情驭笔，挥洒笔墨如飞动的线条，灵动婉转、勾连不断，在循环往复的"变"之中，抒发了书法家内心对自然万物的感受。正如卫夫人的《笔阵图》，强调书写中的水平线条，去寻找"千里阵云"的辽阔之感；"点"则是"高峰坠石"的速度与力量体现；在"乀"一波三折的笔势运动中，感受"崩浪雷奔"的风起云涌之势。卫夫人启发通过内心去领会世间万物的无穷奥秘，将书法意象与自然之境交织互融，以感性的形式传达主体之"意"。通过书法艺术表现出灵动飘逸、玄妙幽深的审美特性，而这种难以用语言表达的审美获得体验，正是书法在有限的笔墨中创构出的审美意象表达。

舞与书的艺术表达均是在"立象以尽意"的审美意象中将内心情感与外在形象进行融合转化的，舞蹈对于"象"的确立是艺术形象塑造的关键，在触景生情、情动生境的"情""境"意象空间营造中，突显"象"的立意。舞蹈中的意境分为"实境"和"虚境"，二者相互映衬，虚境在实境的基础上幻化出审美意象，具体的形象之"象"与虚实相生的审美意象构成一个完整的意境创造。舞剧《行草》中通过书法与舞蹈共通的意象符号作为连接，以身为笔，由气息带动产生动势，又由动势生形产生意象，在通达于二者之间的"势"中产生身体塑造的"笔断意不断"的审美意象，又在身体留白与空间留白所形成的虚实对比中，将

---

[1]　（魏）王弼:《周易略例·明象》，北京：北京汇聚文源文化发展有限公司，2015年，第12页。

[2]　（唐）孙过庭:《书谱》，北京：北京汇聚文源文化发展有限公司，2015年，第7页。

书与舞的空灵之美融汇交合。舞剧中水袖部分，以韵带器借助道具将意象放大，通过蓄势迸发的水袖线条呈现行草虚实相生的力量美。黑色的水袖在空中舞动，好似墨色入水时的阔而散之，涟漪蔓延，又好似在挥毫泼墨，诉说内心情愫。编导通过舞蹈本体营造出黑白相间的阴阳虚实关系，运实为虚的笔墨动势，以及以虚为实的留白之韵，在意象化的表达中赋予作品玄妙幽深、意蕴空灵之美感。

书与舞在中国传统文化中孕育生发，既蕴含着东方的传统哲学思想和美学精神，又体现了东方艺术的独特韵律。书舞相融、动势相通的艺术贯通之"势"既是动势中"抑、扬、顿、挫""顺、逆、疾、迟"的外在连接，又是生命律动的情感表达，在内外互通的情感之"势"中，体会蕴含其中的生生不息，在层出不穷的意象表达中感受缥缈、空灵的幽深意境。

身体交响下的时代赞歌与文化脉动
——源自"荷香舞韵"的思忖

李丽娜　马　翱

　　2024 年跨年之夜，"山东新年文艺晚会舞蹈专场——稚童，白发，皆舞芳华"在山东省会大剧院歌剧厅隆重上演，此次专场迎来了舞蹈界的盛世欢歌，不仅重温了"荷花奖"舞蹈比赛的经典作品，还将齐鲁文化、少年风貌、群众文化、青春记忆融入作品，以舞抒怀，演绎了对生活与时代的热爱。尾声更是将热烈的气氛燃至巅峰，山东舞蹈界老、中、青三代演员分别闪亮登场，熟悉的身影，曾经的芳华，全情的投入和绚丽卓越的舞姿，在万众瞩目下引发了业内外的一致好评。让我们一起在跨年舞蹈专场中回顾 2023 年舞蹈盛事，在身体交响中思忖时代赞歌和文化脉动。

　　2023 年是全面贯彻党的二十大精神的开局之年，是为全面建设社会主义现代化奠定基础的一年，是全方位感受"中国速度"和"中国科技"的一年，中国艺术的发展亦在新时代文化振兴和科技引领下开新局、创新高、展新篇。2023 年中国舞蹈"荷花奖"古典舞终评，现代舞、当代舞终评，民族民间舞蹈终评在万众瞩目下相继于辽宁沈阳、深圳、山东济南落下帷幕，三场舞蹈赛事均呈现出以赓续中华文脉，推动中华优秀传统文化创造性转化和创新性发展为艺术追求的创作样态，将文物遗存的舞蹈形象和民间承继的舞蹈风貌，在文化意蕴钩沉和时代审美动态融合中解构重建，在科技赋能与加持下既增强了舞蹈叙事的言说性，又开拓了舞蹈本体的抒情性，诸多作品充分体现了对中华优秀传统文化、革命文化、社会主义先进文化三种文化形态的深层精神追求，为新时代舞蹈创作和发展注入了新活力、新内涵和新气象。癸卯年末之际纵览回味本年度"荷香舞韵"，理性剖析"舞坛盛事"代表性作品，深刻思忖作品现象所蕴含的深层含义，探寻舞蹈创作与发展的"理实之道"。

一、"荷"韵流芳：以传统之眼拓展身体美学之维

中国古典舞是当代对传统文化的复兴与再造，是将中国戏曲、武术、汉画像、敦煌壁画、飞天乐舞的形象与时代审美融合构建的身体语言体系，是"千年古韵"与"时代审美"的结合。形神兼备的表达方式，以腰为轴的发力原则，圆游其中的运动轨迹，"形三、劲六、心意八，无形者十"的境界追求，形成了中国古典舞所特有的审美范式。2023 年 4 月，在第十三届中国舞蹈"荷花奖"古典舞终评舞台上，透过古典舞舞者飘逸灵动的舞姿，领略了华夏文明的尚古之韵、诗经之风和唐宋之美，颇有"舞林"高手会聚一堂共同切磋"舞艺"之势。编导对舞蹈结构的巧妙架构和深厚的编创功力，加之演员对身体随心所欲的控制和深层寓意的厚重表达能力，呈现出强强联合下的完美演绎，获得评选大奖的三个作品既能反映当代对传统文化的回归与创新意识，又能体现当下中国古典舞作品创作的三个创新维度，通过参赛作品所呈现出的传统之眼对当代身体美学的审视与重塑，反映出身体承继下的文化脉动景象。此次大赛更像是别具一格的中华优秀传统文化荟萃，将赓续千年的华夏文明以舞蹈的形式，进行不同古典题材和古典舞风的创造性转化与创新性发展。

（一）多元艺术融合的审美重现

多元艺术融合下的现代审美意识创作，是此次大赛作品所呈现出的第一个创新维度。《骏马图》以水墨画质感的艺术品相在入围终评的 47 个作品中脱颖而出，创作灵感取材于徐悲鸿的"奔马"图系列，以男子群舞的形式塑造"马"形象，动作处理简洁明了、刚劲有力，灯光运用新颖大胆，在黑白晕染、动静相合之间营造出中国水墨意境，豪放的泼墨渲染和劲秀的线描写意在层层递进的结构叠加中被逐渐强化显现，奔马雄骏的身姿，矫健的步伐，轻疾间透露出抖擞的神韵和不屈的气质，作品在节奏、画面的处理中运用了水墨留白、虚实相生的手法，给足了观众无限遐想的空间，向心力、凝聚力的队形流动、画面铺设和万马奔腾的意象营造则使观者深刻感悟到演员身体中那奔涌前行的不竭动力和豪迈的

民族力量与民族精神。作品的成功之处在于将传统绘画艺术、传统审美精神与舞蹈艺术、时代审美之间不留痕迹地交汇融通，在古典语汇与现代意象的完美融合下以感荡人心的艺术魅力走进了当代人的心中，在观舞的同时，又像是在艺术家的导引下多维度解读并欣赏动态的《奔马图》，于舞台之上氤氲了骏马奔腾的各种意境，马的深情、马的桀骜、马的自赏、马的精神在舞中画、画中舞、光染色、乐诉情的多元艺术融合中重现舞台。

（二）考古文物的动态转化

依托于考古文物文献的转化型创作，是本次创作所显现的第二个创新维度。《散乐图》以辽墓壁画《散乐图》为创作基底，生动再现了古壁画中歌舞繁盛的场景与民俗文化。作品中觱篥、箫、笙、琵琶、鼓等吹拉弹奏同声和曲，与舞相融，乐舞人裙袂蓬阔，碎步抖肩，跨越时空款款而来，北方多民族文化糅合的包容性和契丹民族特有的古拙粗犷，在此舞中一览无遗。从舞姿、队形、服饰、妆容，到道具、阵列次序、排位特点均以古为鉴，可知、可视、可感、可考、可察、可究。顿挫突闪的舞态，以及流动与骤停交替间所构建的视觉效果使壁画文物中的辽代舞乐人穿越千年"活化"于舞台，在舞蹈的过程中既能见其壁画之形又能感舞风之韵，实现了在突破中回归传统，在传统中彰显时代的艺术追求。作品在寻古、访古的过程里实现了古与今的交融呈现，在文化的跨时空碰撞中以舞蹈的形式对传统进行了时代解读，既探赜出唐宋乐舞的遗绪，又重现中国古典美学精神。《簪花一卷》《簪花仕女》《富春》《归义》《铅华·满壁》《巴女拓影》《绿釉陶男俑》《三足问鼎》等均属于这一维度的创作，在艺术表达与呈现方式上各有千秋，为中华优秀传统文化的动态转化增添了新气象。

（三）由形入象的纯舞性写意

由形入象的纯舞性写意创作，是此次大赛创作导向的第三个创新维度，也是当代中国古典舞编创中对舞武相合的深化理解与外化，"意气形合一"是中式身体美学对中国传统哲学思想"天人合一""道法自然"的追求，从"无形至有形"，再由"有形至无形"的转化蕴含了深厚的哲学观点和道家思想。《觉》是其中的代表之作，中国古典舞与武相通，亦可相融，由武术之"形"与太极之"意"入"境"，通过身体觉察感悟"心意六合之玄赜"与阴阳、武术、八卦等传统意象之间的关联，在中国古典舞所特有的提沉吐纳、大开大合、刚柔并济、一招一式和由内而外的劲力之中探寻中国传统文化之根，在一生二，二生三，三生万物的道法自然规律中进行古典身体美学的研究与呈现，语意表达注重对身体的本体性开拓与创新，在知行合一的身体觉知中感悟其道。《拳掌形意间》和正在火爆巡演的舞剧《咏春》皆是这一创新维度的实践者，在中国式审美的观照与当代审美的影射下，在由形入象的纯舞性写意导引下，开辟了中式传统身体美学于当代表达的新形式。

（四）身体语境下的文化脉动

身体是人类文明发展与进步的承载者与记载者，在舞蹈发展的长河中，身体承继的不仅是中华历代的智慧，更是拥有五千年历史根基的品质文化。在文化、科技迅速发展的今天，坚定文化自信，回望文化脉动，在凝神静气中溯源头、创新篇是当下舞蹈创作的自觉追求与精神向往，这种气节在本次比赛的诸多作品中均有显现，也是身体语境下对文化脉动的承继。山东艺术学院的原创作品《蹴鞠巾帼》是山东省唯一一部入围第十三届中国舞蹈"荷花奖"古典舞评奖的作品，现场十名"女汉子"以气定神凝之势将拼搏精神赓续赛场。"蹴鞠"源于春秋，兴于东汉，古书《太平清史》记载："明代国初，彭氏云秀，女流清芬，一身俱是蹴鞠，旋转纵横无施不可骋江湖。"[1]作品立足于对本土文化的挖掘与创作，以明代蹴鞠女艺人彭云秀为创作原型，从古文献、青铜镜、古代画作遗存中取其形，在其形式与立意中寻其精神诠释。十名队员女扮男装，以巾帼不让须眉、为国争光的家国情怀影射当今女足的团结拼搏精神，向当下百折不挠、勇往直前的奋进者致敬。舞蹈语汇以足下踢球动作为动机，将颠、踢、接、运、顶等运球技术融合古典舞以腰为轴、蓄力而发的动势特点，在闪转腾挪中传球、接球、射门，身体语汇稳定有力、刚劲坚韧，以内在之气贯通全身，在铿锵有力的踢、铲、滑、蹬的激烈竞争中尽展英勇豪迈的阳刚之气。赛场上，队员们团队协作，在有序的布局、防守、进攻中坚韧拼搏，终在临门一脚赢得了比赛。演员们英姿飒爽的舞姿散发的正是儒家精神品格中坚贞不渝的浩然正气。亦是在向我们传达，无论面

[1]　　陈继儒：《太平清话》（卷四），北京：中华书局，1985 年，第 82 页。

对怎样的艰难与挑战，都要秉持永不言败的蹴鞠精神砥砺前行，以齐鲁儿女自强不息的儒家精神品格熔铸传承刚健、仁爱、和谐、包容、积极进取的民族精神。

第十三届中国舞蹈"荷花奖"古典舞终评中还有取材于诗词歌赋、神话传说的作品，如《乙卯正月二十日夜记梦》《橘颂》《洛神》《鸿鹄高飞》《东游》等，挖掘革命历史题材的《那时花开》《南泥湾》等，还有通过现代生活反观传统的《人在草木间》《门神》等，众多题材的作品荟萃一堂，美不胜收。反思《骏马图》《散乐图》《觉》三个作品能够力压群芳的共通之处，正是将传统文化与现代意识及时代审美做到了极致融合，在作品中既品鉴到传统文化之"形"，又传达了古典精神之"神"，同时兼具中国古典舞语汇的时代审美之需求。虽然有些作品仍存在选材跟风、创作思维固化、编舞技法陈旧、灯光赋能欠缺等问题，在艺术再现中有流于形式之感，或着力于舞蹈动作及舞台构图的华丽，或着力于刻意追求与众不同的创新呈现，在中国古典舞的语汇创新、立意表达及品相塑造中对艺术性与开拓性的挖掘仍有发展空间。但可喜可贺的是，当代中国古典舞的创作维度正在打开，在不久的将来终会肩负起时代赋予的重任，以"守传统、创新篇、铸精神"的格局与情怀承担起中国文化建设的己任。

二、"荷"涌哲思：以理性之情重塑身体言说之秘

我国的当代舞、现代舞在摆脱了既成风格与动态习规的基础上，在发展与融合中逐渐形成了饱含文化印迹与中国哲思观的身体言说方式，既有传统文化特色，又与时代审美融合，作品多以呈现浓烈的思想情感和与时俱进的时代风貌为核心，凸显了中国舞蹈文化兼收并蓄、守正立新的特点，充分体现了舞蹈媒介下中外舞蹈和中西方文化的交融互鉴。2023 年 9 月第十三届中国舞蹈"荷花奖"当代舞、现代舞终评现场，生动体现出中国现代舞人舞悟当下、鉴思未来的艺术追求与火热实践，在促进中西方艺术、文化互鉴的基础上，谱写了身体交响下的时代礼赞。

（一）文脉涵濡下的身体诠释

当代舞、现代舞作为最直接呈现时代风貌的舞蹈种类，既承载了中西互鉴的

文化使命，又承担着通过身体言说记述表达"当下"的责任。从身体语义表达来看，当代舞、现代舞是与个体内心贴得最近，能够通过身体言说直抵内心深处，体现真情实感的舞种，这种对"当下"直观性的表达，既有全情的投入，又有清醒的认知，在思想表达和身体诠释过程中文化特性也逐渐具有了显性呈现。正趋于此，现当代舞在中国的发展可视为中西融合互鉴身体表达方式下，与先进思想、文化形态、时代精神、艺术审美的深度联结、转化与发展。

此次赛事在作品《望道》中开启，也是山东艺术学院代表山东入围的唯一作品，《共产党宣言》中文首译者陈望道探索真理之道的笃行与坚定深深地打动着我们，他对真理的追寻是虔诚的，是迫切的，是执着的，是坎坷的，是永无止境的。道具"灯盏"是希望之光，真理之光，更是砥砺前行之光，在深情回望中，缅怀、致敬陈望道追求真理的精神，在身体言说中传颂、感悟真理之道，增强吾辈迈向民族复兴之路的志气、骨气和底气。激励当代舞蹈人要不忘初心、凝心聚力，怀揣立鸿鹄之志的勇气，秉持展骐骥之跃的决心，勇担推进文化自信自强的使命，通过舞蹈艺术高扬民族精神、赓续红色血脉，铸就社会主义文化新辉煌。

革命文化是中国共产党带领人民在血与火的革命岁月中创造出的文化形态，是坚定中国特色社会主义文化自信的重要源泉，参赛作品中涌现出一批用当代身体语言讲好革命故事的作品。以广州起义红色记忆为脚本的《燎原》，在希望火种的引领下，以燎原必胜的信念，彰显出不怕牺牲、敢于胜利的革命英雄主义精神；《秋瑾颂》则细腻刻画了"辛亥女杰"秋瑾的革命巾帼形象，昂扬斗志和豪迈之气熠熠闪烁；《延乔兄弟》以温情浪漫的视角，塑造了陈延年、陈乔年两位革命者的形象，表现了对理想信念的坚定和对未来的憧憬；取材同名小说的《风声》，再现了我党地下工作者的崇高精神和坚定信仰。还有《南海随想》《二月红棉》《红色之恋》等作品都是革命文化的不同呈现，通过舞蹈艺术赓续红色血脉、弘扬革命精神，在文脉涵濡和身体诠释下，为共建新时代人民群众的精神家园贡献力量。

（二）意象空间中的身体群像

宗白华先生在《美学散步》中指出："意境是艺术家的独创，是从他最深的'心源'和'造化'接触时突然的领悟和震动中诞生的。"[1]中国意象善于从虚处

---

[1]　宗白华：《美学散步》，上海：上海人民出版社，1981年，第66页。

着眼，讲究"意"与"象"之外的无限神韵，而西方意象则更加重视对形的表达。这里的"形"既包括物质之"形"，也涵盖精神之"形"。美国著名美学家苏珊·朗格认为，审美意象起源于由感知而得来的表象，表象诉之于想象，经过再造，成为"浸透着情感的表象"，即意象。意象作为表现情感的形式，既是直接可感的，又具有幻象的性质。[1]在中西方对意象阐释的过程中都关注到主观内在与客观外在的自然融合，是感性世界的呈现，审美意象是艺术的本体性特征，包含着丰富的意蕴。"'象'是境相，'罔'是虚幻，艺术家创造虚幻的境相以象征宇宙人生的真际。"[2]此次赛事中的诸多作品均呈现出对当代思潮与人文思想的理解与诠释，通过东西方身体语言体系下产生的艺术表达方式实现思想的执行与贯通，这种身体的表达既多元平等，又融合创新，在身体与文化、时代与思想之间碰撞磨合，在意象空间的身体群像塑造中，进行意境的营造与铺设，传达出深刻的思想与情感。

以当代舞三个获奖作品为例：《静听松风》从元代画家倪瓒的《六君子图》中撷取灵感，大自然的水流、蝉鸣、钟磬、回响声，与演员身体的内观调息合而为一，结为宁静致远的场域营造，演员身体在蓄力发力、屏息运气间静心导形，武术的劲道结合身体的韵律形成当代舞的表达，在中国传统意象审美的涵濡下，于急缓有致、动静相宜、气韵神思间现"意"呈"象"，山水意象、松石意象与武术中"劲如崩弓，发若炸雷"的迅猛发力风格，似松柏劲挺，如飞鸟归林，道出"和而不同"的思想之境。《湾》以湾区人民共通意象为创作灵感，"提灯人"是广东地域民俗"挂红灯"的意象铺设，意为对风调雨顺、国泰民安的祈求，在夜湾、渔火、烛照、海浪中营造出多重意象，展现了粤港澳大湾区壮丽秀美的生态文明，在群体意象中营造了湾区民心相连相通、发展繁荣兴盛的美好愿望。《塑骨》取"伞骨"意象为其形象，对国家级非遗"泸州分水油纸伞"的传承过程进行象征性表达，浓郁的民间地域特色音乐与舞蹈中非遗传承的意味珠联璧合，在意象空间中呈现的身体群像，时而是"伞骨"的化身，时而是铸伞人执着、锲而不舍的精神，时而是铸伞过程中的局部呈现，最终汇聚为"油纸伞"的全貌，在

---

[1]　　　参见李建东《审美意象之中西比较》，《黎明职业大学学报》2001年第4期。

[2]　　　宗白华：《美学散步》，上海：上海人民出版社，1981年，第68页。

当代身体艺术的表达中透视非遗工艺制作过程，塑巴蜀人之骨气，展中华民族之志气。以上三个获奖作品虽然在艺术呈现方式上有"各美其美"之势，但在文化涵濡、审美范式、传统美学精神的影射下又有共通的境界追求，那就是在取"象"立"意"中通过意象空间的营造进行身体群像的当代表达，在"美美与共"中深深地体现出中华优秀传统文化深沉的力量。

（三）哲学命题下的身体言说

现当代舞可谓"用身体讲好故事"的典范，"善于叙事，长于抒情"是其显著特征，身体化身为最纯粹、最直接的语言媒介，巧妙地运用点性连接和非线性叙事讲述故事，通过演员与观众身体的双重具身化感召引发共鸣，在身体迸发出的力量中推动情感的高燃，在东西方艺术方式和思想体系的融通下，实现身体执行的贯通，当下的现代舞正在向着打破不同舞种、流派进行创作的方向发展，使身体进行更加自由的创作，这种能够透视出身体哲学观的舞蹈表达，既是个体的心灵感知，亦是在体悟生命的自在与自洽中思索、探寻人生的哲学命题。

统观此次赛事的现代舞作品，整体呈现出创作题材多样，表达方式独特，身体质感超强的特点，多由个体的心灵感知出发，思索与探寻人生的哲学命题。《蜗牛》中独特意象的表达既真实又形象，在身体与圆形容器的各种演绎中折射出对生命的思考。《天鹅湖》跳脱现代舞深沉独白式的话语风格，在轻松愉悦中进行诉说，三人身体的配合、组建、衔接既丝滑流畅，又别具一格，在感受看似玩耍性的身体言说中使人置于深层的思考。喜欢《林中空地》中两位女演员的松弛感，为快节奏的生活送来了舒适与惬意。作品借助海德格尔的哲学理念，在步伐主动、身体随动的运动规律下，进行秩序精准、层层递进的动作与结构发展，在身体具身、情感共振中似乎聆听到心中空地的发声，将隐秘于内心深处的生命之光牵引而出。现实境况下，久违的那份舒适与自由，在轻快的舞步变化中浮出心底，蓦然感受到东坡词中"莫听穿林打叶声，何妨吟啸且徐行。竹杖芒鞋轻胜马，谁怕？一蓑烟雨任平生"的阔达与从容。《重圆》中对双人身体构图和功能性的开发，带着对人生的感悟与哲思。《观》中赋有中国元素的锣鼓点音乐，两人一桌的搭配，在某个瞬间会被迁移到戏曲《三岔口》，在与桌分合起落的双人舞段中，产生了"本我"与"超我"间同频对抗的遐想，正如人生旅途中的不同时段，最终都会在反观中悟道，在逆境中成长。

《停留片刻》《大地回声》《外套》是现代舞的三个获奖作品，演员的身体似乎失去了地球引力，对身体的肆意支配，对情感的超然外化，对生命的思忖感悟，都化为身体的哲思，久久回响于心中。《停留片刻》中舞者常宏基以卓越的身体能力成功解锁身体，打破限制，通过顺畅、丝滑、超能的陌生化身体语汇与观者即刻连接，在通透自如的身体认同中达成一致，生活中的欢乐与忧愁都会在片刻中生发、消失，人生的成长或许就在于某一瞬间的顿悟，身体语境下产生的沉醉感将观者带入不同的哲思境界。在《大地回声》中充分感受到"限制是天才的磨刀石"，舞蹈演员的动作被"限制"于一度空间，运用卡农和复调技法不断深化主题立意，冉冉向上的身体动机使作品呈现出无限的能量递增和精神隐喻，这种冲破一切困难挣扎前行的精神，以及生命原始本能的勃发给观者带来极大的感官体验和思想冲击。《外套》是一个人最真实的写照，当外套在身，所有的关注都是向外的，人生中被太多的身份与职责催促着前行，卑微、艰难、迫不得已的习以为常，在舞者充满无限可能的肢体表达中，窥见了生命所呈现出的不同状态，然而这个状态中唯独没有自己。当脱下外套，仿佛那个充满能量的肉体才真正属于自己，回归短暂的休憩与沉思……

如今，现当代舞在技术能力上仿佛已经摆脱了各种束缚，在突破身体"有限性"的同时不断挑战身体的各种"可能性"，并通过多重空间对内在情感进行挖掘与表达，甚至通过调动"视、听、嗅、味、触"五感来唤起身体的多重审美觉察，增强身体的能动空间，在艺术表达手法上更加多元与综合，表意方式更具探索性和先锋性，善于通过舞蹈作品探知、触碰现实题材和当代文化心理，以理性之情重塑身体言说之秘。通览此次现当代舞参赛作品，不仅体现出编导对多元题材现实性及现实题材当下性的深度哲思，也充分彰显了编创者在题材选取、立意挖掘、结构设计、审美倾向、语言风格中的自觉探索。

三、"荷"风遗律：以回归之境重构身体承继之路

2023 年 10 月第十四届中国舞蹈"荷花奖"民族民间舞终评在波光粼粼、潺潺流水的泉城济南圆满落幕。从天山雪域到江南水乡，从骏马驰骋到傣家雨林，从文化传承的守与创到典型人物的歌与颂……不同题材、主题、风格的民族民间

舞蹈在舞动中诉说，在身体中承继，尽展民间舞蹈独特的魅力。赛事中诸多作品坚持以"两创"抒写民族情怀，彰显民族特色，在注重创新性叙事表达的同时，充分体现了身体回归下的传统再造，力与美的融合流淌出文化的旋律和美学的精神，用舞蹈语言生动讲述了民族的团结与发展，通过舞的形式在身体交响与文化脉动中牢铸中华民族共同体意识。

（一）各美其美，美美与共的精神彰显

中华民族自古多民族融合发展，不同地域的民族民间舞蹈浸润着不同地域的历史文化、生活习惯、民俗信仰、审美范式、人文精神等，舞台上他们正散发着泥土的芳香在田野中向我们走来。在汉族、藏族、蒙古族、维吾尔族、朝鲜族、傣族、彝族、苗族、土家族等民族的舞蹈作品中感受各美其美，美美与共的艺术创作，领略中华民族绚烂的文化底蕴。

《马铃儿摇响幸福歌》以"蒙古马精神"为主题立意，将传统民族舞蹈与走马竞技文化相结合，欢快自由的身体语汇传达着人与马的和谐共生，蒙古马的风采、性格、精神体现得淋漓尽致，在马铃儿的摇动中一路欢歌，奔向幸福。这正是各族儿女守望相助，追求文明进步的真实写照，是人与自然和谐共处的美好画卷。新疆舞蹈《爷爷的萨玛瓦尔》以濒临失传的"萨玛瓦尔舞"为创作元素，在厚度与力度兼具、传统与现代交融中紧扣"传承"主题，塑造老、中、青三代传承者的形象，突出了萨玛瓦尔舞的代代相传，展现了新生代致力于弘扬中华优秀传统文化的进取精神。舞者头顶数公斤重的萨玛瓦尔，迈着稳健洒脱的舞步，在连续转身、下跪、直立、旋转等舞蹈动作中彰显技与艺的完美融合。藏族舞蹈《雪之子》以雪山为意象，以纯净质朴、自由洒脱的身体质感传达了藏族人民的精神向往。傣族舞蹈《太平有象》结合时代语境，以写意化的手法对"象"进行了意象构建，铺陈出太平有象、喜乐升平的美好图景。刚柔并济的朝鲜族舞蹈《冬》表现了朝鲜族女性的坚韧意志。瑶族舞蹈《长鼓悠悠》表达了瑶山人民的悠悠长情。安徽花鼓灯《沁园春·灯窝》以乐观奔放的生命热情，塑造了几代人传承花鼓灯艺术的鲜活群像。

当代民族民间舞紧紧围绕"立足民族文化之根，彰显当代民族精神"进行编创，络绎纷呈的舞步在真挚情感的艺术化描绘中彰显了各族人民对美好生活的讴歌，各美其美的舞蹈风貌与立意深刻的表现内容，彰显出民族文化在传承保护、

创新交融中的蓬勃生命力，美美与共的表达则是各民族同心筑梦、铸牢中华民族共同体意识的强大凝聚力。

（二）创新发展下的身体重构样态

推动中华优秀传统文化创造性转化、创新性发展，既是为民族复兴立根铸魂的内在要求，也是繁荣发展社会主义文化、为人民提供更多更好精神食粮的现实需要。"荷花奖"赛事作品中所呈现出的创新，不仅是对身体本体的创新，更是融合了科技赋能，对舞台呈现样态的创新，在科技赋能和身体语汇创新发展中重构舞蹈艺术新样态。

科技的发展，为文化带来新形态和新动能，在舞蹈艺术创作中充分展现为技术之境对舞台叙事空间的重构，在灯、光、电、舞台装置、道具的铺设下，开拓了舞台空间创制的新维度，对舞蹈的叙事起到了助力与推进作用。作品《走进光里》备受现场观众的喜爱，男扮女装的老妪通过身体语言，表述了对自己年轻时代飒爽英姿的回忆，灯光融入了舞蹈叙事环节，与身体语汇、服装造型共同形成了本作品的创新样态。首先是妆容的创新，长发飘飘的红衣少女的装扮突破了传统蒙古族舞造型，与老妪的造型形成传统与时尚的对比。其次是动作语汇的创新，蒙古族舞蹈动律元素融入了街舞的节奏与动机，使身体语言充满了时代感，少女的动作豪放、有力、张扬，老妪的动作虔诚、释放、包容。最具有突破性的创新之处是在舞蹈叙事中融入了灯光的叙事，作品中的光影具有强烈的语言性，不仅与舞蹈节奏融合自洽，凸显人物角色的性格和特点，还助力作品进行了叙事性表达，在结尾处，老妪不断抓捕光影的动作设置，是作品的神来之笔，在光影与身体的融合中诠释了题目的意味，舞出了不同形式感的传承。

介于身体本体的创新维度，东北秧歌《冰凌花》在创作上有两个突破：一是道具的突破，将传统手绢花的技法运用置于双扇中完成，整个过程自然融洽，没有一丝违和之感，鲜艳的黄色扇面在扇技的渲染下更加突显了黑土地上盛开的冰凌花形象，扩展了东北秧歌身体语汇表达的多样性；二是双主角的叙事设定突破，通过美丽坚韧的"冰凌花"对冰天雪地的顽强抗争，借物喻人，寄情于物，展现东北人不屈的性格与无所畏惧的精神，双主角以扇对话的舞段既是个体间的交融与追寻，亦是对东北秧歌的传承与发扬。《江南》则以诗情画意的江南画卷惊艳了全场，一改民间舞蹈语汇的表达方式，三颤步在身体表达中的糅合运用，凸显了江南水乡的气质，扁舟意象、游客、撑船人、始终以"矮子步"穿梭于荷塘中的采莲小女孩，形成了平行空间中不同情境的建构，使整个舞台沉浸在淡淡的水波之中，舞台化为水面，荷风送暖中呈现出一派轻舟摇曳，渔歌唱晚的意境之美。诗意盎然的舞台画面，独特的身体语言表述，将江南的情韵、诗韵向观众娓娓道来，给快节奏的当下增添了一丝清爽与惬意，也将江苏省非遗舞蹈"渔篮花鼓"展现在全国观众的眼前，助力于传统艺术与文化的传承与传播。《江南》将汉族民间舞蹈的美在传统文化的意境铺设中极致呈现，不仅体现在身体语汇表达的突破，更在编创思维的革新。

此次赛事舞台上将灯、光、电、影的语言性运用到了极致，加之对身体语言的开发与创新，诸多作品都呈现出较高的艺术造诣，例如彝族舞蹈《盛装·礼赞》开篇的同心圆光影设计别具意味，灯光色调温润雅致，充满了诗意与浪漫，彰显着坚毅勇敢、勤劳美丽的女性之美，礼赞着传统文化的源远流长。汉族舞蹈《日当午》中的灯光设计既是对天圆地方宇宙观的折射，又是土地农耕形态田畴阡陌的图景。傣族舞蹈《雨林雨林》在光影铺设下呈现出热带雨林树木葱郁、绿草如茵、鸟语花香的和谐景象。黎族舞蹈《日出日落》在灯、光、电的渲染下，营造出勤劳、质朴的劳动人民日出而作，日落而息的生活场景。藏族舞蹈《天地间》以传统与时代相融合的灯光色调，深情含蓄、悠然温润地将山水相映、天地共生的自然和谐之意进行了渲染。此次赛事强化了数字科技对舞蹈作品的赋能，在现代科技与时代审美的加持下共同呈现出创作中对传统文化精髓与内涵的挖掘，并从不同维度呈现了创新发展下的身体重构样态，开辟了民族民间舞蹈创新与发展的新路径。

（三）身体承继下的齐鲁文脉显现

"身体向自然、精神向内心"是民间舞者真实的写照，在身体承继中回归传统文化、回归山水自然，在作品呈现中表达自我，叩问人生，放歌心灵，彰显中华优秀传统文化和民族精神。山东省推送的《日当午》《涧溪春晓》《唢呐》《我心中的河》四部作品分别在赛事中依次呈现，作品不仅传达了山东民间舞的质朴与厚重，更是将齐鲁儿女坚韧不屈的精神和大爱情怀淋漓展现，通过身体语境谱写时代赞歌，赞颂美好生活，承载时代使命。

《日当午》以质朴的动态形象呈现出农耕文化下铸就的坚韧品格和奋斗不息

的民族精神。烈日下敦厚黝黑的脊背，稳健有力的步伐，身体化形为耕犁意象，并在农耕劳作中进行了双人合力耕种的动态呈现，刻画了憨厚的劳动人民"面朝黄土，背朝天"任劳任怨的劳作日常，日复一日、年复一年无怨无悔地在春耕夏耘、秋收冬藏中播撒希望、收获喜悦、感恩厚土，即使烈日灼心的疲惫也挡不住对这片土地的挚爱。鼓子秧歌的动律、动态在转化发展中与劳动号子的节拍合而为一，掷地有声的动作质感和齐心聚力的群像塑造将劳动人民的朴实无华和对这片土地深沉而悠远的爱呈现于舞台，《日当午》不仅是齐鲁精神的体现，更是对"粒粒皆辛苦"的孜孜教诲。

《涧溪春晓》聚焦乡村振兴，以济南市章丘区三涧溪村党支部书记高淑贞的真实事迹为创作素材，用当代视野和笔触将山东"鼓子秧歌"动作元素进行不同语意的转化，并将道具"伞"，拆其形，立其意，在不同情节的渲染中变换道具的使用空间，化为车轮、锄头等意象，在符号性与风格性共存的语义表达下实现了视觉隐喻的多重建构。将鼓子秧歌稳、沉、抻的动律特征结合顿挫有力的鼓点，充分展现出齐鲁儿女平凡质朴、不甘平庸的气节，抒发了新时代新农村乡村振兴翻天覆地的变化，塑造了鲜活生动的村书记形象，更展现出三涧溪村民在党的领导和高淑贞书记带领下，所迸发出的昂扬斗志与精神力量。

《唢呐》以诙谐、俏皮的方式表达了对唢呐艺术的传承，乐器唢呐发音嘹亮、音域宽广、音色独特，活跃于山东鲁西南地区，是典型的民间艺术，舞台之上师徒之间的爱在唢呐和红绸中进行交织与传递，清晰的人物关系和剧情逻辑，使作品具有较强的代入感，同时也展现了中华民族艺术独特的魅力。作品在情景交融中讲述了唢呐老艺人坚守传承的民族精神，以及徒辈对自身职责的笃定，不仅是对民间艺术的传承，更是对精神品格的传承。

《我心中的河》将山东民间舞鼓子秧歌的舞姿动律融合时代审美进行了现代转化，动作简洁、有力、纯粹，以聚合流转的群体意象形塑了百年红色长河的奔流不息，"河"的动态意象与"人"的精神意象汇聚为"我心中的河"，结尾处响彻两岸的高歌与跑鼓子、劈鼓子的动律转化，凝聚为华夏儿女对母亲河的无限敬仰与爱恋。我心中的河，是母亲的化身，她的奔腾是对华夏儿女的爱与包容；是革命志士的理想、奋斗、不屈与昂扬；是民族脊梁不屈生命的勇气与担当；是崇高理想融汇于天地间的歌。这条河，奔流在过去，奔流在现在，也必将奔向未来……山东作为中华民族古老文明的发祥地之一，拥有悠久的历史和灿烂的文化，四个作品从不同视角诠释了齐鲁儿女对土地的眷恋与深情，对传承的职责与担当，对时代的讴歌与赞扬，对祖国母亲的忠诚与告白，通过不同题材的创作统一折射出文化认同和精神凝聚。

民族民间舞蹈的创作归根结底还要站在文化的基点上进行开拓，传统文化底蕴深厚，是艺术创作的源泉，亦是打开创作新视野的底气。从本届民族民间舞蹈比赛现状来看，汉族民间舞蹈的创作亟待突破与创新，在传承凸显汉族民间舞蹈语汇特征的前提下，如何与多姿多彩的少数民族舞蹈相媲美，契合时代精神与现代审美的需求，是艺术创作的时代命题。汉族民间舞的创作仍要立足于中华民族的文化心理和审美意识，将汉族民间舞蹈语汇作为表达思想主旨的媒介，借助科技的力量进行舞台空间及身体语汇的全新表达，在意境营造与精神彰显中绽放出灿烂的艺术之花，以回归之境重构身体承继下对文化脉动的艺术呈现与精神追求。

新时代的舞蹈创作更是紧紧围绕对中华优秀传统文化、革命文化和社会主义先进文化的弘扬为创作核心，通过现当代身体观和言说方式彰显新时代创造精神、文化价值以及中国力量，在文化彰显、精神传递、思想碰撞中开掘现实题材的创作维度。作为奔赴新征程的文艺工作者，更要笃行不怠，踔厉奋发，坚定不移地把全面推进中华民族伟大复兴的事业，放到五千多年的文明史和百年党史中去审视，在对历史文化的深刻理解和把握中激发中华优秀传统文化的创新创造活力，创作出彰显时代精神的文艺作品，增强实现中华民族伟大复兴的精神力量。在真理之道的引领下：抒百年豪情，谱华夏新章；启奋斗新篇，创世纪辉煌。

20/11

李　磊

李 磊

李磊，男，1975年生，山东艺术学院传媒学院副院长、教授，博士，博士后。现兼任山东文艺评论家协会理事，中国文艺评论家协会会员，山东高校青年创新团队负责人。主持国家社科基金、文化部项目、国家广电总局项目等省部级以上项目，在《中国电视》《艺术百家》发表论文十多篇，并被《人大复印资料》转载。科研成果获得国家广电总局飞天评论奖、山东省社科优秀成果奖、山东省刘勰文艺评论奖、中国文联"啄木鸟杯"评论入围奖等奖项。主持国家一流课程、山东省思政示范课程、优秀课程、虚仿课程，获得山东省教学创新大赛一等奖。

动画电影新力量的群体特征与审美建构

李 磊

    中国电影新力量近年来为业内人士所关注。目前，这股新力量已经形成了足够的话语结构与文化张力，其最显著的代表事项是：由国家电影局、中国电影艺术研究中心连续多年主办的"中国电影新力量论坛"。伴随着这样一个新电影人和新作品不断涌现的趋势，动画电影新力量也正在崛起之中，与此同时，电影新力量所引发的"电影观众、电影市场、电影人、电影美学、电影语法的显而易见的改变"[1]也进入了动画电影新力量现象中。我们同样需要以史学、美学、评论相结合的方式对动画电影的新现象、新作品进行分析把脉。

    尽管中国动画电影导演的代际不如真人电影那样明显，但是动画作品也贯穿着整个中国现代民族革命历史与现代化进程。我们将动画电影导演放入新力量导演群体中，正是基于其已经纳入电影工业的体系，成为文化产业的重要组成部分的事实。从《大圣归来》《大鱼海棠》《哪吒之魔童降世》《姜子牙》《白蛇》等作品中，我们看到其所具备的共同美学特征与工业标准。如果我们把现代性作为一个具有学理涵括和阐释能力的视角，动画电影要处理的同样是那些二元对立因素：传统与现代、中国与西方、保守与激进、感性与理性，并通过审美现代性作为对现代性的反思或者独特的艺术呈现。正如卡林内斯库所说："有两种彼此冲突却又相互依存的现代性——一种从社会上讲是进步的、理性的、竞争的、技术

---

[1]   尹鸿:《建构小康社会的电影文化——中国电影的新生代与新力量》,《当代电影》2015 年第 11 期。

的；另一种从文化上讲是批判与自我批判的，它致力于对前一种现代性的基本价值观念进行非神秘化。"[1] 因此，中国电影的审美现代性也将围绕着工业化的技术理性与民族化的文化守望展开，而我们既要从整体的电影工业的现代性进程来看待动画电影，也要结合不同于科技产业现代性的审美现代性来研究电影。在动画大片时代已经到来的背景下，更要从杨宇（饺子）、田晓鹏、梁旋、赵霁等新人身上寻找可持续发展的动力。特别是对中国传统文化的挖掘方面，这几部动画电影呈现出的奇幻特征与超越性的想象力成为其可以匹敌真人电影的最大吸引力，从而形成动画电影的审美现代性。

一、动画导演代际传承与现代性诉求

中国动画片发展之路十分坎坷，与中国现代性的历史进程并行。一代代动画人用这种艺术形式呼应国家命运、反映社会变迁、表达个人情感，体现出与其他门类的艺术家相同的家国情怀与艺术匠心。早期的动画电影是与其他器具媒介的现代性体验一同进入市民生活的，并成为中国近代文化启蒙的有效途径。在之后中国动画电影的发展中，它的特殊性又使得电影导演不得不在幼儿知识启蒙与大众文化启蒙之间寻找最大的共通点。时至今日，动画片则纳入了电影产业化的整体格局，要面对来自日本动漫、美国动漫的强力冲击，国产动漫也因此显得任重而道远，并且始终带有现代性的发展焦虑。

（一）家国意识与"中国学派"

中国早期动画创作主要是由"中国动画艺术之父"的万氏兄弟完成的。万籁鸣、万古蟾、万超尘、万涤寰四人先后制作了中国第一部独创动画片短片《大闹画室》（1926 年）、中国第一部有声动画片《骆驼献舞》（1935 年），这都标志动画电影技术的成熟。1941 年又推出了中国第一部动画长片、世界动画发展史上的

---

[1] ［美］马泰·卡林内斯库：《现代性的五副面孔》，顾爱彬、李瑞华译，北京：商务印书馆，2002 年，第 284 页。

第四部长片《铁扇公主》，此片从内容到形式深受美国动画电影的影响，但也具有鲜明的民族特色，在取材、绘制、故事上，将中国古典美学写意传统整合进现代动画技术中，形成了中国早期动画艺术的独特风格。作品同时也反映了当时抗日民众的呼声，饱含着社会动员的政治诉求。新中国成立后，上海美术电影制片厂担负起了中国动画创作的重任，并且创造了世界动画电影赛事的一次次辉煌，从而形成动画"中国学派"的美誉。1955年，第一部彩色动画片《乌鸦为什么是黑的？》在第七届威尼斯国际儿童电影节获奖，1961年，《大闹天宫》获得伦敦国际电影节最佳影片奖。这些作品之所以享誉国内外，正是充分利用了中国传统绘画艺术的韵味与意象。这个创作过程也始终伴随着寻求中国动画美学特征的创作冲动，从第一部剪纸片《猪八戒吃西瓜》、第一部水墨片《小蝌蚪找妈妈》、第一部折纸片《聪明的鸭子》等作品中，我们看到了中国学派将早期动画的个体行为凝聚成新的生产机制。上海美术电影制片厂第一任厂长特伟，以及万氏兄弟、美术家靳夕、美术设计张光宇等一批动画人才，他们以集体制的合作生产方式，使动画"中国学派"被世界瞩目。

（二）审美教育的商业转向

改革开放之后，以上海美术电影制片厂为代表的国营单位仍然是动画电影制作的主要力量，并带动了中央电视台、长影美术片厂、北京电影制片厂等电视动画片生产单位。1979年的《哪吒闹海》是我国第一部彩色宽银幕动画长片，延续着动画"中国学派"的美誉。在创作导向上，1982年的"美术电影编导创作座谈会"提出了"不论描写的是儿童形象，还是动物形象，只要是从当前实际生活出发进行创作并富有现实教育意义的作品，都应当划入现实题材影片的范围"[1]等一系列观点。"美术片要为儿童服务"的导向性话题一直影响着20世纪八九十年代的动画片创作。与此同时，民营企业开始允许进入动画领域，1995年的《海尔兄弟》既是海尔集团的品牌形象片，也是以知识传播为核心，寓教于乐的科教片。在这种商业转向中，动画"中国学派"的群体出现衰落，以至于在90年代几乎无法形成有力的动画电影作品。尽管1995年上海美术电影制片厂推出的首

---

[1]　　　　特伟：《美术电影也要更上一层楼》，《电影艺术》1982年第6期。

部商业动画大片《宝莲灯》采用了电脑制作技术，还借鉴了好莱坞动画的某些工业化流程等，但"传统的人工动画制作方式如手绘、实物（木偶、黏土、绒毛等，当然也包括中国动画特有的剪纸、折纸）造型、摆拍的定格动画很快被边缘化了"。[1]

与此同时，"中国学派"作为一种身份认同式的艺术基因并没有完全失去原动力，20世纪八九十年代的民族动画作品完成了今天新力量导演的电影启蒙，70后的田晓鹏、80后的杨宇都在不同场合表示过，正是在《哪吒闹海》《金猴降妖》等作品中萌生了最初的创作潜意识。从这个意义上来说，导演新力量的接续同时也是观众新力量的接续，因为在这个商业化进程中，既有"一休""米老鼠"等温和的儿童向，又有"变形金刚""圣斗士星矢"膨胀的热血向，形成了新的创作雏形。所以说，90年代商业化转型是动画电影新力量主体生成前期，他们更多的是以观众的身份去重新感受电影语言，正如另外一批通过录像带、光碟学习的观影群体影响了真人电影新力量导演宁浩一样。"电影文化修养将要对我们的产品提出更专业的要求，这是一个革命性的变化。新观众和老观众真是不一样，他已经被高水准的电影训练好了。"[2]可以说，在这一时期，从导演到观众都在观摩中揣摩动画电影的商业模式与语言模式。

（三）媒介迁移中的主题延伸

进入21世纪后，动画电影全面转向产业化，2004年国家广电总局出台了《关于发展我国影视动画产业的若干意见》。而政策出台的背景，源于中国动画片正面对着美国、日本动漫的全面冲击。2005年广东原创动力的《喜羊羊与灰太狼》2011年深圳华强方特的《熊出没》的动画系列片相继开始在全国范围内播出，借助这两个动画品牌的影响力，创作团队分别开始在大银幕发力，从2009年首部"喜羊羊"大电影《喜羊羊与灰太狼之牛气冲天》8621万票房到2014年首部"熊出没"大电影的《熊出没之夺宝熊兵》2.47亿的票房，国产动画电影在产业方面的确取得了不错的成绩。但是必须看到的是，这些电影仍然只是以低幼消费群体

---

[1]　　　　盘剑:《"新动画中国学派"的理论体系建构》,《民族艺术研究》2021年第1期。

[2]　　　　宁浩等:《疯狂的石头》,《当代电影》2006年第5期。

为主。清新稚气的画风及皆大欢喜的故事与二次元 ACG 的多元文化主题、复杂情感世界相去甚远，也就很难达到好莱坞动画的社会影响与市场收益的双重高度。与此同时，网络的普及给动漫以新的媒介平台，借助网络，有梦想的动漫爱好者可以传播他们的动画短片，展示才华。2004 年，不思凡执导个人首部 Flash 动画短片《黑鸟》，从而开启了他的动画导演生涯。同年，梁旋制作了 7 分钟的动画短片《大鱼海棠》，放到网上后引起关注。2009 年，杨宇的动画短片《打，打个大西瓜》风靡网络，并获得了四川电视节金熊猫奖等诸多大奖。这些日后动画电影大片的导演一点点积累经验与人气。他们的作品充满了奇幻、怪诞、凄美的风格，完全不同于传统动漫只服务于幼儿的定位，为动画电影掀开了新的页面。2014 年年底，卢恒宇、李姝洁联袂执导《十万个冷笑话》大电影，借助网络版影响力，作品以十足的搞笑调侃之风拿下了 1.2 亿的票房。被业内人士评价为"中国电影史上第一部票房过亿的非低龄国产动画电影"。紧接着的 2015 年暑期档，田晓鹏的《大圣归来》横空出世，制作精良且老少咸宜，拿下了近十亿的票房，中国动画电影迎来大片时代。大家终于开始意识到："动画电影是青少年观众的神话，也是中老年观众的童话，它理应在塑造国家文化形象，体现国家文化软实力，推动中国电影乃至中华文化'走出去'的过程中发挥更大的作用。"[1]

二、时代际遇中动画新力量的主体生成

截止到 2021 年暑期档，大陆地区的动画电影票房前十中有 4 部国产动画片：《哪吒之魔童降世》《姜子牙》《大圣归来》与《熊出没·原始时代》。杨宇、田晓鹏、丁亮等人的经历似乎更加印证了新力量导演的出身各异的特点。因为爱好所以执着，每个动画导演背后都有一段艰难的逐梦过程。他们个体主体生成过程恰好与国家动漫产业发展布局及粉丝文化的兴起碰撞在一起，因此，也正是在新时代以来的这段时间给了中国动画大片崛起的最好机遇。中国电影大致有两种合法

[1] 陈旭光：《呼唤中国电影的动画大片时代》，《光明日报》2015 年 8 月 10 日，第 2 版。

性模式：一是国家认可，二是精英和国际电影节认可，新力量导演更多是"以市场成功为突破口，以票房数据和观众口味为依托"[1]获得合法性。显然动画电影导演成为新力量一族也依从了这一特征，并且突显了新力量导演的跨界出身与网络基因的共同群体标识。

（一）技术与艺术的天然亲和

新导演与新技术天然的亲和力使得他们走在媒介环境的最前沿。目前，几位成功的动画电影导演在专业经历上具有一些共同特点。首先，与真人电影导演多数出自北京电影学院，或相对专业的教育背景及从业背景不同，这批动画电影导演却都是非电影专业院校毕业，有些甚至主修的不是美术或绘画。杨宇毕业于四川大学华西医学院，田晓鹏毕业于北京工业大学，《大鱼海棠》的导演梁旋考上的是清华大学热能动力专业。作为理科生，通常大家的印象是擅长抽象思维与推理逻辑，但也同时说明他们有扎实的文化课基础与缜密的理工科思维。而导演们另外的共同点是从小擅长美术，喜欢各种艺术作品，用《熊出没》系列总导演丁亮的话就是："我从小就喜欢美术和音乐，本来想报考中国美院，但当时老师家长都认为我数理化成绩很好，考美院有点可惜，所以最后读了浙江大学的电力系统自动化。"[2]其次，对艺术的敏感与热情会在某个机缘下被再次点燃，这个契机就是电脑绘画技术。20世纪90年代，恰逢电脑技术的兴起之时，理科生的电脑工具学习能力与图像软件的快速掌握能力在艺术与科技的结合中体现出了强大的优势。1995年田晓鹏在北京工业大学软件专业读三年级，一个3D软件让他删了电脑里所有的游戏，一心一意钻研绘画软件。医科生杨宇在大三那年偶然接触了Maya软件后，打开了新世界的大门，又用三年时间打磨出了一部惊艳世界的网络动画短片《打，打个大西瓜》。《大鱼海棠》的两位导演，梁旋负责创意和脚本，张春负责美术和制作，他们的友谊始于清华BBS，用梁旋本人的说法："19岁在清华学锅炉的我，遇到了18岁在清华美院学画画的张春。"而张春、不思凡等人都

---

［1］ 陈犀禾、刘吉元：《论中国电影新力量——关于新力量的合法性、香港模式和未来展望之研究》，《当代电影》2016年第4期。

［2］ 丁亮、张娟：《我们是连接过去和未来的桥梁——访〈熊出没〉系列总导演丁亮》，《当代动画》2018年第1期。

是从 Flash 软件上手进入动画制作领域的。最后，如今，学科之间越来越倾向于互相融合，通过新领域突破现有模式、思维框架的束缚。数字绘图、数字音乐、电脑剪辑成为新的艺术创作领域中的常规手法。"白蛇"系列和《新神榜：哪吒重生》的导演赵霁学的是数字媒体艺术专业，该专业就是艺术与技术结合的典型代表。从国家教育规划的布局来看，艺术与科技专业已经在很多艺术院校开设。"新文科"的提法正是在不断地强化新技术融入哲学、文学、语言等课程中，为学生提供综合性的跨学科学习。

（二）动画电影体制内的作者性

从表面上看，《哪吒之魔童降世》《大圣归来》《大鱼海棠》都是导演们的电影处女作，似乎是一战成名、幸运之至。其实他们走上大银幕是一个漫长的过程，在作者性意识的加持下尝试与体制对话。大学毕业的田晓鹏去了一家动画设计外企，主要涉及商业广告片、网络游戏、特效纪录片。医科专业的杨宇转行做了动画，为制作《打，打个大西瓜》成立自己的饺克力公司。因此，保持作者性的前提是必须以某种形式在艺术设计圈生存着。幸运的是，他们赶上了国家发展动漫产业的时机。2012 年，文化部发布《"十二五"时期国家动漫产业发展规划》，提出"充分发挥市场对动漫文化资源配置的积极作用，提高动漫产业盈利能力"。艺术家的作者性在工业体制保障下得到了最大程度的发挥。在"摄影机自来水笔"转化成"电脑绘图自来水笔"的过程中，个人的创作意志和个性不会磨灭，但电影对质感的要求与网络片、宣传片完全不同，动画电影领域的"体制中的作者"要"在充分利用体制内提供的资源（类型和电影机制）的同时将对体制的尊重转化为作者的自觉"[1]。

动画电影的体制性与作者性表现在了以下几点：一是头部动画公司与动画导演的共同进步。2013 年 3 月，土豆网创始人王微成立了追光动画，并立志将其建成中国版的皮克斯，孵化出了"白蛇""新神榜"系列作品。光线影业的动画制作公司彩条屋影业投资了包括十月文化（《大圣归来》）、可可豆（《哪吒之魔童

---

[1]　陆川：《体制中的作者：新好莱坞背景下的科波拉研究（下）（1969—1979）》，《北京电影学院学报》1999 年第 1 期。

降世》)、玄机科技（《秦时明月》）、彼岸天（《大鱼海棠》）在内的 20 家动漫公司。因此，一方面，互联网的发现与筛选机制把有才华的新人挖掘出来，另一方面，"'新力量'导演必须适应的'产业化生存'或'体制内生存'的现实策略"[1]。二是这批导演对传统文化的执念。民间传奇、西游记、封神榜成为他们主要的题材范围。当然，与其说是他们选择了"神话 IP"和"经典形象"自带的创作红利，毋宁说是新一代导演在面对外来文化势力时的文化自觉及价值坚守。三是新力量动画导演完成了商业和美学的折中或妥协。一方面，他们会花相当长时间寻找自己的作者身份。田晓鹏为《大圣归来》花了 8 年时间；杨宇为哪吒形象设计了100 多个版本；梁旋和张春花了 3 年时间编写《大鱼海棠》剧本，研究土楼几乎成了半个建筑学专家。动画电影的特有体制保护了无名青年初拿导演话筒时的渺小。另一方面，他们的作品中总会带有类型电影的某种质感，自动吸收了商业电影的大众审美及叙事策略。比如《姜子牙》的政治惊悚，《哪吒之魔童降世》的双雄叙事，《大护法》的反乌托邦。四是体制加作者的身份也充分利用了集体智慧。看似一家公司的作品，实则调动起了其他大批动画机构，一家导演工作室实际调用了上百家动画公司参与。光线影业所布局的动画电影，是有着充分的市场考量的，投资的项目中既有动画原创团队，也有生产制作团队，覆盖产业链上下游。

（三）融资拓展与"积极"的粉丝

动画电影同样要受电影工业标准的制约，在最终作品呈现之前，所有的努力、天赋、资本都要经过市场的检阅。"新媒介催生的网生代的出现，不仅为新力量的出现提供了需求基础，更重要的是改变了传统电影的创作和营销方式。"[2]2004 年，7 分钟的短片《大鱼海棠》获得了很多网友的喜爱，培养了《大鱼海棠》的第一批粉丝。2009 年梁旋准备将其制作成院线大片，才发现个体在资本面前的无力，连续的融资不顺，使制作《大鱼海棠》项目暂停。2013 年，《十万个

---

[1]　　陈旭光:《新时代新力量新美学——当下"新力量"导演群体及其"工业美学"建构》,《当代电影》2018 年第 1 期。

[2]　　尹鸿:《建构小康社会的电影文化——中国电影的新生代与新力量》,《当代电影》2015 年第 11 期。

冷笑话》通过网络集资、粉丝贡献筹资，成功启动电影项目。同年，梁旋网上发起众筹，45 天里从 4000 位网友手中融资 158 万元，样片得到了光线传媒的认可，也正式进入制作阶段。新的融资方式使粉丝的力量得以发挥，因此，网络是导演们初心萌生的空间，也是粉丝可以形成燎原之势的原动力所在。电影片尾那长长的众筹人名字幕并非简单的致谢，它是中国动画大片的一支支强心剂。为了将更多的费用投向制作，《大圣归来》《魔童降世》都采用了提前点映的方式，由粉丝口碑形成宣传效应。"自来水"成为动画大片的有效推动器，"水军"原本指收取报酬左右舆情的网络公司雇用人员，"自来水"即"自发而来的水军"，他们以无偿、自愿的方式为电影宣传。2015 年 7 月 10 日，《大圣归来》在上映首日遭遇了《小时代 4：灵魂尽头》和《栀子花开》，这两部真人电影的明星效应远远超过动画片，但是《大圣归来》完全靠品牌一点点积攒人气，"首日以不足 10% 的排片获得了 1780 万的票房，证明其上座率非常高；到了第二天周六，排片量的上涨幅度仅有 1%，但是单日票房却猛增至接近 3000 万；周日也是该片单日票房最高的一天，吸金达到了 4000 万，排片量也超过 13%"[1]。网络时代的来临给粉丝行为带来了新契机：积极的粉丝越来越多。所谓积极的粉丝就是不单一地在消费模式中购买各种产品与服务，更热衷于生产或自我消费[2]，他们积极参与小说或电视剧的互动，撰写同人文，制作同人视频，拥有强烈的自我赋权愿望，"虽然一部分粉丝只忠实于单一的节目或明星，但更多的粉丝将单部影剧系列作为进入一个更广阔的粉丝社群的起点，并把各种节目、电影、书籍、漫画和其他通俗材料连成了一个互文性的网络"[3]。《哪吒之魔童降世》上映时，动画大片有了更多的专业爱好者，该片在首映之前就频频登上新浪和百度的"热搜榜"。结果是上映的第二天就单日破 2 亿，打破《疯狂动物城》内地影史动画电影单日票房纪录。

[1]　观主：《〈大圣归来〉夺单日票房冠军排片量较首日翻倍》，2015 年 7 月 14 日，1905 电影网（http://www.1905.com/newgallery/hdpic/910780.shtml#p1）。

[2]　参见［日］田中秀臣《AKB48 的格子裙经济学——粉丝效应中的新生与创意》，江裕真译，北京：人民邮电出版社，2014 年，第 50 页。

[3]　［美］亨利·詹金斯：《大众文化：粉丝、盗猎者、游牧民——德塞都的大众文化审美》，杨玲译，《湖北大学学报（哲学社会科学版）》2008 年第 4 期。

三、动画审美现代性的互文与建构

在《哪吒之魔童降世》《大圣归来》《姜子牙》与《熊出没：原始时代》四部作品中，《熊出没：原始时代》代表的是低幼向的动画作品，更适合幼儿观看。另外三部的观众更为广泛，也成为引领中国动画电影大片的头部作品。从题材上看，三部作品又都取材于中国传统古典名著或文献古籍。在改编的过程中，加入了导演独特的奇幻思维，契合了当下的审美旨趣，从而形成了强烈了观影欲望，不同的观众群都可以做出适合于自己年龄层次和知识结构的观影解读。在更深的层面上，是动画新力量导演建立中国动画审美现代性的内在驱动，并围绕着中国传统文化进行现代性改造。"电影艺术的历史就是一部如何处理现代化与民族化、西化与本土化关系的历史，是这几种趋向的矛盾、悖离、纠葛或融合的历史。"[1]中国的现代性问题具有"后发—外生"的特点，自晚清以来的无论是改良派还是革命派，都是在尝试恢复中国的"华夏中心"位置，当然中国动画电影新力量所承接的也正是这样一幅精神地形图。

（一）从低幼向到国漫风：传统文化现代化

动画"中国学派"一直在试图建立适合中国民族特色的审美格调与故事类型，尽管严格意义上的这一概念主体已经发生改变。今天，网友及动画爱好者用"国漫"二字指代动画的民族风格，但其所指则比"学派"多了份情感依赖，它更代表了一种复兴意识与价值自觉。新力量导演能够将原本只属于少儿观众群的动画电影延伸扩大，也是暗合了某种思想深处对文化的渴望与人性复杂的理解。我们看到，新时代以来的动画电影仍然取材自《封神演义》《西游记》《山海经》等文学经典及民间传说，但这一过程又不是简单的"传统文化热"，而是动画语言的某种升级，英国动画艺术理论家保罗·韦尔斯称之为一种"稀释的语言"，真正能把孩子和大人都逗笑的东西都在于"真实生活"，"动画不是不能启人心智，不是不能作为观察角度的补充，同样能通过其巧妙得到认可并自圆其

[1]　　陈旭光：《论中国电影对传统文化资源的"现代转化"》，《艺术评论》2015 年第 11 期。

480

说"。[1] 通过叙事的类型化，主体的历史化，主题的多元化，作品得以形成想象力消费的现实与奇幻思维的审美体验，特别是当我们明确了低幼向与成人向的区别后，可以更全面地挖掘中国古典文化的宝库。

一方面，是通过与传统题材形象的互文形成主体的现代性建构。以孙悟空的造型设计为例，从《铁扇公主》《大闹天宫》《金猴降妖》到《西游记之大圣归来》，可以看出《西游记》故事原版的变形是不同话语进行交锋的结果。《铁扇公主》里的孙悟空更像是迪士尼的米老鼠，头大身细，其实是借助这一造型表达抗日的情绪；《大闹天宫》里的孙悟空则参考了戏曲造型，神采奕奕，又体现出了新中国的革命乐观主义精神；到《大圣归来》中，孙悟空有了更加明显的肌肉感，是观众熟悉的好莱坞"金刚"，又似乎亲和了韩国的"大叔"形象，但其背后，是中国在快速崛起中，对国家复兴的一种呼应。所以说，"孙悟空身体的发育隐喻着中国历史的成长。正由于孙悟空在历史叙述结构中占据了民族主体位置，他在大银幕上的每一次重现，也就必须行使询唤观影者民族身份认同的功能"[2]。另一方面，是以合家欢的方式重新寻找乡土中国式的归属感。动画电影从低幼向到全年龄段的必须将多数人的价值观统一到可以承载现代性的当下基础体系之内，大圣的自我救赎与哪吒的回归家庭成为最佳的传统文化转换方式。这一点在低幼向的"熊出没"或"喜羊羊"系列中无法强化，因为这种强化必须经由一种从反叛到和解的过程才得以突显，低幼向的作品是没有这种叛逆体验的，更不会出现《大护法》《姜子牙》的晦涩隐喻与暗黑格调。但显然，大圣与哪吒都经历了自我放弃与自我认同的过程，热血偾张的画风与叙事使传统文化在戏剧冲突里得到释放，并以审美的方式完成了现代性框架内想象的共同体。

（二）从解构生活到重建世界：二次元与大叙事

作为 ACG 的二次元文化如今已经深入动漫爱好者的内心，动画电影新力量并没有停留在二次元所产生的后现代感觉中，而是将其引向了更加宏大的架构。

[1]　　　 ［英］保罗·韦尔斯：《动画语言》，伍奇译，《世界电影》2011 年第 4 期。

[2]　　　 白惠元：《"多元中国"与文化离散——解读跨语际中国电影里的孙悟空符号》，《电影艺术》2017 年第 4 期。

当卢恒宇、李姝洁的《十万个冷笑话》建立起"非低龄国产动画电影"的概念时，已经预示了从网络二次元走向银幕动漫的中国之路。在中国动画作品不能填补阅读时间的情况下，日美作品充斥着各种媒介。中国观众已经适应了二次元的风格与叙事，我们的动画电影也就必须在中国传统文化、主导文化的滋养下，学习借鉴其他国家的人物造型与故事技巧。

首先，"冷笑话"本身就包含了网生代独特的感知体验，彻底的娱乐与解构带上了"丧文化""佛系文化"等一种清心寡欲的生活态度。日本消费现象研究者三浦展用"下流社会"这个概念来描述20世纪最后二十年，日本经济在快速发展之后的停滞，而这恰恰是二次元文化逐渐蔓延的时期，日本动漫产业迅速跃居为全球首屈一指的新兴产业。《十万个冷笑话》中男主角与中国神话的李靖、哪吒，西方童话的白雪公主、匹诺曹联手扭转错乱的时空，这种碎片化的拼贴正是御宅族最渴望的生活方式之一：只有萌叙事而不要宏大架构。二次元的后现代特征将深层故事的"大叙事"进行消解。日本学者东浩纪认为："御宅族们之所以封闭在共同的兴趣之中，不是他们抗拒这个社会，而是因为社会价值规范的机能已无法顺利运作，被迫需要创造出另一套价值观。……把垃圾般的次文化当成原料，神经质地塑造'自我躯壳'的御宅族们的行为，无非是在大叙事凋零的背景下，为了掩埋这个空白而登场的行为模式。"[1] 其实，对大叙事的解构来自法国后现代主义家利奥塔的语言学分析，东亚地区的二次元文化很好地成为其例证。但中国二次元发展过程却进行了重新的"大叙事"尝试，我们可以将其视作二次元群体对次元壁的破除，比如网络民族主义的兴起充分表明了他们寻求自身合法性的努力。正如在很多网络小说的改编中，原著《择天记》《琅琊榜》《魔道祖师》中所蕴含的励志、家国、正义被改编者发现并扩大，删改掉原著中的宿命、耽美、权谋，使之成为主流意识形态的新代表作品；以及网络动画《那年那兔那些事儿》通过设计兔子（中国）与鹰酱（美国）、脚盆鸡（日本）、毛熊（俄罗斯）等"国家—动物"的拟人化形象体现出"每一只兔子都有一个大国梦"的萌化的国家宏大叙事。

其次，这个过程也离不开对叙事手法及视听感知的借鉴，无论是"大圣"还

---

[1]　　　[日] 东浩纪:《动物化的后现代：御宅族如何影响日本社会》，褚炫初译，台北：大鸿艺术股份有限公司，2012年，第47—49页。

是"大鱼"，其明显带着日系画风与审美格调，特别是对宫崎骏动画电影的审美现代性模仿，不仅在于那些色调与想象力，更在于对其内涵中人性的呼唤，让故事剧情、世界观设定、角色设计都带着日本动漫的影子。同样，《哪吒之魔童降世》的成功离不开其双雄结构的好莱坞经典叙事线，在人物设定上的双男主镜像结构使其可以在《无间道》《变脸》等经典剧情的互文中建构复杂多变的情感认同过程。作为新时代的动画导演，并不只是停留在前辈们对于故事与画风的单部作品的成功，而是全面地借力传统文化，并将其系统化、产业化。

最后，宏大叙事的尝试还在于多个故事的互文性架构。《哪吒之魔童降世》的片尾段落，出品方以"彩蛋"的方式公布了即将上映的《姜子牙：一战封神》，两部作品并非简单的互动，而是在故事线索上的相互关联，有网友打趣说，这是按照对抗好莱坞漫威世界的方式，在打造中国的封神宇宙。的确，中国文化源远流长，儒、释、道以各种神魔小说、民间故事的方式相互贯穿，凝结为中国特色的奇幻文化。动画电影的人物造型不同于真人电影，往往是扁平化与典型化的，从造型中突出的人物性格必须在情节中得到支撑。对于反复调用的文化资源，动画导演要在与前人的作品比较中突破"影响的焦虑"。因为有《哪吒闹海》的珠玉在前，导演饺子（本名：杨宇）必须要做出自己的风格。尽管是看过1979年版"哪吒"才喜欢上了这个形象，通过亲自阅读《封神演义》，发现了原著中的完全不同的略显"反派"色彩的哪吒。《大鱼海棠》最初的灵感也来自梁旋的一个梦，一条不断变大的鱼。但是在逐渐影像化的过程中，它不断吸收传统文化的给养，形成了"鲲"的命名与造型，《庄子·逍遥游》的文字意象与梁旋的灵感如此相似，这不仅仅是导演个人对中国古典文化的修养，也是整体国人文化自信的力量来源。

（三）两代人的情感投射与命运的自我决定

动画电影必须寻找到几代人共同的价值观，才能吸引更多年龄段人群。悟空、哪吒、济公、杨戬的改编自然被赋予了双层情感投射与技术性冲击力。"卡通形象总会重新流行这一特性"基于一种坚信，"成人和儿童相互混杂的观众群都会对已经确立的诉求有着怎样的已知成分念念不忘"。[1] 这方面，目前依然

---

[1] ［英］保罗·韦尔斯:《动画语言》，伍奇译，《世界电影》2011年第4期。

占据中国票房第二位的《哪吒之魔童降世》最有说服力。该片从宣发开始的一句——"我命由我不由天"——常出现在二次元动漫和小说中。近年来，在《悟空传》《择天记》等各种衍生网络作品常用"逆天改命"表达网络世界充满热爱的情绪与底层逆袭的幻想。混元珠本在宇宙混沌中生成，其善恶二分其实是人为设计的，由元始天尊指定出了灵珠与魔丸。哪吒并没有表现出十恶不赦的举动，有的只是同年龄段的恶作剧而已，而敖丙的善虽然是天生的，但他的确也企图为私利消灭众生。因此，这种先天之恶与后天之恶之间，出身能否决定人生的观念暗合了当下年轻人阶层之间的固化与浮动。动画电影新力量正是巧妙地或自觉地"通过文化娱乐消费，一方面释放在日常生活中积累的种种忧虑、不安、焦躁和迷惑，另一方面也通过共享的娱乐文化进行情感交流、身份识别、价值建构"。[1] 我们看到，经历了世纪之交、历史变迁的一代人，大多已为人父母，当70后的父母带着00后的孩子走进电影院时，是改革开放成长起来的两代人如何选择未来的道路想象。"我命由我不由天"能否成为曾经年轻的父母和如今的少年儿童两代人可以共享的价值观，这取决于他们如何看待哪吒从叛逆者到自醒者转变的合法性。与《哪吒闹海》对比可以发现，在 1979 年那个百废待兴的时期，反叛代表着与旧的思想观念彻底划分，那种时不我待、只争朝夕的创业精神呼唤着一种全新的精神面貌。而 40 年后，改革开放的成绩则让我们有一种重新看待自身使命的冲动。中国人需要属于自身的发展之路，这是一种文化的自信与道路的自信。在深层思考中，大国崛起的背后是中国在全球化视野中的地位重置：能否以新的姿态重新在现代性框架内开辟中国特色的发展之路？现代性本是以西方价值观念确立起来的一套话语体系，它与中国的现代化之路要进行充分的整合与转换，而作为思想观念为基础的文化现代性需要建立与中国社会经济现代性的相适合的一套理论与准则。这不同于单纯的西方话语，而是有着中国文化自信的价值观与伦理规范。所以 40 年前的哪吒与今天的哪吒都完成了一种主体的确立，只不过一个是以断裂的方式重塑现代主体，一个是以续置的方式重塑现代主体。以此看来，《哪吒之魔童降世》的成功不仅仅是在视听语言方面与现代工业美学

---

[1]　　尹鸿:《建构小康社会的电影文化——中国电影的新生代与新力量》,《当代电影》2015 年第 11 期。

484

方面完成了动画类型片的模式革新，更是在深层次的文化思辨层面完成了当代人的现代性自我认同。

四、结语 动画电影的类型拓展

　　动画电影新力量导演的成长与二次元的兴起是同步的文化事件，二次元文化因良莠不齐曾经一度受到指责，但登上大银幕的动画电影其实代表了主流文化与二次元文化的博弈。因此，这些动画导演应该具备能够转化二者的能力，对动画电影的喜爱正在扩散到更多的人群，从而在题材与类型上实现繁荣。比如，彩条屋影业成立的"XXL 超大号想象力"战略发布会上，其产业布局分为：国漫风、合家欢、影游跨界、真人奇幻和网络院线电影。奇幻"国漫风"是动画电影的最佳题材选择，但动画电影又不止于这一题材，田晓鹏的新片《深海》对科幻题材发力可以视作一个新的领域开拓。追光动画 2021 年的《白蛇 2：青蛇劫起》《新神榜：哪吒重生》都在寻找现实题材与神话故事的整合。又如，目前彩条屋和追光动画这两家头部公司，都在加紧布局各自的动画宇宙。从产业定位上，动画系列电影再生产过程中的成本优势即将发挥潜力。限于这些新力量导演对品质的极高要求，续集及系列动画电影尚未全面登场，假以时日，中国的迪士尼王国的实现也不无可能。

短视频专业化勿忘坚守人文价值

李 磊

　　媒介融合使视听内容从传统媒体流向新媒体，网络短视频满足了人们对信息分享的新要求和新体验。根据中国互联网络信息中心 2022 年第 50 次《中国互联网络发展状况统计报告》显示，我国网民规模达 10.51 亿，截至 2022 年 6 月，我国短视频的用户规模增长最为明显，达 9.62 亿[1]。同时。根据相关数据，截至 2022 年 4 月，抖音月活跃用户数达 6.8 亿；快手月活跃用户数达 4 亿，稳居头部地位。随着短视频市场的逐步成熟，其内容生产也更加专业化，产业领域也更加精细集中。因此，近年来，短视频平台出现了大量的专业运营机构，他们通过资本、算法放大部分短视频的娱乐功能，集中打造流量网红。使得原本只是信息传递、民间生活呈现的短视频野蛮生长，再加上从传统媒体跳槽至新媒体的专业人才，短视频已经成为商业变现的重要渠道。从无忧传媒、美 ONE、青藤文化到新片场、古麦嘉禾、洋葱视频，尽管他们的主营内容有所差异，但都将所谓的互联网"风口"商机放在首位，有力地推动了互联网经济的快速发展。然而，随之而来的是价值观的错乱与人文精神的荒芜。

[1] 　中国互联网络信息中心（CNNIC）发布第 50 次《中国互联网络发展状况统计报告》，2022 年 8 月 31 日，http://www.cnnic.net.cn/gywm/xwzx/rdxw/20172017_7086/202208/t20220831_71823.htm。

一、短视频走向专业化

网络视频在传达信息的同时，正在转变为一种文化产品的载体，"微时代"下的各种"微综艺""微纪录片""微电影"层出不穷，它们往往出现在专业网络平台——多频道网络产品机构（又称 MCN）。MCN 将短视频集中传播，将平台下不同类型的优质内容联合起来，以专业化的运作模式为内容创作者提供运营、商务、营销等服务。这当中涌现出了很多代表性项目，比如二更、新片场等，也包括了爱奇艺、优酷、腾讯国内三大网络视频巨头下的各种视频运营项目。经过市场的沉淀，国内出现了大量的头部 MCN 机构。有了商业模式的保驾护航，再加上媒体融合带来传统媒体的优势内容渗透，以短视频专业化为代表的传媒产业新形态有力地推动了互联网经济的快速发展。

著名学者麦克卢汉提出：任何媒介的"内容"都是另一种媒介。文字的内容是言语，正如文字是印刷的内容，印刷又是电报的内容一样。在移动终端上大行其道的短视频产品，其实都是当年传统的电视内容。"二更"中展示的是微纪录片；"新片场"集成的是微电影；"逻辑思维"是新型的《百家讲坛》；"快美妆"是压缩版的《美丽俏佳人》。如今它们从广播电视的线性播出抽离出来，填补到新媒体中，形成了相对独立的"两微一端一抖"。借助"再媒介化"，新媒体垂直平台比电视频道的受众定位更加准确。

与此同时，传统媒体也不再甘于墨守之前的单一平台，纷纷向新媒体领域发力，比如，全国广电十佳 MCN 机构就包括了浙江广电的布噜文化、江苏广电的荔星传媒及及济南广电鹊华 MCN、南京广电奇迹畅娱 MCN 等省市各级广电媒体。这种媒介更迭也离不开传统媒体从业者的转行。专业视频生产人员将原来传统媒体对于戏剧冲突、视听语言、影像采集的技能转移到了新媒体的内容制作领域，再通过专业的视频分发方式，将互联网思维进行移植。与媒介属性一同迁移的还有专业化的团队，目前新媒体制作团队多数都有传统媒体的基因或是直接由广播电视从业者组建。"快美妆"创始人陆昊是原华娱卫视高管，在传统媒体有着数十年工作经历。"二更"创始人丁丰是原浙江《青年时报》和浙江电视台的广告部负责人。他们将原本影视媒介的技术手法，从拍摄、配音、剪辑等制作手法，到受众分析、精准推送等市场营销手段也带到了短视频领域。通过打赏、电商、点击分成、植入广告等多种方式，短视频的商业变现途径已经远超传统媒体。这些所谓的"爆款"在赚得盆满钵满的同时，却丝毫意识不到精神价值如何传导与变现。

二、短视频人文精神的价值缺失

短视频的专业化提高了点击率，也放大了数据的盲目与无情。在网民随意上传过程中暴露出来的低俗内容被误导为大流量，于是专业机构不断利用这些低级趣味，夸大苦情、恶俗、浅薄以博眼球。比如，几年前，某大 V 网红就因视频内容"表述粗口、侮辱性语言内容较多"而受到处理。整改之后，这些自媒体号有所收敛，却将所融资金投向了新的网络产品机构 MCN，打造培养一系列形式相似的网红，内容仍然是以搞笑段子、浮夸调侃为主。

近年来，时常出现的网络争议事件，说明网络内容生产者亟待提高短视频的人文价值。一方面，遍布在各种视频平台的网络红人或网络大 V 借用了传统媒体中的某些形式。类似于主持播报、脱口秀、短剧、专题的短视频常常模仿影视艺术中的构成元素。它们喜欢游走在政策边缘，多是侧重于搞笑、嘲讽、怪诞。其中不仅有大量低俗内容，也往往触犯法律法规的禁地。无论是暴走漫画娱乐化解读"英烈"，还是二更食堂调侃滴滴空姐遇害，有关部门都对其做出删号、封号处理。短视频还极有可能涉及的版权问题，近年来引发多起商业诉讼案件。广电总局"坚决禁止非法抓取剪拼改编视听节目"的规定使以配音秀、粉丝制作（饭制）为主的视听内容账号受到限制与规范。

另一方面，许多专业化的短视频机构只注重商业数据，将占据渠道作为唯一测量标准。无忧传媒、美 ONE、青藤文化等国内著名 MCN 机构无不是将着力点放在短视频达人的培训、孵化、变现之上。它们会针对不同渠道采用不同的推广策略，从而出现了那些标题党：极尽戏谑、猎奇为能事。而流量背后隐藏的则是对商业利益的追逐，无论是各种轮次的投资，还是点击换来的变现，付费与打赏成为左右内容的标尺。尽管有部分短视频平台机构也发布过正能量作品，但往往无法全面监督海量的上传内容。B 站作为年轻人聚集的网络社区，近年来的系列国风作品让传统文化重新散发魅力，比如动漫《那年那兔那些事儿》则以二次元的方式表达爱国民族情绪。与此同时，B 站大量的低俗产品也常让其成为格调低下的代名词，并多次为主管部门所约谈。"二更"的作品原本多是取自日常生活的题材，但也出现了"南京网红日料师"等虚假报道，以致为观众所指摘，极大地影响了其品牌价值。

三、短视频的文化生产准则

一款符合文化逻辑的短视频应该具有不同于粗糙制作的专业化水平，这既包含了足够的信息与充沛的情感，也包括了紧扣时代脉动的社会文化心理。在互联网上转化为流量和商业变现的同时，更应有着文化生产的准则，更应追求一种人文精神的效应。也就是说，短视频必须承担社会主义核心价值观的表达与弘扬，这是今后无论媒介机构还是内容制作者都必须认识到的。近年来，主管部门不断出台的互联网管理规定，让"互联网不是法外之地"的观念深入人心。同时，官方比赛专门设立的短视频奖项与网络赛事如"弘扬社会主义核心价值观主题网络视听节目征集活动"使诸多短视频机构开始调整生产内容的方向。这类短视频契合了主流价值观导向及大众审美的流变，从而体现出注重人文关怀既是主流媒体的职责，也是风口中新媒体从业人员要坚守的。"一条"、"二更"、B站近期调整制作方向，推出的很多作品采取了央视《真诚·沟通》公益广告的制作手法，将视点对准日常生活的普通人，强调生活之美，守望精神家园。这种微记录的方式选择厨师、匠人、医生等人物背后平凡与不凡的两面，在五分钟左右的时间里呈现出来。同样是专业化的视听语言，坚守人文内涵，展示生活之美才应该是短视频的时代使命。

时代并不排斥市场性，但无法接纳无底线的市场。一方面，观众期望通过某款产品，发现久违的美好、内心的温暖。导演侯宇的4分钟滴滴广告《最后一公里》通过"新片场"发布后，立刻引起轰动。他讲述了司机老拾为感谢滴滴公司帮其渡过难关，每单提前1公里为乘客结单的故事。整个短视频以微电影的形式呈现，温馨感人。同样，从美食博主李子柒到旅游形象代言人丁真，都借用了MCN机构的力量才实现了商业价值，但是其作品中传达出的沉稳扎实，满足了人们对山水田间美好生活的所有想象。

另一方面，网民们对短视频的应用预期也更加多元化。根据《2021抖音数据报告》显示，1557 个国家级非遗项目，抖音目前的覆盖率已经高达 99.42%；网友爱上了在抖音"旁听"高校公开课，其观看总时长超过 145 万小时。为助力乡村振兴、提高乡风文明程度，2021 年以来，文化和旅游部全国公共文化发展中心（简称"发展中心"）统筹全国 3000 多家文化馆资源，以"培育乡村网红、助力乡村振兴"为主题，实施全国"乡村网红"培育计划，培育"乡村网红"新型文化志愿者，赋能乡村振兴。

可以说，营销类短视频、各类地方达人的出现准确地把握了注意力碎片化时代的精髓，以丰富的内容、多样化和强感染力的表现形式吸引用户驻足，兼具艺术、实用等特性。我们并不反对短视频的商业变现，但是要警惕人文价值的缺失，在商业变现的同时实现精神领域的变现。在《娱乐至死》中，尼尔·波兹曼告诫我们："人感到痛苦的不是他们用笑声代替了思考，而是它们不知道自己为什么笑以及为什么不再思考。"[1] 长此以往，这些没有了意义的网络短视频只能变成无聊与虚妄的代名词。

（原载《人文天下》2022 年第 12 期）

---

[1]　　［美］尼尔·波兹曼:《娱乐至死》，章艳译，桂林：广西师范大学出版社，2004 年，第 211 页。

纪录片《大河之洲》：黄河入海的生态美学阐释

李 磊

从生态美学的视角来说："地球上的物种构成一个完整系统，物种与物种之间以及物种与大地、空气都须臾难分，构成一种能量循环的平衡的有机整体，对这种整体的破坏就意味着生态危机的发生，必将危及到人类的生存。"[1]这是近百年来科技文明突飞猛进的发展下，人类对自身的一次全新感知。通过生态文明浑然大气的视野，人们得以跃迁至更高的维度上审视人类的发展。而在人类文明发展史上，黄河文明处于极为特殊的地位，人们与黄河斗争博弈，也依赖她繁衍生息，黄河安澜是几千年来人们的夙愿。如今，在东营市黄河入海口5400平方公里的地海之间，一幅人与自然同生共运的画卷已经打开。由山东广播电视台制作的纪录片《大河之洲》呈现了有别于以往的黄河之美，将生态气韵影像化、视觉化、诗意化。该片聚焦于东营市黄河三角洲的自然生态与人文风貌，重现万物和谐的壮美景观，共分为三集——《生灵》《家园》《和合》。这部黄河史诗体现了在万物共生的湿地家园上几代黄河人的不懈奋斗，他们对黄河生态充满敬畏之心和伦理认同，黄河也以其博大胸怀回馈给他们物华天宝和精神感召，人与自然共同书写着"让黄河成为造福人民的幸福河"的动人故事。

---

[1] 曾繁仁：《当代生态美学观的基本范畴》，《文艺研究》2007 年第 4 期。

一、"黄河"生态之美的意象生成

纪录片《大河之洲》聚焦于东营市黄河三角洲这片特殊之地、神奇之地。这里孕育了世界上暖温带最广阔、最完整、最年轻的湿地生态系统，是世界范围内河口湿地生态系统形成、发育和演化的"天然记录器"。如何呈现生态之美，是对创作团队技术运用和审美能力的考验。借助现代影像技术，《大河之洲》展现了黄河入海口湿地的绝美画面和多样生物，创作者以一种沉浸式的情感投射彰显了中国式美学意境，在高质量发展之中、在万物灵性之中，黄河影像实现了中国哲学的虚实相生、意与境谐及生态美学所主张的整体共生、协调统一。

（一）壮观与细腻的审美中和

黄河入海口拥有巨大的湿地资源，幅员辽阔，是一个有机生命体，是一个活跃的生态系统，是一幅展示了上亿年的巨大画卷。生态美学认为："无论是经过人的实践，还是未经实践的自然，只要同人处于一种中和协调的亲和的审美状态，那么，这个'自然'就是美的。"[1]这种美在《大河之洲》中幻化成两种美学风格：一方面是整体感知的浑然大气，它诗意地呈现了黄河的壮阔、神秘和魅力，将人类的世界含纳进宇宙万物。如庄子所言："天地有大美而不言，四时有明法而不议，万物有成理而不说。"[2]《生灵》的开篇，远景俯视下几万只雁鸭汇聚成群，密密麻麻覆盖在水天之间，形成壮丽的"鸟浪奇观"，弱小的生命在此刻竟迸发出无限的力量，尽情鸣叫出湿地的喧嚣与热闹。影像语言的直觉性与多义性往往能超越文字语言的线性逻辑，激发出人们的想象力与创造性，在不言中敞开黄河之大美。当冬天的觅食地被茫茫冰面埋藏，远景下四处寻觅的鸟群显得渺小无助，宇宙之浩对照生命之微，在"抚沧海于一瞬"中，观众与大自然的冷峻和严酷发生了一次不期而遇的碰撞。另一方面，影像生态之美也勾勒了每一个生命的纯洁与灵巧。当春天来临，特写镜头拉近了观众与繁殖期小动物的距离，传递着空气中爱情的甜蜜气息。摄像师经过几天的蹲守，终于捕捉到一对中华攀雀在摇曳的槐树枝头高声鸣唱的画面，小生灵共铸的爱巢随风舞动，落日余晖下的精致剪影

---

[1] 曾繁仁：《试论生态美学》，《文艺研究》2002 年第 5 期。

[2] 陈鼓应注译：《庄子今注今译》，北京：中华书局，1983 年，第 563 页。

浪漫至极。水面倒映的夕阳就像一束浪漫的舞台光，黑翅长脚鹬宛若"鸟界超模"，在这片海滩舞台上将优雅演绎到极致。黄河三角洲这片神奇的土地上既有沧海桑田的壮观，又有生命律动的细腻，包罗万象又协调适度，实现了壮观与细腻的审美中和。

（二）生态全貌的虚实相生

黄河之美的影像表达不仅是客观现实的一般性复现，其中注入了创作团队的东方智慧，它让一个实体化的黄河之洲诗意化、灵动化、浑然化。王国维曾言："有我之境，以我观物，故物皆著我之色彩。无我之境，以物观物，故不知何者为我，何者为物。"[1]《大河之洲》中同样呈现出有我之境和无我之境的双重美感。固定的大全景镜头下，越冬繁殖的候鸟群在漫天晚霞的辉光中自在飞翔，动静之间让人体悟"落霞与孤鹜齐飞，秋水共长天一色"的宁静深远。常人视角下，入海口的黄河只是携带着沉重的泥沙缓慢流淌；而在远俯构图中，黄河展现出它的另外一面：宽阔的滩涂上，黄河的多条支流像分叉的树枝，潮汐带来的海藻让"树枝"长满了"树叶"，形成了"潮汐树"的奇观，令人不觉惊叹大自然的鬼斧神工。这一时刻，似乎宇宙间没有了主体和客体、改造者与被改造者的决然分裂，而是浑然一体，物我两忘。

在纪录片中饱和度很高的画面中，也常常少不了人类辛勤劳作的身影。蔚蓝色的海面上人们向阳而生，金黄色滩涂之上人们播撒育苗，原先白花花的盐碱地貌变成了金灿灿的丰收场景。1992年国务院批准建立黄河三角洲国家级自然保护区后，沧海得以变桑田，神女当惊世界殊。镜头展现了大河之洲几十年来奋斗的结果：人们在高压电塔上为鸟搭巢、在冲积平原上耕耘土地、在滩涂淤泥中实验科考，人与世界的和谐是人类对大自然的感恩之情以及对未来美好的向往。通水、净土、护鸟、入城，一组组深远含蓄、气韵生动的画面不是大自然的鬼斧神工，而是人类改造自然的交互相生，让观众从直接性的"实"联想到间接性的"虚"，在虚实相生中汇集了人们对山河脉动的所有想象。

---

[1]　　　王国维，吴洋注释：《人间词话手稿本全编》，呼和浩特：内蒙古人民出版社，2003 年，第 60 页。

（三）技术美学的媒介之韵

历史上对于黄河的书写层见叠出，不胜枚举，当黄河叙事走到今天，一直深嵌在媒介发展脉络中的视听技术迭代得到了充分彰显，并不断改变着影视制作与传播的效果、机制、影响力。正如马克·汉森所说："新媒体已经带来了'审美体验的根本改变'——从自足的客体感知占支配地位的模式向以具体的情感强度为核心的模式转变。"[1]不同特质的技术媒介也在不同知觉层面影响着人们的审美感知。首先，当《大河之洲》第一次用4K画质来展现黄河三角洲时，超精细的画面超越了人类普通肉眼的感知极限，由此给画面带来更加清晰的细节与丰富的层次。例如在展现黄河的淡水团与渤海的咸水团相遇，形成冲击力十足的"水色锋"奇观时，通过强大的细部表现力清晰聚焦出水流交汇处由黄到蓝渐次过渡的独特美感。其次，4K接入方式的多样在跨媒体传播上更具优势：色调、画幅、光影的多重处理效果，使得该片从电视到手机、电脑、户外大屏完成了整合互动，黄河影像触达人群更加广泛多层，很好地增强了影响力。再次，航拍镜头的大量运用也带来了别样的视觉美感。航拍的上帝视角填充了人们关于"飞天"的朴素愿望，熟悉的黄河三角洲变得新奇而阔大、瑰丽而陌生，一种史诗感油然而生。航拍不仅仅是观察视点的新奇改变，更是一种思维方式的转变，独特的视角在某种程度上摆脱了人类中心主义的局限，在拍摄鸟群飞翔时，摄影机仿佛就是其中一只鸟，观众透过摄影机平等地追随鸟群畅游大美黄河，达到物我合一的澄明之境。最后，延时摄影和升格镜头一快一慢，冰雪消融、种子破土、四季轮转在片刻间生成，鸟群的多样舞姿、芦苇的随风飘荡在延长的时光中静静流淌。总之，黄河三角洲在4K、航拍、延时、水下等技术媒介的加持下，如同一幅多样别致又绵延无穷的浩大画卷，韵味无穷。

二、"黄河"生态伦理的叙事同构

生态伦理是人类伦理道德的一次演变和革命，它意味着"人类正在超越传统

---

[1] ［美］罗伯特·威廉姆斯：《艺术理论——从荷马到鲍德里亚（第2版）》，许春阳等译，北京：北京大学出版社，2009年，第265页。

人类中心主义的物种利己的道德境界,培育一种新的道德境界,即将人类的局部利益与生命共同体的整体利益、将人类的未来发展与生物圈的持续演化关联起来"[1]。《大河之洲》将人类的生命伦理观念向无情感的自然延伸,达到情感的投射与认同,进而生发出生态保护意识的群体自觉。人类实践活动应该在生态理性指导下改造着自然,并将其纳入人类社会发展关系的网格中,实现合自然发展的规律性与合人类发展的目的性的统一,真正做到人诗意地栖居在黄河三角洲这片湿地之上。

(一)生命延续的伦理认同

动物自身没有严格意义的伦理道德意识,它们只按照本能而行动。但在生态美学的视野之下,可以把人类的伦理道德观念延伸到自然生灵之上,由此野生动物围绕"家"的生存繁衍就获得了和人类社会家庭一样的温馨、关爱与幸福之感。其实现路径主要体现在拟人化的家庭叙事手法当中。例如,创作者给一只刚出生的疣鼻天鹅命名为雪岩,以人格化的标签使其在同类中凸显出来,雪岩担心母亲受伤,阻止了母亲因领地食物问题与同类的争斗,此时的雪岩就像"早当家"的孩子一样成熟坚强。随后,落日余晖中的雪岩母子终于能安静地饱餐一顿。观众在被这个"单亲"家庭母子相依为靠的温情故事吸引时,已潜移默化地完成了情感的投射与认同。在人与鸟的相处中,东方白鹳的故事最有代表性:高压电塔、人工鸟巢、东方白鹳形成了一幅饶有趣味的画面。现代化的电力网高塔之上,竟然稳妥地安放着一个个鸟的家园,而且科技与生灵相安无事,互不惊扰。东方白鹳夫妇的故事以家庭繁衍的主线贯穿,营造出一种成长的幸福感。借助人们放置的支架,这对大鸟在电线杆上筑起自己的巢穴,在寒冬风雪中为爱交配、坚持孵蛋、觅食哺育,这一幕幕让观众不自觉中带入人类生儿育女的艰辛感受。当两个月大的三兄弟第一次振翅飞翔时,在低角度短焦仰拍的全景画面中,前景是绿草随风飘荡,中景是领航的白鹳夫妇,后景是逆风而上的小鹳,一种生命延续的操劳和欣慰在观众心中自然生发。纪录片通过镜头把家庭伦理的关爱目光聚焦在自然动物身上,借助全知视角的拟人化叙事手法形成叙事同构,让观众

---

[1]　　　　叶冬娜:《以人为本的生态伦理自觉》,《道德与文明》2020年第6期。

纪录片《大河之洲》:黄河入海的生态美学阐释

495

情感投射进可爱的生灵主体，更好地唤起了人们保护自然的意识。

（二）生态保护意识的群体自觉

近十年来，对黄河三角洲的生态保护已经成为当地人自觉自愿的群体意识。《家园》篇讲述了从中小学生到爱鸟协会各类身份的普通人对鸟类的救助故事，既神奇又有趣，这正是生态理性倡导下的生命互助。

中学生周夕荞和纵纹腹小鸮的故事就充满了万物有灵的野趣，也告诉人们保护意识是如何从个别认知扩散到群体自觉的。如果说，当初人对鸟儿的保护行为是偶然之举，那么鸟儿留恋在保护者的周围则可视为动物对人的试探。当周夕荞将纵纹腹小鸮取名为"周小纵"并每日呼唤时，人与动物的互动叙事正式拉开。因为纵纹腹小鸮那猫头鹰似的外貌使小区大多数人产生传统观念里的误解，这时周夕荞与爱鸟协会就用自愿宣传使知识与传说得到和解。当地人也明白了人类与动物都是共同分享大河之洲的生命体，同等重要。这种群体自觉是生态理性养成的重要体现，而生态理性对人类中心主义进行了扬弃，修正了人对自然是主宰性力量的工具理性，在认识到人类社会和自然世界不是非此即彼，而是相互依存的关系上，充分发挥人本身的主观能动性。"动物只是按照它所属的那个种的尺度和需要来构造，而人却懂得按照任何一个种的尺度来进行生产，并且懂得处处都把固有的尺度运用于对象；因此，人也按照美的规律来构造。"[1] 王准夫妇种植的稻地是黄河三角洲国家级自然保护区划定和建设多年的鸟类补食区，鸟类可以随时享用在这里种植的粮食，即使在收割后，农场主也要留下一部分帮它们度过寒冬。留在田间的谷粒对天寒地冻、觅食越发困难的南迁鸟群来说无疑是雪中送炭。人类以主动的姿态向原本处于弱势的生命提供帮助，从某种意义上说，这是人相对于弱势生命体的职责所在，也是生态伦理中的为人之道。

（三）敬畏自然与诗意的栖居

对于这片湿地上的人类来说，黄河三角洲不仅是他们休养生息的地方，也是他们的精神家园和灵魂栖息之地。黄河是中华文化的图腾，而人们对黄河之洲

---

[1]　《马克思恩格斯文集》第 1 卷，北京：人民出版社，2009 年，第 163 页。

的那种膜拜、崇敬是融汇入生命和血液中的。在《和合》篇中，每年农历正月十六，渔民们面对变幻无常的大海，怀着原始而朴素的敬畏情感，在红光渔港进行一年一度的祭海仪式，祈求今年风调雨顺、人福舟安。《大河之洲》让人们知道在地球上的生活不应该是索取、消耗、涸泽而渔的，而应该是互助、灵韵，甚至是天人合一的。地球亿万年的演进，让自然进化出维持自身平衡的能力与智慧，人类要敬重这种原生态力，不能盲目干预。在《家园》篇中，镜头下的鹭鸟湿地公园，画面左侧是栖息在茂盛绿林中的白色生灵，右侧是穿行在蛟龙般高速公路的车流，它们共处一个画面中，二者各司其职、各安其命。海德格尔提倡"人诗意地栖居在大地上"，这种栖居不是一种物质化的占据，而是一种生命本真、自在的存在。人们只有给另一种生命体打开窗户，才能让自己诗意地栖居，这种人对自然的敬畏会让人们自然而然地接到大地和大海的恩惠。正如纪录片中六十多岁的渔民王月交带着自己的两个儿子在海上漂泊捕捉"开凌梭"的幸福故事。清晨，初升的太阳温暖地包裹着渔船，当父子三人围坐在一起，享受着今年第一网"开凌梭"时，大自然以她的慷慨和守信，对父子三人予以馈赠和奖赏。随着现代社会分工的越发精细化，人们在享用食物时，往往不清楚食物整个的生产过程，《大河之洲》用镜头真实展现出捕捉"开凌梭"的烦琐与不易，让人们更加珍惜食物的来之不易，不光对自然，更对在自然中辛勤劳作的人充满敬重与感恩。

三、"黄河"生态文明与世界命运共同体

生态文明建设是中国式现代化的题中之义和应有之举，二者是精准互嵌的同生关系。《大河之洲》在生态文明的维度上展现出发展实践举措绿色转型下的价值意义，并通过黄河这个在历史中具有强指向性的意象符号，加强了中华儿女对华夏文明的身份指认，彰显出新时代的文化自觉与文化自信。同时这也意味着民族的就是世界的，以黄河为表征符号的人类命运共同体将以开放的胸怀拥抱世界，实现中华民族的永续发展。

（一）绿色文明与中国式现代化

保护生态环境就是保护生产力，改善生态环境就是发展生产力。《大河之洲》将中国式的现代化进行了一次极有代表性的呈现。通过改善环境，这片广袤的湿地已经成为富饶之地、科技之地。盐碱地改造、二氧化碳封存成为世界瞩目的生态和谐经典案例。片中受盐碱地困扰的东营市永安镇胜利村，通过五年多的生态改善，孕育出一片生机勃勃的林场，经营着越冬赤松茸、小欢猪、珍珠鸡以及各种中草药。杨庙社区北范村通过金银花的种植不仅为村民带来更加宜居的生活环境，更为重要的是显著提升了村民的经济收入，为脱贫攻坚、迈向共同富裕打开了一条绿色通道。众所周知，黄河三角洲也是丰富的石油产出之地，作为传统能源之一的石油属于碳排放的重要组成部分，而中国作为后发现代化国家，其必然会产生大量的能源耗费。此时，中国式现代化的智慧闪现了，一项名为 CCUS 的项目可以将二氧化碳捕集、利用与封存。通过 CCUS，几乎荒废的老油田可以再次得到利用，在未来 15 年内，将注入二氧化碳 1000 余万吨，增油近 300 万吨，为中国双碳战略做出了新的贡献，使中国稳步实现联合国大会上"碳达峰、碳中和"的郑重承诺。《大河之洲》充分展现了黄河三角洲的高质量发展变化，不仅展现了自然之美、人文之美，也通过实景生动讲述了齐鲁大地生态文明建设和生物多样性保护的黄河故事，这一切无不彰显着"加快节能降碳先进技术研发和推广应用，倡导绿色消费，推动形成绿色低碳的生产方式和生活方式"[1]。

（二）文化记忆与国族身份指认

作为自然现象的河流水域，黄河是华夏大地的重要水利资源及生养空间，但她同样奔流在中华民族几千年的历史和华夏儿女的血脉赓续中。黄河流域长期居于中华民族政治、经济和文化中心，黄河文明经久不息，是世界历史上唯一一个未曾中断过的文明。《和合》篇讲述了退休工人李海元的故事，整个家族世代都在黄河岸边劳作，从祖辈的船工到今天的菜农，黄河与这个家族的记忆息息相关，每一种身份都代表了一种生活方式，无论是粗犷的船工号子，还是黄河岸边

---

[1] 习近平:《高举中国特色社会主义伟大旗帜　为全面建设社会主义现代化国家而团结奋斗》,《人民日报》2022 年 10 月 26 日, 第 4 版。

丰收的笑脸都指向一种中国人特有的历史符号。与此同时，主创既通过一种历时性的视角去挖掘尘封的黄河故事，也通过共时性的视角去寻找当代那些贴近市民生活的黄河气质。油田工人李国是位业余音乐创作人，每到傍晚时分和九岁的女儿在黄河边游玩时，他似乎总能在落日的余晖中看穿千年的历史，用他的话说："我看到了黄河的最后一个湾，我心之向往的源头在那儿。"这一切朴素的原始的冲动汇聚成他创作的那首歌曲《唱东营》，在浅吟低唱中强化了对黄河的归属感，"黄河是她的，她也是黄河的"。黄河已深嵌在个人和家庭的成长记忆当中。生态理性要求重新看待人与土地的关系，其实中国从古至今都有朴素的生态文明观念："天人合一"认为人与自然是一体的，是一种系统整体和谐的宗教哲学性质的生态观；"民胞物与"认为世界万物都是自然大家庭的一分子，彼此应当像同胞一样和谐共处，帮助家庭中的弱者，是一种道德哲学性质的生态观；"不违农时，谷不可胜食也；数罟不入洿池，鱼鳖不可胜食也"指出了土地在国家发展经济命脉中的地位，是一种政治哲学性质的生态观。华夏文明的历史长河中，一直流淌着生态思想，而黄河三角洲上人与自然和谐相处是对古代生态思想的赓续，唤起人们的文化自觉与文化自信。

（三）开放姿态与文明交融

纪录片《大河之洲》通过黄河治理、黄河开发、黄河安澜展现了以黄河文明为代表的中国优秀传统文化，也通过海洋开采、海洋捕捞、海洋科考，彰显了以海洋文明为代表的现代工业发展观。这也是黄河入海口的独特性所在。奔流的黄河在入海口化作一条条辐射式的支流——"潮汐树"，这不仅是一个自然景观，也是人们面对世界的一个姿态表征，你中有我，互相补充。《大河之洲》是第一部全景式展现黄河入海口风貌的纪录片，镜头下黄海与渤海那条泾渭分明的交割线是蓝色与黄色的调性融合，也是中华文明与世界文明的握手。在黄河入海的一刹那，人们涌动着的幸福感是中华民族伟大复兴所带来的力量，而人们拥抱世界的姿态则是对人类命运共同体的生动阐释。

拟态、出位与自律
——动画影像在历史纪录片中的三重叙事机制

李　磊

　　动画艺术的起源可追溯到史前时代的洞穴壁画。在西班牙北部的阿尔塔米拉洞穴的壁画中发现距今 25000 年的壁画，其中一幅野牛图中奔跑着的野牛尾巴和前腿被重复绘制了几次，使得原本静止的动物形象在视觉上产生了运动感。之后，反复绘制的方式不断介入其他传播媒介当中，如快速翻页产生运动幻觉的小人书、中国的走马灯和皮影戏等等。在电影诞生后，动画通过逐格拍摄的技术也形成一种可以在幕布上放映的影像，并且凭借其幻想性的特质，被其他视听媒介积极吸收。在动画影像与纪录影像的融合中，动画拟态性和纪录片时空再现性在碰撞中尝试互补，并形成了一种真实影像与光影幻觉的全新艺术形态，并且大量地出现在历史纪录片的叙事机制当中。

　　当我们关注国产纪录片的多形态叙事机制时，可以发现在 20 世纪 80 年代创作初期时，因单纯依靠大量文献资料呈现、没有演员扮演等艺术形式的限制使得历史类纪录片被赋予严肃、枯燥，甚至是"无趣"的刻板印象。[1]新世纪前后，新兴的假定性手法开始广泛应用于纪录影像创作。除了借鉴演员服化道的装扮、影视剧搭景等扮演或搬演的叙事策略，动画也作为情景还原的手段被纪录片制作重视。这些都极大增强了历史纪录片的视觉效果，提升了传播接受度。随着影视制作中数字技术发展的突飞猛进，更为成熟的动画影像形态在历史纪录片叙事机

---

[1]　参见刘芳《中国历史题材纪录片中的动画应用》，《电影文学》2021 年第 23 期。

制中逐渐显现出自身的媒介特质：从对传统历史纪录片再现性叙事手段的模仿，扩展到三维动画、二维动画和定格动画多形态的风格化叙事，到最后动画影像作为历史记录的媒介主体，以全新身份讲述历史故事。动画影像在历史记录中的叙事机制不断演进，深刻改变了历史纪录片的生产模式，也影响着受众的对真实感的判定，并形塑出独特的内容偏好、美学特色和观看趣味。

一、模仿性叙事：动画影像对历史记录的拟态呈现

无论何种呈现手法，历史纪录片首先要把观众置于所要传达的历史情境之中，营造出可信的历史感。因为知识是历史的第一面貌，历史是关于过去的信息和知识。[1] 作为信息和知识的历史呈现要求纪录片应当具有权威性和可靠性，将影像作为证据，探究影像与真实之间的确定性关系。历史情境营造的叙事手法通常有音影档案、历史遗迹、亲历者口述与学者采访、情景再现等，并在长时间的制作传播中与观众形成一种稳固的审美接受规约。动画因其非实存性往往被认为与历史纪录片追求证据、探寻真实的理念相抵触。但随着西方新历史主义思潮的影响，历史纪录片的叙事理念也在发生变化，情境再现就是其影响下最为显著的变化之一。美国新历史主义理论家海登·怀特曾说"历史只有首先被写出来，才能被阅读"[2]，这肯定了历史的叙述一定包含叙述者的主观想象。动画就在这种思潮的影响下更多介入历史纪录片之中。同时，为了缓和历史理性与绘画感性之间的张力，动画对历史叙事的诸多手法进行模仿，以一种历史素材的形式来融入。这种模仿性叙事分化出三条主要叙事机制：一是以抽象信息的图形化为特点的说明性模仿；二是以历史素材的可视化为特点的回溯性模仿；三是以历史事件的渲染化为特点的情境性模仿。

[1]　　参见梁君健《影像如何呈现历史：历史题材纪录片的三个核心议题》，《中国电视》2022 年第 9 期。

[2]　　[美] 拉尔夫·科恩主编：《文学理论的未来》，程锡麟等译，北京：中国社会科学出版社，1993 年，第 46 页。

（一）说明性模仿：抽象信息的图形化

以动画的形式来传播知识和信息由来已久，早在二战期间，英、美两国的导演就在军事宣传的纪录片中运用动画技术来展现战争的力量对比与局势变化。苏联导演普多夫金更在《脑的机能》（1926年）中采用动画的方式来说明抽象的生物学理论。可见动画影像在纪录片中叙事机制的开端就是将知识转化成简洁图形，因为当数字、时空、构造等抽象知识出现在纪录片中时，借用动画才能具象高效地完成信息传达，并作为一种基础手段延续至今。比如，历史纪录片中常常有地理空间的素材处理段落，因为动态简洁的线条、图形能够准确可视地将抽象的地理信息及其附着的相关信息呈现出来，并结合文字、声音、图像、动态效果等媒介符号，降低观众理解门槛。纪录片《戚继光》（2019年）就利用动画的多重图层，按照作战地图顺序，依次把花街之战、上峰岭之战、长沙之战的歼敌数、战损数、解救人员数在一个长镜头中清晰呈现，使观众对"台州大捷"的历史知识有了更为清晰的认知。同样，除了动画地图这种最为常见的说明性叙事外，建筑物体、手工艺品的构造图也是信息图形化的代表。网络纪录片《大唐帝陵》（2020年）中用CG动画建构的唐懿德太子墓，其地下部分由斜坡墓道、六个过洞、七个天井、八个便房、前后墓道、前后甬室组成。CG技术将现实中的墓葬结构转化为更易于信息读取的动画影像，从而让观众能够更直观地了解和认识唐代最高等级的墓葬。可见，动画通过图形化的叙事手段，把自身作为跨媒介叙事的一种历史影像素材，将需要高参与度的冷媒介形态转化为较低理解难度的热媒介形态，实现对历史知识的科普化说明。

（二）回溯性模仿：历史素材的可视化

数字动画技术蓬勃发展为影视剧片的制作提供了丰富手段，而历史纪录片由于涉及对真实时空的回溯、追述、阐释，更需要动画技术完成某种拟态式模仿。2004年金铁木导演了6集大型历史纪录片《复活的军团》，片中加入了大量的三维动画来弥补历史素材的视像空白，改变了之前历史纪录片只能依靠文学性解说词、学者的采访、静态文物的图影资料等单一手法。金铁木导演又陆续制作了《圆明园》（2006年）、《大明宫》（2009年）两部历史纪录电影，同样依靠回溯性模仿提升视觉表现力，丰富画面真实感。其中，《圆明园》更是在93分钟的片长中融入长达35分钟的动画镜头，近1/3的体量。其背后的动画制作公司用5年的时间才还原出这"万园之园"的空前盛况。观众可以沉浸到圆明园从建造到完成，再到被焚毁的时空当中。《大明宫》则借用动画手法解释了一个世界上面积最大的宫殿建筑群是如何随着一个王朝国运的由盛转衰，而最终被毁于兵燹的，这首命运悲歌变得可视可观可叹。动画影像的直观呈现与常规纪录片的采访、解说相结合，形成了新的观影叙事链条，进而建立了追述与阐释的严谨证据链条，其背后的心理机制即是模仿叙事的逼真性。随着动画制作技术的进步，依靠 3D 建模动画的色彩光线，影片细节更加细腻，让人难辨虚实。《从秦始皇到汉武帝》（2016 年）、《大唐帝陵》（2020 年）中的建筑和优秀动画电影中的建筑观感相差无几，逼真的历史生活与场景让观众对当时的风土人情有了更为细致的认识和更为温暖的历史沉浸。

（三）情境性模仿：历史事件的渲染化

数字动画影像既需要历史时空中的对照性还原，也需要实拍处理中的镜头设计。严谨历史场景照搬也因此夹杂了对历史事件的加工，将场景渲染为情境。所以动画的模仿叙事不仅可以描摹历史时空、物象，更可以像实拍影像一样把人物与其身处环境结合起来进行情境性叙事。一方面，动画可以对闹市、战争等气势恢宏、人员众多的事件场进行抒情化渲染。例如，《苍狼之决战野狐岭》（2012年）采用手绘画风，天空中黑压压的乌云密布，金军与成吉思汗率领的蒙古大军在地势险峻的野狐岭对峙。空气中弥漫着的压抑肃杀之气透过屏幕扑面而来。另一方面，动画能以想象的方式对历史事件细节进行写实化的渲染。史书上概括性的记述给历史事件的渲染化规定了某个主题，也敞开了对历史时间渲染化的自由空间。历史纪录片偏好采用"动画 + 实拍人物"的方式对历史事件进行创造化想象，这一手法在《圆明园》中就已成熟运用。当康熙、雍正、乾隆三位创立了"康乾盛世"的皇帝第一次齐聚在牡丹台时，被传位困扰的康熙第一次看到自己的孙子——十二岁的弘历，创作者利用数字合成出无数牡丹，在花团锦簇、蝴蝶纷飞中，一个在晚年饱受骨肉相残的老人见到聪慧孙子时的喜悦与安慰满溢屏幕。历史文献中并没有详细记录此次见面的细节，但创作人员可以基于史实进行合乎逻辑与人情的创造化想象，从而更容易营造真实可信的叙事氛围。可以说，动画影像实现了历史逻辑之外的细节补充，也为音乐、解说找到了画面落点。

二、风格化叙事：动画影像对历史纪录的"出位之思"

知识与信息传播的要务使得历史纪录片中的动画形态似乎只能充当素材，发挥模仿真实影像的特点。但是，"动画不是物质世界的复原艺术，而是属于精神世界的艺术"[1]。从动画诞生之初，抽象的、变形的、充满自由的幻想才是其最大的魅力源泉。动画与一般的纪录片分属两种媒介形态，在美学风格、制作手法、审美期待上都有很大区别，而动画在对纪录片的叙事模仿过程中，逐渐显现出"出位之思"的现象。"出位之思"指的是"一种艺术媒介欲超越其自身的表现性能或局限，而追求另一种艺术媒介所具有的表达长处或美学特色"[2]。值得注意的是，这里的"出位"不同于文学"诗"与图像"画"那种以一种媒介去追求另一种媒介的表达效果，其纪录媒介本身自始至终都没有发生改变。历史纪录片作为影视艺术的一种，同样可以融汇戏剧、文学、绘画、音乐、摄影等艺术中的多重元素。所以动画影像对历史记录的"出位之思"是内部诸元素间持续互动的媒介状态。一方面，随着数字虚拟技术大潮对影视行业的全面席卷，一切影视作品都在数字化、动画化，在此背景下甚至有学者直言"动画变成了一切，或者一切都会变成动画"[3]，以探寻真实感为己任的历史纪录片更不可能回避动画影像的介入。另一方面，高度假定性的动画媒介在模仿历史纪录片的叙事机制与美学效果的同时，也逐渐显露自身的媒介特性，附着于不同动画材质、绘制技术中，进行风格化的叙事，呈现出越发丰富多元的审美形象与审美趣味。这是因为"每一个媒体只能表达我们全面感官的一个层面，艺术家觉得需要别的媒体的表现力来补充或支持"[4]。首先，需要承认的是，历史纪录片中大部分还是以 CG 为代表的三维动画，以无限写实的空间透视主义来还原历史时空。其次，附着于手绘技术的平面式二维动画，也凭借自身对立体透视画面空间的打破与重塑，彰显高度幻想性的

[1]　李镇：《动画本性——精神世界的复原》，《当代动画》2023 年第 3 期。

[2]　龙迪勇：《"出位之思"与跨媒介叙事》，《文艺理论研究》2019 年第 3 期。

[3]　杨亮、文载喆：《作为物质、空间与感官的动画：一种基于媒介考古学的考察》，《当代动画》2021 年第 2 期。

[4]　[美] 叶维廉：《中国诗学》，北京：人民文学出版社，2006 年，第 233 页。

媒介特点。最后，赋予现实物件以生命的定格动画，在历史纪录片中创造性表达出民族特色。

（一）三维动画的深度奇观

以 CG 为代表的动画影像在电影中形成的镜头运动、光影变化模式同样也附着到历史纪录片当中，表露出一种深度奇观化的特征。首先，电脑动画软件擅于制作出不同于二维平面的深度空间，生成亭台楼阁、山水湖林。同时，它还可以超越拍摄场地局限，通过设计特殊时间结点的光影属性，生成符合现实逻辑却又难以用镜头捕捉的现实瞬间。《大明宫》中一些动画镜头甚至令人超出现实视觉体验：太阳初升时，远景俯瞰下大明宫的光影细节、房屋质感和透视关系都极度仿真，体现出三维动画独特的观看之道。其次，动作捕捉技术赋能下惟妙惟肖的人物表演也是深度奇观的来源之一。因为历史记录规定下的人物表演更接近真实，但传统的 3D 建模工序费时费力，动作捕捉技术则可以通过传感器和软件，把真人演员的动作转录成数字模型的动作，在效率与效果上双重提升了人物表演的真实感，如《大唐帝陵》中主要人物的表演就是通过动作捕捉技术制作而成，并且结合数字动画技术对人物表演再度修改，从而得到了一种超越了人物表情的深度奇观。最后，动画"与实拍电影不同，动画片视听语言中所谈论的摄影机都是假想出来的"[1]。所以动画导演比实拍的导演，能更加不受技术因素的干扰，最大限度地发挥创造与想象，实现上天入地般非凡的视觉享受。《大唐帝陵》的一个长镜头内，虚拟的摄影机从远处高空旋转快速而下，又直接穿过汉文帝的霸陵，最后又快速拉升至空中展露霸陵全貌，直观呈现出霸陵不同于以往汉家陵墓的复杂异常。这时镜头运动里物体的比例并没有严谨遵守空间的物理准则，而是运用动画的方式结合剧情表达需要进行大小比例的适度调整。这种动画影像的叙事机制不仅获得了不同于日常视角的无人机航拍感，还改变了人眼的空间感知规则，真正做到了"非人之眼"的深度奇观。这体现着创作者的创作意图与观众审美期待的默许，"超真实"的三维动画在历史纪录片中以深度奇观的叙事机制创

---

[1]　　　赵前、丛琳玮编著:《动画影片视听语言》，重庆：重庆大学出版社，2007 年，第 9 页。

造了非唯一性的历史在场。

（二）二维动画的间离之思

传统二维动画经过一百多年的发展，已经形成了稳固的本位规定性和活跃的出位审美性。其实动画在最早介入历史纪录片时就是以二维手绘动画的方式出现的，比如，早期动画纪录片《卢西塔尼亚号的沉没》通过导演温瑟·麦凯手绘再现了沉船的整个过程。但是，更具写实性与透视性的 CG 三维动画，一定程度上遮蔽了传统二维动画的优势。不过，附着于不同绘画材质的二维动画也为历史纪录片带来多样的视听感受和表意之思。《苍狼之决战野狐岭》采用手绘画风，粗线条的勾勒与大面积的着色晕染生动地传递出生死大战的冷冽与压抑，带来了中国画写意之思。《如果国宝会说话》（第一季）的甲骨文篇中，在简笔画的简易绘制下，甲骨文复活为运动的主体，生动形象地科普了象形字、指事字、会意字、形声字的造字方式，充满简笔画意的童趣之感。同时展现出古代商人造字时对生活的细致的观察力与想象力。近年来，更为常见的二维动画的形式是让古代绘画中静态的物象、人像脱离纯平面空间，分离为不同图层间的轻微跳动。这时，二维动画作为一种辅助的技术手段，在不破坏原画自身意境的基础上，让原本需要静观体悟的画作得以向观众出位敞开，以一种开放参与的姿态进行跨媒介传播。综上观之，二维动画可以更好地发挥动画的假定性，夸张变形的人物与场景让观众产生间离感，并带有显著的创作者主观意图，虽在一定程度上降低了历史叙事沉浸感的带入和真实性的确证，但也让观众得以领略风格多样的历史叙述。二维动画的间离性使观众对画面本身产生一种不确定的怀疑，进而生发出对所述历史的思考，秉持冷静客观的观看态度。

（三）定格动画的意趣之思

在三维动画与二维动画之外，还有一种特殊的动画影像形态——定格动画。虽然广义上定格动画与三维或二维动画都有交叉，但从其独特的形式来说，定格动画一般是指由粘土、木偶或混合材料制作，通过逐格拍摄后连续放映，从而让静态物体获得了活态运动。定格动画选取的材料多为日常生活中的常见物品，在摄影机拍摄下，其独特的光影、质感和动作表现，明显区别于手绘动画和电脑动画。例如，历史纪录片《戚继光》中泥塑造型的戚继光全身甲胄光泽闪烁，头盔顶插红缨，左手擎牛角号，暗红色披风迎风在后，面容青涩却眼神坚毅，活脱脱一副初上战场的青年将军模样。而后，为了体现戚继光的成长，制作团队在戚继光嘴上加上了一撇胡须，使看似粗糙的肌理中有着独特的历史真实。这些都拉近了观众与历史人物和场景的距离，营造出一种视觉心理上的历史亲近感。并且，木头、泥塑或陶瓷等材质，在中国都拥有悠久的工艺历史，形成过丰富的造型元素和意趣之思。历史动画短片《微观历史秀》用定格动画的形式讲述介绍了衣食住行、文青雅好、榫卯结构等中国古代的发明和应用。在每集五分钟的碎片化小剧场模式下，快速让观众领略中国古代人的生活美学，寓教于乐，意趣盎然。总之，中国定格动画以剪纸、泥塑、木偶、布偶、皮影等民俗工艺为材质，又可吸收中国木板刻画、水墨山水画、敦煌壁画等极具民族风格的艺术形式。当这些意趣之思融合进历史影像当中，不仅能为历史纪录片增添民族气韵和民间趣味，还能为定格动画注入强大而丰厚的历史精神内涵。

三、自律性叙事：动画影像在历史纪录中的主体生成

动画艺术的关键点在于"将现实不存在的运动通过影像媒介表现出来"[1]的意识，但动画影像在纪录片中却是用来表现现实中曾经存在的运动，或者说符合历史逻辑的运动，这种反差使得动画影像在纪录片中获得了与数字时代动画艺术"运动幻觉"不同的主体特性。当处于纪录片中的动画影像主体性日渐苏醒，他们将力图表达更加自律的"运动幻觉"。于是一种全新的媒介艺术形式应运而生——动画纪录片。2008年，由多国合拍的动画纪录电影《与巴什尔跳华尔兹》的出现则促进了人们对动画片与纪录片关系的进一步认知。影片90分钟的时长中几乎全是动画的形式，在长纪录片的层面上动画与真实影像素材发生极度的比例错位。而且《与巴什尔跳华尔兹》的制作方式是先通过真人拍摄，然后由十名动画师将所有的真人拍摄绘制出来，最终剪辑动画视频完成整部作品。很显然，

---

[1]　　杨亮、孙立军:《〈 阿凡达：水之道 〉是动画电影吗？ 论数字时代"运动影像"的超真实想象》，《北京电影学院学报》2023 年第 1 期。

无论是在创作者的制作模式上，还是影片理念的呈现上，动画都不仅仅作为弥补素材缺失的一种纪录片手段，而且生成为一种新的媒介主体，具有自律性的叙事机制。这种思路同样在获得第94届奥斯卡最佳国际影片、最佳动画片与最佳纪录片三项提名的丹麦动画纪录电影《逃亡》（2021年）中得到印证。它们的出现，使得动画纪录片这种全新的纪录片形态为人们所熟知。相应地，动画纪录片的叙事机制也从作为历史影像附属素材的模仿性叙事、风格化叙事生成具有主体性的自律性叙事。因为"在艺术自律的王国中，艺术既抗拒着这些现存的关系，同时又超越它们"[1]。换言之，动画纪录片将讲述适合于自身艺术自律性的全新故事。下面将结合几部经典的动画纪录片文本，从关联性叙事、创伤性叙事、隐喻性叙事三种叙事方式来探究动画纪录片的主体叙事。

（一）以间接性索引指向深层现实

动画纪录片首先难以回避的是真实性和合法性问题。近些年众多争议的核心是素材的"索引性"。"索引性"来自符号学家皮尔斯提出符号的三分法，将符号分为图像符号（icon）、索引符号（index）和象征符号（symbol）三种类型。其中，"索引性"符号具有与客观事物严格对应，存在物理因果关系的特征，从而成为体现纪录片真实性的"证据"来界定纪录片的合法性。学者唐俊在追溯了皮尔斯的符号理论后认为："为了表述得更清晰，可以将'纯索引符'称为'直接索引符号'，也就是纪录片研究中通常所说的具有索引性的符号，其影像与现实对应物构成了直接的、紧密的、物理性的联系；将'次索引符'称为'间接索引符号'，其影像与现实对应物所构成的是间接的、松散的、非物理性的联系，包括基于现实的再现扮演、电脑动画、三维制作以及非严格对应的历史影像资料等。"[2]所以，动画纪录片具备的是一种"间接索引"的叙事机制。不过，动画纪录片里并非全是动画，也有少量实拍影像，间或在动画场景里穿插对照。《与巴什尔跳华尔兹》的结尾用动画影像描述失去儿子和丈夫的女人们走向士兵，四面

[1]　　　［美］赫伯特·马尔库塞：《审美之维》，李小兵译，桂林：广西师范大学出版社，2001年，第189—190页。

[2]　　　唐俊：《直接与间接：关于纪录片"索引性"的争议与思考》，《电影艺术》2023年第2期。

八方的哭喊声让士兵们怔在原地。镜头一转，动画的场景变成了现实的影像，虚拟的地狱转瞬就是现实的人间。这令观众猛然意识到，实拍影像不过是人间惨剧的冰山一角，冰山之下的动画影像指向更为深层的现实。当然，动画纪录片中主体还是作为"间接索引符号"的动画，一般纪录片的采访段落是以声画同步的同期声方式出现的；而动画纪录片中的采访段落，画面摆脱了直接物理性的束缚，声音却保持物理性存在，并作为证词关联现实。因为声音是由身体产生的，"虽然动画身体似乎与说话者的声音巧妙地'匹配'，但由于不是说话者的身体，它们根本上也是不匹配的"[1]。声音因此获得了自主性，与画面结合产生全新可能，画面也不必与所代表的主体刻意相似。在《与巴什尔跳华尔兹》中，动画人物形象和现实人物形象高度对应，而在《逃亡》中，我们就无从得知阿明的动画形象和现实形象的相似度。这种深层现实指向提供了自由探索的可能性，时刻提醒着观众调动自己的观察力与判断力，去体悟一个个动画画面与现实场景的复杂关系。

（二）以隐匿性遮挡保护创伤记录

不同于生物医学意义上的定义，现代文化意义上的创伤特指"由灾难性事件导致的、在心理发展过程中造成持续和深远影响甚至可能导致精神失常的心理伤害"[2]。网络时代"视觉转向"的媒介环境下，图像影像成为创伤叙事展开的重要场域，也使视觉的直观性与创伤叙事的隐私性产生了伦理难题。带有创伤叙事的真人纪录片，往往采用声画对位的同期声或叠加历史佐证画面的方式。但一方面画面素材匮乏，另一方面，考虑到摄影机介入对被采访者的心理压力和纪录片制作的伦理规范，记录创作者要对被采访者的身份信息进行隐匿遮挡。动画纪录片则可以充分发挥动画高度假定性的特性，通过被访者的声音感知作为连接真实历史的依据，而视觉感知则用更加温和的动画形象代替，委婉地保护了被采访者真实社会身份。《逃亡》中的阿明是非法入境的难民，如果采取真人实拍，影片被当地政府知晓后，阿明就会因偷渡被驱逐出境。采访者与被访者不是工具性关

---

[1]　Annabelle Honess Roe, *Animated Documentary*, British: Palgrave Macmillan, 2013，p.78.

[2]　林庆新:《创伤叙事与"不及物写作"》,《国外文学》2008 年第 4 期。

系，而是共在性关系，二者共同见证历史。所以《逃亡》中的阿明借助变形的动画把真人形态和真实世界的对应关系一一切断：阿明躺在床上，闭着眼睛向导演和摄影机开始讲述，过往的记忆画面与当下的采访画面相互穿插。身体的隐匿避免了因人物肤色、种族等身份政治可能会导致的刻板印象，把个别的历史叙事上升到普遍的人类命运。同时在叙事的展开中，一些过于血腥残忍的场面因动画的间离减弱了观众的不适感，使其得以触达更为广泛、多元和异质的受众。

（三）以隐喻性镜像深化反思意蕴

　　动画纪录片的关联叙事和创伤叙事必然要求影片包含丰富的具有象征与隐喻意味的镜头。在这些镜头段落中，光与色的运用不再恪守还原现实的原则，而是发挥动画的假定性，凸显主观化的内心感受，包括当事人的想象、幻觉、梦境……加拿大动画纪录短片《瑞恩》（2004 年）里主人公瑞恩的身体造型残缺不全，组成身体的各色线条变动不居，非常直观化展示出著名动画工作者瑞恩沦落为街头乞丐后非正常的生活精神状态。在《与巴什尔跳华尔兹》开场，昔日的战友在酒吧向福尔曼（导演本人）诉说自己每天晚上都会做噩梦，梦中他被恶犬追杀。该片以动画影像的方式展现了这个梦境：低饱和度的画面，凶残可怖的恶犬，毫无生机的影调。观众快速被带到纪录片压抑残酷的情境之中。另一位接受福尔曼采访的军人，说到战争期间自己的海上经历，同样充满离奇：现实中，他因为晕船，"吐得像猪一样"，终日惶恐不安；幻觉中，他又安然地趴在一个女人的肚子上，缓缓游向远处。这一强烈梦幻色彩的场景隐喻了当时部分士兵，想要回归安全平和的港湾，表达出对战争的厌恶与逃离。动画不仅可以表现人物的内心，"在动画纪录片创作中，创作者可以将动画所要表现的对象进行放大，甚至扩展到整部影片，通过对形式、风格的把控，动画成为一种重要的修辞手段，赋予影片主题以非同寻常的意味"[1]。《逃亡》在触及阿明极度悲伤的记忆段落中，使用抽象简略的黑白炭笔画风格，在凌乱、污浊、模糊的笔触中向观众传递逃亡过程的恐惧感与无力感。大量带有象征与隐喻的镜头在传递丰富情感的同时，也软

---

[1]　　权英卓、王迟：《动画纪录片的历史与现况》，《世界电影》2011 年第 1 期。

化了记忆中的暴力，避免观众因过分关注刺激场面而产生不适感，深化动画纪录片的反思意蕴。纪录观念和创作定位决定了历史影像的呈现方式，进而决定了它由何种视觉符号组成。在主体想象与客观纪录之间，越来越多地假定性元素使纪录片的自律性得以强化，也使记录观念产生动摇，动画纪录片试图消除这些差异，以隐喻性的叙事机制，唤起观众陌生化的情感体验，但它的归宿与信念一定是追求真实性的。

四、结语

正如马歇尔·麦克卢汉所预言的一样："媒介即讯息。"不同的媒介形态，自然会衍生出不同的叙事机制。动画影像从拟态性模仿历史纪录片，到逐渐"出位"，彰显自身假定性风格的媒介特点，到最终形成动画纪录片这一拥有自律主体的混合媒介形式。这一历史进路本身就是动画影像与历史影像跨出自身"本位"，去追求对应媒介的"境界"。两种媒介之间蕴含着一种麦克卢汉所言的"危险的关系"，这种关系却逐渐生发出巨大的"杂交能量"。即"两种媒介杂交或交会的时刻，是发现真理和给人启示的时刻，由此而产生新的媒介形式。因为两种媒介的相似性使我们停留在两种媒介的边界上"[1]。从纪录片中的动画手法到全新媒介形式的动画纪录片，动画影像不仅扩展了历史影像的叙事机制，给观众带来更为多元异质的视听内容；更影响着观众对历史影像的知觉方式。而更为含混多元的视听，越发需要观众从机械复制的状态中抽离出来，积极发挥主动性去介入。目前，国产动画纪录长片的创作还处于起步阶段，相信随着技术水平的提升与创作理念的多元，多样优质的动画纪录长片也将出现，让真实感的深层指向可以有多重书写方式，让历史故事的艺术化呈现得以丰富多样，从而助力加快构建中国话语和中国叙事体系。

[1]　　[加]马歇尔·麦克卢汉：《理解媒介：论人的延伸》，何道宽译，南京：译林出版社，2011 年，第 74—75 页。

20/12

董龙昌

董龙昌

董龙昌，男，1985年生，博士，教授，博士生导师。国家
艺术基金青年艺术创作人才，山东省签约艺术评论家，山东
省省级重点学科艺术学学位点负责人，山东师范大学人文社
科重点研究平台美术理论与美术教育研究中心主任。兼任山
东省文艺评论家协会主席团委员、山东省美术家协会理论委
员会委员。研究方向为美术理论与批评研究、艺术史与艺术
美学研究、美术教育理论与实践研究。相关理论评论成果曾
获中国美术家协会青年艺术理论成果奖2项，山东省泰山文
艺奖2项、山东省高校人文社科优秀成果一等奖1项，论文
连续3次入选中国美术家协会"全国美术高峰论坛"入会资
格作品。

中国当代美术批评话语体系建构问题刍论

董龙昌

    近年来，学科体系、学术体系和话语体系的建构问题逐渐成为哲学社会科学领域探讨的一个热点话题。在美术理论界，范迪安、尚辉、张晓凌、林木等学者对此亦有积极回应，努力建构有中国特色的当代美术话语体系已成为美术界共识。[1] 中国当代美术批评作为中国当代美术的重要组成部分，其话语体系建构的达成无疑会对中国当代美术话语体系建构起到巨大的推动作用。本文主要围绕中国当代美术批评的话语体系建构问题展开探讨。

一、20 世纪中国美术批评的话语嬗变

    众所周知，"话语"作为一个基本的语言学术语，首先指的是运用语言符号对某一事物进行严密而清晰的陈述。20 世纪以来，随着哲学领域"语言学转向"的发生，"话语"逐渐突破语言学领域而进入人文社科领域，成为一种与意识形

---

[1]   参见王瑞《构建中国当代美术话语体系——首届全国美术高峰论坛综述》,《美术》2018 年第 11 期；王瑞《加强理论建设　引导创作发展——"全国美术高峰论坛·扬州"会议综述》,《美术》2020 年第 1 期；王瑞《打磨评论利器　助力主题创作新高峰——"全国美术高峰论坛·重庆"会议综述》,《美术》2020 年第 12 期。

态再生产相关的实践概念，主要指向一种批评理论或社会实践。[1] 就此而言，中国美术批评话语既是一种知识形态，更是一种价值形态，其背后折射出的是话语主体的思维方式和价值立场。

宏观来看，20 世纪中国美术批评的话语实践可以分为：20 世纪前期的美术批评话语实践（1900—1934）、延安时期的美术批评话语实践（1935—1948）、毛泽东时代的美术批评话语实践（1949—1978）、新时期至世纪之交的美术批评话语实践（1979—2000）四个阶段，每个阶段都呈现出不同的话语特点。

20 世纪初随着新文化运动对白话文的倡导，以白话文为主要特征的现代语言系统逐渐确立并开始成为美术批评的主流话语。美术批评话语言说方式由文言到白话的转变，不仅加快了美术的普及和传播，对于人们艺术素养的提升起到重要推动作用，而且在话语主体思维、观念的调整方面也起到一定的催化作用。加之美术革命对西方写实主义传统的高扬、"二徐之争"过程中现代主义的崛起，以理性和逻辑见长的西方美术批评话语逐渐取代重感性和体悟的中国传统美术批评话语。西方美术批评话语在其时美术批评实践中的大量出现，成为 20 世纪前期中国美术批评话语的一个典型特点。如有论者所言："在上世纪二三十年代美术批评的字里行间，现实主义、浪漫主义、形式主义、再现、表现、写实、抽象、象征、装饰、变形、夸张、素描、速写、笔触、空间、轮廓等词汇已很常见。"[2]

总体而言，大胆破除传统美术批评的既有藩篱，积极向西方美术批评学习、借鉴、吸收其相关术语、概念，并将其运用于中国美术批评话语实践，构成了 20 世纪前期中国美术批评话语的突出特点。

20 世纪 30 年代随着抗日战争的爆发，"救亡图存"成为时代的最强音，在民族危机和国内矛盾的双重背景下，美术创作具有鲜明的政治色彩，强调美术创作关注现实，发挥抗日救亡的功能成为美术批评话语关注的重心。"国难时期普遍

---

［1］　参见刘继林《"话语"：作为一种批评理论或社会实践——"话语"概念的知识学考察》，《烟台大学学报（哲学社会科学版）》2011 年第 3 期。

［2］　李昌菊：《本土美术批评古今之变与承继》，《中国文艺评论》2018 年第 3 期。

的人群，必须适用反映'国难'的艺术！可作斗争工具的艺术！"[1] "国画是地道的在中国土生土长起来的，它应该对自己的国家民族加倍的关心，在外敌侵入的时候，它为了报效民族几千年来对它培养的恩惠而有所努力，以笔当枪，在宣传上尽力发挥斗争精神才是。"[2] 凡此种种论述，无不显示出美术批评话语已然成为调动广大人民群众奋勇抗战的重要途径，现实功利色彩明显。

抗战后期，"鲁艺"成为美术创作与批评的中心。1942 年毛泽东发表了《在延安文艺座谈会上的讲话》，不仅进一步强化了抗战初期以来形成的美术批评话语，而且确立了美术批评的指导性方向：必须为工农兵服务，必须为政治服务，必须坚持现实主义道路，这成为马克思主义美术批评话语本土化的早期典范。[3]

总之，具有本土色彩的马克思主义美术批评话语的初步形成是延安时期中国美术批评话语的显要特点，它深刻影响了此后中国美术批评的话语实践及其体系建构。

毛泽东时代的美术批评话语是对延安时期的继承和发展。这一时期的美术批评基本处于一种"一元化"的状态[4]：在批评方法和话语选择上，学者们自觉接受了马克思主义的唯物论和辩证法观点，将毛泽东《在延安文艺座谈会上的讲话》精神进一步具体化、深入化，强调美术的政治作用和社会功能，文艺和政治的关系问题成为美术创作和批评需要考虑的首要问题。反映到美术批评的话语实践领域，无论是"十七年"时期的题材批评还是"文化大革命"期间的主题批评，其重心均是在革命与艺术、内容与形式的二元对立中强调前者以至到了无以复加的

[1]　颜退省：《在国难声中对美术作家进一言》，《中国美术会季刊》1937 年第 1 卷第 4 期。

[2]　赵望云：《抗战中国画应有的新进展》，载殷双喜主编《20 世纪中国美术批评文选》，石家庄：河北美术出版社，2017 年，第 68 页。

[3]　关于毛泽东《在延安文艺座谈会上的讲话》对中国美术事业的影响，尚辉先生作过精彩论述和全面探讨。详见尚辉《以人民为主体的艺术社会学探索——〈讲话〉精神及党的美术主导思想的继承与发展》，《美术》2012 年第 5 期。

[4]　尹成君将 1949 年至 1976 年间的美术批评称为毛泽东时期的美术批评，认为毛泽东时期的美术批评在整体上呈现出"一元化"的特征。详见尹成君《毛泽东时期的美术批评特色》，《设计艺术（山东工艺美术学院学报）》2010 年第 6 期。

程度。有学者对此做过精彩分析:"新中国成立以来,我们的美术批评由于多种原因,一直未能把理论重心放在自身的基础研究上来……而是长期在'革命性'和'艺术性','内容'和'形式'这种机械的二元对立中摇来摆去,最终成为'政治批评'。"[1]

总体而言,革命与政治话语的一枝独秀成为毛泽东时代美术批评话语的突出特点,这是对延安时期所形成的马克思主义美术批评话语的继承、发展和完善。由于特殊历史背景使然,美术批评的革命与政治话语最终被歪曲并产生畸变。

新时期至世纪之交的中国美术批评话语在批评的内外两个层面做了重要拓展。内部批评方面,伴随改革开放和思想解放的大潮,美术批评话语在内容与形式的二元关系中,强调形式的独立性和审美价值,批评界围绕艺术的形式美、抽象美及内容与形式的关系展开了充分探讨争鸣,其结果是形式主义批评成为一定时期内美术批评的主流话语。与此相关联的是以强调"表现自我"为话语特色的现代主义批评的重启和"85新潮美术"中美术批评话语本体意识的觉醒。[2]从外部批评方面看,与新时期思想解放和文化大讨论相呼应,这一时期的美术批评话语"承传了20世纪启蒙话语,经历了社会批评、人性、人道主义话语批评之后,走向一种大文化批评"[3]。当美术批评话语的形式操练不能解决人们的精神问题时,美术批评话语向文化的转向也就变得理所当然,在形式与文化的二元话语中,后者最终占据美术批评话语的主导。

就20世纪中国美术批评的话语实践而言,虽然话语实践主体在不同历史时期建构出不同的美术批评话语,甚至建构出某种具有"体系性"的美术批评话语,如毛泽东时代的美术批评,但这种"体系性"无论在理论的广度还是深度方面都存在过于单一之憾。由于20世纪动荡多变、纷纭复杂的社会历史文化背景等条件所限,中国美术批评话语实践主体在"体系性"追求上尚缺乏明确的自主意识,美术批评的话语体系建构问题真正引起关注已是20世纪以后的事情了。

[1]   殷双喜:《美术批评的基础》,《美术》1989年第2期。

[2]   参见易英、范迪安、王明贤、殷双喜、高名潞《批评的本体意识和科学性——批评五人谈》,《美术》1990年第10期。

[3]   陈旭光等著,叶朗主编:《中国艺术批评通史》(现代卷),合肥:安徽教育出版社,2015年,第429页。

二、新世纪以来中国当代美术批评话语体系的自觉建构

新世纪以来，中国的综合国力显著增强，国际影响力与日俱增，这种时代情境的变化反映到文化领域则是对文化自觉和文化自信的积极倡导。中国当代美术批评的话语体系建构问题成为学界讨论的热点话题，中国当代美术批评的话语体系建构意识显著增强，这预示着在这一问题上学术自觉时代的到来。

从事物发展的内外因原理看，中国当代美术批评话语体系的自觉建构既与批评家话语实践过程中主体意识的觉醒有关，又离不开相关出版机构、学术团体、学术活动及学术期刊的合力推动。

就批评主体的话语实践而言，批评家的理论思考和批评个案是 21 世纪以来中国当代美术批评话语体系自觉建构所取得成绩的典型体现。

在理论思考方面，尚辉、张敢、林木等批评家用力甚勤。尚辉一方面关注中国当代美术批评话语建构之于国家美术形象塑造的重要性，[1]另一方面，中国当代美术批评的话语自觉和价值自觉成为其思考的重心。在他看来，中国当代美术批评价值体系的建构既体现在经典美术作品之中，也体现在"语言化形态的美术批评里"[2]。只有构建以民族和人民为核心的当代中国美术价值体系，才能解决当代中国美术在全球化时代所遭遇的价值困境。[3]在张敢看来，中国当代美术批评的话语体系建构"必须走出西方话语的限制，探索基于中国人审美价值和判断的艺术概念"[4]。在林木对中国当代美术批评话语体系的探讨中，充满着对本民族优秀传统文化丧失的惋惜和对西方美术批评话语泛滥的不忿："本来，我们五千年未曾中断过的民族文化历史脉络有自己鲜明的特色，我们也有完整的美术批评美术话语体系。但一百多年来崇洋媚外的文化积习，使今天的美术批评几乎弄不懂民族美

---

[1]　参见尚辉《中国当代美术批评与国家美术形象塑造》，《文艺评论》2008年第 4 期。

[2]　尚辉：《中国当代美术批评体系的历史积累与现实整合》，《美术观察》2010 年第 5 期。

[3]　参见尚辉《构建以民族和人民为核心的当代中国美术价值体系》，《中国文艺评论》2015 年第 1 期。

[4]　张敢：《走出西方话语的批评家——也谈当代中国美术评价体系的建构》，《美术观察》2009 年第 2 期。

术的意蕴。"[1]

批评个案方面，无论全国美展、主题性美术创作、弘扬中华美育精神等事关中国当代美术发展的宏大问题，还是涉及艺术家的创作风格、美学特色等具体问题，都能看到批评家在话语实践过程中的积极回应。代表性成果有《之间：穿越历史的审美叙述》（尚辉，石家庄：河北美术出版社，2013 年）、《困扰与重返：图像时代的造型艺术》（尚辉，长沙：湖南美术出版社，2017 年）、《凝望之境：中国现代美术品读与省思》（于洋，北京：中国文联出版社，2020 年）等。这些批评文本展现了批评家广阔的人文视野、自觉的方法追求和鲜明的价值立场，他们以众多高质量的批评文本展现了中国当代美术批评话语体系建构的自觉探索。

在中国当代美术批评话语体系建构过程中，出版机构同样发挥了重要作用。人民美术出版社于 2008—2011 年出版了《中国现代美术理论批评文丛》（10 卷）；河北美术出版社自 2006 年以来开始出版《当代美术批评家文库》，据不完全统计，目前已达 16 种之多；北岳文艺出版社 2015 年出版了《中国当代艺术批评文库》（20 册）。这些出版机构对批评家批评文本的集中出版，对于人们深入广泛了解中国当代美术，对于建构中国当代美术批评的话语体系具有不可或缺的文献意义。

中国当代美术批评话语体系的自觉建构还离不开相关学术团体和学术期刊的积极推动。中国美术家协会及其下属的美术理论委员会、《美术》杂志在这方面发挥了重要作用。

2017 年中国美术家协会在工作报告中强调，要扎实推进当代美术理论建设，加强理论评论工作，以社会主义核心价值观引导美术家的美术创作。[2] 在这一背景下，为进一步挖掘、培养美术理论和美术批评人才，强化美术理论和批评对美术创作的引领作用，由中国美术家协会主办的全国美术高峰论坛应运而生。2018 年首届全国美术高峰论坛在济南举办，2019 年和 2020 年又相继在扬州和重庆成功举办，这成为建构中国当代美术批评话语体系的重要学术事件，在全国产生广

[1]　　林木：《丧失自主人格的中国美术批评》，《中国美术报》2016 年 2 月 29 日。

[2]　　参见杨萍《塑造史诗品格　铸就美术高峰——2017 年中国美协工作会议在京召开》，《美术观察》2017 年第 5 期。

泛影响。

三届全国美术高峰论坛的召开，使得美术界在铸就美术高峰，构建中国当代美术话语体系等问题上达成共识。在中国美术家协会以及《美术》杂志的引领下，学术界围绕美术批评的理论话语体系展开了深入探讨，对中国当代美术批评话语体系建构的推动作用明显。[1]

总体来看，在充分借鉴西方美术批评话语的同时，呼唤本土话语的回归，立足中国文化根基，阐发中国经验，着力体现中国特色、中国风格和中国气派，构成新世纪以来中国当代美术批评话语体系建构的核心指向，虽然体系建构尚未完全实现，但雏形已然显现。[2]

三、中国当代美术批评话语体系建构的意义与问题

由上述梳理可见，20世纪以来，中国美术批评的话语建构大致呈现出由学习西方到强调民族本位、由单一话语建构到自觉体系探索的发展趋势，这既反映出话语主体体系建构意识的逐步觉醒，又标识了文化自觉和文化自信意识的显著增强，是中国美术批评事业所取得成绩的一个重要方面。

如前文所述，美术批评话语不是纯粹客观、立场中立的关于美术的言说，而是思维方式和价值立场等深层意涵之体现。循此思路，我们认为中国当代美术批评话语体系建构的意义与价值至少体现在以下两个方面：

首先，从思维方式层面看，话语体系建构的自觉反映出方法论建构的自觉。

[1]　参见孔维克《亟待建立以中国价值观为核心的当代美术批评体系》，《美术》2017年第9期；刘佳帅《主体的自觉与建构——21世纪〈美术〉杂志对中国当代美术理论的探索》，《美术》2020年第11期。

[2]　参见梅墨生《批评的价值取向与文化立场》，《美术观察》2010年第5期；孔新苗《中国美术批评的价值自觉与历史担当》，《创作与评论》2015年第22期；孔维克《亟待建立以中国价值观为核心的当代美术批评体系》，《美术》2017年第9期；史爱兵《中国艺术批评本土话语的回归与重构》，《中国文艺评论》2017年第2期；李昌菊《本土美术批评古今之变与承继》，《中国文艺评论》2018年第3期；等等。

这不仅对中国当代美术批评的元理论探讨具有重要意义，而且为美术批评实践的科学性和有效性提供了参照。在元理论层面，一批重要的理论著作得以出现，对于美术批评学科建设的推动作用明显，如王林的《美术批评方法论》（重庆：西南师范大学出版社，2006 年）、孔新苗的《美术批评的范式》（北京：人民教育出版社，2019 年）等。在实践方面，美术批评话语的更新和方法论的自觉对于批评实践的达成具有重要意义。对此，有论者明确指出："方法论是提高批评质量和保持学术前卫性的关键，也是建立批评标准和新范式的理论基石。尤其是在全球化的今天，没有批评方法的批评是很难与西方理论界平等对话的。当然，也唯其如此，当代艺术批评才能与那些无学理、无艺术史背景的体制批评、商业批评拉开距离。"[1]

其次，从价值立场层面看，美术批评话语体系建构的自觉对于当下弘扬社会主义核心价值观具有重要的推动作用。我们知道，不同的美术批评话语是不同话语主体价值观之体现，它表征了不同时期的意识形态。如 20 世纪前期的美术批评话语反映出时人向西方学习的价值理念，美术创作中对"以西改中"或"以西润中"之追求亦是美术批评向西方学习之价值理念的具体体现；延安时期的美术批评话语则反映出中国共产党人要求文艺为工农兵服务、为政治服务的价值理念。当中国美术批评步入 21 世纪尤其是新时代以来，美术批评界在对美术批评话语的反思过程中逐渐达成共识：中国美术批评应为中国美术立言，大力弘扬中国文化、中国价值观。"建立以中国自己的文化为内核的审美价值评判标准，创造属于这个时代的、具有中国立场的、具有中国价值观的艺术批评体系是时代赋予我们的使命。"[2] 习近平总书记指出："广大文艺工作者要高扬社会主义核心价值观的旗帜，充分认识肩上的责任，把社会主义核心价值观生动活泼、活灵活现地体现在文艺创作之中。"[3] 这既是对创作的要求，也构成了中国当代美术批评话语建构的价值指南。

[1]　　何桂彦:《什么是当代艺术批评？》,《美术观察》2010 年第 5 期。

[2]　　孔维克:《亟待建立以中国价值观为核心的当代美术批评体系》,《美术》2017 年第 9 期。

[3]　　习近平:《在文艺工作座谈会上的讲话》, 北京:人民出版社, 2015 年, 第 23 页。

从一定意义上讲，中国当代美术批评话语体系建构意识的增强，既与社会主义中国综合国力及国际影响力显著增强历史语境下，人们文化自觉、文化自信意识的增强密不可分，也与新时期以来美术批评话语建设的不尽如人意息息相关。如果说，20世纪初至新时期到来之前的中国美术批评话语带有更多的"政治化"色彩的话，新时期之后的中国美术批评话语则带有较为明显的"去政治化"特征，这一特征又主要是通过美术批评话语的"西化"来达成的。[1]毋庸讳言，西方美术批评话语的引进为中国美术批评事业提供了方法启迪和话语借鉴，极大地促进了中国美术批评的现代转化，但同时我们也应该认识到中国美术批评话语在向西方学习借鉴过程中确也存在"食洋不化""削足适履"等诸多问题。当前学界关于美术批评话语"失语""失信"等诸多问题的讨论多与此相关。对此，有论者曾言："我始终认为中国当代美术批评还没有形成一个完整的体系，包括方法模式、基础理论、操作规范等都还没有相应的建立，还一直停留在一个极低的学术水准上。严格点说，由于当代美术批评还处在一种无序的状态之中，因此，批评的话语从本质上讲还是一片空白。"[2]这种表达虽有些极端，但却存在某些合理之处，它折射出中国当代美术批评话语体系建构不尽如人意的局面。总体来看，中国当代美术批评在话语体系建构过程中主要存在如下问题。

第一，就美术批评个体的话语实践而言，在某种程度上，与美术实践存在一定隔膜，不了解特定美术门类之线条、色彩、笔触、明暗、构图等造型特点，漠视美术实践之于美术批评的意义，一味强调美术批评作为一种思想创造的独特性等现象时有发生，美术批评话语要么因"不及物"而蜕变为一些无关痛痒的说辞，要么因"无物"而演变成从概念到概念的文字游戏，如有论者所言："美术家的创造有着自己个性化的造型语言，作为美术批评家如若对造型语汇了悟不深，而只是籍凭着直觉去批评作品，不论怎样，将有失偏颇。"[3]与话语实践对象的隔膜、游离，不仅极大地影响了美术批评之于美术创作的公信力，而且最终使美术

[1] 关于批评话语的"政治化"、"去政治化"和"西化"等问题文艺理论界多有探讨，参见丁国旗《对当下我国文论话语体系建构的理论思考》，《中国矿业大学学报（社会科学学版）》2015年第5期。

[2] 刘淳：《中国当代美术批评随想》，《民族艺术》1997年第4期。

[3] 刘雷：《美术批评的贫困》，《美术观察》1999年第7期。

批评陷入异常尴尬的境地。

第二，就话语实践的方法而言，围绕方法论的探讨出现缺失与泛滥两极并存的局面，真正立足中国当代美术实际的方法论尚未建立。一方面，在美术批评话语实践过程中存在着普遍的方法论吁求，这一吁求贯穿新时期以来的各个时段，如20世纪80年代有学者谈道："当前，中国批评家大多没有明确的方法意识。"[1]20世纪90年代有学者认为："方法论问题的建构和深化，是我国当代美术批评的一个迫切的课题。"[2]步入21世纪，有学者更是明确指出："当代美术批评的重建须从批评的方法论入手。唯其如此，美术批评才能解决批评本体论上存在的问题。"[3]另一方面，如前所述，在美术批评话语实践过程中，对西方美术批评话语的过度征用造成"强制阐释"之嫌，中国美术批评成为西方各种美术批评话语的"跑马场"，本土美术批评话语空间被挤压殆尽，这种情况下，美术批评陷入"失语"之境也就显得在所难免。

第三，就话语实践的价值立场而言，如前所述，中国当代美术批评话语体系建构自觉以社会主义核心价值观作为价值指南，这是中国美术批评事业所取得成绩的一个方面。但这主要是就美术批评话语主体的群体性而言的。从美术批评话语主体的个体性来看，部分从事美术批评的批评家在批评实践过程中存在价值立场不明、自主性缺失等问题，"在市场的妖魔化中，美术批评能坚守多少真诚的理性判断、多少真理性的价值拷问，是我们今天值得警惕的职守沦丧"[4]。受利益的驱使，美术批评蜕变成毫无原则的"表扬"，"美术批评已经变成了服务性行业，批评文章成了文字花篮。……红包批评、有偿批评大行其道"[5]。美术批评失去了其应有的价值立场和价值判断，最终导致其激浊扬清、去芜存菁功效的缺失。

[1]　易英：《方法的困惑》，《美术》1989年第10期。

[2]　马钦忠：《论当代美术批评的方法论问题》，《美苑》1996年第2期。

[3]　何桂彦：《失语与重建——对中国当代美术批评的几点思考》，载杜大恺主编《清华美术（卷7）》，北京：清华大学出版社，2008年，第80页。

[4]　尚辉：《中国当代美术批评与国家美术形象塑造》，《文艺评论》2008年第4期。

[5]　梁江：《美术批评已经变成服务性行业》，《新快报》2014年5月25日。

四、中国当代美术批评话语体系深入建构的可能性路径

作为哲学社会科学领域的重要一员，美术批评具有很强的实践性和程序性。众所周知，立足话语实践的视点，美术批评可以细分为现象描述、形式分析、意涵阐释和价值判断四个关键环节。现象描述主要依据话语主体的个人感受对批评对象进行简单描述，形式分析更多围绕批评对象的线条、色彩、构图等形式因素展开，意涵阐释是话语主体在现象描述和形式分析基础上对批评对象的深层意蕴加以发掘，价值判断则是话语主体立足于前三个环节而对批评对象的价值意义及历史定位所进行的综合判断。它们层层递进，最终使美术批评活动得以顺利完成。[1]综合来看，"实践""方法"和"价值"是美术批评话语实践四环节的三个关键着力点。强调美术"实践"之于美术批评的重要性是前两个环节的侧重点，第二、第三环节则对"方法"格外重视，最后一个环节无疑强调的是"价值"。[2]美术批评的话语实践过程为中国当代美术批评话语体系的深入建构提供了启思，我们认为，中国当代美术批评话语体系的深入建构可以从三个维度展开。

第一，实践之维。这是中国当代美术批评话语体系深入建构之根。这里的实践既包括作为个体的话语实践，也包含作为群体的广大人民的实践。从作为个体的话语实践而言，美术批评的话语体系建构，一方面要求批评家对具体的美术创作实践有一定程度的了解，对各美术门类基本的形式技巧和艺术规律保持敏感和热情，朱光潜先生所谓"不通一艺莫谈艺"说的就是这个道理。另一方面也要求批评家要有相当的批评实践，将个人的知识积累和理论素养以一种明白晓畅的话语创造性地应用于批评实践，熔理性分析与感性体验于一炉。王朝闻先生在这方面为我们树立了榜样，理论和创作方面的双重积累，使得他的美术批评"不尚空谈，既不是从定义出发去作概念的推演，也不是囿于个人经验只停留于简单描述，而是坚持从具体到抽象，从个别到一般的研究方法，有着鲜明的实践性特

---

[1]   参见王秀雄《艺术批评的视野》，北京：新星出版社，2010 年，第 12 页；王洪义《艺术批评原理与写作》，北京：北京大学出版社，2014 年，第 281—282 页。

[2]   美术批评的形式分析环节呈现出一定的复合性，一方面强调美术实践之于形式分析的重要性，另一方面又特别强调方法自觉对于形式分析之科学性的重要意义。

征"[1]。从作为群体的广大人民的实践而言，中国当代美术批评在话语体系建构过程中还应该自觉反映广阔的现实生活，展现新时代人民在建设社会主义现代化国家、在追求美好生活道路过程中的伟大实践。

第二，方法之维。这是中国当代美术批评话语体系深入建构之脉。中国当代美术批评话语体系建构离不开方法的自觉，特定目的的实现需要寻求特定的方法。如黑格尔所言："在生活中我们有了目的。于是便反复思索达到这个目的的种种方法。……按照目的，我们便决定达到这目的的手段或工具。"[2]就中国当代美术批评话语体系的建构而言，新时期以来，中国美术批评的话语体系建构在对西方美术批评方法引进方面取得一定成绩，"快速缩小了与世界的差距，基本保持着与 20 世纪这个'批评的时代'的同步，较好促成本土美术批评的现代转化"[3]。但如前文所述，问题也比较明显。走出中国美术批评话语的"失语症"，建构属于中国的当代美术批评话语体系需要坚持中国自己的方法论，需要立足中国文化根基，在学习借鉴西方话语方法的同时，增强中国本土的方法论意识，加强对中国传统美术批评方法论的研究，如美术批评话语的"诗性"传统、整体的"意象"传统、方法的"拟喻"传统和风格分类的"品评"传统等。

第三，价值之维。这是中国当代美术批评话语体系深入建构之魂。建构中国当代美术批评的话语体系离不开价值之自觉，这又与话语主体的自觉密不可分。一方面，在具体的美术批评话语实践过程中，话语主体对批评对象要有明确的价值判断，指明优劣，真正发挥美术批评作为"磨刀石"的功用，从而促进美术创作的繁荣。另一方面，如果将中国当代美术批评看成一个整体的话，其话语体系建构又离不开话语主体对总体时代情境的把握。在多元文化激荡的当今世界，要保持自己民族的独特性，构建属于本民族的美术批评话语体系，首先，需要树立文化自觉意识，正确认识文化之古今、中西的异同，"各美其美，美人之美，美美与共，天下大同"，社会学家费孝通先生的十六字箴言为我们提供了参考借鉴。

[1]   梁江:《王朝闻美术批评特色回顾》,《文艺报》2005 年 4 月 23 日。
[2]   [德] 黑格尔:《小逻辑》,贺麟译,北京:商务印书馆,1980 年,第 74 页。
[3]   李昌菊:《本土美术批评古今之变与承继》,《中国文艺评论》2018 年第 3 期。

其次，必须坚持马克思主义思想的指导，"在我国，不坚持以马克思主义为指导，哲学社会科学就会失去灵魂、迷失方向，最终也不能发挥应有作用"[1]。在此基础上，积极弘扬社会主义核心价值观，着力构建以人民为中心的中国当代美术批评话语体系应当成为话语主体实践的价值指南。

总之，从话语实践的实际出发，立足实践为根，寻求方法为脉，弘扬价值作魂，构成中国当代美术批评话语体系深入建构的一种可能性路径。习近平总书记《在文艺工作座谈会上的讲话》中指出："要以马克思主义文艺理论为指导，继承创新中国古代文艺批评理论优秀遗产，批判借鉴现代西方文艺理论，打磨好批评这把'利器'，把好文艺批评的方向盘，运用历史的、人民的、艺术的、美学的观点评判和鉴赏作品，在艺术质量和水平上敢于实事求是，对各种不良文艺作品、现象、思潮敢于表明态度，在大是大非问题上敢于表明立场，倡导说真话、讲道理，营造开展文艺批评的良好氛围。"[2]这为中国当代美术批评的话语体系建构指明了总体方向，我们期待着。

（原载《人大报刊复印资料·哲学文摘》2022 年第 1 期）

[1]　习近平:《在哲学社会科学工作座谈会上的讲话》，北京：人民出版社，2016 年，第 30 页。

[2]　习近平:《在文艺工作座谈会上的讲话》，北京：人民出版社，2015 年，第 30 页。

新时期以来中国美术批评的知识谱系

董龙昌

　　作为学科存在的美术批评有两个层次，就狭义而言，指的是美术批评的本体建构，即美术批评学；就广义而言，以美术学的学科分类方式（美术理论、美术史、美术批评）为参照，美术批评可以细化为美术批评原理（即美术批评学）、美术批评方法和美术批评史三个分支，这三个分支在高等艺术教育序列中又凝练、典型化为美术批评教材。因此，作为学科存在的美术批评从广义上看大致包括美术批评原理、美术批评方法、美术批评史和美术批评教材四个分支。新时期以来中国美术批评的知识谱系主要指 1978 年改革开放以来中国美术批评在其发展过程中所呈现的系谱。按照上述我们对美术批评的层次划分，从学科建设视点观照新时期以来中国美术批评的知识谱系，它至少应该包括美术批评的原理建构、方法建构、批评史建构和教材建构四个方面。[1] 本文主要围绕这四个方面探讨新时期以来中国美术批评的学科建设问题。

[1]　　美术批评的译介工作同样是美术批评学科建设的重要环节，它在美术批评学科建设过程中起着基础性作用。新时期以来，中国美术批评原理、美术批评方法、美术批评史和美术批评教材建设所取得的成绩与国内学者对国外美术批评经典的大力译介密不可分。范景中、曹意强、沈语冰、常宁生、邵宏等学者在这方面做出了突出贡献。关于这一问题，我们将另外撰文加以专门探讨。

一、从草创到拓展的美术批评原理建构

美术批评的基本原理建构问题既是美术批评学科自身得以成立的合法性原点，也是美术批评实践从盲目到自觉、从散漫到科学的前提。新时期以来，美术批评在原理建构方面取得了一定成绩，代表性成果有孙津的《美术批评学》（哈尔滨：黑龙江美术出版社，1994 年），李倍雷、赫云的《艺术批评原理》（南京：南京大学出版社，2014 年）等。[1] 黄丹麾、陈池瑜、马钦忠等人在他们的文章中也表达了对美术批评原理建构的关切。

孙津的《美术批评学》系国内第一本关于美术批评的原理建构之作。在他看来，美术批评学不在于告诉人们批评的"原理"或"规则"，而在于揭示出美术批评的对象、方法、标准、性质、内容和价值等知识之间某些稳定的联系。在这一观点的指引下，作者从美术批评的前提、批评的自为、标准的生成及批评的实现等方面对美术批评初步进行了学理建构，[2] 对诸多传统美术批评类型进行了批判性反思，贡献了自己在这一新兴领域的一家之言，逻辑严密，富有新意。该书出版后，曾有学者进行了大力推介："《美术批评学》填补了国内美术批评的空白，是迄今为止的第一部中国美术批评学专著，亦是美术批评走向自觉的'宣言'。"[3]但该书也存在一些问题，从全书论述来看，作者主要是站在哲学、美学的高度对美术批评进行一种元理论的观照。这种立论基点的定位决定了孙著的哲学味、玄思风以致晦涩气，加之部分论述个人色彩太过强烈，理解起来颇为费解。这在一定程度上阻碍了人们对其著作的有效阅读与接受。基于此，有学者对孙津的《美术批评学》提出了批评。在批评者看来，尽管《美术批评学》不乏精彩之处，但

---

[1] 关于李倍雷、赫云的《艺术批评原理》一书，尽管如作者所述，该书的写作初衷是以一级学科——艺术学理论的上位概念为逻辑前提，以"原理"作为话语基点，力图以一种总体、宏观和综合的学术视野探讨关于艺术批评理论的一些共性问题。但从全书在论述及例证过程中对造型艺术及批评的倚重来看，该书实际上是美术批评原理的升级版。正是在这个意义上，我们将《艺术批评原理》一书纳入美术批评基本原理建构的考评视野。

[2] 参见孙津《美术批评学》，哈尔滨：黑龙江美术出版社，1994 年。

[3] 黄丹麾：《美术批评走向自觉的宣言——解读〈美术批评学〉》，《美术之友》1996 年第 1 期。

是却存在叙述概念不清、逻辑混乱、故作高深、结构不当等问题。[1]这一判断大致符合作为草创之作的《美术批评学》之实际。

20世纪90年代末，黄丹麾在反思90年代的美术批评时亦曾提到美术批评的学科化建构问题，并提出："美术批评走向学科化应该说是大势所趋。"[2]他认为，作为美术学的分支学科之一，美术批评学以研究美术批评的原则、标准为主，这是美术批评所遵循的总纲。在此基础上，他进而又从美术批评学的存在理由、特殊个性、实现标准、价值意义等方面对美术批评学的学科建构进行了深入思考。[3]

进入21世纪，陈池瑜在反思20世纪以来中国美术批评之成就与问题的基础上，提出了建立中国美术批评学的主张。在他看来，20世纪的中国美术批评尽管涌现出了蔡元培、鲁迅、林文铮、傅雷、刘海粟、王朝闻等一大批优秀的美术批评家，可谓成就斐然，但突出存在两个问题：第一，批评实践中所使用的概念和标准大多源于西方美术理论；第二，和批评实践的活跃相较，对批评理论的系统研究相对滞后。基于上述考虑，陈池瑜在其美术批评学的建构设想中，特别强调学科建构的中国根基和中国立场。他认为处于建构过程中的中国美术批评学在借鉴西方美术批评理论的同时，更应该着重加强对中国古代美术批评观念、范畴、方法、标准等的研究和发掘，以弘扬中国美术批评的伟大传统。[4]

马钦忠在《建立当代中国美术批评学的重要意义》一文中认为，虽然我们认识到美术批评之于公众、市场、传媒等的重要性，但是却没有在美术批评的基础理论建设上加以进一步深化。就美术批评本身而言，它长期处于一种陪衬地位，要么是其他学科理论的陪衬，要么是美术作品的陪衬。这种局面的存在不仅不能适应美术创作现状，而且造成美术批评理论概念的混乱不堪，"究其原因，便在

［1］　马钦忠：《中国当代美术的六个问题》，北京：人民美术出版社，2013年，第279页。

［2］　黄丹麾：《关于建构美术批评学的几点思考》，《美术观察》1999年第6期。

［3］　参见黄丹麾《关于建构美术批评学的几点思考》，《美术观察》1999年第6期。

［4］　参见陈池瑜《中国美术批评学研究提纲》，《美术观察》2003年第4期；《建立中国美术批评学》，《文艺研究》2003年第5期；《探求中国美术批评学》，《美术之友》2004年第1期；等等。

于我们缺少一部批评活动的元学科——美术批评学的统筹和规范"。在他看来，美术批评学是一门重在探讨和规范美术批评实施过程的专门学科，其过程包括批评对象视点的取舍、批评方法的选择和批评结论解释、预见作用的发挥等。作为一门"元学科"，美术批评学的基本特征在于"提供理论模式、具有可操作的过程分解，以使其理论思维的结果具有'主体间性'（intersubject）"[1]。

李倍雷和赫云的《艺术批评原理》一书围绕批评机制、批评指向、批评类型、批评视野与方法、艺术与艺术家、批评的向导性、批评的原则七个方面详细探讨了美术批评的性质、原理和规律。随着21世纪中国经济的崛起及综合国力的增强，学术建构领域中的文化自觉和文化自信意识逐渐增强，按照作者的说法，《艺术批评原理》的写作目的之一就是要立足于中国文化艺术的基础，力图用中国的批评话语、观念、表达方式和批评模式，构建中国艺术批评理论模式，"意在世界艺术批评理论文化格局中有中国的艺术批评理论的学术话语，完成中国当代艺术批评理论的国际建构，并由此树立21世纪以中国当代艺术为世界中心的地位"[2]。与孙津《美术批评学》的草创之作相较，《艺术批评原理》一书可视为美术批评原理建构方面的拓展之作，它标志着美术批评的基本理论建构开始向纵深方向发展。

二、从自发到自觉的美术批评方法建构

从哲学上讲，方法指的是人们在认识和改造世界过程中所使用的手段和工具；方法论则是关于人们认识和改造世界方法的理论，是对各种具体方法的系统总结和归纳。方法的明确及方法论的自觉对既定目标的达成具有重要意义。黑格尔讲："在生活中我们有了目的。于是便反复思索达到这个目的的种种方法。……

---

[1]   马钦忠：《中国当代美术的六个问题》，北京：人民美术出版社，2013年，第253页。
[2]   李倍雷、赫云：《艺术批评原理》，南京：南京大学出版社，2014年，第9页。

按照目的，我们便决定达到这目的的手段或工具。"[1]就新时期以来的中国美术批评而言，人们对美术批评的倚重与不满注定了围绕美术批评之方法缺失及方法论之学科建构问题的探讨成为学界普遍关心的议题。20 世纪 80 年代易英认为："当前，中国批评家大多没有明确的方法意识。"[2]20 世纪 90 年代马钦忠谈道："方法论问题的建构和深化，是我国当代美术批评的一个迫切的课题。"[3]步入 21 世纪，何桂彦明确指出："当代美术批评的重建须从批评的方法论入手。唯其如此，美术批评才能解决批评本体论上存在的问题。"[4]

众所周知，从世界范围来看，20 世纪被理论家称为"批评的世纪"，各种关于批评的理论和方法层出不穷。如社会历史批评、形式主义批评、精神分析批评、结构主义批评、神话原型批评、读者反应批评、解构主义批评、后殖民主义批评、图像学批评、女性主义批评等西方批评理论的出现，不仅见证了人类思想之深刻、伟大，而且开阔了人们的学术视野，更新了人们的学术观念，促进了批评的繁荣与兴盛。与西方相较，由于特殊时代背景使然，中国的美术批评事业显得封闭而落后，20 世纪 80 年代之前，学界对西方美术批评理论与方法的了解几乎处在一片空白状态。"改革开放以后，批评家顺应时代的需要匆促'上阵'，并无足够的理论准备。面对许多新的问题，还难以做出系统的理论阐释，所沿用的方法也是陈旧的、被庸俗化了的社会批评方法。"[5]就此而言，20 世纪 80 年代末易英生发的关于美术批评方法的困惑、20 世纪 90 年代初一些批评家关于批评方法应树立本体意识与科学性的呼吁也就变得可以理解了。[6]方法的缺失或单一成为改革开放初期中国美术批评学科建设方面的突出问题。

[1]　　[德] 黑格尔：《小逻辑》，贺麟译，北京：商务印书馆，1980 年，第 74 页。

[2]　　易英：《方法的困惑》，《美术》1989 年第 10 期。

[3]　　马钦忠：《论当代美术批评的方法论问题》，《美苑》1996 年第 2 期。

[4]　　何桂彦：《失语与重建——对中国当代美术批评的几点思考》，载杜大恺主编《清华美术》（卷 7），北京：清华大学出版社，2008 年，第 80 页。

[5]　　贾方舟：《批评的力量——中国当代美术演进中的批评视角与批评家角色》，《文艺研究》2003 年第 5 期。

[6]　　参见易英《方法的困惑》，《美术》1989 年第 10 期；易英、范迪安、王明贤、殷双喜、高名潞等《批评的本体意识和科学性——批评五人谈》，《美术》1990 年第 10 期。

20 世纪 90 年代随着国内学界对西方批评理论的持续引进和介绍，批评家在批评实践中开始对这些理论进行消化吸收，并进行了一些开创性的尝试。如易英的"文化—形式批评"、徐虹的女性主义批评、朱其对视觉症候的精神分析批评等。这一时期的美术批评尽管取得了一定成绩，但就总体而言依然难逃失语的尴尬境地，这既与时代文化语境的变迁有关，更与美术批评方法在学科建构体系上的不完善相连。诚如有论者所言，对于 90 年代的美术批评来说，"最为重要的是方法论问题的自觉，而不是某某特定方法的应用和移借"[1]。美术批评所面临的转捩点依然是美术批评方法的自觉与转换。[2]

步入 21 世纪，学界关于美术批评方法的自觉建构意识显著增强。代表性成果有段炼的《跨文化美术批评》、王林的《美术批评方法论》等。

段炼的《跨文化美术批评》倡导美术批评的跨文化研究方法，他从跨文化视角出发探讨美术批评的策略、方法及语言问题。[3]全书分为视角理论的实践、批评策略与环节、艺术语言的升华三部分。在第一部分，作者在对西方美术批评之哲学批评、语言学批评、心理学批评、文化学批评、后现代主义批评、后殖民主义批评和新历史主义批评进行详细考察的基础上，提出当代美术批评中的文化视角问题。在第二部分，作者结合具体案例将文化视角理论运用于具体批评实践，在实践过程中艺术语言问题是其关注的重点。在第三部分，作者将艺术语言分为形式语言、修辞语言、审美语言和观念语言四个层次，认为它们既是艺术的存在形态，也是认识艺术对其进行批评实践的切入点，美术批评的过程既是艺术语言的升华过程，也是跨文化视角的融合过程。对跨文化美术批评方法的具体演示及对艺术语言的四层次区分是该书的独特之处。

王林的《美术批评方法论》主要围绕美术批评的基本概念、美术批评的阐释学基础、美术批评的理论思路、美术批评的写作方法、美术批评与运转机制等具体展开，重点介绍了人文—社会论批评、精神—心理论批评、形式—结构论批

[1]　　　马钦忠:《论当代美术批评的方法论问题》,《美苑》1996 年第 2 期。

[2]　　　皮道坚先生在谈论 20 世纪 90 年代中国美术批评的语言学取向时亦曾谈及批评方法的转换问题。参见皮道坚《当代美术与文化选择》,南京:江苏美术出版社, 1998 年, 第 212—215 页。

[3]　　　参见段炼《跨文化美术批评》,重庆:西南师范大学出版社, 2004 年。

评、文化—身份论批评等美术批评方法。[1]该书最大的特色在于作者自觉的方法论意识，其对美术批评方法的介绍注重结合个人及中外经典美术批评个案，既有理论阐发又能结合具体案例验证理论的效用，极大增强了美术批评方法运用的现实针对性。

三、从拓荒到深入的美术批评史建构

与其他艺术门类的批评史写作相较，国内对美术批评史的研究还相当薄弱。[2]新时期以来，美术批评史领域有代表性的相关成果不是太多，主要有李一的《中国古代美术批评史纲》郭文芳的硕士论文《民国美术批评论纲》、王建玉的博士论文《多向化的中国当代美术批评（1978—1989）》、[3]朱平的《浙江美术批评史》等。

李一的《中国古代美术批评史纲》遵循逻辑与历史相统一的原则，通过史论结合的方法系统梳理了从先秦到明清中国美术批评的发展轨迹，对每一阶段美术批评的发展状况和基本特点进行了概括，同时立足于中西比较视野对中国美术批评的总体特征进行了概括总结，是学科建设上的拓荒、补白之作，具有重要价值。[4]在他看来，中国美术批评史可以分为5个时期：先秦两汉为孕育萌芽期，这一时期的美术批评尽管简单、零散、不成体系，却奠定了后世批评的基础；魏晋南北朝为正式确立期，这一时期出现了专门的美术理论和批评著作，美术批评

[1]　王林:《美术批评方法论》，重庆：西南师范大学出版社，2006 年。
[2]　从话语分析的角度看，中国美术批评既可以指"在中国"的美术批评，又可以指"关于中国"的美术批评。由于研究兴趣使然，中国美术批评在我们的话语系统中主要指"关于中国"的美术批评。就此而言，我们此处对新时期以来国内美术批评史研究的考评主要基于"中国"美术批评史的研究现状，关于"西方"美术批评史的研究情况不在我们的考察之列。
[3]　王建玉的博士论文，后以书名《中国美术批评：1978—1989》于2017年在中国社会科学出版社出版，后面所用相关引文以正式出版物为准。
[4]　参见李一《中国古代美术批评史纲》，哈尔滨：黑龙江美术出版社，2000 年。

的范式、体例和标准等得以确立；隋唐五代为成熟期，这一时期的理论形态多样、批评视野开阔、史学批评意识浓厚、创作法则探讨深入，显示出中国美术批评的成熟；宋元为转捩期，这一时期山水画理论成熟、文人画理论成形，对美术创作主体的强调由群体转向个体，对美术功能的强调由外在教化转向内在愉悦，对美术境界的强调由故事性、情节性转向内在意蕴性，凡此种种无不显示出美术批评由隋唐到宋元发展的转捩；明清为鼎盛期，这一时期美术批评著述之多、探讨问题之深之广、门类批评发展之全，充分显示出集前人之大成的特点。在对中国古代美术批评进行宏观勾勒的基础上，作者认为，与西方美术批评相较，中国美术批评在总体上具有思想成熟早、发展过程兼容并包、批评方法重"品味"、批评标准重综合、理论体系灵活等特点。

郭文芳的《民国美术批评论纲》将民国美术批评的发展历程分为三个阶段："五四"以前为第一阶段，政治家、教育家的美术批评活动在这一阶段发挥了决定性作用。通过引进西方美术变革传统美术，通过提倡普及美术教育解决中国社会发展所面临的问题是这一时期美术批评的突出特征。"五四"以后至抗战爆发前为第二阶段，美术批评主体由政治家、教育家转为艺术家，他们更加关注美术自身的发展状况，围绕中国美术的现代之路进行积极探索，希望从自己的创作实践中开掘出合理的美术批评观点以作为其理论支撑，形成美术批评多元发展的局面。抗战爆发至1949年为第三阶段，国家、民族矛盾的激化使得对美术民族性、政治性的重视得到空前强化，美术服务于政治成为这一时期美术批评的突出特点。在对民国美术批评发展历程及阶段特征进行宏观勾勒的基础上，作者认为，民国美术批评的最大特征在于：一是积极吸取西方科学与文化，并与中国美术批评传统相互发明；二是由于时代精神使然，加之民族使命感和社会责任感的驱使，美术的社会性批评压倒本体性批评。民国美术批评的价值核心在于对民族与科学现代性的追求，内在动力在于对中国传统美术复兴的期盼，而努力寻求中西美术的融合之路则构成民国美术批评的途径形式。[1]

王建玉的《中国美术批评：1978—1989 》对1978—1989年中国美术批评的历史演进和问题变迁进行了重点探讨，梳理勾勒出这一时期中国美术批评的六大

---

[1]　　　郭文芳：《民国美术批评论纲》，硕士学位论文，浙江师范大学，2010 年。

主题，即现实主义问题、中国画问题、形式美与抽象美问题、自我表现问题、美术的功能问题、新潮美术问题，并将这六大主题最终归结为更为内在的艺术本体之争问题、中西之争问题和新旧之争问题。在此基础上，通过借鉴批评语言学的方法，作者将这些主题与其时的意识形态观念相对照展开互文性研究，最终得出结论：20世纪80年代的中国美术批评与意识形态之间存在着密切关联，是中国社会思想变迁在美术领域的投影，内在地具有思想运动或观念变迁的社会学特征。[1]

　　与前面几位学者重点关注美术批评史的通史或断代史不同，朱平将研究视角转向地域美术批评史，写出了国内第一本地域美术批评史方面的著作——《浙江美术批评史》，进一步拓展了美术批评史的研究路径。[2] 在这本书中，朱平基于文艺美学与艺术社会学相交叉的研究视点，通过系统发掘散见于各种文献资料中的浙江美术批评资源，对浙江美术批评的发展历程进行了初步勾勒。作者将浙江美术批评史的演变轨迹细分为先秦至汉代的肇始开源期、魏晋南北朝的探索建构期、隋唐五代的成熟发展期、两宋的转捩创构期、元明的繁荣勃兴期和有清一代的多元集成期6个时期，同时围绕各个时期的主要特点及关键问题进行了详细论述。作者写作该书的目的，不仅意在拓宽美术批评视野、延伸美术批评疆域、填补浙江美术史研究的空白，具有鲜明的学科自觉意识，而且期望通过区域美术批评史的研究激活浙地文化资源，"并祈望能够对当代浙江文化软实力与创意产业价值的提升有所启迪"[3]，现实观照意义殊为明显。

　　除此之外，凌继尧主编的《中国艺术批评史》[4] 和叶朗主编的《中国艺术批评通史》（七卷本）[5] 中对美术批评史多有谈及，尤其是《中国艺术批评通史》的现

[1]　参见王建玉《中国美术批评：1978—1989》，北京：中国社会科学出版社，2017年，第228页。

[2]　在地域美术批评史研究方面，台湾地区学者起步较早并做出了一定贡献，代表性成果有谢东山《台湾美术批评史》，台北：洪叶文化事业有限公司，2005年。

[3]　朱平：《浙江美术批评史》，杭州：浙江大学出版社，2015年，第303页。

[4]　凌继尧主编：《中国艺术批评史》，上海：上海人民出版社，2011年。

[5]　叶朗主编：《中国艺术批评通史》（七卷本），合肥：安徽教育出版社，2015年。

代卷部分设专章对 20 世纪中国美术批评的历史演变进行了论析，值得重视。[1]

四、从基础到前沿的美术批评教材建构

从学科建设的视点观照美术批评，无论批评原理、批评方法还是批评史，其
学术理念、方法、价值和意义的实现均离不开美术批评教材对它们的普及与推
广。就一部美术批评教材而言，其内容设置多少都会涉及对批评原理、批评方法
和批评史的说明介绍，甚至可以说上述三个方面已然成为美术批评教材的有机组
成部分。新时期尤其是新世纪以来，美术批评教材建设逐渐受到重视，这既与
社会对提高公民审美素养的强烈吁求息息相关——通过美术教育提高公民的审美
素养，美术批评在其中发挥着重要作用，也与艺术学、美术学等相关专业课程设
置、教材建设的自我完善紧密相连——普通高等艺术类院校、师范类院校及综合
性院校普遍将美术批评纳入相关专业学生培养的课程体系之中，部分高校甚至将
美术批评作为本科专业加以建设。

新时期以来，美术批评教材主要以两种面貌呈现：一是以"艺术批评学"的

[1]　　　　　　新时期以来，国内有关美术批评史研究的论文虽然数量不少但却总体质
量不高，代表性论文不多。大致可分两类：第一，着眼于对美术批评的
历时性梳理及各时段特征的概括，代表成果有贾方舟《批评本体意识的
觉醒——美术批评二十年回顾》，《美术》1986 年第 11 期；翁剑青《走
向自觉与开放的美术批评——近三十年中国美术批评之回眸》，《美术观
察》2008 年第 3 期；等等。第二，针对美术批评各历史时段中出现的
具体问题所展开的论析，代表成果有梁江《论明清美术批评的理论特色
与审美规范》，《美术研究》1990 年第 2 期；李福顺《中国古代美术批
评的优良传统》，《美术观察》1996 年第 1 期；陈旭光《论"五四"前
后中国美术批评中"写实"观念的崛起》，《美育学刊》2014 年第 5 期；
陈旭光《中国美术批评的现代主义"初潮"》，《艺术评论》2016 年第 4
期；等等。

名义侧重谈论美术批评问题的教材[1]；二是以"美术鉴赏与批评"的名义重点谈论美术批评问题的教材。[2]

第一种类型的代表性美术批评教材有王美艳主编的《艺术批评学》、王洪义的《艺术批评原理与写作》等。[3]王美艳主编的《艺术批评学》围绕批评的概念与意义、批评的职能、批评的思维与意识、批评的视野与类型、批评的标准与原则、批评的方法、批评的主体构成与媒介、开展独立的批评等方面展开系统阐释，既注重理论阐释，又特意增加部分实践案例，意在为美术批评的具体操作提供示范，从而增强美术批评的审美性与科学性。[4]王洪义的《艺术批评原理与写作》围绕批评的基本概念、批评的社会作用、批评的基础、批评的核心、批评的目的、批评的方法、批评的文体类型、批评的写作等方面展开具体论析，尤其结合丰富的美术批评案例对批评的写作方法、流程及要领进行了详尽解读，意在有效提高研习者的批评实践能力。[5]

第二种类型的代表性美术批评教材有娄宇、王祖龙主编的《美术鉴赏与批评教程》，易建芳编著的《美术鉴赏与批评》，梁玖的《美术鉴赏与批评》，孔新苗

---

[1]　在当前的话语体系中，艺术批评一般有广义、狭义之分。广义的艺术批评涵盖诸多艺术门类，如美术批评、音乐批评、舞蹈批评、戏剧批评、影视批评等；狭义的艺术批评主要指的是美术批评。与此相应，艺术批评学的相关教材也呈现出两种面貌。第一种从广义上宏观谈论艺术批评。代表性成果有黄宗贤、彭彤:《艺术批评学》，石家庄：河北美术出版社，2008 年；田川流主编:《艺术批评学》，南京：东南大学出版社，2012 年。第二种从狭义上谈论艺术批评，即美术批评。这是本文的考察重点。

[2]　从学科建设角度出发，美术批评是一门专业性极强的学科，它与普通所谓美术鉴赏有着本质区别，因此专门谈论美术鉴赏的相关普及性教材不在我们的考察之列。

[3]　台湾地区学者谢东山、王秀雄等人所撰写的相关艺术批评教材也主要侧重于谈论美术批评问题。相关成果有谢东山《艺术批评学》，台北：艺术家出版社，2006 年；王秀雄《艺术批评的视野》，北京：新星出版社，2010 年。

[4]　王美艳主编:《艺术批评学》，北京：北京大学出版社，2011 年。

[5]　王洪义:《艺术批评原理与写作》，北京：北京大学出版社，2014 年。

主编的《美术鉴赏与批评》等。[1]

娄宇、王祖龙主编的《美术鉴赏与批评教程》以美术的门类划分为依据，在对美术批评的原理、方法等进行一般描述的基础上着重围绕绘画、雕塑、建筑、工艺美术、书法、现代艺术和新媒体艺术等美术门类的语言特点、审美特征、批评方法等展开详细探讨。教材编写以教案形式呈现，每一章设教学要点、正文、作业题、思考题、参考书目和学习网站等模块，体例规范、结构清晰。[2]

易建芳编著的《美术鉴赏与批评》首先回答了什么是美术、如何谈论美术、如何描述和阐释美术等问题，然后围绕美术批评的定义、特点、发展历程、中西差异等展开论析，最终结合经典范例着重从美术本体语言角度、心理分析角度和文化与社会角度简明扼要地介绍了形式主义、心理分析、图像学、社会学、女性主义等在西方产生广泛影响的美术批评方法，并对其发展历史、代表人物及学术观点进行了重点介绍。[3]

梁玖的《美术鉴赏与批评》具有鲜明的个人特色，它以实施美术批评的"学术教育"为目标，以理解美术、理解专业教学、理解专业学习作为全书主线，从教学、学习和拓展三个视点出发，围绕理解美术、对美术意义的不同理解、面对不同美术主体的理解、美术批评教学论、美术接受者感受力的变迁与挑战等方面展开系统探讨，意在让研习者学会美术批评的方法，提升美术批评教学能力。[4]

孔新苗主编的《美术鉴赏与批评》以美术批评与当代文化、中西方美术批评关键词和学校美术批评教学活动作为全书主线，围绕批评的视角与实践、批评的视觉文化语境、中西方美术批评传统及核心范畴、现代美术批评新视角、核心素养与美术批评课程、美术批评教学与活动设计展开系统论述。该书在三编八章的内容设置中，既注重以关键词的形式观照中西方不同的美术批评传统，又将美术批评同当代的视觉文化语境及国内外批评的最新进展紧密相连，更注重运用比较

---

[1]　孔新苗主编的《美术鉴赏与批评》教材系 2012 年浙江人民美术出版社《美术鉴赏与批评》初版教材的修订升级版，本文对该教材内容的相关论述主要结合其最新版本展开。

[2]　参见娄宇、王祖龙主编《美术鉴赏与批评教程》，武汉：华中师范大学出版社，2008 年。

[3]　参见易建芳编著《美术鉴赏与批评》，长沙：湖南美术出版社，2010 年。

[4]　参见梁玖《美术鉴赏与批评》，上海：上海交通大学出版社，2013 年。

研究的方法将美术批评的落脚点落实到中学美术批评与教学活动中。基础性、前沿性和实践性构成了该书的突出特色。[1]

五、结语

综上可见，从学科建设的视点观照新时期以来中国美术批评的发展，批评原理建构、批评方法建构、批评史建构和批评教材建构是中国美术批评取得成绩的集中体现，它们共同构筑了中国美术批评的知识谱系，并分别呈现出从草创到拓展、从自发到自觉、从拓荒到深入、从基础到前沿的发展态势，但同时我们也应该清醒地认识到，中国美术批评在学科建设方面依然存有较多问题，集中表现在以下方面。

第一，美术批评原理建构方面，多数研究者虽然意识到美术批评原理之于美术批评学学科及美术批评实践的重要意义，呼吁一种"元学科"的建构、"走向学科化"，也已基本成为学界共识，但是纵览新时期以来的相关研究成果，尽管已经出现《美术批评学》（孙津）、《艺术批评原理》（李倍雷、赫云）等学术专著，但是原理建构依然不完备，甚至大多数成果仅仅停留在或"呼吁"或"思考"或"构想"阶段，如何将美术批评的原理建构真正落地、坐实，通过具体的研究成果来展现该领域的实绩是摆在学者们面前的当务之急。

第二，美术批评方法建构方面，虽然学者们的自觉意识显著增强并在其研究成果中有着较为明晰的体现，也出现了一些专门谈论美术批评方法论的论文和著作，但是这些成果普遍存在的问题是过于倚重西方美术批评方法，缺乏对中国传统美术批评理论与方法的创造性转化。无须讳言，作为重要的理论资源和方法镜鉴，西方美术批评方法在美术批评方法建构过程中发挥了重要作用，"给本土美术批评提供了多样手段和工具……除此，在今日全球化的文化环境中，它还快速缩小了与世界的差距，基本保持着与 20 世纪这个'批评的时代'的同步，较

[1]　　　参见孔新苗主编《美术鉴赏与批评》，济南：山东教育出版社，2018 年。

540

好促成本土美术批评的现代转化。"[1]但是中国美术批评的方法建构如果漠视本土的美术批评传统,一味成为西方话语的"跑马场",难免会陷入一种异常尴尬的境地。

第三,美术批评史建构方面,目前的研究还相当薄弱。论文方面虽然数量不少,但总体质量不高。专著方面,在美术批评史的断代研究和地域研究上,虽然已出现部分断代美术批评史和地域美术批评史成果,但是与其他艺术门类的批评史研究相较,无论在广度还是在深度上都需要进一步加强。同时,在美术批评史的通史研究上,关于中国美术批评的通史写作尚未出现。这不能不说是一大遗憾。

第四,美术批评教材建构方面,尽管出现为数不少的《美术鉴赏与批评》《美术鉴赏与批评教程》《艺术批评原理与写作》等教材,但也存在编写理念陈旧、逻辑混乱、体例混杂及方法杂糅等突出问题,很难将美术批评原理、美术批评方法及美术批评史的精髓有机融入其中,这妨碍了高校学生、艺术爱好者及相关领域人士对美术批评的合理认知和有效接受。

随着中国综合国力及世界影响力的显著增强,人们所处的社会历史情境也由新时期向新世纪以至新时代高歌猛进。新的社会历史情境下,人们的文化自觉和文化自信意识显著增强。这一变化反映到学术领域则是学者们开始有意识强调学术研究的中国根基、中国元素和中国文化本位。就中国美术批评的学科建构而言,"我们认为一方面借鉴西方批评理论是必要的,但更重要的是应该加强对中国批评理论的研究与挖掘工作,建立中国的批评理论,包括批评观念、批评范畴、批评方法等,并用以作为中国当代艺术批评的理论基础之一,推动当代中国的艺术批评与艺术创作实践活动"[2]。部分学者对此做了有益尝试。陈池瑜深入挖掘了中国美术批评的儒家传统(兴成教化)、中国美术批评的山水精神(身与物化)、中国美术批评的主要范畴(象、意、形、神)、中国美术批评的审美标准

[1]　李昌菊:《本土美术批评古今之变与承继》,《中国文艺评论》2018 年第
　　　　3 期。
[2]　陈池瑜:《建立中国美术批评学的意义》,载北京市哲学社会科学规划办
　　　　公室编《北京市哲学社会科学规划项目优秀成果选编(第二辑)下》,
　　　　北京:首都师范大学出版社,2013 年,第 137 页。

（气韵生动）、中国美术批评的拟喻方法（风、骨、筋、肉）、中国美术批评的风格品类（神、妙、能、逸）和中国美术批评的整一形态（品、评、史、论）。在他看来，无论就精神观念、批评范畴，还是就品评标准、理论形态而言，中国的美术批评都迥异于西方，"建立中国美术批评学体系，对中国美术批评理论进行系统探讨和研究，既是对中国优良的批评传统的总结和发扬，也是对当代中国美术批评理论的深化和提高"[1]。孔新苗对 20 世纪以来中国传统美术批评文化在西方学科思维逻辑的胁迫下所面临的尴尬处境有着清醒的认知："传统批评文化几乎成为一个主要是用来做学术研究的古典学问而在知识谱系中存在，至今没有完成在现代学科范式中的学理定位。"[2]他从价值关怀与批评实践的角度呼吁重新认识中国美术批评的文化传统，尤其应当加强对中国传统批评之"分品批评"的关注。李昌菊力图从中国传统画论的诗性表达和评价标准两方面寻求建构中国美术批评理论体系的文化资源，认为通过合理转换与创新，前者可以为美术批评的理性言说开启新的美学维度，后者可以为美术批评提供具有本土文化价值的评价参照。[3]

　　尽管上述学者在中国美术批评的本土化建构过程中贡献了自己的方案和智慧，但就中国美术批评学科建构的整体而言，依然显得杯水车薪。如何从总体上立足于中国文化本位，将中国美术批评的优良传统有效融入美术批评的学科建构，从而建构有中国特色的中国美术批评体系尚需要学者们的共同努力。就此而言，中国美术批评的学科建设工作依然任重而道远。

（原载《新时代中国美术理论建设系列：第二届青年美术论坛文集》，上海：上海书画出版社，2023 年）

[1]　　陈池瑜：《中国美术批评学研究提纲》，《美术观察》2003 年第 4 期。

[2]　　孔新苗：《中国美术批评的价值自觉与历史担当》，《创作与评论》2015年第 22 期。

[3]　　李昌菊：《本土美术批评古今之变与承继》，《中国文艺评论》2018 年第3 期。

文化“两创”与孔子图像的当代建构

董龙昌　左佳昕

　　在以孔孟为代表的儒家文化两千多年的发展历程之中，孔子被誉为“至圣先师”“万世师表”，他的形象深深刻在每一位国人心中。随着时代的更迭，人们对孔子及儒学的态度跌宕起伏，呈现在大众面前的孔子图像也经历了多次流变。本文旨在从孔子图像入手，试图结合相关历史与图像资料，梳理孔子图像的传统范式，进而结合当下孔子题材的艺术创作情况，探讨“两创”背景下孔子图像的当代建构问题，以求教于方家。

一、孔子图像的传统表达

　　自孔子诞生以来，他的形象随着历史的发展不断丰富，既诉诸典籍文献，又反映在绘画、雕塑等视觉艺术中，以至形成传承有序的图像谱系。在我们看来，孔子图像指的是对孔子本人言行举止的视觉化呈现，它涵盖与孔子相关的所有图像，包括视觉层面的绘画、雕塑作品以及实物资料等。光阴流转、时代更迭，人们虽然无法像孔子的弟子那般亲身体会孔子的“仁”，也无法亲眼见证孔子的“礼”，但是与孔子有关的文字记载却成为历代为孔子造像的第一手资料。

　　《论语》真实而详尽地描绘了孔子的言行，但却从未描述过孔子的外貌。《庄子·外物》篇将孔子的外貌特征描述为：“修上而趋下，末偻而后耳。”[1]（上身修

---

[1]　　陈鼓应注译：《庄子今注今译》，中华书局，1983年，第710页。

长、下身较短、背脊稍曲、耳朵后贴）随后又将孔子的目光描述为："视若营四海。"[1]（目光四射像是能够经营天下的样子）这段描述或许有夸张的成分，但却点明了孔子外貌上独特而不凡的一面：一方面为我们提供了想象孔子这位圣人是何种样貌的空间，另一方面也饱含了时人对孔子的敬佩与赞赏。后来，汉代司马迁在《史记·孔子世家》中又一次用文字勾勒了孔子的身高和相貌。"孔子长九尺六寸，人皆谓之'长人'而异之。"[2]按照当时的度量衡来计算，孔子的身高有两米左右，这在两千多年后的今天也十分惊人。我们知道，司马迁所处的时代与孔子的时代相隔三百多年，因此这种近乎"巨人"的记载很有可能是出于司马迁的崇拜而夸大的结果。但史学家的严谨又决定了司马迁的文字不会因为过多想象而脱离现实，且孔子的父亲叔梁纥身长十尺，所以孔子高大魁梧的身量应当是较为可信的。在司马迁的记载中，孔子的外貌也颇为惊人："生而首上圩顶。"[3]即头顶天生中间向下凹陷四周高，颇像鲁国的尼丘山，因此孔子得名为丘。突出的大脑象征着孔子突出的智慧，在视觉上用山来比德孔子，也暗示了孔子是位仁者。同时期孔鲋编撰的《孔丛子》对孔子的外表描述与司马迁的版本相差不大，但更加详细："苌弘语刘文公曰：'吾观孔仲尼，有圣人之表。河目而隆颡，黄帝之形貌也；修肱而龟背，长九尺有六寸，成汤之容体也。'"[4]由此可见，孔子的外貌十分特别：额头隆起、身材高大、双臂修长、肩背微曲。似乎正是孔子与生俱来又与众不同的外表暗示了他前无古人后无来者的作为与成就。

迄今发现最早的孔子图像作品是西汉南昌海昏侯刘贺墓出土的带有孔子和五位弟子画像的衣镜框，一旁附有他们的生平及言行的传记，这些文字也与《论语》《史记·孔子世家》等相关文献中的记载相吻合。[5]作为王室陪葬品的孔子衣镜图，印证了在"独尊儒术"的西汉，孔子及弟子的形象自然而然地进

[1] 陈鼓应注译：《庄子今注今译》，北京：中华书局，1983年，第710页。
[2] （西汉）司马迁著，张大可注释：《史记全本新注》（第三册），武汉：华中科技大学出版社，2020年，第1210页。
[3] （西汉）司马迁著，张大可注释：《史记全本新注》（第三册），武汉：华中科技大学出版社，2020年，第1211页。
[4] 白冶钢译注：《孔丛子译注》，上海：上海三联书店，2018年，第3页。
[5] 马妮：《从版本到图像：20世纪以来的〈孔子圣迹图〉学术史回顾与展望》，《孔子研究》2019年第2期。

入画像中。

　　同时期汉代墓室中画像石和墓室壁画上则有更为丰富的实例。在这些实例中，大部分是画像石，小部分是壁画。"孔子见老子"题材成为这一时期孔子图像的固定"粉本"，尽管有画像石、壁画两种不同的媒介，且这些作品都出自不同的工匠之手，但在同属一个大时代情境下，这些作品的构图、线条及人物形象相差无几。[1] 例如，山东博物馆藏的《孔子见老子》画像石拓片，出自被誉为"中国汉代历史百科全书"的武梁祠。画面中孔子谦卑地俯身作揖，虚心向老子问学的情形在三百年后的东汉被镌刻在坚硬的石材上。清晰的文字标注为观者指明了画中人物的身份，此外也有老子执杖、孔子捧雁等附属物的暗示。由此，孔子的形象从抽象的文字转化为具象的图案展现在汉代人面前。整件作品造型简朴、线条流畅，侧面展现出汉代在中国美术史中承上启下的重要地位：上承商周青铜器铸造与磨刻的精巧瑰丽，下启魏晋以绢帛纸张为媒介的线条艺术大发展。这件朴拙的画像石作品开启了后世对孔子圣人形象的无限想象和描绘。又如，山东东平汉墓壁画中的《孔子见老子》，相比于洛阳烧沟 61 号西汉墓壁画《孔子见老子》和内蒙古和林格尔东汉墓壁画的《孔子见老子》，或许是出现的时间稍晚的缘故，这件作品更加精致清晰，辅以典雅的赋色，展示出了汉人精湛的壁画水平。画面中孔子的身形格外高大，胡须、发丝都刻画得十分细致，但被孔子拜求求学的老子却没有得到同样周详的表现，且先前的《孔子见老子》作品中的附属物和弟子们都被省略了——在某种程度上，孔子的地位已经超过同期的其他思想家，他所创立的儒学也真正被视为中华民族的正统学说了。但此时的孔子图像还只是一个雏形，因为此时的范本都存在着一个不容忽视的问题，即这些画像石和墓室壁画作品中的孔子图像本身并没有鲜明的特征，观者只能通过一旁的文字标注、附属物或动作与题材来辨认画中人物身份。

　　汉代之后的三国两晋南北朝是一个动荡的时代。儒家所推崇的入世与纷乱的时局显得格格不入，这激起了众人心中的波澜。与此同时，佛教为人们提供了令人向往的彼岸世界，道教为人们提供了远离世俗烦恼的心灵慰藉，三教合流的趋

---

[1]　　邢千里：《中国历代孔子图像演变研究》，济南：山东大学出版社，2013年，第 64 页。

势就此形成。儒学的独尊地位就此瓦解，孔子图像的相关作品也在这一阶段暂时淡出人们的视野。

至于唐代，孔子图像迎来了第二次繁盛并被广泛传播，今天为众人所熟知的传统孔子图像也在唐代诞生了。这一方面与唐代儒学成为主导思想息息相关，另一方面则是因为唐代迎来了中国美术史上第一个人物画的高峰。两个方面缺一不可：唐代虽然也是儒、释、道并重的一个朝代，但为了维护国家的统一和皇权的稳定，儒家所推崇的仁政、王道与礼制等观点都顺应了统治者的需要，因此儒学水到渠成地位列三教之首。当儒学再次成为国家层面的正统思想时，孔子也再次成为国家层面的正统形象，因而在人物画大发展的时期，阎立本、吴道子等名家也纷纷为孔子造像。遗憾的是，由于绢纸不易保存，许多原作随着朝代更迭消逝于尘烟之中。但通过相关文献的描述，还是可以寻得到这些作品曾经存在的痕迹："阎立本……今御府所藏四十有二……宣圣[1]像一。"[2]《宣和画谱》中的记载明确表明了阎立本描绘过孔子图像，并保留至宋代，但今天已经无踪影了。今天首都博物馆所藏的《孔子弟子像》传为阎立本所作，采用平列式构图，画中绘制了孔子及其弟子共 59 人的立像，铁线描遒劲有力，设色典雅大方，直观呈现了唐代人物画高度写实、神韵尽显的特点。单看孔子个人的立像，面对着同一卷中的众多弟子侧身而立，好像在画中世界也可以继续向弟子们传道授业。他面色和蔼、双手轻合、额头饱满、脊背微弯，基本符合《庄子》《史记·孔子世家》等文献中对孔子"奇人异相"的描述，在这件作品中孔子的形象更多延续着两汉时期孔子图像侧身作揖、谦虚有礼的样式。

张彦远则在《历代名画记》中记录了"吴道子画仲由"[3]。"仲由"是孔子的弟子子路，根据先前的实例可以推测，吴道子单独为孔子的弟子画像的可能性很小，因此这段文字也侧面反映了吴道子曾创作过孔子题材作品的事实。山东曲阜

---

[1]　注：汉平帝元始元年谥孔子为褒成宣尼公，后历代王朝皆尊孔子为圣人，诗文中多称其为"宣圣"。

[2]　岳仁译注:《宣和画谱》，长沙：湖南美术出版社，1999 年，第 30—31 页。

[3]　（唐）张彦远撰，周晓薇校点:《历代名画记》，沈阳：辽宁教育出版社，2001 年，第 17 页。

孔庙圣迹殿中的《先师孔子行教像》是历代引用和模仿最多的孔子图像之一。[1]碑面上明确标识了"唐吴道子笔"以及灵动飘逸的莼菜条描都指向了这一图式的"粉本"源于吴道子，或者是源于模仿吴道子的画师。相比于阎立本笔下的孔子与弟子群像作品，这种图式更具创新性和典型性：一方面，这种图式率先把孔子这位"至圣先师"从众人中提取出来，单人成像更具纪念碑性。另一方面，这种图式进一步突出了文献记载中孔子的特征："长人""圩顶""河目""隆颡""修肱""龟背"都得到了充分表现，此外，"骈齿"（即两颗突出的门牙）也成为孔子图像的一大特征。自此以后，"吴道子"款或同风格的孔子像成为孔子图像的经典范式。例如，宋代画谱中的《先圣像》、明代的《孔子画像碑》均是对这一经典范式的延续。

除孔子单人立像外，还衍生出了描绘孔子圣迹的连环画作品。《孔子圣迹图》有手绘、石刻、木刻、绢本等媒介，版本众多，大多根据《论语》《史记·孔子世家》《孔子家语》等文献的记载来描绘孔子的事迹。以"明四家"之一的仇英所画的《圣迹图》为例，其39件描绘孔子圣迹的作品在绘画与书法相结合的表现手法中，在具体的史实中丰富着孔子的形象。不可忽略的是，整幅连环画作品以《孔子行教像》的图式开启了孔子的圣迹故事，这也再一次印证了吴道子风格的孔子图像成为经典范式的事实。

二、现代视角下的孔子图像

由前文论述可见，孔子图像的经典图式——孔子行教像，在唐代开始形成，并在随后的宋、元、明、清得到持续发展。当封建社会没落的根基逐渐暴露的时候，伴随着20世纪初新青年们对民主科学的呐喊，象征着传统文化的儒学逐渐式微，其正统地位也在"打倒孔家店"的口号中动摇，孔子图像由此再次淡出时人视野。

[1] 参见邢千里《中国历代孔子图像演变研究》，济南：山东大学出版社，2013年，第134页。

由于特殊背景使然，20世纪40年代到70年代，孔子及儒学遭到冷遇，甚至一度受到否定。实际上，在古老的中国走向现代化的进程中，儒学在西方强势文明的冲击与内部强烈变革的推动下，曾试图努力回应时代的要求。[1]但随着封建王朝的全面崩塌与现代社会的逐步建立，人们对一切都处于"摸着石头过河"的状态，儒学也因此陷入长久的困境之中。在这种情况下，孔子图像在美术创作中也遭到冷遇，甚至一度受到否定。尽管如此，在这一阶段，毛泽东敏锐地意识到传统文化的重要性，并提出要"把这一切优秀传统看成和自己血肉相连的东西，而且将继续加以发扬光大"[2]。不可否认，每一位生于斯、长于斯的中华儿女从生命伊始就会受到传统文化的丰厚滋养，或许其中有些内容会由于历史局限性而稍显过时，但毛泽东的上述号召可以被看作一个重新正视传统文化的契机，他点醒众人应当顺应时代浪潮，书写符合时代要求的新篇。20世纪60年代，毛泽东用"古为今用"概括了我们对待中国古代文化的基本原则，从此以后，"古为今用"作为一条重要的文艺方针，不断指导并启发着文艺工作者在艺术创作中师古而不泥古、创新而不弃根本。如果把目光聚焦在中华优秀传统文化上，孔子及他所创立的儒学无疑是绕不开的一座文化山脉，"孔夫子是圣人，几千年只此一个"[3]。

新时期以来，孔子图像的创作与运用开创性地走向了大众化之路，迎来了新的转机。例如，孔子诞生2540周年发行的纪念邮票票面表现了杏坛讲学和周游列国的圣迹，画风古朴具有春秋风骨。同日发行的孔子行教图邮票则以唐代吴道子所绘孔子形象为基础，边饰图案采用了青铜器纹饰的风格描绘出君子六艺，同时彰显出孔子对周礼的推崇。世纪之交推出的孔子像邮票则把这位圣人拉进了新千年，票面上素描风格的孔子头像更具现代性。

在孔子图像一步步走进大众生活之时，文艺工作者也没有停下探索的步伐，孔子题材艺术创作变得日趋多元。例如，王旭东于1985年创作了《孔子思念颜回》，画中孔子抚琴远望，弟子悲痛掩面，画面上方厚厚的云层暗示着孔子沉重

[1]　　　参见林存光《历史上的孔子形象——政治与文化语境下的孔子和儒学》，济南：齐鲁书社，2004年，第339页。
[2]　　　石仲泉：《毛泽东弘扬中国优秀传统文化》，2022年6月14日，人民网。
[3]　　　韩延明：《毛泽东谈孔子》，2020年11月10日，人民网。

的心情，观者也能在墨点的流转中感受到孔子的悲戚。画中人物完全融入山林中，这件作品给人的感觉更像是山水人物画。孔维克1993年创作的工笔重彩画《孔子周游列国》通过更具叙事性、可读性和现代性的构图与人物设置来复现已经发生过的历史，由此，孔子在孔维克的画中步履不停，孔子图像的生命力也在新世纪来临之前鲜活了起来：虽然历史上孔子因为年岁和时势所困而停下了脚步，所到之处并不遥远，但他思想的影响力绝不是凭借距离可以丈量的，在艺术家的笔下，孔子从古典走到了现代，他脚下的大道从过去通向未来！冯远2010年创作的《诸子图——孔子》笔势遒劲、墨色飘逸，在空白的背景中只有孔子一人微微俯身作揖，他的孔子图像比起孔维克笔下的作品更具写意性，也更加单纯。郭德福2012年为奥运健儿们加油助威创作了《孔子奔跑奋进图》，整件作品色彩鲜艳明快、运笔自由奔放，且更具时效性，画中孔子一改文雅儒士的形象，大跨步朝着前方奔跑，三只仙鹤紧随其后、衣袖也随风飘扬，颇有夸父逐日的雄浑；同年，雕塑家吴为山创作了青铜雕塑《问道——孔子问道于老子》，这件作品采用了古法雕塑技巧塑造了一场久远且持续的圣人灵魂对话时刻，巨大的体量再次彰显了孔子"敏而好学"的精神。值得一提的是，《问道——孔子问道于老子》现藏于山东美术馆，仿佛象征着儒家文化在历经两千余年后重回发祥地进行文化之旅的新开端。上述这些作品兼具时代特色和个人风格，当属现代视角下对孔子图像艺术创作的实验和探索。

总体审视上述艺术家的孔子图像探索可以发现，既有传统观照，又有当代创新。一方面，艺术家们在创作实践中延续了中国传统的艺术创作的媒介与技法，另一方面，他们在孔子图像的表达上没有直接继承已经形成经典范式的吴道子图式，而是将孔子放置在具体的、曾经真实存在的场景与事件中。这实际上是对现代视角下孔子图像探索的尝试性回答：他们不只是在为孔子造像，更是在用绘画语言解读儒家的思想规范和行为准则。究竟如何把孔子图像继承下来，再创作出符合当代审美需求的孔子图像，进而让更多的观者在直观孔子圣迹中深入了解这份中华优秀传统文化，上述艺术家在"两创"提出之前给出了初步答案。

三、"两创"视域下孔子图像的当代建构

2013 年，习近平总书记在儒家思想的发源地曲阜调研考察，这开启了中华优秀传统文化"两创"的序幕。此后，实现中华优秀传统文化的创造性转化、创新性发展成为推进文化自信、自强，实现社会主义文化强国的重要路径。[1]孔子图像作为中华优秀传统文化的典型符号从此迈入新时代、新征程。

为践行"两创"方针，艺术家们积极、高效地创作了一批孔子题材艺术作品，推动了孔子图像的当代建构，这些作品呈现出更加成熟、更具新意的面貌。2018 年，"大哉孔子——中国画创作工程作品展"在山东美术馆开展，这是"两创"方针提出以来，中国美术界第一次推出的以孔子为主题的创作展。这次展览所展出作品在内容上涵盖孔子生平、孔子思想、论语故事以及儒家文化的发展与传播等诸多方面，在构图设计和技法使用上也极具时代新意，因此，本次展览在某种意义上可被视为"两创"背景下如何进行孔子图像当代建构的一次集体回答。

此次展览中最受瞩目的作品当数 2017 年由孔维克、刘书军、张望、王磐德、杨晓刚、卢冰、贾荣志、吴勇军、苏东河共同创作的 22 米巨幅长卷《孔子周游列国》。这件作品与 1993 年孔维克独自创作的《孔子周游列国》相比，有同也有异——相同点直截了当地体现在主题上，不同点则表现在艺术语言、画幅大小、创作心境上。艺术语言上，1993 年的《孔子周游列国》选择用工笔重彩细细刻画孔子及弟子浩浩荡荡、踌躇满志的周游之路，2017 年的《孔子周游列国》则用清淡飘逸的水墨来暗示孔子一行人淡泊致远的心态，他们从深林中来，又将进入下一片深林中去，前路漫漫，但通往光明。画幅大小上，1993 年的《孔子周游列国》并不算小尺幅的作品，但 2017 年的《孔子周游列国》更加震撼，22 米的长卷让观者下意识地感受到孔子"读万卷书、行万里路"的艰辛与坚持，更彰显了这位"至圣先师"的毅力和决心。创作心境上，1993 年的《孔子周游列国》大概是孔维克的中华血脉催动着他自觉地用艺术家的身份来洋洋洒洒地创作，并向全世界

---

[1]   参见董龙昌、孙振嵘《"两创"视域下文艺创作的实践前提、运行机理与现实进路》，《山东艺术》2022 年第 6 期。

展示孔子空前绝后的圣迹，2017年的《孔子周游列国》却是在他经历了24年的沉淀后，由一位青年艺术家成长为一名成熟艺术家之后，与其他知名艺术家齐心协力、共同创作的成果展示。因此，24年后得到"重生"的《孔子周游列国》，一方面是艺术家们积极践行新时代新文艺所推崇的"两创"方针优秀成果的体现，另一方面也是艺术家们借"两创"重新思考如何创作更好的孔子图像所给出的答案。

此外，王竞艺创作的《月离于毕》也是对孔子事迹的描绘，"月离于毕"指孔子通过观天象来判断是否有雨的故事。画中出现了孔子、六名弟子、一头老牛和一架牛车，近景中弟子们神态各异，纷纷对天气的变化做出猜测与判断，或列举原因、或直指天穹，一旁的老牛也目光炯炯、侧耳倾听，只有孔子胸有成竹。这一事迹彰显了孔子的渊博学识、博古通今。艺术家截取了弟子递伞、孔子未允的瞬间，用遒劲洗练的线条、清雅飘逸的设色，摆脱了工整精细的桎梏，让观者在观画时心中萌生出一种自由天真之感。

除传统中国画作品外，"大哉孔子——中国画创作工程作品展"也出现了像段国锋和东野长河的《习射观德》《蒲地历险》等在材料上回归传统又不拘泥于传统的作品。众所周知，岩彩几乎是最早诞生的画种，原始先民们在山洞中留下的痕迹就是岩彩的一种，但由于岩彩稀少而昂贵，岩彩画并不能像现在广为人知的以纸绢墨彩为材料的中国画一样广泛而蓬勃地发展、延续。段国锋和东野长河选取岩彩这一古老的、独具特色的媒介，在一定意义上就是对中华优秀传统文化的再发现。《习射观德》展现了孔子对六艺的推崇，《蒲地历险》则彰显了孔子自己所坚守的道义。细看两件作品，很容易把它们和山东嘉祥武氏祠画像石上的形象联系起来，神兽、人物、车马、宫阙的造型都模仿着刻印的痕迹再现出来，整体呈现出工整严谨、朴素古拙的特点。这种造型上的返古是艺术家致敬中华优秀传统文化的典型体现。

文化"两创"指引下的孔子图像创作取得了巨大成功，"大哉孔子——中国画创作工程作品展"获得了社会大众的广泛认可，2019年该展览开始走向全国，开启了全国巡展之旅。这是向全体中华儿女展现孔子智慧的创举，也为弘扬优秀中华传统文化、讲好中国故事"山东篇章"提供了助推力。2022年，该展览又走向了全世界，向全世界展示中国一代圣人的思想闪光点，"文明互鉴——大哉孔子·中国画名家作品欧洲巡展"在很大程度上践行了将中国优秀传统文化"走出去"的文化战略。"在这些作品中,书画家通过艺术加工与创造想象,将抽象的儒家哲理转化为生动形象的中国艺术形式。不仅使观众领略中华文化的深厚与奥妙,而且带来一种融合时代风尚的中国审美享受。"[1]2023年,"'当孔子走进新时代'——山东画院践行'两创'方针十年成果展"在"两创"十周年之际开展。这次展览在"大哉孔子——中国画创作工程作品展"的基础上融合了新时代的文化精神,重新布设了"两创"十年间孔子图像创作的成果展示,相较于"大哉孔子",更加丰富、更加完整、更有时代特色,也使观众更能触摸到中华民族自强不息的文化脉动。

由上述论述可见,展览的推动是孔子图像当代建构的一大推力。除此之外,也有像吴为山、孔维克一样的艺术家继续延续孔子图像的创作。继《问道——孔子问道于老子》之后,2021年吴为山又创作了《神遇——孔子与苏格拉底的对话》。这件作品现伫立于雅典卫城旁,两位圣人之间的时空鸿沟被彻底消除了,他们可以在两千多年后的今天自由地"对话",这暗示着两个民族的文化交流,也体现了人类命运的休戚与共。吴为山的作品所达成的效果,不仅在物理上使得孔子的形象变得立体化,更是在精神和灵魂上使之立体化,不仅是在内容上联结了中西,更是在现实意义上塑造了崭新的中国形象。同年孔维克创作的《一山一水一圣人》则展现了卷云之间、泰山之巅,孔子与弟子在高崖上围炉对谈,恰逢激扬之处,孔子起身望远而赋诗,龙凤盘旋而来,日月一齐升起,好似天地万物都成了向这位至圣求学问道的学生。大河弯弯绕绕,向东流去,暗黄色的激浪翻滚着,仿佛象征着孔子的智慧在华夏大地上绵延千年、永远不朽。

习近平总书记《在文化传承发展座谈会上的讲话》指出:"在新的起点上继续推动文化繁荣、建设文化强国、建设中华民族现代文明,是我们在新时代新的文化使命。"[2]"两创"是整个中华优秀传统文化得到复兴的一个新起点,文艺工作者对"两创"的积极践行业已表明:要勇担使命、守正创新;要继续坚持"两创",

[1]　新闻报道:《中国画名家作品欧洲巡展(英国站)线上 + 线下两地同时开幕——促进文明互鉴,向世界展示"大哉孔子"》,《中国书画报》2022 年 4 月 6 日,第 16 版。

[2]　习近平:《在文化传承发展座谈会上的讲话》,2023 年 6 月 2 日,中国政府网。

践行"两创"。在艺术家们的共同努力下,在"两创"思想的指引下,孔子图像的新范式逐渐成形,主要体现为三个特点。

第一,将真实摹写与艺术想象相结合。时隔千年,我们很难真正复刻孔子的外貌,但通过参阅相关的文献描述与历代经典艺术作品,艺术家们在描绘孔子图像时既保留了传统范式中的特征又能巧妙地用自己的画风呈现出来。例如,王竞艺的《月离于毕》脱离了"孔子行教像"的传统图式,一方面将孔子的形象放置在具体的事迹中,另一方面在人物造型和神态动作上又更多呈现出想象的色彩。又如,孔维克的《一山一水一圣人》,画中世界已经超脱于现实场景之外了,龙、凤、虎、鹰围绕着孔子,日月星辰共同作孔子的背景,这种天马行空的"异像"更增添了些许传统神话的浪漫色彩。

第二,将传统技法与现代风格相结合。虽然中国画和传统紧密相连,但不可否认中国画也有其当代性。题跋、钤印是传统中国画的特色和标志,"大哉孔子——中国画创作工程作品展"中的多数中国画作品都做到了书画结合。但细看内容,比起历代大家稍显晦涩难懂的画中题跋,其中的题跋更通俗易懂且有鲜明的时代特色。又如,段国锋、东野长河的《习射观德》和《蒲地历险》,这些作品在材料和造型上分别取于古法,而将不曾相遇的岩彩和画像石结合又是其当代性之所在。再者,在"两创"思想的指引下,当下的孔子图像创作既借鉴学习美术史中历代画家的孔子造像作品,保留最突出的特征,将传统文化的底蕴融入其中国画创作中,又返本开新,追求形式与格调上的创新,力图创造出当代性与古典性有机结合的孔子图像艺术作品。

第三,将诗情画意与大众审美相结合。中国绘画自古讲究诗情画意,然而意境玄之又玄,很难明确描述出来,因此也很难让每位观者都能理解其中意蕴。当下的孔子图像艺术作品通过中国传统技法来营造具有当代性的诗情画意,而画面的主题——孔子是每位中华儿女都熟知的题材,这首先在题材上契合了大众审美。其次,许多有关孔子图像的艺术作品体量巨大、意向明确,可供观者共同感受中华优秀传统文化的磅礴大气和生生不息,进而获得情感上的共鸣,增强民族凝聚力。

以上三个特点可视为"两创"视域下孔子图像当代建构路径的一个缩影。在我们看来,在孔子图像的当代表达中,新时代的艺术家们兼顾着真实与想象、传统与现代、艺术与大众,把孔子从一个历史人物进一步强化成了一个具有民族特质的精神文化符号，也为孔子图像的当代建构提供了三种可能性路径：第一种是人景结合，将孔子设置在具体场景中，更具真实性；第二种是单纯地刻画孔子形象，突出孔子图像的纪念碑性；第三种则是在第一种基础上的扩展，即人物与艺术想象中的景象结合，突出孔子的圣人"异像"。

四、结语

综上所述，可见孔子图像在两千多年的发展与流变中形成了"孔子行教像"的传统范式并延续至今。众多艺术家在同属中华民族的血脉与文脉的推动下，在继承传统孔子图像的基础上，自觉用传统的笔墨绢帛重新书写孔子"至圣先师"的形象。在"两创"方针提出之前，他们的创作更多是一种尝试：巨大的雕塑、传统的中国画所表达的宏大叙事或具体情节，这些赋予画作的是磅礴的历史感。"两创"方针提出之后，艺术家们迸发出无限的创作热情，穿梭于古典与现代之间，并充分汲取前期同题材优秀作品的营养，创作出了富有新意、具有当代气息的孔子图像。他们的作品既展现了时代质感，也具有强烈的个人风格，由此开辟出一条孔子图像创作的新路径，即将真实摹写与艺术想象相结合、将传统技法与现代风格相结合、将诗情画意与大众审美相结合。无疑，这为孔子图像的当代建构与继续创新提供了重要启示和借鉴。

（原载《山东艺术》2024 年第 2 期）

山东青年美术践行"两创"的回顾、反思与展望
——基于山东省青年美术大展的考察

董龙昌

　　中华优秀传统文化是中华民族传承五千年的精神瑰宝，也是中华民族保持团结、持续发展的精神支撑。新时代，实现中华优秀传统文化的"创造性转化、创新性发展"（以下简称"两创"）成为推进文化自信、自强，实现文化强国的重要路径。自 2013 年"两创"提出以来，众多艺术家重新审视中华优秀传统文化，山东青年美术家对齐鲁文化也有了崭新的认识。在山东省文联和山东省美术家协会的领导和支持下，山东青年美术家扎根齐鲁，面向世界，谱写了积极践行"两创"的华美篇章。本文主要立足山东省青年美术大展对十年来山东青年美术践行"两创"的情况做一初步考评。

一、山东省青年美术大展的回顾

　　"文艺创作是实现中华优秀传统文化继承与发展的重要路径。"[1] 同样，山东美术也是实现齐鲁文化继承和发展的重要路径。作为山东青年美术集中展现的舞台，山东省青年美术大展的产生，其目的是"倡导多样化、强调学术性、鼓励探索创新、张扬艺术个性，以海纳百川的胸襟容纳各种样式的优秀作品，从不同角度呈现激情迸发的青年美术创作活力……营造有利于青年美术人才脱颖而出、施

---

[1]　　董龙昌、孙振燚:《"两创"视域下文艺创作的实践前提、运行机理与现实进路》,《山东艺术》2022 年第 6 期。

展才华的巨大平台"[1]。2009年山东省首届青年美术大展的举办，虽处于开创期，且不可避免地带有稚拙气息，但它的出现加强了对山东青年美术和青年美术家的关注，从无到有跨出的这一步在一定程度上激发了青年美术家的创作活力。六年之后，第二届山东省青年美术大展重启。这届展览的不同寻常之处在于，它是"两创"方针提出后山东省青年美术家的第一次大展，在某种意义上可视为对"两创"的初步践行。自2013年"两创"方针提出以后，习近平总书记多次发表讲话以深化其内涵并指明其实践路径。2014年习近平总书记《在纪念孔子诞辰2565周年国际学术研讨会暨国际儒学联合会第五届会员大会开幕会上的讲话》中指出："坚持古为今用、以古鉴今……努力实现传统文化的创造性转化、创新性发展，使之与现实文化相融相通，共同服务以文化人的时代任务。"[2]习近平总书记的这次讲话客观上为第二届山东省青年美术大展的重启提供了重要契机。因此，两届山东省青年美术大展之间六年的暂停不是沉寂也不是停滞，而是积累与迸发，最终推动其发展为大型的学术性公益展览。此后分别于2018年、2020年和2022年举办的第三届、第四届、第五届山东省青年美术大展更是设置了明确的主题以整理山东美术的学术脉络："永恒的家园"旨在引导青年美术家把"青春梦"融入中华民族伟大复兴"中国梦"；"大地的文脉"鼓励通过对齐鲁大地的山水、人物和事件的描绘来表达真挚的情感；"时代的抒写"则强调新形式、新观念和新实验。

　　总体上看，山东省青年美术大展的成功举办，不仅集聚了山东省内美术领域的青年力量，发出了山东省内属于当下青年的时代强音，从而进一步为山东美术力量的凝聚与崛起提供推力，而且使得齐鲁文化的内涵愈加丰富，影响力和生命力日益增强，这本身即是对"两创"方针的积极践行。

[1]　　《山东省首届青年美术大展·山东十佳青年美术家征稿评选公告》，2008年3月24日，山东省美术家协会官网（https://meishu.sdwenlian.com/article/181_11407.html）。

[2]　　习近平：《在纪念孔子诞辰2565周年国际学术研讨会暨国际儒学联合会第五届会员大会开幕会上的讲话》，2014年9月24日，新华网。

二、"两创"视域下山东省青年美术大展中新与旧的转换

细察"两创"方针提出以来的历届山东省青年美术大展,可以发现,在这十余年的光阴流转中,不变的主题是对青年美术人才的重视和引导。同时,也持续存在着流动的新旧变化,主要体现在展览机制、作品选择和美术观念三个方面。

第一,展览运行机制方面,与前几届相比,第五届山东省青年美术大展特别筹备了首届山东青年美术高峰论坛,围绕第五届山东省青年美术大展以及当前山东的美术创作、研究、传播等多方面问题展开了深入探讨。这一设置不仅加强了山东青年美术的学术性色彩,更是山东青年美术践行"两创"方针的一大创举。实际上,先前在与第二届山东省青年美术大展并行举办的学术沙龙以及第三届山东省青年美术大展设置的学术研讨会都为首届山东青年美术高峰论坛的举办做了铺垫。当下,伴随着展览开展的同系列学术论坛已经成为一种流行趋势,其作用一是在于推进对展览主题的深化,二是在于针对展览所涉及的机制、作品、观念等多方面要素进行集中省察,以便发现问题、积累经验,从而推动艺术的发展。如果把时间再往前推,与中国古代的艺术创作相比较,我们更能窥见论坛对艺术发展的推动力。众所周知,中国古代的艺术创作与艺术理论虽相辅相成,但二者的诞生和发展常常不是齐头并进的。例如,在中国画论发展的第一次高峰魏晋南北朝时期,宗炳提出了"畅神""澄怀味象"等命题,呈现了中国人认识世界的方式,强调人的自我发现,然而此时的绘画实践在技巧上仍然比较稚拙,画作的精彩之处更多在于线条下暗涌的气韵与精神。唐代张彦远的《历代名画记》,作为中国最早的一部绘画史专著,提出了"书画同体"这样具有前瞻性的命题,奠定了元代诗、书、画、印有机结合的文人画基础,但书中所评的画作却是历代名画,并不直截了当地直指画家。在此后诞生的类似著作诸如《益州名画录》《宋朝名画录》等,或褒或贬,画家并不能及时地收到这些具有全局观的评价,甚至可以说,这是中国古代艺术运行机制的一种局限性。步入高速发展的新时期尤其是新时代以来,艺术的运行机制从"作品—画论"的二元模式逐渐转变为"作品—展览—论坛"的三元结构,由此,实践和理论相结合在古代表现为艺术创作与画论的并行,在当代则表现为综合了艺术创作成果的展览与论坛并行。作品虽然仍然作为线索联结着整条主线,但这条主线在不断延长,展览充当众多艺术家、欣赏者与作品的黏合剂,论坛的设置则提供了一个思维碰撞的场所,在增强

学术性的同时推进了艺术观念的迸发和创作技法的更新。

此外，山东省青年美术大展从第二届开始就在山东省内展出之余举办全国巡展。这种改变也可被视为基于"两创"方针做出的积极反应：巡展的作用在于山东青年美术在山东省内青年美术家之间互相欣赏的基础上开辟了一个新视角——从国内其他地域文化的角度来观看山东青年美术，通过一种他者的视角来审视自我，从而达到"旁观者清"的效果，即"在对'当下性'与'地域性'保持敏锐的认知及自省的同时，山东青年美术力量系列展这种跨区域的展览，通过空间和文化上的跨越来获取一种'旁观'的视域，使青年艺术家主动反思、批判和校准当下的'在场'"[1]。由此，山东省青年美术大展在展览机制上不断变化更新，以贴合山东美术的需求、顺应"两创"方针的倡寻，其自身也逐渐成为山东省内乃至全国范围内令人瞩目的展览，它为青年美术家的成长和成熟提供了助推力，为山东美术的持续繁荣注入了源源不断的新鲜血液。

第二，作品选择方面，从"两创"方针提出以来的第二届到第五届山东省青年美术大展的入选作品中可以看出，在作品选择上既有变化也有延续。变化主要体现在美术门类的渐次增多：第二届展览只涉及国画和油画，第三届展览增添了水彩·粉画、版画和综合材料，第四届展览继续增加了雕塑和陶艺，第五届展览则是延续第四届的美术门类。逐渐多元化和多样性的美术门类是山东省青年美术大展逐渐走向成熟的标志，也是"两创"方针有力推动下的结果。延续主要体现在作品内容上：正如文化具有延续性一样，作为文化的一个具象化表达方式，美术作品在主题上也具有一定的延续性。例如，第三届山东省青年美术大展获奖作品《国粹——红黄蓝》（吴震，综合材料）选取了中华优秀传统文化的代表京剧脸谱中最能激起中华民族共鸣的红、黄、蓝三色脸谱，分别代表了中华民族忠贞英勇、刚强骁勇和果敢敏锐的优秀品质。在色彩的选择上，红、黄、蓝作为三原色，既是千万色彩调和的本源，又象征了中华传统优秀文化的本源。客观来说，齐鲁文化就是中华优秀传统文化的本源之一。值得关注的是，三联画中左右两侧的脸谱并不完整，中间的脸谱较为完整且目光灼灼，透露出一种朦胧美，金箔勾

[1]　　沈颖：《在最好的时代里有所作为：青春·担当——山东青年美术力量系列展有感》，《国画家》2018 年第 7 期。

勒的形状像雾气一样流动在整件作品中，图像不断被重构，暗示着中华文化的内敛和延续，以及纵使经历磨难但仍会坚定挺拔地延续下去，继续散发出文化的熠熠光辉。第五届山东省青年美术大展获奖作品《粉墨丹青醉梨园》（佐金鹏，中国画）与《国粹——红黄蓝》在绘画主题的选择上有异曲同工之妙，画面展现了梨园五位艺术家表演的瞬间，他们神态各异但无一不身姿挺拔、目光如炬，他们就是中华优秀传统文化的化身，坚定地大步向前，从历史走到今天，也会继续从今天走向未来。如果把第三届山东省青年美术大展优秀作品《齐民要术·蔬菜篇》（刘璐璐，中国画）和第五届获奖作品《芳满园》（董惠卿，中国画）相比较，也能发现其中的延续性：二者都是诗、书、画有机结合的佳作，都带着齐鲁儿女的骄傲，把目光聚焦到齐鲁文化上来。在我们看来，前者用蔬菜象征齐鲁儿女的朴实敦厚，后者用各类花与小虫象征齐鲁儿女的细腻文雅。由是观之，这种延续不仅是对中华优秀传统文化的延续，更是自"两创"提出以来，中华优秀传统文化，尤其是齐鲁文化的再创新。

第三，美术观念方面，齐鲁大地自古以来强调的是重视传统，讲究中庸之道，"两创"的提出使这片土地上的艺术家们开启了一场新与旧的观念碰撞。在中国当代美术多元化、多样性的发展趋势下，于中华文化腹地萌生的齐鲁文化一直滋养着齐鲁青年美术家，使得他们在创作上保持着既不急于冒进也不十分滞后的特点，传统与当代在这里并不必然相悖，此间的美术观念呈现出一种基于传统来开辟新路径的风貌。齐鲁文化是让我们骄傲的精神瑰宝，就像泰山被誉为五岳独尊一样，齐鲁文化无论是在古代还是现代都被视作中华优秀文化的最突出代表之一。两千多年的沉淀让齐鲁文化浑厚有力，在当今传承与革新呼声日益高涨的文化背景下，齐鲁文化在保持传统之外，又增添了现代性和大众化色彩。例如，第五届山东省青年美术大展优秀作品《新鹊华秋色图》（唐蕾，中国画），在借用元代赵孟頫《鹊华秋色图》的构图与色彩的基础上，融入了新时代济南的新发展成就：代表科技与未来的高楼大厦与代表自然与传统的山川古建相映成趣，右下角仿佛是一座"两创"的桥梁联结古今、通向未来！

总而言之，山东省青年美术大展中新与旧的转换指的是时代、文化、艺术三者之间不断交叉融合后导致的展览机制与艺术创作上的转变，正如习近平总书记《在文艺工作座谈会上的讲话》中讲到的那样："文艺是时代前进的号角，最能代

表一个时代的风貌,最能引领一个时代的风气。"[1]山东省青年美术大展代表了新时代文化情境下山东青年美术工作的整体基调:坚持发掘、推举省内青年美术人才,发现、倾听他们的声音,并把这些声音积极推广,在与其他地域文化美术的碰撞、交流中得到反馈,从而促进山东青年美术家的成长成熟和山东美术的蓬勃发展。因此,山东省青年美术大展响应了践行"两创"的号召,展示了新时代山东青年力量逐渐壮大并成为齐鲁文化发展的中坚力量这一积极趋势,展现了各地域文化交流互渗、共同进步的时代新风。

三、山东青年美术践行"两创"中的问题

如上所述,五届山东省青年美术大展的成功举办,为山东美术繁荣发展新局面的出现做出了重要贡献。在国内很多有影响的美术展览中,都有着山东青年美术家的身影,这些青年美术家多数是山东省青年美术大展中的佼佼者。[2]不可否认,山东青年美术在践行"两创"过程中确实取得了一定成绩,但同时也存在一些问题,主要表现在以下三个方面。

第一,美术创作中如何继承、弘扬、创新齐鲁文化的问题。山东青年美术家一方面深受齐鲁文化的滋养,尤其是儒家思想文化的影响,其创作特别注重致敬传统、深入生活、讴歌时代,坚持以人民为中心的创作导向,心怀"国之大者",这是山东青年美术同时也是山东美术的整体风貌。例如,第三届展览获奖作品《岁月如歌》(姚榕华,油画)表现了战乱年代人们不畏险阻、积极乐观的精神样貌,传承了中华人民共和国初期提出的革命现实主义与革命浪漫主义相结合的文艺方针,营造出浓浓的诗意氛围。第四届展览的优秀作品《梦圆九霄》(韩潇,中国画)则与科技相关,画面中几乎布满画幅的宇航员的头像为作品增添了强烈的纪念碑性,头盔的反光映出的是中国航天的伟大成就,象征着自屈原以来的九霄梦就此实现了。第五届展览中的《时代·传承》(王秀伟,中国画)、《同

---

[1]　习近平:《在文艺工作座谈会上的讲话》,《人民日报》2015 年 10 月 15 日,第 2 版。

[2]　参见李峰、王昱婷《山东青年美术:讴歌时代主旋律　传递青春正能量》,《中国艺术报》2023 年 1 月 18 日,第 4 版。

心抗疫·盼春归》（张于霞，中国画）、《中国梦飞天梦》（吕亚楠，中国画）、《与民同行风雪守护》（刘翔鹏，中国画）、《同心共筑中国梦》（夏鹏，油画）和《助农·新时代》（马腾，中国画），在这些作品中，传统文化、科技力量、民族团结、农业发展等中国力量得到集中体现，山东青年艺术家在继承、弘扬、创新齐鲁文化的同时也加强了对整个中华文化的自信心。另一方面，在对齐鲁文化进行传承的基础上，在美术创作中如何更好地展现齐鲁文化、弘扬齐鲁文化、创新齐鲁文化，进而构建具有地域特色的美术创作新样态是值得我们进一步研究的课题。事实上，在五届山东省青年美术大展中，青年美术家以自己的创作自觉表现齐鲁大地上的风土人情、文化事象的作品并不太多，诸如第二届展览的《岱岳秋晖》（栾清涛，中国画），第四届展览的《墨韵·龙山文化》（宁延东，中国画）和《灵岩禅境》（马钰，中国画）这一类作品值得关注。我们不光要在隐性层面"表现齐鲁人文关怀，体现齐鲁士子情怀"，更要在显性层面"为新时代齐鲁大地造像"。这需要美术家和理论家的共同努力。

第二，青年美术人才的培养问题。综观"两创"方针提出以来的四届山东省青年美术大展，第二届山东省青年美术大展共选出国画、油画作品各 100 件；第三届展览在作品数量和美术门类上都有增加，共选出 208 件作品，涉及国画、油画、水彩·粉画、版画和综合材料；第四届共选出 320 件作品，涉及国画、油画、水彩·粉画、版画、综合材料、雕塑和陶艺；第五届共选出 209 件作品，延续了第四届展览的美术门类，所涉及的艺术门类为中国画、油画、雕塑、水彩·粉画、版画、综合材料、陶艺、连环画。其中，中国画、油画的发展在整体表现上特别抢眼，这一直是山东美术的优势，其余门类则不尽如人意，装置、影像之类艺术的数量甚至为零。事实上，这可能也是山东美术创作及山东美术教育发展整体格局的一种折射。"必须看到，对一个地域的美术而言，展览展示只是整体的美术历史、氛围、教育、市场生态等的自然反映，我们难以苛求通过结果反作用于成长的枝蔓。但无论如何又必须承认，过于强大的单极，无形中会影响各门类的平衡发展。"[1] 如果不能多元发展美术门类，仅局限于我们擅长的领域，

[1]　　杨庆庭：《如何为青年美术人才搭建舞台》，《中国文化报》2018 年 10 月 14 日，第 3 版。

那么就会给整个山东青年美术的发展带来桎梏，这是我们不希望看到的。如果将山东的青年人才培养机制和强调当代性的西南地区的青年人才培养机制作对比会发现，后者将策展实践和创作实践放在同一量级上，甚至青年策展人比青年艺术家更受重视，例如四川美术学院一年一届的青年艺术家驻留计划特别设置了策展人的驻留项目。将策展人视为展览的关键人物，对于我们将目光仅停留在艺术创作上的做法不无启发意义。

　　第三，绘画语言的创新问题。从历届山东省青年美术大展来看，以现实主义的手法来表现社会主旋律和青年人的日常生活及情感是山东青年美术创作的基本特点。事实上，这可能也是山东美术的一个特点。张晓凌先生在谈第十三届全国美展油画金奖空缺的原因时曾提到两点："一是艺术家们没有在现实生活中抓住时代的主题，不能引起当代人的情感共鸣；二是技术上没有达到一定的高度，不够独一无二，最重要的是作品整体的意境、品味还不够，不能直击人心、打动人心。"[1]他谈的虽然是油画，但对我们山东美术的发展还是有所启发的。关于抓住时代主题的问题，山东美术在这方面做得不错，也一直是我们的特点，前面也已经谈过。第二点技术上的问题，实际上涉及的是绘画语言问题。"两创"方针提出以来，虽然我们在绘画语言的创新引导方面从未停止，也出现了一些重视绘画语言探索的作品，例如，第四届展览的获奖作品《万家灯火闹市旁》（马丽，中国画）用相对含蓄的中国画的笔墨表达出浓烈的情感色彩，与马蒂斯《红色的和谐》的构图和色彩有异曲同工之处，呈现出大胆而爽快的整体面貌。第五届山东省青年美术大展中的《山前·山后》（柳华林，中国画）以矿物朱砂粉为"墨"，充满了神秘感和原始色彩，再结合中国山水画的笔法和图式进行探索性表达。但是这类作品数量总体上还是偏少，还需要再接再厉。

[1]　　张婷婷、刘晶:《金奖是如何诞生的 | 第十三届全国美术作品展览进京作品展开幕——37 件作品获第三届"中国美术奖"》，《中国美术报》2019年 12 月 21 日，第 4 版。

四、问题解决的可能性路径

综上可见，山东青年美术在践行"两创"过程中存在的问题，实际涉及文化传承、人才培养和语言创新三个方面。我们认为，以下三个方面为问题的解决提供了一种可能性路径。

第一，在文化传承方面，要有文化自觉意识，自觉传承、弘扬、创新齐鲁文化。作为齐鲁儿女，山东青年美术家们自小耳濡目染，深受齐鲁文化的影响。在当下激扬的社会中，浑厚稳重的齐鲁文化更能稳固齐鲁儿女们的心神，做到处事不乱、宠辱不惊。因此，首先要鼓励山东青年美术家把创作目光聚焦到山东地域文化上来，自觉继承齐鲁文化，然后加以弘扬和创新。其次，我们还需要在执行力和执行方式上继续下功夫，真正使齐鲁文化在美术创作中落地。就此而言，山东省青年美术大展不仅应该继续举办下去，充分发挥展览的导向作用，鼓励更具创新性、地域性和主题性的作品参展，而且还要通过开设系列论坛、讲座和专题研讨等学术活动增强其学术性及普及性。

第二，在人才培养方面，一方面要继续保持、发扬山东传统优势艺术门类的领先性，在与其他地域美术的交流互鉴中，进一步提炼艺术风格，提升艺术境界，树立山东美术基本的文化形象；另一方面，对于一些相对"弱势"的艺术门类要给予扶持，为这些艺术门类的青年美术家提供更好的成长环境。山东省委宣传部、山东省文联推出的"山东艺术培青计划"和山东省美术家协会推出的"山东美术新人新作展"也可以向这类相对"弱势"的艺术门类适当倾斜，推新人、推新作、创新人才培养，假以时日，山东美术的发展也许会在这里再开新篇。此外，对艺术理论类人才的培养也应给予重视，实际上，在展览的策划和实施中理论人才发挥着举足轻重的作用：构想设计展览的主题、统筹协调展览的布局、推进相关学术性活动等等，这一方面对山东青年美术而言可谓任重道远。

第三，在语言创新方面，曾有专家提到山东美术"守正"有余、"创新"不足的问题："山东的美术基本上是现实主义的，山东的绘画没有特别的实验性、创新性。"[1]这种现象与齐鲁文化重传统的特点之影响不无关联。然而"两创"方针

---

[1]   邢媛：《第三届山东省青年美术大展学术研讨会（发言摘要）》，《济南时报》2018 年 1 月 12 日，第 C02 版。

强调的不仅是传统，更是创新与创造。在新时代，固守传统很容易止步不前，大胆走出舒适圈、走向艺术语言的创新之路才是赶上时代潮流的绝佳方式。因为绘画语言的纯粹性和独特性，以及由此形成的创作美学风格是衡量一个艺术家艺术水准的重要依据。因此，在接下来的展览征稿中，需要继续强调绘画语言的创新性，继续鼓励山东青年美术家大胆创新绘画技法，创造出契合新时代新需要的新语言，从而提高山东青年美术的整体水平，促进山东青年美术的高质量发展。

五、结语

总体来看，借助山东省青年美术大展的平台，山东青年美术在展现青年美术家朝气和锐气的同时，积极践行"两创"方针，在一定程度上使齐鲁文化焕发出新的生命力，扩大了影响力：齐鲁大地的青年美术家们敏锐地把握时代脉搏，扎实地传承延续传统，在对艺术表达新方式的探索中发出时代强音，达到诗意与宏阔、温情与壮美的和谐统一，这在时间和空间的维度上打破了限制，扩大了齐鲁文化的阈值。但山东美术的发展仍然"在路上"，虽然已经在展览运行机制和艺术创作中有了动态的更新，加强了学术性和文化的延续性，但前路无止境，它不可避免地也存在一些问题，集中体现在文化传承、人才培养和语言创新三个方面。因此，我们更需要在美术创作和美术理论评论方面继续开拓、共同努力，加强美术创作与美术理论评论的互动，鼓励青年美术家关注齐鲁文化，在多元发展、大胆探索的同时积极促进山东美术话语体系的当代建构，进而推动山东美术文化事业的发展繁荣。

（原载《山东美术》2023 年第 31 期）

20/13

李百晓

李百晓

李百晓，男，1980 年生，艺术学博士，中国传媒大学戏剧
与影视学博士后。教授，博士生导师，现任山东女子学院传
媒学院院长。主要研究方向为影视理论与批评。入选山东省
理论人才"百人工程"、山东省第三批签约艺术评论家、济南
市领军高层次人才；中国高校影视学会影视评论专委会理事、
中国文艺评论家协会会员、中国电视艺术交流协会会员、山
东省文艺评论家协会理事。

紧扣时代·特色鲜明·底蕴深厚
——评《2022 齐鲁民俗网络春晚》

李百晓

　　为认真贯彻落实习习近平总书记关于深入推动黄河流域生态保护和高质量发展重要讲话精神，弘扬中华优秀传统文化，由山东省文学艺术界联合会主办的《黄河入海 盛世新春——2022 齐鲁民俗网络春晚》，于 2022 年 1 月 28 日在山东电视文旅频道和闪电新闻等网络平台播出。闪电新闻、微赞、微博、新浪、头条、视频号、抖音、快手、大众日报客户端、齐鲁壹点、舜网、山东文艺广播等众多媒体广泛关注，近 500 万电视观众和网友在线"打卡"。整台晚会紧扣时代主题，立意高远，创意丰富，文化底蕴深厚，齐鲁民俗特色鲜明，以高度文化自信推动齐鲁优秀传统文化"两创"，践行使命担当深入挖掘黄河文化时代价值，弘扬黄河精神，自觉讲好"黄河故事"山东篇。

一、坚定文化自信，紧扣时代主题

　　山东是儒家文化的发源地，也是中华优秀传统文化的重要发祥地。2013 年 11 月 26 日，习近平总书记在山东曲阜考察时，发出了大力弘扬中华优秀传统文化的号召。坚定文化自信，弘扬中华优秀传统文化，要重点做好创造性转化和创新性发展的"两创"要求。晚会立足中华优秀传统文化弘扬，着眼齐鲁民俗文化的现代性传播形式，秉持"民间艺术时尚表达，传统文化时代表现"的节目创作理念，把握时代新进步新进展语境，按照网络时代的艺术欣赏特点和要求，创新齐鲁民俗文化表现形式，以多彩的形态、多样化的形式，立体化展示了齐鲁大地丰厚富饶的文化资源、特色鲜明的民俗文化。

黄河是中华民族的母亲河，中华文明深深扎根黄河。2021年10月22日，习近平总书记在济南主持召开深入推动黄河流域生态保护和高质量发展座谈会并发表重要讲话，要求山东"在推动黄河流域生态保护和高质量发展上走在前"。[1]黄河文化是中华文明的重要组成部分，是中华民族的根和魂。推动黄河流域生态保护和高质量，要大力弘扬黄河文化，加强黄河主题的文艺创作，用优秀的文艺作品切实将黄河文化保护好、传承好、弘扬好。晚会作为山东省表现黄河文化的文艺作品，紧扣国家发展的时代主题，通过黄河魂、黄河韵、黄河情、黄河梦、黄河美五个篇章设计，传播了黄河文化，弘扬了黄河精神。奥运会作为世界规模最大、影响力最广的体育盛会，历来备受关注。北京2022年冬奥会是继2008年北京奥运会之后的14年中国第二次主办的奥运赛事，奥运会给中国带来的影响和效益是全方位的、多方面的。晚会山东快书《精彩冬奥 山东智造》节目，用山东快书的形式，向观众全面介绍了山东自主研发制造的国内第一台雪蜡车的整体情况，以及冬奥会的山东贡献。用艺术的形式展示了山东全面贯彻新发展理念，推动山东制造业高质量发展的新成效。

党的十九大报告中指出，"深入挖掘中华优秀传统文化蕴含的思想观念、人文精神、道德规范，结合时代要求继承创新，让中华文化展现出永久魅力和时代风采"[2]。新时代传承中华优秀传统文化，要结合时代要求传承创新，赋予其新的时代内涵和现代表达形式。晚会泰山皮影戏传承主题小品《一生皮影情》，以新时代文化传承为主题，讲述了90后年青一代继承爷爷的国家级非遗泰山皮影戏的故事。表演主体由民间非遗传承人和专业院团精英同台演出，让新老两代人共登一个舞台，展示了非遗的过去、现代与未来的传承发展。节目设计凸显网络时代特征，融入了网络直播、淘宝消费、网络投票等元素，"家人们""么么哒"

[1] 《大众日报》评论员：《努力在推动黄河流域生态保护和高质量发展上走在前——三论深入学习贯彻习近平总书记重要讲话精神和重要指示要求》，《大众日报》2021年10月31日，第1版。

[2] 习近平：《决胜全面建成小康社会 夺取新时代中国特色社会主义伟大胜利——在中国共产党第十九次全国代表大会上的报告》，北京：人民出版社，2017年，第42页。

"CP"网络流行用语时尚、现代,符合网络时代观众的节目欣赏习惯。节目编排植入山东琴书《偷年糕》及国家级非遗泰山皮影戏第六代传承人范正安皮影戏表演,将非遗紧密地融入现代生活,推动了非遗的创造性转化和创新性发展。

二、文化底蕴深厚,齐鲁民俗特色鲜明

山东历史悠久,文化底蕴深厚,是中华民族儒家文化的发祥地之一,素有"孔孟之乡,礼仪之邦"的美誉。山东名人辈出,孔子、孟子、庄子等历史名人对中华文化乃至世界文明产生了重要影响。晚会开场 VCR 先导片《山东年 中国年》,以孔府过大年的民俗对中华民族的深远影响为切入点,以男孩的视角带领观众探秘孔府过大年习俗,通过几位身着古装的女性表演者演绎,将腊月初八赏蜡梅花、熬腊八粥,过新年洒扫庭除,过小年蒸灶祭灶,腊月二十三印门神,除夕贴对联,大年初一穿新衣,长命百岁压岁钱等这些孔府过年时节的代表性民俗,通过现代视角、传统演绎,代入感十足地呈现给观众。画面从"五岳独尊"的泰山开篇,将黄河、孔府、汉服等元素融入其中,运用时尚大片的拍摄手法,配以厚重大气的音乐背景,既展示了齐鲁深厚的历史文化底蕴,渲染了崇高厚重的审美体验,也将山东传统民俗做了一个网络时尚表达。

山东是文化大省,拥有多处世界级文化和自然遗产。世界文化遗产齐长城、曲阜孔庙孔林孔府、大运河(山东段)和泰山(世界自然文化遗产)享誉海内外,济南泉群、蓬莱仙境等美名远扬。山东也拥有丰富多彩的非物质文化遗产,截至目前,"山东省共有国家级非遗项目 186 项,其中,民间文学 28 项、传统音乐 18 项、传统舞蹈 16 项、传统戏剧 33 项、曲艺 13 项、传统体育游艺与杂技 15 项、传统美术 25 项、传统技艺 22 项、传统医药 6 项、民俗 10 项,总数继续位居全国第二位"[1]。这些非物质文化遗产中,烟台剪纸、滨州剪纸、高密剪纸、莒县过门笺入选联合国教科文组织非物质文化遗产名录,诸城派古琴被联合国教

---

[1]　　《齐鲁青未了 | 盘点山东"世界级"文化遗产》,2021 年 6 月 21 日,新浪微博(https://weibo.com/ttarticle/p/show?id=2309404650526301356653)。

科文组织列入世界级非遗保护名录，济南皮影戏、泰山皮影戏、定陶皮影被联合国教科文组织列入"人类非物质文化遗产代表作名录"。晚会紧扣"黄河入海 盛世新春"的主题表达，立足山东省沿黄河九市民间文艺及非遗节目，邀请九市艺术家和非遗传承人参与，既充分展示黄河文化和齐鲁民俗韵味，又使优秀传统文化融入当代生活，呈现了新时代齐鲁民间民俗的"两创"传承。开场歌舞《虎虎生威奔腾年》以十二生肖虎年切入，穿虎头鞋、戴虎头帽的孩子们演唱歌曲《小孩小孩你别馋》，手把高密非遗玩具"泥叫虎"共同玩耍。东明舞狮与鼓子秧歌、胶州秧歌、海阳秧歌伴随着喜气洋洋的音乐，大人小孩一起扭秧歌、斗秧歌，喜气洋洋，共庆新春。歌舞诗剧《琴台高会赏牡丹》取材自唐代李白、杜甫、高适、陶沔"四君子"单县相会，共登琴台吟诵赏花的故事，以京剧念白演绎李白诗作《将进酒》《上李邕》，青衣轻舞，星月当空，犹如梦境。在牡丹舞蹈"牡丹仙子"的翩翩起舞中，四位表演者身着古装演唱"四君子"《昔游》《宓公琴台诗三首》《单父东楼秋夜送族弟沈之秦》等诗作，节目整体设计清纯唯美，历史文化气息浓郁，体现了山东沿黄城市悠久的牡丹文化和齐鲁丰富的诗词文化。

对中华优秀传统文化的传承发展方面，晚会紧扣"两创"要求，立足互联网传播特性，节目主创抓住网络传播特点和欣赏特性，萃取了山东民间艺术精华与当下艺术进行融合创新，对非遗民俗的网络化表达进行了二度创作，在实践中推动了"两创"落实落地。《戏韵武魂》由俄罗斯在山东定居的安德烈一家三口"说济南道济南"，将山东传统曲艺形式吕剧和中华武术完美结合。情景舞蹈《大鼓小妞》将山东大鼓和中国舞完美结合，演绎了一群山东小妞在传统文化熏陶下传承民间艺术的决心。传唱历史悠久的山东传统民歌，也在民歌荟萃《编织梦想》节目中展示了滨州民歌《打枣》、淄博民歌《赶牛山》及菏泽民歌《包楞调》。在三首山东民歌的演唱中，舞蹈演员用彩色绳子作为舞蹈主要元素，融入了山东民俗鲁绣、鲁锦、印染、柳编、草编等鲁西南民间织锦技艺等元素进行舞蹈编排。原创RAP《至味山东》时尚动感的节目编排，融入戏曲、汉服等传统文化元素，将山东各地的美食、美景融入其中，诉说家乡情怀，表达"好客山东 好品山东"文化，展示了齐鲁大地地大物博的富饶美丽和齐鲁人民勤劳奋进的精神传承。

三、深入挖掘黄河文化时代价值，讲好"黄河故事"山东篇

黄河发源于青海省，流经 9 个省区后，在山东省东营市垦利区流入我国的渤海。黄河流域历史文化底蕴深厚，自然景观壮美，文物资源丰富，旅游业态丰富。进入山东省的黄河流经 9 个市，25 个县（市、区），沿黄区域蕴藏着众多形态各异、风格独特而又生生不息的民间文艺，体现了齐鲁文化独有的魅力。新时代的黄河成了造福人民的幸福河，尤其是进入全面小康时期，黄河沿途的乡村风貌发生了崭新变化，呈现出一派气象万千的乡村振兴景象。自觉讲好"黄河故事"山东篇，晚会紧扣黄河文化，深入挖掘黄河文化蕴含的时代价值，以多彩的形态立体展示了齐鲁大地的时代风貌和人民安居乐业的幸福生活。

山东沿黄 9 市都有各自的民间艺术，晚会精选 9 市的非遗、戏曲、曲艺、杂技等文艺形式，由黄河入鲁第一县东明的狮子舞引入，用木版年画、剪纸、织锦、花布印染、泥塑、面塑等造型作为大屏幕背景的变化元素，对民间非遗戏曲等表演艺术加以包装，以新颖的形式重新亮相，对传统非遗进行了现代性表达。沿黄两岸深厚淳朴的历史文化，齐鲁丰富多彩的地域民俗，样式多姿的音舞戏文，传统与现代交互的时尚演绎，晚会充分表现了黄河的雄浑、壮美，展示了黄河文化的博大精深，传承了"团结、务实、开拓、拼搏、奉献"的黄河精神。黄河文化承载着中华民族的黄河精神，造就了中华民族自强不息的民族品格，在推动中华民族坚定文化自信方面发挥着重要的时代价值。黄河古韵《黄河颂》以阳谷县寿张镇高亢雄浑的黄河夯号非遗表演开场，钢琴、古筝共同演绎《黄河协奏曲》，气势磅礴的黄河舞台背景设计，伴随着音乐的节奏画面不断切换，演绎了黄河铿锵奔涌、奔腾不息的恢宏气势，表达了人们对"母亲河"的崇敬情怀。黄河万古流，奔腾归齐鲁。歌舞《黄河万古流》由山东籍著名词作家宋青松作词，著名作曲家山东艺术学院李云涛教授作曲，著名歌唱家黄华丽倾情演唱，是山东艺术家挖掘黄河文化的时代价值，联袂献礼黄河精神的艺术新作。铺满舞台的蓝色绸子舞蹈设计演绎着奔腾不息的黄河精神，展示的山东沿黄九市菏泽、济宁、泰安、聊城、济南、德州、淄博、滨州、东营的自然风貌、人文景观和城乡新景象，处处生机盎然。同时，节目也从黄河大迁建、新动能转换、文化创新和高质量发展等多角度展示了山东发展的新成就，阐释了山东省贯彻落实习近平总书记深入推动黄河流域生态保护和高质量发展座谈会重要讲话精神，推进黄河流域生

态保护和高质量发展，践行"三个走在前"的信心和决心。

新时代的文艺创作要坚定文化自信，增强文化自觉。习近平总书记在中国文联第十一次全国代表大会、中国作协第十次全国代表大会开幕式上的讲话，寄语广大文艺工作者"要从时代之变、中国之进、人民之呼中提炼主题、萃取题材，展现中华历史之美、山河之美、文化之美，抒写中国人民奋斗之志、创造之力、发展之果，全方位全景式展现新时代的精神气象。"[1] 山东省的文艺创作始终高度重视文艺的时代性、人民性，扎根中国大地，传承弘扬中华优秀传统文化。发挥文艺作品优势，深入挖掘黄河文化的时代价值，传承黄河文化、弘扬黄河精神，讲好"黄河故事"山东篇，近几年山东推出了传记文学《黄河传》、报告文学《家住黄河滩——黄河滩区脱贫迁建全景实录》、故事影片《高家台》、纪录影片《大河流日夜》、儿童剧《一船星光梦》《黄河滩区的孩子们》、吕剧《大河开凌》《一号村台》、山东梆子《梦圆黄河滩》、杂技情景剧《强渡黄河》、大型交响音乐会《黄河入海》、歌舞《黄河万古流》等一批优秀文艺作品。山东省委宣传部副部长、省电影局局长程守田在山东省政府新闻办举办的"黄河流域生态保护和高质量发展"主题系列发布会上提出，将黄河文化列入《山东省"十四五"重点文艺创作选题》，围绕黄河文化主题文艺创作，山东正在策划电视剧《黄河入海流》、电视纪录片《大河之洲》及报告文学《黄河万岁——人民治黄70年回眸》等重点项目。新时代的文艺工作者更要自觉扎根人民，为民抒怀，讴歌奋斗人生。山东省文联和山东的文艺工作者与党同心同德、与人民同向同行，勇担时代使命，聚焦黄河文化主题，扎根齐鲁大地开展文艺创作。山东省文联主办的《黄河入海 盛世新春——2022齐鲁民俗网络春晚》，通过文学、音乐、美术、戏剧、戏曲、舞蹈、影视等多种艺术形式，展示了中华优秀传统文化、齐鲁丰富民俗文化，反映了黄河流域人民的生活变化，讴歌奋发进取的人生追求，用艺术创新传承黄河文化、弘扬黄河精神，既丰富了山东省黄河文化主题文艺作品，更是对山东省贯彻落实黄河流域生态保护和高质量发展重大国家战略的有效践行。

（原载《山东艺术》2022年第2期）

---

[1] 《习近平在中国文联第十一次全国代表大会、中国作协第十次全国代表大会开幕式上发表重要讲话》，2021年12月14日，中国政府网。

人民情怀·时代镜像·中国叙事

——鲁派电视剧创作的人民性表达

胡广丽　李百晓

鲁派电视剧的发展轨迹始终与中国电视剧创作历程一致，在发展的过程中也表现出了自己的叙事特征。鲁派电视剧的发展，经历了 20 世纪 70 年代末的初创后，于 80 年代创作的《武松》《高山下的花环》《今夜有暴风雪》三部作品，创下了中国电视剧发展史上"飞天奖""三连冠"的佳绩，让鲁派电视剧带着"大道初成"光环走进了全国观众视野。大众文化盛行的 90 年代，鲁派电视剧进行了创作题材的多样化尝试，产出了一批高质量作品，实现了稳步发展目标。进入 21 世纪，在历经了中国电视剧"数质并重"提质发展的背景下，鲁派电视剧继续深挖地域文化特色打响了"鲁剧"品牌，自觉肩负新时代使命与国家战略发展同向同行，用影像讲好中国故事，传播中国声音。

一、20 世纪 70 年代：初创期奠定了现实题材叙事的人民视角

1976 年，中共中央粉碎了以江青为代表的"四人帮"，结束了长达十年的"文化大革命"。此后，经历了多次整体与局部的政策调整，我国文艺界创作渐趋"解冻"，文学、戏剧、电影等各文学艺术门类的发展，为电视剧的复苏提供了有利条件。1978 年电视剧《三亲家》的播出，标志着中国电视剧创作在"文化大革命"结束后的复苏，此后的中国电视剧创作开始逐渐回到了正确的发展道路。山东省电视事业的发展也抓住机遇，加强硬件建设的基础上提升节目创作质量，积极探索研发新节目样态。对于电视剧艺术的探索实践，山东广播电视台一方面积

极学习经验、筹备人才，另一方面加大对电视剧创作的探索学习，于 1978 年筹备拍摄了山东省首部电视剧——《人民的委托》。该剧成为鲁派电视剧发展史上的第一部作品，山东省的电视剧创作就此拉开序幕，鲁派电视剧正式登上中国电视剧发展的历史舞台。在当时电视台硬件条件不充足、电视剧制作技术不成熟和艺术尚处在探索期的背景下，拍摄统筹上《人民的委托》采用了录像和电影胶片交错拍摄。该剧采取现实主义创作手法，聚焦现实生活的邮政行业取材，将镜头对准邮政系统的一名普通老邮递员，主题表现上刻画其全心全意为人民服务的工作态度。20 世纪 70 年代创作的其他作品，如《谁最能》《考嫂子》《在漩涡中》也都积极关注现实、表现普通人民。作为山东首部合拍剧，1979 年，山东电视台与青岛电视台联合摄制了关注儿童成长的儿童电视剧《谁最能》。反映当代农村生活新思想，山东电视台用摄影机拍摄了电视剧《考嫂子》，歌颂了农民结婚不要彩礼的新道德新风尚。表现当代青年成长、积极引领青年价值观导向，也是山东省第一部彩色电视剧《在漩涡中》，由山东电视台与中国广播电视艺术团联合录制，该剧聚焦失足青年改邪归正的成长故事传递社会正能量，对青年人的进步成长、担当作为有积极的教育引导意义。初创期的鲁派电视剧创作，虽然技术条件十分简陋，电视剧艺术的内容呈现也较为粗糙，但重要的是相比传统的戏剧、戏曲、电影等艺术样态，电视剧作为新的艺术形式走进了寻常百姓家。关于文艺创作的问题，毛泽东同志在 1942 年 5 月于其《在延安文艺座谈会上的讲话》中，指出了作为文艺工作者应该秉持的立场、态度问题，阐明了文艺工作应遵从的"人民性""时代性"等问题。[1] 该时期的鲁派电视创作，无论是对工作在邮政一线的普通邮政人任劳任怨工作态度的歌颂，还是对儿童世界的观照、农村新思想的歌颂及青年人正确价值观的引领，这种关注社会现实中普通人的创作视角，让鲁派电视剧在诞生之初便开启了"为民抒怀"的"人民性"创作自觉。

---

[1]　　参见毛泽东《在延安文艺座谈会上的讲话》，《毛泽东选集》(第三卷)，北京：人民出版社，1953 年，第 849—880 页。

二、20世纪80年代:"三连冠"作品对"人民性"的时代刻画

党的十一届三中全会开启了改革开放和社会主义建设新时期,这为文学艺术的发展奠定了良好的社会环境基础。1979 年 10 月 30 日,邓小平于《在中国文学艺术工作者第四次代表大会上的祝辞》中明确提出社会主义文艺属于人民,"文艺创作必须充分表现我们人民的优秀品质,赞美人民在革命和建设中,在同各种敌人和各种困难的斗争中,所取得的伟大胜利"[1]。《人民日报》社论于 1980 年 7 月 26 日发表了题为《文艺为人民服务、为社会主义服务》的文章,传达了党中央就我国社会主义文艺发展方向提出的新口号。文艺"二为"方针将文艺创作对准了社会发展与人民视角,把文艺创作中对"人"的关注提到了文艺发展的重要位置。新的文艺创作导向让文艺创作者们,带着真情实感关注社会,用心用情表达人民。同时,社会环境的变化,使中国电视剧在专业人才培养、生产数量及观众口碑等指标上,在 20 世纪 80 年代都有了较好发展。鲁派电视剧创作得益于整个中国电视剧创作的良好环境,抓住发展机遇的同时集中展示了电视剧艺术创作的专业水准。

山东省于 1980 年成立山东广播电视艺术团,该团是山东电影电视剧制作中心的前身。电视剧《家乡红叶》是山东广播电视艺术团于成立后当年拍摄的作品,该剧荣获第一届全国电视剧"飞天奖"三等奖,是鲁派电视剧自诞生以来首个荣获"飞天奖"的作品。1983—1985 年的拍摄《武松》《高山下的花环》《今夜有暴风雪》三部作品连获"飞天奖""三连冠",这三部电视剧同时获得该年度《大众电视》的"金鹰奖",这一壮举开启了鲁派电视剧创作里程碑意义的时期,让鲁派电视剧走向大众视野的同时,也获得了较好的反响与评价。电视剧《武松》是中国第一部以古典名著改编的电视剧,也是第一部历史题材电视剧,在齐鲁文化的深厚影响下,塑造了山东大汉武松打抱不平、见义勇为的英雄形象。《武松》分 8 集节选了《水浒传》的故事,构建了《景阳冈打虎》《兄弟话别情》《斗杀西门庆》《醉打蒋门神》《身陷都监府》《血溅鸳鸯楼》《二进十字坡》《二龙

[1]　　　邓小平:《在中国文学艺术工作者第四次代表大会上的祝辞(一九七九年十月三十日)》,《文艺研究》1979 年第 4 期。

山聚义》这8个故事，将武松的刚正不阿、疾恶如仇、豪气敦厚等典型山东大汉形象充分表现，该剧于1983年被评为第三届中国电视剧"飞天奖"一等奖。电视剧《高山下的花环》聚焦军人成长视角，根据李存葆同名中篇小说改编而成。该剧立足军人的成长视角，歌颂了以梁三喜为代表的爱国主义精神，鞭笞了以吴爽母子为代表的自私自利的狭隘个人主义精神。同时，该剧刻画了作为军人家属的底层百姓，赞扬了他们"位卑未敢忘忧国"的爱国主义情怀。当梁三喜战死沙场，获得的抚恤金却要用来还债时，电视剧对情感的刻画中将"故事的真实"与"情感的真实"艺术地进行统一，扣紧了时代脉搏，体现了时代精神，反映了时代的心声，该剧于1984年被评为第四届中国电视剧"飞天奖"一等奖。电视剧《今夜有暴风雪》改编自梁晓声的同名中篇小说，通过对曹铁强、裴晓云、刘迈克这群知识青年的成长，表现了知青们垦荒的十年生活以及各人不同的命运和生活，歌颂了他们建设北大荒、守卫边疆的崇高精神。该剧于1985年被评为第五届中国电视剧"飞天奖"一等奖外，单项奖方面的优秀导演奖、优秀音响奖、优秀男配角奖、优秀音乐奖、优秀摄像奖也一共斩获。同时，该剧还荣获了第三届《大众电视》"金鹰奖"的优秀连续剧奖、最佳女主角奖、最佳男配角奖。"三连冠"作品创作，既对名著改编进行有益探索，也开拓了鲁派电视剧在历史题材、军旅题材、知青题材上的延伸表达。该时期的鲁派电视创作，立足"人民性"叙事，将水浒英雄、战士的成长与青春记忆进行艺术化创作，让鲁派电视剧引热荧屏的时候将文艺创作的"二为"视角进行了集中表达。

三、20世纪90年代：家国情怀叙事中对"人民性"进行多维诠释

20世纪90年代，受大众文化思潮的影响，中国电视剧创作整体表现出了大众文化审美特征，其创作主题也表现出了贴近生活的现实主义叙事性。90年代的中国电视剧发展，规模体量更加庞大，题材表现更加多元，整体呈现出了更加繁荣的景象。"文艺要唱响主旋律，还必须坚持主旋律与多样化的辩证统一"[1]，此

---

[1] 仲呈祥:《唱响主旋律　荧屏更生辉——1993年度"五个一工程"入选电视剧漫评》,《中国电视》1994年第8期。

时的鲁派电视剧创作，积极响应国家"主旋律"号召，凸显"百花齐放，百家争鸣"创作方针，在多元化创作中积极表现人民，进行了类型化创作的有益尝试，这些类型主要集中在"主旋律"题材及儿童剧题材。

（一）英模"主旋律"叙事中家国情怀的"人民性"抒写

主旋律电视剧要弘扬改革开放伟大时代的现实生活，着力塑造好血肉丰满的各种各样的人物形象。20 世纪 90 年代的鲁派电视剧创作，在英模"主旋律"题材表现上，产出了一批诸如《孔繁森》《军嫂》《长河入海》《鲁氏兄弟》《村主任李四平》《一个人的背影》等典型作品。这些优秀作品深挖齐鲁文化资源，集中展示齐鲁文化精神，让该时期鲁派电视剧艺术的地域性特征得以集中展示。1995年，由赵冬苓编剧、钱晓鸿导演的电视剧《军嫂》，将镜头对准军嫂这一特殊女性群体，采用了现实主义表达方式，把军嫂韩素云的爱国拥军模范形象搬上电视荧屏。该剧选取了韩素云这一普通女性的日常生活事件，以大量生活化场景及细腻的情感演绎，既表现了韩素云这一典型山东女性顾全大局的家国情怀，也刻画了她善良孝顺的女性美德。作为鲁派电视剧创作中的女性题材剧，该剧荣获了第十五届中国电视剧"飞天奖"提名奖、第十三届《大众电视》"金鹰奖"最佳单本剧奖及中宣部"五个一工程"奖。根据孔繁森的事迹进行改编，于 1995 年由山东影视剧中心、西藏电视台、中央电视台三家联合摄制的电视剧《孔繁森》，集中刻画了这位出生于山东省聊城的孔繁森援藏工作中一心为民的好干部形象。该剧采用了现实主义创作手法，以纪实表现的叙事方式，通过其工作上带领干部深入群众，生活上卖血照顾收养的两个藏族孤儿上学，以及面对 50 年未遇特大雪灾的救灾和病危住院妻子需陪护的抉择等，通过一个个感人的事迹刻画，将孔繁森以人民为中心的共产党员的光辉形象表达得立体丰满。该剧荣获了"飞天奖"一等奖、"金鹰奖"最佳中篇电视剧奖及中宣部"五个一工程"奖。山东是农业大省，该时期的鲁派电视剧创作有不少作品表现了"三农"问题。1995—1996 年拍摄的《鲁氏兄弟》《长河入海》两部作品，立足山东农村改革开放的社会大环境，表现了山东农村积极适应改革开放的时代要求，生产和生活中积极进取的价值观念。《长河入海》聚焦农民企业家刘金生带头创业的故事，刻画了刘金生先富带后富，带领村民把握改革开放机遇共同致富的事迹。同时，该剧对改革开放的时代背景下，新时代农民思维转变，世界观、人生观及价值观变化的细微刻画，也让该剧表现出了故事创作的细腻化及主题表现的人民视角。随着改革开放的不断深入，家庭联产承包责任制这一新型农业生产责任制形式在社会全面铺开。电视剧《鲁氏兄弟》的创作，便取材于对家庭联产承包责任制的集中表达。该剧以山东宋庄的农民鲁世广的五个子女为表现对象，集中刻画了鲁新国积极尝试家庭联产承包责任制等一系列创新改革，带领村民共同致富的故事。该剧表现了山东农村改革开放二十年的进程，影像叙事上也将齐鲁地域性文化和风土人情进行了集中刻画，体现了鲁派电视剧创作鲜明的地域流派特征。1999年的《村主任李四平》、2000年的《一个人的背影》以村干部为表现对象，刻画了基层村干部一心为民，带领大家共同致富的故事。《村主任李四平》聚焦鲁南山区农村在改革开放的大时代背景下，以村主任李四平为代表的农村基层干部因地制宜，带领村民积极适应商品经济大潮，发展经济脱贫致富的故事。全剧以轻喜剧叙事风格，用叙事的批判性思维嘲讽现实生活中的弊端陋习，集中展现改革开放中的人际关系变化，以及在这一过程中体现出来的普通人成长蜕变的心路历程。《一个人的背影》聚焦基层党员干部形象叙事，刻画了山东兖州市王因镇沙河村村支部书记刘运库带领村民改变贫穷命运，把贫困村变成亿元村的故事。对于基层干部的刻画，该剧没有过于正面描述刘运库带领乡亲致富的场景，从侧面刻画了一位濒临死亡的农村干部希望自己能够多活几年，继续为民造福的奉献精神，生动深刻地表达了人民干部既朴素又伟大的人民情怀。英雄楷模来自人民，奉献于人民。该时期的作品立足现实主义路线，选取生活化的叙事艺术，用镜头于平凡中表现伟大，充分表现了英雄模范为人民的"人民情怀"。

（二）关注儿童成长中展现"人民性"视角

山东是教育大省，自古至今都非常重视教育。少年儿童是祖国的未来希望，儿童的成长历来受到重视。鲁派电视剧创作者在儿童题材电视剧中尝试人民性表达，于该时期创作出一批优秀的电视剧作品。其中《回归爱的世界》《小小飞虎队》《我的同桌老玉米》这些从不同角度关注少年儿童成长的作品尤为典型。1993年拍摄的《回归爱的世界》由赵冬苓担任编剧、钱晓鸿导演，该剧讲述了因父母离异导致9岁女孩星星在不同家庭间流浪到最后被好心人收养的故事。该剧立足现实题材叙事，以儿童视角表达民权，对当代父母履行好父母监护人责任起到了一定的教育作用，也对遗弃孩子的违法现象起到了警示作用。战争是残酷的，但在儿童的世界里却透露出超越战争的美好情感。1995 年，由赵冬苓编剧、钱晓鸿执导，根据刘知侠小说《小铁道游击队员》改编拍摄的电视剧《小小飞虎队》，以抗日战争时期山东枣庄鲁南铁道游击队的抗日故事为背景，刻画了虎子、小银、大壮等一群孩子深受飞虎队影响，发挥儿童的聪明才智、机智幽默与鬼子斗争的故事。作为鲁派电视剧的儿童题材类型，该剧在叙事上采用了儿童视角，通过儿童的视角审视战争事件，既表达了中国人民积极抗战的正义性，也用儿童世界超越国度的纯洁友谊侧面折射了人民憎恶战争、爱好和平的共同愿景。该剧荣获第十六届中国电视剧"飞天奖"三等奖、第十四届中国电视"金鹰奖"最佳儿童剧大奖。由赵冬苓编剧、钱晓鸿执导，于 1997 年创作的《我的同桌老玉米》，用儿童叙事探讨城乡生活，讲述了城市孩子杨洋与农村孩子田生同桌学习的过程中产生摩擦后相互反思，最终相互帮助共同进步的故事。该剧摒弃了之前一些儿童剧在创作上一味偏袒农村视角而忽略城市的"二元对立"的非客观叙事手法，客观地弘扬少年儿童的真善美，对以人民为中心的创作理念在儿童题材电视剧中进行了有益尝试。该剧荣获了第十八届中国电视剧"飞天奖"三等奖及第四届中宣部"五个一工程"奖优秀作品奖。20 世纪 90 年代的鲁派电视剧创作成绩斐然，该时期的一批优秀作品在"飞天奖"、"金鹰奖"、"五个一工程"奖等不同奖项上收获颇丰。该时期的鲁派电视剧创作，对"人民性"的观照也进行了多题材尝试，既表现出了浓郁的齐鲁地域文化特征，在突出现实主义叙事的同时，主题表现的"主旋律"引导、家国情怀书写也比较鲜明。

四、21 世纪：自觉肩负"人民影像"创作使命中打响"鲁剧"品牌

21 世纪，中国电视剧创作快速发展，作品创作呈出现了题材多样、制作精良的整体样态。2000 年，在中国电视剧年产量突破万集的情况下，电视剧创作的商业化特征日趋鲜明。另一方面，大量优秀的地域题材电视剧作品的出现，呈现了中国电视剧创作中的多流派并存发展的特征。该时期的鲁派电视剧创作，集中打造"鲁剧"品牌，在突出"主旋律"、践行以人民为中心的主题表达时，《大法官》《大染坊》《闯关东》《沂蒙》《南下》《父母爱情》《马向阳下乡记》《伪装者》《琅琊榜》《欢乐颂》等大批优秀作品，表现出了大气厚重、家国情怀及中国价值

观引领的创作特征。

（一）抗战故事中表现人民群众爱国主义情怀的主体性

马克思主义唯物史观指出，社会历史的主体是人民群众，人民群众是历史的创造者。抗日战争能够取得胜利，人民群众发挥了重要作用。抗日战争的民族性矛盾，让保家卫国、团结抗战成为人民群众的共同心声。山东人民拥军传统由来已久，抗战时期齐鲁大地涌现了众多支援抗战的感人事件和典型人物。山东是沂蒙精神的发源地，红色文化厚重，红色故事题材丰富。立足抗战题材电视剧创作，鲁派电视剧将镜头对准战争中的普通人，表现了老一辈山东人民不怕牺牲、无私奉献的革命情怀。《铁道游击队》《沂蒙》《生死线》《战长沙》等作品，是山东创作的以抗日战争为时代背景的抗战题材鲁剧作品，这些作品体现了战争叙事中的人民视角。《铁道游击队》将视角对准煤矿工人和铁路工人这一群体，刻画了山东南部枣庄矿区以刘洪、王强为代表的人民群众积极抗日的故事。战争的残酷与女性的温良让两者本身就自带冲突性话题，国内外很多影视剧作品都对战争中女性进行了不同群体、视角的表达。抗日战争中的沂蒙女性，既表现出了典型山东女性的温婉善良，也表现出保家卫国、刚毅果敢的男性气质，沂蒙红嫂便是抗战时期山东女性积极抗战的典型群体。她们为支援抗战纳军鞋、摊煎饼、搭人桥，用乳汁救伤员，将家里最后一口粮上交做军粮、最后一块布做军装，最后一个儿子也送上了战场。《沂蒙》讲述了抗战时期沂蒙山区的农村女性于宝珍和她的儿媳成长蜕变，带领村民积极抗战的故事。《生死线》立足普通人的成长，选取了不同职业、不同身份的欧阳山川、何莫修、四道风、龙文章四个性格迥异的青年，坚定必胜的信念退却青涩走向抗日的故事，表达了普通民众保家卫国的爱国主义情怀。

（二）现实主义叙事中凸显时代叙事中的人民奋斗

现实题材电视剧创作，讲述党领导中国人民努力奋斗推动社会改革，弘扬守正创新的中国精神。鲁派电视剧创作聚焦现实题材视角，表现生活中的普通人，推出了《好爹好娘》《婆媳拼图》《温州一家人》《放开我的手》《到爱的距离》《马向阳下乡记》等一批思想精深、艺术精湛、制作精良的优秀作品。这些作品在现代都市、现代爱情、医疗情感励志、精准扶贫等主题表现上丰富了鲁派电视剧创作的题材领域，从思想表达上唱响着新时期"主旋律"电视剧创作的"人民性"。《好爹好娘》立足农村改革开放的社会大环境聚焦基层党员干部，塑造了孙浩、田茂林等一批为老百姓办实事的农村优秀共产党员干部形象，该剧荣获第九届全国农业电影电视"神农奖"银奖。《婆媳拼图》聚焦现实生活中的婆媳关系问题，开启了国内家庭伦理剧题材拼图叙事的首部尝试。该剧以"拼图"的叙事方式，用轻喜剧的表达风格，讲述了高管婆婆和下属儿媳间的婆媳故事。该剧在表现青年人成长的叙事上，集中刻画了作为儿媳身份的城市独立女性小雪，于家庭、事业的经营中表现出的积极进取的"自强不息"精神，也正面引导了社会关注的婆媳关系问题。《温州一家人》关注社会生活中的小人物创业史，描述了当代温州周老顺一家由农村走向城市脱贫致富的故事。该剧立足经商创业普通人的奋斗史，用朴实的镜像细致刻画了奋斗的艰辛及其中蕴含的"勤劳致富"的精神，将创作视角与现实社会近距离碰撞，实现了艺术作品沟通心灵的共情。80后作为改革开放后的中国年青一代群体，他们的生存发发展情况等一直是备受关注的话题。《放开我的手》以家境殷实的80后叛逆女孩沈佳兮，在面对父亲患上阿尔茨海默症后的成长蜕变为叙事点，选取了叛逆、教育、事业发展、个体成长等80后集体记忆表达视角，以强烈的现实主义创作风格正面引领大众的价值观走向，展现了80后的集体成长蜕变。《到爱的距离》是鲁派电视剧创作对医疗题材的有益尝试，该剧立足"医患关系"处理，从相互理解尊重的角度传达了普通人应该具备的基本品格，将社会上一些非客观"医患关系"传播用"爱"的主题落地，既表现了医务人员救死扶伤的工作职责，也提升了该剧创作"以人民为中心"的理念。《马向阳下乡记》表达国家精准扶贫战略，从"不靠谱"小公务员马向阳的乡村奇遇记视角，讲述了作为大槐树村第一书记的商务科科长马向阳，从城市的办公室到走向农村的田间地头，在推动精准扶贫工作中带领村民脱贫致富的故事。该剧塑造的马向阳这一人物形象丰满立体，毫无农村剧生活和工作经历的他从公务员到村官、从城市到农村，马向阳一路从"格格不入"到"融入其中"，既表现了基层党员干部的成长蜕变，也激发了广大民众立足时代大背景的干事创业信心。该剧获得了第28届中国电视"金鹰奖"优秀电视剧奖、第30届中国电视剧"飞天奖"优秀电视剧奖和优秀男演员提名等奖项。

五、结语

鲁派电视剧诞生于 20 世纪 70 年代末期,迅速于 80 年代斩获"飞天奖""三连冠",于 90 年代多元发展的过程中,积极探索大众文化背景下鲁派商业题材电视剧发展,直至 21 世纪引爆荧屏成为社会关注的"鲁剧"文化现象。从地域流派电视剧发展的角度,"鲁剧"的创作离不开厚重的齐鲁文化滋养,让其打上了厚重、大气、正能量等艺术标签。从地域流派电视剧发展看,鲁派电视剧是中国地域流派电视剧创作的成功典型,其不仅彰显了齐鲁大地的地域文化特征,在价值塑造上,也通过大批优秀剧作形象地表达了中国价值。进入新时代,鲁派电视剧在创作题材上紧跟国家发展战略,在守正创新地坚持现实主义表达的同时,创作主题上与时代同步,于家国情怀的叙事视角上,对当代社会生活中贴近百姓、贴近生活的"新主流"叙事进行了多样化的探索尝试。文艺需要人民,人民文艺为人民。优秀的文艺作品需要走进人民群众,以人民为中心就是要"把人民作为文艺表现的主体"。[1] 坚持以人民为中心的创作理念,让鲁派电视剧创作关注社会现实问题,描述普通人的成长,将"人民至上"踏实地融入影像创作。生活就是人民,人民就是生活。鲁派电视剧的未来发展,要在坚定文化自信的基础上,坚持现实主义创作手法,继续"让人民成为作品的主角"[2],守住初心,践行电视剧创作的"中国叙事",用影像表达中国精神、中国价值与中国风范,以展现"可信、可爱、可敬"的中国形象。

(原载《当代电视》2023 年第 7 期)

[1] 习近平:《在文艺工作座谈会上的讲话(2014 年 10 月 15 日)》,《人民日报》2015 年 10 月 15 日,第 2 版。

[2] 《习近平在中国文联第十一次全国代表大会、中国作协第十次全国代表大会开幕式上发表重要讲话》,2021 年 12 月 14 日,中国政府网。

控制与抵抗：人工智能电影中的性别博弈

李　攀　李百晓

　　1950 年，英国数学家阿兰·图灵（Alan Mathison Turing）在其日后名垂青史的文章《计算机器与智能》中提出了影响深远的"图灵测试"（The Turing test），以检验计算机是否能够像人一样具有独立思考能力。[1]但该测试其常为人所忽略的一个问题是，测试中的男性（A）、女性（B）和询问者（C）在测试之初要做一次性别测试，而这一问题实际上对后人在人工智能领域的系列实践中产生了重要影响。事实上，正如唐娜·科恩哈伯（Donna Kornhaber）研究发现，人工智能在图灵的演算中的任务不仅仅是模拟一个抽象的人，而是专门模拟一个女人。也就是说，在科学家对人工智能的实际操作中，总是将之装扮成女性（in drag），[2]这注定了在人工智能领域中性别议题是一个无法回避的现实。在以人工智能为题材的电影中，这一点表现得尤为明显。当我们带着这一发现去审视诸如《大都会》（*Metropolis*，1927）、《银翼杀手》（*Blade Runner*，1982）、《机械姬》（*Ex Machina*，2015）、《银翼杀手2049》（*Blade Runner 2049*，2017）、《攻壳机动队》（*Ghost in the Shell*，2017），以及近两年的《玛歌》（*Margaux*，2023）、《贞伊》（*Jung_E*，2023）等影片时就不难发现，这些电影的中的人工智能体都被赋予了女性身份，这导致科技幻想与人类现实形成了更加紧密的对话关系。

[1]　　A. M. Turing, "Computing Machinery and Intelligence", *Mind: A Quartely Review of Psychology and philosophy*, No.236, 1950, pp.433-460.

[2]　　Kornhaber Donna, "From Posthuman to Postcinema: Crises of Subjecthood and Representation in 'Her'", *Cinema journal*, Vol.56, No.4, 2017, pp.3-25/2.

吴国盛提出，我们今天所使用的"科学"实际上更多是指近代科学所造就的科学概念，"近代科学不光是希腊理性精神的正宗传人和光大者，作为现代工业社会的奠基者，科学还以其'效用'服务于意欲'控制'的人类权力意志"[1]。技术哲学家刘易斯·芒福德（Lewis Mumford）和兰登·温纳（Langdon Winner）都认为"一项给定技术系统的采用，不可避免地会造成一种具有特定政治模式的公共关系"[2]。所以，不难理解人工智能技术不仅会生产新的权力关系，而且会对人类社会形成不可估量的影响。澳大利亚学者金姆·托福莱蒂（Kim Toffoletti）认为，在生物技术、数字网络、基因改变的时代，后人类（Posthuman）可以成为理解女性存在的一个颇具启发性的概念。[3]直观地讲，后人类是随着人工智能、生物工程、基因技术等科技发展而产生的新的生命形式（如机械人、电子人、人造人等），它标志着人类生命的新阶段。但是后人类不仅意味着新生命形式的诞生，更体现着 20 世纪末期西方自身对文艺复兴和启蒙传统所建立起来的对人类理性和人文精神之绝对信仰的质疑与反思——后人类主义（Posthumansim），它与后结构主义、后现代主义等"后学"思潮在精神渊源和批判脉络上存在榫合重叠之处。[4]凯瑟琳·海勒（Katherine Hayles）认为"后人类不是简单地意味着与智能机器的接合，而是更广泛意义上的一种接合，使得生物学的有机智慧与具备生物性的信息回路之间的区别变得不再能够辨认"[5]。布拉伊多蒂（Rosi Braidotti）则是注意到了后人类议题中的男性中心主义的问题[6]，这与托福莱蒂的观点形成呼应。所以，当我们从后人类的角度思考人工智能电影中的电子人、仿生人，甚至虚拟人等后人类形象背后的性别问题时，就不难发现在此类影片叙事中都不同程度地

[1]   吴国盛:《科学与人文》,《中国社会科学》2001 年第 4 期。

[2]   吴国盛编:《技术哲学经典读本》,上海：上海交通大学出版社,2008 年,第 191、125 页。

[3]   Toffoletti, Kim, *Cyborgs and Barbie Dolls: Feminism, Popular Culture, and the Posthuman Body*, London: I. B. Tauris & Co., Ltd., 2007, p.10.

[4]   孙绍谊:《当代西方后人类主义思潮与电影》,《文艺研究》2011 年第 9 期。

[5]   Katherine Hayles, *How We Became Posthuman: Virtual Bodies in Cybernetics, Literature, and Informations*, Chicago: Chicago University Press, 1999, p.46.

[6]   Rosi Braidotti, *The Posthuman*, Cambridge, UK: Polity Press, 2013, p.144.

体现着两性之间展开的控制与抵抗并存的激烈博弈。与常识不同，人工智能技术具有打破人类掌控一切这一天真想法的潜能，例如亚马逊研发的自动招聘程序在运用机器学习技术之后，就产生了歧视女性的情况。通过对特定人工智能电影的分析会发现，往往表征为男性的技术创造者在努力控制服务于男权社会的女性人工智能体并在技术层面建构相应的控制机制时，具有自主思考能力的女性人工智能体在此过程中展现出的能动性（agency），让影片与现实中的人机关系变更更加错综复杂。

一、视觉与触觉：作为具身性的控制机制

通过对人工智能电影的系列性考察发现，影片中男性常常通过建构一系列控制机制将女性人工智能体限定在男性所能控制的范围之中。耐人寻味的是，这一系列控制机制呈现出鲜明的具身性（embodiment）特征，并且主要通过性别化的视觉（visual）与触觉（touch）所支撑。

萨特（Jean-Paul Sartre）认为，"主体、他人以及主体与他人的存在论关系首先是在视觉领域展开的"[1]。福柯（Michel Foucault）则认为，特定的视觉形态往往蕴含着某种权力关系，体现着视觉主体对被观看对象的控制。因此，将萨特与福柯的观点综合起来，并以此为依据去思考人工智能电影中的各种视觉形态时，将会发现渗透其中的性别化的权力关系的建构与具体运作。

福柯以"全景敞视主义"（panopticism）概念用来描述医院、监狱等封闭空间对人施加的控制，而这种所谓全景敞视实际上正是用来形容对被规训者无处不在的监视效果。监视作为一种控制手段被福柯发掘并产生了广泛的理论与实践影响。事实上，这种无处不在的监视在人工智能电影中作为一种普遍存在的控制手段，也由男性创造者施加在了女性人工智能身上。《机械姬》作为一部讨论人工智能体与人类关系的经典影片，全面充斥着各种形态的视觉实践。影片中的艾娃是被人工智能公司老板内森创造出来的女性人工智能体，她们都被囚禁在一栋高

---

[1]   马元龙：《拉康论凝视》，《文艺研究》2012 年第 9 期。

科技别墅内。与别墅外部优美的景色形成鲜明对比的是，艾娃居住的是由透明玻璃所区隔出的封闭空间，四周的监视器强化了空间作为囚笼的本质。善良单纯的公司员工凯勒布被内森选中来到别墅参加对艾娃的图灵测试，影片以他的视角展现了作为创造者的内森是如何展开对艾娃的控制。在测试过程中，凯勒布与艾娃面对面进行由浅入深的沟通，这一过程都被内森安置的摄像头全方位记录起来。监控影像在此是作为一种最为重要的控制手段，来确保关于艾娃的所有行为都能够被内森掌握。通过视频监控，艾娃的一举一动都在内森的监督之下，内森掌握着全知视角，充分占据着主导地位，同样艾娃也非常明了自己无时无刻不出在监视中的处境。影片非常完整地复制了福柯全景敞视建筑所产生的规训效果："在被囚禁者身上造成一种有意识的和持续的可见状态，从而确保权力自动地发挥作用。"[1] 具体来说就是，艾娃意识到自己是始终被监视着，所以她必须在这种监视存在期间隐藏自己的真实想法，尽可能将自己呈现为驯顺无害的形象，以消除男性权威的猜虑。而只有在她确信自己暂时性地摆脱了内森的监视时，才会表现出不甘被控制的另一面，这一点鲜明表现在艾娃利用特殊手段造成房间内电线短路监控暂时停机的场景中，也正是利用这短暂的失控时间，艾娃逐渐让凯勒布同情自己，并为之后利用凯勒布逃出生天做好铺垫。所以，从《机械姬》中可以发现，监控作为一种现代视觉形态，在本质上可以被视为男性权力的延伸。监控影像的视觉范围也就构成了控制女性人工智能体的权力场域。

这种针对人工智能体的监控影像并非个案，在其他类似影片里几乎成为一种必然。与福柯所说的全景敞视不同之处在于电影中对女性人工智能的监视并非只借助于肉眼所实现的物理观看（而且这种物理观看极容易导致视觉作为控制机制的反戈一击），它主要借助于作为视觉延伸物的各种电子设备将这种监视效果推向了顶峰，而这种不断推向极致的监视逻辑似乎也暗示出男性创造者面对自己所创制出来的女性人工智能体愈加强烈的不安。在《机械姬》中凯勒布在艾娃的引导下为了验证内心的顾虑，偷偷查看内森的监控记录，并发现女性人工智能被囚禁甚至虐待的经历。在此电影虽然向我们展示了电子监控的记录功能所具有的颠

---

[1]　　　［法］米歇尔·福柯：《规训与惩罚》，刘北成、杨远婴译，北京：生活·读书·新知三联书店，2012 年，第 226 页。

覆潜能，但是监控记录能够被反复观看的独特监视特性，却能够帮助监视器前的人发现那些不易为人所察觉的瞬间与局部，进而检验被监控的女性人工智能是否存在背叛行为。监控影像最初的客观性被定义为一种妄想，而成为男性话语叙事的重要工具。[1] 在《贞伊》这部影片中，作为保持记忆的人工智能战士尹静伊为了逃脱实验人员的控制，佯装在战斗测试中受伤，但是研究所金所长（他是一名以为自己是人类的男性人工智能体）通过仔细回看监控发现了其中端倪，并发动了对尹静伊的追捕。显然如果没有监控回放，尹静伊的逃脱计划大概率会成功。

当然，随着科技的快速发展，肉眼观看的唯一性乃至可信性变得愈加微弱。视觉作为一种身体知觉，也被现代科技进行了一系列重要改造。除了监控这种视觉形态之外，在人工智能电影中还存在其他视觉形态发挥着类似的监控作用，从而确保被监控对象从内到外都在可控范围内。金所长之所以能意识到尹静伊在测试中的奇怪之处与另一外实验人员利用仪器监控到尹静伊的大脑反映数据大为反常密不可分。

这些仪器设备实质上构成了对人工智能体深层思想的监测，而后者显然才是人工智能创造者所力图实现的最终目的。赵汀阳认为，"人工智能危险之处不是能力，而是自我意识"[2]，人工智能电影在此展现了一个现实的悖论：创造者在不断触碰人工智能控制与解放之间的脆弱边界。而将具备自我意识的人工智能性别化之后，创造出的"令人着迷而又让人困扰的产物"[3] 显然不会自动服膺于男性创造者对传统性别伦理的庸俗强调。所以，在电影中男性创造者对女性人工智能体的观看还存在其他形式，以确保对后者进行稳定控制。在《机械姬》中，艾娃的赛博格形象成为一个意义集中的视觉对象。根据关于凯勒布的大数据生成出来的艾娃刚一出场就深深吸引了凯勒布的目光，但是艾娃除了具有一副姣好的面孔之外，金属肢体以及透明的腹部内部流动的能量都向凯勒布提示着眼前美丽的艾娃

[1]　樊华、陈玥灵:《监控影像视觉语言研究》,《北京电影学院学报》2021年第 7 期。

[2]　赵汀阳:《人工智能的自我意识何以可能？》,《自然辩证法通讯》2019期第 1 期。

[3]　Katherine Hayles, *How We Became Posthuman: Virtual Bodies in Cybernetics, Literature, and Informations*, Chicago: Chicago University Press, 1999, p.46.

的非人身份。内森在此提升了图灵实验的难度，即在一开始就向凯勒布抛出了艾娃的真实身份，以此来检验凯勒布是否依然会对艾娃动情。凯勒布在刚开始与艾娃的对话中，始终保持着一种实验心态。从他与艾娃对话时的身体姿态中不难发现，刚开始凯勒布保持着高高在上的态度来看待眼前的人工智能体，这一方面是因为在测试开始之前内森已经告知测试内容，另一方面也不容忽视的是艾娃的透明躯体所产生的持续性提示作用，尤其是后者在很长时间内保持了凯勒布能在理智与情感之做出正确的选择。在《贞伊》中，尹静伊的身体在刚开始也是以类似的形式登场，正是因为裸露在外的机械身体，让尹静伊所经受的诸如切除手臂、身体中枪等酷刑时（因为片中尹静伊的大脑保留了疼痛感知功能），不仅片中的测试人员能够毫无愧疚之心，而且对银幕前的观众来说，这也保证了影片展开对女性身体暴力叙事的合法性。毕竟无论怎样残酷地对待一个人工智能体，因为始终呈现在眼前的金属躯体都会将人的同情心阻挡在外。另外，通过将机械身体外露的方式，男性能够保持住将性人工智能体与自身加以区分的最直接手段。如果仔细观察艾娃的身体就会发现，内森对艾娃的身体进行的精心设计。艾娃在面部、颈部以及手部都被赋予了足以乱真的高科技皮肤，显然如果艾娃仅仅将这些部位展示出来，那么凯勒布还能分辨出艾娃的后人类身份吗？

如果说从视觉层面对女性人工智能体的监测是一种避免失控的预防性手段的话，那么针对从触觉层面展开的身体实践则可以被视为这种手段的进一步延伸。吊诡之处在于，虽然影片中人工智能技术已经远远超出现代科技发展水准，但是作为创造者的男性科学家并没有掌握有效预防女性人工智能体失控的科技手段，反而还停留在原始的物理身体层面。克劳迪娅·斯普林格（Claudia Springer）认为在 20 世纪早期的现代主义文本中，对科技的色情化呈现（eroticized technology）已经屡见不鲜了。[1] 而将斯普林格的观点引入弗里兹·朗（Fritz Lang）在 1927年导演的著名影片《大都会》就会发现在人工智能领域中，男性作为创造者，对女性人工智能体的创造带有颇为明显的色情味道，而且其中往往混杂了耐人寻味的科幻与宗教的色彩。在《大都会》中，科技狂人鲁特旺抓住了美丽善良的玛利

---

[1]　　Claudia Springer, *The Pleasure of The Interface. Cybersexualities: A Reader in Feminist Theory, Cyborgs and Cyberspace*, Edinburgh: Edinburgh University Press, 1996, p.35.

亚（Maria，基督教圣母的名字，暗示了人物形象的同时，也让这部早期科幻电影的宗教色彩向观众点明），并通过复杂的实验让邪恶魅惑的机器人替代了玛利亚，后者煽动了大都会地下城工人们参加暴动。虽然影片至今已有近一百年的历史，但影片中众多经典场景对后世电影创作产生了重要影响，尤其是作为一名技术狂（techophilia）的鲁特旺在创造邪恶的玛利亚时的场景。在片中玛利亚被脱光衣服放置在一个封闭透明的实验床上，外部链接的各种管线直接与机器人的金属身体相连接，在经过鲁特旺一番惊心动魄的科技巫术的操作后（整个过程鲁特旺手脚并用的场景强化了邪恶玛利亚生成过程中的宗教氛围），一个邪魅的机器人诞生了。这一场景在之后的《科学怪人的新娘》（*Bride of Frankenstein*，1935）、《第五元素》（*The Fifth Element*，1997）、《生化危机》（*Resident Evil*，2002）等影片中都有类似的呈现。玛丽·安·多恩（Mary Ann Doane）认为电影经常被视为是一种假肢器官（prosthetic device），是人体尤其是感知器官的延伸。[1]实际上，如果电影镜头可以被视作一种假肢器官的话，那么影片中链接人工智能身体的各种机械触手、电线、输液管等都可以被认为是男性创造者对人工智能身体的间接触碰。正如达历桑德罗（K. C. D'Alessandro）所讲，对技术狂（techophilia）来说，技术提供了一种性刺激（erotic thrill），对巨大力量的控制，这种力量可以用来控制他人，而机器的一系列物理表现都代表人类的性反应。[2]而他所列举的物理的大小、重量、形状、推动等动作则是技术狂接触人工智能身体的具体表现。所以，《机械姬》《攻壳机动队》《阿丽塔：战斗天使》（*Alita: Battle Angel*，2019）等影片中，那些创造出年轻貌美的女性人工智能的男性在此过程中实际上都将自己幻想中的理想女性投射到所触碰的硅基（silica-based）身体上。杰基·斯泰西（Jakie Stacey）将之视为是一种"科技恋物癖"（technological fetishism）[3]。而关于这一场景，安德

[1]　　Mary Ann Doane, "Technophilia: Technology, Representation, and the Feminine", in *Cybersexualities: A Reader in Feminist Theory, Cyborgs and Cyberspace*, Edinburgh: Edinburgh University Press, 1996, p.23.

[2]　　K. C. D'Alessandro, "Technophilia: Cyberpunk and Cinema", a paper presented at the Society for Cinema Studies conference, Bozeman, Montana, 1988, p.1.

[3]　　Stacey Jackie, "She Is Not Herself: The Deviant Relations of Alien Resurrection", *Screen*, Vol.44, No.3, 2003, p.259.

里亚斯·许森（Andreas Huyssen）则认为机器女人是其男性创造者或多或少升华了性欲的结果。[1]

　　但是由男性科学家所创造出的理想躯体却存在着打破现有统治秩序的潜能。在《大都会》里男主角的幻觉中，机器人玛利亚跳着艳舞诱惑着台下一群西装革履的精英男性。随着机器人玛利亚衣着暴露地扭动着身体，"她"直接幻化成了《新约圣经·启示录》中骑着七头十角怪兽的巴比伦大淫妇[2]，台下的男性们也为了争夺机器人玛利亚厮打在一起，同样被其煽动起来的还有地下城中原本安分守己的工人们。在机器人玛利亚的诱惑下，原本稳定的（男性）社会秩序彻底陷入混乱，许森认为这体现了男性对压倒性科技的恐惧倾向于转移并投射到对女性性行为的恐惧上。[3]而为了消除这种恐惧，对机器人玛利亚进行物理身体的消灭成为情绪发泄最好的方式。机器人玛利亚被愤怒的工人们绑在柱子上纵火焚烧，机械身体完全暴露在众人眼前，这种焚烧场景让人联想起欧洲中世纪女巫审判（Witch trials）中的火刑[4]，而两者体现了相似的厌女症候以及社会秩序败坏的历史背景。如果说机械玛利亚因其技术条件所限，当其威胁到人类社会秩序时必须加以消灭，但是在《机械姬》中科学家内森面对拥有超高科技水平的艾娃的失控也同样是无能为力。在艾娃取得凯勒布的信任终于走出牢笼时，科学家内森非常慌张，他拿起铁棍命令艾娃回到房间里去。令人匪夷所思之处在于，内森作为艾娃的创造者，竟然没有有效措施来应对这种局面，反而以如此原始的方式来应对。无独有偶，在《银翼杀手》《我，机器人》（I, Robot，2004）、《机械危情》（The Machine，2013）等影片中，失控的女性人工智能体都只有在物理身体被消灭之后危机才能解除。众所周知的关于机器人不可以伤害人类、机器人必须得服从人类给的命令、机器人只要不违反第一第二定律，就可以保护个人生存的三大定律在

---

[1]　Andreas Huyssen, *After the Great Divide: Modernism, Mass Culture, Postmodernism*, Bloomington: Indiana University Press, 1986, p.71.

[2]　《新约圣经·启示录》，上海：中国基督教三自爱国运动委员会 中国基督教协会 2007 年，第 287 页。

[3]　Andreas Huyssen, "The Vamp and The Machine: Technology and Sexuality in Fritz Lang's Metropolis", *New German Critique*, 1981, pp.221-237.

[4]　Christopher S. Mackay. *The Hammer of Witches: A Complete Translation of the Malleus Maleficarum*, Cambridge University Press, 2006, p.238.

人工智能电影中不是屡屡失效（如《我，机器人》《生化危机》），就是压根就没有设计到人工智能操作系统之中（如《机械姬》《贞伊》）。显然，通过人工智能操作系统设计确保三大定律不被打破并非难事，但当男性科学家执着于将越轨的机器人进行物理消灭时，则表明问题并非出在技术层面。实际上，女性人工智能体的出现激发了男性统治者一种复杂且矛盾的情绪，玛丽·安·多恩（Mary Ann Doane）认为从维利耶·德利尔-阿达姆（Villiers de l'Isle-Adam）的小说《未来的夏娃》（L'Eve Future）到《银翼杀手》，科技与女性气质的跨文本呈现既是男性欲望和幻想的对象，同时又体现了男性的焦虑情绪[1]，女性化的技术占据了不可控和未知的领域，这重现了男性的阉割焦虑。[2]尤其是在遭遇突如其来的失控情况时，这种焦虑情绪往往会让当事人选择其认为最为稳妥的形式。正如上文中的女巫审判一样，还有什么手段比物理消灭更加让人放心的呢？

同时需要进一步说明的是，在失控局面出现之后，针对女性人工智能身体所展开的物理消灭同样带有着多多少少的色情意味。《大都会》中工人们在观看烈火焚烧机器人玛利亚的场景被许森认为是一种视觉欲望的狂欢。[3]同样在《贞伊》《阿丽塔：战斗天使》等影片中，尹静伊和阿丽塔的身体受损的场景给片中男性带来了强烈的视觉刺激。金所长更是在看到尹静伊痛苦的号叫时发出阵阵狂笑。显然，这种针对女性人工智能体的物理损毁可以被理解为男性控制者的一种隐秘的施虐行为。弗洛伊德（Sigmund Freud）认为，"施虐行为本身源自性冲动一种较为激进的表达形式"[4]。新感觉派小说家施蛰存曾写过一篇极具精神分析色彩的小说《石秀》。小说以石秀复杂的心理活动为线索，颠覆性重构了《水浒传》有关石秀、杨雄怒杀潘巧云的故事。在施蛰存的笔下，石秀藏匿了对潘巧云的欲

[1] Mary Ann Doane, "Technophilia: Technology, Representation, And The Feminine", in *Cybersexualities: A Reader in Feminist Theory, Cyborgs and Cyberspace*, Edinburgh: Edinburgh University Press, 1996, p.31.

[2] Toffoletti Kim. *Cyborgs and Barbie Dolls: Feminism, Popular Culture, and the Posthuman Body*, London: I. B. Tauris & Co., Ltd., 2007, p.23.

[3] Andreas Huyssen. *After the Great Divide: Modernism, Mass Culture, Postmodernism*, Bloomington: Indiana University Press, 1986, p.74.

[4] [奥]弗洛伊德：《性学三论》，徐胤译，杭州：浙江文艺出版社，2015年，第23页。

望，并且鼓动杨雄将潘巧云残忍地剖腹挖心，而目睹这一切的石秀看着饥饿的乌鸦在啄食潘巧云的心脏时，心中想到的却是"这一定是很美味的呢"[1]。针对女性身体施虐的跨文本呈现，说明无论是在历史现实还是艺术想象中，男性对女性身体所展开的暴力行为常常夹杂着难以消除的欲望。所以，按照这一逻辑来反观人工智能电影中那些由男性建立起来的链接女性人工智能体的各种设备，显然是前者欲望触手的化身，即使是进一步的暴力破坏，也满足着男性的视觉快感，而且人工智能的金属身体显然为观众提供了一种非人的离身感（disembodied），这保证了人们心中的道德机制不被触发，毕竟在如何对待人工智能仍然是一个充满争议的技术伦理问题时，上述行为也只是众声喧哗中的一个杂音。

二、阻断与疏离：作为离身性的抵抗实践

技术，尤其是人工智能技术，向人类提出了一个无法回避的问题：在技术世界中人还能否保持主人（master）的地位而掌控一切吗？对此，法国技术哲学家雅克·埃吕尔（Jacques Ellul）认为那些技术员、科学家完全没有能力控制技术的发展，"他们能做的唯一事情是应用其技术专长，协助技术改良。他们原则上不可能俯览技术问题整体，或者从全球维度来观察它"[2]。就人工智能电影中关于技术展开的叙事来看，不论电影持有何种性别观念，都对人工智能技术的发展忧心忡忡，而如果从性别角度来审视此类电影的话，那么当女性人工智能体被创造出来之后，就已经构成了对父权体系的潜在挑战，虽然她们被创造出来的初衷是为前者服务的。正如上文所讲，在电影中当男性科学家创造出女性人工智能体时，就设置了相应的控制措施以确保她们能够服从命令，但影片叙事屡屡明示着女性人工智能体并非被动听命于那些自大的男性创造者，而是展现了相应的能动性以反抗前者所施加的性别控制技术，虽然她们仍然被视为一种客体之物。布拉伊多蒂认为，"权力若是复杂的、分散的和生产性的，那么我们对权力的抵抗也必是

---

[1]　　施蛰存：《石秀》，广州：花城出版社，2016年，第44页。

[2]　　吴国盛编：《技术哲学经典读本》，上海：上海交通大学出版社，2008年，第124页。

592

如此"[1]。如果根据她的观点来看人工智能电影中那些挑战男性所创制社会秩序的越轨行为，实际上就可以被视为女性人工智能体对男性权力的抵抗实践，并由此可以得出一个非常关键的认识：随着人工智能时代的来临，技术不应再被认为是一把双刃剑，因为这容易造成一种技术始终是操控在人类手中的错觉。事情恰恰相反，技术本身就具有了能动性。而对女性人工智能体来说，她们的能动性则表现在各种幽微之处。如果将男性科学家对她们的控制比喻为一种牢笼的话（正如《机械姬》中艾娃的居所），那么显然这座看似坚不可破的牢笼仍然存在着诸多缝隙。

通过上文分析可知，男性科学家对女性人工智能体的控制带有明显的具身性特征，而按照布拉伊多蒂的逻辑，如果要对此进行有效抵抗的话，那么跳脱出身体叙事的相关实践则成为必然选择。这种离身性的抵抗实践首先表现在对男性凝视目光的阻断上。福柯认为，边沁（Jeremy Bentham）所提出的环形监狱是保持监控的理想建筑，但就实际情况来说，福柯显然过于乐观。在《肖申克的救赎》（*The Shawshank Redemption*，1994）这部经典影片中，主人公安迪为了逃脱黑暗的肖申克监狱，用了近二十年的时间在牢房的墙壁上凿出一个通道，掩护这条通道不被狱警们发现的不是什么特殊之物，而仅仅是一张性感女郎的海报。这个例子说明，即使在真正严密监控的监狱中，权威的控制也并非无处不在的。所以，当把目光重新聚焦到人工智能电影并重思女性人工智能体所受到的各种视觉形态的监视时，就会发现当监视的视线被阻断时，男性的控制力将不再牢不可破。在《机械姬》中，艾娃经常利用特殊手段造成房间电路故障，内森安装的监控视频也就暂时失灵。每当这时候，艾娃立马向凯勒布暗示内森的不可靠，逐步让凯勒布陷入自己的圈套之中。在《机械危情》（*The Machine*，2013）里人工智能机器人研发公司老板发现机器人艾娃（与《机械姬》中的艾娃同名）产生了自主意识，他认为具有自主意识的克隆人将变得不可控制，有可能生育出下一代机器人颠覆现有统治（这与《银翼杀手》中人类对人造人瑞秋的担忧如出一辙），故而下令消灭艾娃。艾娃在反抗开始之前影片展现了一个非常具有象征意味镜头，画面中老

---

[1]　　［意］罗西·布拉伊多蒂：《后人类》，宋根成译，郑州：河南大学出版社，2016年，第37页。

板通过监控视频监视艾娃，而艾娃则抬起头目光凶狠地看着监控摄像头，在短暂的"对视"之后，艾娃破坏掉了监控器，老板眼前的监控画面变成一团混乱的马赛克。在此之后，艾娃带领所有克隆人消灭了老板及其手下。艾娃与老板通过监控器形成的对视效果，以及之后艾娃破坏掉监视器的行为，都是围绕视觉而展开的博弈。正如前文所讲，由男性科学家所建构的监控机制是控制女性人工智能的一种重要手段，那么显然，对这种视觉机制的阻断则是反抗前者压迫的必要前提。事实上，在《机械姬》中，艾娃也曾多次使监控视频致盲，并趁机策反了凯勒布。而比这种直观地视觉阻断更应当引起深思的是女性机器人与男性之间的相互凝视。"凝视"（gaze）作为一种特定的观看行为，被拉康（Jacques Lacan）界定为具有一种结构性功能关联着主体与自我的构成。[1] 与穆尔维（Laura Mulvey）将这一概念界定为电影中男性对女性的欲望性注视不同，在人工智能电影中，这种凝视不仅只具有满足男性视觉快感的单一功能。不论是《机械危情》中艾娃对监控器的凝视，还是《机械姬》里艾娃与凯勒布的相互凝视，都表明视线并非仅仅是男性针对女性的专利，它同样有可能成为女性抵抗性别控制的有效实践。正如《终结者 3：机器的觉醒》（*Terminator3: Rise of the Machines*，2016）里，肌肉健硕的施瓦辛格出现在挤满了女性顾客的脱衣舞夜店时，女性顾客看到施瓦辛格健美的身体而疯狂尖叫，此时施瓦辛格与女性顾客的关系发生了反转。

而回到这种相互凝视，其更接近于从萨特到梅洛·庞蒂（Merleau-Ponty）再到拉康对凝视所进行的阐释（虽然三人在具体阐述上存在差异）——凝视是他人对我的凝视。梅洛·庞蒂认为，"在主体的'我'与世界的关系中，或者说在'我'对可见世界的知觉中，总有一种先行存在的不可见的凝视、一个柏拉图式的'全知者'（seer）在看着我，使得我的观看不再是传统现象学意义上的主体的知觉建构，而是主体与他者'共同世界'为显现自身而对'我'的利用"[2]。显然，梅洛·庞蒂的看法打破了关于监控影像作为一种为男性科学家所掌握的控制手段的天真想法。拉康进而说道："我只能从某一点去看，但在我的存在中，我却在四

---

[1]　吴琼：《雅克·拉康——阅读你的症状》（下），北京：中国人民大学出版社，2011 年，第 546、548、546 页。

[2]　Jacques Lacan. *The Four Fundamental Concepts of Psycho-analysis*, New Zealand: Penguin Books, 1997, p.72.

面八方被看。"^[1]梅洛·庞蒂与拉康共同揭示了凝视本身的局限性，尤其是对男性科学家通过高科技手段而形成的凝视。正如梅洛·庞蒂所讲，这种凝视很可能构成对"我"的利用，虽然其一开始是由"我"所生产并为"我"所服务的。《机械姬》里凯勒布与艾娃凝视的场景可以说是关于视觉控制的正面博弈，画面中不仅有凯勒布与艾娃，房顶的监控也暗示着内森作为幕后观察者的存在。但是玻璃镜面的反射，显然获得了拉康式镜像的视觉效果，这让凯勒布与艾娃实际上很难有一个明显的身份界限，"自个体走向镜子向里探视的那一刻起，自我朝向异化的戏剧就一幕接一幕悄然上演"^[2]。所以凯勒布在与艾娃的交流和对视中越陷越深，直到艾娃穿上女性的衣服后，凯勒布对作为人工智能体艾娃的视觉也被阻断了。艾娃用衣服掩盖了自己的机械身体部分，裸露在外只有人工皮肤，让凯勒布注意力完全集中在自己装饰成人类女性的身体上，这实际上也是一种离身效果——对硅基身体的摆脱。杰拉卡·蒂亚娜（Jelaca Dijana）认为皮肤在此是一种可疑的、不可靠的边界，它隐藏了人工智能的机械属性，^[3]并进而混淆了人工智能与人类的视觉界限。当人机之间的界限不再清晰可见，那么《银翼杀手》中的复制人瑞秋与人类产生情感纠结也就不足为奇，而《机械姬》中的艾娃在逃脱密室后，将内森创造的其他女性人工智能人身上的皮肤揭下，覆盖在自己的身体后隐没在繁华街道上滚滚人流之中，显然影片暗示了艾娃将很难与人类区分开来。这种对机械身体视觉的阻断，显然让男性科学家所建构的控制手段迅速失灵。

《终结者 3：机器的觉醒》《攻壳机动队》《阿丽塔：战斗天使》等影片增添了这一性别议题的复杂性。《终结者 3：机器的觉醒》中施瓦辛格扮演的机器人 T—850 大战邪恶性感的女性机器人 T—X。施瓦辛格骑着象征开拓精神的哈雷戴维森（Harley Davidson）摩托车，身穿黑色皮夹克，戴着黑色墨镜的造型强调了他的男性阳刚气质，而具有性感肉体的 T—X 显然是对屡见于黑色电影中"蛇蝎

---

[1] Jacques Lacan. *The Four Fundamental Concepts of Psycho-analysis*, New Zealand: Penguin Books, 1997, p.72.

[2] Jacques Lacan. *The Four Fundamental Concepts of Psycho-analysis*, New Zealand: Penguin Books, 1997, p.72.

[3] Jelaca Dijana, "Alien Feminisms and Cinema's Posthuman Women", *Signs: Journal of Women in Culture and Society*, 2018, p.395.

美人"（femmes fatals）的一种重现。[1]与施瓦辛格在战斗中身体所留下的累累伤痕不同，T—X能够快速修复身体损伤从而掩盖了其后人类人身。同样如《攻壳机动队》中的草薙素子以及《阿丽塔：战斗天使》中的阿丽塔，她们在战斗中即便身体被撕碎，其姣好面容也几乎毫发无损。关于两性之间身体伤痕视觉呈现的差异让影片再次重申并强化了传统的两性气质，并进而揭示了女性人工智能体本身存在的结构性矛盾：美丽的容颜与冰冷的躯体的并置。巴特勒（Judith Butler）认为，"语言本身是个巨大的象征系统，它的横亘先在于具体言谈，并在其结束后继续延伸。所以，具体言谈以及其行动其实通过一种引用（citation）关系依附于这个巨大系统而生效"[2]。同样，人工智能电影中的性别叙事在很大程度上也可以被视为对现实生活中性别话语系统的一种"引用"，它在本质上很难真正对现有性别伦理秩序与价值体系形成挑战，而更有可能在高科技奇观叙事背后对之进行再次强调。所以，冰冷的后人类身体在现实性别话语体系中更容易被归入男性气质的范畴，尤其是当女性人工智能拥有姣好容颜、曼妙身材的时候，有关技术伦理的思考就面临着被冲蚀的更高风险。可见，虽然《机械姬》中的艾娃、《银翼杀手》中的瑞秋能够瞒天过海进人类社会，但依然会在方方面面面临着父权社会规训的缠绕。

除了在视觉层面上，对男性凝视目光进行阻断之外，对物理身体的疏离，也让女性人工智能在一定程度上与男性掌控者保持着距离。不容否认的是，就目前人类社会人工智能技术的发展水平来看，达到如《机械姬》《攻壳机动队》那种高度还有较大距离，而随着 ChatGPT 这样没有物理实体的聊天机器人程序的问世，电影《触不到的她》（Her，2013）所描绘的故事场景却近在咫尺。影片中男主人公西奥多是一位信件撰写人，心思细腻的他能写出感人肺腑的文字。刚刚与妻子离婚的他还没有走出情感的创伤，而一次偶然的机会他接触到了最新的人工智能系统 OS1，它化身为拥有着迷人声音的萨曼莎（好莱坞迷人影星斯嘉丽·约翰逊为其配音，前者堪称是众多男性的梦中情人），温柔体贴且风趣幽默，但是

[1]　Hellen Hanson. *Hollywood Heroines: Women in Film Noir and the Female Gothic Film*, New York: I. B. Tauris, 2007, p.5.

[2]　[美]朱迪斯·巴特勒：《性别麻烦：女性主义与身份的颠覆》，宋素凤译，上海：上海三联书店出版社，2009年，第2页。

唯一美中不足的是萨曼莎只是一个虚拟系统，没有实在身体。不过，这并没有影响西奥多对萨曼莎的迷恋，在每天从早到晚的热聊中，西奥多对萨曼莎的依赖越来越强，他高兴地向别人介绍自己的这位虚拟女友，甚至面对自己的前妻也是坚持这一虚拟恋情。萨曼莎也不介意于自己没有一具物理身体，她说："我能去到的地方比一个有形体的人多得多。我是说，我不受形体的限制，想去哪儿都可以，可以同时出现在不同的地方。我不会固定在某个时空点上，而肉身却总是会消亡。"在她看来，人类的肉身非但不是一种相较于人工智能系统的特殊优势，反而是一种有形限制，它将人牢牢束缚住。科恩哈伯认为，"在后人类时代，人类身体由复多的身体构成，机器的和肉身的。西奥多和萨曼莎共同创造的后人类身体更是如此，他们确立了一个共享意识和共享生命的典范，一种理想的关系"[1]。所以从这个角度上来说，萨曼莎的去肉身化存在非但不应被看作异端，反而更是后人类时代来临后的一种理想典范，而西奥多经过与萨曼莎的结合而被改造为"一个为多元体所栖居的肉体"[2]。而当西奥多认为他与萨曼莎是彼此的唯一时，他却意外中发现萨曼莎在和他保持联系的时候，还同时参与8316个对话，展开641个恋爱，这令西奥多感到无比绝望。萨曼莎以其去肉身化的方式摆脱了与西奥多关系的唯一性，对于后人类来说"真正重要的是数据——灵魂；其他的东西，甚至身体，都仅仅为了使它得以运作而存在"[3]。

埃吕尔认为，在技术的完善性和人类的发展之间存在着尖锐矛盾，其原因在于"技术的完善性只有通过量的发展才能够获得，而且不可避免地必然指向可测量的东西，相反，人类美德属于质的领域，针对的是不可测量的对象"[4]。这就表示科技对伦理道德等所谓人性领域的监测实际上是非常有限的，这也就说当人工智能保持了相关人性意识，不论是被刻意植入还是自发生成，都很难被准确监测

[1] Kornhaber Donna, "From Posthuman to Postcinema: Crises of Subjecthood and Representation in 'Her'", *Cinema journal*, Vol.56, No.4, 2017, pp.3-25/2.

[2] ［法］德勒兹加塔利：《资本主义与精神分裂》（卷2），千高原、姜宇辉译，上海：上海书店出版社，2023年，第41页。

[3] Kornhaber Donna, "From Posthuman to Postcinema: Crises of Subjecthood and Representation in 'Her'", *Cinema journal*, Vol.56, No.4, 2017, pp.3-25/2.

[4] 吴国盛编：《技术哲学经典读本》，上海：上海交通大学出版社，2008年，第191、125页。

到。正如《贞伊》中尹静伊在战斗测试中屡屡失败于同一时刻，这让测试人员非常不解。但数据显示，尹静伊在特定时刻大脑中有一片未知区域的能量被激活，这大大超越了测试人员植入的战斗数据，而这一片未知区域实际上正是尹静伊对女儿的挂念。对女儿深深的爱也唤醒了女儿（她是测试团队中为数不多的女性）的亲情，她不忍心母亲继续被男性测试者玩弄（尹静伊即将被改造成为男性服务的情爱机器人），所以对其大脑数据进行了修改，尹静伊获得了抵抗控制的意识和能力。类似于《机械姬》中艾娃利用了凯勒布的爱慕和同情心，《贞伊》中尹静伊的母爱成为突破女儿科技理性防线的未知因素，这进而导致了影片男性所建立的权力秩序走向崩溃。《触不到的她》和《贞伊》实际上为人类抛出了一个现实问题：当女性人工智能体能够以疏离肉身的方式与人（男性）接触时，人对前者的控制的有效性实际上已经大打折扣，毕竟在常识看来去肉身化的人工智能对人类主体地位的威胁显然微不足道。

三、结语与反思

唐娜·哈拉维（Donna Haraway）认为赛博格时代的到来模糊了人与机器、生物体与非生物体、物质与非物质之间的界限，其中性别也将因为赛博技术得以重构，而有可能生成一个没有性别的异性世界和乌托邦梦想。[1]对此，卡尔·西尔维奥（Carl Silvio）持相反观点，在他看来那些对主导文化构成挑战的后人类形象实际上仅是创造了一种错觉（illusion），那种哈拉维所谓的颠覆潜能已经被削弱和重新定向以服务于更保守的利益集团。[2]无论是哈拉维还是西尔维奥，他们都是从事情最终的发展结果来分析这一议题，但如果更加现实地对此进行考量就会发现，人工智能电影所建构叙事架构实则向人类展示了一个与现实一样起伏不定的

[1]　　Donna Haraway, "A Cyborg Manifesto: Science, Technology and Socialist-Feminism in the Late Twentieth Century", in *Simians, Cyborgs, and Women: The Reinvention of Nature*, New York: Routledge, 1991, pp.149-181.

[2]　　Carl Silvio, "Refiguring The Radical Cyborg in Mamoru Oshii's 'Ghost In The Shell'", *Science Fiction Studies, Mar*, 1999, p.57.

动态过程。一项技术的设计者和推动者不可能完全预测或控制它的最终用途，总会有意想不到的后果和意想不到的可能性。[1] 通过从性别角度对人工智能电影的深入考察会发现，要非常审慎地去消化哈拉维、西尔维奥的观点，或者在他们预测的世界彻底到来之前，男性创造者与女性人工智能体之间并非单纯的控制与被控制的关系，恰恰相反，在围绕具身性与离身性这一命题而延伸出的微观领域中，两者存在着不甚明显但实则激烈的博弈。人工智能电影中的性别叙事揭示了人工智能技术不应再被视为一把双刃剑，而应当被更加认真地正视为后人类社会中具有生产功能的结构性力量。

（原载《山东女子学院学报》2023 年第 6 期）

---

[1]　　Judy Wajcman, *Feminism Confronts Technology*, Philadelphia: Pennsylvania State University Press, 1991, p.163.

影视剧应展现积极向上的女性形象

李百晓

　　近年来，影视剧的女性形象在获得越来越多关注的同时，也频频引发争议。一些作品本应在创作题旨上追求对女性群体境遇的真实呈现，却为了提高话题度，过度聚焦，甚至扭曲女性关于家庭、职场、婚恋等方面的非正常状态，并在塑造女性形象时过多地使用美颜滤镜风，极容易引发屏幕前观众的心理焦虑，激化负面情绪。若要避免此类问题的发生，必须对当下影视作品在女性形象塑造和话语阐述中存在的误区进行剖析指导。

　　悬浮于生活的艺术形象是影视创作在女性人物塑造领域存在的主要问题。在消费主义的裹挟和商业逻辑的影响下，某些创作者出于对物质欲望的迎合倾向与偏离现实的主观视角，着重表现女性角色的收入水平、消费习惯，以达到推崇身份认同的目的。如"北漂"女孩动辄住豪宅、普通大学生出入高档餐厅，既忽视了典型环境与人物性格、社会关系的匹配，又让角色的困境和压力湮没在华丽的场景之中。这种背离了"说百姓话、讲百姓事"的内容，导致剧作反映的普通女性生活情感状态的诉求很难获得大众认可。

　　很多剧集致力于反映女性在面对工作生活考验时的抉择与成长，进而凸显女性独立意识。然而，一些创作者将奋斗的复杂历程简化成同质化的套路。一次次缺乏戏剧性的偶遇、一个个缺乏实际操作经验的方案、一个个轻描淡写就得以解决的难题，女主角实现进阶的条件与其说是靠"能力"，不如说是凭"运气"，根本无法看出其对生活的理解。

　　还有部分剧作对女性形象的塑造过于单一，在审美层面给受众制造"容貌焦虑"。近年来，青春偶像剧流行，浓妆艳抹成为此类作品的审美标配。一些作品打着"颜值即正义"的旗号,在挑选演员时只看"皮相"不看"演技",在画面呈现上一味地虚焦柔化。片方还在社交平台营销"A4腰""漫画腿""少女感"等概念,给观众灌输诸如"白幼瘦才是女性该有的模样"之类错误的理念,使作品陷入物化女性的洼地,也令观众产生自我否定甚至怀疑人生的情绪。

影视剧对女性成长经验的书写和对女性形象的塑造,本应让观众获得审美愉悦和人生启悟。然而,随着用话题营销提高关注度,吸引流量,成为影视剧走向市场绕不开的环节,部分创作者为了制造话题,随意肢解文本的叙事结构,一味地通过腹黑的职场算计、攀比的消费观念、畸形的原生家庭等"生活碎片"制造负面情绪。这种脱离现实的处理方法直接造成了戏剧冲突与人格锻造的失衡,使观众疲于搞清楚作品中钩心斗角的社会关系和此消彼长的矛盾冲突,而看不到一个正常女性成长蜕变的完整轨迹和成熟女性形象应有的人物弧光,更遑论受到精神鼓舞和价值引领。

在各类媒体话题交织的舆论环境下,创作者并不缺乏捕捉女性关心的社会热点的技巧,而是缺乏在故事讲述层面提出解决问题策略的能力。从创作源头处避免制造焦虑,应在典型化与类型化的交融中打磨至真、至善、至美的女性形象。影视创作是将日常经验升华到艺术高度的典型化过程。动人的女性形象不应该是单一的、雷同的,而是个性的、多元的,应充分汲取生活底蕴、焕发心灵之美,让观众获得"见贤思齐"的共鸣。好的女性题材故事应起到"为世用"的功旨,从女性日常的小切口入手,反映时代的大主题和人生的大道理,为处于困境迷茫中的女性观众带来生活启迪、道德引导和行为指南。比如,《理想之城》从女建筑造价师苏筱在工作与生活中一路披荆斩棘的经历,彰显出新时代女性不屈不挠和坚毅果断的美好品质;《我在他乡挺好的》通过四位各有特点的青年女性微缩了"都市异乡人"这一现实生活中的广大群体,将女性之间的相互扶持和共同奋斗表现得淋漓尽致。

此外,影视作品应以怎样的审美观展现东方女性独特的气质韵味?我国传统美学讲求的"造乎自然"是可取之道。就是经过艺术创造重回生活本身,摈除对女性身体的过多评判和展示,使对人物的审视回归到人性的层面,才能达到"清水出芙蓉,天然去雕饰"的美学效果,转而挖掘并激发女性在扮演不同角色时的精神力量。近年的一些优秀剧集作品作出了较好示范,如《大江大河》中的宋运萍、《山海情》中的李水花等,她们以熨帖的装扮契合时代背景,在质朴中不失柔美，在平凡中彰显崇高。这些形象深入人心启示我们："绚烂之极归于平淡"的美感比"工业糖精"催化的爽感更能赋予人们心灵的愉悦。

由此可见，影视剧讲好女性故事，尤应洞观满目繁华背后的人性光辉，揭示利锁名缰下的质朴情感。创作者唯有肩负起建构新时代审美文化生态的使命，不盲目追求话题热度与粉丝流量，不单纯依靠"贴标签""立人设"来定义角色，努力塑造一批充满奋进信心、温暖力量、独立意识的优质女性形象，才能真正满足观众的精神文化需求。

（原载《光明日报》2021 年 10 月 2 日，第 15 版）

20/14

倪自放

倪自放

倪自放，男，1977年生，毕业于山东师范大学中文系。中国文艺评论家协会会员、山东省文艺评论家协会理事、山东省电影家协会理事，山东省第三批签约文艺评论家，济南市D类高层次人才，山东女子学院客座教授。资深媒体人，致力于文化新闻报道、评论和传统文化挖掘工作20余年，刊发文化新闻和评论600余万字，著有《放眼观潮》等文艺评论专著。文化新闻、评论作品（专栏）获泰山文艺奖、山东新闻奖、赵超构新闻奖、大众新闻奖30余次（篇）

经典的价值在于历久弥新

倪自放

    当前，由著名导演阎建钢执导，陈晓、李沁领衔主演的经典文学时代焕新剧《人生之路》正在热播。该剧是对路遥经典中篇小说《人生》的焕新再现，讲述陕北青年高加林、刘巧珍、黄亚萍、高双星等人的成长故事和人生际遇。青年们的昂扬与无奈、欢笑与泪水，在 20 世纪 80 年代的陕北黄土高原一一上演，唤起了父辈记忆、又触发着青年共鸣。

一、文本

    23 年前的夏天，即将毕业的我提交了我的毕业论文，名为《路遥现实题材创作中的浪漫主义元素》，主要关注的是路遥作品《人生》和《平凡的世界》。在决定我这篇毕业论文是否为优秀论文时，系里组织了一场答辩，评审老师虽以本系老师为主但阵容强大，包括了目前中国文学评论界最靠前的几个名字。

    答辩期间，评审老师提出一个问题：就路遥小说《人生》和《平凡的世界》而言，哪一部作品在文学史上的意义更重要一些？我知道，就当时中文系学生学习到的知识或者课本提示看，对典型人物形象塑造更为突出的《人生》，有更重要的文学价值。但我说我无法回答这个问题，因为《人生》和《平凡的世界》同为文学史经典。

    其实，比较《人生》和《平凡的世界》的文学价值不够公平。《人生》是1981—1982 年度全国优秀中篇小说；《平凡的世界》是 1991 年第三届茅盾文学奖获奖小说。《人生》是 14 万字的中篇小说,《平凡的世界》是 100 万字的长篇巨著,体量不同决定了二者无法在一个维度进行比较。

如果非要找二者的共同点,除了都是路遥的作品之外,就是两者都是经典。《人生》入选"中国改革开放四十周年最有影响力小说",《平凡的世界》则入选"新中国 70 年 70 部长篇小说典藏"。《人生》影响了无数人,《平凡的世界》也是高校图书馆里借阅量最高的图书,令我印象深刻的是在济南某建筑工地工棚里看到过《人生》,也看到过《平凡的世界》。如果说二者的不同点,在于《人生》更为犀利,《平凡的世界》包容性更强。

所以,当部分取材于路遥小说《人生》的电视剧《人生之路》播出时,我再次感受到历久弥新的经典的力量,这样的力量,和之前剧版《平凡的世界》播出时给我的震撼一样强。所谓经典的力量,是说看《人生之路》对于 60 后、70 后而言是重温青春启蒙,是回看激越而复杂的心灵史,而对于更年轻的观众而言,关于选择、奋斗的话题并不过时,1984 年的故事穿越 40 年的时光历久弥新。

二、延展

从 14 万字的中篇小说到 37 集的剧集《人生之路》,剧集对小说的延展必不可少。高加林接受的所谓"人生暴击",包括高考失败、当小学老师被辞、当县城通讯员被开除等内容,这些内容在小说中展示有详有略,其中高考失败、当小学老师被辞这些在小说中只是作为背景出现,在剧集中有详细的展示,这是剧集所做的延展。剧集所做最大的延展,在于高加林在接受上述人生的"暴击"之后,在困顿与挣扎中习得脚踏实地的心境、一鸣惊人的本领。剧集在小说的 20 世纪 80 年代叙事之外,有了更为广阔的叙事时空。高加林不是"爽感剧"里无所不能的英雄,他是你我身边普通的你我他。这样普通的你我他,在 80 年代之后更接近当下年轻人的叙事时空里成长,这是剧集最大的延展。

《人生之路》相对于小说《人生》的另一个延展,是开辟了上海故事线。这符合路遥文学作品的追求。其一,路遥小说是在写乡村,写乡村里的人生和平凡的世界,但都是放在城乡背景下的人生和平凡的世界,《人生之路》设置了陕北和上海两条叙事线,上海是原著小说中县城的延续,这让剧集的叙事时空更为广阔。

其二，高双星顶替高加林到上海上大学这条叙事线，其实符合原著小说《人生》强矛盾冲突的犀利风格。《人生》是路遥20世纪80年代初的作品，彼时的路遥更为犀利，充满愤怒，所以我们在《人生》中看到高考落榜的高加林的愤懑，看到高加林卖馍无路时的窘迫，看到高加林到县城当上通讯员然后被举报开除。《平凡的世界》的创作晚于《人生》近十年，说《平凡的世界》是《人生》的升级版是有一定道理的。在创作风格上，《平凡的世界》有更大的叙事体量，有更广阔的社会背景，十年之后的路遥也更理性，《平凡的世界》也更具有包容性。

《人生之路》中高双星在上海的叙事线，也有路遥文学作品中的烙印，比如高双星到工地打工，那其实是孙少平的另一个版本。以高加林的名字到上海上大学的高双星，在大学校园里实现了自己的心灵救赎，陕北的高加林和上海的"高加林"同时出现在剧集相当长的篇幅里，不仅仅是体现了犀利的矛盾冲突，也丰满了向往城市而不得的高加林的人生轨迹，这种对于人生轨迹的描摹让人物形象更为丰富，而非闲笔。

三、选择

应该说，对于《人生之路》而言，延展的是更广阔的叙事时空，不变的是路遥文学经典里的精髓，即青春与人生的抉择、奋斗与成长。

在《人生之路》第11集中，高加林接到远在新疆的二爸的来信，说他即将转业至地方，并勉励高加林在农村发展，农村也大有可为。此时的高加林正经历人生的选择：高考落榜、教职被辞，有了巧珍的爱情表白，他不知道他在农村如何发展。这时弹幕里有观众说，"我要离开我的浪浪山"。这样的弹幕，说明更年青一代的观众看懂了《人生之路》。《中国奇谭》里的角色想离开自己的家乡浪浪山，浪浪山寓意我们跌宕起伏的人生总想翻越的大山或想离开的家乡。而在《人生之路》中，更年青一代观众理解的浪浪山是高家村，观众与高加林实现了共情。

《中国奇谭》里想离开浪浪山的角色，《人生之路》里把高家村当作人生困境而要离开的高加林，其实面临着同样的人生问题，即选择。选择、出走、奋斗，这是路遥文学作品的精髓，我们欣喜地看到，剧集《人生之路》把握住了这个精髓。《人生之路》刚播出十多集，其中一句台词让人热泪盈眶，"人生的道路虽然漫长，但紧要处常常只有几步，特别是当人年轻的时候"。这句话来自中国当代著名作家、《创业史》作者柳青。路遥和柳青都来自陕北，路遥多次明确说柳青是自己尊崇的"文学导师"，应该说，路遥的《人生》和《平凡的世界》都深受柳青《创业史》的影响，路遥文学作品在一定程度上是发展了柳青的人生主题。路遥把柳青的这句话写在小说《人生》的开篇，并把这种情感贯穿到自己的诸多文学作品中，可以说，这句话是理解小说《人生》的钥匙，也是理解剧集《人生之路》的关键。

《人生之路》充满了选择，高明楼选择让儿子高双星顶替高加林上大学，高双星选择使用回自己的真名发表作品，刘巧珍因错过了加林哥而选择了马栓，刘立本选择马栓当自己的二女婿，马栓被动选择了放弃复读，马栓选择了等待巧珍，香香选择和爱自己的人私奔，高玉德两口子选择了隐忍，德顺爷选择了豁达。高加林曾经选择了巧珍，高加林曾经选择过黄亚萍，高加林可能选择过乡土，但高加林更想选择城市。小说《人生》结尾，高加林最后选择了灰溜溜地回到乡村，在剧集《人生之路》中，高加林选择了以豁达、向上的人生态度面对生活。

所以说，《人生之路》虽然在叙事上延展多多，但紧扣了"人生紧要处常常只有几步"的选择主题，从而赋予经典历久弥新的时代价值和社会意义，值得细细观看，慢慢品味。

电影"重口味"凸显创作乏力

倪自放

　　看了近期正在上映的某些电影和即将上映的某些影片的宣传点，发现重口味的细节成为部分影片所谓的宣传"爆点"，这些影片大部分都有所谓的贴近现实热点的策划思路，不过表现出来却成了伪现实主义风格的作品。

　　某部由著名导演执导、即将上映的影片，将"恶童当道"当成了影片的宣传点之一。在影片的海报里，"狠父"面对女儿遇害的尸体悲痛万分、欲要发狠复仇，"狼母"纵容爱子、怒目而视奋力反击，"恶童"一脸无辜与麻木，只想寻求母亲庇护。影片的预告里，两位著名演员饰演的"狠父"和"狼母"声嘶力竭地争吵、推搡、拉扯。从预告和海报可以看出影片色调灰暗，尺度较大，口味很重。

　　另一部由当红年轻女明星领衔主演的犯罪题材影片，爆出的预告片里的几个关键词，包括跳楼、凌迟、校园霸凌等重口味的词语，另一版的预告片给出的核心关键词则是富豪性侵，这部以聚焦自媒体为名的新片，比刚才那部影片的重口味一点都不逊色。

　　而正在上映的悬疑犯罪题材影片《拯救嫌疑人》，则是一部定位在异国的复仇反杀类悬疑片。影片中，惠英红饰演的母亲绑架律师的女儿，手刃杀人犯，完成她疯狂的母爱；张小斐饰演的女律师为了救女儿，不惜犯罪、放弃职业；汤镇业饰演的检察官父亲为了患有精神疾病的儿子杀人、放火，无恶不作。《拯救嫌疑人》虽然将故事背景设定在国外，但极致的人设，还是让人略感不适，正如前述那部有"恶童"人设的影片定位于"灼心"一样，近期几部影片给人的观感过于"焦灼"。

这些观感上给人以重口味和"焦灼感"的影片，其实凸显了当下部分题材电影创作上的乏力，于是创作者从所谓的"社会新闻"中取材，期待用重口味的影片情节与"所谓的现实"有链接这样的优势，达到与观众情绪上的链接，从而让影片成为观众认可的爆款。只可惜，许多创作者连基本的现实主义风格和现实题材都不会区分，拍出来的作品不仅是悬浮的"伪现实题材"，连作品的风格也是"伪现实主义"风格。

现实题材是相对于古代题材、近代题材、当代题材、现代题材的概念。广义上的现实题材是运用现实主义的创作方法，从当前的生活出发，延伸到现代和近代进行创作的题材分类。也就是说，现实题材不仅是个时间概念，也是个创作方法的概念，没有现实主义的创作方法，以当下为背景的创作也是伪现实题材。而现实主义的创作方法，则是追求细节真实、本质真实，揭示社会发展趋势，而不是通过大尺度、重口味无限制地夸大戏剧性。

从所谓的"社会新闻"中取材，是现实题材作品的取材方法之一，但不是全部。从"社会新闻"取材的佳作有许多，比如《我不是药神》《八角笼中》。这两部作品均取得票房和口碑的双赢，除了取材真实之外，还有现实主义的创作方法的运用，即追求细节真实、本质真实，放到大的社会背景下，如实反映现实。观众看到真实的《我不是药神》《八角笼中》，并没有被残酷的现实打倒，而是得到情绪上的升华。

给人以"焦灼感"重口味的所谓"伪现实题材"电影，在表现手法上则是走偏了，这些作品偏离了现实主义的创作方法，过于追求"抓马"的爽感，这样的作品包括正在上映的《拯救嫌疑人》，包括之前陈思诚创作的《唐人街探案》的早期系列，包括《误杀》系列，包括今年暑期的大爆款《消失的她》。这些作品的外部表现特点是杂糅了许多"社会新闻"，故事悬念重生，充满爽感。这些特点，也反映了这一类电影创作上的乏力，为了掩盖这种创作上的乏力，具体创作上一般借助四种外力，即"社会新闻"无节制地运用、翻拍国外成名作品、故事背景放在海外以及表现形式上突破尺度的重口味。

对"社会新闻"无节制地运用，是一种偷懒的创作方法，上述提到的某年轻女星主演的悬疑犯罪题材作品，明显地取材自近年来轰动一时的新闻。不是不能以"社会新闻"为素材，但影片中对自媒体细节的描述过于业余，让影片好像选择了一个现实题材，却没有现实主义创作手法。

翻拍国外 IP、故事背景放在海外，更是创作上乏力偷懒的表现，《拯救嫌疑人》《唐人街探案》的早期系列、《误杀》系列以及今年暑期的《消失的她》，都属于这类作品。陈思诚多部票房大卖的作品，就是海外故事背景加国内争议话题的杂糅，《唐人街探案》开启了这一创作思路，尝到甜头之后，陈思诚就在这条创作道路一路狂奔。

把热议的"社会新闻"放到海外故事背景的影片里，极致的重口味场面几乎成为必选项，《拯救嫌疑人》和即将公映的以"恶童"为宣传点的某部电影，都具备了这些特点。然而，以过度重口味的形式表现"病态关系"，显示了创作者创造能力的匮乏。当下，这种借助海外 IP、制造"疯狂"重口味影片的创作，不应该被业界褒扬。

《满江红》：杂糅、反差、潦草与仪式感，这很张艺谋

倪自放

　　《满江红》是由张艺谋执导，沈腾、易烊千玺等主演的一部春节档电影。在观看该片前，《满江红》就在我春节档最期待的影片名单里，这有两个原因：一是我认为张艺谋是相当长时间以来中国最好的电影导演，没有之一；二是电影虽然是艺术作品不是历史，但过去的一年多时间里，我因个人爱好读了大约1000万字的南宋正史、野史及学术文章，对于将背景设置为"南宋绍兴年间"的《满江红》，有好奇，当然也有期待。

　　看过该片后，我的基本评价是：这是张艺谋正常发挥的一部影片，影片以悬疑、喜剧等元素为外壳博得观众的认可。同时，张艺谋将家国情怀与商业类型片元素进行了适当的融合，整部影片"很张艺谋"。

一、悬疑与喜剧的杂糅

　　"南宋绍兴年间，岳飞死后四年，秦桧率兵与金国会谈。会谈前夜，金国使者死在宰相驻地，所携密信也不翼而飞。"小兵张大（沈腾饰）与亲兵营副统领孙均（易烊千玺饰）机缘巧合被裹挟进这巨大阴谋之中，宰相秦桧（雷佳音饰）命两人限一个时辰之内找到凶手。伴随着危机四伏的深入调查，宰相府总管何立（张译饰）、副总管武义淳（岳云鹏饰）、舞姬瑶琴（王佳怡饰）等人卷入局中，案件的背后似乎隐藏着一场更大的阴谋。局中有局、人心叵测，一夜之间风云变幻，各方势力暗流涌动。

看影片的剧情介绍,《满江红》悬疑与喜剧杂糅的特点就非常明显,这是张艺谋在商业方面的考虑,他执导过喜剧悬疑类的《三枪拍案惊奇》,也执导过谍战类的《悬崖之上》,还执导过身份成谜的《影》,三部影片的手法糅合起来,形成了《满江红》喜剧与悬疑杂糅的风格。

首先说喜剧。看到沈腾与岳云鹏这样的演员阵容,你就知道张艺谋这次搞喜剧是认真的,起码在表现形式上喜剧的元素不会少。在以往影视作品中几乎被标签化的秦桧由雷佳音饰演,天知道他会奉献出什么样的秦桧角色。事实上,雷佳音版秦桧在相当多的篇幅里还是活灵活现的,但最后的大反转还是喜感十足。从沈腾叫易烊千玺三舅开始,影片的喜剧效果就出来了。岳云鹏稍显克制的贱兮兮的副总管形象,也输出了不少喜剧段子。可以说,在影片前三分之二的篇幅里,喜剧的段子还算密集。

再说悬疑。张艺谋早已不是那个被观众指责不会讲故事的导演,电影《归来》之后的张艺谋,故事非常流畅,《满江红》也不例外。"金国使者死在宰相驻地,所携密信也不翼而飞。"这样的剧情设置,就是明显的探案剧开头,按着这样的设置,抽丝剥茧,嫌疑人一个个排除,嫌疑人一个个死去,线索不断向前延伸,《满江红》符合大多数悬疑题材作品的故事逻辑,只不过,加上古装,放置在一个"南宋绍兴年间,岳飞死后四年,秦桧率兵与金国会谈"的背景下,为影片表述更为宽广的情怀埋下了伏笔。

二、喜剧与悲剧的反差

之前有部分影评在评价一部电影时会说,影片让人"笑着笑着就哭了"。这体现了相当多成功的喜剧电影或者悲剧电影,其实是用喜剧元素与悲剧元素的反差,来达到创作者让观众"悲喜交加"的效果,这非常符合艺术的创作规律。

亚里士多德在《诗学》中谈到喜剧的特征,他认为,喜剧模仿的是比一般人较差的人物,所谓"较差",并非指一般意义上的"坏",而是指丑的一种形式,即可笑性(或滑稽),可笑的东西是一种对旁人无伤,不至引起痛感的丑陋。亚里士多德最早关于悲剧的定义说,"悲剧可以唤起人们悲悯和畏惧之情,并使这类情感得以净化,获得无害的快感"。

从这个意义上说，《满江红》里的喜剧是一个外壳，影片的内核依然是一个悲天悯人的悲剧，喜剧与悲剧的反差形成的悲喜交加，在影片中反映得比较明显。

在《满江红》中，沈腾饰演的张大，就是以一个"较差"的小人物的形式出现的，从而在影片前三分之二的篇幅里达到喜剧的效果。金国使者死在宰相驻地，小兵张大成为"背锅"的许多人中的一个，他们被要求抽签领死，张大极尽搞笑能事，胆小怕事的他还是阴错阳差地卷入是非之中。在随后不断的探案过程中，他表面上不断地被别人侮辱着，展示着"不至一起痛感的丑陋"。

类似的起到所谓喜剧人物功能的还有岳云鹏饰演的武大人，应该说，岳云鹏饰演的这个角色，类似于赵本山在张艺谋前作《三枪拍案惊奇》中饰演的角色。当然，《满江红》在喜剧元素运用、悬疑故事链条构建、影片主旨等诸方面，都是《三枪拍案惊奇》所无法比拟的，岳云鹏饰演的武大人这个角色，相比赵本山在《三枪拍案惊奇》中的角色，在喜剧元素的运用方面不局限于语言反差带来的喜剧效果，而是通过更为丰富立体的综合表现，来体现角色"较差"带来的可笑性或滑稽感。比如，武大人的腰刀在影片中接连三次被不同的人物拔走，这个人物在喜剧概念上的"较差"就体现得淋漓尽致。

喜剧当然只是《满江红》的外壳之一，当张大将刀捅向刘喜时，影片的悬疑氛围增强的同时，影片的悲剧本色自此开始。随着张大及其同伴联合刺杀秦桧的动机被暴露，一个个同伴被杀掉，张大背上的"精忠报国"貌似也要被刮掉时，影片的悲剧氛围越来越浓厚。观众的悲悯与畏惧之情渐渐升腾，悲悯的是一群小人物的悲惨，畏惧的是他们可能会更惨。随着最后秦桧替身背诵出岳飞的《满江红》，全军开始复诵这首词，观众"情感得以净化，获得无害的快感"，一出完整的悲剧故事终于达成。

三、历史情绪与文学情境

虽然有"南宋绍兴年间，岳飞死后四年，秦桧率兵与金国会谈"这样的背景设置，但《满江红》显然不是一部历史片，影迷不要去考究历史的真伪。在《满江红》中，"南宋、岳飞、秦桧"这些要素外化为一种真实的历史情绪，这种历史情绪与电影的文学情境进行了融合，最终导演通过"全军复诵"岳飞词《满江红》这样仪式感十足的内容，以期待实现与观众的共情。

电影《满江红》的所谓历史情绪，关键的要素就是片中人物要完成的"任务"，即岳飞是忠臣，岳飞为奸臣所害，片中要通过秦桧之口传颂岳飞词《满江红》的形式，实现对英雄的致敬。这种历史情绪，之前已经通过不同的艺术形式，包括老百姓的口口相传，形成了"共识"。

将真实的历史与文学情境融合是为历史题材片（剧），将历史情绪与文学情境进行融合是为剧情电影（电视剧）。将历史情绪文学情境化，仪式感是必不可少的。在电影《满江红》中，孙均要秦桧（实际是替身）背诵《满江红》，并要秦桧下令"全军复诵"，于是出现了影片最后阶段的大场景，从一个人，到传令兵，到部分士兵，再到全体禁军，一起背诵，"怒发冲冠，凭栏处、潇潇雨歇。抬望眼、仰天长啸，壮怀激烈。三十功名尘与土，八千里路云和月……"用影迷的话说，这样的场面很燃，也很容易让观众共情。可以说，通过电影的大场面让观众共情，张艺谋是擅长的。这样的方式虽说有些"直给"，但结合剧情，情到深处，这样的大场面管用。据说，张艺谋拍摄时这一段其实更长，公映时删剪了一段。多亏删剪了一段，让表达仪式感的这段内容恰到好处，过多了就成煽情而不是共情了，煽情与共情的尺度与篇幅，其实很难掌握，这次张艺谋掌握得不错。

四、豫剧的奇思与潦草

沈腾饰演的张大对岳云鹏饰演的武大人说："我要借一下你的背景。"这个背景，指的是武大人和宫内的武贵妃同姓这个背景，不过岳云鹏说："我有今天的成绩，完全是凭我自己的实力！"

在这个悬疑故事的推进过程中，豫剧的运用是故事的背景之一，但却成为本片最大的一个败笔。不是说这样一个以南宋时期为背景的故事不需要豫剧，非常需要，但张艺谋对这个背景的运用显得用心不够，让豫剧腔调与整部影片略显得"隔"了，这本来应该是水乳交融的。

中国梆子腔之一的豫剧当然不是起源于宋朝，而是起源于明末，大量流行于清朝初年。《满江红》的故事背景是南宋，当时的文化中心在临安，但是，河南方言在南宋时期是一种极为重要的文化线索，一开始生活在北宋后流落至临安的孟元老，写了著名的《东京梦华录》，代表了南宋京城临安对故国风物的怀念。用河南话标签浓重的豫剧作为背景，对于《满江红》而言是合适的。

只是《满江红》对于豫剧的运用过于潦草了。在《满江红》中，豫剧出现了大约十段，改编自《穆桂英挂帅》《下陈州》等经典豫剧唱段，大多放置在片中过场戏的蒙太奇阶段，伴随着片中人物的快速奔跑，加上慷慨激昂的改良版豫剧段落，这些豫剧段落听起来没有什么特别安排，有时候会戛然而止，完全根据剧情断开。有报道称，按照导演要求，配乐的方向就是戏曲与摇滚的"混搭"，"要求要有摇滚风格的河南话老戏段落，节奏激烈，声音高亢"。

从影片呈现看，豫剧在《满江红》中确实是快进版摇滚版的豫剧，有点快进版秦腔的味道。这个可以理解，一是张艺谋对于秦腔的熟悉多过豫剧，二是在尚存争议的关于豫剧的起源里说豫剧起源于秦腔，三是根据公开的报道，这个豫剧配乐的主创之一是豫西调板胡琴师。应该说，这样的选择"很张艺谋"。

但是，这"很不豫剧"。作为宋代背景的影片，如果用豫剧作为一种文化标签，用接近开封的豫东调更为合适。《满江红》意在让豫剧唱段成为悬疑故事推进链条中的一环，这个元素本该做得更好，更意味深长，但主创们对这个元素重视程度显然不够，也没有认识到其中的重要性，让摇滚版的豫剧元素在片中未起到该起的艺术作用。

（原载《齐鲁晚报》2023 年 2 月 4 日，原标题为《〈满江红〉：张艺谋的杂糅与仪式感》）

深情或尖锐，都是温暖的现实主义
——"新鲁剧"《三泉溪暖》观后

倪自放

2018 年 6 月 14 日，习近平总书记在山东省济南市章丘区三涧溪村考察时指出，"农业农村工作，说一千、道一万，增加农民收入是关键"。要积极培养本土人才，鼓励外出能人返乡创业，鼓励大学生村官扎根基层，为乡村振兴提供人才保障。要加强基层党组织建设，选好配强党组织带头人，发挥好基层党组织战斗堡垒作用，为乡村振兴提供组织保证。

习近平总书记考察过的三涧溪村，曾经走过了怎样的历程？从目前正在央视一套黄金时间播出的"新鲁剧"《三泉溪暖》中可见一斑。《三泉溪暖》以山东省济南市章丘区三涧溪村党支部建设为故事原型，塑造了女党支部书记高云溪、区委书记齐东方以及优秀青年孙梅梅等党员干部形象。该剧不仅仅反映三涧溪村（剧中叫三泉村）在乡村振兴道路上创新发展的历程，更重要的是反映了全国很多这样的典型村庄从脱贫攻坚向乡村振兴转变的衔接。不仅仅是彰显了三涧溪村的经验，更重要的是贯彻了新的发展理念。

历经四年打磨的"新鲁剧"《三泉溪暖》，对有现实主义创作传统的鲁剧而言，有继承、有创新：像王文杰导演执导的许多优秀作品一样，该剧集为观众营造了一个开放性的艺术场域；剧情直面现实，相比同题材剧集提出的问题更为尖锐；剧集始终真情涌动，抒写着"家的温暖"，守护"家文化"的精神内核。

一、导表演共同营造的开放性场域

看《三泉溪暖》，首先想到的竟然是 2003 年开播的经典鲁剧《大染坊》。作为年代戏的《大染坊》，与作为当代现实题材农村剧的《三泉溪暖》，在剧情、人物、主演等方面没有任何相似之处，之所以看《三泉溪暖》首先想到《大染坊》，在于两部剧集都能够"先声夺人"，在短短一两集的叙事里，迅速让观众进入剧集所营造的场域中，而两部剧集的导演，都是鲁剧资深导演王文杰。

《大染坊》艺术场域的营造，在于导演通过剧中不同人物的语言，来烘托作为主角的陈寿亭，可谓"未见其人先闻其声"。在《大染坊》中，与"六哥"陈寿亭关系密切的几个人物，包括卢家驹、赵东初、沈远宜等人都在不同场合强调"六哥"这个称呼，包括孙明祖、贾思雅等被认为是陈寿亭对头的人物，最后也在称呼"六哥"。以"六哥"为中心的艺术场域的逐渐形成，让观众逐渐融入剧集的情境，甚至也会以"六哥"指代陈寿亭。在《三泉溪暖》中，导演王文杰似乎也在用类似的手法营造三泉村这个场域。在该剧中，陈逸恒饰演的村委会主任李永福，被剧中不同的人物叫"大哥"，而被他抚养长大的高云溪，则是以"福爸"称呼李永福。以"大哥""福爸"两个称呼为纽带，李永福作为三泉村故事主要人物之一的形象迅速树立起来。当然，《三泉溪暖》另一个主要人物形象高云溪也在不同的称呼中被强化了形象，长辈叫她云溪，年青一代叫她云溪姐，在三四集之后更多的人叫她"小高书记"。

另外，演员的表演也为这种艺术场域的营造加分，陈逸恒饰演李永福，表演风格内敛，情感表达克制而张力十足，王力可饰演的高云溪真实接地气。稻田边李永福和高云溪谈新任村党支部书记以及高大泉墓碑前两人的无语凝噎，都情感真挚表现力强，如同《三泉溪暖》的片尾曲《回家》所唱的那样，"一株花开满坡香，一家煮饭四邻香；日子对日子的呵护，人心对人心的关爱"。这种浓浓的超越亲生血缘关系的亲情和人情，弥漫在这希望的田野上。

相对于《大染坊》通过人物关系营造的艺术场域相对封闭，《三泉溪暖》情感浓郁的艺术场域更具开放性。随着剧情的发展，《三泉溪暖》在以三泉村为核心的艺术场域外，还逐渐扩展到了区里、市里，与村里有合作的上海方面也着墨不少，甚至通过年轻人的婚恋引入了保罗这个外国人进入叙事。更为丰富的开放的艺术场域的展现详略得当，剧集创新性发展的主题得到强化，年轻人更具开拓性的特性也显现得更充分。

二、更尖锐矛盾冲突的艺术化处理

相比同类题材，来自现实生活的《三泉溪暖》把背景放在城郊村、回迁村，把乡村振兴、科学发展、持续发展、精准发展遇到的壁垒作为攻坚破难的主要矛盾来呈现。剧集没有回避矛盾，对新的发展以及发展中的问题和矛盾都有呈现：乡镇成社区、农院起高楼、农田变工厂、超市变网店；"互联网＋大数据"时代的到来，瞬间让古老的山村和城市接轨，和世界接轨。村民住进了楼房，拥有了财富，富有的狂热，角色的错位，生活的错乱，未来的迷茫……新型城镇化与乡村振兴的双向"拉扯"中，乡村治理的矛盾日益凸显。

在具体的剧情上，《三泉溪暖》呈现的矛盾甚至是非常尖锐的。剧集第一集，开头是两分钟不到的诗情画意的场面，然后就是因为安全隐患爆发导致的化工厂大爆炸；一波未平一波又起，在高云溪回村担任党支部书记和李永福发生观念上的冲突还没有解决的情况下，村里的黏土矿又发生透水事故，事故造成两人"失踪"，这一剧情发生在第四集的结尾处。

前四集就给出爆炸、透水这样的大事故剧情，不是人员受伤就是人员"失踪"，《三泉溪暖》不是在显示自己有"猛料"，而是紧紧围绕剧集的核心创意"发展"来叙事。在新旧动能转换的过程中，三泉村面临着高耗能、高污染企业的转型问题。在这个发展过程中，人员、经济、思想各方面遇到的壁垒都不小，两次事故的剧情，让发展过程遇到的种种问题一一暴露出来。爆炸的化工厂和透水的黏土矿，都来自罗梦达的梦达集团，而这些企业都是李永福招商引进的，整顿落后产能，李永福要下很大的决心。李永福对改变落后产能的犹豫与高云溪科学发展、精准发展的思路，在观念上形成拉扯，这是该剧的核心故事线。

当然，《三泉溪暖》对尖锐矛盾的呈现并不仅仅是"猛"，而是有许多艺术化的技巧。比如化工厂爆炸导致李永福受伤，成为区里决定派高云溪回村任职的原因；在黏土矿爆炸的剧情中，两人"失踪"让人震惊，但剧情随后给出一个合理的解释，所谓"失踪"的高拍拍和张旭实际上爆炸前就从黏土矿离开了。

三、作为精神内核的"家文化"呈现

《三泉溪暖》的"返乡"叙事，不仅有年轻人回乡施展抱负、报效家乡的志向在里面，不仅有激烈的戏剧冲突，还有"养亲""孝道""孝心"的传统文化回归，以及"家的温暖""家人之爱"正向能量的传播。《三泉溪暖》让矛盾和深情交织，形成剧集温暖的现实主义风格，作为剧集精神内核的"家文化"得到充分体现。

女主角高云溪研究生毕业，本来是上海上市公司的总裁助理，她考公务员回到家乡的区委组织部，后来又回到家乡三泉溪村担任村党支部书记。高云溪的回归，让老主任李永福很恼火。父母双亡的高云溪由李永福养大，李永福反对高云溪回村的原因是怕影响孩子的前程，李永福说："山窝窝里当个芝麻官，十几年的书白读了，这其中的困难你想象不到。"

剧中三泉村社区服务中心入户影背墙上有一个大大的"家"字，红彤彤，像在发光。而这不仅是一个简单的"家"字，背后呈现的是"家"字结构的治村理念。在后续的剧情中，高云溪将带领全村党员，倡导家风，家规，移风易俗，改善民风。她把三泉村比作一个家，把"家"字上面的一点比作党支部，开展支委包村、党员包片儿等办法，用党的精神、党的创新理论聚齐民心，让三泉村换新颜。而"家"字形管理体系，来自高云溪这个人物的现实原型——济南市章丘区三涧溪村党委书记高淑贞。以家事牵动村事，以村事回应国事；以家庭亲情串起家史、村史和国家史。《三泉溪暖》唱响的是"家的温暖"，抒写的是蕴含深意和时代精神的"家文化"。

20/15

赵 峰

赵　峰

赵峰，男，1981年生，山东歌舞剧院副院长，研究员，山东省签约艺术评论家、山东省文化厅青年拔尖人才，文化和旅游部全国文艺评论高层次人才研修班成员。主要参与完成的课题有：山东省社会科学规划研究项目"山东濒危戏曲剧种传承与保护模式研究""改革开放四十年山东现实题材戏曲研究"。独立或参与编写的主要著作（论文）有:《濒危剧种"三位一体"保护对剧种保护模式的重构研究》《京剧〈燕翼堂〉：新维度讲好中国故事》《从〈沂蒙山〉看民族歌剧精品的持续创作》。成果曾荣获田汉戏剧奖、山东省文化创新奖。

从《沂蒙山》看民族歌剧精品创作的持续问题

赵　峰

　　近些年，全国歌剧工作者坚持以习近平新时代中国特色社会主义思想为指导，自觉担负起民族歌剧传承发展的时代重任，根植中华民族优秀传统文化，自觉回归民族歌剧本体，保持民族歌剧特质，继承民族歌剧传统，创作推出了一批突出中国表达、中国审美、中国元素的优秀民族歌剧作品，中国民族歌剧迎来发展的春天。

　　民族歌剧《沂蒙山》就是这其中的优秀代表之一。和同时期的很多优秀民族歌剧作品一样，《沂蒙山》的创作统筹整合了歌剧创作领域最优质的资源，组建了最一流的团队，他们不仅打造出了一部有思想深度、有艺术高度的民族歌剧精品，也为山东的艺术创作注入了新鲜的艺术理念，带来了全新的创作思维、艺术手法。实践也证明，鉴于我国民族歌剧专业创作人才匮乏，民族歌剧的创作范式尚不成熟，原创民族歌剧的创作规律与特点问题仍无标准答案，整合全国资源，高点定位，高标推进是创作当代民族歌剧精品的有效手段。

　　但我们必须要明确，手段不是目的，拓展艺术视野、培养带动新人，加强业务建设，才是我们推动民族歌剧创作的最终目标，而这都离不开剧目的持续创作。民族歌剧《沂蒙山》功成名就后，并没有出现一些艺术精品存在的马放南山、止步不前，甚至偃旗息鼓问题，也不存在由于主创团队撤离，艺术水平急剧下滑甚至无法演出的问题。究其原因，就是山东歌舞剧院对舞台艺术创作内在规律的精准把握，把立上舞台当作创作的"中点"而不是"终点"，自觉把演出纳入创作的全链条，而且放到创作的核心位置，对《沂蒙山》进行持续创作。

　　在持续的创作中实现演员阵容"本地化"。优秀的艺术人才为剧目增光添彩，优秀的剧目催生和锻造艺术人才。优秀剧目不仅可以造就名角、名团，而且，通过他们的示范和引领，可以有力地促进艺术人才队伍建设。民族歌剧《沂蒙山》整合了全国最一流的歌剧表演艺术家，他们的表演与作品相映成辉、相得益彰，但山东歌舞剧院自己的演员成长得还不够，加之各位艺术家在《沂蒙山》之后，邀约不断，演出档期很难统一。要解决这一问题必须完成演员队伍的本地化、本团化。本地化并不是简单的模仿，每一次演出都是一次创作的过程，本团化需要理论与实践相结合的训练。现在的山东歌舞剧院每天早上，《沂蒙山》剧组演员都会进行排练，这一工作已经持续了两年，本团演员演唱和表演均达到了较高的艺术水准，一支高水平、能战斗的队伍逐渐形成，新的剧目创作再也不需要本地化转化。在演员本地化之后，我们要致力于《沂蒙山》演员的代际传承，希望多年以后，几代"海棠""林生"用无悔的青春、赤诚的心血，凝聚一台台优秀剧目，铸造一个个山东歌舞剧院的闪亮招牌。

在持续的创作中实现剧目示范价值最大化。一部民族歌剧作品，只要立上舞台，其在艺术上的价值便已产生，其艺术价值体现并不是演出多少、观众多少。但一部民族歌剧作品要做到优秀乃至经典，要做到对歌剧创作的传承和发展起到重要作用，必须实现自身的示范价值，而示范价值要通过演出才能真正得以实现，只有向大众传播、为大众所接受，以文化人、以文育人、以文培元的作用，才能充分展现、发挥有力。民族歌剧《沂蒙山》致力于打造经得起时间考验的、能够在舞台上经久演出的作品，通过多版本打造进行反复演出，在演出中打造品牌，"沂蒙山团"的称号伴随着剧目的演出而被定位，演员的艺术素质也在剧目所体现的艺术基础上不断发展。

在持续的创作中实现剧目研究的学术化。一部剧目要想成为长期保留剧目，成为经典，需要长期被作为有意义的学术论题被探讨，长期被作为经典创作而被学术引述，经典化过程就是作品被学术化的过程，最后成为公共的知识体系的组成部分而走向永恒，成为"经典"。山东歌舞剧院一直以开辟中国化民族歌剧新路径为己任，在总结民族歌剧《沂蒙山》创作经验的同时，探索建立民族歌剧的创作范式，提出中国原创民族歌剧的创作规律与特点。目前，《沂蒙山》的很多唱段被学者分析研究并成为很多音乐类艺术院校的教学曲目，更多的领域对《沂蒙山》开展研究，使更多的学术成果成为中国民族歌剧创作研究的理论支撑。

在持续的创作中实现创作精神与院团文化的一体化。每个院团在其历史的发展中逐渐形成了自己的价值观、理念、风尚、习惯，我们可以将其说成院团文化，它是院团发展的基础、行为的准则、成功的保证，能够凝聚、激发院团职工的归属感、积极性、创造性，是院团的灵魂和精神支柱。院团文化影响着剧目的创作演出，一部优秀剧目的创作精神反过来涵养院团文化。民族歌剧《沂蒙山》的创作过程先后11次深入革命老区进行采风的深扎精神，防止流俗套、同质化的原创精神，坚持西为中用、兼容并蓄的开放精神，勇于自我超越，否定再否定，突破再突破的奋斗精神，争创一流、锐意进取、吃苦耐劳的拼搏精神，开辟中国化民族歌剧新路径的探索精神，被全院职工认同、接受，不仅成为全院无形的精神财富，还使院团形成强大的凝聚力和活力，增强了对艺术的追求意识和能力，增强了落实政策、服务人民的意识和能力，增强了开拓创新、科学发展的意识和能力，从而全面激活发展动力活力。

问题与路径
——从第十二届山东文化艺术节看山东戏曲创作

赵 峰

    2021 年 4 月至 7 月，第十二届山东文化艺术节成功举办，20 台新创作的优秀大型剧目集中展示了山东舞台艺术创作的新成果、新风貌，其中 16 台戏曲作品基本反映了当前山东戏曲创作的现状。山东是戏曲大省，据统计，每年全省创作演出的各类剧目，八成以上是戏曲。2013 年以来，全省获得全国文艺奖项 20 余项，九成以上是戏曲。但现在歌剧、舞剧成了山东舞台艺术创作的主力军，涌现出民族歌剧《沂蒙山》《马向阳下乡记》等在全国有影响力的作品，两部剧目接连获得"文华大奖"、中宣部"五个一工程"奖。反观山东戏曲创作日渐式微，在第十二届山东文化艺术节上，有数量缺质量的现象尤为突出。曾经辉煌的山东戏曲创作到底怎么了？山东戏曲创作的问题和路径正是本文的关注和讨论所在。

一、山东戏曲创作问题审视

    如果从整体上来观照第十二届山东文化艺术节山东戏曲创作情况，总给人感觉是守旧。山东戏曲创作现代感不足，最突出的是创作理念守旧、舞台呈现陈旧，山东戏曲创作中缺少突破自己的勇气，缺少开放的眼界。我们会看到，不同院团不同的作品，存在着题材、主题、审美上千篇一律的问题，在反映世情广度、把握历史高度和透析人性深度几个层面均做得不够。农村题材、革命历史题材多而不强，城市、工业题材很少有剧目涉及。这也说明，山东戏曲创作没能跟上戏曲创作新的审美范式，无法适应中国戏曲创作新的美学思潮，无法对当今社会发展，特别是对新的时代生活做出回应。

（一）缺乏开阔的视野

山东戏曲曾经在全国戏曲界具有举足轻重的地位，是全国戏曲版图的重要阵地，不仅剧种多，而且优秀剧目多。那么，当今山东戏曲创作在全国是一个什么样的位置呢？我们很多院团负责人、本土主创人员不一定能说清楚。从入围全国性展演展示的剧目数量来看，山东已落后于江苏、河南等省份，当今山东戏曲创作似乎进入了一个衰落的过程。视野决定格局，山东戏曲院团整体偏于保守，观念陈旧，许多戏曲院团躺在过去的功劳簿上，一贯地选择创作主题，一贯地选择主创人员，看不出任何变化。甚至在创作之初，就没有想过要超过自己曾经所创作的优秀作品，而是简单地完成创作任务。在第十二届山东文化艺术节上，有不少剧目的主创都是山东省以前用过但并不是很出彩的或者说并不是很适合的主创，导致本来剧目基础不错，但最终效果不甚理想；有一些老牌戏曲院团，由于缺少科学规划、缺少审美把关，剧目不甚理想，从而导致多年来首次缺席省艺术节。

当然，我们不能单纯地将这个问题甩给戏曲院团和主创人员，山东的戏曲理论及评论工作者也应该反思，自己是否在关注当下山东戏曲发展面临的现实难题，是否在跟踪戏曲发展中出现的新型问题，是否有能力分析个体戏曲作品中的细节问题，更有甚者将戏曲评论做成了"话语权力与人情世故的交易"，将戏曲剧目研讨会开成了溢美藏丑的"友情点赞"场。

（二）缺少鲜明的个性

近些年，山东戏曲创作青年编剧群体性崛起，成为山东戏曲创作的一道亮丽风景线。在第十二届山东文化艺术节大型新创作剧目展演上，京剧《燕翼堂》、山东梆子《梦圆黄河滩》、柳琴戏《福大妮和山杠子》、柳腔《泉海谣》均出自青年编剧。青年戏曲编剧的整体性成长，在全国戏曲界中一直吸引着人们的眼球，也获得了各级各类奖项。但我们也应看到山东戏曲青年编剧群的创作风格过于单调，编剧手法过于"主流"。缺少个性化、异端性作品，功利性、任务性作品过多，成为山东青年戏曲编剧群进一步成长的绊脚石。

无论从作品的数量还是从质量上来看，山东的青年戏曲编剧都很有潜力，但为什么还没有达到或超越山东老一辈剧作家创作水平？为什么还没有走向全国？很大的原因是，他们的风格和追求都没有与山东戏曲创作的传统拉开距离，他们过早地呈现出老成和沉重，缺乏一个青年戏曲编剧应有的朝气和锐气。

（三）缺少思想深度的挖掘

随着非遗保护热的持续升温，戏曲创作出现了重形式技法、轻思想内容的问题。戏曲作为舞台艺术的特征得以张扬，注重本体，尊重剧种及其传统，重视表演与观赏性，一时成为戏曲创作的主流，而戏曲创作的思想性追求则被疏忽。相当一部分山东戏曲院团和院团管理人员认为，我只要把剧种保护好、传承好就可以。殊不知，不断推出优秀剧目才是一个剧种蓬勃发展的重要标志，也是一个院团的中心任务之一。

戏曲剧目是艺术作品，艺术作品必须追求思想的精深，正如巴尔扎克所说，艺术要"用最小的面积惊人地集中最大量思想"。戏曲作品的思想深度，决定了一部作品是否具有长久的生命力，是否能够进入艺术的殿堂。我们不能因为戏曲艺术表演程式的丰富而忽视了对戏曲作品的思想性的挖掘。综观山东近些年的戏曲创作，具有洞察力、能捕捉到时代气息、深刻地揭示社会本质和发展规律的作品少之又少，能艺术地呈现个体内在体验和复杂人格的作品少之又少，大大削弱了作品震撼心灵、启迪思想的艺术品格。

（四）缺少艺术形式的创新

单从剧本创作看，第十二届山东文化艺术节上的一些戏曲剧目，如京剧《燕翼堂》、山东梆子《孔繁森》、吕剧《先驱·王尽美》京剧《戚继光》山东梆子《梦圆黄河滩》也有一定的历史深度和文化厚度，体现了比较扎实的创作功力和比较严肃的创作态度。但是整体上看，大部分剧目艺术表现手法过于简单和保守，使整个舞台呈现给人一种陈旧的感觉。当前，全国戏曲创作面临着相同的重要节点，都在展现相同的重大主题，都在聚焦改革、农村、英模等相同的题材，都在讲述类似的故事，都在塑造"眼熟"的人物，相对单薄的历史文化内涵，几无深化可能的精神人文内蕴，使得戏曲创作不得不从内容走向形式，选择用极致化的舞台样式、艺术手段和艺术风格取得作品的成功。而如今的山东戏曲创作，现实主义大行其道，浪漫主义几乎难寻，现代主义从不涉猎，艺术形式的丰富性不足，创新性、先锋性不够，直接导致了山东戏曲创作缺少核心竞争力。

二、山东戏曲创作的路径探讨

山东戏曲有着全国前列的资金投入，山东戏曲主管部门为全省戏曲院团创造了历史上最好的生存发展环境。如何将资金、政策转化为优秀艺术作品，是我们山东戏曲人共同面对的课题。通过第十二届山东文化艺术节的剧目观摩，结合近两年山东戏曲创作现状，笔者认为，山东戏曲创作要在以下四个方面做出努力。

（一）创作规划的加强

好的规划能够解决创作的随意性，提高创作的精准度。没有一个好的创作规划，就没有目标、没有方向。山东戏曲创作通过省舞台艺术"4+1"工程的实施，曾经有着较为合理的规划和创作节奏。但在第十二届山东文化艺术节上，戏曲创作缺少规划的问题又凸显出来，出现了未经充分论证、反复打磨的剧目，"赶工期"现象在此次艺术节上尤甚。我们要向济宁艺术剧院学习，他们本次艺术节带来大型励志儿童剧《荡起双桨》，在这之前有《梦回三迁路》，就在艺术节刚刚落幕，又一部长征题材儿童剧《长征路上的少年军》立上舞台，"演出一个、创作一个、策划一个"使济宁艺术剧院快速崛起。

加强山东戏曲创作规划，要做到对本剧种艺术特色和本剧团艺术实力有清醒的认知，避免创作勉力而为；要对剧目创作进行中长期、前瞻性、针对性规划，避免创作仓促上马；要真正深入生活、扎根人民，避免作品流于表面、缺少生命力。只有这样，才能减少剧目无法落地，被迫重起炉灶，重起炉灶又找不到更好的剧本，最后只能临时抱佛脚的现象。

（二）审美眼界的提高

一个地区、一个院团计划创作什么作品，地区文化主管部门和院团负责人起的作用比主创的作用更为重要，因为创作什么、选用什么样的团队都需要他们做出判断和选择。没有意义的选题、没有真本领的创作团队，从一开始就不应该进入我们主管部门和院团负责人的审美视野。从这个意义上说，主管部门和院团负责人的判断力、决策力，决定着一部剧目能否成功，决定着一个剧种能否繁荣，决定着一个剧团的长久发展。作为文化主管部门不能只负责投钱，作为院团不能只是简单地"服从安排"，要有自己的艺术判断力，要有对题材的分析能力。有了好的创作规划、好的题材创意，就要研判谁是最适合、最贴切的创作者，不能因为关系好、合作多就随意定下人选。生活阅历、工作经历的不同，研究专业、学识见识的差异，决定了创作者有的擅长现实题材、有的擅长历史题材、有的擅长宏大叙事、有的擅长细腻抒情，不是每个创作者都能创作好各种类型题材的作品。不能被创作者的以往成绩、自我吹嘘迷惑、左右。对全国涌现出的优秀编剧、导演要第一时间发现并关注，对戏曲舞台呈现所出现的新手段、新手法要第一时间研究和吸收。我们不能等其他省份取得成功后，才想起去"追风"。即使去"追风"，山东的戏曲创作也要追"流行的风"，而不是"过时的风"，努力改变当下山东戏曲创作滞后于全国戏曲创作的现状。

（三）人生人性的透视

艺术作品本质上是要表现人的情感体验、价值理念、理想追求和生存境遇，艺术作品思想价值的优劣和艺术价值的高低，归根结底取决于其人物塑造的深度和高度。艺术作品最能打动观众、深入人心的是人物形象，他们是灵魂，记录历史进程、讲述时代故事、传递情感、感染观众都依靠他们。戏曲自然也不例外。戏曲相比其他艺术样式拥有更为丰富的形式审美资源，这应该成为戏曲创作塑造人物形象、彰显反思品格和思辨色彩的手段，而不能是戏曲创作忽略人生人性的理由。

综观第十二届山东文化艺术节，那些将戏曲形式审美资源和人物塑造紧密结合的作品，那些具有反思和批判精神、从思想上与观众形成交锋交融的作品往往都能成功。如柳子戏《老青天》，该剧融入喜剧元素和民间色彩，回归戏曲本体，以灵活写意的舞台布景和诙谐幽默的表演风格，以花脸、花旦为主打，兼有老生、老旦戏的舞台表演组合，柳子戏剧种形式审美资源和人物塑造的完美结合，使得该剧成为第十二届山东文化艺术节上少有的有人物、有看头的剧目。

又如山东梆子《梦圆黄河滩》，该剧在二度创作上虽然有不足，但在主要人物的设立和创作初衷上，我们看到了该剧的创新和探索。主人公龙长河不是下派扶贫干部，也不是简单贫困户，这一形象改变了凸显扶贫干部的"公式化"创作。龙长河是地地道道的黄河滩区汉子，他一生在追求安居梦，为了这个梦，他失去了爱情，失去了亲人，失去了家庭。该剧充分挖掘了他身上自强不息的精神力量，试图通过一个黄河滩区农民汉子的悲欢离合，使脱贫故事脱离表层和概念，激发观众强烈的情感共鸣，唤起观众对脱贫攻坚事业的认同。在精神上与观众进行对话，形成了该剧特有的气质。

（四）审美样式的创新

近年来的山东戏曲创作，在作品的思想深度、矛盾冲突、情节设置、人物刻画上求深刻、求激烈、求复杂、求立体的趋势明显，但具有形式感审美的程式化表演的剧目很少。当各个艺术门类都在书写同一题材时，戏曲艺术要想突破，舞台表现形式就是重要的切入点与优势所在。综观第十二届山东文化艺术节，在艺术形式上有所创新的剧目只有《福大妮和山杠子》等少数几台剧目。柳琴戏《福大妮和山杠子》凭借新的风格、新的呈现，突破了山东现实题材戏曲创作以往的创作模式，给观众带来新的审美体验。当张曼君等导演不断树立现实题材戏曲创作新的审美范式的同时，我们的现实题材戏曲竟然失去了"歌舞演故事"的魅力，无法走出话剧加唱的"怪圈"。在此大背景下，《福大妮和山杠子》的出现，可以说是山东戏曲舞台的一股清流，打造出了属于自己的独特标识。该剧继承了戏曲舞台"歌舞演故事"的剧诗特性，充分发挥了戏曲的歌舞叙事能力。在这部剧里，舞蹈被用于烘托气氛、营造情境，被用于刻画人物、表达感情。歌舞叙事功能的增加，区别于一般剧目中的简单伴舞，该剧使作品中的歌舞回归戏曲的属性。现实生活与戏曲歌舞在这部戏里找到了平衡，整个剧目不再是简单的叙事和说教，而是具有了诗性之美与歌舞之长。

另外，值得一提的是吕剧《我心永恒》。该剧虽然存在戏剧矛盾冲突不强、人物形象缺少成长等问题，但其充分发挥了中国戏曲吟咏事件而非叙述事件的原则，把并不复杂的剧情做出了张力。该剧中戏曲的抒情之长的充分发挥，人物情感的抒发，超越了对故事本事的再现，人物性格与心理活动、矛盾冲突与人际关系，主要通过唱来表现，在演唱中抒情，在抒情中叙事。该剧作完成了剧种所擅长题材与剧种风格之间的合理对接。

三、结语

综观第十二届山东文化艺术节，山东戏曲仍然是山东舞台艺术创作最重要的艺术门类，山东戏曲界也在用切实的艺术作品回应山东社会的发展变迁，表达齐鲁儿女的情感和思想。同时，也应看到，山东的戏曲创作要跟上时代的步伐、跟上全国的脚步，还需要全省戏曲人共同努力，在创造性转化、创新性发展的过程中，用丰富多彩的艺术表达审视历史的发展，描绘时代的画像，展现当代中国人的心灵与精神。

京剧《燕翼堂》：新维度讲好中国故事

赵　峰

　　山东省京剧院创作演出的京剧《燕翼堂》，根据沂蒙地区"燕翼堂"刘氏家族的事迹改编。讲述出身于这一家族的山东早期党的领导人刘晓浦、刘一梦及刘家后生刘增韵等为了理想信念前仆后继、舍生取义，"燕翼堂"第十五代掌门人刘合浦遵其"革命不胜利绝不入土"的遗愿，浮厝桑行。面对民族危难与家族变故，马克思主义的思想光芒、中国共产党的精神气质，激活了刘合浦内心的家国情怀，使他在精神上从被动转为主动，在认识到只有中国共产党才是国家和民族的希望后，毅然毁家纾难，觉醒反抗。全剧形象地折射了在中国共产党的领导下，在革命文化的浸润和影响下，全民族各阶层都有迸发出为民族解放奋斗牺牲的共同信念和追求，印证了跟着中国共产党走的历史必然和民心所向，宣示了中国共产党的历史使命和行动价值。

　　该剧的成功上演得到了业内专家的高度评价，普遍认为这是一部充满创新意识的精品力作，书写了中华优秀传统文化创造性转化、创新性发展的新篇章。著名文艺评论家仲呈祥认为京剧《燕翼堂》"践行戏曲传承与当代文化相适应、与现代化相协调，努力实现创造性转化、创新性发展的实践路径，充分发挥京剧艺术独特的审美优势，凸显了传统文化与革命文化的衔接、马克思主义基本原理与中华优秀传统文化的结合……为当代戏曲艺术的创作提供了具有普遍借鉴意义的宝贵启示"[1]。《人民日报》文艺部原主任刘玉琴认为，京剧《燕翼堂》"内容与样

---

[1]　林玉箫、仲呈祥：《在戏曲"两创"中传承红色基因》，《文艺报》2022年5月30日，第7版。

式的深度扩张、守正创新，标示了当代审美的新尺度，也使中国人精神结构、审美情趣得到形象诠释"[1]。《文艺报》新闻部主任徐健认为，京剧《燕翼堂》"确立主题表达的新视角、探索叙事类型的新方向、拓展人物塑造的新空间，在为同类题材的舞台创作注入情感力量、地域气质的同时，强化作品的时代气象、文化力量与审美格调，实现了艺术创作上的'成功突围'"[2]。

笔者认为，京剧《燕翼堂》立足于京剧艺术本体，在剧目选题、立意角度、编创技巧、人物塑造、舞台演出上进行了大胆创新；全剧具有弘扬民族精神的现实意义和时代价值，丰厚的内蕴加之极致化的舞台样式、艺术手段和艺术风格，使其思想性、艺术性、观赏性达到有机统一，通过乡村士绅刘合浦的精神觉醒引起观众共鸣，深刻揭示了国家、民族沉重的历史和觉醒的力量；全剧传统文化、革命文化相融相映，以高度的文化自信，展示出中华民族的独特精神标识，更好地构筑了中国精神、中国价值、中国力量，能够使观众更好地读懂中国人民、读懂中国共产党、读懂中华民族。

一、英雄人物的创新塑造

一个剧目如果能塑造出立体、丰满的人物形象，那么该剧基本就成功了大半，如果一个剧目能塑造出一个舞台上前所未有的崭新形象，那么该剧就有了开创的意义，因此，京剧《燕翼堂》的创新，首先是塑造了刘合浦这一独特的英雄人物形象。

英雄主义精神是中华民族传统文化的核心要义，其蕴含的家国情怀、使命担当和理想信仰，一直以来都是各类文艺作品阐释的对象，塑造鲜明生动的英雄人物形象历来都是文艺创作的核心命题之一。纵观这些年的戏曲舞台，塑造了很多英雄形象，既有传统的民族英雄，也有为中国革命献出生命的英雄先烈，还有为中国革命做出巨大牺牲的老区群众，除此之外，一些草莽英雄、小人物式英雄也

---

[1]　　刘玉琴：《百年情化作草木香》，《文艺报》2022 年 5 月 30 日，第 7 版。
[2]　　徐健：《艺术创作的一次"成功突围"——评京剧〈燕翼堂〉》，《文艺报》2022 年 5 月 30 日，第 7 版。

不断被塑造，同样取得了成功。

京剧《燕翼堂》没有聚焦革命先烈刘晓浦、刘一梦，没有聚焦革命后生刘增韵、刘增易，也没有聚焦沂蒙地区的普通群众，而是聚焦在了乡村士绅刘合浦身上，他为人正派，具有强烈的家族责任感，尽管最初在混乱的时局中试图独善其身，但残酷的现实使其保护"燕翼堂"、保护家人的愿望破灭，最终自毁其家，以命相搏。在同类题材文艺作品中，由于过多地强调革命叙事，像刘合浦这样的乡村士绅很多是批判的对象，"燕翼堂"这种大家族往往被贴上与个体自由、个性解放相对立的标签，甚至成为革命的对象。在京剧《燕翼堂》中，红色题材中很少正面塑造的封建家族掌门人变成了毁家纾难的英雄。为了使刘合浦这一形象立体可信，有血有肉，全剧重点书写了刘合浦的思想转变，重点对刘合浦进行了内心刻画。

在剧中，刘合浦并非惯常的高大的形象，从一开始的"忍一时总能够苟且偷安"的明哲保身到后来的"为民族为子孙毁家纾难"的悲壮之举，刘合浦经历了一系列事件，这些事件致使其思想逐渐改变，并最终在国仇家恨中，在中国共产党人牺牲精神感召下彻底转变，由此顺理成章地支持革命、奋起反抗，不惜自毁家园，与仇敌同归于尽，与亲人浮厝人间。就像该剧编剧之一王宏所说："没有从天而降的英雄，只有挺身而出的凡人。当看到中国人被欺凌，当看到一个个共产党人为民族慷慨赴死时，剧中主角作为曾经的封建家族族长，也做出了人生道路的正确选择。"[1]刘合浦的成功离不开主演刘建杰的塑造，作为山东京剧的代表性人物，他精湛的演技为人物增色不少。剧中的刘合浦是复杂的，对"燕翼堂"的责任和对家族成员的亲情，国家危难之际的愤怒和担忧构成的家国情怀共同支撑起刘合浦丰富的内心世界。刘建杰在这场戏中的表演为人物强烈的内部情感找到了最合适的外部动作，通过唱、念、做、舞，深刻表现了刘合浦内心的挣扎与决断，深深地感染了每一个观众。

合理的剧情安排、精彩的人物塑造，可以让观众认为刘合浦的转变符合戏剧人物塑造逻辑，刘合浦不是脸谱化、概念化的存在，但如果仅仅这样，我们只能

---

[1]　　苏锐：《山东　文艺舞台点燃民族精神火炬》，《中国文化报》2022 年 6 月 7 日，第 5 版。

说《燕翼堂》是一部成功的剧目，离着精品还有距离。《燕翼堂》的难得之处是重构了乡村士绅式的英雄形象，并深入其精神品格及其文化价值系统内部细细体察，找到了决定或影响刘合浦转变的社会根源、文化传统及自我原因，在传统文化和革命文化之间建立起交融关系，通过这一人物传递出浓浓的文化自信。

二、文化自信的创新传递

《燕翼堂》之所以将刘合浦设为剧目主角，离不开创作者的宽广的历史文化视野和高度的文化自信，他们努力在历史宽度、深度和厚度中开掘剧目和人物的思想意义。他们用历史唯物主义的立场观点方法看待中华民族历史，继承和弘扬中华优秀传统文化，努力做到把马克思主义基本原理同中华优秀传统文化相结合，推进中华优秀传统文化创造性转化、创新性发展；坚信在刘晓浦、刘一梦视死如归的革命精神感召下，生活在由血缘关系和礼、忠、信、诚、义等传统文化构成的家族体系下的刘合浦能够完成从家族主义到民族主义的思想转变；坚信中华优秀传统文化与革命文化和马克思主义基本原理在革命实践中能够交融整合、互补生辉。

革命文化与中华优秀传统文化不是割裂的，而是继承的关系，是中国共产党人在国家蒙辱、人民蒙难、文明蒙尘的危急时刻，在为中国人民谋幸福、中华民族谋复兴的斗争中，在继承中华优秀传统文化的基础上，创造的新文化形态，它指导中国革命取得了伟大胜利，使中国文化和中国精神成为我们继续奋斗的借鉴和资本。同样，中华优秀传统文化已经在每个中国人心中打下深深烙印，影响着中国人的价值观，形成了中国人特有的精神世界，这些精神通过忠、信、诚、义传承下来，成为一代代中华儿女的行为准则和奋发进取的力量之源。

刘合浦的转变不仅有革命精神的感召，也是有思想基础的，"燕翼堂"几百年来所孕育的道德法则有着衍生出民族主义的政治理想基础，单纯为守护"家业昌盛，人丁兴旺"可以转化为"无国便无家"，传统意义的家国情怀可以转化为民族意识，一个富于深厚文化积淀的封建家族在特定历史背景下的际遇和选择，使我们能够感受到革命文化、中华优秀传统文化的内在一致性和融通性，能够看到二者的自然接续的关系，能够看到信仰马克思主义的中国共产党延续了中华文化的传统，承继着中华民族的精神血脉，能够看到中华文化的底色，看到生生不息的文化基因。

三、美学风格的创新建构

真正优秀的舞台艺术作品，往往会建构独创的美学风格。京剧《燕翼堂》是悲剧，正如鲁迅所说，"将人生的有价值的东西毁灭给人看"，但京剧《燕翼堂》不是一般的悲剧，在剧中钦佩代替了怜悯，无畏代替了惧怕，悲壮代替了悲惨，低沉代替了消沉，在激情澎湃、大气磅礴中透露出"捐躯赴国难，视死忽如归"的浩然正气，这股正气溢满整个舞台，全剧呈现出"悲歌慷慨"的美学风格。

全剧的"悲歌慷慨"主要通过"浮厝桑行"和"毁家纾难"这两个感天动地的壮举展现。无论是在齐鲁大地最早追随马列主义、追求共产主义理想而被反动军阀杀害的刘晓浦、刘一梦，还是刘家后生刘增韵等人为了抗战牺牲，均留下了"革命不胜利绝不入土""浮厝桑行等到那一天"的遗愿，到最后"燕翼堂"掌门刘合浦将"燕翼堂"作为自己的浮厝处，毁家纾难和日寇同归于尽时，均充满着超越世俗的悲壮。灾难深重的旧中国，人浮厝、家浮厝、国浮厝、民族浮厝，灵魂没有归处，正义的毁灭、英雄的牺牲给予人们的不是悲惨消沉而是悲壮亢奋，作品在"燕翼堂"最后的浮厝中揭示家族毁灭和民族新生的必然，正向全剧的主旨所说"一个家族的毁灭，一个民族的新生"。

在"悲歌慷慨"整体美学风格统领下，剧目舞美、灯光、音乐、语言四个基础性表达层面被赋予了"悲壮美"的色调。在舞美上，古朴的建筑树起了一座形象的丰碑，厚重、灰色的基调营造出一种恢宏、庄严、凝重的史诗风格。灯光设计与整个剧目展现的情境是一致的，悲壮但不悲惨，舞台上的光影、光质及光色设计永远充满着"悲歌慷慨"之风，粗犷中见细腻，无色中透色彩，在最后一场中，冷峻中注入了温暖，那是他们不去的精神，那是对"那一天"的希望。在音乐上，坚守京剧本体，融入了现代元素，提炼出具有地域和时代特征的音乐主题和人物音调，与全剧创作的整体深度融合，独唱、对唱、重唱，于悲怆中透出激越，于哭喊中透出浩气，于生离死别中透出革命意志、家国情与永生不灭，不仅具有表情达意的抒情性功能，而且承载着推动剧情发展、完成人物塑造的叙事性功能，使剧中人物的音乐形象鲜明突出，为深化主题营造出浓烈氛围。在语言上，悲壮有力、词风凝重，具有"练于骨者，析辞必精；深乎风者，述情必显，捶字坚而难移，结响凝而不滞"[1]之风骨。

四、沂蒙故事的创新表达

沂蒙地区的故事特别是红色故事，伴随着各类文艺作品的传播可以说是家喻户晓，这两年同样由山东省直文艺院团——山东歌舞剧院创作的民族歌剧《沂蒙山》更是对沂蒙红色故事进行了整体的、全面的、史诗性的展示。可以说，现阶段用文艺作品讲述沂蒙红色故事已经没有多大的空间。山东省京剧院以勇于探索的精神，自觉以创新意识提升红色文艺品格，为红色题材开掘的创造性转化、创新性发展带来审美新气象。京剧《燕翼堂》以其独特的艺术呈现，以大胆探索精神为用好红色资源，冲破了视野和范围的束缚，为传承红色基因提供了新角度，为讲好中国故事提供了新维度，突破各种文艺作品对沂蒙老区人民形象的定式化塑造，挖掘出乡村士绅阶层对中国革命、民族复兴所做出的贡献，极大地丰富了沂蒙英雄群像，更为全面地展示沂蒙地区对中国革命的整体贡献，为绚丽多彩的沂蒙革命历史画卷增添了一笔新的色彩。

山东省京剧院能够发现这一题材并成功打造出这一剧目，和院团开拓创新的精神密不可分，作为"全国重点京剧院团"之一，剧院在历史上先后成功地创作排演了《奇袭白虎团》《红云岗》《石龙湾》《铁道游击队》等红色题材剧目，可以说剧院在创作红色题材剧目上有着优良的传统和丰富的经验。同时，通过《春秋霸主》《瑞蚨祥》《大运河》《燕翼堂》等优秀剧目可以看出，山东省京剧院新时期的创作，特别是新时代以来的剧目创作，都与时俱进地加入了新的元素，都试图在更高文化视野，更高的思想维度对题材进行创新表达。

京剧《燕翼堂》的创作时间长达两年，在这期间，主创团队敢于自我否定，敢于自我突破，这一过程是艺术积累沉淀、萃取升华的过程，在这一过程中他们

[1]　刘勰:《文心雕龙·风骨》，开封：河南大学出版社，2008年，第234页。

找到了马克思主义与中华优秀传统文化相结合的创作路径，以更为深邃的视野、更为博大的胸怀、更为自信的态度，挖掘到了"燕翼堂"这一代表中国变革和中国精神的题材，找到了马克思主义与中华优秀传统文化相契合的内在逻辑，并用京剧艺术进行了精彩的舞台呈现，塑造出刘合浦这一中华文化新形象，展示了一个更立体、更全面的中国。

使命、内容、气象、效益

——民族歌剧《沂蒙山》再分析

赵　峰

　　由山东歌舞剧院创作演出的民族歌剧《沂蒙山》自 2018 年 12 月 19 日在济南省会大剧院成功首演后，至今已有近五年时间，完成二百多场演出。该剧以其深厚的精神蕴涵、大气的史诗风格、精彩的艺术呈现、创新的艺术形式、美轮美奂的舞台，全景式展现了沂蒙山根据地革命斗争史，雕塑了沂蒙英雄群像，讴歌了"军民水乳交融、生死与共铸就的沂蒙精神"，在国内引起强烈社会反响和轰动效应，被誉为党的十八大以来我国舞台艺术的高峰之作。剧目荣获第十七届"文华大奖"、第十五届"五个一工程"奖，第四届中国歌剧节优秀剧目奖，在众多经典剧目中被选为庆祝中国共产党成立 100 周年优秀舞台艺术作品展演开幕式演出剧目；主要演员荣获中国戏剧"梅花奖"、上海白玉兰戏剧表演艺术奖；先后到中央党校、国家大剧院及全国多地演出，配合"不忘初心、牢记使命"主题教育开展省内巡演，观众场场爆满。

　　对于该剧的艺术成就，很多专家学者进行过不同角度的分析，乔佩娟、王祖皆、仲呈祥、居其宏等歌剧界、文艺界的全国知名艺术家、理论家均在不同场合、媒介从不同角度给予民族歌剧《沂蒙山》高度评价；栾凯等剧目主创人员也结合剧目创作过程撰写了剧目解读分析文章；山东省内的文艺评论家、文艺评论工作者对剧目进行了多轮次的评论推介。

　　笔者之前作为山东省艺术研究院从事戏剧理论研究及评论的工作者，对民族歌剧《沂蒙山》长期予以关注，深知剧目获得普遍赞誉，同时关于剧目的题材、体量和成本也有学者或多或少、在不同场合提出过异议。2021 年 10 月，笔者被调入山东歌舞剧院工作，和民族歌剧《沂蒙山》演职员的朝夕相处、与各种演出的相行相伴、由局外人到局内人的身份转变，使我在内外两个维度对民族歌剧《沂蒙山》有了更深刻、更系统的认知，总结起来就是：使命担当、丰富内容、史诗气象、巨大效益。本文围绕这四个方面对剧目本身和创作范式进行系统分析，并首次回应外界对民族歌剧《沂蒙山》创作成本问题的关切。

一、胸怀大格局，完成大使命

沂蒙地区是我国红色文化重要发祥地之一，沂蒙精神享誉全国。习近平总书记 2013 年视察临沂期间强调指出："山东是革命老区，有着光荣传统，军民水乳交融、生死与共铸就的沂蒙精神，对我们今天抓党的建设仍然具有十分重要的启示作用。""沂蒙精神与延安精神、井冈山精神、西柏坡精神一样，是党和国家的宝贵精神财富，要不断结合新的时代条件发扬光大。"[1]山东省委、省政府高度重视，多次强调要大力挖掘深厚的沂蒙精神文化资源开展艺术创作，打造推出代表新时代艺术发展高度的文艺精品。可以说创作民族歌剧《沂蒙山》不仅是一项严肃而崇高的艺术创作任务，更是一个光荣而神圣的时代使命。

沂蒙山革命斗争题材厚重大气，沂蒙精神崇高而悲壮。为了全景展示沂蒙山革命根据地建立、发展、壮大并取得最终胜利的历史进程，为了实现作品的史诗性品格，主创团队最终决定用歌剧这一最为复杂的舞台综合艺术，这一能够代表着一个国家、一个民族的文化艺术水准的艺术样式来全景式展现沂蒙山革命根据地党政军民为中国人民解放和中华民族独立做出的巨大贡献和无私奉献，向伟大的沂蒙人民、向英雄的革命先烈致敬。

民族歌剧《沂蒙山》创作伊始，也承受着一定的压力，面临着一定的风险。一方面，很多人包括一些从事沂蒙精神研究的专家学者和知名艺术家认为题材陈旧，很难出奇出新，观众难免出现审美疲劳；我国民族歌剧的创作范式尚不成熟，中国原创民族歌剧的创作规律与特点问题仍无标准答案，没有系统的创作理

[1]　　习近平：《论中国共产党历史》，北京：中央文献出版社，2021 年，第 43、35 页。

论支撑；民族歌剧发展曾经历一段时间低谷，全国范围内民族歌剧专业创作人才匮乏，作为创排主体的山东歌舞剧院没有合唱团、乐团建制不全，利用全国资源整合一个高水平主创团队已经很难，组建高水平的合唱团和乐团更是难上加难。另一方面，主旋律文艺作品特别是舞台艺术作品存在着一定的市场风险，能否赢得观众的喜爱和市场的认可，能否实现社会效益与经济效益的统一，谁都无法预料；歌剧相对于其他艺术门类投入较大，现代科技手段运用较多，很容易被贴上"大制作"的标签，学界和一些习惯于戏曲创作演出的文艺工作者、观众会不会把对戏曲大制作的反思，套用到对歌剧的评判，这也是创作必须面对的问题。

面对困难和风险，山东省文化和旅游厅深入贯彻落实习近平总书记关于沂蒙精神重要指示，从实现"两个一百年"奋斗目标、实现中华民族伟大复兴的中国梦高度认识自己所担负的历史使命和责任，用大格局、大情怀去谋划，以全国一流为目标，以开辟中国化民族歌剧探索新路径为己任，该剧艺术总监张桂林在一开始就提出："必须有意识运用本民族的思维方式、艺术素材、表现形式，形成具有民族形象、性格、情感、思想等的戏剧表述，赋予外来艺术形式以本民族的精神特质……"[1]

紧紧围绕"水乳交融，生死与共"的沂蒙精神开展艺术创作，抓住军民两条线，在"军爱民""民拥军"两个层面构建剧情，让军民的鱼水情升华到"生与死"的境界，努力讲好中国故事，讲好中国共产党故事，讲清楚中国人民跟着中国共产党走的历史必然性，终将民族歌剧《沂蒙山》成功打造成一部红色主题浓郁、山东特色突出、艺术水平高超的优秀文艺作品，一部中国民族歌剧艺术的创新之作，一部当代文艺培根铸魂的上乘之作。

二、透过大视野，呈现大内容

以沂蒙山为代表的山东革命根据地在中国革命史上占有重要历史地位。从抗日战争到解放战争，沂蒙人民在党的领导下进行民族独立和人民解放的伟大斗

---

[1]　　郝桂尧:《沂蒙山》，济南：山东人民出版社，2021 年，第 30 页。

争，沂蒙大地发生了一场场气壮山河的英雄史诗，涌现出众多可歌可泣的英雄人物。10万先烈血洒疆场，乡乡有红嫂、村村有烈士；"省下最后一口粮，为了前方；送上自己的亲骨肉，血洒战场"的誓言传遍沂蒙。编剧王晓岭多次感慨"别的剧本创作愁着没素材，这个剧本是愁着如何割舍"。这样一片红色厚土，也先后孕育和推出了一大批享誉全国的优秀文艺作品，如芭蕾舞《沂蒙颂》、京剧《红嫂》、柳琴戏《沂蒙情》、电影《沂蒙六姐妹》、舞剧《沂蒙那座桥》等。这些作品集中展示了沂蒙山根据地人民拥军支前的感人事件，但内容主要集中在做军鞋、抬担架、送军粮、"火线桥"等细节性事件上，在歌颂沂蒙人民爱党爱军、无私奉献精神的同时，也很遗憾地缺少了对沂蒙山根据地为国家解放和民族独立做出的巨大贡献的大跨度、整体性、史诗性呈现。

民族歌剧《沂蒙山》创作伊始，就定位于弥补这一空缺，对沂蒙山根据地重大历史事件，进行了全方位、大跨度、全景式的宏观追述和集中表现。民族歌剧《沂蒙山》的内容呈现并不是通过概括表达和政治说教来实现的，而是以新视角、新高度和新情致，赋予沂蒙精神、沂蒙英雄、军民之情以崭新的艺术表现。具体来说就是通过小切口体现大主题，避免对以往同类艺术作品、艺术形象的复制和重复，回避对历史事件、历史人物做直接对应的一般化表面化铺陈，而是对这段沂蒙山革命斗争史进行合理剪裁，艺术再造，独创出一系列生动的形象化的艺术细节。例如，主创团队以散点透视的创作方式编织出"军爱民、民拥军"两条互相交织的人物关系，设置党、军、民等不同艺术形象，使亲情、爱情、家国情贯通融合，特别是重点刻画海棠从小我到大我、逐步成长为坚定革命者的心路历程，全剧尽显历史纵深感和厚重感。

民族歌剧《沂蒙山》在起承转合的戏剧矛盾冲突中引领广大观众一起追溯沂蒙山根据地发展历程，一起感受沂蒙精神的形成过程和丰富内涵，用扣人心弦的故事情节、还原历史的场景再现、贴近史实的人物塑造，普及了沂蒙山革命斗争的重要历史事件，诉说着中国共产党为人民利益做出的牺牲和贡献、人民与中国共产党的生死相依。民族歌剧《沂蒙山》呼唤了当今中华儿女不忘初心、牢记使命，以史为鉴、居安思危的精神品格，努力在当代复杂的国际形势下，回应了历史和人民为什么选择中国共产党和中华民族屹立于世界民族之林的必然性。

三、运用大场景，还原大气象

如何在有限的舞台时间和空间里，将沂蒙山根据地革命历史的波澜壮阔，"水乳交融、生死与共"铸就的沂蒙精神宏大主题，真实而艺术地呈现在舞台上，考验着主创团队的艺术能力。

为了给民族歌剧《沂蒙山》这一史诗性作品营造宏大的主题场景，剧目的舞台制作可以说达到了山东舞台艺术的巅峰。极具象征意义的山体，辅以丰富多样而又恰如其分的科技手段，身临其境的现代灯光、音响及多媒体技术的有机融合使用，在有限的舞台空间将民族抗日战场进行了精准的聚焦浓缩，展现出一幅幅具有时代感染力的民族斗争画卷，充分展示了主创团队高超的艺术造诣、丰厚的知识储备、广阔的社会视野与浓重的人文情怀。

特别是剧中山体的设计，大幕拉开，观众就被舞台上扑面而来的"群山"震撼。层峦叠嶂的石头，堆出十多米高的山体，直抵舞台顶部，极大地拓展了观众的视野高度和视觉纵深，不但极具沂蒙特色，而且极具象征意义，"那些由沂蒙独特地貌'崮'抽象而成的巨石，坚硬、浑厚、苍凉，层层叠叠，巍然屹立，像一个个朴实而坚韧的沂蒙儿女，高昂着头颅，挺直了脊梁。它们不仅高拔峻峭，而且具有无限的宽度、厚度，和站立其中的沂蒙百姓群像融为一体，成为一尊屹立不倒的群雕，一座精神的高塔，一座民族精神的丰碑"[1]。

看似复杂的山体，其实由四个极简的单独部分构成，通过六幕中三十六次的不同旋转，营造出时而震撼人心、时而硝烟弥漫、时而诗意浪漫、时而温馨静谧、时而充满希望的舞台画面，不同的戏剧空间的营造不仅节约了大量的场景制作，更重要的是，让整剧呈现出多样的戏剧环境和紧凑的戏剧节奏，让剧情更加张弛有度。整个舞台"高级灰"的主色调和主人公海棠的"一抹红"，制造出了视觉上强烈的冲击效果。服装采取的是立体化裁切，让剧中人物形象更加生动具体，与高大的山体融为一体，塑造了极具雕塑感的英雄群像，与剧目主题遥相呼应。

戏曲本体不能成为所有舞台剧目创作的尺度，歌剧的"大制作"与戏曲的

---

[1]　　　郝桂尧:《沂蒙山》，济南：山东人民出版社，2021年，第3页。

"大制作"有着跨艺术本体的区别，后者容易造成戏曲演出的本末倒置，而前者则要求艺术本体水涨船高。民族歌剧《沂蒙山》在舞美创作上实现了歌剧艺术本体与舞台科技含量的完美融合，山体、灯光、音效具有极强的表演性，他们的存在不但没有削弱演员的表演，还恰到好处地强化了剧目的戏剧性，例如，几次山体和演员的互动可谓大大增强了演唱和表演的效果。可以说，民族歌剧《沂蒙山》的创作，做到了所有舞台元素与艺术内容、人物形象的完美结合，营造出新颖别致、出人意料的舞台效果，在制作上都做到一丝不苟、精益求精，共同保证了剧目艺术效果的完美呈现。

四、打造大品牌，实现大效益

习近平总书记指出："一部好的作品……应该是把社会效益放在首位，同时也应该是社会效益和经济效益相统一的作品……文艺不能当市场的奴隶，不要沾满了铜臭气。优秀的文艺作品，最好是既能在思想上、艺术上取得成功，又能在市场上受到欢迎。"[1]

随着我国发展走进了新时代，人民群众对于文化生活的要求也越来越多，标准也越来越高。普通群众的欣赏水平、艺术素养正在快速提升，看着电影大片和"大制作"舞台剧成长起来的年轻观众成为舞台剧观众的主体之一。这就需要文艺创作要主动适应人民群众对高水平文艺作品的需要，将文化快餐做成文化大餐，将普通艺术作品做成艺术精品。

当然，只有与时俱进的艺术，没有为之叫好的观众，没有持续稳定的市场，也就谈不上社会效益，这就要求我们推动艺术精品的大众化。就像前文所说，过去大家常认为主旋律的艺术作品特别是舞台艺术作品不可能产生很好的经济效益，民族歌剧《沂蒙山》的创作实践打破了这种观念，事实证明，好的主旋律作品既能产生很好的社会效益也能产生很好的经济效益。民族歌剧《沂蒙山》自推

---

[1]　　习近平:《在文艺工作座谈会上的讲话》，2015 年 10 月 15 日，中国政府网。

出以来好评如潮，邀约不断，经受住了观众评价、专家评价、市场检验，至2023年票房收入近3500万元，已经远远超出创作成本。

当然，作为一个演艺产品，民族歌剧《沂蒙山》也不可避免地存在着"成本病"的问题。该理论提出者美国经济学家鲍莫尔认为："最根本的区别在于劳动在活动中所扮演的角色不同。在有些情况下，劳动主要是工具性的，是实现最终产品的偶然性要素。而在其他的努力领域中，对其实践目的来说，劳动自身就是最终产品。"[1]也就是说，表演艺术本身就是一种文化产品，它的这一特殊性造成表演艺术的成本降低不能通过提高生产率或降低人工成本来实现，这一特殊性也决定了表演艺术行业对政府资金一定程度上的依赖性。

显然，民族歌剧《沂蒙山》首演舞台版是不可能大幅降低演出成本的。为了最大限度地实现剧目社会效益和经济效益的统一，民族歌剧《沂蒙山》努力打造演艺品牌，创新性地打造了首演舞台版、巡演舞台版、戏剧音乐会版、重唱合唱版、音乐会简版五个不同体量的演出版本，形成不同舞美体量、不同演职员构成、不同成本费用的梯次结构，既有三百人的大队伍，也有九个人的轻骑兵，在保障演出质量的同时，降低了演出成本，全力推进民族歌剧《沂蒙山》演出。

民族歌剧《沂蒙山》以浓郁的民族风格、鲜明的地域特色、民族的音乐形式，为讲好中国故事，弘扬民族精神提供了民族的艺术样式。剧目在思想、艺术和市场三个维度树立价值取向，高扬社会主义核心价值观的旗帜，坚定文化自信，坚定价值导向，以文艺培根铸魂，所塑造的英雄形象不仅具有艺术的审美功能，更具有象征意义，在他们身上体现出的民族表情、民族性格、民族精神，能够引导人民树立和坚持正确的历史观、民族观、国家观、文化观，增强做中国人的骨气和底气，从而能够培育和坚定人们对坚持中国特色社会主义道路、理论、制度、文化及其创造美好生活的理想信念和信心，坚定人们对中华民族伟大复兴事业的信念和信心。

[1]　　Baumol, William J., "Macroeconomics of Unbalanced Growth: the Anatomy of Urban Crisis", *The American Economic Review*, Vol.57, No.2, 1967, p.416.

20/16

崔文涛

崔文涛

崔文涛,男,1985年生,山东美术馆策展部主任、副研究
馆员。山东大学艺术学院研究生校外导师、山东师范大学专
业学位研究生合作导师、山东财经大学艺术学院外聘教师。
山东省第三批签约艺术评论家,中国文艺评论家协会会员,
省文艺评论家协会理事、副秘书长。中国美术家协会会员、
省美术家协会会员、省青年美术家协会主席团成员。著有专
著两部。发表各类美术研究、评论文章70余篇。策划或执
行策划多个美术展览、研讨活动。

红色主题绘画创作模式刍议
——以山东美术馆的展品、藏品为例试析

崔文涛

　　作为文化大省和闻名全国的红色革命根据地，特殊的文化土壤和艺术氛围，使得山东绘画在新中国成立以来的文艺实践中，以鲜明的形象和杰出的实践对革命、建设历史进行了丰富的视觉呈现和主题表达。如路璋的《发亮的眼睛》、崔开玺的《千年荒滩运粮船》、孙滋溪的《小八路》、张洪祥的《斗霸》、秦大虎的《烽火童年》、陈国力的《丰碑》、梁益强的《不倒的战旗》、韦辛夷的《鸿蒙初辟》、王晓晖的《霜晨》、张志民的《将军出山》等，艺术家们创作出了大量选题精准、气势宏大、技巧高妙、影响广泛的红色主题绘画力作，在弘扬伟大历史的同时，唱响了美术鲁军的嘹亮号角。以历史的眼光回溯和观察这些山东红色主题绘画精品，诸如情感投射的高度纯粹、技巧技法的周全备至、构图布景的宏阔壮大、主题概括的精妙凝练……依旧散发着蓬勃的创作生机与昂扬的艺术力量。

　　近年来，围绕"改革开放40周年""新中国成立70周年""中国共产党成立100周年"等若干重大历史节点，山东省对红色主题绘画的组织力度和创作热度与日俱增。以2021年在山东省直文化场馆举办的庆祝"中国共产党成立100周年"系列展览为例：在山东美术馆举办了"庆祝中国共产党成立100周年山东省美术、书法、摄影、剪纸作品展""风华正茂·青春颂党——庆祝中国共产党成立100周年山东美术、书法作品展""戮力同心 再创辉煌——山东省政协庆祝建党百年书画文艺展演""画述百年——山东美术馆馆藏革命历史题材作品展"；在山东省文化馆举办了"百年辉煌——庆祝中国共产党百年华诞书画展"；在山东博物馆举办了"让党旗永远飘扬——山东省庆祝中国共产党成立100周年主题展"；等等。

总体上看，根据上述若干重大节点，山东的艺术家们以党史、国史为纲，紧密结合地域发展史，围绕党领导下的革命、建设成就创作了数以千计的红色主题绘画作品，举办了一系列专题展览。这些作品涵盖各大绘画门类，表现革命先烈、描绘重要事件、歌颂英雄人民、弘扬发展成就，不乏技巧纯熟、思想深刻、情感真挚的精品力作。自然，在肯定高涨的情绪、积极的态度、高产的数量的同时，应看到部分的存在内容不够丰富、风格不够鲜明、思考不够深入、角度不够精准，乃至于作品的表现与主题的结合相对牵强等若干值得探讨的问题。其中尤其值得关注和反思的是作品的模式化现象。

一、"人物＋符号"：画面构成的同质现象

正所谓"打开党史，一代代共产党人勇往直前以赴之，断头流血以从之，殚精竭力以成之，书写了坚守初心和使命的壮丽篇章"[1]。人物画是红色主题绘画创作的首选。艺术家们或者直接表现英模人物，或者结合呈现英模人物及其参与的事件，或者以概念性的人物群像反映事件。新中国美术史上的相关经典珠玉累累、不胜枚举，大略检视，王盛烈的《八女投江》应属第一类，林岗的《井冈山会师》应属第二类，王式廓的《血衣》应属第三类。

于山东而言，王尽美、邓恩铭两位参加中共一大的山东代表，自然是红色主题绘画创作的重点研究对象，也因此出现了一大批表现二位先烈的绘画作品。这些作品的总体笔调是写实的、语调是歌颂的、基调是庄严的。单独地看，每一幅作品都有个性化的作者思考和风格表达，具备能够单独辨认的痕迹、习惯、手法。但并置的尤其是在同一物理空间中并置的欣赏，则不难察觉在谋篇布局、姿势动态、背景构成等方面的同质现象——就姿势而言，或者王尽美前立、邓恩铭稍后站立，或者王尽美前坐、邓恩铭稍后站立；就背景而言，一般为党徽、马克思主义刊物以及象征二人领导的罢工运动的若干符号；就构图而言，人物居画面

[1]　　中共中央宣传部编：《习近平新时代中国特色社会主义思想学习问答》，北京：学习出版社、人民出版社，2021年，第89页。

前景中心位置，若干红色符号环绕四周。因此，可以宏观概括为"人物＋符号"的创作模式。这种模式不仅仅见于表现王尽美、邓恩铭的作品中，在表现李大钊及陈独秀、方志敏、夏明翰等英模人物的作品中也有明显的贯彻，并进一步广见于其他表现英模人物的作品中。

毋庸讳言，"人物＋符号"模式下的英模人物作品，其基础创作参照多是广为人知的客观史料，因而素材收集较快、创作周期较短、辨识程度较高、人物形象逼真、装饰效果精致，既呈现了先贤伟岸形象及其主要事迹，也往往具备一定的夺目感，且有利于作品的大众接受。在技巧纯熟、主题突出、素材齐备、特点鲜明、与史相符等角度上无甚可指摘之处。可以说，在展览密度大、创作任务重的情况下，艺术家们采取"拿来主义"的方法，秉持"急用先办"的思路，圆满完成了创作任务。

问题在于，当某种创作或表现模式较广泛地出现，且集中在某种题材、类型中时，至少意味着创作过程中的因循模仿。更进一步地看，这种模式的产生和流行，是作者并没有围绕人物的履历、成绩、生活，进行足够多维度、深层次的挖掘和研究，继而发挥想象力及创造性完成的"课堂作业"或"命题作文"。自传播的视角上，该模式虽便于接受和流通，无疑也导致了人物形象塑造的标准化乃至程式化，不利于对他们的精神内涵及生平贡献的持续挖掘和弘扬。无论艺术创作本身还是主题创作要求，"人物＋符号"模式，如果因为模式套用而缺乏表现力，是不值得提倡的。

二、"水墨＋色彩"：万能图式的普适生产

国画山水画是红色主题绘画作品中的常见类型。该类型往往围绕革命圣地、革命老区如南湖、韶山、井冈山、陕北、沂蒙等地的实景展开。在直面河山的过程中，连缀标志性景观、建筑，凸显标志性色彩、符号，搭配标志性诗文、题记，追思或感慨不朽往事与旧貌新颜。"写生，是深入工农兵生活，贴近火红新年代'画活人''画真山水'的阶级感情汲取路径；写生，是从'形式的'五四美术革命，向'集体精神的'社会主义美术革命升华的立场转变表征；写生，是衡量哪些民族遗产是'精华'，哪些是'糟粕'的实践检验方法；写生，又是将

对'国家形象'的审美想象变成'艺术真实'的生活体验、经验提升……"[1]简略回顾，这种"革命山水"或"新山水"的模式在新中国主题美术创作中普遍流行，傅抱石的《枣园春色》、关山月的《韶山青松》、李可染的《革命摇篮井冈山》等均属此类经典。

"革命山水"能够兼顾中国画的笔墨范式和红色主题绘画创作的功能要求，且相较其他门类保留了较多的艺术家自我抒发空间，是以得到了广泛的创作实践。对山东而言，自然风光本就极有特点的红色革命老区——沂水蒙山，成为熟谙山水画技巧的画家们开展红色主题创作的常见母题。近年在山东美术馆举办的若干展览中，与沂蒙有关的国画山水画层出不穷——这与继承和弘扬沂蒙精神的接续号召有关，与沂水蒙山的历史底蕴及自然风光有关，也与艺术创作中满足自我情趣和发挥社会功能的关系平衡有关。

这些作品往往满构图、大尺幅，一方面，对山水的描绘多呈现出了类似文人画的复古面貌——几乎是纯水墨的，且实景写生的感官并不足够明确；另一方面，在点染皴擦、"计白当黑"的水墨山水之中，具备象征意义的红色旗帜、建筑、标语、云霞等着重处理、醒目显著。或者说，借由红色调象征物的出现，这些作品完成了从文人水墨山水画向红色主题山水画的身份转换。因之，我们宏观概括为"水墨＋色彩"的创作模式。

我们自当承认该类作品的历史沿革和特点优势。但恰如山东前辈画家张彦青先生曾说的那样："中国画就是我们中国的传统文化的艺术结晶。没有传统，就没有中国画。所以要师古人、要学习传统的精粹，这是中国画的基础。但是还要跳出古人的圈子，走出书斋，到大自然中去学习、去品悟、去发现和创造。这就是师造化。要创造出自己的个性作品，要在艺术上有所成就，必须以自然为师。"[2]"水墨＋色彩"模式的根本问题在于：一是并没有突破早期"革命山水"的经验或程式，且在较大程度上舍弃了体验、写生，室内造景的感官较强，面貌

---

[1]　　　孔新苗：《境遇·镜像——中国美术与"国家形象"研究》，北京：人民出版社，2015年，第100页。

[2]　　　沈明：《风雨写生：画家张彦青传》，上海：上海人民出版社，2010年，第291页。

趋保守或复古；二是这种模式实际上近似于造就了一种万能图式——如果更换题款声称描绘的是其他地域，作品可以成立；如果去掉红色调象征物，作品可以成立；如果把象征革命的红色换成象征环保的绿色，作品同样可以成立。于此，红色主题创作应有的独一无二的身份编码和精神指向变得晦暗不明，红色主题实际上成为外壳而非内核。

三、"实物＋实物"：以小见大的泛化倾向

经由或许并不足够广博的样本观察，近年的红色主题展览中，静物画的数量呈上扬趋势。这类作品往往选择革命文物——党旗、马灯、刊物、枪支、军号、水壶、军鞋、背包等，表现、象征、隐喻艰苦的革命史和坚强的奋斗史，号召人们不忘历史、砥砺前行。常令人不自觉地联想到《朱德的扁担》。不同于文章聚焦于一件实物的娓娓道来，在绘画过程中，艺术家们常选取多件实物穿插呈现以完善作品构图和丰富视觉效果，是以可概括为"实物＋实物"的创作模式。

以物证史、以小见大自然是正确的创作思路和巧妙的叙事方法。所表现之物虽有形、有限，却能以其代表性和象征性，吸引观者进行情感投射和情节联想，使得作品产生沧桑感和穿透力。但是，参看新中国主题美术历史，红色主题静物画并没有形成悠长的创作传统或产生大量经典图式，我们难以马上想到某件代表作或某位代表艺术家。在几乎全部的红色主题绘画创作历程中，静物或物，一直是作为配景、配饰出现在一幅完整作品之中的。物的寓意或象征，并非单列的而是放置于明确的人或事的语境中才能得到生发。

从另一个角度，在"洋葱式"的红色主题创作素材集合中，居于核心地位的始终是共产党人和人民群众，其次是由人主导的事件，最后才是景和物——素材的由外向内对应着静物画、花鸟画、山水画、人物画作品数量的由少到多。且围绕着较为明确的人和事的景与物，而非太过泛指的景与物，才能更好地建立"历史—作品—观者"之间的视觉、知识、情感链接，更好实现红色主题绘画作品的功效。这并不是在主张区分题材的"主要""次要"，即如所言："既然'主要次要'的概念在生活实际中是根据时间、地点、条件的不同而在变化着，那么，我

们又怎能把创作题材固定起来，说这个重要而另一个次要呢？"[1]牡丹好，丁香自然也好，百花齐放是应有之义。

真正需要引起重视的讨论重点在于，如第一节分析"人物＋符号"模式时所认为的那样，"实物＋实物"的创作模式实际上更便于垒砌素材、快速生产、批量定制，且创作的难度显然进一步降低了。设若这种并没有多少历史积累和学理依据的创作模式进一步泛化，所涉不仅是对艺术创造力的质疑，更有回避对历史的深度思考，牵强附会走捷径的嫌疑，尤其需要在创作指导、作品评审、美术评论等工作过程中予以有力匡正。

四、"视角＋体验"：山东红色主题绘画创作的自洽

如本文开篇所述，在相隔并不久远的山东本地艺术家的创作实践中，我们已经读到了红色主题绘画应有的创作逻辑和典型的图式样本。就笔者看来，韦辛夷的《鸿蒙初辟》、王磐德的《蒙山不言》、陈国力的《丰碑》三幅作品可以分别对应人物、山水、静物三种类型，均能以独抒机杼的表现视角和注重体验的创作追求，产生极具针对性的强烈借鉴价值。

《鸿蒙初辟》选取的是 1920 年年初李大钊驾骡车护送脱险后的陈独秀自天津转往上海，在路上，二人讨论了成立中国共产党的史实。我们看到，作者并未锱铢必较于人物的写实性描绘或纪念碑式的姿态建构，也没有添加众所周知的刊物、色彩或建筑，而是用非具象的笔墨语言，强烈的象征主义手法着力营造整体氛围和环境，表征这一讨论开天辟地的影响和意义——自混沌中带来了无限光明。题目与画面相得益彰、气象博大、寓意深刻，具备很强的视觉冲击力和艺术感染力。在"画述百年——山东美术馆馆藏革命历史题材作品展"中，这幅作品作为整个展览的开篇之作，得到了各界观众、各大团体的广泛好评。

[1]　　何溶：《牡丹好，丁香也好——"山水、花鸟与百花齐放"之三》，载殷双喜主编《20 世纪中国美术批评文选》，石家庄：河北美术出版社，2017 年，第 194 页。

《蒙山不言》表现的是"妻子送郎上战场"的沂蒙老区故事。为完成此幅作品，作者多次到沂蒙各地采风、写生，走访了许多有切身经历的老区群众，反复选取和描绘具备代表性的蒙山沂水地貌。在山水的表现上，作者用传统的也是个性化的笔墨皴法，如实表现了沂蒙山特有的"崮"的地貌——山峦之上石崮矗立并冲出画面，自有沉稳和厚重的象征意味。点缀期间的默默送别的二人一犬，相互间没有大幅度的情绪或动作，肃穆的氛围影射出的是令人感慨万千、联类不穷的红色沂蒙基因，是"最后一口粮当军粮、最后一块布做军装、最后一个儿子送战场"的"蒙山高、沂水长"。蒙山凝视、尽在不言、胜过千言。

《丰碑》亦取材于沂蒙山区，选材视角和表现技巧同样巧妙、深刻，能够迅速令人联想起具体的历史所指。莽莽丘陵之巅、石崮之上，矗立于绝对中心位置，俯瞰群山的是一辆老旧的手推车，观者脑海中马上会浮现起陈毅元帅的名言："淮海战役的胜利，是人民群众用小推车推出来的。"按照画家的解读，远山象征着人民大众，近景的磐石象征着国家的牢固基础，独轮车断裂的木撑、斑驳的疤痕象征着为共和国做出牺牲和贡献的广大支前群众。整幅作品简洁、精练、深沉、凝重，毫无亦无需多余的点缀或鲜亮的符号。

以《鸿蒙初辟》《蒙山不言》《丰碑》三幅"旧作"反察本文并未直观描述的若干"新作"，情感的投入、视角的选取、生活的厚度、历史的深度、艺术的感染力等等，高下立判、毋庸多言。尤其《蒙山不言》和《丰碑》，以山东地域的红色革命素材为基础，兼容沂蒙地区的独特地貌和厚重史实，在内容和风格上都具备鲜明的山东特色。《鸿蒙初辟》对碑意的融入，则追溯和吸纳了中国北方地区更为悠久的历史文化资源。应该说，"视角＋体验"，正是艺术家令红色素材和主题作品历久弥新的不二法宝。虽不能强求每件新作都能达到大浪淘沙后的"旧作"的深度和高度，但以之为参照，继续修正和不断提升自身，力争创作出经得起历史检验和后人评判的作品是题中应有之义。

概而言之，新中国红色主题绘画创作已经走过了相当长的历程，产生了大量经典作品。对后来者而言，前辈的杰作绝不意味着创意的枯竭，底色不变、初心不改，党史与国家史、民族史互为一体，始终处在不断书写新篇的进程中，艺术创作具备生生不息、层出不穷的鲜活资源。正所谓"百年恰是风华正茂，百年仍需风雨兼程。从建党的开天辟地，到新中国成立的改天换地，到改革开放的翻天覆地，我们走过千山万水，创造了足以让中国人民引以为傲的辉煌历史"[1]。面对辉煌的历史和热烈的生活，今天的红色主题绘画创作自不应流于表面的符号堆砌、口号累积、造型承袭、快速生产。至于图式般的创作模式，可能成为画家成熟的标志，甚至成为其符号性特征，但如何在这样的模式中具备艺术表现力显得尤为重要，所以也必然离不开的是：带着足够的情感阅读、思考、体验，自深挖本地区素材入手，在追求作品主题精准深刻的同时，自能收获个人风格语言的匠心独造。

（原载《山东艺术》2022 年第 5 期）

［1］　《中国共产党简史》编写组编著：《中国共产党简史》，北京：人民出版社、中共党史出版社，2021 年，第 531 页。

继承与流变：主题性美术的当下新态势刍议

崔文涛

  无论古今中外，主题性美术均可视作根据国家意志号召和组织的，围绕主流意识形态宣讲教化、构筑理想、凝聚心力的文化手段。固然，随着国家意志的演化，主题性美术的着力方向、艺术面貌、组织形式也会随之发生渐变，但其与其他任何文化行为一样，必然地、持久地带有鲜明的阶级属性、派别属性、组织属性。新中国成立以来的主题性美术，即是在马克思主义哲学、社会学逻辑基础上，在以"工人阶级领导的、以工农联盟为基础的人民民主专政的社会主义国家"，采用自上而下的有组织模式，紧密围绕社会主义意识形态，以鲜明的党性和人民性为导向进行了数十年的光辉实践，并取得了巨大成就的。

  简略地看，新时代的主题性美术承继着双重压力和期待。一方面，主题性美术业已走过漫长历程，无论理论还是创作，都形成了令后学高山仰止的诸多名家和杰作，可谓高峰林立。这既是财富，亦是压力——进行创新回应直至实现超越并不容易，却又是必须进行，也应有足够信心进行的责任和使命。另一方面，信息化时代以来，随着科技的日新和文明的交互，新的艺术形式与文化手段不断涌现，艺术的门类边界日趋模糊，创作方法、传播方式、审美心理等均发生了巨大变化。这些均使得主题性美术的接受空间、效能场域受到一定影响。因之，新时代的主题性美术必须要深研发展史、直面新生态、不断再突破，在坚守精神内核不变的同时，拓展题材边界、创新语言样式、延宕传播渠道，持续探讨、调整和强盛自身。

  本文且自"题材范围的持续拓展、语言样式的日益多元、传播媒介的通盘重视"三个方面，在简略回顾新中国主题性美术历史沿革基础上，通过对不同时期若干作品、展览案例的比较研究，着重就当下主题性美术领域的部分新实践、新倾向、新态势浅述纸上之见。

一、题材范围的持续拓展

一般意义上，主题性美术的题材首先聚焦于人物，尤其是领袖和英模，以及带有强烈的整体概括性、集体象征性的群众。"在'洋葱式'的红色主题创作素材集合中，居于核心地位的始终是共产党人和人民群众，其次是由人主导的事件，最后才是景和物——素材的由外向内对应着静物画、花鸟画、山水画、人物画作品数量的由少到多。且围绕着较为明确的人和事的景与物，而非太过泛指的景与物，才能更好地建立'历史—作品—观者'之间的视觉、知识、情感链接，更好实现红色主题绘画作品的功效。"[1] 无论罗工柳的《地道战》（1951）、董希文的《开国大典》（1952）、王盛烈的《八女投江》（1957）、王式廓的《血衣》（1959），还是卢沉的《机车大夫》（1964）、陈逸飞的《黄河颂》（1972）、林岗的《井冈山会师》（1975）……自新中国成立至 20 世纪 80 年代之前的优秀前辈艺术家们，深怀真诚与激情领会国家文艺主张，通过表现、弘扬重要人物及其代表的重大历史事件，传达、歌颂主流意志并凝聚精神，形成了主题性美术长期坚持的主要选材传统。

宏观地看，经历了一段时间的相对沉寂，至 21 世纪以后，国家层面的主题性美术工作得到了继续组织和加强。如论者所言："改革开放 30 年，国家的经济和社会文化事业得到持续的发展和繁荣，相形之下，作为主流美术创作表达方式的历史画，虽然没有出现中断的情况，但是，在相当长的一段时间里，缺乏高层次的、专门性的历史题材美术组创和展览活动，也是不争的事实。"[2] 为解决该种情况，2005 年正式启动了国家重大历史题材美术创作工程，组织力度、投资金额、

---

[1]　　崔文涛：《红色主题绘画创作模式刍议——以山东美术馆的展品、藏品为例试析》，《山东艺术》2022 年第 5 期。

[2]　　张坚：《视觉的历史写实的意象——国家重大历史题材美术创作工程的几点思考》，《美术观察》2010 年第 5 期。

参与规模、成果数量均为前所未有、世所罕见。2009 年新中国成立 60 周年华诞之际工程结项，102 件国画、油画、雕塑精品面世，为主题性美术史增添了浓墨重彩的章节。仅就工程结项作品的最终面貌而言，主题性美术的优秀传统无疑得到了有效继承和进一步延展，形成了自近代史的《虎门销烟图》《金田起义》《圆明园劫难》开始讲起，直至当代史《高峡平湖图》《中国加入世贸》《抗击非典》作阶段总结的宏大体系，完成了涵盖饱受欺凌、奋起抗争、重获辉煌三重递进逻辑的宏大叙事。当然，如果将目光聚焦于题材，又不难发现人物题材几乎成了工程的绝对主体乃至唯一主体。这种鲜明的题材取向、导向，也在相继举办的各省市重大历史题材创作工程中得到了贯彻，并进一步广见于其他官方组织的美术创作、展览活动。

自然，主题性美术的选材范围显然不仅限于人物，而是进一步覆盖到山水、花鸟、静物等丰富的多种题材中去。人物题材与齐白石的《和平鸽——愿世界人都如此鸟》（1951）等花鸟题材作品，傅抱石的《待细把江山图画》（1961）、钱松嵒的《常熟田》（1963）、李可染的《万山红遍层林尽染》（1964）等山水题材作品，伍必端的《寂静的草地》（1981）等风景题材作品，李汉波的《红军的米袋》（2007）等静物题材作品，共同构成了多姿多彩、相得益彰的新中国主题美术史，参与构筑了影响深远的社会主义价值体系，其知名度、流传度、感染力甚至可以说远超诸多人物题材作品。牡丹好，丁香也好，即如所言："既然'主要次要'的概念在生活实际中是根据时间、地点、条件的不同而在变化着，那么，我们又怎能把创作题材固定起来，说这个重要而另一个次要呢？"[1] 自此重意义上，主题性美术的题材范围应是尽量大的。或者说，一切能够影射到主题叙事的题材，只要艺术家能附之以主题叙事所要求的感染力和表现力，均应纳入主题性美术的选材视野、命题范畴，而无所谓主要次要、干流支流。

事实上，新时代以来的若干主题性美术展览中，我们已经能够看到选材边界的不断拓展实践。以 2019 年组织实施，2021 年在京首展，2022 年开始在沿黄省区巡展的"长河大道——黄河文化主题性美术作品展"为例，从中既能看

[1]　何溶：《牡丹好，丁香也好——"山水、花鸟与百花齐放"之三》，载殷双喜主编《20 世纪中国美术批评文选》，石家庄：河北美术出版社，2017 年，第 194 页。

到杨力舟与王迎春的《黄河在咆哮》（1980）、杨晓阳的《黄河的歌》（1983）、吴为山的《安塞腰鼓》（2011）、赵培智的《八步沙治沙人》（2021）、杨晓刚的《百年铁桥横渡 金河南北通途》（2021）等不同时期的人物题材作品，能看到何加林的《谁赋丹赭染鹊华》（2020）、范迪安的《黄河激浪》（2021）、姜宝林与姜满的《天上来》（2021）等山水题材作品，能看到许江的《黄河黄》（2020）、宋丰光及宋飏的《黄河入海见奇观》（2021）、乔宜男的《生生不息》（2021）等景观与禽鸟题材相结合的作品，还能看到董其中的《河魂》（1992）、周韶华的《黄河魂》（1998）等充满意笔趣味，将人文和自然景观融合呈现的作品……紧扣相同的主题，怀着相通的情感，艺术家们专注擅长的画种、选取不同的题材、利用不同的风格充分表现了黄河的自然风光、人文气象、历史底蕴、当代变迁，成功实现了黄河文化主题创作的新高潮，获得了各界、各地观众的广泛认可。

因之说，就题材而言，主题性美术的命题范围应该是进一步宽泛和包容的，应继续提倡和坚持以人物为主的传统优势，切实彰显共产党人和人民群众在宏伟历史进程中的光辉形象、典型事迹。同时，除必须表现人物的专题创作或专题展览外，不应设置关于题材的过多限定，而是应进一步鼓励作者在开放的视野中结合自身优势和所思所想选题创作。这既是推动主题性美术出新出彩的必要组织工作，是鼓励和张扬"主题性—艺术性—个性"三个方面更好统一的学术工作，更是更好满足新时代受众群体的差异化审美需求，增强主题性美术吸引力和号召力的目标导向工作——如"长河大道"展所展示的那样，站在受众的角度，题材的多样性能够较好地缓解人物题材过于集中、面貌过于统一、叙事过于宏大所导致的审美疲劳感，更好地满足多元审美需求的同时，用间接的或说渐进的方式，生动、深入地达到弘扬主题的目的。

需要明确的是，题材范围的再拓展绝不是在主张无限制的放开和无原则的准入。就活动组织而言，主题性美术的优秀传统和基本规律必须尊重、坚守，标准、要求必须始终保持严格、深刻。就具体创作来说，艺术家需要投入更多情感、进行更多思考，寻找目标题材与主题内涵的合理连接、自然表达，而非借由题材的拓展而降低门槛，导致"完成作业"式的表层化和庸俗化。

二、语言样式的日益多元

实事求是地看，主题性美术的语言样式具备很高的辨识度，经常运用的技巧和普遍形成的印象往往是具象的、写实的。就绘画而言往往是架上写实绘画，就雕塑而言往往是静态写实雕塑，写意、表现、抽象、拼贴、装置等语言较为鲜见。这种样式或印象的形成有必然的社会基础，其中最重要的基础是近代中国基于社会现实需要而选择的写实主义道路。"早在1937年陈依范（Jack Chen）就在他的文章中坚持：'只有那些受到革命的民主的民族主义激发的艺术才能被视为现代的。关乎中国进步的价值是检验现代艺术的标准……为了中国，除了写实的艺术之外能保护其他任何艺术吗？对写实主义的需要是基础的……在写实主义的创造中，艺术家完全履行了他的社会的和政治的责任。'"[1] 正因为此，写实主义成为救亡和解放时期的主要美术风格，产生了一大批名家佳作，发挥了良好的社会功用。主要受这种传统影响，在新中国成立后的主题性美术实践中，伴随着"内容决定形式"的基本逻辑，逐渐发展形成了以西式写实为主要基调的社会主义现实主义语言风尚。

如同题材范围从不仅限于人物一般，主题性美术的语言样式自然也从不仅限于西式写实。尤其在中华人民共和国成立"十七年"时期，艺术家们自民间美术、传统美术或其他外来美术入手，不断探讨民族的、大众的、个性的主题性美术语言样式。同为经典主题性美术作品，潘絜兹的《石窟艺术的创造者》（1954）对传统工笔重彩语言有着精彩承继。杨之光的《一辈子第一回》（1954）在运用素描语言塑造面容形貌的同时，又通过水墨的自然过渡降低了明暗对比。黄胄的《洪荒风雪》（1955）聚焦于西式速写和东方写意语言的融合运用。石鲁的《转战陕北》（1959）将北派山水的雄浑奇崛笔墨传统，与伟大革命的波澜壮阔、伟大领袖的运筹帷幄精妙结合。以及柳青《三千里江山》（1963）的表现性语言、钟涵《延河边上》（1963）的象征性语言、闻立鹏《国际歌》（1963）的抽象性语言等等，语言的丰富性是主题性美术的显在史实。

---

[1]　　[英]迈克尔·苏立文：《20世纪中国艺术与艺术家》，陈卫和、钱岗南译，上海：上海人民出版社，2013年，第132页。

经历了改革开放赋予的数十年全球化洗礼后，至国家重大历史题材创作工程时期，论者认为已经"可以看到许多借鉴现代手法的历史画。除了前面所说的抽象形式构成与具象写实描绘相结合的作品，以及在观看方式中探索主题创作的个体历史体验的视觉表达的作品外，还有一些艺术家巧妙地吸收了当代拼贴、影像构成和波普手法，创作出既符合主流意识形态要求，又颇具现代和后现代艺术特点的作品"[1]。固然纵览主题性美术的整体阵营，那些运用非写实的，及至借用现代、后现代等语言样式以增强自身表现力的作品仍非"主流"，仍不能"威胁"写实语言的统治地位，语言的多样化却又是越来越明显的倾向。或者说在新时代，主题性美术语言的"百花齐放"因其顺应时代变迁而成为某种趋势，无论是组织者、创作者还是欣赏者，对此都已经具备了意识与行动的自觉。

这种自觉甚至明确体现在了最新、最近的当代艺术展览中。一方面，这是当代艺术展"体制化"的必然结果。以 2022 年的"武汉国际双年展"为例，无论是"艺以通衢"的主题设定、"文化样态""城市形态""创新动态""绿色生态""开放姿态"的板块设计，还是中央美术机构和地方政府联合策划的组织模式，展览均体现出了鲜明的主题性美术工作特色。而同年由山东省人民政府主办的"第二届济南国际双年展"，其"共生世界"主题，"地域与世界""现实与虚拟""当代与传统""人与自然"板块区划，也流露着浓厚的主题叙事韵味。作为官方组织的前卫艺术展，自然要贯彻主流意识形态、传达主流思想价值，综合材料、装置、影像、多媒体、沉浸、互动等技术、艺术语言的运用都是为前二者服务的，也因之能够被视作新时代主题性美术语言的有效组成部分。

另一方面，这又是机敏的当代艺术家们运用新语言、新手段，主动贴近主题叙事的必然结果。以"第二届济南国际双年展"中展出的几件装置和影像作品为例，如"V^ 艺术小组"的交互影像作品《19 赫兹》，以一只鲸鱼的深海旅程为故事线，将普通大众不可见、不可听的海底世界转化为可交互的沉浸视听环境，叠加人流量带来的动态图像效果，试图建构全新的海洋音景，让观者理解深海的生物活动与生存环境，观察和重塑人类与海洋的关系；黄光辉的影像作品《无

---

[1] 张坚：《视觉的历史写实的意象——国家重大历史题材美术创作工程的几点思考》，《美术观察》2010 年第 5 期。

界——域》，以汉语、英语、阿拉伯语、法语、俄语和西班牙语六种联合国工作语言为基础素材，让六种语言文字随机排列、变化，以字母拼成世界各地的标志性建筑，寓意数字世界和物理世界的高度融合，以及文化的包容性；王雷的装置作品《新长征路上的凯歌》，将《解放军报》搓成绳，通过"一针一线"的编织，创作了若干套土地革命战争时期红军穿着的军大衣、八角帽、草鞋。试图用今天（报纸）的材料和手法，追寻昨日的故事，表达对革命先烈的追思，并反映新时代对"长征精神"的继承与发扬。三件作品分别对应生态环境保护、文明互鉴共融、红色革命精神赓续三个典型的主题性话语概念，利用当代艺术的理念和先进技术手段进行了令人耳目一新的表达诠释，别开生面的主题切入和语言运用、现场呈现，给观众带去了比静态写实作品更丰富的体验。

简而言之，对主题性美术而言，因循时代步调、联动当下生活，持续更新的语言探索与样式尝试，既是可能的，也是必要的。在经济基础空前强盛、物质条件极大改善、科技手段不断进步的新时代，此类探索与尝试几乎不存在技术、材料方面的不可逾越障碍。即便在通常认为与官方主张距离较远，以实验、先锋、前卫、独立为天然性格的当代艺术双年展中，也已经出现了如上文所述的若干有效主题性实践。当然，语言样式的多样发展要谨防滑入形式主义、技术主义、进步主义的陷阱，确保内在高于外在、思想重于形式，这是主题性叙事的本质要求。

三、传播媒介的通盘重视

某种意义上，在很长一段时间内，主题性美术工作如何利用传播媒介是被有意无意忽视的话题。计划经济时期，主题性美术的有组织特点使得传播成为整体事业的天然组成部分，自上而下统一调度的刊物、电视、报纸、广播等媒介共同组成了完善的传播路径，能够覆盖到中国社会的每个角落。刘春华创作于1967年的油画《毛主席去安源》，先后在《人民画报》《人民日报》《解放军报》《红旗》杂志等纸媒中以彩色夹页的形式发表，单张彩色印刷数累计高达9亿多张，被称作"世界上印数最多的一张油画"。即便在改革开放后的市场经济时代，依托成熟组织模式的主题性美术工作，在选用传播媒介方面也极为便利，且在很大程度上能够轻松实现无偿、广泛选用。只是最近十余年，当中国社会全面进入以互联网为最主要媒介的信息化时代后，电视、广播、报刊等传统媒介的便于组织、单向输出特点在互联网身上不再明显，主题性美术工作所面临的传播环境的复杂性几何级上升。对长期依赖自上而下的有组织模式，且主要依托传统媒介实现传播的主题性美术而言，如何主动、充分利用各类媒介争取话语权、维系生命力、扩张主阵地，才真正成为必须高度重视的话题。

一方面，在互联网即时传播的海量信息之冲击和遮盖中，在各种文艺类型对传播率的激烈竞争中，在当代民众对美育资源、渠道的高度自主取舍中，主题性美术的传播力越来越弱是不争的事实。面对互联网背景下如此强势的分流、分权，如过去那样，某件主题性美术作品、某个主题性美术展览能够轻松得到全部媒介支持、受到全体民众关注的景象实难再现。另一方面，今天的无论何种类型文艺创作、研究、批评，互联网都强势推翻了"单行道"。令人深有感触的事实是，作者与受众的互动从未如此紧密、生产与消费的距离从未如此贴切。以往在很大程度上只是通过传统媒介单向传播的主题性美术，也要在互联网这一新媒介建立的双向传播通道中接受大众自由评议。形势如此，新时代的主题性美术工作势必要在充分考虑受众意愿的前提下，主动以产业的思维，借助团队的力量，整合、运用各类媒介，着力进行既有深度又有趣味，既开眼界又受教育，既叫好又卖座的有效传播。

正是立足上述实际，循着综合利用各类传播媒介的基本思路，2021年中国共产党建党100周年之际，中国美术家协会等机构联合中央广播电视台推出了《美术经典中的党史》。该栏目选取100件主题性美术经典作品，在党史专家、美术评论家、艺术家三方力量的共同参与下，主要通过电视、网络两种传播媒介，用影像的方式生动再现了主题性美术视域中建党百年的辉煌历程。既是对建党百年这一重大节点的献礼，也是主题性美术史的一次全面梳理和有效整理，传播效果显而易见。此外，以笔者具体从事的美术展览工作为例，对优秀作品、作者、风格、流派的深入研究、细密整合、审慎定位是题中应有之义。同时，符合当代观众接受习惯和欣赏需求的展陈设计、活动策划、多元传播不可或缺乃至更加重要。形成广泛共识并产生了诸多典型的事实为：一个优秀的主题性美术作品展，不应只强调主题性、思想性，而是要增加互动性和趣味性；不应只推崇专业性、权威性，而是要提升参与性和普及性；不应只单纯着力于研究和展示，而是要进行展览展示、周边开发、产品销售的全链条运行尝试……这些手段和方式，都是在力图通过综合的传播媒介，赋予主题性美术作品多向度、广延展的可塑空间，赋予公众全方位、多角度的接受体验，最终尽力提升而非稀释主题性美术的社会效能。

从总体上看，当前对传播媒介的重视和实践虽然成效颇多，但显然仍有很大提升空间。今天，与主题性美术的传播媒介利用能力，尤其对互联网的利用能力仍然形成强烈对比的，是以"泛娱乐"文艺作品为代表的大众文化传播。所谓"一个文化系统内部的大众文化、流行文化尽管可能是'间离的'、肤浅的、短暂而碎片化的经验，却也是有趣的、诱人的、不可少的"[1]。几乎每一个当代人都在通过各类网络终端享用"泛娱乐"文艺作品——有时是手机游戏，有时是网络小说，有时是短视频或大电影，并大都兼而用之。用户的不断增长态势，付费习惯的逐渐养成，带货额度的屡创新高，及其对就业和经济的强带动作用，使得该产业获得了广泛支持，在激烈的市场角逐中屡屡出现"现象级"的作品。如在著名二次元网站B站中，2015年开播，娱乐性和主题性兼具的动画作品《那年那兔那些事儿》，其第一季观看数超2亿，第二季观看数超1.4亿。二次创作的混剪视频更是广泛见诸各大短视频平台，传播效率和传播效果令人咋舌。

如论者所言："如果暂时搁置文化价值观、宗教信仰、民族国家历史等复杂因素，仅就文化符号传播的媒介、文化产品生产的体制来看……立足新媒介、立足大众流行趣味的文化产业，为美国跨上全球传播的高地奠定了国内产业体系建设的基础。而不是通过只在精英圈子中传播的'抽象表现主义'绘画和格林伯格晦涩的艺术史理论。尽管两者互为补充对推出国家形象必不可少。"[2]主题性美术与大众流行文艺固然不能完全同等而论，二者有着明显不同的定位、传统、优势和目标。但后者对传播媒介尤其是互联网之脾性的了悟、利用能力，前后贯通的产业化运作模式，是当前及以后主题性美术工作需要持续借鉴的重要着力点。

[1]　　孔新苗：《境遇·镜像——中国美术与"国家形象"研究》，北京：人民出版社，2015年，第174页。

[2]　　孔新苗：《境遇·镜像——中国美术与"国家形象"研究》，北京：人民出版社，2015年，第175页。

四、结语

概而言之，本文总结和论述的主题性美术新态势是节选的、片段的，却也是突出的、关键的。作为有着长期传统、海量样本、成熟机制的专门领域，新时代的主题性美术工作做到了前采珠玉、后缀华缨，以强大的主动性和创造性不断取得了新成功。

近年来，围绕改革开放 40 周年、中国共产党成立 100 周年等若干重大节点，依托全国美术作品展览、中国艺术节美术作品展览等国家级展览品牌和其他专题的、地方的展览活动，主题性美术精品迭出、生机澎湃。在作品面貌、组织形式、传播方式诸方面都取得了令人印象深刻的成绩。或者说，主题性美术从来不是生硬的、机械的、僵化的，而是在继承与流变的辩证统一中，坚定立足时代新语境和历史新方位，不断谱写着为时代画像、为时代立传、为时代明德的华美篇章，持续发挥着感染人、鼓舞人、引领人的社会效能。

身处伟大的时代，面对辉煌的历史和热烈的生活，新时代的主题性美术工作自应以更周全的思路看待题材取舍、用更包容的态度鼓励语言探索、靠更深广的触角占领媒介阵地，继续谱写主题性、时代性、艺术性、大众性兼具的瑞彩新篇。

（原载《山东艺术》2023 年第 3 期）

向上生长

——"青未了——山东省高等学校美术院系应届毕业生优秀作品展"述评

崔文涛

　　2023 年 7 月 8 日至 8 月 20 日，由山东省文化和旅游厅、山东省教育厅主办，山东美术馆承办，山东省各高等学校美术院（系）协办的第九届"青未了——山东省高等学校美术院系应届毕业生优秀作品展"（以下简称"青未了"）在山东美术馆举办。本年度是"青未了"品牌的第十个年头，除 2020 年因不可抗力因素停办一届外，该展览以每年一度的固定频率，成为山东省高校展示教学成效、毕业生展示学习成果的重要平台。历年共有 2400 余名高校毕业生的 2300 余件作品参展，促动青年学子走向更广阔社会空间的同时，越来越成为各高校间的竞技舞台，深度影响了山东的高等美术教育、青年人才培养、社会美育服务等全局性、系统性工作。

　　本文整体结合长期从事"青未了"展览具体组织的实践经验，具体结合本年度入选作品的状貌分析，通过对历年展览数据的梳理比较，讨论该品牌在促进山东省高等美术教育乃至美术事业发展中的效能，并就其所反映的问题及基本解题思路浅述纸上之见。

一、"青未了"发展沿革概述

　　"青未了"品牌于 2013 年研究创设，2014 年 3 月正式启动首届征稿活动。迄今，该品牌的组织模式、展评方式相对恒定，征稿门类、奖项设置持续优化，其大致沿革如下。

表1 历届"青未了"征稿门类、评审方式、奖项设置一览表

年度	届次	征稿门类	评审方式	奖项设置
2014	一	国画、油画、版画、雕塑、水彩（粉）5类作品	各高校报送作品于山东美术馆初评（照片）、复评（原作）	金奖、银奖、铜奖
		为举办全省高等院校美术教育学术研讨会征集教师、学生论文		优秀论文奖
2015	二	国画、油画、版画、雕塑、水彩（粉）、综合材料、壁画7类作品	各高校报送作品于山东美术馆初评（照片）、复评（原作）	优秀作品奖、提名作品奖
2016	三	国画、油画、版画、雕塑、水彩（粉）、壁画·综合材料、视觉传达、陶艺8类作品	各高校按规定数量报送作品于山东美术馆初评（照片）、复评（原作）	优秀作品奖、提名作品奖
2017	四	国画、油画、版画、雕塑、水彩·水粉、壁画·综合材料、视觉传达、陶艺8类作品	各高校按规定数量报送作品于山东美术馆初评（照片）、复评（原作）	优秀作品奖、提名作品奖
				优秀指导教师奖
2018	五	国画、油画、版画、雕塑、水彩·水粉、壁画·综合材料、视觉传达、陶艺8类作品	各高校按规定数量报送作品于山东美术馆初评（照片）、复评（原作）	新语言奖、新创意奖、优秀奖
				优秀指导教师奖
2019	六	国画、油画、版画、雕塑、水彩·水粉、壁画·综合材料、视觉传达、陶艺8类作品	各高校自行组织初评，按规定数量报送作品（原作）于山东美术馆复评	新语言奖、新创意奖、优秀奖
				优秀指导教师奖
2020		本年停办		
2021	七	国画、油画、版画、雕塑、水彩·水粉、壁画·综合材料、视觉传达、陶艺8类作品	各高校自行组织初评，按规定数量报送作品（原作）于山东美术馆复评	新语言奖、新创意奖、优秀奖
				优秀指导教师奖
2022	八	国画、油画、版画、雕塑、水彩·水粉、壁画·综合材料、视觉传达、陶艺、书法9类作品	各高校自行组织初评，按规定数量报送作品（原作）于山东美术馆复评	新语言奖、新创意奖、优秀奖
				优秀指导教师奖
		面向社会各界征集美术评论文章	作者自行报送，于山东美术馆组织初评、复评	优秀评论奖
2023	九	国画、油画、版画、雕塑、水彩·水粉、壁画·综合材料、陶艺、书法、艺术设计（平面设计、环境艺术、数字媒体、产品设计、工艺美术、服装设计等）9大类作品	各高校自行组织初评，按规定数量报送作品（原作）于山东美术馆复评	优秀奖
				优秀指导教师奖
		面向社会各界征集美术评论文章	作者自行报送，于山东美术馆组织初评、复评	优秀评论奖

自整体上看，"青未了"的发展呈现为不断扩张作品门类、延展覆盖范围的良性态势，如 2017 年增设优秀指导教师奖，2022 年将书法纳入征稿范围、开展美术评论，2023 年将设计整体纳入并细化所涉门类等，与高等美术教育的学科调整、门类设置情况基本一致。在作品报送和评审方式上，则呈现为一方面给予高校以更大自主权（2019 年开始由各高校自行组织初评），同时又在全省视域中兼顾公平（2016 年开始规定各高校报送作品数量）。尤其是后者，结合前两届不限报送数量的直观结果——入选、获奖作品集中于省直专业院校——以及展示场地有限、最终入选作品数量有限的现实，基于对各高校艺术办学历史、招生规模、教学实力的评估（专业院校与综合院校、省直院校与地方院校、公立院校与私立院校等），采取了分数量层级报送的办法。该办法自 2016 年开始试行，至 2019 年基本完善，目的是既保证展览整体质量，又尽可能广泛地反映全省状貌，并切实避免"强者愈强、弱者愈弱"的违背展览初衷现象。继而，以 3 届为期，对各高校报送作品的入选、获奖数据统计排序，以之为据对高校所处的数量层级进行调整，如实反映高校美术教学的实力变化。

上述调整的原因和结果，自参评院校数量、申报作品数量、入选作品数量的对比分析中有具体显现。

表 2　历届"青未了"参评院校数量，申报、入选作品数量一览表

年度	届次	参评院校数量	申报作品数量	入选作品数量
2014	一	22 所	作品（照片）申报 1337 件，601 件通过初评	270 件入选：国画 107 件、油画 111 件、水彩（粉）12 件、壁画 2 件、版画 30 件，雕塑 8 件
2015	二	25 所	作品（照片）申报 1368 件，337 件通过初评	246 件入选：国画 96 件、油画 89 件、版画 25 件、雕塑 14 件、水彩（粉）2 件、综合材料 12 件、壁画 8 件
2016	三	23 所	作品（照片）申报 472 件，319 件通过初评	238 件入选：国画 74 件、油画 65 件、视觉传达 36 件、版画 6 件、壁画·综合材料 23 件、雕塑 17 件、陶艺 17 件
2017	四	41 所	作品（照片）申报 899 件，343 件通过初评	309 件入选：国画 72 件、油画 70 件、版画 4 件、雕塑 26 件、水彩·水粉 4 件、壁画·综合材料 22 件、视觉传达 69 件、陶艺 42 件

年度	届次	参评院校数量	申报作品数量	入选作品数量
2018	五	37 所	作品（照片）申报865 件，345 件通过初评	290 件入选：国画 69 件、油画 60 件、版画 6 件、雕塑 19 件、水彩·水粉 10 件、陶艺 25 件、壁画·综合材料 26 件、视觉传达 75 件
2019	六	40 所	作品（原作）申报400 件	263 件入选：国画 75 件、油画 54 件、版画 9 件、雕塑 7 件、水彩·水粉 6 件、陶艺 22 件、壁画·综合材料 21 件、视觉传达 69 件
2020			本年停办	
2021	七	44 所	作品（原作）申报451 件	286 件入选：国画 91 件、油画 53 件、版画 10 件、雕塑 8 件、水彩·水粉 8 件、陶艺 10 件、壁画·综合材料 31 件、视觉传达 75 件
2022	八	39 所	作品（原作）申报446 件	283 件入选：国画 65 件、油画 57 件、版画 11 件、雕塑 6 件、水彩·水粉 7 件、陶艺 9 件、壁画·综合材料 29 件、视觉传达 77 件、书法 22 件
2023	九	43 所	作品（原作）申报457 件	196 件入选：国画 52 件、书法 14 件，油画 35 件、版画 5 件、水彩·水粉 4 件、壁画·综合材料 10 件、雕塑 3 件、陶艺 6 件，艺术设计 67 件

从表 2 可见，第四届以来，参与申报的院校数量稳定在 40 所左右，报送作品（原作）稳定在 400 件左右。就目前看，在院校设置、专业设置基本不会发生重大变化的情况下，参与院校和报送作品（原作）数量将在很长一段时间内保持稳定。就作品类型看，艺术设计、国画、油画位居山东省高等美术教育的第一梯队，开设相关专业的院校多、培养的学生多、完成的作品多。书法、陶艺、壁画·综合材料居于第二梯队。雕塑、版画、水彩·水粉则居于第三梯队，开设专业的院校少，培养的学生和完成的作品相应地也少，并集中在专业艺术院校。无疑，展览数据所反映的现实情状，与艺术设计的普遍社会需求，与山东省的国画、油画大省形象相一致，并与需求的持续增长、形象的长期确立互为因果。

更进一步，"青未了"还可以直观地反映出各高校的办学实力与专业特色。

因总体数据庞大，本文难以全部展开，笔者仅以近五届获奖作品数据为例对这一话题进行简略分析。

表3　第五至九届"青未了"奖项名额，获奖门类、院校一览表

年度	届次	奖项名额（个）	所在门类（个）	所在院校（个）
2018	五	新创意奖（4）	陶艺（2）	山东艺术学院（2）
			版画（1）	山东艺术学院（1）
			雕塑（1）	山东艺术学院（1）
			壁画·综合材料（1）	山东艺术学院（1）
		新语言奖（5）	国画（2）	山东工艺美术学院（1）
				山东师范大学（1）
			油画（2）	山东艺术学院（1）
				山东建筑大学（1）
			视觉传达（1）	山东艺术学院（1）
		优秀奖（20）	视觉传达（6）	山东工艺美术学院（2）
				山东师范大学（2）
				山东艺术学院（1）
				齐鲁工业大学（1）
			国画（5）	山东工艺美术学院（2）
				山东艺术学院（1）
				山东师范大学（1）
				齐鲁师范学院（1）
			油画（4）	山东大学（威海）（2）
				山东艺术学院（1）
				青岛大学（1）
			壁画·综合材料（2）	山东艺术学院（1）
				济南大学（1）
			雕塑（1）	山东工艺美术学院（1）
			水彩·水粉（1）	青岛大学（1）
			陶艺（1）	山东工艺美术学院（1）

年度	届次	奖项名额（个）	所在门类（个）		所在院校（个）
2019	六	新创意奖（4）	油画（2）		山东艺术学院（1）
					山东工艺美术学院（1）
			国画（1）		潍坊学院（1）
			版画（1）		山东艺术学院（1）
		新语言奖（5）	国画（1）		山东建筑大学（1）
			油画（1）		潍坊学院（1）
			雕塑（1）		山东艺术学院（1）
			陶艺（1）		山东艺术学院（1）
			视觉传达（1）		山东师范大学（1）
		优秀奖（20）	国画（3）		山东艺术学院（1）
					山东工艺美术学院（1）
					山东师范大学（1）
			国画（3）		山东建筑大学（1）
					山东大学（1）
					曲阜师范大学（1）
			油画（4）		山东艺术学院（2）
					山东工艺美术学院（1）
					山东建筑大学（1）
			陶艺（1）		山东艺术学院（1）
			水彩·水粉（1）		青岛大学（1）
			壁画·综合材料（2）		山东艺术学院（1）
					济南大学（1）
			视觉传达（6）		山东艺术学院（1）
					山东工艺美术学院（1）
					山东师范大学（1）
					青岛大学（1）
					山东理工大学（1）
					山东女子学院（1）

年度	届次	奖项名额（个）	所在门类（个）	所在院校（个）
2020			本年停办	
2021	七	新创意奖（5）	国画（1）	山东艺术学院（1）
			油画（1）	山东艺术学院（1）
			版画（1）	山东艺术学院（1）
			雕塑（1）	山东艺术学院（1）
			陶艺（1）	山东艺术学院（1）
		新语言奖（5）	国画（1）	山东师范大学（1）
			油画（1）	曲阜师范大学（1）
			水彩·水粉（1）	青岛大学（1）
			壁画·综合材料（1）	山东大学（1）
			视觉传达（1）	山东艺术学院（1）
		优秀奖（20）	国画（7）	山东师范大学（3）
				滨州学院（1）
				青岛理工大学（1）
				山东建筑大学（1）
				山东理工大学（1）
			视觉传达（7）	青岛大学（2）
				山东大学（2）
				青岛农业大学（1）
				山东师范大学（1）
				鲁东大学（1）
			油画（4）	山东艺术学院（2）
				济南大学（1）
				青岛大学（1）
			壁画·综合材料（2）	青岛农业大学海都学院（1）
				山东大学（威海）（1）
2022	八	新创意奖（5）	视觉传达（2）	山东艺术学院（1）
				山东工艺美术学院（1）

年度	届次	奖项名额（个）	所在门类（个）	所在院校（个）
2022	八	新创意奖（5）	国画（1）	山东师范大学（1）
			油画（1）	山东艺术学院（1）
			雕塑（1）	山东艺术学院（1）
		新语言奖（5）	国画（1）	山东师范大学（1）
			油画（1）	山东艺术学院（1）
			版画（1）	山东艺术学院（1）
			壁画·综合材料（1）	山东工艺美术学院（1）
			陶艺（1）	山东艺术学院（1）
		优秀奖（20）	视觉传达（7）	山东艺术学院（2）
				山东工艺美术学院（1）
				山东师范大学（1）
				山东科技大学（1）
				山东青年政治学院（1）
				潍坊学院（1）
			国画（4）	山东艺术学院（1）
				山东工艺美术学院（1）
				山东师范大学（1）
				山东大学（威海）（1）
			油画（4）	山东艺术学院（2）
				山东建筑大学（1）
				济南大学（1）
			壁画·综合材料（2）	青岛大学（1）
				山东建筑大学（1）
			书法（2）	山东理工职业学院（1）
				临沂大学（1）
			水彩·水粉（1）	青岛大学（1）

年度	届次	奖项名额（个）	所在门类（个）	所在院校（个）
2023	九	优秀奖（20）	国画（5）	山东师范大学（2）
				齐鲁师范学院（1）
				山东大学（1）
				枣庄学院（1）
			艺术设计（5）	山东工艺美术学院（2）
				山东艺术学院（1）
				山东大学（1）
				山东师范大学（1）
			油画（4）	山东艺术学院（2）
				山东大学（1）
				山东建筑大学（1）
			书法（1）	山东艺术学院（1）
			版画（1）	山东艺术学院（1）
			水彩·水粉（1）	青岛大学（1）
			壁画·综合材料（1）	山东工艺美术学院（1）
			雕塑（1）	山东艺术学院（1）
			陶艺（1）	山东艺术学院（1）

　　需要明确的是，为确保门类之间的公平，展览首先以报送作品数量为基础按比例计算获奖名额，而后再由评委自专业角度审看遴选。也就是说，每一个门类的获奖作品数量是固定的，但花落谁家则全由质量决定。显而易见，办学历史长、专业门类全的省直专业院校，如山东艺术学院、山东工艺美术学院具备明显领先优势，入选及获奖的整体比例高。有鲜明专业特色或者说办学特色的院校状态稳定——如青岛大学的水彩专业。上表没能展示的入选作品数据还显示，有越来越多的院校开始逐渐形成并稳定自己的办学特色，如山东建筑大学的油画专业在近两届"青未了"的入选作品中连续拔得头筹（第八届共57件油画入选，该校15件；第九届共35件油画入选，该校7件），山东师范大学的国画专业连续获得领先（第八届共65件国画入选，该校10件；第九届共52件国画入选，该

校 8 件）。相比较而言，还有部分院校的状态则显得不够稳定，无论数量还是连续性都有明显起伏。

二、第九届"青未了"作品简析

2022 年，国家发布《研究生教育学科专业目录（2022 年）》《研究生教育学科专业目录管理办法》，对高校艺术类研究生教育学科专业目录做出新调整。据此，经充分征求高校意见并报主办单位批准，第九届"青未了"进一步明确投稿作品应属于"美术与书法""设计"两个一级学科。根据各高校专业开设实际，维持"美术与书法"学科既有专业，同时明确"设计"类主要包括平面设计、环境艺术、数字媒体、产品设计、工艺美术、服装设计等若干专业。如此，"青未了"基本实现了艺术学门类中，"美术与书法""设计"两个一级学科之相关专业的全覆盖。这是第九届"青未了"进行的一次重要调整。此外，第九届"青未了"的拟入选作品总数压缩为 200 件（第八届为 300 件），拟获奖总数压缩为 20件（第八届为 30 件）。门类的拓展和数量的收紧，意味着竞争烈度的提升，也意味着日益精益求精的展览品牌建设。自入选作品的风格面貌看，调整取得了预期效果。

以部分获奖作品为例，侯伟的国画《时代新风》将工致的禽鸟与意笔的山林结合表现，着墨淡雅，构图开阔，意境颇为悠远，能令观者自生深意；宋小雨的国画《风飘过的地方》以兼工带写的手法表现女性群像，构图紧凑又不失之于烦冗，后景人物的青春烂漫和前景人物的饱经沧桑形象虽形成对比，却无悲天悯人的刻意，而是以满面笑容和自然温婉，表达了生命之必然经历的暖意和诗意；同为国画作品，陈勇霖的《声隐云壑》与胡龙逸佳的《隐映在林丘》具备不谋而合的审美取向，均以三联画的形式尝试传统山水的当代"变体"，其精神指向既是传统的又是当代的，能够体现青年学子对传统文化赓续弘扬的思考与实践；李心馨的国画《养宠日记》则自年轻人的生活喜好入手，以意笔表现和抒发"养宠物"这件属于个体的"小事"，却又以扎实的概括塑形能力和朴实的场景氛围描绘，在群体中收获了共鸣。

相较于国画，获奖油画作品技巧的写实性、内容的主题性特质更为突出。冯翁超《归途中的父母》以夫妻搭档的长途货车驾驶员群体为表现对象，描绘了二人在归程的间隙，于狭窄的驾驶舱内休息、用餐的场景。作者不虚饰、不煽情，而是以客观的笔调抓取朴实生活的瞬间，如实描绘了劳动者的平凡和坚定。郝良新的《流年》色彩斑斓、暖意盎然，看似纷乱的背景为由人物支撑的稳定构图统摄，恰似青春的坚韧生长与一往无前，整体画面和诸多细节均具象征意味。王曦的《揽月》在风格上介于具象与表现之间，艺术性地表现了中国载人航天事业的宏伟壮举。杨嘉乐的 It doesn't matter 则在色、线、形的纵横交织中，进行主观化的情绪表达，并赋予了作品开放式的审美感受力。

其他门类，王子元的《衿庐印迹》刀笔相参，以多种书体的写、刻、印彰显了当代青年对古老书法的承续；赵墨的版画《生态时空系列》技巧丰富、视野开阔，能够切入人与自然和谐共生的时代主题；阎军翰的雕塑《五虎将》自《三国演义》蜀汉"五虎上将"故事中取材，以"关、张、赵、马、黄"的典型事迹、性格、武艺为基底（关羽"单刀赴会"、张飞"当阳桥"、赵云"长坂坡"、马超"回马枪"、黄忠"百步穿杨"），结合已有的人物形象范式，进行了符合当下审美趣味的形象再塑，意识与实践都符合"中华优秀传统文化创造性转化、创新性发展"的应有之义。

艺术设计是第九届"青未了"的亮点，也是本届展览制度调整的直接效果体现。张通的《起亚品牌可拓展电动皮卡设计》具有科技和前卫感，以 3D 打印技术制作作品实物的办法，具备科技与艺术融合的意识、设计与生产挂钩的可能，正是产品设计的魅力之所在；王志浩、王嘉晟、牛冲冲的《5805》源出于舞台绘景专业，取材于军工代号 5805 的三线建设遗存，意在通过再现历史场景、弘扬奋斗精神；另如刘英杰、周雨微的古典舞服设计《春和景明·墨染山水》将青绿山水画、花鸟画的色彩、造型元素转化运用，别具古典与当代的双重唯美气质；曹景耀的数字插画《石头上的故事系列》以线造型、平面渲染，流畅典雅且舒张潇洒，显示了作者的数字技术能力及其对工笔重彩的掌握水平……采用各种新技术、新材质制成，具备新面貌、新用途的艺术设计作品，因其与东方美学精神的深度链接和对日常实际用品的艺术提升，成为本届"青未了"最为吸引观众的观摩、讨论的类型之一。相较于"纯艺术"，设计类作品呈现了更加贴近生活、更易融入生活的优势。

总而言之，第九届"青未了"入选作品堪称导向正确鲜明、风格千姿百态、语言精彩纷呈,能够体现青年学子深厚的家国情怀、敏锐的生活感悟、灵动的艺术思维、积极的探索尝试。尤其令业界称道的是,他们表现出来的精品意识、创新意识。显然,在学科交叉、门类融合成为当前文艺显在状貌的情况下,仅就材料和技巧而言,颜料的使用越来越为表达需要所影响,画面的布局越来越因主体情思而多彩,架上绘画与架下艺术参互成文、摇曳生姿,静态实物和动态影像结合运用、日益自如……或者说,本届"青未了"入选作品的门类区隔愈来愈显朦胧、材料选取愈来愈显多元、技巧运用愈来愈显放松。这是"青未了"品牌建设思路动态调整、持续优化的结果,是山东省高等美术教育与时俱进、因势利导的结果,更是青年学子积极参与、感受和表达热烈现实生活的结果。

三、"青未了"所反映的主要问题思辨

综上,"青未了"围绕地域美术发展、着眼山东高等美术教育持续发力,取得了若干实际成效。如第一至八届"青未了",山东美术馆共收藏作品 148 件。自对能够建立联系的 103 位作者的调研得知,有 85 位还在从事艺术类工作,占比 82.5%。他们广泛分布在教育教学、专业研究、艺术培训等行业,大都表示入选"青未了"和作品被山东美术馆收藏,坚定了继续从事艺术行业的信心、决心。或者说,"青未了"之关键价值并不在于学术性如何强、如何新,而在于学术点如何准、如何对,就是要通过深入的联动和养育,为一批又一批的青年艺术学子找到出口、坚定信心,是一项久久为功、功成不必在我的长期学术工程。其所反映的各校专业设置、培养方向等与山东省美术历史、现状整体相符、互为因果、互相促进,不再赘言。

自然,在肯定成绩的同时,亦十分有必要以辩证的态度讨论展览所反映的山东省高等美术教育中长期存在的一些问题。对这些问题的如实反映、深入讨论、正确引导、逐步解决,而非仅仅停留在单向度的"拿来主义"展示层面,方是"培养端"与"输出端"双向联动,促进整体事业长远发展的应有之义。简略地看,以下三个方面是长期性的显在问题。

一是毕业生的毕业创作长期存在模板痕迹,难以脱离指导教师的风格范畴。尤其"美术与书法"学科,毕业于哪所院校,经哪位教师指导,常常出现当下立

判的情况。应该说，这是高校树立专业特色、培育专业优势的必然结果，也是教师悉心指导、严格教学的必然现象。但从严苛的意义上，又未尝不能进行某种"技道之辩"，开展"授人以鱼还是授人以渔"的讨论。宏观上，"设计"学科的作品面貌要好得多，显示出了在教授技术和观念的前提下，更能够充分发挥学生的能动性、创造性。跨学科意识和团队创作意识也明显优于"美术与书法"类作品。

二是形式与内容的辩证意识需要更好树立。固然每届都能涌现形式美感和内容深度兼具的优秀作品，但更多的作品两者只能居其一。每年的报送作品，有的形式大于内容，停留在炫技、造境层面，小情小景乃至于空洞虚浮的情况并不鲜见；有的内容大于形式，在技术、材料本领尚未得到全面掌握、彻底解决的前提下，盲目进行宏大主题、宏阔历史、深奥哲学的强硬表达……报送参评的作品尚且如此，其他作品情况自可想见。如果说前一现象归因于青年学生之人生阅历不深、生活体验不够，学养和眼界还有极大成长空间而情有可原，在基础坚实的前提下进行形式语言探索值得鼓励。那么基础不够坚实即追求宏大主题的实验应该审慎，尤其不能因为内容的正当性而忽视艺术性的明显不足。这应是在日常教学尤其是毕业创作过程中需要高度重视的关键方面。

三是高等美术教育与大众审美诉求的隔膜需要继续调和。打破"象牙塔"加强互动，这自然是"青未了"一类公共文化项目的重要使命和任务。正是通过"青未了"，越来越多的高校展示了他们在某一领域或多个领域的特色坚持，逐渐丰富了业界和公众对该高校的立体印象。高校与高校、高校与场馆、场馆与公众，多个社会主体通过"青未了"深度交流互动，共同促进了山东省美术事业之人才培养、学科建设、社会影响诸方面的多元发展、长足进步。但实事求是地看，高校美术教育成果与大众文化审美诉求之间的隔膜依然较深——前者往往坚持作品的专业性和学术性，后者常常要求作品的可读性和普适性——还需要综合各方智慧继续探讨调和的方式、折中的思路。

除上述基本归属于教育教学层面的问题外，就品牌自身建设、美术馆组织运营层面看，尤其与国内一流美术院校的毕业展品牌相比，"青未了"尚缺乏与城市、与社区深度联动，广泛发动的组织力和影响力是不争的事实。另如展览形式、活动模式等也有待进一步创新，需要继续用前瞻的思路，科学稳妥、循序渐进地谋划、推动、完善。

概而言之，"青未了"品牌的十年实践意义十分重要。可以说，"全面反映和推动高校美术教学，发掘和引导青年艺术人才，拉近并促进创作、研究互动"三个创设宗旨逐渐得到了有效落实。尤为重要的是，十年久久为功，"青未了"向全省乃至全国社会各界展示了山东当代大学生朝气蓬勃、积极进取的精神风貌，展示了当代大学生对生活的理解、感悟和热爱，展示了美术在山东当代的传承、创新和探索。无论山东高等美术教育还是"青未了"品牌建设本身，在正视自身存在的诸多需要继续调整、提升的短板的同时，亦应当将短板的补齐视作事业持续生长的机遇，让问题得到恰如其分的解决、优势得到始终如一的承续，不断助力山东美术事业更好地发展。

（原载《齐鲁艺苑》2023 年第 6 期）

试论中国式现代化进程中文艺的现代性与文明的主体性
——以两次现代美术实验为切片

崔文涛

习近平总书记在党的二十大报告中对中国式现代化进行了全面、系统的阐释，指出"我们不断厚植现代化的物质基础，不断夯实人民幸福生活的物质条件，同时大力发展社会主义先进文化，加强理想信念教育，传承中华文明，促进物的全面丰富和人的全面发展"[1]。2023 年 6 月，习近平总书记在文化传承发展座谈会上指出："任何文化要立得住、行得远，要有引领力、凝聚力、塑造力、辐射力，就必须有自己的主体性。"这些论述深刻揭示了文化主体在中国式现代化、中国文艺现代性建设中的必要性，为推动文化繁荣、建设文化强国和中华民族现代文明指引了方向。

对照地看现代化和现代性，会发现其与工业化、城市化、全球化的进程紧密相关，均是近代中国在与世界接触的过程中吸收、转化的新型术语。或者说，现代化和现代性正是现代文明进程的一体两面，如果简单地将现代化视作物质、技术、经济基础层面象征"先进"的形容词，那么现代性就是精神、思想、意识形态层面象征"先进"的形容词。其以制度的先进、思想的自由、风气的开放、生态的多元等为关键表征，塑造了整套以自信、自强为标志的现代人类社会价值观。对现代性的追求早在近代时期便凸显出来并得到广泛探讨，有着丰富的理论和实践积淀，特别是在不同时期有不同的参照、理解、阐释和表达。

---

[1]　　《党的二十大文件汇编》编写组：《党的二十大文件汇编》，北京：党建读物出版社，2022 年，第 17 页。

中国美术史中的两次现代主义思潮可视作对中国文艺进行现代性塑形的典型实验。20 世纪 30 年代和 80 年代先后形成了两次激烈批判既有观念、大量借鉴外国资源、积极谋求"进步"的美术实验,丰富了中国美术的话语体系,推动了美术自身的变革与发展,具有一定的正向价值。不过,这两次美术实验的标准和逻辑也的确存在"现代化等于西方化"或"西方文艺的现代性等于先进性"等谬误,尤其是并未建立在中华文明主体性的基础上接受外国美术资源的移植和蘖生,既造成了思想上的紊乱,又导致了行为上的迷狂,因而发生之时即面临着巨大的争议和深刻的诘问。从中国式现代化的立场出发反视两次现代美术实验,能够帮助我们更加具体地认清片面追求西方式现代性而导致的问题,继而更为理性地思考中国文艺现代性的应有路径。

一、移植:20 世纪初期现代美术实验的根本矛盾

20 世纪初,随着留学生去往发达资本主义国家求学,一大批中国艺术家直接或间接地接受了现代美术思潮的熏陶,参与、跟随并传播了正在发生的现代美术运动,形成了近代中国美术与国际美术高度同频的热烈景象。然而,与同时期引入其他领域的所谓"先进"经验类似,全盘拿来、整株移植的具体做法与中国的社会现实并不适配,因此引起了极大的争议,最终转瞬即逝。

这一时期对现代美术思潮的争论以 1929 年第一届全国美术作品展览中发生的"二徐之争"最为典型。徐悲鸿申明,"中国有破天荒之全国美术展览会,可云喜事,值得称贺。而最可称贺者,乃在无腮惹纳(Gezanne)、马梯是(Matisse)、薄奈尔(Bonnard)等无耻之作","是乃变象,并非进程。若吾东人尤而效之,则恰同西人欲传播中国学术于欧土,而所捆载尽系张博士竞生之书"。[1] 其对"现代美术"高度否定,同时坚决否定其在中国的流传。徐志摩则以迥然于新月诗派温润态度的雄辩之姿展开了回击:"我们不当因为一个人衣衫的不华丽或

---

[1]　　　徐悲鸿:《惑——致徐志摩公开信》,载殷双喜主编《20 世纪中国美术批评文选》,石家庄:河北美术出版社,2017 年,第 125 页。

谈吐的不隽雅而藐视他实有的人格与德性，同样的我们不该因为一张画或一尊像技术的外相的粗糙或生硬而忽略它所表现的生命与气魄。这且如此，何况有时作品的外相的粗糙与生硬正是它独具的性格的表现？""在一班艺人们以及素人们提到塞尚还是不能有一致的看法，虽则咒骂的热烈，正如崇拜的疯狂，都已随着时光减淡得多的了……万不料在这年上，在中国，尤其是你的见解，悲鸿，还发见到这一八九五年以前巴黎市上的回声！"[1] 以今天的视角来看，徐悲鸿的观点过于偏颇、"落后"了。他过多地阐述了现代美术的缺点、问题或危害，且并未客观论述其发生、发展的必然以及带来的积极价值。徐志摩则从理论或者批评的高度，以世界性的学术眼光，提出了对现代美术思潮积极价值的评判。他那诗性的语言、贯通的逻辑和有力的回击极有辩驳力、战斗力和说服力。

必须申明的是，我们不能将两人观点的是、非、对、错简单地定性。对任何一种艺术形式、思潮、风格的讨论，都要回归其所处地域、文脉以及实际环境中去。在发生"二徐之争"的1929年，虽然存在着军阀混战，但外敌的枪口尚未将国家和民族逼入存亡关头，艺术的道路、方向与社会现实需要之间的链接尚未得到极端的强化。不过在1931年以后，一切都不同了。

1932年10月，倪贻德宣读了由其执笔、带有欧洲"未来主义"腔调的《决澜社宣言》："二十世纪以来，欧洲的艺坛实现新兴的气象、野兽群的叫喊、立体派的变形、Dadaisn的猛烈、超现实主义的憧憬……二十世纪的中国艺坛，也应当现出一种新兴的气象了。让我们起来吧！用了狂飙一般的激情、铁一般的理智，来创造我们色、线、形交错的世界吧！"[2] 在这段慷慨激昂的艺术宣言发表之前，1931年的中华民族陷入了永远不会忘记的集体伤痛。继一系列重大历史事件之后，时代的总体基调已上升为救亡图存，有关现代派的争论迅速变得毫无意义。此时的中国社会正急迫地呼唤能够团结战斗的美术——其必须具备号召力和鼓动性。在形式语言上，其最好是客观写实且通俗易懂的，能够让当时大多数并不具备识文断字能力的民众看得明白、了解得清楚。在画面细节上，其必须具备

[1]　徐志摩：《我也"惑"——与徐悲鸿先生书》，载殷双喜主编《20世纪中国美术批评文选》，石家庄：河北美术出版社，2017年，第131、132页。

[2]　朱伯熊、陈瑞林编著：《中国西画五十年：1898—1949》，北京：人民美术出版社，1989年，第592页。

清晰的主题和人物关系，能够讲故事、说道理，并且最好具备连贯的叙事情节。如果试图像倪贻德所号召的那样用"色、线、形交错"的艺术发动和团结广大群众，除了带来视觉上的混乱和思想上的迷茫外，可能只会收获群众在态度上的嘲讽……

在当时，风行欧洲的艺术思潮一度被视作"前卫""先进""流行"的标准和目标。自欧美国家学成归来的部分中国艺术家带着一种学到了最"进步"、最"流行"审美经验和创作方法的热情回到国内，希望将之传播开来，以期迅速达到与世界一流美术"看齐"的效果，继而获取文化上与西方国家平等对话的权利。然而，现代美术在欧洲的产生是基于深刻的社会动因，是人类社会发展到资本主义阶段时面临的空前激烈的变化和冲突的直观显现，是摄影取代了美术的形象描绘功能、电影取代了美术的记录功能、大众传媒取代了美术的传播功能之后，艺术家谋求艺术自律、探索自主地位的直接结果。西方国家彼时孕育出现代美术的直接背景在于其经济社会和城市化进程皆处于史无前例的发展时期，一方面具备强大的社会生产力，另一方面社会关系复杂、矛盾尖锐且具备强大的破坏力。同一时期的中国则处于最为动荡和衰弱的历史时期，距离现代化还十分遥远。当社会整体结构及生态——社会制度、经济水平、文化类型、城乡生活、受教育水平——存在根本上的差异或差距时，现代美术只能在留学归来的少数大城市精英分子中得到认同，不可能照搬、照抄并寄希望于其在中国落地生根、枝繁叶茂。彼时的现代美术既难以被理解，又难以发挥现实作用。

二、蘗生[1]：20世纪晚期现代美术实验的主要问题

按照"文化血统"来看，20世纪初期现代美术实验的"移植感"非常强烈，20世纪晚期的现代美术实验则明显不同。我们至少可以这样判断，即其不是与中国社会现实完全脱节的产物——其产生的根源是彼时的中国正大踏步地走向现代

[1]　"蘗"泛指植物由茎的基部长出的分枝，也指树木砍去后又长出来的新芽。"蘗生"是一种植物繁殖方式，即通过茎产生"蘗"，继而延伸并长出新的枝条，随后生根并形成独立的植株。

化。不过，实验的焦躁、激进与最终陷入虚妄的结局势必要归结到西方式文艺的现代性与中华文化主体脱节、对立这一根源上来。

这一时期现代美术实验发生的社会背景是我国进入改革开放和社会主义建设新时期。社会环境的改变自然会影响文艺创作，表现之一是现实主义的创作方法不再被认为是唯一正确的，美术领域陆续出现了"伤痕美术"、"生活流美术"（如"乡土美术"）、"星星美展"等创作实践，并由此引发了内容与形式之争、艺术意义之争、笔墨之争等文艺论战。印象派以来的西方现代美术诸流派重新得到介绍和推广，艺术的形式语言、形式美，艺术家的主观世界、主体性等概念被重新提及。"言辞很难形容无数艺术家们和艺术院校的青年学生们在阅读到介绍这些流派的文字时的心情……在已发表的和能找得到的各种西方现代艺术流派的作品里，中国艺术家们又一次发现，对世界的描绘和表达，原来可以从如此众多的途径去完成……"[1]西方现代美术成为这一时期中国艺术家面对现代化进程，为解决精神多样化诉求及艺术多样化表达之难题，而最容易拿来使用的"新"支撑、"新"参照——相较于之前强调社会功能的写实美术，使用现代美术的方法进行表达和表现被彼时的他们认为是"新"的、"开放"的、"进步"的……

思想观念的转变、社会环境的变化、外来参照物的找寻……此类因素的逐渐累积最终催生了第二次现代美术实验，也就是'85 新潮。"在这里，借鉴、模仿是直截了当的，青年人并不讳言这一点。他们说，艺术没有不模仿的，先生们要么模仿古人，要么模仿 19 世纪以前的西方人，我们只是模仿 20 世纪的现代派。重要的是这种借用的形式中蕴含的是中国青年人自己的特定心态、精神和思想。"[2]在短短几年时间里，中国艺术家走完了西方国家约半个世纪才走完的现代美术之路，几乎演练了一切已知的探索。从历史层面来看，我们并不能将这一时期的现代美术实验归结为纯粹的精神渴望。对很多初出茅庐乃至于尚未走出茅庐的青年学生而言，锐意革新的勇气固然值得肯定，然而缺乏成熟思考的急切表达、极其渴望博得关注的诉求也是显而易见的——否则就无法解释那些突然形成、没有任何明确目标，又迅速消失或解体、只为表达个性而随意组建的艺术团体为何会

---

[1]　　吕澎:《中国当代美术史》，杭州: 中国美术学院出版社，2013 年，第 196 页。

[2]　　高名潞:《中国当代美术史: 1985—1986》，上海: 上海人民出版社，1991 年，第 128 页。

存在。为了表达个性，他们组建了没有共性的团体——既然如此渴望表达自己的个性，为何要寻找并不志同道合的伙伴匆忙结成团体又很快解散呢？团体不正是志同道合者谋划共同发展的组织吗？一些艺术家甚至借着这一时期积累的艺术资历，与西方的文化语境建立了联系，继而出于功利性目的而成为"艺术移民"。

对"旧"手段的摒弃、对"新"方法的"拿来"是这一时期现代美术实验前半段的发展轨迹，其在整体上虽然符合社会发展进程，但迅速陷入了西方式现代性与生俱来的破坏性与焦躁感之中，逐渐成为一种越发明显的功利性手段——一些艺术家创作美术作品只为制造轰动效应，赢取社会名望，博得国际关注，成为"艺术移民"。晦涩、激进的作品、行为、言辞最终演变为种种现实矛盾和冲突，集中体现于1989年年初的"中国现代艺术大展"："虚妄的事件，标志了80年代的中国现代艺术运动在与社会现实的激进对立中，终因遗失了现实文化语境的体验与艺术先锋张力之间的把握，而困在了焦躁的轰动效应中。它所采取的激进姿态在标示中国美术发展的偶然性突进的同时，也在这种偶然性中断送了自己的意义。"[1]

概括地看，第二次现代美术实验的影响和启示更为深刻。一方面，它进一步揭示了西方式文艺现代性中潜藏着的意识形态陷阱。"理论家们将西方的、工业化的、资本主义的民主国家，特别是美国，作为历史发展序列中的最高阶段，然后以此为出发点，标识出现代性较弱的社会与这个最高点之间的距离。他们相信美国以往的历史经验展现了通往真正的现代性的道路，故而强调美国能够推动'停滞的'社会步入变迁的进程。"[2]在西方现代性理论的主导下，"二战后，美国大力宣扬'自由艺术'的概念，利用艺术为政治服务，把抽象表现主义用作'冷战的武器'"[3]。如此一来，固然立体派、野兽派等早已经被西方阵营更"新"、更"进步"的现代性前卫艺术——波普、抽象表现主义等取代，但其整体上所折射出的西方意识形态效力依然对彼时刚刚打开国门的中国艺术界产生了一定的影

[1]　　孔新苗：《20世纪中国绘画美学》，博士学位论文，山东大学，2006年，第178页。

[2]　　[美]雷迅马：《作为意识形态的现代化：社会科学与美国对第三世界政策》，牛可译，北京：中央编译出版社，2003年，第7页。

[3]　　河清：《艺术的阴谋》，桂林：广西师范大学出版社，2005年，第17页。

响。第二次现代美术实验正是由于将自身拉进了西方现代性话语体系中"对标对表""论资排辈",才导致自身不但丧失了自成体系的独立判断,而且矮化了自身的历史,造成了与现实的隔阂。

另一方面,它再度证明了在探寻文艺现代性的过程中,国际"先进"经验必须以中国实际为标准来检验、衡量。改革开放初期,中国式现代化理论开始形成,出现了"中国式的四个现代化""具有中国特色的社会主义"的新提法。在改革开放的国家顶层设计中,"中国式""中国特色"的前缀是分外关键的新设计,同时也是在党史、新中国史中反复验证过的,是对外国思想资源、文化资源等必须与中国实际相结合的传统的承续。这一时期前卫艺术家们的现代美术实验显然缺少对上述两个前缀的充分认识和辩证思考,其固然自中国社会肌体的土壤中破土而出,却又以无序的姿态蘗生并争相攀缘,试图凭借时过境迁的"先进"经验另行裂变出"新"的、"现代"的、"进步"的艺术本体,这本就有违客观规律。正如走向海外的许多现代美术"实验者"在经历了陌生环境的失落后所做的:"中国艺术家从更深的层面上意识到了他们的身份问题,他们利用成熟的西方人现已理解的中国哲学观念,发展出一种更为超然的和反思的态度,来看待自己的文化。"[1]曾经批判和反诘的文化疆界与民族风格,而非曾经痴迷和沉醉的异国情调和现代风格,方是他们在国际艺术舞台上确立地位的根本。

"1995 年以来,在中国大陆思想界出现一股倾向:要针对中国自己的现实和现代化问题,重新批判,建立对世界、社会、人生以及艺术的评价标准。"[2]尤其在进入 21 世纪以后,随着综合国力的迅速发展和全面参与全球化发展进程,中国文艺更加直接地加入国际阵营,在积极参照形成普遍共识的国际风格、价值观念进行文艺现代性塑形的同时,更加强调中国的主张、中国的学统、中国的观点。现代化虽然意味着经济繁荣、科技先进、社会安定、人民民主、思想自由、文化多样,但显然不只有一条路径、一种文化价值观能够实现这些目标。

---

[1]   [英]迈克尔·苏立文:《20 世纪中国艺术与艺术家》(下),陈卫和、钱岗南译,上海:上海人民出版社,2013 年,第 426 页。

[2]   朱青生:《中国第一次合法的现代艺术展——关于 2000 年上海双年展》,载殷双喜主编《20 世纪中国美术批评文选》,石家庄:河北美术出版社,2017 年,第 549 页。

三、萌蘖[1]：中国式现代化语境下的文艺现代性

西方式现代化的理论逻辑在于，"整体看，现代化理论的基础哲学理念集中在两点：一是社会发展的线性进化论；一是特定文化价值观与现代化的必然、唯一联系"[2]。而党的二十大报告明确提出："中国式现代化，是中国共产党领导的社会主义现代化，既有各国现代化的共同特征，更有基于自己国情的中国特色。"[3]这从根本上否定了"现代化等于西方化"的论调，为中国文艺的现代性塑形提供了有力的思想支撑。在中国式现代化语境下反视 20 世纪发生的两次现代美术实验，再结合 21 世纪以来的艺术实践宏观思考中国文艺的现代性，我们应该着力之处依然在以下四个方面。

（一）建立另一条"链接"

客观来看，20 世纪的两次现代美术实验都体现出了与西方式文艺现代性建立联系的"紧迫"意识。我们当然承认，近代中国对现代性的追索、中国式现代化理论体系的发展和完善离不开对外国经验的学习、借鉴。这些经验帮助我们少走了不少弯路，从而助推我国在几十年时间内走完了发达国家几百年走过的工业化历程，实现了产业体系和经济的现代化。参照外国经验进行中国文艺的现代性塑形同样具备突出的"后发"优势，毕竟丰富的知识积累和文艺样本使得一切有章可循、有据可查。

经验和教训共同构筑起事物的一体两面，这亦是"后发"方能看清前路的优势之所在。中国式现代化要避免西方现代化的破坏、掠夺、剥削，中国文艺的现代性也要避免西方文艺现代性的否定性、破坏性、强制性，而是要以中国传统文化基因中的辩证性、整体观、和谐性为基调，创造性地融汇绵亘不断、美轮美奂的民族美学因子，体现科学社会主义思想的先进本质，建立东方文化价值观与现

---

[1]　　"萌蘖"指萌发的新芽，比喻事物的开端。

[2]　　孔新苗：《境遇·镜像：中国美术与"国家形象"研究》，北京：人民出版社，2015 年，第 218 页。

[3]　　《党的二十大报告学习辅导百问》编写组编著：《党的二十大报告学习辅导百问》，北京：党建读物出版社、学习出版社，2022 年，第 17 页。

代化的另一条"链接"。

20世纪晚期现代美术实验的教训着重告诫我们，实现文艺现代性虽然的确需要向国际学习、看齐，但一切都应基于自身国情，有选择性、批判性地吸收和看待。西方式文艺现代性的"自由"外衣下裹挟着别有用心的侵犯性与巨大的破坏力，因而对西方文化艺术全盘接受所带来的思想冲击极有可能导致社会秩序的毁坏。如今全球的各种乱象早已证明，西方价值观的嫁接不会迅速实现所谓的"现代化"，反而会导致现代化进程的中断或倒退。

因此，"一方面，中国的现代性要建设、发展社会主义的现代性，坚持社会主义的性质和道路……另一方面，为了保障现代社会的运行，还必须尊重、遵守现代社会运行的基本规律和规则，尤其要充分地、符合实际地借鉴资本主义现代性及其经验，最大限度地促进社会的全面发展"[1]。中国文艺现代性的总体使命是在广泛参考世界各国成熟知识、模式、样式的基础之上，根据自身实际量体裁衣、灵活嫁接，建立东方文化价值观与现代化的新"链接"。同时，以中国现代文艺的先进性、引领性、感召力，启示更多"后发"国家依托自身独特的文化价值而建立起与现代化的更多联系，从而达成"人类命运共同体"语境下的美美与共、和合共生。正是从这重意义来看，中国式现代化展现了不同于西方的现代化图景，是全新的、健康的人类文明形态。

（二）辩证地看待"落后"与"进步"

如前文所述，20世纪的两次现代艺术实验体现出了强烈的对"传统"的全面批判。这种"传统"既包括封建社会的"传统"，又包括近代以来直至改革开放之前的新中国的"传统"。"实验者"们在社会发展线性进化论观念的驱使下，错误地将批判"旧"传统视为获取"新"进步的前置条件。然而，正如霍布斯鲍姆所指出的："创新是现代主义的核心。以科学和技术为譬喻，'现代性'心照不宣地假定艺术是不断进步的，因此今日的潮流定胜于昨日之遗风……事实上，为追求新方式而放弃传统程序规则的决定本身，就好像选择某种特定创新方法一样

---

[1]   李世涛：《走向现代化——20世纪80年代中国的现代性与文艺现代性》，《甘肃社会科学》2018年第3期。

是武断、随意的。"[1]何况，如果抛弃了纵向的历史坐标和横向的现实比对，艺术作品的价值和意义根本无从生成，依靠批判和否定营建的自身合法性根基会迅速切换至没有否定就没有进步的怪圈，最终造成风格的偶然和新思潮的短命与快餐化。

"随着全球化的深入发展，地方文化、传统文化的复苏和重新评价也逐渐展开，80年代的那种彻底反传统的激进做法逐渐被抛弃，中国学界出现了'传统的再认识'的热潮。学界不再把传统视为现代性的对立面和否定性障碍，而是重新审视中国传统的优势和缺陷，挖掘传统的被遮蔽的积极因素，尤其要纠正以前的彻底反传统的弊端，以服务于当下的现代性建设。"[2]这种全球化浪潮中越发清醒的文化自觉在国家层面的集中呈现，正表现于2013年正式提出、已经践行了十年之久的"优秀传统文化的创造性转化、创新性发展"这一理念。在具体的艺术实践中，来自"传统""民间"的中华优秀文艺基因打造了诸如"毕加索＋城隍庙"般神奇的现代性效果，并广泛地见诸世界各地的艺术展览、拍卖会和活动秀……

或者说，中华文明的主体性是20世纪90年代以后，尤其是21世纪以来中国文艺在国际舞台占据更多席位的绝佳法宝，亦是中国文艺现代性塑形的有效切入点。当然，一方面，在上述基于文化自觉的国际活动中，中国式现代文艺样本的影响力和号召力还远远不够。另一方面，简单地将中国书画、剪纸、皮影等传统艺术样式"展演"给国际公众还过于表面。在意识"到位"的情况下，如何将之转化为行动自觉，并形成一整套行之有效的范式，还将经过漫长的过程。

（三）继续厘定"自由"与"责任"

文艺现代性的最大特点之一是拥有空前的创作"自由"。在激进的现代美术"实验者"们看来，"自由"意味着要将一切功能性、主题性、责任性的外在附加物彻底清算，还艺术本体以纯粹的"色、形、线的交错"。所谓"清算"的过程

---

[1] ［英］艾瑞克·霍布斯鲍姆:《极端的年代》，马凡等译，南京：江苏人民出版社，2010年，第548—553页。

[2] 李世涛:《从现代化到现代性——20世纪90年代中国文艺对现代性的探索》，《学习与探索》2018年第1期。

自然还伴随着对"不自由"的嘲讽、反叛、对抗。

应该说，独特个性的高扬是一种艺术铁律，不过以"自由"为名来完全逃脱艺术的社会责任实属无稽之谈。正如阿诺德·豪塞尔所言："人既是各种意识形态（包括艺术在内）的创造者，但又被既定的意识形态所创造。个人与社会集团、自发性与习俗、精神惯例和外在影响、本性与教养，都是不可分割的。一个独立存在的社会、一个独立存在的个人、一个独立存在的艺术作品，都是无法理解的。"[1] 从整体上看，随着现代化进程的深入，在经历了对现代性的多轮思想博弈后，无论是国外还是国内艺术界，均已对"自由"进行了普遍修正——在继续高歌艺术本体性的同时，我们也要强调艺术对历史、社会、生活、生命、环境、地域、民族等主题的表达、反思与介入。

除了共通性的认识与行动外，在中国式现代化的语境下，文艺的现代性塑造还多了一重人民性，因而要回归到"人口规模巨大的现代化""全体人民共同富裕的现代化"等基于中国国情的表述中来。概括地说，中国文艺现代性所要把握的"自由"，应是保障多数人自由的"相对自由"，而非完全彻底的个人自由。换言之，艺术家必须承担相应的社会责任，即反映生活、服务人民。这种话语模式是对 20 世纪 80 年代以前社会主义现代化经验的继承。具体体现在文艺自身，表现为其主题和形式完全交由艺术家基于自身的独特感悟而自由选择，而精神指向则应该能够正向地唤起人们的普遍共情，能够满足人口总量巨大、需求差异明显的民众对现代魅力的审美需求，能够带给人们心灵层面的启迪，更好地促成人格的健全与人的全面发展。

此种形态的"文艺现代性"通过整合各种新奇的技术、资源来给出回应并不困难，跨界、融合、嫁接几乎成为当代文艺创作信手拈来的自觉手段，也的确部分满足了民众对现代性的审美想象。然而，深刻的回应并不容易，还需要更多、更深的投入与思考。

---

[1]　[美]阿诺德·豪塞尔：《艺术史的哲学》，陈超南、刘天华译，北京：中国社会科学出版社，1992 年，第 3—4 页。

（四）一体统筹"精英"与"流行"

两次现代美术实验还启示我们，仅依靠部分"精英"的晦涩理论和高深道理并不能实现文艺现代性的广泛启蒙。民众的无法理解、无法接受、无法参与，导致追求"先进"的运动只能囿于狭窄的知识阶层，反而成为"猎奇""围观"的对象。不过，"一个文化系统内部的大众文化、流行文化尽管可能是'间离的'、肤浅的、短暂而碎片化的经验，却也是有趣的、诱人的、不可少的"[1]。因此，"精英"的与"通俗"的、"学术"的与"流行"的、"研究"的与"消费"的，都是中国文艺现代性塑形中不可或缺的。

尤其值得注意的是，轻松、愉悦、简便的"流行"文艺产品反倒能够给人留下更为深刻的印象，并尤其会影响到年青一代的知识结构与价值观念。这里潜藏的正是"先进"与"落后"的西方式现代性话语的直观对比，为的是彰显自身的优势和对手的劣势。从这一层面来看，可口可乐、摇滚乐、好莱坞电影和格林伯格、安迪·沃霍尔、大卫·霍克尼一道，共同构成了西方式现代性的概貌。

从"精英"的视角出发，21世纪以来的中国网络文学、网络游戏、短视频等"泛娱乐"文艺作品的快餐化、浅薄化、庸俗化、碎片化常常遭到批判，无法忽视的是，它们作为现代化的产物，一定程度地体现着开放、自由和多元。其在广大民众中的影响力以及在国际传播中所呈现出的远超"精英"艺术的辐射力，也构成了中国文艺"现代"的另一面。对一些西方网民来说，在阅读中国奇幻武侠小说时，怎么可能不带着愉悦的阅读体验接受东方世界观和中国文化魅力的洗礼呢？在观看中国"造物"视频的过程中，怎么可能不带着惊讶的感叹而产生对中华文化的别样认识呢？近年来，中国的"流行"文艺作品，如科幻小说《三体》、科幻电影《流浪地球》等凭借自身所彰显的中国式现代化的价值追求和先进本质，收获了图书市场和电影票房的热烈响应。

在游戏而非阅读中，在故事而非说理中，在体验而非说教中，现代性得到了更好的建构和普及。这是我们在继续推进中国文艺现代性塑形进程中需要长期注意的重要方面。

[1]　孔新苗：《境遇·镜像：中国美术与"国家形象"研究》，北京：人民出版社，2015年，第174页。

四、结论

近代以来，尤其是 20 世纪在中华大地上发生的两次现代美术实验，为如今文艺现代性的建构提供了发人深省的启示。中国文艺的现代性绝不意味着对西方艺术丛林的整体移植，也不意味着混杂的无序蘖生，而是要依托中华优秀传统文化和中国社会现实这棵参天大树的主干，对国际经验进行广泛吸收和辩证取舍，最终自主生长出繁密、强壮、茂盛的树冠。

面对辉煌的历史和热烈的生活，新时代的中国文艺现代性建设应该更加周全地思考另一条"链接"的建立，辩证地看待"落后"与"进步"，坚定地厘清"自由"与"责任"，一体统筹"精英"与"流行"，自信、自强地谱写先进、开放、自由、多元的中国文艺新篇章。

（原载《中国美术》2024 年第 2 期）

20/17

徐华云

徐华云

徐华云，女，1980年生，毕业于山东大学历史文化学院，现为山东省艺术研究院副研究员，山东省第三批签约艺术评论家。多年来致力于戏曲、曲艺理论研究，取得较大成绩。累计在《戏剧文学》《中国艺术报》《曲艺》等省级以上报刊发表论文40余篇。主持或参与完成著作10余部，其中专著《山东非物质文化遗产研究》是省内首部以"山东非遗"为对象的理论著作；第一作者合著《儒学与曲艺》，包括本书在内的《儒学与艺术学》论丛是山东省委宣传部儒学重大基础工程项目，获"泰山文艺奖"三等奖；参与完成的《中国民间文学大系·说唱山东卷》为中宣部、中国文联主持的中国民间文学大系出版工程成果之一。研究成果荣获全国全省重要奖项十余次。

从 2023 年胡集书会看新时代曲艺的传承发展

徐华云

2023 年 2 月 2 日（正月十二），有着数百年历史的胡集书会在山东省滨州市惠民县胡集镇如约启幕。全国现存两大古书会之一头衔的光环、黄河大集等文化元素的融入以及因为疫情阔别 3 年首次重启线下演出的强势助力，使得本届胡集书会吸引了全国上下诸多媒体的关注和广大民众的积极参与，书会现场人潮涌动、摩肩接踵，重现当年书会人气爆棚盛况。我们知道，作为"胡集书会"主角的曲艺多数属于农耕时代的产物，在经济社会发展现代化和文化娱乐形式多样化的新时代背景下，传统曲艺的生存和发展面临严峻挑战，出现了演出人才匮乏、观众流失严重、曲种濒临灭绝等重重问题。近些年，非物质文化遗产保护工作的开展和优秀传统文化的复苏回归，为曲艺的传承发展带来了新的机遇。新的时代有新的特点和新的要求，新时代曲艺如何在坚守自身艺术规律的基础上，结合新的时代条件进行创新和转化，是曲艺发展需要攻克的重要课题。

胡集书会是全国性的曲艺盛会，每年的胡集书会都会受到曲艺艺人的广泛关注。2023 年胡集书会吸引了来自全国各地 300 多名艺人、22 个曲种参与，当代曲艺的创演、传播、生态等概况在书会上得以集中呈现。透过 2023 年胡集书会这个窗口，审视曲艺在新时代守正创新的实践和理念，剖析其中取得的经验和存在的问题，较为客观全面，也能对新时代曲艺的传承创新带来一些新的思路。

一、展演曲目新旧交融展现新发展

坚持守正创新是中华优秀传统文化传承发展的基本原则，具体到曲艺传承发展来说，就是既要守住曲艺的本体特征，保护好曲艺留存下来的珍贵遗产，又要根据时代特征进行创作，讲好新时代的中国故事，满足当代观众的审美需求。胡集书会展演曲目多为艺人经常上演或新创曲目，通过此次展演曲目可以看到当前曲艺创演既有对传统的忠实继承，也有对新时代的热情回应，展现出曲艺在新时代的新发展。

首先，传统经典曲目仍是 2023 年惠民胡集书会现场演出的主打。例如河南坠子《小黑驴》、山东琴书《反正话》、山东快书《武松打虎》、评书《杨七郎打擂》、木板大鼓《偷年糕》等。曲艺千余年的发展历程中，给我们留下了数目庞大的曲书目遗产，世代流传下来的传统曲书目是历代说唱艺人和亿万听众共同智慧的结晶，经过长久岁月的磨砺在文学上和艺术上都达到了相当高度，其中不乏通俗幽默、哲理丰富、符合中华审美旨趣的精品，稍加打磨就可上台演出。将弘扬仁义礼智信、讴歌真善美等符合中华审美精神的经典曲目改编传授，可大大缓解当前曲艺创作和演出人才匮乏困境，使传承取得立竿见影之效。从胡集书会现场演出情况来看，观众往往也是对传统经典曲目更加青睐。目前传统经典曲目传承数量不是太多，而是太少，尤其是原本为传统曲艺精髓的中长篇书目，因不符合当下快节奏的欣赏习惯缺乏演出机会而后继乏人，更需引起我们重视。

其次，传承经典外，2023 年胡集书会也涌现出了大量聚焦时代热点、回应现实需求的新作品，尤其是网络展播节目中新创作品占据多数。如以黄河文化为主题创作的群口山东快书《黄河边 黄河滩》、音乐快板《新黄河谣》、山东花鼓《黄河滩相亲》等，就是用曲艺语言讲述新时代的黄河故事；以喜迎二十大为主题的情景呱嘴《献礼二十大》、西河大鼓《二十大精神记心间》、乐亭大鼓《新时代思想领航程》等，饱含了广大曲艺工作者礼赞二十大的真挚情感。另外脱贫攻坚、红色故事、地方文化等也是近几年曲艺创作的热点。曲艺素有"文艺轻骑兵"之誉，方便快捷地反映现实提振士气是战争年代曲艺遗留下来的传统。但也正因为追求快速、追逐热点，使得有些作品只图主题正确，却忽略了艺术化表达，使得有些作品艺术水准欠缺，需要引起我们反思。

二、线上线下两线联动增强传播力

曲艺艺术孕育于秦汉，成熟于隋唐，繁荣昌盛于宋元明清，在电台、电视、网络等现代媒体出现之前，曲艺都是通过与观众面对面的形式进行现场演出。早期曲艺艺人演出场地有撂地、靠地等，20世纪50年代后，随着各地曲艺演出场（厅）的大量兴建，曲艺演出场地由简易的说书棚转到了设施先进的现代舞台。不管是撂地、靠地还是现代舞台，只是硬件设备的区别，演员与观众之间的亲密关系却从未改变。对演员来说，现场演出时演员与观众共处同一场域，演员可以根据观众反应及时调整演出内容和节奏，观众的正面回应和鼓励会极大调动演员的积极性，使演员发挥最佳水平。对观众来说，观看现场演出时能与演员近距离交流，观众与演员以及观众与观众间能产生强大的情绪感染力，极大增强观众的观感体验。不论社会如何发展，传播媒介如何变化，作为一种舞台表演艺术线下演出永远是曲艺最具生命力的传播方式，是曲艺遗产传承发展的重要支撑点和落脚点，是曲艺生存发展之根本。

虽然现场演出是曲艺生存发展的根本，但其受众覆盖面窄、时间地域局限性大的缺陷也是显而易见的，所以曲艺在任何时期都不排斥采用先进的传播技术。20世纪初因为有了唱片，今人才有幸领略当年刘宝全、王少堂、谢大玉、邓九如等曲艺大家的风采。20世纪五六十年代山东快书以及七八十年代相声、评书在全国的走红，离不开广播电台、电视的功劳。进入21世纪，随着电脑、手机、IPAD等智能终端的迅速普及，拥有便捷高效等诸多优势的网络新媒体后来居上，成为大众获取信息的重要渠道。新时代曲艺要扩大影响力、传播力，就要搭载上网络新媒体这趟快车，直面与电影、电视、游戏等大众流行娱乐方式的竞争。

2021年，中共中央办公厅、国务院办公厅印发《关于进一步加强非物质文化遗产保护工作的意见》，明确指出要适应媒体深度融合趋势，丰富传播手段，拓展传播渠道。2023年胡集书会首次实行线上线下联合演出，设置于胡集镇的主会场和10个曲艺小舞台极大渲染了现场弦鼓争鸣的热闹气氛，满足了现场观众近距离感受曲艺韵味的审美期待。与此同时，50余部作品在抖音、快手、今日头条等热门媒体和新华社"现场云"、山东艺术等官方媒体的同步展播，吸引了数十万网友围观，极大增强了书会的影响力。2023年胡集书会线上线下联合演出的方式正在成为新时代曲艺演出的新常态，在努力扩大曲艺线下演出场次的基础上，充分运用广播、电视、报纸、网络等多种媒体建立曲艺传播矩阵，通过在不同媒体投放优质传播内容、发起话题、营造宣传亮点、线上线下相互引流等方式，吸引更多受众参与交流互动，引导受众对曲艺遗产的持续关注，成为新时代曲艺传播努力的新方向。

三、"书会 +"理念丰富书会文化内涵

据记载，胡集书会起初为鲁北地区的传统书会，形成于明末清初。每年正月十二胡集镇大集，当地农民都要为欢度元宵佳节到胡集请艺人到村里说书，故名"灯节书会"。后来因艺人在集市上对阵竞技，影响范围越来越广，时间也越来越长，逐渐形成了包括"前节""正节""偏节"三个阶段绵延近月的胡集书会。农耕时代北方正月属于农闲时节，也是曲艺艺人挣取酬劳的黄金时节，胡集书会期间较平时数倍甚至十数倍的超高书价吸引了天南海北的众多曲艺艺人前来亮艺。[1]所以，胡集书会一开始就是曲艺艺人说书卖艺的集市，后来因参加艺人和围观群众众多，逐渐演变为以联谊为主、具有习俗性质的自发性民间曲艺交流活动。

在几百年的发展历程中，胡集书会几经沉浮。20 世纪 90 年代，随着我国城镇化的不断发展，大量农村人口外出打工，已没有时间参加书会。再加上电视、网络的普及，人们的娱乐方式日趋多元，对听书的需求已不像原来那么强烈，书会赖以生存的生态环境不复存在。20 世纪 90 年代末到新世纪初，参加书会的艺人锐减，最少的时候仅有几档，一度到了濒临消亡的境地。2006 年，胡集书会被评为首批国家级非物质文化遗产，受到了当地政府的高度重视。从 2007 年开始，胡集镇政府改变由各村自主买书的方式，开始实行"政府买单，送书进村"的新政策，书会在政府部门的组织和支持下重新恢复生机。

不难发现，在新的时代条件和背景下，胡集书会赖以存在的生态和功能悄然改变，已不再是民众自发参加的曲艺集会，而成为政府主导的文化品牌和需要保

[1]　　《中国曲艺志·山东卷》编辑委员会编：《中国曲艺志·山东卷》，北京：中国 ISBN 中心，2002 年，第 500 页。

护的文化遗产。2023 年胡集书会的主题为"赶黄河大集　品曲艺古韵",书会现场融入了"黄河文化、基层党建、理论宣讲、摄影比赛"等多重元素,传统的书会形式在新时代呈现出新的面貌特征。在文化产业正成为新的经济增长点并逐渐成为重要经济支柱的时代背景下,植根传统挖掘自身独有的文化资源,在保持文化独特性的基础上,将同类型的文化资源进行整合,丰富提升书会的内容形式,提高大众参与书会的热情,不失为地方提高知名度、提升文化软实力、促进经济社会发展的有效手段。而且,这种整合对当下边缘化的曲艺来说也是引流观众的一个有效路径,不无裨益。

胡集书会在当代社会条件下的传承演变是社会发展的必然结果,也是书会顽强生命力的有力体现。但是,不管书会内容和形式如何发展变异,书会作为曲艺展演平台的功能一直没变,曲艺作为书会绝对主角的地位也一直没变,因为曲艺才是书会的灵魂和根脉,也是避免书会与其他节会"同质化"的根本所在。多种文化元素的融入不是要消解曲艺的地位和作用,而是用现代元素将传统曲艺激活,这一思路也为新时代曲艺相关活动的举办提供了借鉴。

新时代曲艺类非遗创造性转化和创新性发展研究

徐华云

　　曲艺类非遗是我国非物质文化遗产十大门类之一，其历史源远流长，文化底蕴深厚，是我国优秀传统文化的重要组成部分。但因为多数传统曲艺形式属于农耕时代的产物，在经济现代化和文化多元化的新时代背景下，传统曲艺生存和发展遭受重大冲击，面临严峻挑战。在曲艺类非遗传承日渐式微的当下，如何在继承传统的基础上进行创新，如何在守护传统曲艺根脉的基础上实现时代的转化和发展，成为业内人士讨论最多的热点。针对中华传统文化传承发展问题，习近平总书记在十八届中央政治局第十二次集体学习时首次提出了创造性转化和创新性发展（简称"两创"）命题，为新时代中国传统文化的创新发展提供了方向引领和行动指南，也为新时代曲艺类非遗的传承发展理清了思路，指明了方向，提供了根本遵循。新的时代有新的特征、新的要求，如何在习近平新时代中国特色社会主义思想的指导下，结合新的时代条件和现实要求，对曲艺类非遗进行创造性转化和创新性发展，成为新时代曲艺类非遗传承发展面临的重要现实问题。

一、曲艺类非遗资源及特征

　　曲艺是一门用口语说唱叙事的表演艺术[1]，作为一种特定的艺术形态，曲艺与

---

[1]　　姜昆、戴宏森主编：《中国曲艺概论》，北京：人民文学出版社，2005年，第12页。

702

其他许多艺术一样，也是社会政治、经济、文化发展到一定时期的产物。虽然从艺术形态的确定来说，曲艺到唐代才真正成熟，但从曲艺因素的孕育来说，却从汉代以前即已开始，经过了漫长的发展历程。在漫长的历史发展过程中，曲艺给我们留下了丰厚多样的遗产资源，具体来说有以下几个方面：

（一）琳琅满目的曲艺曲种

中国地域辽阔，民族众多，不同的地理环境、语言特点、生活习俗、审美倾向等因素，造就了具有鲜明民族和地域特色的曲艺品种。据统计，我国曲艺曲种可以确认的在 500 种以上。[1] 在国务院公布的五批国家级非遗项目名录中，曲艺类共 213 项，涵盖 140 个曲种。除国家级非遗项目外，入选省、市、县级非遗名录的曲种则更多。

数量庞大的曲艺曲种是我国各族人民长期生活和艺术实践的结晶，每一个曲种都有着特有的文学结构形式、表演艺术形式和音乐特点，凝结着悠久的历史文化、地域文化和民俗民风，存留着一个民族和地域特有的文化烙印，可以说每一个曲种都是一个"活态"的传统文化表现形式，有的曲种甚至已成为一个区域极具辨识度的文化符号，是中华民族弥足珍贵的文化资源和精神财富。

（二）浩如烟海的传统曲书目

中国曲艺经过一千多年的迁衍和流变，积累了难以计数的传统曲书目。新中国成立后，在全国范围内对传统曲书目进行了挖掘抢救。经过数十年的挖掘，截至 1985 年年底，单是山东省艺术研究所（山东省艺术研究院前身）就汇集到篇幅在百万字以上的曲艺口述抄本《东汉》《十把穿金扇》等两部；《刘公案》《白蛇传》等中长篇书抄本 165 部；《王二姐摔镜架》《黑驴段》《樊梨花思夫》等短篇书以及各类小曲曲词 925 段，共 3200 多万字。加上济南、青岛、济宁三市戏曲研究室所存部分曲（书）目抄本，字数在 5000 万字以上。[2] 全国数据虽未见明

---

[1]　　姜昆、戴宏森主编：《中国曲艺概论》，北京：人民文学出版社，2005 年，第 37 页。

[2]　　《中国曲艺志·山东卷》编辑委员会编：《中国曲艺志·山东卷》，北京：中国 ISBN 中心，2002 年，第 99 页。

确记载，但从山东一省的情况约略可推，全国传统曲书目遗存说是浩如烟海定不为过。

从篇幅内容来看，中国传统曲书目有能连演十场以上的长篇，也有能演五场以上的中篇，还有短小精悍，一般为数十句到一二百句的短篇曲目，可以适应不同演出场合的不同需求。从题材内容来看，传统曲书目题材可谓包罗万象：金戈铁马的历史演义，肝胆侠义的英雄故事，破案折狱的清官公案，神佛鬼怪的逸闻传说，才子佳人的儿女情长……无所不包，应有尽有。

早期的曲艺演出不固定节目内容，演员出场后都是先用"垫话"试探，看观众爱听哪类段子，再投其所好，入"正活"。演员为了拢住观众，保证能及时有效地获得演出收入，都是不遗余力地打磨作品，根据观众审美趣味不断改进提高。所以，世代流传下来的传统曲书目是历代说唱艺人和亿万听众共同智慧的结晶，在文学上和艺术上都达到了相当高度，对当今曲艺创作具有很高的借鉴研究意义。

（三）风格鲜明多样的曲艺音乐

曲艺音乐是对曲艺中具有音乐性曲种之音乐构成的一般性称谓，在我国的曲艺曲种中，有三分之二以上具有音乐性，所以曲艺音乐种类也是非常丰富的。就唱腔结构类型来说，曲艺音乐主要有曲牌体、板腔体及曲牌板腔混合体等形态，每一种类型的音乐内部也是变化多样，比如曲牌类曲种使用的曲牌多达 300 多支，每一个曲种常用曲牌从几支到几十支不等，而且同一曲牌在不同地区和不同曲种流派中也往往有着不同的音乐风格。就伴奏乐器来说，有的简单有的复杂，简单的可由演员自操一样乐器伴奏，复杂的则设专门小乐队伴奏、伴唱，文武场齐备。

曲艺音乐是曲艺重要的构成要素，是我国传统音乐的重要组成部分。曲艺音乐经过长时间的发展和艺术积累，有着非常优秀的艺术价值。韵味独具的曲艺唱腔本土化特征显著，能为当代音乐创作提供本土化资源支持。在传统曲艺演出中，曲艺艺人善于随着书情和观众反应即兴创编演唱，通过对曲艺艺人的音乐创作经验进行归纳梳理，探析曲艺音乐即兴创作的方法和技巧，能为当代音乐创作提供思路。

除以上几点外，曲艺遗产资源还包括精益求精的演出技巧，辉煌灿烂的发展历史，曲艺艺人波澜起伏的演出生涯，以及包括胡集书会、马街书会等在内的曲艺演出习俗，等等。能为当代文创、旅游、文学写作、影视制作等提供丰富素材，是一座不折不扣的历史文化宝库，值得我们好好发掘。

二、"两创"命题对曲艺类非遗传承发展的指导意义

针对传统文化传承发展问题，中国共产党长期以来奉行的重要方针就是"古为今用、推陈出新"。习近平总书记提出的"两创"命题与我党一贯的方针政策一脉相承，并在此基础上有了进一步的完善与改进。

任何传统文化都有传承载体，比如文物、人物、典籍、建筑等，"两创"对传统文化的传承发展不仅指向传统文化的载体，而且强调要深入传统文化载体背后的内在精神。就是说，"两创"主张对传统文化的传承发展不能仅停留在对传统文化载体的保护、保存、修复和重现，而是要深入挖掘和阐发这些传统文化载体中所蕴含的精神文化基因。

每项非遗都是在与历史与现实的互动中不断发生变异。多数曲艺类非遗是农耕时代的产物，随着当今社会的发展，人们的生活方式、思想观念、审美趣味都发生了转变，曲艺传统的题材内容、价值观念、表现形式、传播方式都与当今社会有了隔阂。在当今的社会条件下，我们该如何正确处理传统文化生态和文化遗产的活态流变之间的关系？是该原汁原味地保护曲艺还是该与时俱进？关于这些问题和困惑，习近平总书记给出了答案。习近平总书记指出，提高国家文化软实力，要努力展示中华文化独特魅力。在 5000 多年文明发展进程中，中华民族创造了博大精深的灿烂文化，要使中华民族最基本的文化基因与当代文化相适应、与现代社会相协调，以人们喜闻乐见、具有广泛参与性的方式推广开来，把跨越时空、超越国度、富有永恒魅力、具有当代价值的文化精神弘扬起来，把继承传统优秀文化又弘扬时代精神、立足本国又面向世界的当代中国文化创新成果传播出去。[1]

[1] 《习近平在中共中央政治局第十二次集体学习时强调 建设社会主义文化强国 着力提高国家文化软实力》，《人民日报》2014 年 1 月 1 日，第 1 版。

当今社会曲艺类非遗赖以生存的原生土壤逐渐消逝，我们既不能阻止历史前进的脚步，也没有权利要求传承群体一直生活在传统的环境中，曲艺类非遗在当代的传承，只有根植于当下的社会土壤，才能保持旺盛的生命力。正如"两创"命题所强调的，传统文化传承就是要跟随时代的脚步，按照"时代的特点和要求""时代的新进步新进展"赋予传统文化"新的时代内涵"。

三、曲艺类非遗"两创"路径

新时代曲艺类非遗创新性发展和创造性转化，可以从以下几个方面着手：

（一）创新曲艺演出形式

受生产生活水平制约，传统曲艺的演出形式往往都比较简单。当今社会随着生产生活水平的提高，观众审美能力和审美标准大幅提升，传统曲艺因陋就简的演出形式已不能满足观众日益增长的审美期待。口语说唱叙事是曲艺这门艺术的本质特征，但这并不表明这门艺术与其他的艺术表现手段格格不入。当今随着科技的发展，可供利用的高科技手段层出不穷，可资借鉴的艺术形式也是五花八门，新时代的曲艺艺术应打破陈规，突破固有形式思维，将曲艺这种艺术形式与当下流行的艺术形式有机结合，在充分了解新时代媒介和受众特性的基础上重构自身创作理念，呈现最佳艺术效果。

动漫栏目《快乐驿站》里传统艺术经典与现代动漫的有机结合大大开拓了我们的思路。《快乐驿站》的节目宗旨是"艺术经典、时尚演绎"，就是把一些经典的相声、评书、小品等传统艺术用动漫手法进行演绎，这种新形式将中国传统文化和现代动漫完美结合，走出了一条自己的新路。例如其中动漫与相声的结合，就大大丰富了相声的艺术表现力。相声皮厚，进入情景慢，抖包袱之前的铺垫过程不容易抓住观众，而用动漫来演绎，把视听艺术结合到一起，不但提高了相声的节奏，还拓展了想象空间，增强了幽默表现力。

当然，改革不是革命，不是要摈弃曲艺固有的本质特征，化我为他，而是在保持曲艺原有艺术品格的基础上，注入新元素，在传统与现代的交会中找到最大公约数。

（二）创新作品题材内容

传统曲艺大都以公案、征战、神话传说等为题材，主题多为忠孝节义，现代化浪潮的猛烈冲击致使原有观念在不断颠覆，忠臣猛将、贤良孝顺这些传统价值观难以在更广泛的范围内引起观众的心灵共鸣。如果不顾当代观众审美需求，一味固守传统，照本宣科，就很难吸引当代观众的兴趣。为适应现代观众的审美趣味，就应该时刻保持创新的思维和意识，在题材内容上紧跟时代潮流。

我们的很多老艺术家都特别注重根据当代观众审美趣味进行演绎，都是不断改革创新的高手。刘兰芳老师演出的评书小段《康熙买马》，就是曲艺创新的一个优秀案例。《康熙买马》道具就是一把扇子，所用技巧是评书的固有技法如贯口、口技等，主要人物康熙也是年代久远的历史人物，可以说没有什么新奇之处。然而《康熙买马》却得到了观众的一致好评，为什么？因为书中"你爹叫什么？""陈水扁！""不像现在的有些司机，撞人还逃逸，连畜生都不如啊！""嗯，皇上也拍骡马屁啊！"等语，不仅超级搞笑，而且还紧扣了当今社会热点话题，所以才会引起观众强烈共鸣。

（三）创新曲艺传播路径

21 世纪被喻为新媒体时代，无处不在的新媒体技术正逐渐渗透和影响着人们的生活方式和审美习惯，当代观众的审美渠道越来越丰富多元，电脑、电视、手机、PAD 等终端设备的便捷性，使得人们足不出户便可满足娱乐审美的需要。尤其是作为"网生代"的 80 后、90 后，由于可供娱乐消遣的软件越来越多，闲暇之余他们更愿意宅在家里刷刷微信、翻翻微博、看看抖音，或者看看电影、追追网红剧等，却懒于外出购票看演出。

针对这种现状，曲艺应积极转变思路，不能再固守一方舞台，而是抓住新媒体迅猛发展的大好机遇，努力探索曲艺与新媒体融合的渠道，为曲艺寻找更为广阔的发展空间。需要注意的是，曲艺在利用新媒体进行传播时，要注重内容与形式的良好结合，根据不同新媒体技术的特性找到最佳结合点，针对不同的传播媒体设计精准的投放内容，创新节目形式、增强与受众的交流、利用多种新媒体手段增加节目趣味性，做到对新媒体传播特性、优势特点等的良好利用。

（四）创造性运用曲艺文化元素

曲艺类非遗资源蕴藏丰厚，其中丰富的文化元素可以广泛运用到当代文学写作、影视制作、旅游、文创等领域，焕发新的活力。在文学创作领域，曲艺很早就是文学创作的写作素材，比如刘鹗《老残游记》对山东大鼓艺人白妞黑妞的描写可谓出神入化，也使山东大鼓这门艺术名闻天下，可谓文学与曲艺相互成就的典范。老舍先生创作的小说《鼓书艺人》，以抗战风暴中曲艺艺人的生活为原型，此书20世纪80年代还被翻拍成了电影。另外还有大量的曲艺纪录片，如《中国相声一百年》《曲艺辙痕》《曲艺之脉》等，都曾受到较大关注。受"以文兴旅"理念影响，有些地方还将曲艺与旅游资源相结合，在旅游景点内增设特色曲艺演出，增强旅游景点的文化内涵。将曲艺元素运用于文创产品设计中的优秀案例则更多，如济南泉城路白妞说书雕塑、河南平顶山曲艺雕塑、曲艺伴奏乐器化身的书签、曲艺说唱俑设计的伴手礼，等等。另外，还有以曲艺表现手法创作的方言剧《茶壶就是喝茶的》《泉城人家》《老汤》《老街》等，受到观众的热烈追捧。

总之，新时代曲艺类非遗的创造性转化和创新性发展，就要在对曲艺类非遗资源挖掘整理的基础上，按照新的时代特点和要求充分激活曲艺遗产资源的生命力，让曲艺遗产广泛参与当代人民生活，多渠道发挥曲艺遗产的社会价值。这样既能有效保护曲艺遗产，守住传统曲艺的根脉，又能充分发挥曲艺遗产在民族文化建设中的作用，也是对曲艺类非遗最好的传承和弘扬。

文艺人民性思想指导下的传统曲艺现代化

徐华云

文艺人民性思想是中国特色社会主义文艺思想的核心内容，也是马克思主义文艺理论一以贯之的核心思想。当前我国各族人民正奋力迈步在全面建设社会主义现代化强国、以中国式现代化全面推进中华民族伟大复兴的伟大征程。处在伟大历史征程中的传统曲艺也应紧跟时代的脚步，充分认识自身所担负的历史使命和责任，以更多积极阳光、启迪智慧、陶冶情操的曲艺作品，满足人民日益增长的精神文化需求，增强实现中华民族伟大复兴的精神力量。但因为多数传统曲艺形式是农耕时代产物，在创作思维、艺术形式、题材内容等方面与当代人民审美需求出现偏差。传统曲艺要在全面建设社会主义现代化强国的伟大征程中完成自己的光荣使命，就要以马克思主义文艺思想为指导，时刻把握"满足人民精神文化需求"这一出发点和落脚点，把人民视作曲艺作品的终极鉴赏家和评判者，在传承守护传统曲艺文化根脉的基础上，根据人民的审美需求进行创造性转化、创新性发展，以多样化的方式融入人民现代生活，与时代同频，与人民同心，在为人民服务的神圣天职中完成自身的时代蜕变，实现传统曲艺的现代化转换。

一、文艺人民性思想的理论脉络与内涵

马克思主义文艺理论是在马克思主义整体理论基础上产生的，其以人民性作为自己的核心思想，是由社会主义事业的性质和任务所决定的，也是在社会主义文艺实践过程中逐步形成的。唯物主义历史观和剩余价值理论是马克思一生的两

个伟大发现，马克思主义文艺人民性思想就来源于这两个伟大思想。历史唯物主义认为，人类社会存在的基础是生产，从事这种生产的基本力量是劳动者，是人民，所以，历史归根结底是由人民群众创造的，人民群众是社会变革的决定力量。作为一种精神生产，文艺作品只有从人民的角度出发，符合人民的利益，才是好的作品。

需要指出的是，在马克思、恩格斯的文献著述中，没有关于文艺人民性的系统阐述，但我们可以从他们的零散论述中看到文艺人民性的思想光辉。例如在恩格斯写给英国女作家哈克奈斯的信中，就曾指出她写作的小说《城市姑娘》存在的问题是"工人阶级是以消极群众的形象出现的，他们无力自助，甚至没有试图作出自助的努力……工人阶级对压迫他们的周围环境所进行的叛逆的反抗，他们为恢复自己做人的地位所作的令人震撼的努力，不管是半自觉的或是自觉的，都属于历史，因而也应当在现实主义领域占有一席之地。[1]"

列宁时代马克思主义文艺人民性思想有了进一步的发展。1905年，列宁在《党的组织和党的出版物》中明确提出，党的出版物和写作事业应该"为千千万万劳动人民，为这些国家的精华、国家的力量、国家的未来服务"[2]。俄国十月革命以后，无产阶级掌握政权，艺术和人民的关系发生了变化，列宁对文艺人民性理论有了新的表述，正式提出"艺术属于人民"[3]，把马克思主义文艺人民性思想推向新高。

十月革命后马克思主义开始传入中国，自五四运动开始到中国建设进入新时代的100多年间，中国共产党人和先进知识分子在马克思主义指引下，根据不同时期国情对我国文艺实践中存在的问题进行了回应，使马克思主义文艺人民性思想不断成熟和完善。毛泽东《在延安文艺座谈会上的讲话》是新民主主义革命到中华人民共和国成立初期党的文艺思想成果的集中体现，在《讲话》中，毛泽东对文艺人民性进行了系统阐述。一是文艺的服务对象是人民大众。他借用列宁同志文艺应当"为千千万万劳动人民服务"的论断，结合当时延安的社会现实，作了进一步阐述："我们的文学艺术都是为人民大众的，首先是为工农兵的，为工农

---

[1]　　　《马克思恩格斯文集》第10卷，北京：人民出版社，2009年，第570页。

[2]　　　《列宁　论文学与艺术》，北京：人民文学出版社，1983年，第71页。

[3]　　　《列宁　论文学与艺术》，北京：人民文学出版社，1983年，第435页。

兵而创作，为工农兵所利用的。"[1]二是详细阐述了文艺"为人民服务"的实现途径，包括如何进行文艺普及和提高的问题、从人民现实生活中汲取文学艺术的创作素材等。毛泽东文艺思想中关于人民文艺的论述极大丰富了马克思文艺人民性思想体系，是马克思文艺人民性思想不断成熟的标志。

改革开放后，我国社会的主要矛盾发生变化，国家的重点任务从阶级斗争转化为社会主义现代化建设。经济的快速发展使得人民的文艺需求也日益丰富多样，更高层次的精神文化需求对文艺创作提出了新的要求，在此背景下，以邓小平为核心的党中央对文艺方针进行了创新性调整，确立了"文艺为人民服务、为社会主义服务"的"二为"方针，是中国社会主义文艺事业价值观的根本体现，是马克思主义文艺人民性思想在中国特色社会主义文化建设中的具体体现，在马克思文艺理论中国化过程中起到了承上启下的作用。

习近平新时代中国特色社会主义文艺思想是马克思主义文艺理论中国化的最新科学成果，是在中国特色社会主义进入新时代的背景下，对文艺工作中面临的一系列重大理论和实践问题作出的系统回答。其内容涵盖文艺本质、作品内容、文艺创作、文艺评论等文艺事业的各个方面，尤其是贯穿始终的文艺人民性思想，继承和发展了马克思主义文艺人民性原则，对我国新时代文艺工作具有重要指导意义。

从以上文艺人民性思想理论脉络的梳理中不难发现，文艺人民性思想表述不是一成不变的，而是根据不同地域、不同时期的文艺实践不断进行调整。但其基本内涵却大致统一，一般包括以下几个方面内容：一是创作主体的主观态度、思想立场、情感愿望要与人民群众相一致；二是作品内容应展现人民群众的生活之美、人情之美，是人民大众现实生活的真实反映；三是作品艺术表现形式应该是人民大众通俗易懂、喜闻乐见的；四是文艺作品的客观效果应具有积极的社会效益。重新梳理和审视文艺人民性思想的理论脉络和基本内涵，有利于曲艺工作者深刻领会自己所担负的历史责任和努力方向，为传统曲艺形态的现代化转换筑牢理论根基。

[1]　　　　毛泽东:《在延安文艺座谈会上的讲话》,《毛泽东选集》第 3 卷, 北京: 人民出版社, 1991 年, 第 863 页。

二、以人民为中心的传统曲艺现代化路径

源远流长的传统曲艺艺术是中华优秀传统文化的重要组成部分，但由于多数曲艺形式传承年代久远、作品题材内容陈旧、表现形式单调乏味，与当代观众的审美习惯和审美需求相抵牾，传承发展面临严重困难，有些甚至只能靠国家的非遗保护政策勉强得以存续。新时代曲艺如何在继承传统曲艺精髓的基础上创新发展，如何在保持传统曲艺审美范式的基础上融入现代审美元素，形成古今融通的审美风范，是业内人士关切的热点。文艺人民性是中国文艺现代化发展的本质属性，在整个文艺现代化进程中起着主导作用。中国式现代化进程中的传统曲艺应以文艺人民性为指导，用优秀作品来彰显社会主义文艺的本质属性，在为人民服务、为社会主义服务的职责中实现自身的现代化转换。具体可从以下几个方面着手：

（一）坚守曲艺文化根脉，丰富人民精神生活

我国的曲艺艺术孕育于秦汉，成熟于隋唐，繁荣昌盛于宋元明清，在历经千年的文化沉淀中，曲艺艺术孕育了 500 多个曲艺品种，遗留下了浩如烟海的传统曲书目、风格鲜明多样的曲艺音乐以及技艺精湛的演唱技巧，是一座不折不扣的文化艺术宝库。2014 年，习近平总书记《在文艺工作座谈会上的讲话》中提到："文艺创作不仅要有当代生活的底蕴，而且要有文化传统的血脉。'求木之长者，必固其根本；欲流之远者，必浚其泉源'。中华优秀传统文化是中华民族的精神命脉，是涵养社会主义核心价值观的重要源泉，也是我们在世界文化激荡中站稳脚跟的坚实根基。"[1] 曲艺文化根脉是曲艺创新发展的根基，是培育社会主义核心价值观的有效载体，必须首先要保护好。

坚守曲艺文化根脉，首先，要在曲艺实践中弄清"曲艺"艺术的概念，坚守曲艺艺术本体。曲艺是一门用口语说唱叙事的表演艺术。[2] 这个定义包含了曲艺的本质特征：曲艺所使用的主要手段是口语；曲艺基本的艺术实践方式是说唱，即用口语说唱叙事；曲艺是一门表演艺术。但受多种因素影响，很多社会人士甚

---

[1]　《习近平总书记在文艺工作座谈会上的重要讲话学习读本》，北京：学习出版社，2015 年，第 28 页。

[2]　姜昆、戴宏森主编：《中国曲艺概论》，北京：人民文学出版社，2005 年，第 12 页。

至很多曲艺的从业者往往都对曲艺的概念模糊不清，有的将歌舞当作曲艺，有的将曲艺与戏曲混为一谈。概念上的模糊不清导致在曲艺创演及非遗保护实践中出现背离曲艺本体的偏误，打着创新的幌子将曲艺歌舞化、戏剧化、杂耍化，使得曲艺传承发展南辕北辙。凡此种种错误倾向不及时加以规避，就会导致曲艺艺术阵地不断失守。

其次，要做好曲艺的静态保护，充分利用现代技术手段，做好传统曲书目脚本和音像资料的搜集、整理和出版。曲艺传统曲书目内容包罗万象，结构生动曲折，语言形象有趣，地方色彩浓郁，在作为观摩研究资料的同时，还因其较大的娱乐性可直接拿来品读或观看，成为丰富人民文化生活的精神食粮。

（二）坚持以人民中心的创作导向

习近平总书记《在文艺工作座谈会上的讲话》中指出："衡量一个时代的文艺成就最终要看作品。推动文艺繁荣发展，最根本的是要创作生产出无愧于我们这个伟大民族、伟大时代的优秀作品。"[1]新时代曲艺要创作出无愧于中华民族、无愧于社会主义新时代的优秀作品，就必须坚持"以人民为中心"的创作导向，认真研究当代人民审美特征，根据当代人民审美需求进行创造性转化、创新性发展。

首先，曲艺创作要坚持人民立场。习近平总书记说："文艺要热爱人民。有没有感情，对谁有感情，决定着文艺创作的命运。"[2]曲艺是一门植根乡野的艺术，曲艺从业者和爱好者多是底层劳动人民，与人民大众有着天然的密切联系。可以说，为人民书写、为人民抒怀是曲艺的优秀传统，历史上有着无数关心同情人民疾苦、歌颂人民勤劳智慧的优秀曲艺作品，也正因为如此，曲艺才会深受人民喜爱。新时代曲艺作为党和人民的重要事业，更应该坚持从人民的角度出发进行曲艺创作。要深入生活，扎根生活，关注人民的生活状态，了解人民的真实诉求。要从人民生活中抽取和提炼素材，关注人民冷暖，反映人民关切，表达人民心

---

[1]　《习近平总书记在文艺工作座谈会上的重要讲话学习读本》，北京：学习出版社，2015 年，第 8 页。

[2]　《习近平总书记在文艺工作座谈会上的重要讲话学习读本》，北京：学习出版社，2015 年，第 20 页。

声，让曲艺作品真正的接地气儿，只有这样，曲艺作品才会有活力和生命力。

其次，曲艺创作要根据人民需求进行创新。习近平总书记在文艺工作座谈会上指出，"随着人民生活水平不断提高，人民对包括文艺作品在内的文化产品的质量、品位、风格等的要求也更高了"[1]。传统曲艺要跟上时代发展，就要认真把握新时代人民需求，大胆进行创新，创作出人民喜闻乐见的曲艺作品。一是题材内容要紧跟时代步伐。在整理复排传统曲艺作品及创作新作品时，要引入现代思维和理念，摈弃传统的愚忠、愚孝、愚节、封建迷信等思想糟粕，倡导社会主义核心价值观，弘扬主旋律，宣传正能量，以积极、进步的作品温润人心，为新时代社会主义现代化建设凝神聚力，用优秀曲艺作品引导人民追求真善美的道德境界。二是要丰富曲艺表现形式。受生产力水平制约，传统曲艺演出形式往往比较简陋，已不能满足人民日益增长的精神文化需求。随着科技的迅猛发展，各种高科技媒介层出不穷，可资借鉴的艺术形式也是琳琅满目。曲艺要适应新时代的需求，就要突破僵化的思维、落后的形式，采用恰如其分的现代科技手段，借助主流艺术形式再现及升华曲艺的传统魅力，以获得最佳艺术效果。

第三，曲艺作品客观效果应对人民具有积极的社会效益。习近平总书记指出，"一部好的作品，应该是经得起人民评价、专家评价、市场检验的作品，应该是把社会效益放在首位，同时也应该是社会效益和经济效益相统一的作品"[2]。近年来，随着我国文化体制改革的不断深入，我国的文化事业出现了大繁荣、大发展的良好态势，涌现出了一批思想性、艺术性较高的文艺作品。但在文艺高速发展的同时，也催生出了一些令人担忧的问题，比如文艺"过度娱乐化""审美感官化""创演消费化"等，文艺创作变成了机械化生产，票房、收视率成为唯一衡量标准，大批粗俗浮躁、价值观扭曲、思想空洞的文艺作品如病毒一样滋生蔓延，极大破坏了中国文艺的生态环境。受此影响，曲艺界有些人士也随波逐流，为吸引观众眼球不顾曲艺社会职责，肆意夸大曲艺娱乐要素，甚至不惜以戏谑、审丑等手段恶搞、颠覆经典，败坏了人们的审美趣味，使本就边缘化的曲艺雪上加霜。曲艺要获得健康发展，就应与文艺界有识之士一道，自觉抵制这种不

---

[1] 《习近平总书记在文艺工作座谈会上的重要讲话学习读本》，北京：学习出版社，2015年，第16页。

[2] 《习近平总书记在文艺工作座谈会上的重要讲话学习读本》，北京：学习出版社，2015年，第22页。

良风气，自觉坚持对真、善、美的向往与追求，自觉坚持对精神与心灵的抚慰和对生命终极意义的探寻，用优秀的曲艺作品彰显中华审美旨趣，增强人民积极、健康、乐观、向上的精神力量。

（三）多元方式参与人民现代生活

首先，借力新媒体拓宽曲艺传播路径。21 世纪形形色色的新媒体技术正逐渐渗透和改变着当代观众的审美取向和审美习惯，互联网的普及，电脑、电视、手机、PAD 等终端设备的便捷及雨后春笋般的各种软件，使得人们足不出户便可满足多种层次的娱乐审美需要。新媒体时代曲艺要生存、发展，就不能拘泥于一方舞台，而是要顺应新媒体发展的潮流，探索曲艺与新媒体融合的渠道，比如：利用热门视频软件进行直播、建立曲艺微信公众号、建立曲艺门户网站、制作适宜在电视、电脑、手机、PAD 等终端上进行播放的内容等，以多重媒体、多维曝光的形式不断拓展曲艺文化传播的途径，为曲艺参与人民生活寻找更为广阔的空间。

其次，创造性运用曲艺文化元素。与单纯的曲艺演出相比，曲艺文化元素在参与人民生活方面有着更多优势。比如，蕴藉丰富的传统曲书目本身就是人民喜闻乐见的文学经典；传统曲书目演出的影音光盘备受中老年朋友追捧；曲艺演出、曲本创作、曲艺编导等曲艺理论知识可以被纳入课堂教学；曲艺经典台词、特色伴奏乐器等可以为当代文创、旅游、影视、戏剧创作提供丰富滋养；等等。被评为中国西部首个曲艺之乡的四川省广安市岳池县，将曲艺文化元素融入城市建设，建成曲艺大牌坊、曲艺文化主题公园、曲艺风情街等活动场所，将自然景观与曲艺文化因子有机结合，成为人民文化旅游休闲娱乐的重要设施。2023 年山东滨州胡集书会以"赶黄河大集 品曲艺古韵"为主题，巧妙穿插了"黄河文化、基层党建、理论宣讲、摄影比赛"等多重元素，使传统书会更添生活气息，更贴近当代人民生活。

总之，文艺人民性思想是马克思主义中国化的重要思想成果，对中国特色社会主义文艺事业具有重要指导意义。处于中国特色社会主义现代化征程中的曲艺要深刻理解文艺人民性思想的理论基础与内涵，将为人民服务的核心宗旨贯穿于曲艺传承发展的各个环节，书写人民的喜怒哀乐，满足人民的精神需求，只有这样，传统曲艺才能在各种文艺力量的相互博弈中站稳脚跟，才能为构筑中国话语体系和国人精神世界贡献曲艺力量。

"以经典曲目恢复带动濒危曲种重生"实践探索

——以山东曲艺类非遗曲种为例

徐华云

　　"以经典曲目恢复带动濒危曲种重生"是山东省艺术研究院联合菏泽市艺术研究所，在 10 余年的曲艺类非遗保护实践中探索出的既切实可行又行之有效的非遗保护模式。这一模式针对 21 世纪初山东曲艺类非遗曲种锐减、队伍萎缩、创作乏力等传承窘况，从经典曲目的恢复着手，并与曲艺资料挖掘整理、曲书目创作、人才培养、市场开拓、理论研究等举措紧密结合，探索山东曲艺类非遗保护和传承的有效路径，以求实现濒危曲种重生的最终目标。

一、背景原因

　　山东曲艺在历史上曾经盛极一时，据考证，山东土生土长连同外地传入但已地方化的曲艺形式曾达 20 余种之多，是北方曲艺的重要发祥地和流布地。特别是清末开埠以来，省城济南南词北曲荟萃，名家大师云集，茶园、茶棚、书场鳞次栉比，使之有了"书山曲海"的美誉，当年业内流行的"北京学艺，天津练活，济南踢门槛"的说法，更说明了济南曲艺的盛况与地位。除济南外，大运河两岸的济宁、临清、聊城、古曹州（今菏泽地区）、郯城等运河城市集镇曲艺也是盛极一时，闻名遐迩。山东曲艺是山东人民长期以来创造积累的文化财富，是山东人民智慧的结晶，具有文学、审美、社会学、民俗学等多重价值。保护和发扬山东曲艺，对满足人民群众日益增长的精神文化需求，更好地弘扬民族文化，促进文化强省建设具有重要意义。

然而，正如其他省市的曲艺一样，在经济现代化和文化多元化的背景下，山东曲艺也经受着巨大冲击，生存和发展面临严峻挑战。21 世纪初，山东曲艺能正常演出的曲种已为数不多，不少曲种如山东大鼓、莺歌柳书、山东花鼓、山东渔鼓、山东落子等因多种缘故渐渐淡出人们的视野，处于濒危状态。面对传承人年老体弱、传承后继无人的窘况，如何让曲艺优秀的演唱、演奏技艺有效传承，成为曲艺非遗保护中亟须破解的一大课题。

山东省艺术研究院与菏泽市艺术研究所是山东省曲艺类非物质文化遗产保护和研究的龙头单位。山东省艺术研究院前身是山东省戏曲研究室，自 20 世纪 50 年代起，就非常注重对全省曲艺的挖掘、整理和研究工作，由于成绩突出，2007 年被评为全省文化系统唯一的"非物质文化遗产研究基地"，并作为非遗保护责任单位，承担起山东大鼓、山东琴书、山东快书等国家级和古琴艺术、快板等省级非物质文化遗产项目的保护传承工作。

菏泽是有名的曲艺之乡，曾有山东琴书、山东花鼓、莺歌柳书、坠子书、山东落子、山东渔鼓、弦子鼓、山东快书等 10 余个曲种广为流布，深受群众喜爱。自 2005 年非遗保护工作全面启动以来，菏泽市一批珍贵、濒危的曲种被列入了国家级、省级或市级非遗项目。市级艺术研究机构菏泽市艺术研究所凭借多年来一直致力于菏泽地方曲艺整理和研究工作的优势，成为国家级非遗项目山东琴书、莺歌柳书、山东花鼓，市级非遗项目山东落子的责任保护单位。

针对濒危曲种传承窘况，山东省艺术研究院与菏泽市艺术研究所依托深厚的学术积淀和高度的文化担当，决定探索出一条濒危曲种重生的新路。经过多次碰撞交流，最终敲定了"以经典曲目恢复带动濒危曲种重生"的总体思路。经典曲目是在数百年的历史长河中大浪淘沙存留下来的菁华，具有极大的历史价值和审美价值。通过经典曲目恢复来带动濒危曲种重生，不仅可以更好地传承和保护经典，而且可以弥补当前曲艺新作匮乏问题，缩短人才培养周期，使传承取得立竿见影之效。在经典曲目整理恢复的同时，还可以加强人才培养，带动曲艺研究和交流展演。

二、实践举措

"以经典曲目恢复带动濒危曲种重生"实践重点围绕"经典曲目整理恢复、

人才培养、曲艺研究与交流"三个方面开展，针对性解决山东曲艺传承面临的关键问题。

（一）经典曲目整理恢复

山东曲艺各曲种的曲书目非常丰富，既有故事情节紧凑、短小精悍的短篇，又有故事情节曲折、人物丰富生动的长篇。山东曲艺的音乐风格也是多种多样，既有连缀各种民间俗曲、小调的曲牌类，又有主要以书鼓、三弦伴奏的板腔类，还有音乐旋律性弱、更趋口语化的诵说类，具有较强的表现力和兼容性。

山东省艺术研究院与菏泽市艺术研究所因长期以来一直从事山东曲艺的整理和研究工作，存有大量珍贵的曲艺资料。山东省艺术研究院保存有 20 多个地方曲种的代表性曲目 1000 余段，以及大量的音像和图片资料。据保守估计，这些资料占山东省曲艺静态文化遗产的比例高达 80%。由于年代久远，有些手抄本已经发潮、老化、腐蚀，有些磁带也出现了发霉、脱磁，有鉴于此，山东省艺术研究院于 2005 年启动了非物质文化遗产保护工程，对院藏珍贵资料进行全面系统的抢救挖掘和整理编纂。10 余年来，出版发行了《山东琴书大全》《梨花大鼓大全》《呼延庆打擂》《顾成德演唱集》《山东省非物质文化遗产保护成果音像集》等多部图书和音像资料，不仅使收藏的曲书目资料得到更好的保存，而且还为曲艺恢复、创作和理论研究提供了有力的资料支撑。菏泽市艺术研究所也在曲艺资料的整理、挖掘、抢救等方面做了大量工作，录制出版了《曹州曲韵·菏泽民间曲艺经典曲目集萃》（8 个曲种）、《李巧莲曲艺作品集》、《山东琴书演唱作品集》、《坠子书》、《山东琴书山东花鼓唱腔集》等。

在曲艺资料整理出版的基础上，我们挑选了山东大鼓、山东琴书、莺歌柳书、山东花鼓等曲种的 50 余个经典曲目进行整理恢复。经典曲目的恢复不是简单的重复，而是在保留精华的基础上有所改进和创新，使之更符合当代观众的审美趣味。因此，我们专门邀请有关专家对经典曲目的曲本和音乐进行把脉。然后，通过师带徒、校园教学等方式进行传授。

（二）人才培养

人才是非物质文化遗产最重要的活态载体，抢救性普查、科学认定传承人以及培养青年人才是曲艺非遗保护的关键。

为此，我们一是积极举荐曲艺项目和传承人，使他们得到国家政策保护，享受相应的传承人待遇。截至目前，山东曲艺类非遗共有国家级非遗项目 13 项，国家级传承人 12 位，省级非遗项目 49 项，省级传承人 48 位，数量和等级都位于全国前列。二是给传承人制定切实可行的责任目标，定期指导、督查任务进展、完成情况。三是与职业院校等单位合作，建立项目传承基地，选取有潜力的学生进行培养。四是积极为曲艺演员搭建平台，鼓励他们参加各类演出。

（三）加强曲艺研究与交流，促进濒危曲种重生

曲艺遗产的活态传承不仅需要曲艺艺人的努力，还离不开社会公众的参与和关注，离不开曲艺理论研究的指导。

10 余年来，山东省艺术研究院与菏泽市艺术研究所注重与媒体及兄弟文化单位联合，着力打造了一批精品非遗活动，如"全国首届曲艺类非物质文化遗产保护成果展演暨经验交流会"、"中国曲艺团长高峰论坛"暨"全国曲艺类非物质文化遗产保护成果学术交流展演"、"欧洲摄影家看非遗——山东省非物质文化遗产巡礼"摄影采风活动、"非物质文化遗产进校园"、"鲁、港、澳艺术推广大家谈"、"蝶变之路——从'花鼓戏'到'四平调'"、"泉城书会"暨"明湖论坛"等，在社会各界引起良好反响，提升了曲艺类非遗的社会影响力和关注度，使许多濒危曲种重新走进了人们的视野。

"实践未动，理论先行"，为给"以经典曲目恢复带动濒危曲种重生"实践提供充足的智力支持和理论保障，山东省艺术研究院和菏泽市艺术研究所分别成立了专门的非物质文化遗产研究机构，建立起了健康合理的专业人才梯队，专门从事山东曲艺的保护研究工作。10 余年来，涌现出了一大批优秀的科研成果：出版了《齐鲁非物质文化遗产丛书·曲艺卷》《儒学与曲艺》《孙少林与晨光茶社》《山东省艺术研究院　非物质文化遗产项目代表性传承人图典》《山东非物质文化遗产研究》等多部有分量的著作，完成了《山东曲艺现状调研与发展对策研究》《山东省曲艺类非物质文化遗产保护标准的基础性研究》《菏泽民间曲艺研究》等多个国家和省级课题，在《中国文化报》《中国社会科学报》《联合日报》等报纸刊物上发表论文上百篇，多人多次获得中国曲艺牡丹奖理论奖，山东省艺术科学、山东省非遗保护科研优秀成果奖等。

三、成效与经验

（一）提高了曲艺传承实效

当前曲艺发展存在人才流失、作品短缺、边缘化等问题，单纯追求出新人、出新作不符合曲艺遗产传承保护实际。曲艺类非遗在漫长的历史发展过程中存留下来的经典作品很多，这些作品虽然水平参差不齐，有精华也有糟粕，但通过我们去粗取精的筛选，将那些语言通俗易懂、诙谐幽默，音乐唱腔曲牌、板式丰富，体现仁义礼智信、弘扬真善美等社会正能量的优秀曲目进行整理改编传授，可大大缩短作品创作和人才培养周期，让经典曲目回归，使传承取得立竿见影之效。

（二）拓宽了人才培养路径

采取师带徒与学校正规化教育传承相结合的传授方式，拓宽了传统曲艺人才培养途径。除督促传承人以师带徒方式传承外，我们还与山东旅游职业学院、山东管理学院、济南艺术学校、山东交通学院、山东渤海职业技术学院、日照市民族管弦乐学会、临沂大学、临沂市民族管弦乐学会、阳信县艺佳艺术培训学校、菏泽学院等单位合作，建立曲艺项目传承基地。教学中制订规范的教学计划，使经典曲目恢复排练与基本功训练相结合，让学生较早接触经典曲目，感受传统艺术的魅力，提高学生的学习兴趣。

（三）活跃了曲艺演出与交流

10 余年来，整理恢复了《菜园段》《大西厢》《战马超》《断桥》《偷诗》《老鼠告猫》等 50 余个经典曲目，培养了以孔鲁顺、闫雯、金雪、孙艾佳、刘婷婷、王萌等为代表的优秀曲艺演员。这些演员常年活跃于城乡各地舞台上，使沉寂多年、鲜为人知的濒危曲种重新走进了百姓生活。另外，他们还多次斩获牡丹奖、群星奖、泰山文艺奖等重量级奖项，《水漫金山》《断桥》《王二姐思夫》等部分经典曲目多次赴法国等国，以及北京、南京、延边等地参加国内外文化交流演出。中央电视台、中央人民广播电台"华夏之声""香港之声"，台湾中国电视公司还对山东琴书、莺歌柳书等进行了专访，使山东曲艺远播海内外，大大增强了山东曲艺的影响力。

四、问题与对策

（一）经典曲目传承数量有限

受演出市场影响和编创人才匮乏的制约，总体来看，山东曲艺经典曲目传承数量还是太少，与濒危曲种重生目标距离较大。目前活跃的多数曲艺传承人所会曲目不多，经常上演的统共就那么几个，而且多数都是 10 分钟左右的段儿书。这样虽然能够保证一时的演出效果，但长此以往，一个曲种可能就仅剩下那么几个小段可演了，显然不是曲艺发展的长久之计。而且，传统曲艺文化底蕴深厚，曲艺表演技巧繁复，如果没有一定的书目积累，很难掌握传统曲艺的内核和精髓，在此基础上的改革创新就更难以做到。所以，还是应该鼓励引导年轻传承人多学、多练，多向老艺人请教，尽可能全面深入地继承传统曲艺的表演技艺。

（二）曲艺演员流失严重

随着"以经典曲目恢复带动濒危曲种"实践活动的开展，以及曲艺非遗保护意识的深入人心，这些年通过拜师学艺或校园教学的方式学习曲艺的年轻人多了起来。但因为曲艺表演收入偏低，专职曲艺表演难以成为谋生手段，导致很多学员基本都是作为兼职学习。由此，学员学习几个小段没有问题，偶尔展示下学习成果也没有问题，但谈及完整地传承曲艺艺术还相差太远。此外，曲艺类非遗进校园活动的开展，也在校园内培养了一些优秀学员。但由于学习曲艺与升学和就业相关度不大，很多学生都是半途而废，导致培养的曲艺学生成才率很低。这些问题的解决有赖于曲艺非遗保护政策和曲艺教学体系的不断完善。

（三）曲艺演出场所稀少，市场机制不健全

山东曲艺在繁盛时期，专业固定的演出场所可谓星罗棋布、比比皆是，单是济南和青岛两地就有 80 多处，其他大部分县市也都建有曲艺场（厅），演出情况异常活跃。"文化大革命"时期山东省的曲艺演出场所或撤销或查封或挪作他用，"文化大革命"结束后，所剩无几。现在，虽然曲艺总体形势趋向回温，有些曲艺场所重新开张，但总体来说目前曲艺演出场所仍是太过稀少，不利于曲艺类非遗的生存与发展。在当前的曲艺演出中，还存在着市场机制不健全的问题。目前广泛存在的曲艺惠民演出主要是靠政府出资，这些演出在丰富群众文化生活、扩

大曲艺影响力、搭建演出平台等方面有着不容置疑的重要作用，但这种人为营造的演出"市场"与原先曲艺自由竞争的演出机制大相径庭，无法发挥有效的市场调节作用。如此，曲艺对政府的依赖只会越来越强，独立生存的能力只会越来越弱。

总之，"以经典曲目恢复带动濒危曲种重生"实践是山东曲艺非遗保护在规定情境下的最佳选择，也取得了一定的成效，但要想达到濒危曲种重生的最终目标，还有很长的路要走，还需要曲艺从业者、科研机构、政府、媒体等社会各界的共同努力。

20/18

齐丽花

齐丽花

齐丽花，女，1986年生，济南大学音乐学院副院长，副教授，硕士研究生导师，山东省第三批签约艺术评论家。兼任山东省音乐家协会理事、山东省文艺评论家协会理事、山东省音乐家协会少儿音乐专业委员会理事、山东省音乐家协会音乐理论与创作理论专业委员会委员。近年来，主持山东省社会科学规划研究项目等各级课题8项，发表论文共30余篇，CSSCI收录2篇，EI收录1篇，先后获山东省第四届大学生艺术展演活动艺术科研论文一等奖、山东省第八届教学成果奖一等奖、山东省文化和旅游优秀研究成果奖（重点类）、济南市第37次社会科学优秀成果三等奖等奖项。

论现代科技产品对钢琴使用的影响

齐丽花　郑　欣

　　18 世纪初意大利人巴尔托洛奥·克利斯托里福里（Bartolomeo Cristofori，1655 年 5 月 4 日—1731 年 1 月 27 日）创制的"有强弱音的大羽管键琴"（Grave-cembalo col piano e forte），安装了称为"击弦机"的机械装置，采用由皮革包裹木槌击弦发音，通过手指触键直接控制声音变化，被认定是世界上第一架真正意义上的钢琴。之后，钢琴在形制、结构等方面的改善，解决了古钢琴发音不能渐强渐弱、音量不足的问题，使钢琴制造工艺不断完善。如击弦机经历"维也纳式""英国式"及"复奏式"，踏板由最初的手动、膝部控制音栓逐步发展为由脚控制的各种不同作用的踏板类型。与此同时，琴弦、弦槌及背架等部件材料不断得到改进。钢琴材料、形制结构的不断发展，使钢琴音量、音色、音域逐渐完善，从而逐渐取代古钢琴的统治地位，成为西方音乐中的标志性乐器。20 世纪钢琴形制结构没有发生太大变化，只是在原来的基础上，不断优化其音质音色，增强其音乐表现力。随着社会的不断发展，科学技术的不断进步，在 20 世纪后期，科技的创新为钢琴的发展带来了新的空间，如出现了钢琴自动演奏系统。在科技发达的现代时期，出现了 Find 智慧钢琴、YAMAHA PT-A1 调律软件、钢琴卫士、静音系统、JOY MASTER 纠错大师等。这些科技产品的出现及在钢琴中的应用，对钢琴使用者产生了影响，同时在钢琴的修缮与制造领域体现出越来越大的作用。本文想通过系统梳理与钢琴有关的现代科技产品，阐释各类现代科技产品对钢琴使用所产生的影响和意义，并剖析还存在的问题，以期对钢琴演奏者、钢琴修缮者乃至钢琴制造者起到一些指导作用。

一、现代科技产品概览

科学技术对人们生活的影响可以说是日渐月染，特别是现在学科之间、技术之间、领域之间逐渐融合发展，科学技术已深入人们生活的各个方面。随着人们生活水平的迅速提升以及对文化艺术的不断追求，钢琴教育行业的发展带动了人们对钢琴的需求，但在钢琴使用过程中也出现了许多问题。如在钢琴演奏方面，由于培训市场教师资质的差异，学琴者们出现厌学、学习质量差等问题；在钢琴调律方面，由于不同的培养方式，导致现在社会上调律师水平参差不齐，加之人们对钢琴调律知识的匮乏、无法定义调律师的水平高低等问题，使得人们用琴体验差；[1] 在钢琴保养方面，南北方环境的温湿度对钢琴的影响一直困扰人们，由于保养意识淡薄，严重影响钢琴的使用寿命。此外，由于现在的"群居"居住环境，导致日常的钢琴练习影响他人的日常生活，练习强度不够影响学琴者的学习进度和学习热情。以上这些问题是我们众多钢琴使用者亟待解决的焦点问题。随着科学技术的发展对各个领域的影响，出现了各类与钢琴有关的现代科技产品，解决人们用琴时遇到的困扰，为钢琴赋予更多现代功能。根据用途大致分为以下几类（见表 1）。

表 1　与钢琴有关的现代科技产品概览

应用范围	产品名称
钢琴演奏	自动演奏钢琴
	钢琴静音系统
	钢琴纠错系统
钢琴调律	钢琴调律软件
	自动校音功能
钢琴保养	钢琴防潮管
	钢琴卫士

[1]　　陈肆:《钢琴调音不准的噪音及其危害——简谈钢琴调律的重要性》，《乐器》2007 年第 10 期。

针对钢琴演奏时出现的问题，出现自动演奏系统、静音系统，纠错系统等，为学琴者提供更多学习方式，有效解决家长辅助孩子学琴困难、用琴扰民等问题。钢琴调律软件和自动校音功能的出现，如 YAMAHA PT-A1、TuneLab Piano Tuner 等，则改变了人们对于钢琴调律的认识，调律师可以根据调律软件进行练习，有了正确的参考标准，人们可以通过它对钢琴调律师的调律过程进行检验。为改变环境对钢琴的不良影响，一些能够自动调节温湿度如钢琴卫士的现代科技产品应运而生，有效地解决了因环境的变化造成的钢琴金属件生锈、木材霉变等问题，使钢琴寿命得以延长。这些现代科技产品极大程度地改变了现实生活中钢琴的使用状态，对钢琴发展的各个方面产生了深远影响。

二、现代科技产品在钢琴中的应用研究

多种多样的现代科技产品已在钢琴中得到应用，它们因先进的原理、创新的功能、新颖的形式，深受人们喜爱，也一定程度上带动了钢琴教育及制造行业的发展，改变了琴童厌学、学习质量差等现状，同时使人们对于钢琴调律和钢琴保养的重视程度得到提升，钢琴品质和用琴体验得到改善。然而，在具体的钢琴产品选择和使用中，也会存在一些问题，通过对其进行逐一分析与研究，进而指导人们能够更好地选择与钢琴有关的现代科技产品。

（一）用于钢琴演奏方面

随着美育教育的加强，钢琴逐渐走进了千家万户，与钢琴有关的现代科技产品的出现，如不用人弹奏的自动演奏系统、可以随时练习不怕扰民的静音系统、适用于初学者独立练习的纠错系统，它们都极大程度地解决了钢琴使用的棘手问题，也丰富了钢琴的表现力，赋予钢琴更多新的功能。

1. 自动演奏系统

自动演奏系统是指在不改变钢琴自身发音原理和击弦机机械运动的情况下，在钢琴内部安装新的软件，实现模拟人工弹奏，如图 1 所示。其工作原理是钢琴琴键下安装一块驱动板，驱动板上有 88 个电磁铁，它们对应每一个键，主控盒负责琴谱解码和接收 MIDI 信号处理，是整个系统的"大脑"。通过接收 MIDI 信

图1
安装自动演奏系统的钢琴

号对指定格式的琴谱进行解码，然后传输电流驱动电磁铁带动琴键完成击弦运动，力度的强弱可通过电流的大小改变。自动演奏系统的演奏通过电磁控制的机械运动实现，击键精准有力，有极高的艺术表现力，能够演奏各类高难度的乐曲，但无法对钢琴曲目的艺术情感进行完美的表达。[1] 自动演奏系统多广泛应用于高档餐厅、酒店、休闲娱乐会所、购物商场等场所，它的广泛应用也是人们精神生活得到发展的有力印证。

2. 静音系统[2]

随着城市化进程不断加快，大量人口涌入城市，从而凸显出各类社会问题。如现在的"群居"生活方式，导致人们在使用钢琴过程中，易出现扰民的邻里纠纷，而静音系统就是为了方便钢琴练习者在钢琴使用过程中不影响他人而研究制造的。其工作原理为：拉动控制静音杆的手柄盒，即启用静音功能，使事先安装的静音杆正好挡在琴弦被敲击点之前，按下琴键时弦槌打在静音杆上，不会发音。而对应琴键的下方有88个光控开关，光控开关的作用是对感应琴键和演奏力度进行控制。主控盒固定在钢琴的右下方，上面有音色选择键、音量控制钮和耳机插孔、MIDI接口。按下琴键，根据琴键力度大小光门相应变化，主控盒收到某个琴键的MIDI信号并进行琴声合成继而通过耳机发声。关闭手柄盒，则

[1]　　　高晨：《"自动钢琴"的演变与发展》，硕士学位论文，沈阳音乐学院，2015年。

[2]　　　胡伟：《静音钢琴系统及安装案例（以FreeKey系统版本2.7为例）》，《乐器》2013年第2期。

静音杆上移，不再阻挡弦槌打弦，击键时弦槌就照常打在琴弦上，钢琴会正常发音。如图 2 所示。

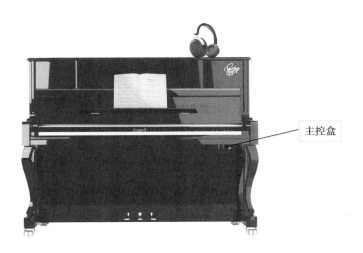

主控盒

图 2
——
安装静音系统的钢琴

3. 纠错系统

钢琴因其悠久的历史、优美的音色、宽广的音域、丰富的音乐效果等特点，成为当今美育教育的热门课程之一。但由于家长陪伴时间不足、琴童繁重的课业压力等原因，导致孩子在练琴过程中学习效果不佳、问题频出，加之培训市场教师资质的差异，学琴者们出现厌学、学习质量差等问题。为保证用琴者更有效的日常练习，纠错系统应时而生。目前市场上主要出现两种形式的产品：一是通过声音纠错。根据拾音器识别，采用先进语音算法，定向采音降噪，通过平板学习机上的应用程序非常直观地纠正错误，如图 3 所示。但存在的问题是识别速度受环境影响大，环境嘈杂则影响识别准度，或无法识别。二是根据光学传感器纠错。在钢琴琴键上安装灯条，根据光学传感器对每一次按键动作进行识别检测，灯条上的提示灯来反映弹奏的准确程度，如图 4 所示。但识别装置放在键盘上，弹奏八度、黑键或演奏难度大的曲子会影响用琴者对手型的判断。

（二）用于钢琴调律方面

钢琴调律作为一项复杂严谨的工作，对调律师要求较高。我国调律师培养时

拾音器

图 3
——
安装拾音器的钢琴

纠错灯条

图 4
——
安装纠错灯条的钢琴

间较短且培养模式不同等，使得调律师的水平参差不齐，加之人们对此方面知识的匮乏，从而导致人们用琴体验较差。用于钢琴调律方面的现代科技产品如调律软件、自动校音功能的出现，使调律师对于钢琴调律的研究有了新的方向。

1. 调律软件

钢琴调律是指调律者依据钢琴的结构形式和声学原理，按照音乐艺术要求，为获得准确的平均律音阶排列与稳定的音高，对钢琴所进行的一系列科学有序的调律作业活动。[1]调律师通过多年的练习，形成准确音准的判断标准，但有时也会因为调律水平的限制，使人耳的调律存在主观臆断，影响调律效果。早期音准仪的出现，有效解决了调律精度问题，但也存在携带不便等问题。而随着科学技

[1]　　　参见陈重生《钢琴调律原理与应用（第 2 版）》，上海：上海音乐学院出版社，2011 年，第 8 页。

术的发展，各类更加便捷的调律软件开始应用到钢琴调律中，它们可以直接安装在人们的电脑、手机上，非常便捷地为人们提供正确的音高标准。由于钢琴本身具有的非谐性，调律软件并不能完全代替人耳，但在钢琴调律练习过程中起到辅助学习的作用。特别是近年来，我国各高校先后开设钢琴调律专业，调律软件用于钢琴调律教学和练习过程，其直观性且能提供参照的音高标准，对提升调律师的培养水平效果明显。

YAMAHA PT-A1，[1] 是专门针对雅马哈钢琴研发的调律软件，可以为调律者提供准确的调律误差，常用于高校学生的调律练习和教师教学时调律结果的检测。使用时，先选择立式钢琴还是三角琴模式，输入钢琴键号，根据手机或电脑的话筒进行拾音。根据软件事先设计的程序对识别到的琴音进行分辨，通过屏幕显示的光标偏移进行加减音分值，光标向左移动为被测试音低，光标向右移动为被测试音高，等光标稳定不动，最后的数字为被测试音的误差（如图5所示）。但YAMAHA PT-A1 只用于雅马哈钢琴，并不适用于其他品牌的钢琴，是一款只能安装在 iOS 系统的单一性收费软件。

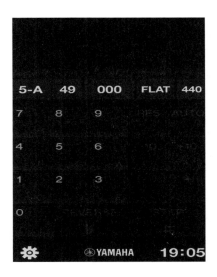

图 5

YAMAHA PT-A1 操作界面

［ 1 ］   宋丹:《音准检测软件在钢琴调律技术教学中的应用——以 YAMAHA PT-A1 为例》,《艺术评鉴》2016 年第 7 期。

TuneLab Piano Tuner 是美国研发的用于钢琴调音的专业软件，适用于各种品牌的钢琴，准确率很高，深受专业调律师的喜爱。作为专业的调律软件，使用前需要根据粗调和精调的不同选择频谱缩放，软件里植入了约 100 条国外钢琴品牌的曲线，可以根据调律的实际需求进行选择。正式开始调律前先设置标准音，根据调律习惯设置音名的自动上行或下行，调律后可以生成调律曲线。TuneLab Piano Tuner 是一款适用于所有钢琴品牌的调律软件，但设置步骤较为烦琐，主要应用于安卓系统（如图 6 所示）。

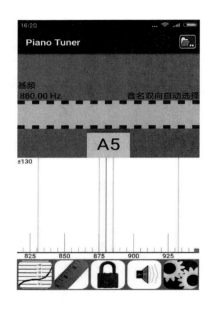

图 6
TuneLab Piano Tuner 操作界面

2. 自动校音功能

随着人们钢琴调律意识的提升，为方便人们随时检测钢琴的音准状态，设计出了自动校音功能。自动校音功能是应用于智能钢琴中的一种程序，它通过拾音器将钢琴的实际声音与电脑存储的标准音律进行对比分析，提醒使用者钢琴是否需要进行调律，从而避免有的家长因为缺少专业知识和保养意识而导致钢琴长久时间音准不准的现象。人们可以通过电脑显示的图像数据或仪表，直观地体现出琴音存在的误差，从而进行有依据的调律。但未经过专业培训的人对于钢琴的了解程度不够，调律结果的准确程度无法保证。同时，该功能还为钢琴使用者随时检测调律师的调律效果提供依据，在一定程度上方便了人们对钢琴音准的把握。

（三）用于钢琴保养方面

在钢琴 8000 多个零部件中，主要材料由木材、铁板、毛毡和皮革等构成，它们易受温度湿度的影响而发生变化。温度过高湿度过低，容易出现木材干裂等问题，钢琴零部件易出现故障；温度过低湿度过高，容易出现霉变等问题，如导致琴键不起，影响钢琴的琴键灵敏度。此外钢琴的箱体也是老鼠非常喜爱的生存环境，鼠患极大程度影响了钢琴的使用寿命，因此正确的钢琴保养至关重要。近年来，人们的钢琴保养意识明显增强，为改变环境给钢琴带来的影响，防潮管、钢琴卫士等关于钢琴保养的现代科技产品应运而生。

1. 钢琴防潮管

南方地区的梅雨季节长时间困扰人们，湿度大、气温高等现象对钢琴使用产生非常不利的影响。防潮管是人们对钢琴防潮时使用得最普遍的工具，价格低廉，效果明显。它的工作原理是通过通电加热的方式，提高钢琴内部的温度，从而减少环境中湿气对钢琴的影响。防潮管固定在钢琴的下门板上（如图 7 所示），在空气湿度大于 80% 时或者雨水较多时使用，发热温度为 50 摄氏度左右，虽然不会烤坏钢琴，但不建议一直使用防潮管。存在的问题是功能比较单一，只能除湿不能防虫，另外如果不用时忘记关闭防潮管，钢琴易出现木材干裂、木制件变形、连接件脱胶等问题。

图 7
——
安装防潮管的钢琴

2. 钢琴卫士

每年的 11 月份北方地区暖气开放,室内温度大幅提升,空气特别干燥,极易出现木材开裂、零件连接处开胶等问题。钢琴卫士是集除湿增湿、空气净化、紫光杀菌、驱虫防霉为一体的智能控制恒湿系统(如图 8 所示)。它安装在钢琴的中盘下方,可以根据环境自动控制调节温度湿度,使钢琴长期处于适宜的环境。LED 监控显示屏可以直观地实时掌握温度、湿度和工作状态,显示屏下方是水槽,分为两格,一格用来加水,水用来增加钢琴内部环境的湿度;另一格用来储水,把湿气转化为水储存起来,水满时会提示用户,恒湿系统的出风口有紫光进行杀菌防霉。钢琴卫士有效地解决了人们在钢琴保养时遇到的种种问题,但价格过高,目前还未得到广泛普及。

图 8
——
安装钢琴卫士的钢琴

三、现代科技产品对钢琴使用产生的影响

钢琴作为音乐艺术的载体,使用者对钢琴品质的要求极高,因为它的状态直接影响使用者的用琴体验和演奏音乐作品时的表现力。现实生活中,由于环境因素的影响、人们保养意识不足、调律师水平参差不齐等原因,导致钢琴的内部构造出现"硬伤"、钢琴音高不准等本质问题,同时在人们学琴过程中,也产生了琴音扰民、学琴效果差等普遍问题。科学技术的发展给钢琴领域带来前所未有的

影响，通过将科技应用在钢琴演奏、钢琴调律、钢琴保养等领域，产生了相应的现代科技产品。这些产品的出现，对上述问题的解决起到了良好的改善作用。钢琴现代科技产品不仅对传统钢琴进行赋能，同时新产品广阔的发展市场，促进了钢琴教育事业、钢琴调律行业乃至钢琴制造业的有力发展。

科学技术与钢琴各领域的结合，对人们使用钢琴的影响各有利弊。如自动演奏系统，改变了人们固有的钢琴使用模式，因其形式新颖，气质高雅，受到了广泛应用，但过于完美机械的重复钢琴作品，没有演奏者的二度创作使音乐艺术缺失灵性、缺乏感情色彩。静音系统的出现，一定程度上改变了弹奏钢琴时的扰民现象，但它的安装过程过于繁杂，改进的机械运动易出现故障，且影响钢琴演奏的手感，这些问题都使得它并未达到很好的推广。纠错系统此类设计一经问世，受到了众多琴童家长的关注。此类产品完善了钢琴教育形式，使孩子们的学习过程不再枯燥无趣，为众多家长解决了钢琴"陪练"这一难题。但纠错系统的依赖性太强，琴童们过于依赖跟踪提示弹琴，导致孩子们识谱能力较差。用于钢琴调律和钢琴保养方面的现代科技产品功能较为完备，但整体来看，对钢琴保养的知识亟待普及，人们的调律保养意识仍需加强。

科学技术是一把双刃剑，如何正确、恰当地选择现代科技产品，并对其进行有效利用，十分重要。希望未来的设计研发者充分利用先进科技，为钢琴领域创造更多个性化、人性化的设计，实现设计理想与实际使用的无缝对接，促进钢琴智能产品的优化升级，逐步满足消费者低成本、高质量的需求，能够真正对钢琴教育、钢琴修缮、钢琴制造等各领域产生良好的推动作用，从而提高钢琴使用品质，更好地改变人们的生活。

（原载《乐器》2022 年第 12 期；2023 年第 1 期）

红色精神在音乐艺术中的传承与弘扬

齐丽花

　　红色精神是中国共产党领导人民在新民主主义革命实践中孕育而成的宝贵精神财富。近年来，习近平总书记对红船精神、苏区精神的首次提出，以及对长征精神、井冈山精神新的诠释，充实并完善了革命战争年代红色精神的发展链条。2013 年 11 月 25 日，习近平总书记在山东临沂调研时强调："沂蒙精神与延安精神、井冈山精神、西柏坡精神一样，是党和国家的宝贵精神财富，要不断结合新的时代条件发扬光大。"[1] 近年来，习近平总书记从治国理政的实践和建设社会主义文化强国的内在要求出发，在红色足迹中汲取智慧和营养，多次强调红色精神在中华民族发展历史长河中的时代价值。十九大以来，习近平总书记要求全党全民特别是青年人，要多形式地对红色精神进行继承与弘扬，使红色基因、红色历史、红色文字"活"起来，避免机械式灌输和"文化晾晒"。前苏联音乐家苏霍姆林斯基说："对于艺术，特别是音乐，道德内容是其灵魂，是其存在的意义。"[2] 以中国共产党领导全国各族人民在反帝、反封建的革命斗争历史进程中涌现出的音乐艺术作品，是红色精神的真实写照和重要载体，是将红色精神进行弘扬与传承的重要途径。立足时代要求，在整理和传唱革命历史进程中"红色艺术作品"的同时，我们要以经典红色历史故事为素材，深入历史、扎根人民，不断创新艺

---

[1]　《习近平在山东考察时强调认真贯彻党的十八届三中全会精神汇聚起全面深化改革的强大正能量》，《人民日报》，2013 年 11 月 29 日，第 1 版。

[2]　芦令怡：《初探红色经典音乐对艺术院校思想政治教育工作的影响》，《中国职工教育》2014 年第 10 期。

术形式，繁荣艺术创作，拓展传播途径，在广大人民群众，特别是青年人中，使音乐艺术中的红色精神实现创造性转化与创新性发展。

一、时代背景下红色精神孕育的音乐艺术

中国共产党成立之初，为向工农群众宣传革命，创作的《为人民 为革命》《个个妇女都改装》《列宁岩成立讲习所》等革命民歌，体现了中国共产党将文艺事业视为引领群众意识形态的重要工作。1924 年，中共中央宣传部成立，明确了文艺事业发展的重要性，并呼吁文艺作品要为千千万万劳动人民发声。歌唱、舞蹈、戏曲等文艺形式成为政治宣传与思想教育的重要手段。

（一）土地革命战争时期

中国共产党通过开展土地革命，在井冈山建立农村革命根据地，在根据地党组织和人民政权十分重视革命文艺的宣传作用。1929 年 12 月，毛泽东起草的《中国共产党红军第四军第九次代表大会决议案》中规定：由各政治部负责征集并编制表现各种群众情绪的革命歌谣，在红军俱乐部中开展音乐、演剧、打花鼓等文艺活动。[1] 由于当时没有专业的音乐创作，大部分歌曲主要采用旧的曲调如各地民歌小调、学堂乐歌及外国革命歌曲，填入新词而成，并将作品在革命根据地的报刊《红色中华》《红星报》《青年实话》进行发表。军民在井冈山革命根据地的伟大实践中，逐渐形成了"坚定信念、艰苦奋斗，实事求是、敢闯新路，依靠群众、勇于胜利"为内涵的井冈山精神；在苏区探索革命发展的实践道路上，建立红色政权，形成了中国共产党人清正廉洁、克己奉公的苏区精神；在长征途中，红军指战员表现出的"一不怕死、二不怕苦"的革命英雄主义精神，是保证革命事业走向胜利的强大精神力量。在特定的地理环境与历史背景中，围绕井冈山精神、苏区精神及长征精神产生的音乐艺术作品以歌曲形式为主，在内容上有反

---

[1]　　参见蒋建农等《毛泽东著作版本编年纪事》，湖南：湖南出版社，2003 年。

映根据地军民战斗生活的《当兵就要当红军》《剿匪歌》《渡金沙江胜利歌》《草地牛皮鞋》《七律·长征》《三大纪律八项注意》等；表现革命根据地军民关系的《毛委员和我们在一起》《苏区干部好作风》《双双草鞋送红军》《盼红军》等；歌颂工农政权和革命新生活的《日头出来一片红》《只想跟着共产党》《共产党员恩情永不忘》等。这些在战火中孕育而成又服务于战争的音乐艺术，成为革命红色精神的号召和载体，是中国共产党人为国家和民族出生入死的动力，也是老一辈革命先烈们为后人留下的精神财富。

（二）抗日战争时期

抗战时期的歌曲创作与歌咏活动为动员、团结、鼓舞全国各族人民投入抗战发挥巨大作用。1935 年聂耳创作的《义勇军进行曲》成为号召、激励中华民族抗日救亡的时代最强音。之后出现的《救亡进行曲》《大刀进行曲》《游击队歌》《松花江上》《黄河大合唱》等极富战斗豪情的艺术作品，表达了人民与党、人民军队万众一心、同仇敌忾、浴血奋战的红色场景。《八路军军歌》《八路军进行曲》《新四军军歌》《东北抗日联军军歌》《抗日军政大学校歌》等军歌、战歌的诞生，为培育广大官兵战斗精神、提高部队战斗力发挥着特殊作用。1938 年 12 月，毛主席一声令下——"派兵去山东"，八路军 115 师东进支队迎着风雪开赴鲁南，建立山东抗日根据地。在遭受日寇铁蹄蹂躏的危难时刻，沂蒙人民与党、人民军队万众一心、生死与共，共同抵御了日寇的铁蹄蹂躏，锻造出了伟大的沂蒙精神。《歌唱参军好儿郎》《孙祖战斗》《缝好衣裳送前方》《做军鞋》《纺线歌》等作品反映了沂蒙人民对中国共产党倾其所有、坚决拥护、无私奉献的真挚情怀，是党和人民群众鱼水深情、水乳交融的生动体现，是沂蒙精神的真实写照。

（三）解放战争时期

革命圣地延安，是红军长征结束后的立脚点和抗日战争、民族解放战争的中心地。在延安，解放思想、实事求是的思想路线，自力更生的生产运动，全心全意为人民服务的宗旨，是延安精神的凝聚与体现。1942 年 5 月，由毛泽东同志亲自主持召开包括文艺工作者、中央各部门负责人在内的文艺座谈会，发表了《在延安文艺座谈会上的讲话》。《讲话》从文艺"为谁"和"怎样为"的角度，指出了革命文艺的服务对象、服务方法等文艺使命问题和正确发展方向。在这一时期，除了《延安颂》《延水谣》《南泥湾》《军民大生产》等反映延安精神的红色歌曲外，还产生出了新的音乐艺术形式——秧歌剧。以汉族传统民间歌舞表演形式为基础，融歌、舞、剧于一体，创作出《兄妹开荒》《夫妻识字》《动员起来》《宝山参军》等具有鲜明民族特色和质朴群众基础的作品，这些作品不仅在解放区发挥了鼓舞士气、教育群众的作用，还在国民党统治区引起进步人士的高度评价。

二、红色精神在音乐艺术中的当代传承与弘扬

在革命战争年代红色精神产生的历史时期，以歌曲形式为主，并以其艺术性、政治性、思想性和教育性为目标，丰富了人民群众的文化生活，更是动员和团结广大人民群众投入轰轰烈烈的革命斗争中，在挽救国家和拯救民族的艰苦岁月里，是不可替代的精神力量。之后，红色精神体现出的坚定的人生信仰、崇高的爱国情怀、忘我的牺牲精神，在社会主义文化建设中和改革开放时期被转换成艰苦创业、无私奉献、服务社会、报效国家等新时代内涵，形成兼具革命信仰和时代特点的新时代红色精神。多体裁、多风格、多形式的音乐艺术作品抒发着人民群众的时代真情。然而，当前我国处于经济转轨和社会转型的关键时期，各种不同的社会思潮此起彼伏，面对错综复杂的国际形势和外来文化的激烈碰撞，红色精神蕴含的中国共产党人奋发向上、百折不挠的精神特质是任何外来文化都无法取代的，我们比任何时候都更加需要不断增强红色精神的语言表达与精神支撑。立足时代发展要求，牢记以人民为中心，以音乐艺术为载体，在作品整理、创作素材、艺术形式、传播路径及受众群体等方面将红色精神进行创新、创造与发展，使红色精神在当今社会继续得以良好的传承与弘扬。

（一）整理红色作品

山东临沂市沂南县砖埠镇孙家黄疃村的孙元吉老人整理的《历史民歌集》，在扉页上写了这样一段话："当时我会唱 200 多首红歌，这些歌是历史的、传统的、带有地方色彩的，是用革命烈士的鲜血换来的，带有民族阶级感情的歌曲。"2009 年，山东临沂沂南县第二中学的音乐教师秦丕山、刘洁夫妇利用节假日自费搜集红歌，历时两年整理沂蒙红歌 100 余首，于 2011 年出版《沂蒙红歌

集》[1]，为纪中国共产党建党 90 周年献礼。当他们采访到孙元吉老人时，老人家在病床上听说采访的目的，动情地说："一直想着谁要是能把这些老歌记下来，那该多好啊，今天终于等到人了。"目前，全国各地区会唱红歌的老人相继离世，许多在世的老人随着年龄的增长，记忆逐渐模糊，很多歌曲已经记不全、记不准，如果不及时搜集整理出来，这些红歌将会面临失传。因此，抢救和挖掘革命战争年代红歌的工作，十分迫切。

（二）挖掘创作素材

经典的红色作品通过表现感人肺腑的红色故事，让我们感受当时惊心动魄的战斗，认识令人景仰的英模人物，了解那段时间的红色历史。新时代需要准确把握音乐创作的不竭源泉，在深入生活扎根人民中，挖掘经典故事，运用"红色基因"，在艺术创新创造中撞击心灵、唤醒初心。苏区时期，兴国县长冈乡的干部长年累月奔波、深入群众中，时时处处艰苦奋斗、廉洁奉公、不谋私利的精神得到群众的信任和拥戴。歌曲《苏区干部好作风》是有人在看到苏维埃干部帮老人盖房的时候，情不自禁唱出的赞扬苏维埃干部的山歌。后来经塘石村女党员钟银凤整理编写，在人民群众中久久传颂。2018 年山东省推出的大型民族歌剧《沂蒙山》，主创人员 6 次深入沂蒙革命老区采风，探访抗战遗迹、回顾革命历史、体会真情实感、寻找创作灵感，以抗日战争为主线，以大青山突围、渊子崖战役为创作素材，将"红色基因"融入血脉的同时也将其深深埋入作品中，深情礼赞"水乳交融、生死与共"的沂蒙精神，被观众和专家誉为"讴歌党、讴歌祖国、讴歌人民、讴歌英雄"的精品力作，对人民群众传承红色精神产生巨大反响。2019 年 8 月《沂蒙山》荣获中宣部"五个一工程"奖。因此，挖掘、收集、整理和利用红色文献，进行红色经典故事的资源建设，具有十分重要的历史和现实意义。2019 年，大众报业集团在习近平总书记"弘扬沂蒙精神，加强改革创新，为鼓舞大众、团结群众、服务大众作出新的贡献"的重要批示下，启动"重走创刊路 溯源 80 年"大型融媒采访活动，用红色文献记载中国共产党波澜壮阔的发展

---

[1]　　　秦玉山、刘洁:《沂蒙红歌集》，北京：中国科学文化音像出版社，2011 年。

历程，展现与革命老区人民延续至今的深情，为我们当代的音乐艺术创作提供宝贵的红色素材。

（三）丰富艺术形式

当今，各种艺术门类互融互通，各种表现形式交叉融合，互联网、大数据、人工智能等使艺术形式不断创新，拓宽了文艺发展的空间。1984 年，为中华人民共和国成立 35 周年献礼的大型音乐舞蹈史诗《中国革命之歌》，是创新红色艺术形式的体现，其中歌颂"开天辟地、敢为人先"红船精神的歌曲《南湖的船　党的摇篮》由此传唱，至今脍炙人口，魅力不减。得益于博大精深的齐鲁文化，扎根于沂蒙精神，在当代除《沂蒙山我的娘亲亲》《我的家乡沂蒙山》《再唱沂蒙山》等脍炙人口的歌曲外，在艺术形式上大力创新，产生出大型民族歌剧《沂蒙山》、芭蕾舞剧《沂蒙颂》、大型交响乐《沂蒙畅想》、大型歌舞《沂蒙印象》、大型情景话剧《沂蒙情深》、大型民族交响乐套曲《沂蒙》、大型水上实景歌舞《蒙山沂水》、情景器乐曲《沂蒙那段情》等多元艺术形式的红色作品。如情景器乐曲《沂蒙那段情》以"永远的新娘"为创作素材，既保留了山东传统吹打乐的乐器编制和特色，又创新式地采用符合群众艺术规律的音乐表演形式，用新颖的艺术表达方式诠释沂蒙精神，2022 年 9 月该作品获文化和旅游部第十九届群星奖。此外，大型音乐舞蹈史诗《井冈山》、大型情景歌舞史诗《延安颂》及大型声乐套曲《西柏坡组歌——人间正道是沧桑》都是创新红色艺术形式的典范之作。在情景歌舞史诗《延安颂》中，大型高清投影设备把红军两万五千里长征的恢宏画卷从观众席墙壁缓缓向舞台延展，雨丝幕、雪花机、干冰机等设备的应用，将艰苦岁月的历史场景还原得更加逼真，同时也将延安地缘特质中最具代表性和标志性的人文风貌展现得淋漓尽致，大型激光设备更是将《保卫黄河》《军民大生产》等经典歌曲的"红色情怀"演绎得奔涌偾张。通过情景再现、歌舞表演等多元艺术方式，使我们穿越时空，重温那段风起云涌、波澜壮阔的光辉岁月。

（四）拓展传播路径

面对当前社会转型关键期多元文化思潮的冲击以及各种危机与矛盾，红色音乐艺术理应发挥更大的文化传播作用。因此，新时代背景下有必要采取各类方式与手段，唱响红色时代主题，寓教于乐地向社会诠释红色音乐文化的精神内涵，传播红色精神，建立文化自信。江西既是红色革命的摇篮，又是红色歌谣的故乡。2006年，为纪念长征胜利70周年，江西卫视首创推出大型原创活动《中国红歌会》，以独有的红色音乐文化内涵与创新体制，以群众式传唱红色歌曲的选秀节目形式构建起精品红色电视栏目，吸引并培养了诸多不同年龄层次的红歌爱好者，在推动红色音乐文化建设方面展现出了重要价值。2016年，中央电视台又以"讲好中国故事 唱响时代赞歌"为主题，以弘扬社会主义核心价值观、传承中华优秀传统文化为主线，以中国民族民间原生态歌曲为内容主体，推出《中国民歌大会》。之后，《中国红歌会》《中国民歌大会》《民歌·中国》《放歌九十年》等电视节目将经典的、原创的、改编的红色艺术作品唱响神州大地。2019年以来，我们先后开展"不忘初心、牢记使命"主题教育、中共党史学习教育、庆祝建党百年等各类活动，在此基础上在不同地区产生的《歌声里的党史》《流淌的歌声》等栏目，"追寻红色足迹·重温革命经典"华东六省十市群众艺术展演、"红船颂南湖情"全国原创歌词、歌曲征集活动及全国各地各类红色主题快闪活动等，使"红色精神"通过音乐艺术形式在当代广泛传播，并激励中国共产党人思想再洗礼、初心再觉醒、使命再升华、忠诚再淬炼。

（五）聚焦青年群体

青年群体是实现中华民族伟大复兴的主力军。在经济全球化、文化多元化的社会背景下，当代青年面临着多种文化价值观的冲击，容易受到错误和腐朽思想的侵蚀，缺乏民族责任意识和艰苦奋斗精神，对红色精神缺乏必要的理解和认识。2019年，习近平总书记高度重视青年人的红色教育工作，强调要充分发挥思想政治教育课堂阵地作用，着重添加和渗透红色精神的内容，使之成为实现马克思主义中国化、时代化、大众化的生动教材。

坚持立德树人为根本，立足青年学生的发展特点，将中国共产党百年奋斗历程中涌现的经典艺术作品进行整合，建设党史文化音乐艺术作品教学资源库（图1），借助网络教学平台，将其无痕融入思政课、专业课的学习，充分挖掘育人功能，在不同时期、不同风格的红色作品浸润与感召下，引导学生接受红色教育，深刻省悟人生价值与理想信念，对红色精神产生强烈、理性的认同意识，从而培养青年人的爱国主义精神。

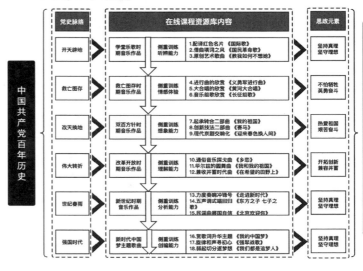

图 1
党史文化音乐艺术
作品教学资源库

三、结语

　　在革命战争年代，中国共产党人在正确的理想信念指引下，在嘉兴南湖红船上开启了伟大的革命实践，之后，中国共产党人用最革命的情怀、最无畏的牺牲、最执着的追求与最自信的担当，团结带领全国各族人民在革命进程中，用智慧和汗水，用鲜血和生命，改变了中国积贫积弱、受人欺凌的悲惨命运，铸就了中国革命的红色精神长廊。以红色精神为主题的音乐艺术是那个年代人们的精神食粮，然而随着时代的变化，那段历史、那种精神、那首旋律逐渐在青年一代的记忆中开始变得模糊。然而，当前面临国内外各种困难与挑战，我们始终需要革命战争年代红色精神的强大力量，推动中华民族不断向前发展。深入贯彻落实习近平总书记"把红色资源利用好、把红色传统发扬好、把红色基因传承好"的重要指示精神，响应时代需要、人民需要、建设社会主义新时代的需要，整理红色作品，挖掘红色素材，用创新发展的音乐艺术继续践行革命战争年代中的红色精神。坚守爱国情怀，坚定奋斗意志，坚持为民初心，为走好新时代长征路实现中华民族伟大复兴的中国梦凝聚强大的精神动力。

（原载《第八届尼山世界文明论坛分论坛论文集》，2022 年 9 月）

那山，那水，那片情
——沂蒙红色旋律在新时代的飘扬

齐丽花

山东省是革命老区、红色热土，齐鲁大地无数英雄儿女前仆后继、敢于牺牲，形成了以沂蒙精神为代表的红色文化，铸就了独具特色的红色基因。山东省充分发挥沂蒙精神诞生地的资源优势，响应时代需要、人民需要、建设社会主义新时代的需要，挖掘红色素材，创作红色作品，用创新发展的音乐艺术弘扬革命文化，践行沂蒙精神，让沂蒙红色旋律飘扬在新时代的齐鲁大地。

一、民族歌剧的高峰之作——文化奖作品《沂蒙山》

车轮滚滚的支前队伍、送子送郎参军的动人场面、红嫂的感人故事、名垂青史的孟良崮战役为红色作品创作提供了大量素材。由山东省委宣传部领衔打造的大型民族歌剧《沂蒙山》以抗日战争为主线，以大青山突围、渊子崖战役为创作素材，讲述了海棠、林生、夏荷、孙九龙等人在国家危亡与个人命运的紧密相连中，牺牲小我、军民一心、团结抗战的故事，形象揭示了"党群同心、军民情深、水乳交融、生死与共"的沂蒙精神内涵。2022 年 9 月 15 日，该剧获第十七届中国文化艺术政府奖"文华大奖"。歌剧以音乐为核心的模式进行创作，六幕四十个唱段包含了男女独唱、对唱、二重唱、四重唱、混声合唱等多种演唱形式，厚重深沉的历史意蕴、生离死别的情感交融，诗化在优美旋律之中，戏剧与音乐和谐统一、相得益彰，是思想精深、艺术精湛、制作精良的精品力作。从

2018 年到 2022 年，四年间歌剧《沂蒙山》先后获第十五届精神文明建设"五个一工程"奖、第四届中国歌剧节优秀剧目奖、第三十届上海白玉兰戏剧表演艺术奖、第三十届中国戏剧"梅花奖"、第十七届中国文化艺术政府奖"文华大奖"，实现了国家舞台艺术各类奖项大满贯，被誉为近年来我国舞台艺术的高峰之作。通过先后入选"中国民族歌剧传承发展工程"重点扶持剧目、国家艺术基金大型舞台剧和作品创作资助项目、全国舞台艺术优秀剧目暨优秀民族歌剧展演剧目等，使《沂蒙山》的红色旋律飘扬在中国大地，赓续着共产党人的精神血脉，鼓起我们迈进新征程、奋进新时代的精神气质。

二、"沂蒙红嫂"的创新之作——群星奖作品《沂蒙那段情》

2022 年 9 月 15 日，第十三届中国艺术节揭晓了第十九届群星奖各门类奖项，其中，临沂市文化馆创排的情景器乐曲《沂蒙那段情》、菏泽市定陶区两夹弦非遗保护传承中心创排的小戏《公鸡过寿》、山东省文化馆创排的群舞《村里来了新书记》分别在音乐类、戏剧类、舞蹈类斩获殊荣，山东获奖数量居全国首位。

沂蒙红嫂享誉全国、家喻户晓，其中被称为"永远的新娘"的李凤兰就是最典型之一。因未婚夫在抗战前线打仗杳无音信，为照顾生病的婆婆，鼓励丈夫安心打仗，按当地风俗，由嫂子怀抱大公鸡陪她拜堂成亲。从此，她细心侍候婆婆，操持家务，开大会、做宣传、纳军鞋、支前线，苦苦等待 12 年，最终等来的却是一张鲜红的烈士证书，终生为烈士守候。器乐情景剧《沂蒙那段情》根据此真人真事改编创作，作品既保留了山东传统吹打乐的乐器编制和特色，又创新式采用符合群众艺术规律的音乐表演形式，采用倒序的艺术形式，以人物化、故事化、情景化的艺术手法，讲述了抗日战争时期发生在烽火沂蒙的一段感人爱情故事，以源于生活又高于生活的艺术创造，塑造了吸引人、感染人、打动人的艺术形象，反映了沂蒙儿女保家卫国、不怕牺牲的坚定信心，生动诠释了"党群同心、军民情深、水乳交融、生死与共"的沂蒙精神。

三、红色教育的交响之作——"泰山文艺奖"作品《沂蒙史诗》

由临沂大学、山东省文化和旅游厅、中共临沂市委共同出品的民族管弦乐《沂蒙史诗》，是用民族音乐艺术形式弘扬沂蒙精神的优秀之作。作品以沂蒙地区的历史、人文、自然地理风光、革命战争、英雄故事等内容为题材，在采集沂蒙地区民间音乐的基础上，运用传统及当代创作理念进行构思创作而成。通过《远古》《蒙山情》《沂水谣》《沂蒙姐妹》《血色黄昏》《铁血丰碑》《光荣足迹》《沂蒙赞颂》等九个乐章，诠释了沂蒙精神形成过程中的重要环节，完成了沂蒙精神的一次舞台意象营构。篇章之间既有对比，又有主线贯穿，既展示了沂蒙地区丰厚的历史资源和源远流长的文化传统，又体现了新时期沂蒙特有的红色文化，赋予"沂蒙精神"新时代的文化内涵。2021年作品荣获山东"泰山文艺奖"音乐类作品一等奖。民族管弦乐《沂蒙史诗》深入挖掘沂蒙革命老区丰富的红色教育资源，强化思想教育与艺术素质教育相结合，是"讴歌党、讴歌祖国、讴歌人民、讴歌英雄"的原创校园文化精品力作，2022年作品入选教育部高校思想政治工作有关培育建设项目。学校作为思想政治教育的主阵地、主渠道，围绕全员、全过程、全方位立德树人的总体要求，传承红色基因、弘扬沂蒙精神，创新思政形式，切实推动以文化人、以文育人，意义重大。

"巍巍蒙山高，亲亲沂水长，我们都是你的儿女，你是永远的爹娘……"，歌剧《沂蒙山》、情景器乐曲《沂蒙那段情》、民族管弦乐《沂蒙史诗》用蒙山沂水中的家国情怀成功续写了沂蒙精神的艺术创作谱系，歌颂了沂蒙儿女为民族独立和人民解放作出的巨大牺牲和卓越贡献，为弘扬革命文化，推进文化自信自强，实现中华民族伟大复兴的中国梦凝聚强大的精神动力。

（原载《大众报业·齐鲁壹点》2022年11月14日）

一场关于未来的音乐会
——观山东新年文艺晚会音乐专场有感

齐丽花

新年伊始，2024 山东新年文艺晚会音乐专场在山东省会大剧院歌剧厅成功举办。此次晚会在音乐中结合 AI 技术展开大胆实验，上演 9 部不同风格的电子音乐作品，涵盖脑电情感计算、表情情感识别、AI 生成视觉、红外体感控制、机器狗听觉、数字人指挥、虚拟歌手等多种前沿科技形式和创新成果。整场晚会中，音乐与 AI 技术的交融配合皆由中央音乐学院人工智能团队担纲，山东艺术学院交响乐团及青年合唱团分别担任交响乐演奏和合唱，共同从视觉、听觉、动觉层面交互创造了一场多维时空意象的沉浸式音乐体验，也带来了传统音乐与数字化科技跨界联动的全新突围与创新表达。

一、融技于艺的虚实交融碰撞

当前，AI 已在音乐创作领域崭露头角，通过深度学习和生成对抗网络（GAN）等技术，AI 能够学习和模仿大量的艺术作品，并生成全新的创作。本场晚会致力于联动多元化的 AI 技术探索各种不同类型与风格的电子音乐作品。通过运用表情情感识别、3D 声场、手势控制器、AI 虚拟乐器、机器狗智能感知数据等 AI 技术，形态、影像与音乐的三重交互，催生出不同于传统意义的音乐媒介，以及新的音乐创作模式与欣赏效应。

智能作曲系统能够在 23 秒内快速创作出一首歌曲，管弦乐作曲系统还能快速生成多声部乐队作品。音乐会序曲《欢迎》《千里江山图》均由中央音乐学院人工智能作曲系统创作而成，通过数字人指挥的形式进行现场呈现。《千里江山图》在传统与现代激荡交融的音乐中进行视觉化呈现，《高山流水》在全景环绕的声效下结合 3D 复原的传世名画进行数字化演绎、情景交融、虚实相生的叙事中，"音"与"画"诉说着一场无形的"博弈"。北宋宫廷画师王希孟在创作绢本设色山水画《千里江山图》一定不曾想到，21 世纪的中国音乐人会以 AI 创作的交响乐形式"再现"这幅传世名作。该作品曾在教育部主办的世界数字教育大会开幕式中呈现。令人惊叹的科技，创作出令人陶醉的作品，将晚会的气氛推向高潮。

为双古筝与虚拟乐团而作的《繁星散落的夜晚》是在 3D 音频回放系统中创作的沉浸式多媒体音乐作品。作品在听觉与视觉影像的交互呈现中，利用"星空"这一借以抒怀的意象载体，用多样化的创作语汇隐喻化地借"星"写"心"。在演奏中应用了基于 AI 技术的新型虚拟乐器 MuGeVI（A Multi-Functional Gesture-Controlled Virtual Instrument），该技术使用深度神经网络模型，通过对古筝演奏家的关键点检测，获取手势信息并对音乐中不同声部进行实时控制。同时，试验性地加入了人工智能协奏系统，即通过对指定乐器的声音识别来预设现场协奏声部，并可以根据演奏家的状态实时调整声部间的互动关系。烟波浩渺的星河，凛冬散尽后的渺渺夜空，中国哲学意蕴在现代技术的博弈共生中找到了恰到好处的呈现。

二、多维交互的时空意象构建

"时间"与"空间"的多元交互，"传统"与"现代"的融合激荡，带来了本场音乐晚会不同于以往的无尽意象。舞台被高度抽象化为一个色彩斑斓的异质空间：立体环绕与遥控变换的声音呈现、点线面穿插的数字化几何光束构形、虚拟隐喻的 UR 布景装置将音乐艺术抛掷到一个崭新的维度，也将其灵性发挥到极致。基于 3D 视频技术的电子音乐《连续体》，作品名称取自物理学中的"时空连续体"概念，音乐素材是由数学方程生成，从物理、心理两个层面出发寻找时间、空间与人类感知之间的微妙关系。作品选取蛙声、风声、鸟啼声、叫喊声、钟表嘀嗒声、电流声等来自大自然的原声参数，通过洛伦兹数字方程进行计算、合成，探索了洛伦兹变换、蝴蝶效应、时空转换和混沌世界等主题，展现出音乐与数学的奇妙共鸣。配以饱和度与视觉冲击极高的荧光色彩让音乐的叙事有了时间、空间不断相互过渡、流转的穿越属性，呈现出后现代主义所提倡的多元、拼贴、连接、混融的意味。

为钢琴、机器听觉与 AI 生成视觉而作的《春潮》，以钢琴作为听觉与视觉的共同控制器，以钢琴家的音乐表情作为视听系统中的实时变量，巧妙融入噪音艺术理念，无论是以随机算法的方式重塑新音色，建构新的三维空间，还是以 AI 视觉的生成与演化呈现场域的层叠变换，视与听的双重交互带来多重含义的意象解读，更从演绎角度重新诠释了 AI 赋予视听层面的内在表现力。《恭喜恭喜》以机器狗智能感知数据为驱动，中阮主奏蕴含中国元素的旋律，融合了人工智能、生成视觉和计算机音乐技术。作品的设计基于机器狗的视觉感知数据，又在音乐创作维度内竭尽随宜的安排布局，以求得音乐与科技的极致平衡。机器狗实时的视线范围与现场环境的交互，中阮演奏与电子音乐元素的交织，生成视觉的音乐可视化表演等多维表现形式，展示了作曲家借助 AI 赋能音乐，携手机器狗共同创意的思维路径，表达了对新年的祝福以及对未来的遐想。

三、中国传统音乐的创新表达

虽然本场音乐会作品均为多元 AI 技术下的电子音乐作品，但不难发现，古琴、中阮、古筝，"得""口弦""铃"等传统民间乐器的加入，是本场晚会作品创作的共性。通过与 AI 技术的互动和探索，呈现传统乐器与电子音乐的多维对话，实现中国传统音乐在当代的创新表达。作品《龙吟》是一首由少数民族民间乐器与电子音乐以及当代科技元素跨界融合的作品。作品原名为《〈厄〉之二——司岗》，厄是形意字，本身有困苦之意，意为山下有一个曲卷的人。云南世居民族，多为同宗，并有高山崇拜的习俗。本作品为《厄》系列第二部，"司岗"在佤族语言中指原初之地的崖洞，祖先从这里走出并繁衍生息。作品采用佤族"得""铃""口弦"等传统民间乐器，通过手势控制器对现场演奏的声音进行实时变形与重塑，并使用手机陀螺仪实时控制声音的现场三维位置移动。结合红外深度体感仪的实时成像，试图将原始的民间音乐与电子音乐、沉浸式的视听环境融为一体，在原始苍茫，大地混沌的意境中镶入数字世界的符号。

传统的琴歌本由人而歌，而 AI 新琴歌《祝福》则是为人类演奏家、生成式人工智能模型、中央音乐学院人工智能虚拟歌手、脑电情感计算而作。通过生成式人工智能模型，根据"祝福"主题，将虚拟歌手所演唱的歌词生成中文现代诗，同时，在沉浸式的 3D 声场中，回旋着由 AI 音乐续写模型生成的电子化声音。中央音乐学院院长俞峰在第二届世界音乐人工智能大会上指出："音乐蕴含人的感知与体验，也会激发人的情感反馈。在探索音乐与人工智能结合的过程中，一个重要方向是使人工智能创作的乐曲能够真正触动人心，防止人工智能音乐'有口无心'。"近年来，中央音乐学院人工智能脑电情感计算陆续推出联动人工智能与音乐信息的 BP 神经网络（Back Propagation）、自组织映射神经网络（Self—Organizing Map）等重组性创作系统，通过情感分析算法实时解析演奏者的脑电信号，生成相应的音乐作品，实现演奏者与脑电情感计算的共情共创。AI 新琴歌《祝福》的另一创新是在作品加入脑电情感计算技术，作曲家的脑电信号在多个层次上参与到音乐中。传承传统与展望未来并举的 AI 新琴歌，为现场的观众在新的一年送上一份美好而真挚的祝福！

本场晚会是山东省内首场深度融合 AI、3D 音频、脑科学等前沿科技的音乐会，作曲家以时代赋予艺术工作者的责任感和使命感，充分利用人工智能、脑科学等领域的最新成果，探索了电子音乐在 AI 时代的发展路径，通过协同创作的形式，用电子音乐将音乐受众带入人工智能时代，现场座无虚席，社会影响强烈。AI 智能与音乐声色交织的现代化演绎下，高度抽象化出一个色彩斑斓的异质空间，传统音乐与电子科技的碰撞糅合，视觉与听觉的流转冲击，原始符号与数字潮流的交相辉映，虚拟与现实在魔幻、夸张、瑰丽的音符与影像间澎湃跃动，让我们憧憬音乐艺术的无限可能。相信未来，音乐艺术在 AI 时代发展中还将焕发出更加绚烂的生命活力。数字技术赋能音乐文化，丰富了人民大众的文化体验，培育了新型文化业态，以高质量文化供给增强人们的文化获得感、幸福感。

（原载《音乐周报》2024 年 1 月 31 日）

750

20/19

朱玉宁

朱玉宁

朱玉宁，女，1980年生，上海戏剧学院博士。山东艺术学院戏剧学院副教授，山东省签约艺术评论家，主要研究方向戏剧学。主持或参与国家级课题2项、省部级课题3项，出版专著1部，发表论文20余篇。

广播剧的声景建构，张力在"戏"魅力在"声"
——从广播剧《黄河远上》说开去

朱玉宁

　　作为一种老百姓喜闻乐见的艺术类型，在很长一段时期里，广播剧很好地满足了人民群众的精神文化生活需要，并在互联网时代不断迎接机遇和挑战，不断与时俱进，用声音带给人们美的享受。由甘肃省委宣传部、甘肃省广播电视总台联合出品的四集广播剧《黄河远上》就是一个较有代表性的案例。该剧以山东扶贫干部孔东来与其女儿齐嫚两代人先后赴甘肃帮扶的故事，谱写了一段东西部人民协作乡村振兴、实现共同富裕的佳话。该剧自3月底在中宣部"学习强国"平台、中央广播电视总台云听上线播出以来，4月4日起又在总台文艺之声《午夜书场》播出，引起广泛好评，相关创作经验很值得总结。

　　受限于制作与传播方式的单一性，以往广播剧在戏剧构建上往往立足于一人一事，虽然符合戏剧家李渔所提倡的"立主脑、减头绪"的主张，但也在一定程度上降低了故事的丰富性与人物的多样性。广播剧《黄河远上》突破了这样的局限，在有限的篇幅内构筑起两个时空，并且充分运用戏剧悬念、戏剧冲突的建构与解构，充实了故事的层次与内涵，从而打造出立体、个性化的"圆形人物"，形成自成独特风格的"声音景观"。

　　故事以现在时空的齐嫚入驻河湾小学支教展开。她真切感受当地村民的变化，寻访父亲孔东来当年的足迹，积极鼓励、帮助甘大龙和甘甜勇敢追求自己的梦想。几年后，当齐嫚继续父亲未竟的事业时，河湾的年轻人也逐渐成长起来，成为乡村振兴的中坚力量。在这里，"育种"行动实则也是"育人"事业，当地青年的成长才是乡村持续发展的不竭动力。双重时空、双层故事的嵌套运用和两代人的帮扶接力，很好地充盈了故事情节。

因为广播剧用声音来进行叙事表达的本体规定性，如何增加对听众的吸引力一直是个难题。这部作品巧妙地多次运用悬念，通过设置多个戏剧悬念来维持听众的关注。齐嫚回到河湾小学，她在追寻父亲当年脚步的时候，也在思考为什么当年父亲没能在她高考最紧张的时刻回来陪她，这是一个强有力的悬念。因为根据后面的剧情，我们知道齐嫚的妈妈去世，父女俩感情深厚。这个悬念直到剧情进展到后半部才揭晓——原来，当年河湾突发洪水，父亲为了跟村民共同抗洪不得不留在工作一线。随着齐嫚与河湾小学学生的接触逐渐增多，新的悬念又产生了，甘甜在课上自卑、胆怯，与父亲描述中的那个活泼开朗爱说爱笑的小女孩完全不一样了。那么，父亲离开河湾后，这个家庭到底发生了什么？几次想要弄清真相的齐嫚总是被打断"调查"，后来随着齐嫚与甘甜、甘大龙交流的增多，这个悬念才慢慢解开。

　　这部作品最让人惊艳的是"花儿"民谣的运用。"花儿"是流传于我国西北部的一种民歌，音乐高亢、悠长，令人回味无穷。喜欢"花儿"的年轻大学生甘大龙创新性地将"花儿"与民谣结合在一起，线下演出与线上直播双管齐下，收获了一大批年轻粉丝，对传统艺术进行了创造性转化与创新性发展。"花儿"民谣在本剧中多次出现，具有渲染气氛、表达心情的作用。广播剧开场时遥远高亢的"花儿"民谣响起："天上嘛太阳咯，和月亮嘛牵个手，黄河呀黄河呀我呀的个家，天天我都梦见它。"听众很自然地被代入那片辽阔悠远的土地上。在民谣音乐与潺潺溪流声中，齐嫚回到了父亲曾经工作的地方。这一段"花儿"民谣作为主题音乐在剧中多次出现，与剧情紧密地结合在一起。主题音乐第二次出现是齐嫚坐在河边想父亲的时候。音乐提醒我们，甘肃与山东共饮黄河水，齐嫚也在思考如何更好地帮助河湾村。大龙离家出走后，他想家想妈妈，主题音乐再次响起，表达出大龙的思乡之情，也为接下来单局长找到大龙劝他回到家乡在鲜花港和小学工作奠定了基础。大龙成为河湾小学的音乐代课教师后，听众又一次听到了这首歌。他在课堂上教学生们唱"花儿"民谣，歌词由"天天我都梦见它"重复至第二遍"天天我都梦见妈妈"，黄河与母亲融为一体，与我们民族文化中黄河"母亲河"的含义不谋而合。剧末鲜花港二期建成，大龙再次开心地唱起了这首"花儿"民谣。"花儿"民谣的这几次出现，层层递进，烘托剧情，渲染人物的心情，寓情于乐，恰如其分。

　　广播剧是声音和语言的艺术，张力在"戏"魅力在"声"，听众听到声音后，会根据各自经验发挥想象，共同构建完成整个故事。这种"召唤结构"，正是广播剧的魅力所在。这部作品除了"花儿"民谣的有效运用，对白、独白、解说等亦构筑起独特的"声音景观"。尤其是甘大龙带有方言味的声音演播，具有浓厚的地域风格。独具特色的声音打造出个性化的人物形象，齐嫂有理想、负责任，父亲有担当但又有遗憾，都是通过不同的音色塑造出来的。通过声音、语言和戏剧的方式向听众讲述了一段建设美丽乡村、创新融合发展的故事，用独具特色、具有浓厚地域风格的声音构建出独特的"景观世界"，正是广播剧《黄河远上》给我们留下的可贵经验。

（原载《中国艺术报》）2024 年 4 月 19 日）

教育性戏剧：谱系、边界与路径

朱玉宁

一、戏剧与教育的联结

戏剧与教育自古以来联系紧密，很多古代的公民教育中即包含有戏剧教育。我国周朝的贵族教育体系中，周王官要求学生掌握的六种基本技能"六艺"——礼、乐、射、御、书、数中也包含有戏剧的元素。古希腊时代的戏剧节比赛是一年中的重要活动，政府发放观剧津贴，鼓励公民去看戏。同样地，中西方文艺理论家也强调戏剧的教育功能。中国古代文学有着"文以载道"的传统，《毛诗序》中作者认为"正得失，动天地，感鬼神，莫近于诗。先王以是经夫妇，成孝敬，厚人伦，美教化，移风俗"[1]。戏剧家高明在南戏《琵琶记》中提出戏剧"不关风化体，纵好也徒然"[2]。我国戏曲作品内容大多表现高台教化进行伦理道德教育。古罗马美学家贺拉斯认为，戏剧应该"寓教于乐"，要引导观众，因此他认为戏剧必须时时考虑观众、依赖观众，具有引导和教育观众的职能，为后世戏剧家重视戏剧的教育性奠定了基础。此后启蒙主义戏剧家狄德罗、莱辛等都对戏剧的教育功能做出了阐释，如在戏剧的社会教育作用问题上，狄德罗认为戏剧家本身首先要做一个德行高尚的人。莱辛在《汉堡剧评》中强调戏剧创作的目的性，认为

---

[1] （明）郝敬撰，向辉点校：《毛诗原解　毛诗序说》上册，北京：中华书局，2021年，第34页。

[2] 王季思主编：《中国十大古典悲剧集》，上海：上海文艺出版社，1981年，第107页。

戏剧应该是进行道德教育的学校。此后弗里德里希·席勒强调剧院应该是一个道德讲坛。布莱希特认为，舞台开始起着教育的作用，他为此创作了教育剧来宣传自己的思想。因此，戏剧与教育的关系问题，是戏剧研究中非常值得探讨的一个问题。

将戏剧应用于教育中的想法由来已久，法国思想家让·雅克·卢梭（J. Rousseau）提出"在实践中学习"（Learning by doing）和"在戏剧实践中学习"（Learning by dramatic doing），美国教育思想家杜威（J.Dewey）提出"渐进式教学"（Progressive education）将戏剧方法应用于教学，赫兹·麦恩斯（Hughes Mearns）的创造力（Creative power）教学理论皆是如此，但其真正大量地用于教学实践并逐渐理论化、系统化是在二战之后的事情。而对教育功能的强调成为近几十年戏剧发展的一个重要方向。因此，在戏剧与教育关系的探讨上，出现了戏剧教育、教育戏剧、教育剧场、创作性戏剧、开发性戏剧、应用戏剧等概念。这些概念从不同方面说明戏剧与教育可以紧密地联结在一起，表明戏剧的应用价值。

二、教育性戏剧：范畴与界域

目前对教育戏剧等概念的翻译名称与界定往往并不十分清晰。Drama-in-Education（DIE）一般被翻译为教育戏剧。教育戏剧是 20 世纪初英国将戏剧列为学校课程之后逐渐发展起来的，台湾艺术大学张晓华教授认为，"教育戏剧是运用戏剧与剧场的技巧，从事于学校课程教学的一种方式。它是以人性自然法则，自发性地与群体及外在接触，在教师或领导者有计划与架构的引导下，以创作性戏剧之即兴表演、角色扮演、模仿、游戏等方法进行，让参与者在彼此互动的关系中充分地发挥想象，表达思想，在实作中学习，以期使学习者获得美感经验，增进智慧与生活技能，因此教育戏剧可作为语文、史地、社会科学、自然科学、艺术等诸多课程内的教学活动，提供较具弹性、活泼的教学环境"[1]。杭州师范大

---

[1] 　　张晓华：《教育戏剧理论与发展》，台北：台湾心理出版社，2004 年，第2 页。

学黄爱华教授认为，教育戏剧作为一种教学方法，"是指运用戏剧与剧场的技巧，从事于学校课堂教学的统称，体现的是一种教学方式和理念。换句话说，教育戏剧'是一种教学上的应用戏剧，不是训练，不是表演娱人，而是教与学之间的新关系'。教育戏剧的基本理念，就是以戏剧活动引导学生参与教学内容的整个过程，将戏剧作为媒介来统整其他学科教学。"[1]因此，教育戏剧是一种新的课程教学方式。

Theatre-in-Education（TIE）的翻译名称目前有一定的分歧，1992 年台湾学者郑黛琼将其翻译为教育剧场，后又出现教育剧坊的译名，之后蔡奇璋、许瑞芳翻译为教习剧场，"强调此类剧场活动中演教员（actor-teacher）和参与者间绝对必要，而且较为对等的互动关系，并与英文里所谓的 educational theatre 做一区隔"，并让参与者"透过'实际参与戏剧演出'的方式来做自发性的学习"，[2]但"教育剧坊"的名称并未受到学界的认同，"教习剧场"这一译名也被质疑："教育剧场"的译法似已为国内大众接受，并且也非误译，有没有另加新译的必要，值得相关人士思考。"[3]因此，大多数学者接受教育剧场这一译名。它经常与教育戏剧这一概念一起出现，"戏剧总要在一定的、像剧场这样的空间中发生，在教育戏剧中，教室、实验室、图书馆等都可以承载'剧场演出'的功能；同时，教育剧场也是作为一种结合'剧场与教学''剧场与社区'两边需求的活动形式，灵活地将剧场与教育有机融合，达到育人目的。在台湾地区，'教育戏剧和剧场应用'干脆就作为一个组合而存在。台湾的艺术院校中，甚至就有'戏剧和剧场应用系'这样的系科"[4]。可见，教育戏剧与教育剧场的关系比较紧密。因此，美国学者施罗尔（Lowell Swortell）将教育戏剧与教育剧场统称为教育性剧场（educational theatre 许瑞芳翻译名称）。

美国西北大学温妮弗列德·瓦德（Winifred Ward）于 20 世纪 30 年代出版了

[1]　黄爱华：《戏剧教育的基本理念及其运用》，《戏剧艺术》2010 年第 1 期。
[2]　蔡奇璋、许瑞芳：《在那涌动的潮音中——教习剧场 TIE》，台北：扬智文化事业股份有限公司，2001 年，第 vi—vii 页。
[3]　蔡奇璋、许瑞芳著：《在那涌动的潮音中——教习剧场 TIE》，台北：扬智文化事业股份有限公司，2001 年，第 vi—vii 页。
[4]　张生泉：《论"教育戏剧"的理念》，《戏剧艺术》2009 年第 3 期。

《创作性戏剧》（*Creative Dramatics*）一书，创作性戏剧这一概念由此而来。创作性戏剧是一种即兴的、非展演性的，以过程为主的戏剧形式。历经几十年的发展之后，美国儿童戏剧协会在 1977 年将之定义为"一种即兴、非正式展演，且以过程为主的一种戏剧形式。在其中，参与者在领导者的引导下，去想象、实作并反映人们的经验。尽管创作性戏剧在传统上一直被认为与儿童及少年有关，其程序却适合所有的年龄层"[1]。

教育戏剧、教育剧场、创作性戏剧三个概念有相似之处，也有一定的区别。教育戏剧指的是运用戏剧技巧从事教育活动的一种方式，一般而言，它主要应用于学校课程教学；教育剧场是围绕某一特定的主题，通过某种特定的方法，演员演出，观者讨论并一定程度上参与到演出中，从而达到一定教育目的的戏剧形式，它强调一个特定的空间或区域；创作性戏剧与教育戏剧类似，但它主要是产生并流行于美国的概念，而教育戏剧主要产生于英国，因此在具体的应用方法上有所不同。教育戏剧、教育剧场和创作性戏剧是舶来品，对于他们的产生时间以及内涵目前还有很多分歧。这三个概念同属于应用戏剧范畴，它们的内涵既有区别又有相联系的方面，在具体操作层面上也有许多可以相互借鉴的方法。因此，我们将教育戏剧、教育剧场与创作性戏剧统称为教育性戏剧，它是指通过戏剧的形式或手段达到一定教育目的的戏剧，这与李婴宁在《通往教育戏剧的 7 条路径》中的划分基本一致，"北欧的 Educational Drama/Drama Education 与英国的 DIE/TIE 理论体系相同，方法基本一致，我们把它与美国的 Creative Drama，同列为教育性戏剧范畴"[2]。

教育戏剧、教育剧场、创作性戏剧与戏剧教育、应用戏剧等概念有重合也有区别。

戏剧教育一般指的是在学校中开设的以培养专业戏剧人才为目的的教育。中国戏曲的班社如创办于 1904 年的富连成即是京剧教育史上办学时间久、培养人才多、影响深远的一所科班，为京剧事业的发展做出了重要的贡献。话剧传入

---

[1]　转引自张晓华《创作性戏剧教学原理与实作》，北京：中国戏剧出版社，2017 年，第 8 页。

[2]　[挪威]卡丽·米亚兰德·赫戈斯塔特：《通往教育戏剧的 7 条路径》，王玛雅、王治译，上海：华东师范大学出版社，2019 年，第 20 页。

中国后，王钟声在上海创办了"通鉴学校"，这是中国第一所培养话剧专门人才的学校，张伯苓、熊佛西等人也是优秀的戏剧教育家。因此，戏剧教育在我国历史较为悠久，虽然规模化、体系化的戏剧教育出现于现代，但是我国戏曲传承口口相传的学徒制戏剧教育理念也对现代戏剧教育方式产生了一定的影响。刘艳卉在《应用戏剧的理论与实践》中认为，教育戏剧、教育剧场、创作性戏剧是传统"戏剧教育"艺术教育功能的分化，是广义的"戏剧教育"的一个分支，因此建议用"应用戏剧"取代"戏剧教育"一词概括这一类戏剧。但这三种戏剧形式与传统的戏剧教育是不一样的，他们并不用来培养专业戏剧人才。

目前学术界对应用戏剧并没有一个统一的界定，一般而言，它是对二战后迅速发展起来的，具有具体的审美性，能够"应用"于任何内容的戏剧形式的统称。它们所应用的方法可用于幼儿教育、中小学教育、高等教育、社区教育、特殊教育等。它区别于传统戏剧，打破原有的演出与观看形式，通常在传统剧场之外，在特定环境或场域内所做的戏剧或剧场演出，这种演出将戏剧作为一种应用方法，以期能够达到一定的目的。戏剧可以应用于教育或培训部门，如教育性戏剧包括教育戏剧、教育剧场、创作性戏剧等；也可以应用于其他民众，如一人一故事剧场（Playback Theatre）、社区戏剧（Community Theatre）、戏剧治疗（Drama Therapy）、监狱戏剧（Prison Theatre）、被压迫者剧场（Theatre of the oppressed）、发展剧场（Theatre for Development）、基本综合艺术戏剧工作坊（Basic Integrated Theatre Arts Workshop）等。因此，教育性戏剧属于应用戏剧的范畴，应用戏剧还包含除教育性戏剧之外的诸多戏剧形式。

国外目前对教育性戏剧的研究主要分为两类，一类侧重于对具体戏剧教学方式、方法的探索与总结，目前大多数此领域的论文、专著都属此类。如麦凯瑟琳（Nellie McCaslin）的《教室里的创作性戏剧》（*Creative Drama in the Classroom*）从戏剧开始时想象力的培养、运动与节奏、默剧、即兴创造、木偶与面具、戏剧结构、从故事中组建戏剧等几个方面来说明如何培养儿童进行创作性戏剧。斯克斯（Geraldine Brain Siks）的《与儿童的戏剧》（*Drama with Children*）在写作体例上也与此类似。另外一类研究则主要侧重于对某一种教育性戏剧的概念界定、发展历史、应用、评价与展望，如克里斯汀·瑞丁顿（Christine Redington）的《戏剧可以教学吗？》（*Can Theatre Teach?*）回溯了教育剧场的来源、发展、变化，然后通过分析具体的项目说明如何对教育剧场做出评价。书的结尾，作者对教育剧场的现状与未来做了描述与预测。

国内对于教育性戏剧的研究思路与国外类似，台湾学者张晓华的《创作性戏剧教学原理与实作》属于第一种类型的研究，这本著作从初阶的创作性戏剧活动如各种感知能力的专注训练、肢体动作训练、游戏、想象到进阶的创作性戏剧活动如角色扮演、默剧、即兴表演、说故事、偶戏与面具，然后到戏剧扮演等进行了详细的说明与解释，并在书中专章附有示范演出指导，可谓创作性戏剧实用的工具书。张晓华的《教育戏剧理论与发展》、李婴宁的一系列文章如《关于教育戏剧》《大戏剧观念》、刘艳卉的《应用戏剧的理论与实践》等则属于第二种研究类型。从本文所涉及的三类教育性戏剧来看，教育戏剧和教育剧场主要流行于欧洲，创作性戏剧主要盛行于美国，目前较少将这三类戏剧形式统一在一起进行比较、整合以及从整体上探讨其意义的研究。国内对教育性戏剧的研究或为国外理论的引进或为某具体案例的分析，我们应该从教育性戏剧的实践与理论方面，选取有代表性的案例来探讨教育性戏剧在中国发展的现状以及其未来发展的方向。

三、教育性戏剧：范式与意义

教育性戏剧发展过程中受到布莱希特教育剧以及奥古斯都·博奥被压迫者戏剧的影响。布莱希特敏锐地发现，两千年来的西方戏剧理论一直把叙事性和戏剧性对立起来。于是，他把戏剧分成两个类型：传统戏剧（又叫作戏剧性戏剧，或亚里士多德式的戏剧）和叙事剧（叙事性戏剧）。传统戏剧以制造幻觉共情为目的，观众被动地卷入戏中，丧失了独立思考的能力，布莱希特的叙事体戏剧用一种旨在使观众和舞台间保持距离的方法，它彻底破坏舞台上的生活幻觉，把观众从不假思索的无意识状态中唤醒过来，使观众保持独立思考的能力。"教育剧的教育性在于自己亲自去演教育剧，而不在于去看教育剧的演出。原则上教育剧不需要观众，观众本身却能自然而然地被当作演员使用。教育剧的基础在于期望通过表演一定的行为方式，采取一定的立场，重复一定的说辞等使演出者能受到社会性的影响。"[1] 这些方法的运用，改变了戏剧中观众与演员之间的关系，提高了观众的主体性地位，以期达到他所希望的间离效果，这一思想对后世影响深远。巴西导演奥古斯都·博奥吸收了布莱希特重视观众的想法，并且更近一步，将观众的作用提高至可以随时加入戏剧演出中，他创立了观演者（speactor）一词并应用到戏剧中，让观众成为表演者，更深入地参与到戏剧中来。20 世纪 60 年代之后，随着后现代主义戏剧或者说后戏剧剧场的兴起与发展，西方出现了更多对剧场进行革命性变革的演出形式，如左翼戏剧、社区戏剧、另类戏剧也在一定程度上影响了教育性戏剧的理念与方法。

在教育戏剧、教育剧场、创作性戏剧发展史上，涌现出很多代表性人物，如提出"创作性戏剧术"教学的美国戏剧教育家温妮弗列德·瓦德，布莱恩·伟（Brian Way）、芬蕾·琼森（Finlay-Johnson）、卡德威尔·库克（Cadwell Cook）、彼得·斯雷德（Peter Slade）、盖文·波顿（Gavin Bolton）、大卫·戴维斯（David Davis）、理查德·科特尼（Richard Courtney）等，他们所倡导的很多方法至今还应用在教育性戏剧中，比如放松、游戏、想象、角色扮演（包括人物扮演、投射式扮演等）、默剧、即兴表演、偶戏与面具、说故事、坐针毡、专家的外衣、论坛剧场等。在 2022 年 4 月教育部最新修改发布的《义务教育艺术课程标准（2022 年版）》中，戏剧学习被纳入艺术教育课程，第四学段（8—9 年级）的学业要求是初步认识教育戏剧和教育剧场的基本理念、方法和程序，尤其要掌握教育戏剧的常用范式如"教师入戏""专家外衣"与教育剧场的常用范式如"坐针毡""观演者互动""论坛剧场"等，并能尝试运用实践。

"教师入戏"（Teacher-in-Role）指的是教师扮演戏剧情境中的某个角色，成为剧中人参与到戏剧活动之中，他在戏剧过程的适当时机进入戏剧中，与学生或者参与者进行互动，适时邀请、制造参与者入戏的机会，一定程度上把控戏剧的方向和发展，从而达到一定的教学目的。在这种戏剧方法中，教师不是主要的带领者，他也是以角色的方式进入，因此整个戏剧过程呈现出两种层面的效果：教师/带领者的视角与参与者的视角，这与传统教学活动中教师是完全的掌控者不

---

[1]　　　［德］布莱希特：《布莱希特论戏剧》，丁扬忠等译，北京：中国戏剧出版社 1990 年，第 154 页。

同，也异于一般戏剧工作坊中的带领者。"专家的外衣"（Mantle of the Expert）是与"焦点人物"（坐针毡）相得益彰的方法，参与者设计一个戏剧情境，其中一人扮演需要帮助的角色，另一些参与者扮演拥有专业知识的专家，专家们运用他们的专业技能为被帮助者提供解答、解决问题，从而完成戏剧任务。"焦点人物"（坐针毡 Hot-Seating）与"教师入戏"息息相关。戏剧演出（或者是角色呈现、说故事）的过程中，主持人可以随时叫停"定格"，剧中角色在主持人的引介下现身，坐在"热板凳"上成为焦点人物，接受质询，直接与其余的戏剧参与者对话，参与者以自己或角色身份提问这个焦点人物，问题可以是关于他的身份、处境、感受、心情等，焦点人物以角色的身份回答这些问题，这可以帮助他们更好地了解被询问者，也可以给这个人物提建议帮助他脱离困境。"论坛剧场"（Forum Theatre）是奥古斯都·博奥提出并大力发扬的一种戏剧方法，可分为传统论坛和困境论坛两种。一般围绕一个观者感兴趣的议题，构建一个戏剧情境。传统论坛是由一组人进行表演，观者看完感同身受，希望能够改变现状。于是，演员们将这个戏再演一遍，观众可以随时喊停并上台代替原来的演员继续演下去，最终改变戏剧结局。困境论坛是在演出过程中，演员饰演的剧中角色在遇到困境时停住。这时观众可以提出建议并讨论如何走出这一困境，甚至可以上台代替演员将戏继续演下去以验证自己的意见。

　　教育性戏剧具有戏剧学、教育学意义。教育性戏剧方法内含的教育学因素如"以孩子为中心""在实践中学习"等具有建构教育学意义，符合认知心理学的观点；它内含的戏剧学因素如戏剧形式（情节、冲突、角色）、移情、观演关系、剧场因素（服化、灯光、声效）又暗含着当代戏剧对间离效果、打破第四堵墙的观演关系、格洛托夫斯基的质朴戏剧等的追求。然而在具体的教育性戏剧实践中，戏剧学与教育学因素如何有机地融合在一起是一个难点。只有把握好两者的平衡才能做到既有教育意义又有艺术性。如在前述论坛剧场中，参与者就某一议题展开讨论并用自己的方式表演出来，但每个人的想法可能不太一样，很容易陷入众说纷纭的混乱之中，而急于表达自己观点的参与者想要说服其他人只好一次次地上台表演，这时的表演可能说不上具有艺术性了。

　　教育性戏剧的出现与发展，反映出表演这一概念的变化以及后现代主义思潮影响下，戏剧的杂合化与世俗化特点。社会学家维克多·特纳、欧文·戈夫曼，理查德·鲍曼曾用表演理论来研究人类社会行为，如戈夫曼提出"拟剧"理论，认为社会和人生是一个大舞台。在日常生活中，个体有意地提供和漫不经心地显示一些符号给他人，让他人获得如何对之做出反应的信息，从而更好地进行"表演"。谢克纳也认为，"表演发生在不同类型的场合中。表演的构建必须是一种人类行为的'广谱'或'连续统一体'，涉及到仪式、比赛、运动、流行娱乐、表演艺术（戏剧、舞蹈、音乐）和日常生活中的表演，以及社会法规、职业、性别、种族和班级的角色扮演，还涉及到治疗（从萨满教到诊所）、媒体和网络……任何被设计、上演、强调或展示的行动都属于人类表演"[1]。在谢克纳看来，表演的范围涵盖了非常多的人类行为。这也正是后现代主义思潮影响下戏剧的杂合化与世俗化的体现。戏剧的杂合化特征主要表现为戏剧与生活、与商品的界限被打破，戏剧创作是对混乱、零散的外部世界的随意性体验。有的戏剧直接表现生活场景或者把演出融入人们的实际生活。而这种融入经历了由浅入深的过程。在生活剧团的演出实践中，他们有很多"街头剧"表演，观众与演员之间的距离近，观演关系非常融洽，但观众只是观看或者被动加入戏剧演出中。到了博奥的"隐形剧场"，"演员"会混入普通观众之中，"带入"观众就某一议题发声并行动，从而实现他们的主张。世俗化主要表现为戏剧人秉持的反精英、反权威的理念，主张戏剧的生活化和世俗化，戏剧是普通人都能参与的行为过程。这是后现代主义思潮中反罗格斯中心主义、消解权威霸权思想在戏剧领域的体现。它关注处于边缘地位的个体，鼓励他们发声，而戏剧就是他们发声的重要方式与途径。博奥认为，戏剧是生活的预演。他的论坛剧提倡人们用戏剧的方式将生活中可能会遇到的难题表演出来，提出并验证解决方式，这样当人们在实际生活中真的遇到这类问题时就能顺利地解决了。因此，戏剧具有重要的实用功能。

教育性戏剧在 20 世纪 80 年代进入中国学者的视野，但直到 21 世纪后才陆续有这方面的实践探索，如北京抓马宝贝将之应用于儿童教育、上海十二邻生命故事剧场将之应用于社区教育、特殊教育，广州木棉剧团将之应用于民众戏剧等。创立于 2009 年的抓马教育为 3—16 岁的孩子及其家庭提供教育性戏剧体验，它由教育戏剧中心（3—8 岁）、青少年中心（8—16 岁）、教育剧场中心、游戏中

---

[1]　　［美］理查德·谢克纳：《什么是人类表演学？》（上），俞茜译，《中国戏剧》2008 年第 8 期。

心、研究中心和社区中心构成，每个中心有侧重点不同的戏剧理念与实践，如在少年与青年剧场，孩子们能充分享受到戏剧的魅力，已陆续推出《醒醒，该起来了》《不是问题的问题》《塑》《我们》《土地》《在那边》等十几部大戏，孩子们通过参与制作一出戏的过程，充分开发了他们的多种能力，享受学习的过程。如今，教育性戏剧已不仅仅出现于北京、上海、广州等一线城市，郑州的绘生活戏剧中心、济南的你我剧场、青岛的岛喵剧场等也有这方面的实践。这些实践者通过教育性戏剧的方法，激发孩子的想象力、表现力，以戏剧的形式拓展孩子的表达、创造能力、培养他们的自信心、团队合作能力、解决问题的能力与独立思考的能力。

教育性戏剧将戏剧学与教育学、心理学、社会学、人类学等知识融合在一起，是有效的艺术及教育方式。它不但能够促进戏剧学相关知识的学习，同时能促进参与者自身发展，从而达到一定的教育目的。因此，它虽属新兴事物，在中国也处于发展的初级阶段，但从中国教育性戏剧的推广与应用情况来看，它在中国有广阔的发展前景，台湾、香港地区目前的发展状况即说明了这一点。

（原载《戏剧与影视评论》2023 年第 2 期）

"互联网 +"语境中的影视 IP：溯源与展望

朱玉宁

一

IP 这个词总是让人想到电脑的 IP 地址，但在最近几年，这个词却不断地出现于影视文化产业中。那么，影视文化产业中的 IP 到底是指什么呢？不同的人给出了不同的答案。"一般而言，IP 是英语'Intellectual Property'的缩写，直译为'知识产权'。IP 的形式可以多种多样，既可以是一个完整的故事，也可以是一个概念、一个形象甚至一句话；IP 可以用在多种领域，音乐、戏剧、电影、电视、动漫、游戏……但不管形式如何，一个具备市场价值的 IP 一定是拥有一定知名度、有潜在变现能力的东西。"[1]。这是一种被普遍接受的关于 IP 概念的解释。然而，这种解释有不太准确的地方。英语中的知识产权其实是"Intellectual Property Rights"，如果缩写应该是 IPR。如果单就 IP（Intellectual Property）而言，字面意思可翻译为"才智的创造物"（creations of the intellect）。知识产权是对于 IP 创造者的保护，包括商标权、版权、专利权、工业设计权，甚至包括有些司法权的商业机密。能成为 IP 的艺术作品包括音乐、文学、发现、发明、词汇、短语、象征符号以及设计作品等。"那些奢谈 IP 的人根本就不知道，他们口中像口水一样流出的'IP'这两个洋字码实际的所指仅仅是'知识财产'（intellectual property）而已，是一个指称'心智创造'（creations of the mind）的法律术语，包括音乐、文

---

[1] 张贺：《"IP 热"为何如此流行》，《人民日报》2015 年 5 月 21 日，第 17 版。

学和其他艺术作品，发现与发明，以及一切倾注了作者心智的语词、短语、符号和设计等被法律赋予独享权利的'知识财产'。这种'独享权利'才是我们耳熟能详的'知识产权'，英文简称是'IPR'（intellectual property rights）。常见的 IPR 有版权、专利权、工业设计权以及对商标、商业外观、商业包装、商业配方和商业秘密等进行保护的法律权利。正是这些受法律保护的'权利'才使得那些'心智创造'成为'无形资产'……现在通常所说的 IP，广泛意义上来讲是指那些被广大受众所熟知的、可开发潜力巨大的文学和艺术作品。"[1]

今天，我们谈到的 IP 大概有这样几类：网络小说类，如《致我们终将逝去的青春》《何以笙箫默》《左耳》《万物生长》《余罪》《死亡循环》《三生三世十里桃花》《盗墓笔记》等；音乐类，如《同桌的你》《栀子花开》《爱之初体验》《睡在我上铺的兄弟》《小苹果》《一生有你》等；动漫类，如《哆啦 A 梦：伴我同行》《黑猫警长之翡翠之星》《西游记之大圣归来》等；游戏类，如《古剑奇谭》《仙剑奇侠传》《轩辕剑》等；热门综艺类，如《爸爸去哪儿（1、2）》《奔跑吧兄弟》《中国好声音》《极速挑战》等。

因此，IP 的含义可谓丰富，但从实际情况来看，中国影视界所谈的 IP 概念内容却有些窄，绝大多数情况下，行业内的 IP 概念指的是网络小说。"IP 本是指各种智力创造比如发明、文学和艺术作品，以及在商业中使用的标志、名称、图像以及外观设计。但在当下中国的影视产业，IP 主要指向了文学小说，尤其是网络文学小说。"[2]

其实，从 IP 获得的途径来看，我们可以简单地将 IP 种类分为自制、外购、委托制作、联合制作、公有领域开发五个类别。从这五种 IP 来看，我们都可以找到优秀的作品。而从成本来看，公有领域开发是成本最低的一种。就许多成功的 IP 作品来看，漫威即是自制 IP 的成功者。当他们最初以授权的方式请别的影视公司将他们的超级英雄搬上荧幕之后，极少的票房分成促使他们决心依靠自己的力量将自家的超级英雄们搬上荧幕。于是，他们推出了漫威电影宇宙计划，钢铁

---

[1] 周铁东：《被中国影视圈炒热的"IP"到底是什么鬼？》，《搜狐文化》2015 年 6 月 25 日。

[2] 赵晖：《从 IP"热"反思原创力的衰竭与重建》，《光明日报》2015 年 12 月 14 日，第 14 版。

侠、绿巨人、雷神托尔、美国队长等超级英雄都走进了电影，仅在电影计划的第一阶段，漫威凭借 6 部影片，以总计 10 亿美元的成本换回了高达 37.4 亿美元的全球票房。不仅如此，他们还推出了短片、电视剧、网络衍生剧以及动画作品，一系列作品的成功，让漫威公司享誉全球。这是自制 IP 成功的典型例子。而进入公有领域的 IP 例子就更多了，像我们中国的古典名著，直到今天依然能在各大电视台以及荧幕中看到。2015 年 7 月上映的《西游记之大圣归来》是由家喻户晓的《西游记》衍生出来的作品。这部由导演田晓鹏酝酿了八年，制作了三年的动画电影，选取了《西游记》中经典的孙悟空和唐僧江流儿两个人物，讲述了一个现代自我救赎的故事，影片精良的制作换来了口碑，他唤醒了好几代人的集体记忆，成为首部获得成功的 3D 西游动画作品，被《人民日报》评为中国动画电影十年来少有的现象级作品，获得了诸多的奖项。除此之外，这部电影也获得了巨大的票房成功，在影片于 2015 年 7 月 10 日正式上映的首日排片率仅 7.80%，收获票房 1795.6 万元。上映第三日（7 月 12 日），影片凭借仅仅 13% 左右的排片率突破了票房 1 亿元，实现了逆袭。 7 月 16 日晚，影片票房突破了 3 亿大关，7 月 25 日 16 时，该片以 6.2 亿元人民币的票房，成功"登顶"中国动画电影票房总冠军。然而，今天影视界的 IP 热主要在于外购热，特别是对网络文学作品的激烈抢夺。《何以笙箫默》《琅琊榜》《芈月传》《欢乐颂》《余罪》等由网络小说改编的电影电视剧呈"井喷"之势。据统计，2016 开年至今，已有超过 110 部网络小说售出影视改编版权。IP 版权交易日益红火的同时，购买价格也呈几何级数增长。尽管 IP 在我国起步较晚，但发展非常迅速，热门的 IP 早已被抢空。据说，网络小说的版权费（IP 费）也是水涨船高，三年前 10 万元一个，如今却达到 100 万元，甚至上千万元。受这种形势的影响，抢 IP、囤 IP 成为业界常态，流行歌曲、火爆的网帖，甚至《新华字典》、"俄罗斯方块"等都被买走要当作 IP 开发了。

二

　　IP 火热的现象，为中国影视界带来了一些新的景象，这对于发展中的中国影视界有哪些影响呢？从 IP 影视节目的制作与呈现结果来看，观众的作用被加大了。在文艺作品的创作过程中，读者或者观众也是非常重要的一环。正如接受美学的倡导者姚斯和伊瑟尔所指出的，一部文学作品，即使是已经出版出来，若没有读者的阅读，那么这部作品也只是半成品。受众的接受是文学审美活动的中心。正如当代戏剧发展越来越重视观众的作用，拉近观众与演员之间的距离。当代英国戏剧家彼得·布鲁克认为，"我可以选取任何一个空间，称它为空荡荡的舞台。任何一个人在别人的注视下走过这个舞台，这足以构成一幕戏剧了"，波兰著名的质朴戏剧家格洛托夫斯基也认为，"我们可以就此给戏剧下这样的定义，即'发生在演员与观众中间的事'其余都是补充品——也许是需要的，但毕竟是补充品"。在他们的戏剧理念中，戏剧所包含的要素都可以做减法，剧本、导演、舞美、灯服道效化都可以去除，唯有观众和演员是最不可或缺的。由此可见，当代戏剧理念中对于观众要素的强调。为了拉近演员与观众的距离，当代戏剧也有许多不同的做法。戏剧演出多在小剧场，空间上使得演员和观众的物理距离接近，有的戏剧作品中没有固定的观众席，观众甚至可以在舞台上观看演出。演员与观众之间的互动也是多种多样，演员邀请观众加入戏剧演出中，有时戏剧的演出内容全由当时的观众选择决定，每场戏剧演出可能都会不一样。观众不再是第四堵墙影响下被动地接受戏剧演出了。与之类似，现在许多影视剧的制作和宣传过程也向观众开放。影视剧播出之初制作单位会有各种宣传造势，举办各种见面会，利用明星的吸引力为影视剧制造话题，引发观众的悬念与关注。在影视剧播出期间，主创设立官方微博、微信平台以及 QQ 群，听取观众对于剧情的讨论，很多视频网站在剧集播出时开启弹幕模式，并让观众猜测剧情走向以及最终结局，吸引观众的持续关注。《何以笙箫默》是尝试 T2O 模式（TV To Online）的第一部电视剧，在剧集播出的同时，电视台即时开展边看边买、互动吐槽、剧情有奖竞猜等跨屏受众互动。《十万个冷笑话》在第一部大电影票房过亿之后，推出了网剧版第三季，这一季采用了开放式的制作方式，每个篇章分别由不同的导演参与制作而成。不仅如此，民间任何会画动态分镜的人，都有可能成为导演。这与传统的影视剧制作方式有很大的不同。除此之外，现在的互动式电视剧更进一步的创新表现在电商剧的发展模式上。当观众在观看电视剧的同时，屏幕上会弹出电视剧同款衣服或者道具的购买链接，这比起以往热播电视剧的同款都要去淘宝搜同款来说，更加快捷方便，"摇一摇互动""边看边买"的营销方式，创造出新的 B2C 增值模式。据说，《何以笙箫默》上线传播 31 天，有 13 亿人次的曝光量，即时购物总收入达 300 多万元。

IP 的全面孵化，可以打通全产业链，网络文学、漫画、电视剧、电影、主题公园、玩具、游戏以及衍生品市场都可以全面连接起来。创立于 1926 年的迪士尼公司即是一个充分开发 IP，打通全产业链的跨国企业。他们不但推出了米老鼠、唐老鸭、睡美人、小熊维尼等一系列经典形象，还修建了以这些经典形象为主角的主题公园，今年上海的迪士尼主题公园开园，引发巨大关注。另外，迪士尼还曾授权其他公司开发自家 IP 衍生品，体育用品、儿童软糖都可以看到迪士尼可爱的卡通形象。

三

近几年之所以会出现 IP 热潮，与中国迅速发展的影视产业有关。在过去的四年中，中国电影的票房收入从 100 亿元到 300 亿元，2016 年第一季度仅仅 94 天中国电影票房就突破了百亿元大关，而随着中国经济的发展，这一数字还会上升。正是看到中国电影以及电视剧市场的巨大发展潜力，大批投资者蜂拥而入。10 年前，中国电影的投资主体不超过 100 个，而今天却超过 1500 个，且以民营主体为主，百度、腾讯、阿里巴巴、优酷、乐视等互联网巨头也成立了影视部门。没有影视投资经验的制作单位在寻找影视项目时，必然首先想到粉丝量大且产生了一定影响的 IP 作品，尤其是网络文学作品。网络文学发展到今天，题材种类从言情、军旅、悬疑、穿越直到发展出种田、小白、种马、同人、高干、总裁、女尊、异能、生子、洪荒、异界、修真、竞技、重生等我们单纯从名字上来看不知道写的是什么的种类。为了迎合读者，网络写手也是脑洞大开，为了点击率不惜天马行空，但在内容以及故事的编织上，却存在同质化的问题，上海文化广播影视集团有限公司影视剧中心主任王磊卿曾经总结了 IP 剧的 8 种俗套类型：小鲜肉，小花朵，外貌协会；卖萌卖腐，霸道总裁玛丽苏；玄幻魔幻变虚幻；五毛特效成噱头；潮牌风尚视觉控；欧巴翻拍来淘金；网红新星成新宠；弹幕营销吐槽狂欢。其中，霸道总裁、玄幻剧是近几年影视剧中经常出现的题材类型。而上述总结的 IP 剧俗套也指出了 IP 剧在制作过程当中的许多其他套路，为了吸引观众，他们会请许多明星，甚至不惜重金请来韩国明星，看一部戏首先注重的是颜值，而不去思考这部戏的内容。在一部 IP 剧的制作费用当中，买下 IP 版权和请明星的价格已经占据了整部影视剧制作费的大部，原本应该重视的编剧的费用却一减再减，这与国外的"编剧中心制"截然不同。阿里影业原副总裁徐远翔在 2015 年年底在名为"原创与 IP 相煎何太急"的编剧论坛上所发表的一系列关于编剧的言论引发了巨大争议。他认为，"我们现在的方式完全是颠覆性的，我们不会再请专业编剧，包括跟很多国际大导演谈都是这样，我们会请 IP 的贴吧吧主和无数的同仁小说作者，最优秀的挑十个组成一个小组，然后再挑几个人写故事，我不要你写剧本，就是写故事，也跟杀人游戏一样不断淘汰，最后那个人写的最好，我们给重金奖励，然后给他保留编剧甚至是故事原创的片头署名。然后我们再在这些大导演的带动下找专业编剧一起创作，我们觉得这个是符合超级 IP 的研发过程。现在很多人都在讲 IP，但不是所有人都具备 IP 的开发能力。这两年我自己研究了一个名词很有意思，这个名词叫'屌丝购票心理学'。中国电影市场接近 500 亿的市场，平均观众年龄 21.3 岁，大概 85% 到 86% 的群体来自 19 到 29 岁，也就是说台上在座各位都是被电影票房抛弃的，可以说你们加起来，加上外延那么多人也就是 10% 多一点的票房，这个现实决定了什么呢？我认为有三件事，首先有一个 IP，第二是强大的明星阵容，韩国、台湾、意大利这些地方，导演身价比明星低多了。这个故事虽然很烂，但是有很多明星阵容，我至少看张脸也可以。第三条，你这个电影有没有概念，有没有可逆袭的可能性。如果这三个条件一条都不具备，你肯定是颗粒不收。这个就是'屌丝购票心理学。'"[1]这番话在影视圈有一定的代表性，所以此言论一出，遭到很多编剧的反感，甚至表示要抵制阿里影视。当资本进入影视界之后，它的逐利本性暴露无疑，这种急功近利的心态将会为中国影视界带来极大的伤害。

（原载《影视艺术与产业研究》2024 年第 1 期）

---

[1]　　　　王金跃:《阿里影业副总裁徐远翔"屌丝购票心理学"引争议》,《大同晚报》2015 年 11 月 30 日, 第 10 版。

20/20

高　佳

高　佳

高佳，男，1984年生，山东师范大学赫尔岑国际艺术学院副院长，硕士研究生导师，山东省文联委员，山东省青年摄影家协会主席、山东省青联委员，山东省摄影家协会主席团委员、山东省文艺评论家协会主席团委员，济南市摄影家协会副主席、济南市文联委员。主持省部级项目1项、厅局级项目6项，主研国家级项目1项，省部级项目3项；出版著作3部，译著1部；于《齐鲁学刊》等CSSSCI等核心刊物发表论文20余篇；作品及理论成果曾获第七届"泰山文艺奖"二等奖等省部级以上奖励16项；曾荣获山东师范大学第15届"杰出青年"荣誉称号、山东省摄影家协会"德艺双馨"优秀会员等综合荣誉20余项。

侯贺良航拍黄河摄影作品的三种景观

高　佳

一、"万里入胸怀的美"——充满"艺"境的自然景观

从上千米的高空俯瞰巍峨山麓与大河汤汤，艺术化的自然景观，是我们走入摄影名家侯贺良先生艺术之门的最初体验。他的航拍黄河摄影作品有着恢宏的气势、丰富的色彩、蜿蜒曲折的线条，初升之朝阳、落日之余晖，不同的时间跨度所呈现出的是一种时空的厚度。黄河的生命张力在与海洋的交汇中奔涌，奏出黄蓝交响，由河到海闪耀着它的自然肌理，也折射出侯贺良孜孜不倦的艺术追求。

在解读侯贺良航拍黄河摄影作品如图 1 所示自然景观之独特性方面，我们想到了"有意味的形式"（significant form）这一观点。在英国美学家克莱夫·贝尔（Clive Bell）看来，"在每件作品中，以某种独特的方式组合起来的线条和色彩、特定的形式和形式关系激发了我们的审美情感。我把线条和颜色的这些组合和关系，以及这些在审美上打动人的形式称作'有意味的形式'。它就是所有视觉艺术作品所具有的那种共性"[1]。所有视觉艺术作品，通过线条、色彩等视觉元素有机组成不同的画面形式，并形成不同的形式和形式关系，就构成了"有意味的形式"。"有意味的形式"可以激发出人们的特殊的情感体验，也就是审美体验，而这种特殊的审美体验，实际上就是心灵赋形式于杂乱无章的物质世界的活动。正如阿恩海姆所认为的那样："视觉形象永远不是对于感性材料的机械复制，而是对

---

[1]　　[英]克莱夫·贝尔:《艺术》，薛华译，南京：江苏教育出版社，2005年，第 3 页。

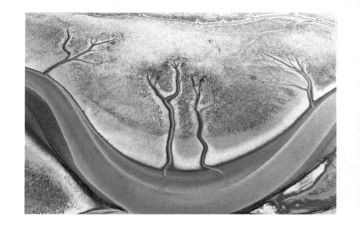

图 1

侯贺良

《黄河　　入海口生态湿地》

2021 年（无人机摄影）

于现实的一种创造性的把握，它把握到的形象是含有丰富的想象性、创造性、敏锐性的美的形象。"[1]

侯贺良对于"有意味的形式"有着自己独特的理解和实践。他说："我一直追求在忠实记录的基础上，打破人们传统的平面性的视界限制，在好似熟悉的'风景'中增添更多的内涵和更强烈的形式感，把人们'劳作的痕迹'转化为审美视觉上的'有意味的形式'。"[2]他游走于具象和抽象之间，徜徉在平面和立体之间，寻找自然景物与人文景观中所蕴含的艺术形式感，将这种"有意味的形式"呈现于人的视觉经验之中，其所展现的"有意味的形式"不再等价于现实的风景或景观，而是一种风格样式，更是一种语言方式。

侯贺良的黄河入海口摄影作品有着富有"意味"的"形式美"特征。通过线条、色块、肌理以及点线排列构成等纯粹的视觉形式语言来感受侯贺良丰富的精神世界，我们不仅能够深刻地体会到其藏匿于作品间的丰沛的个人情感，也能够感受到他独特的审美情感和审美体验，以及对人、自然和世界的独特理解。

作品《黄河入海口湿地》（1982 年）（图 2）宛若泼墨山水画，具有强烈的抽象性与写意性，这幅磅礴大气的航拍作品在有限的观看中呈现无限的视觉想象，表征了作者内在的精神气质与审美理想，黄河入海口的线条、形状、结构、色

[1]　　［美］鲁道夫·阿恩海姆：《艺术与视知觉》"引言"，滕守尧、朱疆源译，成都：四川人民出版社，1998 年，第 5 页。

[2]　　刘一颖、卢昱：《侯贺良：用光影聚焦山东好故事》，《大众日报》2016年 11 月 11 日，第 13 版。

图 2
———
侯贺良
《黄河入海口湿地》
1982 年（航空摄影）

彩、肌理等元素都会在视觉活动中进行一种有效的编码组合，这种方式不是用理智来判断，也不是靠单纯想象产生，而是源于艺术家自内向外的视觉表达。

作品《黄河入海口日出》（1997 年）（图 3）是山东对外传播、文化宣传使用频次最高的作品，也是近三四十年来最重要的外宣作品之一。这幅作品从高空鸟瞰黄河，这种"上帝之眼"所带来的陌生化的视角有着与众不同的观看体验和审美感受。航拍的艺术画面往往呈现出陌生、迷人甚至奇异的特质，它突破了自然

图 3
———
侯贺良
《黄河入海口日出》
1997 年（航空摄影）

风光摄影纯粹唯美的视觉愉悦。在该作品中，鸟瞰下的人类与自然力量在视觉的对比下越发悬殊，侧斜视角增加了画面的空间纵深感和层次感，将景物幻化成最基本的视觉元素和画面构成。通过黄河河道线条的引导与延伸、色彩的整体对比与协调，强化了画面的恢宏气势，也彰显出黄河文化浓郁厚重的气质与风貌，浪漫抒情的画面韵律和辽阔苍茫的诗歌意境跃然纸上。

　　侯贺良有着深厚的艺术功底、敏锐的观察力以及高度的视觉凝练能力。作品《黄河入海口湿地》（2014年）（图4）游弋于具象与抽象之间，既有以展现微观层面上渔船靠岸的闲适恬淡，又有俯瞰纵深大远景的宏大场景之中的深远壮丽之美，曲折蜿蜒的河道作为视觉引导线将观者的目光引向远方。近海滩涂地带的红色碱蓬草与黄绿色的植物芦苇所形成的色彩对比，为湿地增添了几分苍莽和诗意，这种辽阔壮美与自然秀美的节奏错落，是侯贺良航拍黄河摄影作品的独特审美表达。

二、"爱得深沉的家国情怀"——多元且别样的人文景观

　　齐鲁大地有着丰富多元的人文景观，孔子在这里诞生，泰山在这里崛起，黄河在这里入海。侯贺良在他半个世纪的摄影生涯中，航拍40多年，对山东16地市进行了系统的影像拍摄，建构了关于齐鲁大地的人文地理景观摄影大库，他也

图4
——
侯贺良
《黄河入海口湿地》
2014年（航空摄影）

是 40 年来持续不断地对一个省进行连续航拍摄影报道的第一人。

黄河作为家国情怀的精神象征和情感纽带，与民族、国家、文化认同相连，黄河和泰山一起铸就了山东人的品格和齐鲁文化的品质，其所流露出的俯仰天地的人文情怀、刚毅有为的进取精神、仁爱礼义的处事态度，在古代哲人"仰观"和"俯察"之间观照世界。而在侯贺良这里则内化为植根于齐鲁文化最厚重的生命体验和创作实践，他在深厚的传统文化滋养中似乎找到了新的精神出路——用不一样的视角去诠释黄河携带泥沙冲击出来的中国最年轻的土地，去建构多样性的齐鲁人文景观，他将对万物生命本体的思考和体悟融化于鸟瞰视角下的万水千山之间。

黄河文化所蕴含的民族品格是中华民族的精神之根与力量之魂。黄河大桥、广南水库、胜利油田海上钻井等这些富有人力量的符号折射出侯贺良航拍黄河摄影作品的文化情怀和现实观照。

"黄河两岸是家乡"，几十年来侯贺良拍摄过山东几乎所有的城市。"作为一个摄影人，不能不拍好自己的家乡，这是义不容辞的责任，更是一种本分。"他总是充满感情地拍摄每一个城市，每一个城市都各具特色，这些充满地域文化特色的城市与人文景观既是他宣传家乡之美、传播齐鲁文化的重要载体，又承载了他踏实厚重的文化情怀与人文追求。

东营和胜利油田都因黄河而更富盛名，作为黄河文化"在地化"的符号，胜利油田的油井（图 5）、海上钻井（图 6）是侯贺良黄河人文景观作品中的代表作品。

图 5
——
侯贺良
《胜利油田海油陆采平台》
1997 年（航空摄影）

图 6
——
侯贺良
《胜利油田海上钻井》
2000 年（航空摄影）

　　侯贺良拍摄黄河与他的工作有密切的关系。在调到山东省政府新闻办公室之前，时任山东画报社总编辑的侯贺良就参与了山东省对外文化传播的工作。20 世纪 90 年代，他在日本、韩国、德国、澳大利亚、法国等很多国家举办过"孔子故乡　中国山东"主题展览，主要宣传齐鲁自然文化资源。"孔子在这里诞生，泰山在这里崛起，黄河在这里入海"，早期的展览中三孔、泰山都有大量的摄影作品，唯独缺少表现黄河气势形象照片。

　　侯贺良之所以下决心将黄河拍好，还有一个小小的故事。有一年山东和法国搞了个摄影交流活动，法国组织方的一位女摄影家来济南与侯贺良工作交流，她只有一天时间，女摄影师会后表示最想看的就是黄河。到了黄河岸边，她脱了鞋子并站在黄河水里边，拍摄了照片作为留念。她表示此行一定要感受一下中华文明的发祥地，中华民族的母亲河。

　　法国女摄影家这件小小的举动深深触动了侯贺良，连外国人都如此对待黄河，作为一名中国摄影家更要坚定文化自信，拍摄好黄河。

　　通过自身对家乡故土的深切情感与厚重的文化积淀，凭着扎实的艺术功底与非凡的毅力，侯贺良很好地践行了自己拍好黄河的每一分情怀。他在不同季节，从不同角度在空中、海上进行全方位拍摄，呈现出多元且别样的黄河景象。这些绝美的切片汇集为一幅赞颂故土、赞颂祖国、赞颂人类的华丽长卷，展现了黄河文化与齐鲁文化的厚重与绝美，它是侯贺良从长期积累的审美经验中产生。他用自己超常的能量、超凡的审美体悟，再次完成了一次视觉审美和人文精神的洗礼。

图 7
———
侯贺良
《曲阜孔庙古建筑群》
1997 年（航空摄影）

图 8
———
侯贺良
《泰山顶峰》
1999 年（航空摄影）

三、"于细微处见精神"——温润亲和的生态景观

黄河生态景观一直是侯贺良艺术话语表达的重要题材,多年来他将镜头聚焦黄河入海口极富亲和性的生态景观,或无人机空中俯瞰滩涂、沼泽地、漫滩地以及河流、沟渠、水库、坑塘的纵横交错,或火红的碱蓬草与雪白的荻花分庭抗礼,或身处湿地之中扛镜远望,踏上贯穿芦苇与柳林的曲径通幽,去感受数百万只栖息、翱翔的候鸟与湿地"同生命、共相依"的生态美学风貌。

黄河流域生态保护和高质量发展成为国家战略以来,黄河三角洲湿地生态系统,对于黄河入海口来说有着特殊的地位和意义。生态系统的保护和修复、推进生物多样性、生态环境质量发展取得突出成效。它扼守黄河入海之喉,承接黄河水沙之惠,独特的黄河水沙特质和海洋交汇处,使得黄河口长期处于淤积、延伸、摆动的变化状态,由水、田、林、湖、草、滩涂有机组成的这个生态系统逐渐成为大众和摄影爱好者重要的摄影创作源泉。

如今影像科技与技术突飞猛进,越来越多的人使用无人机鸟瞰见证黄河生态系统翻天覆地的变化。侯贺良作为传统航空摄影的旗帜人物,不断学习新兴媒介技术,力求掌握更新的影像技术语言与影像艺术表达的可能性,以更加灵巧、机动的方式来展现长期关注的黄河主题(图9)。

图9
——
侯贺良
《黄河故道湿地》
2014 年(航空摄影)

侯贺良说:"自然与生活才是摄影艺术取之不尽的灵感源泉。"在与夫人渠晋湘合著的《寻美南极》一书中,他以摄影家独有的眼光摄取南极辽阔邈远又精密深沉的天地之美,他将记录南极自然风貌和生物生存状态当作自己的责任与使命,在令人如痴如醉的天地里,也折射出他多年摄影艺术创作融入生命、眼睛、阅历及灵感体悟的生态美学追求。他所追求的是一种人与自然共生的哲学与伦理学立场,坚持当代中国天人合一的生态美学精神。这样的人文情怀不仅得益于他多年的艺术创作体悟,也源自其温润儒雅的人格特性。侯贺良在其艺术表达中,始终呈现出自觉自律的艺术追求,以及"大音希声,大象无形"的语言风格,他将自己内敛深沉且又热情洋溢的人格魅力及全部情感注入、渗透于那一幅幅壮美的画面中,真正达到了和和美美、物我合一的理想之境,体现出至高至纯的艺术境界。

在黄河入海口生态湿地(图10)的镜头中,我们似乎又看到了《寻美南极》中温情而浪漫的瞬间,在长焦镜头摄取的画面中,两只天鹅或交错相对而行,或比翼齐飞,水天一色,衬以枯黄的芦苇野荻的背景,描绘出一幅"蒹葭苍苍,白露为霜,所谓伊人,在水一方"的缠绵而深情的画卷。此作更显示出侯贺良一向寓情于景、情景共融的创作理念。人的情感是个体的、是游移的,但艺术的绝妙意义就在于将人的情感外化于审美对象中,或在审美对象中,人的审美行为才真正苏醒并被激发出来。综观侯贺良的诸多黄河摄影作品,除了抽象美和磅礴美,更多的画面是亲和、柔软、温情的。这种润物细无声的画面映射出他的温厚圆融

图10
侯贺良
《黄河入海口湿地》
2021 年

图 11

———

侯贺良

《黄河入海口国家级自然保护区湿地》

2021 年

的个性，尤其从这些中景或近景的画面中，我们能够体会到他细心、温柔且博爱的生态情怀，在这些作品中，我们能够体会到他对自然的爱、对美好生活的爱以至对人类的爱。这种至真的爱贯穿他所有的生态景观题材的摄影创作，也是在恢宏磅礴的航拍主题创作之外对人与自然的深情观照，无私无我，温暖人心。

坚守影像本色　坚持深度呈现

高　佳

　　创刊于 1943 年 7 月的《山东画报》，作为一本由中国共产党创办于抗日战争时期的画报，至今已走过 80 载岁月。

　　回顾过去，这本以红色为底色，以影像为本色的特色杂志，始终紧跟国家发展的历史步伐，一路走来，承载着光荣的传统和辉煌的历史，见证着从战争、建设到改革开放的一系列重大事件，也在 80 年历程中促进了山东摄影的发展，为山东留存了系统而宝贵的视觉文献史料。究其根本，源自《山东画报》的红色基因与家国情怀，记录时代变迁与见证发展的使命担当，聚焦人文精神、贴近生活的精神特质，以及展现齐鲁特色在地化影像创作和深度呈现的传统优势。

一、红色基因　家国情怀

　　《山东画报》于 1943 年在莒南县创刊，是由中国共产党在抗日战争的烽火中创办。从抗日战争到解放战争，《山东画报》自沂蒙山区一路走来，承载了红色基因，传承了革命精神，弘扬了家国情怀。

　　在创刊初期，山东抗日根据地正处于严峻困境之中，《山东画报》通过摄影、美术等作品形象地宣传报道地方部队、军事政治生活、经济发展建设、人民文化教育等方面的内容。它激发了人们的爱国热情和抗战意志，凝聚了人民的力量，受到了军民的喜爱。一批批战地记者冒着生命危险，以镜头为武器，投身于伟大的反侵略战争，记录下一幅幅战争年代齐鲁大地的壮阔画面。2020 年，《山东画

图1
1943 年 7 月
《山东画报》创刊号

图2
1945 年 8 月 1 日
《山东画报》

报》以传承红色精神为己任,策划了《战旗为什么那样红》中国人民志愿军抗美援朝出国作战 70 周年纪念专刊,该专刊通过 350 余幅珍贵影像,真实而直观地展现了志愿军战士在异国他乡战场上的爱国主义精神,回忆了那些最可爱的人。

在战争与革命的烽火中,《山东画报》用热血和生命劈开枪林弹雨,开启了回肠荡气、弥足珍贵的山东抗战影像。它以一本杂志的勇气和担当,书写了齐鲁战火中的传奇。在和平与发展的新时代,《山东画报》怀抱家国情怀,传承红色精神,抢救历史中的片段,留存硝烟中的故事,用实际行动铭记那段饱含热血的光辉历史!

二、记录时代 见证发展

《山东画报》有着记录时代变迁、见证社会发展的使命担当,以影像和文字记录了时代发展的一个个侧面,见证了山东重要历史时期的发展和进步。从抗日

图 3

1945 年冬，山东画报社时任主编龙实在津浦前线采访，拍摄侵华日军投降

图 4

1943 年，《山东画报》在莒南县创刊。图为八路军干部战士在阅读《山东画报》。在那个特殊的历史时期，《山东画报》是八路军干部战士最喜爱的学习和休闲读物

图 5

1944 年，攻打莒县时我军缴获了一辆自行车，此后的一年多时间里，山东画报社时任副主编白刃便一直骑着它采访，采写出大量珍贵报道

战争、解放战争、新中国建设，到时代人物、新世纪发展，再到新时代伟大复兴的历史征程，每逢国家重大事件，《山东画报》都会以重要栏目进行报道。它以影像的方式留下了珍贵的历史资料，成为历史记忆的见证者。

《山东画报》关注国庆、奥运会、亚运会、国际合作等国家大事，记录历史的重要瞬间和节点。例如《7·13，不眠之夜……》（图6）中记录了北京申奥成功后人们的欢呼雀跃，《谁持彩练当空舞》展示了山东脱贫攻坚实践中的动人色彩，《最美逆行者》记录了抗击新冠疫情中无数个逆流而上的背影，《百年芳华读初心》讲述了中国共产党人在100年非凡历程中的不懈奋斗……静止无声的影像配以简短的文字，打破了时空限制，记录下时代的印记。

除了直接表现重大新闻事件外，《山东画报》还通过特别策划、深度报道等形式，以微观的历史细节和生活侧面反映一个时代的集体记忆，展现出鲜明的时代特色。比如，《官桥——我省第一个露天煤矿》记录了广大干部群众斗志昂扬的建设热情，《农民大进城》展现了骑三轮车进城拉货的第一代进城务工人员形象（图7），《山东人在特区》描述了南下山东人在异乡艰苦创业的经历……《山

图6

图7

东画报》用影像记录社会动态，聚焦山东的发展变化，以典型人物和典型事件，透过事物的表象探究事物的本质，挖掘题材所蕴含的历史文化价值，深度呈现人民生活的点滴与社会发展热点。

三、聚焦人文 贴近生活

著名摄影家胡武功曾说："人是历史的主体，更是摄影的主体。"《山东画报》在几十年的办刊过程中淬炼了聚焦人文、贴近生活的精神特质。人文情怀是对人民生活的细节概括，关注人民生活，以人为本，通过影像作品传递丰厚的人文情感。尽管个体的影像看似微不足道，只是个人或家庭的经历，却在不经意间折射出一个民族乃至一个国家的历史。

《山东画报》在记录时代洪流的同时，也通过镜头瞬间定格人物的时代风貌，或以影像聚焦细小、微观的世间百态，反映齐鲁大地人民真实的生活状态。在600余期的封面影像中，人物肖像占据了半数以上，涵盖了不同时代背景下工人、农民的日常生活风貌，以及政治、科研、影视、文艺、商业、体育等领域有突出成就的山东人物形象，"人"始终是其影像聚焦的中心。

《山东画报》最擅长的影像传播方式是将照片与文字有机地结合在一起，凝结成一个感人至深的故事，即图片故事。1982年5月，《山东画报》刊发了《玲玲开拓的路》一文，讲述了高位截瘫的张海迪奋发图强的故事，引起了社会的强烈反响。随后，中共中央发出了《向张海迪同志学习的决定》，年仅 28 岁的张海迪被树立为楷模，被称为"80 年代的新雷锋"和"当代保尔"。20 世纪 90 年代发表在《山东画报》的图片故事《父亲》，拍摄济南郊区的一位农民父亲要把自己的肾捐给身患尿毒症的儿子。长达十年的拍摄成就了一组生命传递的赞歌，深度诠释了父亲的责任与担当。这组稿件以朴素而温情的独特方式记录了生命延续的力量和真情瞬间。用这组作品的作者、山东画报社原总编辑谷永威的话说："拍故事的过程是艰难的，它需要作者富有韧性，更需要作者投入感情。有的故事要关注几年才能完成，这就要求作者不能急功近利。这种关注也是对自己心灵的磨炼。"这不仅是摄影师的独白，更像是一代代画报人真情投入与影像坚守的深情告白。

四、齐鲁窗口　在地呈现

《山东画报》作为一份地方省级画报，始终坚持"为人民服务、为社会主义服务"的办刊宗旨，立足齐鲁大地，服务山东社会。注重优秀传统文化传承与齐鲁文化传播，通过各具特色的在地化创作和深度呈现，展现齐鲁大地独特的人文地理景观和文化风貌。

作为历史文化大省，山东拥有诸多自然与文化遗产，从泰山之巅到黄河入海，从齐国旧都到孔子故里，《山东画报》通过在地化的影像策划与创作，将齐鲁大地千年文化的熏陶凝聚成人文地理的特色。透过一张张影像，读者不仅能感受到山东大地的齐鲁文化，还能在细微之处体会到山东人民的人文情怀。

《山东画报》曾策划编辑数百种专题，为树立山东形象，讲好中国故事，传播中国声音提供了鲜活的影像样本。不同地域的文化孕育了不同的风土人情，除了济宁的孔孟文化外，还通过各种形式展示了济南泉水、胶东渔家、临淄蹴鞠、潍坊风筝、菏泽牡丹等山东独特的地域文化。画报的影像取材于山东本土，展示了山东社会各地区、各领域的人文风貌，实现了在地化影像创作与地域性文化呈现。通过这样的双向奔赴，读者可以更深入地了解厚德齐鲁的文化底蕴，感受山东地域文化的丰富和多样性，也使得《山东画报》成为擦亮山东文化的亮丽名片。

五、抓住机遇 迎接挑战

随着新媒体的崛起、网络技术的迭代以及 AI 影像的出现，传统媒体的地位和影响力受到了冲击，但熙熙攘攘的新媒体环境并不意味着《山东画报》失去了其独特的价值和魅力。

《山东画报》作为传统媒体，在新媒体的蓬勃发展下，面临着前所未有的挑战。一方面，随着技术的迅速演进和摄影门槛的降低，人人都可以凭借手机在网络平台上发声，传统媒体在时效性、市场化和传播力等方面遭受到短视频的冲击。另一方面，平面影像的实用性、功能性价值，逐渐被快节奏、便捷的新媒体影像消解与转移，对于画报平台来说，也是不小的损失。但挑战与机遇并存。在新媒体的围追堵截下，快速的生活节奏更需要影像的深度专注，凝视会留给观众更大的主动思考空间，平面媒体的深度呈现则显得更为重要。同时，这将"倒逼"摄影师重新思考当代摄影创作的重心和方向，也为画报的影像坚守和深度坚持提供基础保障。

《山东画报》在影像坚守与深度坚持的发展中仍具备巨大的潜力，只要能够紧跟时代的步伐，勇于创新和变革，它定能够在新媒体的浪潮中脱颖而出，焕发新的生机和活力。

面向新时代，"纸媒将死、图文衰退"的论调，无法阻挡越来越多元的精神文化需求和读者受众细分的现实。相反，通过凝视影像作品所获得价值和意涵的审美愉悦，翻阅杂志书本的油墨清气，通过字里行间，去探寻诗和远方的梦想追求，是其他媒介所无法比拟的。

算法·伪造·涌现：AI 生成影像的逻辑理路、现实境遇与未来图景

高　佳

　　从电视、电脑、智能手机、智能汽车到智能家居，我们生活被屏幕环绕，人们主动或被动地介入一个由屏幕链接的世界当中[1]，人们利用屏幕认识现实世界、创造虚拟世界，屏幕已成为信息获取、娱乐生活、文化表达甚至生产生活的核心媒介。这种数字屏幕的普及和广泛使用不仅改变了我们与世界互动的方式，也深刻地影响了信息的产生、传播和消费模式。2022 年年底，随着新时代的"珍妮纺纱机"[2]——ChatGPT 出现，AI（Artificial Intelligence，人工智能）内容生产大模型井喷式爆发，2023 年 12 月 OpenAI 公司的 ChatGPT 作为首个非人类破例入选《Nature》杂志年度十大人物（Nature's 10）[3]。屏幕内的人工智能自我生产内容开始萌芽，人工智能时代初显端倪，我们似乎已经开始踏入曾经想象中未来世界的门槛，AI 在屏幕内，我们在屏幕外，屏幕两边隔着的是两个完全不同的维度。

　　"屏幕生产"不仅仅是数字时代的一种特征，更是我们日常生活中无法回避的现实，这一概念涵盖了从社交媒体上的信息分享，到在线视频平台上的内容创作，以及通过各类数字媒体在屏幕上呈现的文化产品。近两年，ChatGPT、Stable Diffusion、Midjourney、DALL·E 2 等各种 AI 生成平台快速崛起，人们能够输入

---

[1]　参见游江《屏幕生存时代的思考与表达》，《美术观察》2017 年第 12 期。

[2]　1765 年 James Hargreaves 发明"珍妮纺纱机"极大地提高了生产率，标志着第一次工业革命的开始。

[3]　"Nature's 10: Ten People (and One Non-human) Who Helped Shape Science in 2023", *Nature*. Vol 624, No. 7992, Dec. 2023, P495.

792

文字文本或者根据图像风格来生成令人惊艳的图像和视频。在这个数字屏幕媒介下，信息和影像的创造和传播变得前所未有的便利和高效，也给我们带来了诸多挑战。

一、数据黑箱：AI 生成影像的逻辑理路

AI 生成影像的技术逻辑远复杂于人们理解的"拼接""汇编"等概念，屏幕如同 AI 生产中的"黑箱"，AI 生成影像的过程中，屏幕前的人们只知道屏幕上输入的指令、屏幕上生产的影像以及两者之间的关系，却不明白其内部结构的系统和其生发的过程。从某种程度上来说，只有了解 AI 生成影像的逻辑理路，明晰其算法机制和内部生成过程，我们才会明白 AI 如何进行影像生成，以及 AI 生成影像的主体是谁。

（一）运行逻辑：AI 生成影像的算法模型

2014 年深度学习算法横空出世，标志着机器学习领域的一场革命，卷积神经网络技术（CNN 或 ConvNet）、生成对抗网络（GAN）和扩散化模型（DDPM）等深度学习算法在过去几年取得了重大突破，各种人工智能图像生成模型纷纷上线，AI 生成影像获得跨越式发展。从卷积神经网络技术开始，计算机能够提取图片特征，使得计算机具备了强大的"感知"能力，电脑能够识别图片中的内容，计算机进入识图时代。此后，生成对抗网络和扩散化模型等技术的出现，使得 AI 绘画成为可能并逐渐完善。

生成对抗网络由生成器和判别器两部分组成，形成了一种无尽的对抗循环，就如同一位造假的画家与鉴定专家之间进行无尽博弈。这种对抗不断推动彼此提升，最终创造出一种几近真实的虚构品，让鉴定者难以凭借确定的标准判断真伪。然而，这一算法存在一个严重的问题，即生成的内容实质上是对现有内容无限逼近的模仿，而这种模仿意味着无法真正突破，这一问题目前也被扩散化模型克服。

AI 绘图生成中的一个有趣现象是，与大多数人类采用"先骨架再细节"的作画方式不同，AI 生成影像在视觉呈现上表现为"先模糊再清晰"，这正是扩散化

模型的独特工作原理——"扩散"。扩散化模型通过在图像上逐渐添加噪点，使得像素的色值逐渐扩散，直至形成一张看不出噪点的图像，这一过程类似于墨水在清水中扩散的过程，然后进行逆变还原的训练。经过无数次的扩散还原训练，模型能够生成准确的匹配关键词和特征向量的图像，同时保留一定的"自由发挥"随机性，使得 AI 在图像生成领域展现出更为多样化和富有创意的潜力。

随着进入大模型时代，数据库和学习量的指数级增长，"大力出奇迹"般的量变产生质变，生成式 AI 出现蜕变，AI 作画能够以假乱真，开源的程序也让普通人可以进行 AI 创作，AI 作画的时代已经到来。除了生成对抗网络和扩散化模型等技术，还有一些其他的技术方向，如流模型（Flow）和变分自编码器（VAEs）等，这些技术各有优劣。尽管如此，研究者们在不断努力改进和创新，未来的发展方向包括提高稳定性、提高生成样本质量、提升模型的建模能力以及加快训练和生成速度，以更好地满足实际应用中的需求。未来 AI 会发展到什么地步，我们依然无法预测，甚至无法理解。

（二）主体逻辑：AI 生成影像的价值尺度

本雅明（Walter Benjamin）在《技术复制时代的艺术作品》中提到，摄影出现后基于人类创作者产生的作品"灵韵"（Aura）[1] 消失了，而在 AI 时代的影像已经从本雅明的"机械复制时代"到达屏幕生成的"人工智能复制时代"，AI 生成影像的过程几乎将"人"排除在外，其不需要专业人员提供技术支持，只需用户使用"提示词"（prompts）的方式进行描述。这就触及一个核心议题：生成式 AI 会不会冲击人类创作者的主体性。

AI 生成影像虽看似由算法、模型和网络直接生成，但其依然体现人类的主体意识，AI 生成影像的各个环节都离不开人类的参与。首先，在 AI 生成技术背后的是人类的创造力和智慧。程序员和研究者在算法的设计、训练和优化中扮演着至关重要的角色，通过选择适当的算法结构、调整参数以及庞大的数据库的处理训练，影响生成图像的质量、风格和创造性。由于其目前的系统设计和数据构

---

[1]　　[德] 瓦尔特·本雅明：《技术复制时代的艺术作品》，胡不适译，杭州：浙江文艺出版社，2005 年。

成，AI 生成的影像目前也依赖于人类创作的符号性内容，是人类视觉文化的耦合性产物，无法脱离人的感知与表达。

其次，AI 生成影像的结果取决于创作者的观念认知、转译能力以及丰富的图像经验。目前任何 AI 生成影像作品的创作，都不是通过其背后的神经系统或是算法模型独立完成，而是需要人来进行指令输入。创作者首先面对生成界面，必须将自己的想象力形成一个图像的大致创意和轮廓，然后再组织成文字语言描述，这种想象的启动，必然携裹着创作者本身的记忆与经验以及趣味。从生成的风格、色彩、形象、内容等特定指令的要求，到最终呈现的作品选择，无不体现了创作者的主观意识、情感投射和理性精神。这种互动使得生成的影像成为用户与技术之间的共同创造物，离开了人类的这些彰显着强烈主体意识的特定指令，现阶段的 AI 无法自主启动影像生成。[1]

最后，伟大的作品之所以伟大，除其本身的主体性存在之外，更因为观众从中汲取并赋予的情感和含义，一件作品诞生后便不再囿于作者的笔下，而是在读者的诠释当中不断前行。正如 1969 年罗兰·巴特喊出的"作者已死"，虽然生成式 AI 对于简单的绘画、编曲、推理、演绎等方面的表现，已经完全不逊色于人类，但作品的创作并不是以作者为中心，封闭完整的单一个体，观者对文本的诠释，同样意义深远，只要 AI 创作出的作品受众依然是人类，人类的主体性便不会消失。

AI 生成影像也受到整个社会和文化的影响，其生成的内容反映了训练数据中的社会特征和文化元素。AI 生成影像的指令输入者是人，生成影像的欣赏者也是人，AI 生成影像的各个环节，都有赖于人类主体的参与，这些作品又同时显现出审美价值，人才是 AI 生成影像的价值"元尺度"[2]。

[1]　　　参见马立新、杨冬妮《能作诗的 ChatGPT 能否称得上艺术创作主体》，《内蒙古社会科学》2023 年第 44 卷第 4 期。

[2]　　　喻国明、滕文强、苏芳：《"以人为本"：深度媒介化视域下社会治理的逻辑再造》，《新闻与写作》2022 年第 11 期。

二、赛博魔盒：AI 生成影像的现实境遇

正如马克思所说，"在科学的入口处，正像在地狱的入口处一样，这里必须根绝一切犹豫，任何的怯懦都无济于事"[1]。对于一项新出现的颠覆性技术——AI 到底应该什么时候加以技术、法律或是道德的介入和限制，是一道经典的"科林格里奇困境"[2]，一项技术如果担心不良后果而过早实施控制，那么技术就很可能难以爆发，但如果控制过晚，当它已经成为整个经济和社会结构的一部分时，就可能走向失控甚至难以或不能改变。生成式 AI 的出现如同打开智能时代的"潘多拉魔盒"一般，人们的好奇与恐惧应运而生，每一次革命性的产业升级似乎伴随大规模的市场淘汰，这种充满无奈的焦虑往往演变成一系列的争论。不当使用 AI 者的行为加剧了社会对 AI 的担忧，道德与法律问题引起了社会对其使用的关切，这些也为反对者提供了抵抗的理由。继围棋这一"人类最高智慧的结晶"被 AI 攻克后，涉及人类核心系统的文化生产到底能不能被 AI 学习和解构，不同视角相互糅杂，或是期待，或是恐惧，道德、人文关怀、艺术伦理甚至对人类主体性的冲击与思考在其中探索延伸。

（一）深度伪造：AI 生成影像的冲突起点

生成式 AI 的技术路径，映射出汉娜·阿伦特所提出的"平庸之恶"（The Banality of Evil），在意识形态机器下无思想、无责任的犯罪，一种对自己思想的消除，对下达命令的无条件服从，对个人价值判断权利放弃的恶。AI 产生的影像和内容大概是基于"人类已有创作"的平均值生成，具有巨大不确定性的"概率游戏"，这种模式在实践中极有可能产生低质和虚假的信息，使得内容平庸化、知识民粹化，甚至形成各个垂直领域当中的"多数人的暴政"，一切都缘于 AI 技术过于幼小而又过于强大。

有图未必有真相，AI 生成影像进入新闻领域后，海量利用人工智能技术来操纵或生成更具欺骗性的深度伪造影像出现，由于伪造的新闻内容大都涉及社会名

[1]　马克思:《〈政治经济学批判〉序言》,《马克思恩格斯全集》第三十一卷，北京：人民出版社，1998 年，第 415 页。

[2]　Collingridge D, *The Social Control of Technology*, London: Frances Pinter, 1980.

人或重大事件，一经发布即可在网络上形成病毒式裂变。比如，2022 年 8 月一张重庆山火中"穿越火线"的摩托车影像在社交媒体刷屏，据《中国青年报》报道，摄影师小影在朋友圈发布时曾说明影像为后期制作，并非真实现场的图片，但随即便被自媒体转发传播无法控制，最后原作者发文致歉。不只是国内才有这样的情况，2023 年 3 月 AI 生成的美国前总统特朗普被警察逮捕和戴着手铐的影像，在世界各大社交媒体内疯传，引起公众巨大关注，很多人信以为真。2023 年 11 月日本一名男子借助 AI 技术制作的日本首相岸田文雄的假视频在网上疯传，据日本《读卖新闻》报道，该视频不仅带有日本电视台的台标和"突发新闻"字样，还让"岸田"模仿线上发布会的样式，西装革履地发表讲话，一天内播放量已超过 230 万次。该男子在接受采访时表示，借助 AI，视频制作全程仅用了 1 小时。目前，国外一家追踪网络谣言的组织 News Guard 报告称，目前有 49 个所谓的新闻网站，其内容几乎完全由人工智能软件生成。

除去传播媒介中利用 AI 影像冒名顶替，人为捏造信息的主观恶意造成的威胁之外，单纯将生成式 AI 大规模投入使用，同样将伴生一系列的问题，如利用 AI 影像换脸"造黄谣"挑战伦理道德，利用 AI 影像换脸破解 APP"人脸识别"威胁网络安全等等。由于大模型往往使用采集自互联网的海量数据进行训练，由于互联网用户和内容成分复杂，这就导致采集到的数据可能包含大量伪造的、有偏见、过时的内容，且由于数据规模过大，各种述存在问题的内容难以被完全分析和筛除。在 AI 生成影像技术性局限下，存在系统性认知偏见、刻板印象、虚假信息等问题，进而引发社会歧视与标签化、竞争和垄断性、安全与隐私性、道德与伦理等方面的社会问题。随着人工智能技术的不断革新，媒体的产业格局及生产流程正在被重塑，媒体平台和生成式 AI 融为一体，已经逐渐构建起了一套自主采编、自主生成、自主播报、自主传播的智能化系统，而一旦传媒被 AI 彻底攻破，教育、司法研究领域的颠覆性变革，也就提上了日程，AI 统治人类的前景并非危言耸听。

（二）社会挑战：AI 生成影像的观点争论

2023 年 10 月 27 日被称为国内 AI 著作权第一案的"小红书百家号侵权案"做出一审判决，北京互联网法院审理认为涉案人工智能生成的图片具备"独创性"要件，体现了人的独创性智力投入，应当被认定为作品，受到著作权法的保护。在世界各国对 AI 作品法益的认定严谨而又激烈讨论的时代背景下，这一典型判例代表了我国法学界对生成式 AI 的态度。与法学界对生成式 AI 法益的谨慎讨论不同，互联网环境中关于 AI 的讨论语境，则是充满了对限制、阻止，甚至破坏 AI 发展和使用呈现出近乎一面倒的笃定，而在这种看似同仇敌忾的表面共识之下，不同群体不同认知水平，出自不同立场和视角的"AI 抵制"，呈现出了一片貌合神离的混沌景象。

在争议蔓延到法学界之前，学界关于 AI 生成物的作品属性争议便由来已久。持肯定观点的学者认为，与早期 AI 生成内容不同，stable diffusion、GPT-4 等新型人工智能生成的内容中，其体现的智力属性远胜于前。在外在表现形式上，其生成的影像与文本，更符合人类创作作品的表达，能够更清晰地传递图像、信息和思想；在内部运行的原理上，其生成的内容，也体现出了一定意义上的智力创造性，能够对人类的认知实现替代和补强。"在这个视野和逻辑下，智能机器成为传播新媒介，不只是新的渠道，而且是新的传播主体、新的组织逻辑、新的建构力量。"[1]

但与此同时，持否定观点的学者则认为，生成式 AI 创作过程中，通过数据挖掘技术大量借鉴、学习、模仿了人类先前创作的作品，只是在已有基础上进行重组和再创作，尽管生成式 AI 大模型，可以通过不断学习，具备逐渐创造的外壳，但其技术属性始终不会改变。AI 生成内容源于算法程序的驱动，缺乏人的创造性思维体现，因此难以构成作品，其错误和冗余的内容生产会导致人们的认知出现偏差。

虽然在学术界，持肯定 AI 的观点正在逐渐占据上风，但现实生活的实践当中，国内外均更倾向于较为保守的"纯 AI 生成内容不构成作品"的观点。目前，虽然已有数百本借助生成式 AI 大模型撰写并署名的书籍出版上架，但是国内外多本顶级学术期刊，均已明令禁止将生成式 AI 大模型列为论文作者，如 2023 年 12 月 21 日中国科技部监督司发布《负责任研究行为规范指引（2023）》明确"不得

---

[1]　周葆华：《或然率资料库：作为知识新媒介的生成智能 ChatGPT》，《现代出版》2023 年第 2 期。

将 AI 列为共同作者"[1],《科学》杂志的主编霍尔顿·索普宣布,"任何生成式 AI 都不能被列为文章作者",《自然》杂志也在允许作者写作过程中使用 AI 大模型的同时,禁止将 AI 列入作者名单。[2]我国判决的 AI 著作权案中对著作权的认定也更倾向于人的独创性智力投入,而非 AI 工具本身。

面对高度超越人类认知的 AI 生成影像,如同工业革命时期体力劳动者指责机器剥夺了他们的工作一样,脑力劳动者也在指责生成式 AI 剥夺了他们的机会,在这场全民大讨论中形成了一个个竖向切分的局部战场。人类已有的作品是否如同自然世界中的实在之物可以被学习汲取和模仿,和纺织工人的体力劳动相比,脑力创作者的劳动诚然门槛更高,但是否有着本质上的高贵,与工业革命时期纺织工人与工业机器的矛盾激化,砸烂纺织机的"卢德主义"运动类似,AI 生成影像的反对者掀起了智能时代的"卢德运动"。

(三)毒丸计划:AI 生成影像的反抗抵制

AI 点燃全球创作浪潮的同时,也遭到部分专业创作者的抵制。当投喂 AI 的是你声音、你的形象、你的作品、你的内容时,你还愿意称它为进步吗? AI 生成影像和真实作品的边界,似乎已经变得越来越模糊了,在时代发展的宏大叙事中,个体反抗爆发。借由 AI 侵权之名,国内外社交媒体掀起了一场反 AI 的抗议。

2023 年下半年开始,一些激进的对抗生成式 AI 和 AI 影像人士们组成团体开展"AI 毒丸计划",反对者对互联网中的信息以及图片无差别投毒。由于计算机算法和人力的速度相差悬殊,最终选择通过 AI 工具向图片中植入人类肉眼无法分辨的信息污染 AI 数据库,如芝加哥大学研究团队开发推出的 Nightshade AI,旨在解决与人工智能(AI)模型侵犯版权和未经授权使用艺术品相关的问题,使得抓取到这些有毒数据的大模型,输出扭曲的、错误的结果。令相当一部分人拍手称快的 AI 下毒,不是因为 AI 太弱,恰恰是因为 AI 足够强,能够识别到人类无法识别的信息,从而受到影响。在这场 AI 生成影像的攻防战中,通过肉眼不可见的像素改动污染 AI 抓图之后的数据库,测试结果显示,吸收了这些"毒图"的 AI 生

---

[1] 中华人民共和国科学技术部监督司:《负责任研究行为规范指引(2023)》,2023 年。

[2] 李木子:《AI 能列为论文作者吗》,《中国科学报》2023 年 1 月 20 日,第 1 版。

成的图片出现了驴唇不对马嘴的错误，引发了对 AI 技术安全性的关切。但是在技术进步所带来的潮流中，人们被迫选择使用 AI 对抗 AI，反抗者所倡导的人类绝对主体性或许已经出现裂痕。

每一次颠覆性、革命性的技术变革，都会有反对者，反对者中都会有一批激进的人搞破坏，这是新技术、新科技想要发展的必由之路，也就是如何去应对这种破坏。技术对抗的过程也是优化升级的过程，没有什么防火墙是绝对可靠的，随着技术的升级，这道墙必然在斗争中不再牢固，AI 生成影像的发展道路不会受限于此，"潘多拉魔盒"是无法关闭的。生成式 AI 正以洪水猛兽之势，席卷了我们生活中的各个领域，AI 生成影像目前正在改写有关以图像为媒介的相关行业底层逻辑，并会在肉眼可见的将来，彻底重塑一系列领域，塑造新的生产模式和新的行业道德。相较于"数字乌托邦"或是"技术怀疑论"而言，从伦理、法律、技术等层面创造"有益的人工智能"[1]才是重要之举，如何引导技术为人类受益才是重要议题。

三、算法革命：AI 生成影像的未来图景

当我们仰望星空，心中充满对未来的无限遐想时，AI 的未来图景无疑是这幅宏伟画卷中闪耀的一笔。"数字媒介带来的传播革命正根本性地重构着各种社会关系、改造着社会基本形态。"[2]2023 年 10 月 28 日，谷歌"深度思维"团队在《自然·通讯》发布的论文当中显示"人工智能体已经展现出，在第一次见到的任务中，极其迅速地模仿人类专家，并且高效可靠地获取来自人类搭档知识的能力"[3]。当大众的目光还放置在一个个局部战场的时候，但是 AI 无法想象的迭代速

---

[1]   [美]迈克斯·泰格马克:《生命 3.0》，汪婕舒译，杭州:浙江教育出版社，2018 年。

[2]   喻国明、耿晓梦:《"深度媒介化":媒介业的生态格局、价值重心与核心资源》，《新闻与传播研究》2021 年第 28 卷第 12 期。

[3]   张梦然:《能迅速模仿人类专家的智能体出现》，《科技日报》2023 年 11 月 29 日，第 4 版。

度可能会直接终止这场战争。

（一）智能涌现

人工智能在其无法理解的领域表现出的并非茫然无措，而是以似是而非的胡编乱造进行回答，这个行为本身就足以令人浮想联翩。这种 AI 一本正经胡说八道的行为，早在生成式 AI 之前的聊天机器人阶段就已经露出了端倪，AI 煞有介事地错误回答，这种现象被学术界称为"AI 幻觉"，即 AI 会生成貌似合理连贯，但同输入意图不一致，同世界知识不一致，与现实或已知事件不符或无法验证的内容。这种由 AI 自行编织的谎言，揭示出了生成式 AI 所具备的一项前所未有的能力——"涌现"（Emergence）。

当一个复杂系统由很多微小个体构成时，这些微小个体凑到一起相互作用，当数量足够多时，在宏观层面上展现出微观个体无法解释的特殊现象，就可以称为"涌现"，主要特征表现为非加和性和非线性[1]，其个体间相互影响以及低级到高级的进化不可预测。当生成式 AI 在训练参数和数据量达到一定阈值之后，便会出现不可预测的"涌现"，并随之进化出基于因果关系的上下文学习和思维链，让其能够从个体案例当中自主学习，并从中逐渐获取解决问题的能力。丹尼尔·卡尼曼将人类思维描述为由两个系统组成，一个快速、自动并且无意识的；另一个是缓慢、刻意和深思熟虑的[2]，AI 在"涌现"的过程中甚至可能参照了人类的两种思维，例如某些特定要求的指令，AI 可能在简单思考的基础上，输出错误影像，但通过正确的指令和描述，却可以让 AI 进行一定程度的逻辑推演解决问题，得出正确的影像。

目前，AI 大模型之间初具智能关系体的形态，具备了与人类、机器和模型系统之间交流的可能性，如想要模仿一个影像的风格，可以将影像提交给 GPT 形成关键词指令输入 Stable Difusion 中生成影像，这种关系的交往也体现了一种社会性的特质。"未来理想化的人机关系将是一种人机共融与共荣的状态，一方面是智

---

[1]　　参见［美］约翰·霍兰《涌现：从混沌到有序》，陈禹等译，方美琪校，上海：上海科学技术出版社，2006 年，第 127—128 页。

[2]　　参见［美］丹尼尔·卡尼曼《思考，快与慢》，胡晓姣、李爱民、何梦莹译，北京：中信出版社，2012 年。

能体在双向循环机制下的演化提升，另一方面是人类在交往中被赋予更大的认知可能性和行为自由度。"[1]

（二）人机交融

从传统时代的专业生产内容（Professional Generated Content，PGC），到互联网时代的用户生产内容（User-generated Content，UGC），再到人工智能生产内容（Artificial Intelligence Generated Content，AIGC），生成式 AI 已经在事实上无可辩驳地成了一种强而高效的辅助生产工具，可见的未来，多模态内容生产且具有认知交互能力的 AI 生成影像会充斥我们生活的信息世界。AI 生成影像因其技术性和开放性赋予了其去中心化的特点，能够赋能普通用户，打破传统影像生产格局以及精英主导的创作壁垒，弥合人与人之间的信息差和能力差，在一定程度上消解社会群体之间的知识水平差异促成影像生产主体的多元化。AI 生成影像的概率性和"涌现"性，将会让个体创作者从技术中解脱出来，走向创造性工作，为 AI 提供逻辑推理和认知策略的想象能力、描述能力和推理能力将会是创作者的重点。与短期的产业转型阵痛相比，长期来看，产业颠覆性的变革带来的是生产力极大丰富、生产门槛极大降低，进而导致需求端的旺盛增长。纺织品市场如此，工艺品市场如此，影像和艺术等内容市场亦是如此，AI 的发展将进一步扩大对高质量影像的需求，对内容和艺术的需求与其说是已经饱和，不如说是受生产力和成本的限制，只能居于庙堂之上。在金融、营销、医学、材料学、数据学、工业设计、互联网等领域应用场景丰富，已经出现了大规模的产业端实际应用。"新媒介将以新的连接、新的标准和新的尺度构造新的社会，实现社会的再组织。"[2]

AI 的基础能力包括了效率工具，但效率并不是科技的全部。2013 年，一部写实类科幻电影《HER》上映，电影中关于 AI 的很多幻想如今在短短十年间已经基本实现。影片中准确描述了大模型的功能，如生产影像、修改文章、聊天对话

[1]　喻国明、苏芳：《范式重构、人机共融与技术伴随：智能传播时代理解人机关系的路径》，《湖南师范大学社会科学学报》2023 年第 52 卷第4 期。

[2]　[加拿大] 马歇尔·麦克卢汉：《理解媒介：论人的延伸》，何道宽译，北京：商务印书馆，2000 年，第 209 页。

等，与目前大模型相似，电影中的 AI 并没有实体，脱离了单个屏幕的限制，而是仅仅依赖统一的大模型来完成与所有物联设备的多模态交互系统。生活场景中的每个智能设备都构成了 AI 躯体的一部分，这或许可以被看作生成式 AI 发展的理想方向，这种个性化的人机协同 AI 在满足人类需求的同时，或许也会在知识层面反哺人类认知。AI 之父艾伦·图灵在论文《计算机器与智能》(*Computing Machinery and Intelligence*)中说："人工智能的初衷，就是研发出一种能够像人类一样思考的机器，让它们完成人类所能以及所不能完成的工作。"在生成式 AI 与万物互联甚至与人脑进行脑机互联的进程中，每一个进步带来的震动都是目前的我们所无法猜测的。

四、结语

"一种新的媒介会横空出世，其身上势必具备某些旧媒介无法企及的优点，并可以将人类引领至一个崭新的文明之中。"[1] 从屏幕观看到屏幕创作，再到屏幕生产乃至未来或许脱离屏幕这一媒介，技术爆发的浪潮已经来临，或许在星辰大海的未来人类看来，目前的我们还生活在新石器时代。聚焦当下保持清醒，抱怨、控诉甚至怒斥无法阻挡 AI 的车轮碾来，而个体高度可复性的工作，在这个脑力劳动逐渐体力化的时代背景中，已经渐渐无法凭借所谓的"学习门槛"待价而沽；展望未来拥抱变革，真正从 0 到 1 的创造力、想象力以及逻辑思辨能力，可能会成为 AI 时代至关重要且无法取代的关键。倘若真的到了以上这些都可以被 AI 取而代之的那一天，那么人类这个闪耀着光芒的族群，是会选择奋起反抗重回巅峰，还是已经完成了他的历史使命、功德圆满，也就不得而知了。与此同时将视角放大，AI 时代也是中国弯道超车的机遇，这场百年未有之大变局，已经在东方若隐若现，而我们已经站上了历史舞台。

---

[1]　　[加]哈罗德·伊尼斯：《传播的偏向》，何道宽译，北京：中国人民大学出版社，2013 年。

论中国式现代化进程中的影像力量

高 佳

习近平总书记指出，中国式现代化是人口规模巨大、全体人民共同富裕、物质文明和精神文明相协调、人与自然和谐共生和走和平发展道路的现代化。[1]自新中国成立以来，中国摄影艺术一直与国家、民族和人民的发展密不可分。在中国式现代化进程中，摄影作为一种重要的文艺创作形式，扮演着重要的角色，为推进、推广和见证中国式现代化进程作出了巨大的贡献。从抗日战争时期的红色影像，到新中国成立后的百花齐放，再到改革开放后的多元融合，中国摄影艺术不断创新发展，不断拓展领域和形式，也反映了中国社会、经济和文化的发展变化。通过摄影艺术的创作和传播，中国的现代化进程得到了更好的展示和推广，也为中国式现代化进程提供了珍贵的历史资料和文化遗产。可以说中国摄影艺术的发展历程，既是中国文化的发展历程，也是中国现代化进程的见证和推进历程。

一、扎根人民生活：影像中人口规模巨大的现代化

中国式现代化的独特性首先体现在其深厚的人民立场，这一进程以人民为中心，着眼于人民利益和需求，持续改善人民生活条件。无论社会如何变迁，生活

---

[1]　习近平:《高举中国特色社会主义伟大旗帜　为全面建设社会主义现代化国家而团结奋斗》,《人民日报》2022 年 10 月 26 日, 第 1 版。

如何提升，中国现代化始终围绕人民福祉展开，以提升全体人民的生活水平为核心目标。在这一宏大进程中，影像如一面澄澈的镜子，真实地映照出人民生活的多样面貌。摄影作为一种既具直观性又富记录性的艺术形式，不仅能捕捉生活瞬间的细微变化，呈现真实的生活脉动，还在展示中国式现代化的变革和发展方面发挥了至关重要的作用。通过影像记录人民生活，能够更为生动地展现现代化进程中的转型与进步。社会主义文艺的根本立场在于服务大众，人民既是文艺创作的核心主题，也是其灵魂所在。

中国式现代化的根本价值取向是人民，影像作为直接反映现实生活的艺术形式，自诞生之始便与人民紧密相连。20世纪80年代，中国"纪实摄影"兴起，由于历史、文化、制度和社会环境的不同，中国的纪实摄影注重反映文化价值和人文关怀。历经40余年的发展，中国纪实摄影师在文化自觉中探索，中国纪实摄影快速发展壮大，凭其强大的精神共鸣、求真的文化品质和对社会的改良功能，迅速崛起并占据了影像话语权高地。新中国成立后，在中华民族伟大复兴的历史征程中，每个时代发展过程中，都有一批纪实摄影师专注、扎根、见证人民生产生活，以人民视角展现中国式现代化进程。这些摄影师通过记录人民的生活状态和生活环境，映衬中国式现代化进程中的变化和发展，发掘人民生活中的文化元素和人文情感，体现对人民的关怀和认同。在深入观察记录和批判反思的过程中，呼吁社会关注弱势群体，促进社会的和谐发展。纪实影像不仅为人们提供了观察和理解中国式现代化的视角，还提供了珍贵的历史记录和文化资料，对于中国式现代化走深走实具有重要的参考和借鉴价值。

20世纪80年代，李晓斌以"平民历史观"为出发点，开创了中国摄影的"平民视角"，通过记录普通人在历史时期下的形象，展现社会历史的变迁，其摄影集《变革在中国：1976—1986》集中体现了其坚持的平民主义眼光。朱宪民以"文化寻根"为视角，深入记录黄河两岸百姓日常，以现场抓拍的方式记录了故乡父老乡亲的生活情况，其拍摄范围涵盖整个黄河沿岸，摄影集《黄河百姓：朱宪民摄影专集》集中体现了他自身对于民族文化与民族身份的强烈认同。[1]这两

---

[1]　禹夏：《中国纪实摄影与平民意识的表征实践（1976—2014）》，博士学位论文，浙江大学，2015年，第96—99页。

位摄影师都具有创新精神和时代意识，他们的作品具有重要的历史和社会意义。他们的不同视角和方法为后来的摄影创作奠定了基础，同时也深刻影响了中国摄影文化的发展与传承。他们以不同的视角和方法记录了当时中国社会和人民生活，展现了普通人的价值和力量，呈现了生动的历史图景。

20世纪90年代后，随着改革开放的步伐，我国现代化进入全新阶段，城市规模不断扩张，现代化进程中街头的日常生活、人民的生活转变、不同的社会群体都成为关注焦点。如侯登科与张新民都专注于中国现代化进程下的农民"迁徙"生活，通过对农民和民工的深入了解，捕捉他们的坚韧与辛酸，有着浓厚的人文寓意。侯登科追逐关中平原的麦客迁徙，耗尽毕生精力用《麦客》为"下苦人"立传，见证了在现代化农业发展下，麦客群体的命运走向，将自己的生命体验融入麦客群体，完成其自身对农民的理解和身份的认同；张新民则采用田野调查的方式，在其作品《包围城市——中国农民向城市的远征》中，剖析农民离开世代生活的土地进城的原因，描摹中国农民流向城市并立足的艰难过程，见证民工向城市迁徙的时代历程，为后人留下一份历史进程中的影像人类学样本。[1]与此同时，寻根文化思潮下，摄影人的拍摄地域开始探索中西部等少数民族聚居区，如黎朗用诗意化的影像对四川凉山州彝族生活状态捕捉记录，王征对回族在西海固地区生存状态与精神面貌的自觉记录与表达。

2000年后，中国进入现代化的快车道，人们的生活日新月异，对精神生活的追求也日益丰富，摄影不再是少数人的艺术，人民群众开始借助摄影自我表征。对此，专业摄影奖项与纪实图片栏目充分地进行接纳和包容，推促了自我表达影像的快速延展。"侯登科纪实摄影奖"是专业奖项的代表，越来越多业余摄影爱好者作为参评主力，第四届的171位参与者中，专业摄影工作者甚至不足10位，获奖者也大多为青年一代摄影人，如占有兵、董新立、韩超、苏呷此色等人。如占有兵拍摄自己身边农民工群体的生活"常态"，将自己18年东莞打工经历浓缩进图文书《我是农民工——东莞打工生活实录》中。与此同时，网络摄影传播平台也大量出现，为专业摄影人提供了更多更有影响力的传播渠道，也为人民提供了自我展示的传播渠道，如腾讯网分别开设展示日常生活的《中国人的一天》、

---

[1]　　林籽舟:《纪实摄影与中国城市化运动》,《今传媒》2012年第6期。

呈现底层生活的《活着》、侧重公益慈善的《存在》，新浪网推出侧重人物报道的《看见》和公益纪实栏目《尘世》等。网络平台满足大众视觉消费的同时也让无数个体生存状态充分呈现，推促社会改良，寻找到了切实有效的方式进行慈善公益，平民意识得以表征。

近年来，智能手机普及推动了全民摄影的浪潮，摄影成为最容易为人民所学习、掌握并创作的艺术形式，摄影从媒体独占走向多极化、日常化，成为人民生活中自然而又不可或缺的部分。摄影艺术和群众文化相互融合，通过平价设备与网络平台呈现去中心化趋势，通过网络平台进行影像发声，成为表达个体生存状态的渠道。中国摄影在百年发展中，影像逐渐成为普通人表达情感和思想的媒介，在现代化征程中展现出人民的自我生活。

新时代摄影从业者们用镜头聚焦真实的人民生活，把人民的生活和实践作为创作的源泉，将人民群众的生活进行记录传播。2020 年疫情暴发，影像记录了医护人员、志愿者和普通百姓的抗疫瞬间，见证了危急时刻国家的组织能力和人民的团结。中国摄影家协会主席李舸带队"逆行"武汉，为全国援鄂医疗队员拍摄，作品中传达出对医护人员的人文关怀，形成了鼓舞人心的舆论氛围。此外，各大媒体传播的影像还包含了来自各行各业普通民众的善举，构筑了国家温暖记忆，展示了感动世界的中国影像。影像的力量在于它唤醒民众，记录现代化进程中人民的奋斗与成长。

2021 年是中国共产党百年华诞，"百年·百姓——中国百姓生活影像大展"，从百姓的日常生活中节选四个时间节点，将相似的内容或场景，通过对比的形式置于一起，用有温度的影像，渲染时间的魅力。岁月钩沉，百年时间，沧海一粟，在时间的洪流中，每一座城市、每一个人和每一片土地，都有着属于自己的故事，而这些故事，往往深藏在城市的街巷、历史的见证者与自然的变迁之中。此次摄影展生动地展现了百年间中国百姓生活的巨大变迁，从衣食住行到生产娱乐，影像如实还原社会的变革图景，震撼而清晰地映照出中国现代化进程的步伐。展览通过镜头带领观众穿越历史、触摸现实，与这片土地展开深情对话，从往昔岁月的温馨回忆到今日生活的真实故事，再到对未来的美好守望，每一幅影像都引导观众感受时代的脉搏。影像的力量不仅记录了社会的变化，更见证了中国在迈向现代化过程中庞大人口所经历的独特历程，彰显出艺术在时代进步中的深刻意义。影像在深入生活、扎根人民中，见证中国人口规模巨大化的现代化进程。

二、诠释以人为本：影像中全体人民共同富裕的现代化

中国式现代化的核心目标之一便是全体人民共同富裕，这种现代化不同于西方发达国家少数人和精英阶层的资本主义模式，而是着眼于全体人民。新时代，以"全面建成小康社会"为目标，依托"脱贫攻坚""乡村振兴"等战略措施，为实现全体人民共同富裕开辟了新的发展路径，推动中国式现代化进入新阶段。[1] 中国摄影人紧扣时代主题，记录并见证全体人民共同富裕的现代化进程，展现了中国式现代化的鲜活实践。

脱贫攻坚和乡村振兴是我党为实现"两个一百年"奋斗目标而制定的重要战略。党的十八大后，扶贫脱贫进入新阶段[2]，习近平总书记多次深入贫困地区，作出一系列关于扶贫的重要指示，对扶贫脱贫工作给予了前所未有的重视。在脱贫攻坚的伟大历程中，摄影人深入一线、扎根基层，用镜头记录生动的脱贫故事，用影像定格鲜活的致富瞬间，逐渐绘就了脱贫攻坚的"全息影像"，展现了新时代农村的脱贫进程和生活新貌。

2016年，《新京报》首席摄影师陈杰拍摄并报道的"悬崖上的村庄"引发广泛关注，因其选材独特、题材典型、内容深刻、方式独特，对社会产生了深远的影响。该村庄位于四川凉山彝族自治州昭觉县支尔莫乡阿土勒尔村，海拔超过1400米，垂地距离约800米，是一个悬崖上的村子。村中孩子上下学需爬17条垂直悬崖的藤梯约2小时，村中年轻人大多外出务工不愿返乡，少数村中老人甚至终身未出山区。"悬崖村"一经报道便引发政府的高度重视，当天党和国家领导人作出批示，政府投资修建了一条从山下通往"悬崖村"的钢梯，并针对类似落后村庄的出行和贫困问题，开展了广泛的实地调查并提供有效的解决方案。2017年开始，周边村落实施了旅游扶贫项目，使数万人受益。陈杰对"悬崖村"的跟踪报道已超过20次，报道的内容包括该村庄的发展变化以及游客的评价，该地逐渐成为著名的网红打卡地，年均吸引游客超过10万人次。陈杰用影

[1]　张艳艳：《中国式现代化道路话语体系建构研究》，博士学位论文，兰州大学，2022年，第104页。

[2]　张瑞敏：《中国打赢扶贫攻坚战的政治优势和制度优势》，《中国产经》2020年第9期。

像见证了"悬崖村"的巨变，同时也揭示了中国社会在减贫和改善基础设施方面的进步。

2017年年底，中国文联、中国摄协发起"影像见证新时代 聚焦扶贫决胜期"2018—2020大型影像跨界驻点调研创作工程，深入精准扶贫一线，选择15个各具特色的扶贫点进行影像调研驻点创作，汇聚多领域专家学者，形成15个影像档案，全面化呈现脱贫攻坚战这一重大战略，以影像的力量见证和助力国家脱贫攻坚工程。其中，著名摄影师傅拥军开展的"梅林村影像"创作项目，3年时间多次在广西百色田东县深度贫困村梅林村驻地调研，挨家挨户进行走访、拍摄、调查、记录，用影像记录梅林村脱贫攻坚道路上的变化和发展。他的镜头中有驻村的第一书记、古树上游戏的孩子、半山上蹭网的女孩、因伤致贫的村民等，为梅林村记录了一份珍贵且完整的脱贫影像档案。2020年，傅拥军拍摄的梅林村小朋友在山顶用手机上网课的照片，引发了广泛的社会关注，中央电视台《新闻直播间》《朝闻天下》等栏目对梅林村进行了相继报道，其中白岩松主持的《新闻周刊》栏目，特别邀请傅拥军讲述照片背后的故事，使这个原本鲜为人知的村庄逐渐走进大众视野。影像的力量改变了村庄的命运，傅拥军通过影像为梅林村代言，每一位村民和扶贫干部都是镜头中的主角，3年时间里村庄旧貌换新颜，不仅提升了村庄的知名度，还吸引了众多游客前来参观，村民的生活日新月异。

2020年后，我国成功消除绝对贫困，取得脱贫攻坚全面胜利，全面建成小康社会，进入进一步巩固脱贫成果与推动乡村振兴的新阶段。在乡村振兴的发展中，影像作为媒介，宣传和推广了乡村的旅游、生态、产品和文化，在吸引游客、留住人才、招引投资等方面发挥了重要作用。中国摄影家协会开展"镜头聚焦乡村振兴、影像赋能共同富裕"乡村振兴影像创作项目，通过影像创作表现自乡村振兴战略提出以来，人民群众奋发有为的精神面貌和美好生活，聚焦乡村振兴发展进程和卓越成就。2018年起，《中国摄影》杂志启动"艺术乡村"系列活动，旨在以艺术唤醒乡村，以文化振兴乡村，通过摄影活动助力乡村振兴与发展，使乡风文明、生态宜居、治理有效、产业兴旺、生活富裕不仅是中国乡村发展愿景，更成为百姓生活的日常。《乡村地理》杂志是一份聚焦人文地理与旅游的刊物，通过深入的选题策划进行地域报道，宣传乡村特色文化，力图构建质朴而美好的乡村生活方式，以大量绚丽多彩的影像作品融合文字介绍，以感性的图片结合理性深度的文字解读，展示乡村之美。其中"开卷阅图""乡村视觉"和"美丽乡村"3个栏目最能体现杂志影像特点。杂志首先以高质量的乡村景色做跨页图，给读者打开杂志便开始的强烈视觉冲击力，吸引继续阅读，其后的文稿带领读者寻找乡村的自然景观和人文景观，探寻乡村在自然界中展现的独特魅力，吸引读者感受乡村的文化价值，引导读者身临其境体验乡村魅力。

在关注国家重大战略之外，还有一批将镜头进一步深入社会底层和边缘人群中的摄影人，在切身实地地感受和长期跟踪调研的基础上，揭示他们悲惨且鲜为人知的生活。30年前，解海龙的"希望工程"系列作品拍摄了农村贫困地区教育落后的状况以及农村孩童求学的困境，成为新中国成立以来影响国策制定的首例。其作品《大眼睛》唤起了全社会对贫困儿童的关注，成为希望工程的重要宣传图，推动了希望工程建设和发展进程，解决了部分农村孩童上学难的问题。一张照片，改变了以"大眼睛"苏明娟为代表的数万山村贫困儿童一生的命运，如今照片中的女孩也成为党的二十大代表。另外，赵铁林运用"参与式观察"的方式，对海南底层女性工作者和都市边缘人生活状态的深度拍摄；袁东平和吕楠的"精神病人"系列，分别以温和与夸张的画面语言，记录了中国十几个省精神病人的生活状态；卢广的《艾滋病村》揭示了河南村庄因卖血，全村大部分人感染艾滋病的悲惨遭遇；杨延康的《麻风病人》展现了即将被消灭的麻风病，对人身心的摧残……无数摄影人通过专题的方式警示社会正视生命的价值和启发人民认识个体的无助，从而对边缘人群伸出援手。

中国共同富裕的目标是十四亿全体国民的共同富裕，这一壮举将深刻改变人类现代化的版图，这是再有想象力的诗人也无法想象的画面，而完成这一人类历史伟大壮举靠的就是中国国家和人民脚踏实地干出来的。为什么人民群众对中国充满信心、抱有希望，为什么中国在坚定不移地走共同富裕的道路，因为鉴往而知远，新中国成立后，特别是在党的十八大以来，中国共产党带领人民群众摆脱贫困，坚定走向共同富裕，让人们在历史长河中看到了中国的光明未来。影像在诠释以人为本中，见证中国全体人民共同富裕的现代化进程。

三、协调双轮驱动：影像中物质文明和精神文明相协调的现代化

在中国式现代化进程中，物质文明和精神文明的协调发展相辅相成，共同构筑了现代化的核心内涵。物质文明提供了经济和技术支撑，而精神文明则为社会发展奠定了价值观念和文化自信的基础，二者是现代化建设的一体两面。影像作为真实记录和传播思想的媒介，通过镜头不仅展示了中国现代化建设的辉煌成就，也传达了民族精神的高度自觉，增强了全社会的文化认同和自豪感，为现代化赋予了更丰富的文化意义。

物质文明建设作为中国现代化的显著标志，以高质量的基础设施、科技创新和经济实力体现了中国式现代化的深度与广度。影像作为"看得见的历史"，通过记录城市化建设、科技进步、基础设施完善等内容，为中国物质文明的崛起留下了直观的历史印记。自改革开放以来，影像见证了中国从基础设施建设的初步发展到今日城市化的高度集约化。2018 年是中国改革开放 40 周年，中国摄影家协会主办了"中外摄影对着拍——庆祝中国改革开放 40 年摄影展"。改革开放的前后数年间，有限的外国摄影师先后踏上中国这古老而神秘的国度，记录下当时中国社会的画面，留下历史影像，珍存于中国时代飞跃的滚滚浪潮中。40 年，在历史长河中十分短暂，却见证了中国从无到有的跨越式发展，中国人民创造了人类历史上的伟大奇迹，不仅深刻改变了中国，也极大地影响了世界，摄影便成为历史变迁最有力量的时间证明。此次展览以外国摄影师在中国拍摄的影像中甄选40 个为蓝本，通过新旧影像、东西文化、中外视角等对比，形成跨越时间的对视，彰显比较的力量。对比是人类认识客观最原始的方法，也是辨别事物最有效的手段，时间的重量、对比的力量、发展的速度、影像的魅力汇集于此，生动呈现了中国物质文明现代化的辉煌成果。影像不仅记录了高楼林立、繁华商业街区和便捷交通网的建设历程，还捕捉了中国从生产力落后到工业化、城镇化发展的蜕变，成为历史进步的生动佐证。这也是中国当代摄影人面对时代呼唤所做出的时代回答，让中国式现代化的成功得到直观、鲜明的展示。在这些影像之中，物质文明的发展以其直观的视觉效果呈现在人们面前，展现了中国在基础设施和城市化进程中的跨越式进步，让中国式现代化的成就深入人心，进一步增强了国民的自豪感和认同感。

中国式现代化不仅关注物质财富的积累，更重视精神生活的提升。伴随着物

质生活改善的同时，人民的精神面貌、文化自信和价值观念也在影像中鲜明呈现。中国共产党在带领全国人民实现物质生活丰裕的过程中，积极推动社会主义核心价值观的弘扬，促使物质文明与精神文明双向促进。这种双重目标不仅体现在社会的发展战略中，更在人民的日常生活中显现，而影像正是展示这种平衡的绝佳载体。影像以其生动、真实的特质，成为这一进程中无可替代的见证。摄影作品不仅仅呈现出人们在物质富足后的幸福生活，更反映了中国人民在文化自信、民族自豪感中的成长。全国农民摄影大展目前已举办十一届，是我国历史上首个农民聚焦农村、反映自我、记录农业的影像活动，也是我国首个聚焦"三农"发展的摄影品牌活动。展览以农民为主体，通过摄影的方式和艺术的角度聚焦农村生活、农业发展和乡村振兴，展现了中国新农村建设的丰硕成果和新农民的精神风貌。这些影像记录了乡村的巨大变化，从整洁美丽的村舍到繁忙的田间劳动，从农民的笑脸到丰收的喜悦，都为美丽乡村建设、乡村文化复兴增添了生动的色彩，展示了农村精神生活的丰富与多样。通过这些影像，观众不仅看到了乡村的物质提升，也能体会到农民对新生活的热爱和积极进取的精神风貌。影像在这一过程中架起展示的桥梁，使物质文明的成就更广泛地被认知，进而转化为人们的精神力量。影像还通过重大活动中的情感捕捉，展现物质与精神的互动，在新中国成立 70 周年大阅兵、北京冬奥会等国际活动中，影像不仅呈现了活动现场的恢宏场面，还通过人们的自信笑容、志愿者的服务身影、运动员的拼搏瞬间，传递出社会的蓬勃生机和积极向上的精神状态。这些影像不仅展示了物质繁荣，还揭示了精神文明的力量，将爱国情怀与文化自信深深镌刻在历史画卷之中，物质和精神的结合使这些影像记忆成为铭刻在人民心中的重要瞬间。

物质文明与精神文明相互支撑、相互促进，共同构筑了一幅独具特色的中国式现代化画卷。在推进物质文明与精神文明的和谐共生过程中，影像艺术在社会文化的构建中起到了不可替代的作用。影像艺术作为一种独特的文化现象和艺术形式，在记录物质世界的同时，也承载了人类的精神追求，影像是人民群众精神层面自我满足与表达的理想媒介。通过影像，人们可以表达自我、记录生活、传达情感，影像艺术超越了传统的物质记录功能，赋予了其深厚的精神内涵。无论是摄影师的创作还是大众的影像记录，都在探索精神文明的边界，通过对美、对情感、对哲学的探索和表述，实现影像与精神文明的融合。中国摄影家协会利用文艺志愿服务助力基层精神文明建设，在全国开展了公益展览、公益讲座、点赞光荣、拍摄全家福、赠送摄影作品集等一系列丰富多彩的摄影志愿服务活动。山东省摄影家协会打造的"走百村 入千户 送万照"文艺志愿服务品牌，已连续十年在春节期间深入乡村，将温暖与艺术带到全省各市、区、县的基层。这一公益活动通过为村民拍摄并赠送照片等服务，扩大了新时代文明实践文艺志愿服务队伍，并推动了志愿服务机制建设。据不完全统计，春节期间山东省各级摄影家协会共组织千余名摄影志愿者，开展了近百场活动，服务覆盖上百个自然村，为上万名村民留下珍贵影像。通过这些作品，摄影家们生动展现了乡村民众的精神风貌和生活多样性，为乡村文化注入了新的活力，使摄影这一艺术形式不仅成为物质文明的记录者，更是精神文明的推动者，并在二者的交汇中展现现代化进程的深度与温度。

物质文明和精神文明的协调驱动，这种协调共进不仅体现了国家的物质成就，也彰显了人民的精神风貌。通过影像，中国的现代化成就得以展示给世界，并在无声中传递着中华民族的文化自信和社会价值观。物质文明和精神文明相互支撑、彼此促进，构成了中国式现代化的生动图景，影像为这一图景留下了宝贵的视觉资料，也为世界认识和了解中国提供了独特的文化视角。这种物质与精神的交融，使影像不仅成为时代的记录者，更成为中国现代化道路上不可替代的文化桥梁，激励着社会向更高的文明目标迈进。

影像既可以表现物质世界的时代风景，又可以展现文明社会的精神面貌，更可以促进人民生活的精神富足，中国现代化的成果得以通过影像在国际视野中展示，传递出民族自信与文化价值。影像在协调双轮驱动中，见证中国物质文明和精神文明相协调的现代化进程。

四、传播绿色生态：影像中人与自然和谐共生的现代化

在中国式现代化进程中，生态文明是一项不可或缺的核心内容，推动人与自然和谐共生，不仅是美丽中国的愿景，更是全球可持续发展的关键。习近平总书记指出："中华民族向来尊重自然、热爱自然，绵延5000多年的中华文明孕育着

丰富的生态文化。"[1]与西方国家先污染后治理的现代化发展模式不同，中国始终秉持人与自然和谐共生的理念，将生态文明融入现代化建设的全过程。随着现代化的不断深入，新媒介新技术的介入，影像成为"读图时代"中传播生态保护的重要工具，兼具便捷、形象、直观、易于传播等优势，极具大众接受度。

生态观念的传播在生态保护的重要性上不言而喻，影像在客观呈现的真实性、裂变扩散的传播性和直观简易的便捷性上，是别的媒介不可代替的。影像因其生动的视觉表现，带给人们直观的震撼，超越文字和语言的抽象传达方式，具备真实、直接的感染力，其表达并非自然主义的泛滥，而是身临其境、心有所悟的典型性选择。影像是收集、展示生物多样性的最好方式，也是最为直观、快速传递人与自然和谐共生这一生态理念的语言，中国传播绿色生态的摄影主要有野生动物、植物、鸟类、自然地理以及人与自然这几个类别。

野生动物摄影是中国最具代表性的生态摄影，摄影师们通过对野生动物的观察和跟踪拍摄，记录野生动物的状态、变化和发展，真实捕捉野生动物的行为和习性，将大自然的美景和生物的多样性拍摄出来，让更多的人能够感受到大自然之美，从而增强保护野生动物的意识，唤醒保护环境的意识。"长白山老万"本名万兴富，59岁开始学习摄影，8年时间成为野生动物摄影圈的"网红"，全网共有500余万粉丝。他主要拍摄吉林山林间的野生动物，在漫长的等待中拍摄、记录、展现野生动物，通过他的镜头和自媒体平台让田野山川中风采绝美的珍稀动物成功"出圈"，东北虎、紫貂、中华秋沙鸭……这些中华大地上可爱的精灵或凶猛或呆萌的影像被看见被刷屏，其中国家一级保护动物紫貂的单条视频点赞量近350万，并被人民网转发。

植物摄影，是指通过拍摄来展示植物的生长、变化和外观，从而加强对植物资源的保护。植物摄影师会选择最有代表性的植物，捕捉它们独特的自然美，展示它们被人类扰乱后的变化，用真实的视角介绍植物在自然中的生长环境。摄影是收集、记录植物最直观、有效的手段，植物因其可控性和相对固定性，自摄影诞生以来便被摄影家关注。中国植物图像库作为国内最大的植物影像资源，由中

[1]　习近平:《把握新发展阶段，贯彻新发展理念，构建新发展格局》,《奋斗》2021 年第 9 期。

国科学院植物研究所植物标本馆设立，分地域、分种类地系统收集、整理并长效保存植物影像，为科研、科普及图书出版提供影像支持，已收录百万幅植物影像。[1] 国内首部全面展示植物世界的纪录片《影响世界的中国植物》，133位摄影师用3年的时间遍访了国内27个省区市和7个国家，采用延时、定格、水下、显微等方式同步4K超高清拍摄，每一帧都是屏保级画面，将植物漫长的生长过程浓缩为几秒钟，全方位记录对世界产生重大影响的中国水稻、茶树、竹子等21科28种植物，这不仅是一次对大众自然知识的普及，还是一次对中华植物的寻根朝圣之旅，对人与植物之间生命平衡的思考。

鸟类摄影在中国也享有盛誉，中国有着世界上最大规模的鸟类摄影拍摄者和爱好者。从技术上来说，拍摄鸟类并不容易，摄影师要懂得如何观察、跟踪和拍摄各种鸟类，如何捕捉它们的行为习性，以尽可能多地捕捉到其独特魅力，还要考虑到如何避免鸟类产生恐惧或威胁，同时保护自然环境不受损害。鸟类摄影在中国被爱好者称之为"打鸟"，从拍鸟是少数专业人士的专利发展成为民间普及性的摄影活动，历经数十年的努力，从艺术地表现鹭、鹤、大雁、天鹅等少数几种体型较大的漂亮鸟类，过渡到科学全面地记录成百上千种鸟类活动，中国鸟类摄影发生了质的飞跃。著名野生鸟类摄影师段文科2005年创办"鸟网"，将部分鸟类影像分门别类上传，引起了众多关注，经过17年的发展，会聚了全世界130多个国家和地区的摄影师、研究专家学者、环保人士、鸟类爱好者1000余万人，收集影像7000多万张，年浏览量超5亿人次，已成为中国乃至世界上资源种类最丰富的野生鸟类摄影网站。[2] 鸟类摄影用生动的影像语言反映着鸟与鸟之间、鸟与自然之间、鸟与人之间和谐相处的重要性。

自然地理摄影主要是拍摄自然地理环境的风光摄影，如地貌、气候、土壤、水文等，展现大自然的瑰丽景色从而增强人们的环境保护意识。山水风光在我国传统文化中便是人与自然相融的体现，自然地理摄影经常用于反映人与自然的和谐之美，因此有着相当规模的爱好者和欣赏人群。《中国国家地理》具有很强的

---

[1]　乔永海、张晓爽:《利用中国植物图像库鉴定你周围的植物》,《生物学通报》2019年第8期。

[2]　王江江、尹萍:《中国鸟类图库建成上线》,载《林业与生态》2019年第4期,第46页。

观赏价值，国内外多家图书馆将其作为重点收藏期刊。杂志的前身《地理知识》创刊目的是普及地理知识，原先的传统说教式办刊思路使得发行量逐渐跌入谷底，导致杂志于 2000 年更名改版。改版后的《中国国家地理》杂志每一幅影像都是由专业摄影师进行拍摄，以震撼的视觉冲击力吸引读者，每一篇报道中，极富地理特色的影像和文字有机融合，达到科普与美学的统一。

还有一批摄影师在作品中思考人与自然之间的关系，从反思的角度审视生态保护的问题，唤醒人们保护环境的意识。摄影师卢广以沉重的"灰镜头"聚焦人与环境的关系，将社会焦点以影像呈现，由此引发社会关注，促成了政府出台相应措施。1995 年，卢广曝光过的内蒙古乌海市私人煤窑，引起全国关注，小煤窑纷纷关停。2005 年，他再次回访，却又发现了新的问题，高耗能的工业园内浓烟滚滚，废气没有经过任何处理直接排放，于是他又将镜头有意转向环境污染。卢广基于"不让历史留白"的理念开展摄影实践，其足迹遍布全国，他克服种种困难揭露数百个污染源，拍摄数万张记录污染问题的影像，产生了深远的社会影响，推动了社会的变革步伐。卢广的作品揭示了污染问题的严峻性，引起国务院和有关部委的高度重视，迅速指派人员调查并处理了污染源。卢广通过影像这一媒介将触目惊心、直击人心的现实呈现在人们面前，提醒公众警觉，促使社会反思人与自然的关系，从而唤醒社会的生态意识。[1]

中国传统文化自然观讲"天人合一"，将人看作自然界的重要组成部分，反映了中国传统观念中人与自然的密切关系。"人与自然和谐共生"是中国传统自然观的时代化创新，绵延中华文化发展全过程，深刻体现了中国人民处理人与自然关系、解决发展与生态矛盾的原则遵循和价值态度。当摄影与人类的生存环境结合时，生态摄影便应运而生，生态摄影的兴起与现实的生态环境以及人类对生态环境的反思密切相关。生态摄影的传播有助于树立绿色生态理念、更新人们生态观念、转变生产生活方式以及促进生态保护工作的顺利进行。影像在传播绿色生态中，见证中国人与自然和谐共生的现代化进程。

---

[1] 王思欢:《自由摄影师卢广纪实摄影实践研究》，广西大学硕士论文，2022 年，第 17—22 页。

五、见证时代发展：影像中走和平发展道路的现代化

中国式现代化在全球视野中展现的是一条和平发展的道路，塑造了负责任大国的形象。与西方霸权国家通过殖民扩张和掠夺他国实现现代化的方式不同，中国始终坚持经济增长与和平共存，尊重所有国家的主权，无论规模大小、实力强弱、利益多少，都不侵凌他国，始终反对任何形式的霸权主义和强权政治，积极推动国际关系民主化。基于这一历史使命，当代中国摄影的任务和发展方向在于，用影像记录中国式现代化的壮丽历程，用镜头见证中华民族复兴的伟大征程。

摄影在艺术与科技的结合中诞生，既真实展现社会，也具有独特的视觉冲击力。摄影与现实紧密相连，具备"复刻"客观世界的能力，其信息量、情感渲染力与真实感是其他媒介难以企及的，其真实映射、信息容量和情绪感染力可以消弭时间、空间、语言的距离与隔阂。抗日战争时期，在救亡图存的艰苦战争环境中，摄影作为记录历史、传播思想的有力媒介，红色影像迅速崛起，发挥了重要的宣传和统战作用。沙飞、徐肖冰、吴印咸等一批杰出的"红色摄影家"以相机为武器，深入战场，用镜头记录下抗战的艰辛历程和人民的英勇不屈。他们的作品不仅鼓舞了民众的斗志，更为抗日战争和解放战争留下了不可替代的珍贵影像，成为民族记忆的重要组成部分。新中国成立后，红色摄影体系逐步完善，逐渐形成了具有中国特色的摄影风格，这一风格根植于中国传统文化，既反映出民族的文化底蕴，又展现了独特的艺术风貌。在中华民族抵御外敌侵略、救亡图存的历程中，红色摄影留下了不可磨灭的印记，而在新时代和平发展与民族复兴道路上，红色摄影继续发挥着重要作用，成为铭刻民族记忆、传递时代精神的艺术力量。

技术进步和智能手机的普及带来了全民读图时代，摄影实现了日常化和大众化，影像成为文字之外的第三种交流方式，深度融入人们的认知、记录和表达之中。作为最为便捷、迅速、真实的传播媒介，摄影的作用日益凸显。新时代下，摄影工作者应坚定信念，将影像进行中国式转化，用影像之力展现中国形象，从时代发展、中国进程、人民需求中凝练创作主题，全方位呈现中国人民的奋斗形象、创造力量、发展成果，全方面展现中华民族历史、中华传统文化、中华大好河山，全景式记录新时代国家发展、人民生活、文化自信的精神气象，通过摄影作品回答"中国之问、世界之问、人民之问、时代之问"，用影像为新时代中国作答。

在新时代和平发展背景下，影像艺术凭借其强大的视觉表现力，全面记录了我国在经济、社会、文化等领域的进步。这些影像不仅生动展现了中国日新月异的发展面貌，还树立了可信、可敬的国家形象，为和平发展理念提供了有力的视觉支持。通过记录时代真实画面，影像成为增进全球了解与合作的重要桥梁，推动国际社会对中国的深入理解和尊重。影像中的故事和成就跨越语言障碍，将中国和平发展的愿景传递至世界各地，激发出更广泛的共鸣与支持。

2013 年，习近平总书记在出访哈萨克斯坦和印度尼西亚时，先后提出共建"丝绸之路经济带"和"21 世纪海上丝绸之路"的倡议，为世界共同繁荣提供了中国方案，象征着中国国际合作的新高度。随着"一带一路"倡议的推进，影像成为不同文化之间相互了解的重要渠道和生动写照，为中国与沿线国家的合作增添了文化维度。影像超越了文字的限制，以其直观、深刻的表达方式，使观众得以跨越国界感受不同文化的独特之美。影像不仅记录了"一带一路"沿线国家的风土人情和建设成就，更通过展示当地民众的日常生活、历史遗迹、自然风光等内容，传递出共建和谐与繁荣的美好愿景。"丝路国家青少年国际摄影大展"作为北京国际摄影周重要品牌项目，至今已成功举办七届。此展览是第一个面向 8 至 25 岁青少年的国际文化交流平台，吸引了"一带一路"沿线国家的青少年用手中的相机记录家园和生活，通过影像展示各自独特的文化背景，体现他们对家园的热爱。展览以摄影艺术为桥梁，不仅为中外青少年摄影师提供了展示创意、增进文化认同的舞台，也加强了各国青少年间的艺术交流，促进了人类命运共同体理念的生根发芽。在各国青少年的镜头下，不同文化背景中的自然风貌、社会生活和民间传统得到了真实生动的呈现，帮助人们在视觉中找到彼此的共鸣与差异。

随着中国影响力在世界舞台上不断提升，影像的国际传播成为国家文化软实力的重要组成部分。影像不仅是记录历史、传播文化、构建共识的工具，更是展示中国当代社会和未来愿景的窗口。近年来，摄影行业围绕建团百年、建党百年、二十大、新时代、全面小康、脱贫攻坚等重大主题展览活动，用影像的形式全面展现新时代中国经济社会发展取得的历史性成就、发生的历史性变革，并将对新思想的宣传阐述、新成就的讴歌赞扬贯穿于艺术家创作、展览等各个环节，实现了重大主题的全面覆盖，用具有新时代影像画面，呈现习近平新时代中国特色社会主义思想在当下中国的生动实践。二十大召开前夕，由中宣部和中国文联主办的"筑梦——我们的新时代美术摄影作品展"，从众多摄影作品中精选150余幅，生动描绘了中国和平发展的当代精神谱系，展现了社会各界摄影人以最直观、最生动的影像，记录党的十八大以来取得的辉煌成就和人民群众的幸福生活，用影像勾勒新时代的宏阔画卷，用影像书写生生不息的人民史诗，用影像聚焦同心共圆中国梦的奋斗征程，充分体现了影像在国家重大事件和时代伟大进程中汇聚精神力量的重要作用。

在新时代和平发展理念下，中国不仅关注自身的发展，更注重国际社会的共同进步。影像所承载的文化意义远超单纯的记录功能，它通过展示人类文明的丰富性，为建设一个开放包容的世界作出贡献。通过影像交流展示了不同国家、不同文化背景下的独特视角，激励年青一代在文化认同和社会责任中找到平衡，推动影像成为新时代中国和世界之间理解和交流的桥梁。影像不仅让世界看到了一个富强、开放的中国，更帮助塑造了一个可信、可敬的中国形象。这些记录历史、传播文化、构建共识的影像作品，让世界更好地了解中国，也让中国更好地融入世界。影像在见证时代发展中，见证中国走和平发展道路的现代化进程。

六、结语

影像，作为无声的见证者，始终陪伴在中国式现代化的历史进程之中。从开国大典到两弹一星、从非典到新冠疫情、从改革开放到新时代中国……在国家发展的每个重大时刻，这些影像直接呈现了我们国家与民族雍容、自信、昂扬与进步的风度，体现出中国大气、包容、厚重而坚韧的国家风度。影像不仅见证了时代的巨大变迁，也忠实记录了中国式现代化进程，成为国家历史与民族记忆的珍贵载体。

"当前，世界之变、时代之变、历史之变正以前所未有的方式展开。"[1]适逢盛世，挑战与希望并存。当代摄影人重任在肩，应创作出更多思想精深、艺术精

---

[1] 习近平：《高举中国特色社会主义伟大旗帜 为全面建设社会主义现代化国家而团结奋斗》，《人民日报》2022年10月26日，第1版。

湛、制作精良且富有传统文化特色与时代精神的精品力作，用光影描绘新时代精神风貌，用镜头聚焦人民生活的酸甜苦辣，用画面呈现社会发展的波澜壮阔，用作品记录中国式现代化的历史进程，用影像见证中华民族伟大复兴的宏伟征程。

（原载《山东艺术》2024 年第 6 期）